BLV Gartenbücher

Brookes	Der eigene Garten richtig geplant und gestaltet
de Haas	Naturgemäßer Obstbaumschnitt
Fleig-Harbauer	Der japanische Garten – Wege zu moderner Gestaltung
Herwig	350 Gartenpflanzen in Farbe
Herwig/Stehling	Der Weg zum schönen Garten
Koide/Kato/Takeyama	Bonsai
Kreuter	Der Bio-Garten
Lelley	Pilze aus dem eigenen Garten
Lesniewicz	Bonsai
Lesniewicz/Grames/Eckardt	Die Welt des Bonsai
Michaeli-Achmühle	Gartenpraxis A–Z
Mierswa	Kleingewächshäuser – Folien und Frühbeete
Scheerer	Rosen in unserem Garten
Schubert	Im Garten zu Hause
Stangl	Gesundes Obst + Gemüse aus dem eigenen Garten
Stangl	Mein Hobby der Garten
Toms/Dahl	Krankheiten und Schädlinge an Obst und Gemüse

BLV Gartenberater

Cevat	Was fehlt denn meiner Zimmerpflanze?
Franke	Gartenanlage Schritt für Schritt
Funke	Der Obstgehölzschnitt
Gugenhan	Bunte Gärten auf Balkon und Terrasse
Herkner	Rund um den Wassergarten
Jacobi/Mierswa	Gärtnern unter Glas und Folie
Kreuter	Kräuter und Gewürze aus dem eigenen Garten
Lohmann	Öko-Gärten als Lebensraum
Oldale	Garten- und Zimmerpflanzen richtig vermehren
Schmitt/Jacobi	Der Garten im Jahreslauf
Stangl	Stauden im Garten
Widmayr	Alte Bauerngärten neu entdeckt

BLV Gartenlexikon

Gartenpraxis A–Z

Petra Michaeli-Achmühle

unter Mitarbeit von Hildegard Siebecke

Vierte, neubearbeitete und erweiterte Auflage

BLV Verlagsgesellschaft
München Wien Zürich

CIP-Kurztitelaufnahme der Deutschen Bibliothek

Michaeli-Achmühle, Petra:
Gartenpraxis A–Z: BLV Gartenlexikon / Petra
Michaeli-Achmühle. Unter Mitarb. von Hildegard
Siebecke. [Farbfotos: Rob Herwig. Zeichn.:
Hellmut Hoffmann]. – 4., neubearb. u. erw. Aufl. –
München; Wien; Zürich: BLV Verlagsgesellschaft, 1985.
ISBN 3-405-12973-7

NE: GT

Zeichnungen: Hellmut Hoffmann
Farbfotos: Rob Herwig
Titelfotos: Naturbild AG, Schacke (2), Ruckszio (1), Pokoruy (1)

Gesamtherstellung: Ludwig Auer, Donauwörth

Printed in Germany · ISBN 3-405-12973-7

Als der Verlag mich beauftragte, dieses Buch zu schreiben, hatte er den Wunsch, allen Gartenfreunden Antwort auf Hunderte von Fragen zu geben. Es stimmt nämlich nicht, daß man zwei »Grüne Daumen« besitzen muß, um Freude und Erfolg mit der Hobbygärtnerei zu haben. Erfahrungen kann man sammeln, und Fehler lassen sich vermeiden. Dieses Buch soll Ihnen dabei helfen. Natürlich konnte ich die Fülle des Stoffes nicht allein bewältigen. Gartenpraktiker und Spezialisten wurden zu Rate gezogen, um den Erfahrungsschatz der Generationen von Liebhaber- und Berufsgärtnern weiterzureichen – und auch die moderne, weitgehend technisch ausgerichtete Gartenkunde zu vermitteln. Auf schwer verständliche Formulierungen und Historisches habe ich bewußt verzichtet. Dafür finden Sie hier viele praktische Hinweise und besondere Tips für die Gesunderhaltung des Gartens. Erkenntnisse, die diesem Buch zugrunde liegen, können Sie nun selber verwerten und ausprobieren. Sei es, um kerngesundes Gemüse und Obst auf den Familientisch zu bringen, Blumen in üppiger Vielfalt heranzuziehen, oder eine reiche Tierwelt heimisch zu machen. Fragen der Gartenarchitektur, der Bodenkunde und der Düngung ergänzen das umfangreiche Gebiet der Pflanzenkunde und des Pflanzenschutzes. Auf diese Weise entstand ein Handbuch für die Gartenpraxis, ein Handbuch, das auch den umweltbewußten und biologisch interessierten Hobbygärtner anspricht.
Noch immer gilt die alte chinesische Weisheit, nach der ein Leben lang Freude schöpft, wer einen Garten pflegt.

Petra Michaeli-Achmühle

Aasblume, Ordensstern, *Stapelia* Spätherbstblüher für transportable Troggärten. Verträgt schwache Nachtfröste, ist aber nicht winterhart. Standort: im Sommer sonnig, im Winter hell im kühlen Raum. Von IX–II trocken halten. Verlangt sandige Lehmerde oder vorgemischte Kakteenerde. → Kakteen im Garten. Düngung von IV–VIII. *St. gigantea:* große Blüten, hellbraungelb mit rötlicher Querzeichnung. *St. grandiflora:* großblumig, dunkelbraun, behaart. *St. variegata:* Blüten gelbgrün, purpur marmoriert. Daneben viele Hybriden in verschiedenen Farben.

Abart → Varietät.

Abdecken Frostschutz für empfindliche Pflanzen. → Folien, → Folientunnel, → Mulchen.

Abdeckplatte Platten verschiedener Größe und Stärke aus Natur- oder Betonwerkstein zum Abdecken als Mauerkrone, für Vorsprünge, Pfosten und Betonumrandungen. Idealer Standort für kleine Troggärten, Pflanzenkübel, Seerosenschalen, Gartenskulpturen. A. auf bepflanzten → Trockenmauern nicht überstehen lassen, damit das Regenwasser die Gewächse unbehindert erreichen kann.

Abfälle im Garten Lt. § 4 des Abfallbeseitigungsgesetzes vom 7. 6. 72 ist das Verbrennen von A. grundsätzlich verboten. Nach Auflösung der gemeindlichen Müllgruben wird das Verbrennen von Gartenabfällen ca. 10 Tage lang im Frühjahr und Herbst erlaubt. Gemeindeverwaltung gibt Auskunft.

▷ Die meisten A. lassen sich durch → Mulchen oder im → Komposthaufen verwerten. Die im Kompost entstehenden hohen Termperaturen von ca. 50° C führen zu rascher Verrottung und vermögen die Keimkraft vieler Unkrautsamen zu schädigen sowie manche Krankheitserreger abzutöten. Ein Zusatz von ungelöschtem Kalk beschleunigt diesen Prozeß.

Abfallverwertung → Kompost, → Mulchen.

Abflammen Wiederentdeckte Methode zur Unkrautbekämpfung. Samenunkräuter gleich nach Keimung mit Propangas-Flamme abbrennen. Erst danach Aussaat im Gemüsebeet. A. kann man auch Unkräuter auf Wegen, zwischen Platten und Steinen. Verschiedene Geräte sind im Handel erhältlich.

Abhärten Im Haus überwinterte oder vorkultivierte Pflanzen einige Tage beschatten, bis die Gewächse sich an Lichtfülle und ultraviolette Strahlung gewöhnt haben. Frühbeetpflanzen oder Zimmersämlinge nach Verpflanzen unter einem → Folientunnel langsam an das Freiland gewöhnen.

Abholanspruch Ges. geregelt nach dem BGB. Sind durch Zufall oder höhere Gewalt fremde Gegenstände (Wäschestücke, Spielzeug usw.) in einen Garten geraten, muß der Gartenbesitzer das Betreten seines Grundstücks zum Abholen dieser Gegenstände erlauben. Besteht bei Haustieren (Vögel, junge Hunde, Meerschweinchen, Katzen, Kaninchen, Hühner) die Gefahr endgültigen Verlustes, darf das Grundstück auch kurzfristig in Abwesenheit des Besitzers betreten werden.

Abkratzen Säubern der Baumstämme von lokkerer Rinde, wo sich gern Ungeziefer verbirgt. Entfernen von Flechten und Moosen. Werkzeug: → Baumbürste, → Lehmverband.

Ableger Zur vegetativen Vermehrung geeignete, bewurzelte Bodentriebe und Pflanzenteile. Manche Gehölze (wie Forsythien, kriechende Zwergmispeln u. a.) bewurzeln Zweige, die am Boden aufliegen. Abtrennen und Verpflanzen erst nach guter Wurzelbildung. → Absenker, → Adventivwurzeln (s. Zeichnung).

Absägen von Ästen.

Abortdünger → Fäkalien.

Abranken Vermehrung durch Ausläuferpflanzen. → Erdbeeren, → Trugerdbeeren.

Abrisse 1. Abreißen eines kurzen Gehölz-Seitentriebes. Blätter oder Nadeln im unteren Drittel abzupfen und die Risslinge sofort in sandige Erde stecken. Beste Vermehrungszeit IX–X u. II–III. 2. Jungtriebe bei Gehölzen, die im Frühjahr nach Zurückschneiden der Mutterpflanze entstehen, zur Wurzelbildung während des Sommers anhäufeln, im Herbst abtrennen und verpflanzen.

Absägen von Zweigen, Ästen, Trieben Mit einer Baumsäge das Holz glatt durchtrennen: Äste so nah wie möglich am Stamm, Zweige glatt am dickeren Ast. Aststummel und Verletzungen durch abgerissene Rinde sind Wegbereiter für Krankheiten. Wunden daher durch Überstreichen mit → Baumwachs verschließen. Diese Vorsichtsmaßnahme ist unnötig beim Entfernen von Jungtrieben an Stämmen oder aus Wurzeln mit einer scharfen Baumschere. → Fällen von Bäumen.

Absenker Vegetative Vermehrungsart. Boden rund um die Mutterpflanze auflockern und umgebogene Triebe eindrücken, mit Draht oder Holzgabel feststecken und etwas anhäufeln. Hierfür eignen sich fast alle Bodenpolster, wie Blaukissen, Gänsekresse, Thymianpolster, Moos-Steinbrech, Polsterphlox, kriechender Cotoneaster. Das Absenken von Nelken, manchen Schlingsträuchern, Haselnuß, Wein, Brombeeren, Stachelbeeren, Himbeeren, Johannisbeeren usw. geschieht in gleicher Weise, jedoch ritzt man bei Gehölzen leicht die Rinde auf oder schneidet einen Knoten schräg an, wie z. B. bei Nelken. Im folgenden Frühjahr die bewurzelten Jungpflanzen abtrennen und umsetzen. → Adventivwurzeln, → Ableger.

Absonnig Lichte und zeitweise (morgens, mittags oder abends) schattige Gartenlage, z. B. Partien hinter Bauten oder unter Pergolen, die kaum oder nur wenig Sonne bekommen. Bedeutet keinesfalls Vollschatten, wie das unter dichtbelaubten Gehölzen der Fall ist. Pflanzvorschläge für absonnige Lage: Bergminze, *Calamintha grandiflora;* Glockenblumenarten, *Campanula tommasiniana, C. carpatica* und *C. macrantha;* Goldtröpfchen, *Chiastophyllum oppositifolium;* Fingerhut, *Digitalis;* Enzian, *Gentiana sino-ornata* und *G. asclepiadea;* Leberblümchen, *Hepatica;* Funkien, *Hosta;* Taubnessel, *Lamium;* Leinkraut, *Linaria cymbalaria* und *L. pallida;* Goldfelberich, *Lysimachia punctata;* Salomonssiegel, *Polygonatum;* Kugelprimeln, *Primula denticulata;* Lungenkraut, *Pulmonaria;* Schattensteinbrech, *Saxifraga umbrosa, S. rotundifolia* und *S. cuneifolia;* Moosbärlapp, *Selaginella;* Wiesenraute, *Thalictrum;* Immergrün, *Vinca;* Veilchen, *Viola;* Waldgeisbart, *Aruncus.* Dazu die meisten Farne sowie manche Knollen- und Zwiebelblumen: z. B. Maiglöckchen, *Convallaria;* Alpenveilchen, *Cyclamen;* Märzenbecher, *Leucojum vernum;* Schneeglöckchen, *Galanthus.*

Abspreizen Formierung von Gehölzen. Steil wachsende Zweige mit → Spreizhölzern der gewünschten Baum- oder Strauchform anpassen.

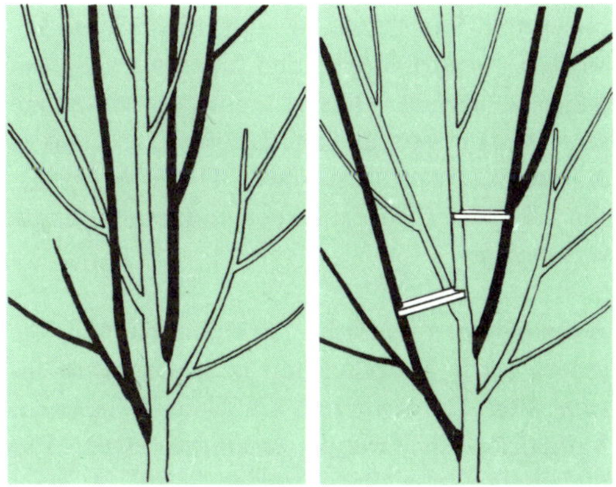

Steil wachsende Zweige sollte man abspreizen.

Abwasserschacht Deckel von A. wirken meist unschön und störend. Abhilfe schaffen einige um den A. gepflanzte rankende oder kriechende Gehölze. Wird der Schacht geöffnet, schiebt man die Ranken zur Seite und legt sie später wieder auf. Geeignet sind Efeu und *Cotoneaster dammeri.* Auch nutzbar als Stellfläche für Schalen mit Sommerblumen.

Abwerfen von Blüten oder Früchten Mögliche Ursachen: Ungünstiger Standort, Nahrungsmangel, ungleiche Wassergaben, Düngefehler, Schädlingsbefall.

Achselknospen Triebbereite Knospen zwischen Blattstiel und Ranke oder an der Zweigrinde.

Achselzwiebel-Vermehrung → Lilienvermehrung.

Ackersalat → Feldsalat.

Acrylglas Glasklarer polymerisierter Kunststoff (Propensäure als Ausgangsstoff) für Gartenbauten; licht- und wetterbeständig. Ideale Durchlässigkeit für Licht (ca. 90%), Wärme- und Ultraviolettstrahlen. Nicht vergilbend, nicht trübend; hagel- und bruchfest. Verwendung: zum Abdekken von Gewächshäusern und Frühbeeten, Terrassen und Sitzplätzen, wobei für Frühbeete besondere Konstruktionen und für Gewächshäuser wärmeisolierende Doppelstegplatten zu haben sind. A. ist in verschiedenen großen Tafeln bis zu 3,30 m Länge auf dem Markt. Diese Tafeln lassen sich bohren, sägen, kleben und somit sehr gut verarbeiten.

Adonisröschen, *Adonis* Frühlingsblumen, die jedoch nach Neupflanzung mitunter Jahre bis zum guten Durchwurzeln brauchen. Mindestens 3 Pflanzen als Gruppe zusammensetzen. Für Steingärten oder Wasserbeckenränder. *A. amurensis,* 30 cm hoch, gelbe Blüten von II–III, vor Austrieb der geschlitzten Blätter. Zieht im Frühsommer ein, deshalb zu später blühenden Pflanzen setzen. Verlangt halbschattigen, geschützten Standort und normalen alkalischen Boden. *A. amurensis* ›Pleniflora‹, 30 cm hoch; dicht gefüllte, gelbe Blüten erscheinen gleichzeitig mit dem geschlitzten Laub von III–IV. *A. vernalis,* 20 cm hoch, große, gelbe Blüten im IV. Sonne. Kalkhaltiger, humoser Boden. Vermehrung: *A. amurensis* durch Teilen großer Pflanzen nach Einziehen des Laubes. *A. vernalis* bildet Samen; Aussaat sofort nach der Reife. Die sommerblühende *A. aestivalis* ist einjährig, 30–40 cm hoch. Kleine rote Blüten von V–VI. Aussaat von III–IV oder im X ins Freiland. Jungpflanzen → auslichten. Idealer Pflanzenabstand 15 cm. Sät sich selbst wieder aus. Dankbare Schnittblume.

ADR Abkürzung für »Alldeutsche Rosenprüfung«; dieses Qualitätsmerkmal hinter einem Rosennamen besagt, daß die betreffende Sorte einer mehrjährigen Prüfung unterzogen wurde und den geforderten Züchtungseigenschaften entspricht.

Adventivknospen, Adventivsprossen Schlafende Augen, die nur unter einem bestimmten Wuchsreiz austreiben, z. B. bei Gehölzen am Stamm oder an älteren Ästen nach Entfernung der Baumkrone.

Adventivwurzeln Erscheinen ähnlich den Adventivknospen an ungewöhnlichen Stellen, z. B. bei niederliegendem Wacholder an älteren Stämmen unter dem Einfluß eines länger anhaltenden, feuchten Kleinklimas. Pflanzenteile mit ausgebildeten A. eignen sich zur vegetativen Vermehrung. → Ableger, → Absenker, → Tomaten.

Älchen, Nematoden Weiße Fadenwürmer von höchstens 1 mm Länge. Je nach Art bevorzugen sie bestimmte Pflanzenteile. Blatt-Ä. dringen vor allem bei nasser Witterung durch die Spaltöffnungen in die Blätter ein und leben vom Inhalt der Zellen. Befallene Stellen trocknen ein. Bedrohte Pflanzen: Chrysanthemen, Astern, Zinnien, Dahlien, Rittersporn, Gloxinien, Begonien, Farne und auch manche Unkräuter. Eine weniger verbreitete Art befällt Kulturerdbeeren. Stengel- oder Stock-Ä. leben und vermehren sich in Pflanzenstielen, Blättern und auch Zwiebeln. Blätter kräuseln sich, Stiele verdicken und bleiben kurz, Blüten und Samen fallen ab. Bei starkem Befall stirbt die Pflanze ab. Verrotten kranke Pflanzen auf dem Boden, können diese Ä. längere Zeit in der Erde leben, ohne andere Gewächse zu befallen. Bedrohte Pflanzen: Hortensien, Hyazinthen, Narzissen, Nelken, Phlox. Außerdem Erbsen, Kartoffeln, Lauch, Puffbohnen, Rote Rüben, Spinat, Zwiebeln. Wurzel-Ä. wandern durch den Boden, bis sie auf geeignete Wirtspflanzen stoßen. Es entstehen gallenartige Gebilde an Wurzeln und Knollen, die die Funktion der Leitbahnen im Pflanzenkörper stören. Schadbild: stockendes Wachstum, schließlich

Absterben der Gewächse. Gefährdete Pflanzen: Alpenveilchen, Begonien, Edelwicken, Iris, Nelken, Primeln. Ferner: Erbsen, Gurken, Kartoffeln, Kohl, Kohlrabi, Tomaten, Melonen, Rüben und auch Hopfen.
Bekämpfung: Befallene Pflanzen mit den Wurzeln ausheben und verbrennen. → Bodenentseuchung. Gefährdete Pflanzen versetzen. Gemüsebeete mit Salat als Fangpflanze besetzen; befallenen Salat mit Wurzeln und umgebender Erde herausnehmen und verbrennen. Bei schwachem Befall durch Blatt-, Stengel- oder Stock-Ä. hilft manchmal das Abspritzen mit systemischen Insektiziden. Bei Ankauf von Zierpflanzen auf Ä.-resistente Sorten achten. → Tafel Schädlinge. Kompost enthält älchenfeindliche Borstenwürmer, Raubnematoden, Milben und parasitäre Pilze. Zwischen gefährdete Pflanzen Studentenblumen und Ringelblumen setzen. Ihre Wurzelausscheidungen enthalten ähnliche Abwehrstoffe wie chemische Bekämpfungsmittel. Dadurch werden Wurzelälchen im kleinen Umkreis vertrieben. Auf verseuchten Boden → »Gartendoktor« säen. In diesem Sortiment enthaltene Korbblütler können mit ihren Wurzelausscheidungen Ä. vertreiben.

Afterleittrieb Der Konkurrenztrieb, der meist gleichstark knapp unter dem Leitast der Baumkrone ausschlägt. Maßnahme beim Sommerschnitt der Obstbäume: Entfernen oder → Abspreizen des A.

Agaven, *Agave* Sukkulente Kübelpflanzen für Terrasse, Balkon, Atrium- und Dachgarten. *A. americana:* graugrün. *A. americana* 'Variegata': gelbe Randstreifen. Nach den Eisheiligen kann man A. auch mit dem Tontopf im Garten eingraben, z. B. zusammen mit niedrigen → Kakteen und Ziergräsern. Dazu Dachwurz und silbrig überkrustete Steinbrecharten, jedoch kein Moos-Steinbrech. Sonne. Mineralboden. Vermehrung: Abtrennen von Tochterpflanzen.

Agaven kann man auch in ausgesparte Stellen von Plattenflächen setzen.

Ahorn, *Acer* Vielseitig zu verwendendes Gehölz, 1,50 m–40 m hoch, mit grünem oder weißbuntem Blattwerk. Viele Arten zeigen kräftige Herbstfärbung in Goldgelb, Orange und Rot. Andere bestechen durch weißgestreifte Rindenfärbung, farbigen Austrieb, duftende Blüten, auffallenden Fruchtbehang oder malerische Wuchsform. Das gewünschte Gehölz möglichst in Baumschulen auswählen. Sonne–Halbschatten. Sandiger bis lehmiger, aber nahrhafter Boden. Kalkfeindlich sind die meisten Japanischen Fächer-A. und *A. rubrum.*

A. campestre, Feldahorn: Dichtes Heckengehölz auch für strengen Schnitt. Neigt zu Ausläufern, daher nicht an Staudenbeete setzen. Zweige oft mit Korkleisten bedeckt. Einzelbaum kann 10 m hoch werden. Kalkhaltiger, lehmiger Boden.

A. ginnala, Feuerahorn: Strauchartig oder baumartig, bis 6 m hoch, gut als → Solitär. Dunkelgrünes Laub mit leuchtend roter Herbstfärbung. Duftende, gelblich-weiße Blüten im V. Normale Bodenansprüche.

A. japonicum 'Aconitifolium', Japanischer Ahorn: 2 m hoher Zierstrauch mit gelbrotem Herbstlaub. Purpurne Blüten vor Blattaustrieb. Normaler Boden, nicht zu trocken.

A. negundo 'Variegatum', Weißbunter Eschenahorn: Oft mehrstämmig, bis 5 m hoch. Gefiedertes Blattwerk, unregelmäßig weiß umrandet. Sandiger bis lehmiger Boden, nicht zu trocken.

A. palmatum dissectum 'Garnet', Japanischer Schlitzahorn: Baumartig und strauchig, bis 2 m hoch, → Solitär. Dunkelrotes Laub vom Frühling bis Herbst. Sandig-humoser Boden, bevorzugt kalkhaltig.

A. platanoides 'Faassen's Black', Rotblättriger Spitzahorn: Bis 8 m hoch. Leuchtend roter Blattaustrieb, der später zum glänzenden Schwarzrot nachdunkelt. Normaler Boden, jedoch sonnig warmer Stand.

A. rufinerve, Japanischer Ahorn: Bis 7 m hoher Baum mit weiß gestreifter Rinde. Dunkelgrünes Laub, im Herbst scharlachrote Flecke im gelben Blatt. Sonne. Normale Bodenansprüche.

A. saccharinum 'Wieri', Schlitzblättriger Silberahorn: Bis 15 m hoch. In der Jugend raschwüchsig. Grünes Laub mit silberweißer Unterseite an graziös niederhängenden Zweigen. Auffallend gelbe Herbstfärbung. Keine besonderen Ansprüche an Boden und Standort. → Formschnitt möglichst im Winter. Gute Bienenweiden sind: *A. campestre, A. platanoides, A. pseudoplatanus* und *A. saccharinum.*

Akarizid Mittel zur Spinnmilben-Bekämpfung.

Akebie, *Akebia quinata* Ein halbimmergrüner Schlingstrauch, 3–10 m hochwachsend, zum Begrünen von Spalieren an Haus und Garage, von → Pergolen, Lauben, Zäunen und kahlstämmigen Bäumen. Grünes, fünfblättriges Kleeblatt-Laub mit bläulicher Unterseite. Duftende, bräunlich-violette Blütentrauben an dünnen Stielen, von V–VI. Nierenförmige Früchte erscheinen von VIII–X, blau bereift, um bei der Vollreife aufzuplatzen. Sonne–Halbschatten. Normaler, durchlässiger Boden. Vermehrung durch → Aussaat, → Absenker oder → Stecklinge. → Tafel Schling- und Kletterpflanzen.

Akelei, *Aquilegia* Reichblumige Staude, 30 bis 70 cm hoch, mit meist langgespornten Blütenformen, in vielen Farben, von V–VI. Haltbare Schnittblume. Samt gern von selbst aus. Sonne–Halbschatten, auch Laubschatten unter Gehölzen. Normaler Boden. Für Steingärten 15 cm hohe Zwerg-A.: *A. discolor,* Blüten lilablau mit weiß von V–VI, und *A. akitensis,* Blüten tiefblau mit Weiß. Dazu *A. scopulorum* mit weinroten Blüten von VI–VII.

Alant, *Inula* Anspruchslose Staude. 20–200 cm hoch, mit gelben oder orangegetönten Korbblüten, von VII–IX. *I. ensifolia* 'Compacta', 20 cm hoch, eignet sich besonders für Steingärten, Heidegärten, als Wegeinfassung und für Plattenbeete. Klargelbe Blüten von VII–IX. Sonne. Kalkhaltiger, trockener Boden. Höher wachsende Arten wirken im Staudenbeet ebenso gut wie in naturbelassenen Gartenteilen. Dankbare Vasenblumen sind die 50 cm hohe *I. orientalis* mit orangegelben Blüten und die besonders dekorative *I. magnifica.* Sie wird 200 cm hoch. Große gelbe Blüten über länglich-herzförmigem Laub, das bis zu 1 m lang werden kann. Beide Arten blühen von VII–VIII. Alle vertragen volle Sonne und etwas Halbschatten. Normaler Boden, nicht zu trocken. Vermehrung: Teilung oder Aussaat im Frühling.

Algen Pflanzen von einfacher Organisationsform, d. h. ohne die typische Gliederung der höheren Landpflanzen in Wurzel, Sproß und Blatt. Algen kommen hauptsächlich im Wasser vor; Vertreter aus der Gruppe der Grünalgen besiedeln jedoch auch kühle, feuchte Böden oder Steinoberflächen und treten somit also auch im Garten auf. Dabei handelt es sich um einzellige, zu Kolonien vereinigte oder um mehrzellige, fädige Formen, die auf entsprechenden Unterlagen einen schleimigen Belag bilden.

Algen im Gartenteich A.-Sporen sind überall zu finden. Aber nur in nährstoffreichem Wasser entwickeln sie sich zu üppigem Wuchs. Häufigste Gründe: Gedüngte Erde und überreiche organische Stoffe, z. B. durch Laubeinfall oder Fischbesatz. Nur zwei Arten von A. fallen wirklich lästig. 1. Mikroskopisch kleine Schwebe-A., die das Wasser grün, braun, grau oder rot trüben. 2. Faden- oder Watte-A., die nicht nur in überdüngtem, sondern auch in stark kalkhaltigem Wasser auftreten. Sie bilden grüne Fäden mit watteartigen, auf der Oberfläche schwimmenden Polstern, oder schleimige Massen.
Bekämpfung: Chemikalien für Schwimmbecken sind für bepflanzte Gartenteiche ungeeignet. Dauerhaft ist biologische A.-Bekämpfung durch Einsetzen von Unterwasserpflanzen, die reichlich Nährstoffe aus dem Wasser verarbeiten. Unter diesen sind vor allem die Laichkräuter wertvoll und der Wasserquirl. Sie sind wintergrün, sauerstoffbildend, algenhemmend und verarbeiten den Kalk im Wasser. Dazu noch Armleuchtergewächse. Unterwasserhahnenfuß darf im Sortiment nicht fehlen, weil er pilzbekämpfende Stoffe ausscheidet, die das Wasser gesund erhalten. Zusätzlich gibt es viel Kleingetier zwischen den Unterwasserpflanzen wie z. B. → Wasserflöhe, die wassertrübende Schwebe-A. vertilgen. Bakterien und andere an Unterwassergewächsen haftende pflanzliche Kleinlebewesen leben zum Teil unmittelbar vom Nährstoffangebot des Wassers und tragen stark zu dessen Klärung bei. Auch höher entwickelte Pflanzen erweisen sich als algenfeindlich. So das Speerkraut und die Teichbinse.
Spezielle Bekämpfung von Watte-A.: 1. Neue Betonbecken mehrmals wässern und vor dem Bepflanzen mit algenfeindlichen Gewächsen mit → Wasserschutzfarbe streichen. – 2. Ansäuern des Wassers mit torfdurchsetzter Pflanzenerde: 1/3 Torf und 2/3 Lehm, beides ungedüngt. – 3. Das Unterwasser-Pflanzensortiment soll Gewächse enthalten, die dem Wasser zusätzlich viel Kalk entziehen: Armleuchtergewächse, Hornblatt, Laichkräuter, Wasseraloe. – 4. Unschädliche chemische Methode: 1 Messerspitze Kaliumpermanganat (übermangansaures Kali) in einer 10-l-Gießkanne auflösen. Diese noch durchsichtige, dunkelrosa Flüssigkeit gleichmäßig über die

Wichtige Schwimm- und Unterwasserpflanzen

Deutscher Name	Botanischer Name	Wassertiefe
Armleuchtergewächse	*Chara-* und *Nitella*-Arten	10–120 cm
Froschbiß	*Hydrocharis morsus-ranae*	schwimmen lassen
Hahnenfuß-Arten unter Wasser	*Ranunculus circinatus* oder *aquatilis*	10–100 cm
Hornblatt, Hornkraut	*Ceratophyllum*	schwimmen lassen
Laichkräuter	*Potamogeton*-Arten	10–200 cm
Speerkraut	*Ranunculus lingua*	0–30 cm
Wasserquirl	*Hydrilla verticillata*	20–120 cm
Teichbinse	*Scirpus lacustris*	0–70 cm
Wasseraloe, Krebsschere	*Stratiotes aloides*	schwimmen lassen
Wasserlinsen	*Lemma*-Arten	schwimmen lassen
Wasserpest	*Elodea canadensis*	10–150 cm

Wasseroberfläche verteilen. Nach Bedarf im Abstand von einer Woche 3mal wiederholen. Auf Watte-A., die sich soeben auf dem Beckengrund entwickeln, streut man direkt einige Krümel Kaliumpermanganat. Oder bei genauer Kenntnis der Wassermenge pro 1 m^3 Wasser 1 cm^3 Gerbsäurepulver in 10-l-Gießkanne auflösen und über die Fadenalgen verteilen. Die Wirkung der einzelnen algenfeindlichen Gewächse ist verschieden, so daß ein Erfolg meist nur mit einem gemischten Sortiment erreicht wird. Es ist in Wasserpflanzengärtnereien vom Frühjahr bis zum Herbst zu haben.

Algendünger besteht aus Meerespflanzen. Verschiedene Düngemittel im Handel mit mehr oder weniger Kalkanteil. Wird besonders im biologischen Gartenbau verwendet. A. enthalten viel Kali, wenig Stickstoff und sind reich an Spurenelementen und Kieselsäure.

Alkalisch → Bodenreaktion, → pH-Wert.

Alpenaster, Bergaster, *Aster alpinus* Zwergstaude, 15–30 cm hoch, Blüten von V–VI. Für → Steingärten, → Trockenmauern, → Troggärten. Zuchtformen auch mit weißen, rosa oder dunkelblauen Blüten. Sonne. Normaler Boden.

Alpenaurikel, Felsaurikel → Aurikel.

Alpenbalsam → Alpenleberbalsam.

Alpengarten → Alpinum.

Alpengemskresse, Gemskresse, *Hutchinsia alpina* Zwergpflanze, 5–10 cm hoch, für Steingärten, Mauerfugen und zum Einsetzen in kalkhaltige Steine. Viele weiße Blütchen von V–VI. Sonne–Halbschatten.

Alpenglockenblume → Löffelblättrige Glokkenblume.

Alpengoldregen → Goldregen.

Alpenjohannisbeere → Zierjohannisbeere.

Alpenkresse, *Arabis alpina* Ausdauernde Polsterstaude für das Alpinum, für Trockenmauern und Wegränder; 10–15 cm hoch, graugrünes Laub. Samt sich von selbst aus. Weiße Blüten, einfach oder gefüllt, von III–V. Sonne–Halbschatten. Normaler Boden.

Alpenleberbalsam, Alpenbalsam, *Erinus alpinus* Zierliche Pflanzen, 10 cm hoch, für Steingärten, Alpinum, Mauerfugen. Purpurrosa Blüten von V–VII; *E. alpinus* var. *albus* blüht reinweiß. Sonne. Normaler kalkhaltiger, durchlässiger, nicht zu trockener Boden. Selbstaussaat. Junge Pflänzchen im Frühjahr umsetzen.

Alpenmohn, *Papaver alpinum* Ausdauernde Staude für Steingarten und Alpinum. Weiße, gelbe und orange Blüten auf 10 cm hohen Stielen, von V–IX. Sonne. Boden schottrig, kalkhaltig oder sandig-humos. Vermehrung durch Samen.

Alpenpflanzen Pflanzen der alpinen Stufe der Alpen im besonderen, und im allgemeinen alle im Hochgebirge vorkommenden Gewächse. Im Garten für ähnliche Lebensbedingungen sorgen: Freien, luftigen Stand und stark exponierte Lagen. Regenwasser muß schnell abfließen können. Keine Staunässe, keine Luftfeuchtigkeit in Bodennähe, sonst Gefahr von Schneckenbefall, besonders für → Edelweiß und → Enzian. → Kleinklima. Düngung möglichst unterlassen, damit die Gebirgspflanzen ihren typischen Wuchscharakter nicht verlieren. Mit wenigen Ausnahmen lieben echte Alpenpflanzen kalkhaltigen Boden. → Alpinum, → Blühende Steine, → Trockenmauer.

Alpenrose, *Rhododendron* Langsam wachsende, immergrüne oder sommergrüne Sträucher.

Die bekanntesten Arten sind: *R. hirsutum* mit kleinem, behaartem Laub und hellgrüner Blattunterseite. Rosa Blüten von V–VI. Sonne, trokkene Lage. Am natürlichen Standort Rohhumusauflage; im Garten kalkhaltiger Boden. *R. ferrugineum* zeigt unbehaarte Blätter mit bräunlicher Unterseite. Dunkelrote Blüten von VI–VII, etwa 1 m hoch werdend. Halbschatten. Boden absolut kalkfrei, humos. Notfalls → Torfbett bereiten. Steht diese A. feucht am Rand eines Sumpfbeetes, verträgt sie auch volle Sonne. Die Blühwilligkeit ist den A. zum Teil arteigen, und eine blühunwillige Pflanze wird nur schwer zu beeinflussen sein. Krankheiten: Braune Blätter im Frühling können durch Wintersonnenbrand entstanden sein. → Immergrüne. Wird das Laub braunfleckig, kann es sich um eine Pilzerkrankung handeln. Bekämpfung mit systemischen → Fungiziden. → Rhododendron.

Alpenrosenapfel Pilzerkrankung: Schwammige Auftreibungen an Trieben und Blättern. Bei schwachem Befall Bekämpfungserfolg durch Abzupfen erkrankter Pflanzenteile oder Herausschneiden ganzer Triebe. Sicherer ist Abspritzen mit einem → Fungizid vor Bildung des weißen Sporenbelages, der die Gefahr in sich birgt, andere Alpenrosen-Wildarten anzustecken.

Alpensalamander, *Salamandra atra* Auf feuchten Stellen am Gartenteich gut zu haltender Nützling, ca. 15 cm lang, dessen Nahrung vor allem aus Nacktschnecken, Würmern und Insekten besteht. Seine lackschwarze Haut darf nicht austrocknen. Der A. ist lebendgebärend; die Weibchen bringen nach einer Tragzeit von zwei bis drei Jahren zwei Junge zur Welt.

Alpenskabiose, *Pterocephalus* Liebhaberpflanze für Alpinum, Steingärten und Mauerfugen. Mattenbildend und verholzend, 15 cm hoch. Rosa Blüten von VII–IX zwischen graufilzigem Laub. Sonne. Normaler oder karger Boden, kalkhaltig, durchlässig. Vermehrung durch Samen oder Pflanzenteilung.

Alpenveilchen, Erdscheibe, *Cyclamen* Zierliches Knollengewächs, vor allem für Steingartenanlagen; 7–15 cm hoch. *C. coum* blüht leuchtend rot von II–III, danach bis IV. *C. vernale* und *C. ibericum* in Karmin. Mit duftenden roten Blüten folgen *C. europaeum* von VII–VIII und rosarot *C. purpurascens* von VIII–X. Wintergrün ist *C. neapolitanum* mit weißen oder rosa Blüten von VIII–X. Sie wird 15 cm tief gepflanzt. Die anderen Arten sollten etwa 3 cm tief gesetzt werden. Pflanzzeit: Herbst. Lage: halbschattig oder absonnig, vor größeren Steinbrocken oder zwischen Zwerggehölzen. Boden kalkhaltig, mit Lehmzusatz und Torf angereichert. Vor Kahlfrösten mit Reisigdecke schützen.

Alpinum Im Gegensatz zum → Steingarten sollte ein A. nur mit echten → Alpenpflanzen besetzt sein, deren spezielle Ansprüche an den Standort hier erfüllt werden können. Seltene Exemplare einzeln stellen. Bestimmte Pflanzen in Steinbrocken einsetzen. → Blühende Steine. Anlage des A. → Steingarten. Als Begrenzung → Trockenmauer ziehen.

Ameisen im Garten Am meisten verbreitet sind Wiesen-A. und schwarzgraue Weg-A. Sie nagen an Knospen und später im Jahr an reifen Früchten. Bekämpfung: Blattlausbefallene Gehölze mit frischen Leimringen umgeben. Rund um A.-Nester und entlang der »Straßen« spezielle A.-Vernichtungsmittel ausstreuen, die im Fachhandel zu haben sind. Manche dieser Mittel werden auch aufgelöst in den A.-Bau gegossen, möglichst vor Sonnenaufgang oder nach der Dämmerung, wenn das Volk im Bau versammelt ist. → Thymian, → Lavendel, → Majoran.

Amerikanischer Stachelbeermehltau Weißlichgrauer Pilzbefall. Befallene Pflanzenteile verbrennen; Rückschnitt und Winterspritzung vornehmen. Bei Neupflanzung mehltauresistente Sorten wählen. → Spritzkalender.

Anbauplan (s. Zeichnung) Jährlich neue Aufteilung der Pflanzfläche, vor allem im Nutzgarten, unter Berücksichtigung der → Fruchtfolge, der → Bodenmüdigkeit und der Herbstdüngung. → Gemüse, → Erdbeeren, → Mischkultur. In einer solchen Planung sind wichtige Termine für Aussaat, Pflanzung, Pflege und Ernte zu notieren.

Andenpolster, Rosettenpolster, *Azorella trifurcata* Immergrüner Bodendecker, 10 cm hoch, mit rosettenartig angeordnetem, glänzend-dunkelgrünem, dreigabelig-stachelspitzem Blattwerk. Grünlichweiße Blütendolden von V–VI. Sonne–Halbschatten. Boden steinig-humos, nicht alkalisch. Vermehrung durch Teilen der Polster im Frühjahr.

Andrücken der Erde Nach dem Einpflanzen gibt man den Wurzeln durch A. Halt und gleicht entstandene Luftzwischenräume aus. Auch nach der Aussaat wird so der notwendige Bodenschluß erreicht. → Auffrierschäden.

Anemone, Windröschen, *Anemone* Frühlings-, Sommer- und Herbstblumen für verschiedene Gartenteile: 1. Wald-A. blühen von III–V flächig unter Gehölzen und absonnig im Schatten von Gebäuden. *A. blanda, A. appenina,* 15 cm hoch, beide azurblau. Wald-A. sind auch die → Buschwindröschen, *A. nemorosa.* Humoser Boden. Vermehrung durch Selbstaussaat und → Rhizomteilung. Benachbarung mit Primeln und Blumenzwiebeln. – 2. Gebirgs-A., *A. pulsa-*

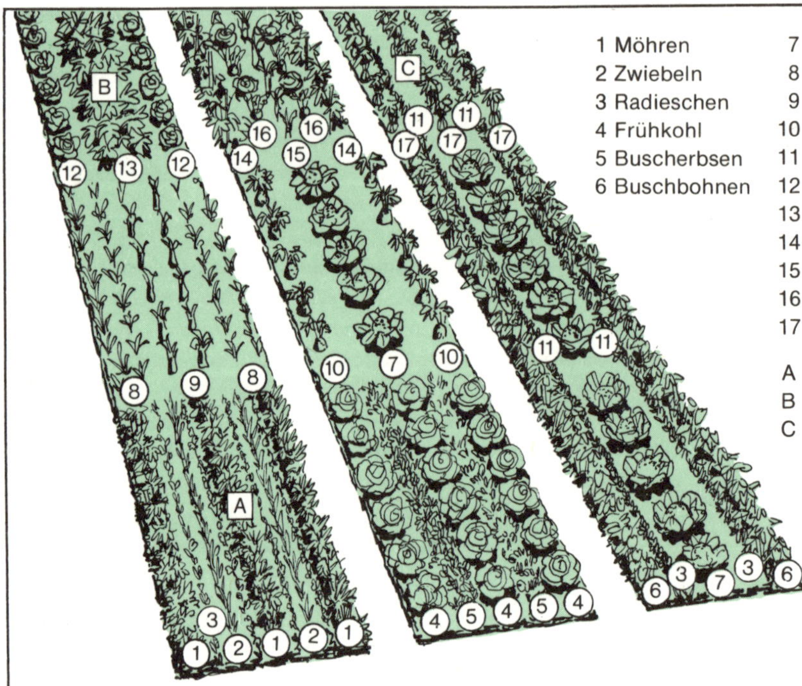

Anbauplan

tilla, → Küchenschelle, für Steingärten und Alpinum. Dafür ebenso geeignet ist *A. silvestris,* bis 40 cm hoch, große weiße Blüten von V–VI. Halbschatten. Normaler Boden. Dankbare Vasenblumen. Vermehrung durch Samen oder Wurzelteilung. – 3. Herbst-A., *A. hupehensis, A. japonica,* 40–100 cm hoch, blühen einfach oder gefüllt von VIII–X, in Weiß, Rot und verschiedenen Rosatönen. Haltbare Vasenblumen. Sonne–Halbschatten. Humoser Boden. In ungünstigen Lagen Winterschutz mit trockenem Laub oder Torf. Vermehrung durch Wurzelteilung. – 4. Kronen-Windröschen, *A. coronaria,* bis 25 cm hoch, große, weiße, rosa, rote, blaue oder violette Blüten von IV–V, einfach oder gefüllt. Haltbare Schnittblumen. Die kleinen, dunkelfarbenen Knollen (Klauen) im Frühling oder Herbst 4–6 cm tief in die Erde legen. Folgesaat im Frühjahr zur Verlängerung der Blütezeit. Vor dem Einlegen die Klauen 24 Stunden vorquellen lassen. Halbschatten. Boden nährstoffreich, kalkhaltig. Winterschutz wie bei Herbst-A.

▷ Alle A. immer in Gruppen pflanzen. Gute Nachbarschaft mit Primeln, Blumenzwiebeln, Elfenblumen, Lilien, Silberkerzen, Gräsern, Farnen und niedrigen Blütenpolstern.

Anhäufeln 1. Hochschieben der Erde rund um die Pflanze; erhöht die Standfestigkeit bei Kohlarten, Bohnen und hohen Gewächsen in freier Lage. Bei Kartoffeln wird so besonders reicher Knollenansatz erreicht. → Lauch. – 2. Eine Maßnahme zum Überwintern von Busch- und Kletterrosen. → Absenker (s. Zeichnung).

Anis, *Pimpinella anisum* Einjährige Pflanze mit weißen Blütendolden. Reife Samen sind ein aromatisch süßes Küchengewürz für Obstsuppen, Backwerk, Puddings und ein Zimtersatz. Zerstoßen werden sie für süß-saure Soßen verwendet. Aussaat von III–IV in warmer Lage. Ernte nach Abgilben der Stengel von VII–IX durch Ausklopfen der Früchte.

Anlageplan Einteilung der Grundfläche im Garten (s. Zeichnung nächste Seite). → Gartenplan, → Plattenbeete, → Pergola, → Spielplatz, → Steingarten, → Wasser im Garten, → Nutzgarten, → Moorbeet, → Rasen.

Annuelle Pflanzen → Einjahresblumen.

Anorganische Düngung → Düngung.

Anzucht Heranziehen von Pflanzen aus → Blumenzwiebeln, → Stecklingen, → Abrissen, → Aussaaten mit Vorkultur in Saatschalen, → Frühbeeten, → Anzuchtkästen, → Gewächshäusern und → Anzuchtbeeten im Garten.

Anzuchtbeet, Saatbeet Freilandbeet, unter luftigem Schattendach oder halbschattig, das der Vermehrung bzw. Jungpflanzenanzucht dient. Auch leere Frühbeete, die sich schattieren lassen, sind gut zu verwenden.

Anzuchtkästen Behälter aus Ton, Holz oder Kunststoff zur Pflanzenanzucht, die man an besonders günstigen Orten warm aufgestellt: → Gewächshaus, → Frühbeet, Fensterbrett. Kunststoffgefäße halten die Erde länger feucht als Holz oder Ton. Styropor gleicht am besten evtl. auftretende Temperaturschwankungen aus. → Container.

Anhäufeln.

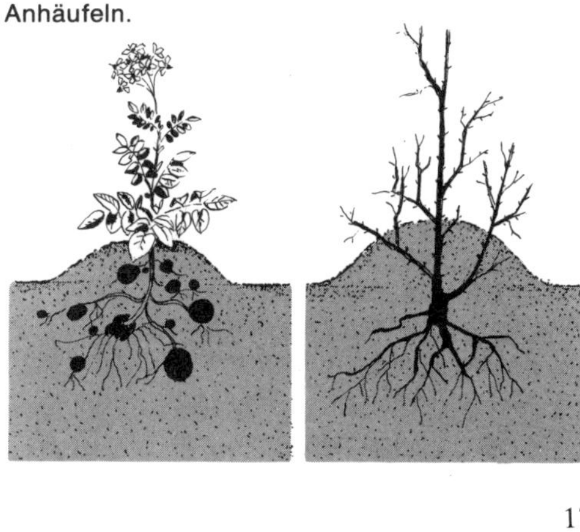

Anlageplan (Beispiel)

A Wohnhaus
B Garage
C Geräteraum
D Gewächshaus
E Überdachter Sitzplatz
F Wohnhof
G Plattform aus Holzbohlen
H Schwimmbecken und Sumpfpflanzenbecken
I Gemüsegarten
K Kompostplatz

1 Eibe
2 Eberesche
3 Hecke aus heimischen Gehölzen
4 Birne, daneben Prachtstaudenbeet
5 Kirschbaum, rechts davon Stauden für den Halbschatten und Schatten
6 Zwei Zwetschgenbäume
7 Pfirsichbaum
8 Walnuß
9 Johannisbeer- und Stachelbeersträucher
10 Zwei Apfelbäume
11 Kiefer
12 Heimische Weide
13 Hochstämmige Rosen und andere Pflanzen in Kübeln

Apfel, *Malus sylvestris* var. *domestica* Standort und Bodenbeschaffenheit sind für das Gedeihen der Apfelbäume so wichtig, daß man möglichst in nahegelegenen Baumschulen einkaufen und bei der Sortenauswahl den Rat des Fachmannes befolgen sollte. Für den Hausgarten Buschbäume oder Spindelbüsche wählen. Mit 3–4 m Abstand lassen sich manche Sorten auf schmalen Rabatten oder am Gartenweg anpflanzen. → Obsthecke. In Bezug auf Sortenechtheit, Bewurzelung, sowie Stamm- und Kronenaufbau müssen die Obstbäume den Gütebestimmungen entsprechen. Vor Einsetzen der Bäume alle beschädigten Äste und Wurzeln abschneiden. Die Pflanzgrube richtet sich nach der Breite des Wurzelwerkes, Tiefe 40–60 cm. Veredelungsstelle muß sichtbar bleiben. Den Stützpfahl nördlich des jungen Baumes einrammen, mit → Baumband zusammenbinden. Zum Schluß Erde festtreten und gut → einschlämmen. Äpfel wünschen tiefgründigen, kräftigen Boden, der weder zu trocken noch anhaltend feucht sein darf. Schwere Böden mit Kompost und Torf versetzen. Bei Trockenheit Gefahr von Mehltau und Ungezieferbefall. In nassem, kühlem Boden zeigen sie sich anfällig für Krebs- und Pilzerkrankungen, leiden unter Ungeziefer und Frosteinwirkung. Düngung breitflächig geben, da sich die Baumwurzeln über den Kronenraum hinaus ausbreiten. Stammpflege mit → Baumbürste. Moose, Flechten und lose Rinde entfernen, bevor der → Leimring an möglichst glatter Stelle angebracht wird. Grobe Verletzungen lebender Rinde, Schnittflächen und Wundstellen, z. B. nach dem Ausschneiden von Krebswucherungen, mit → Baumwachs überstreichen. → Obstbaumschnitt, → Spritzkalender.

Lagerung der Früchte: Auf Obsthorden in einem gleichbleibend kühlen, luftigen, trockenen Raum; man kann auch Stück für Stück in eine atmungsaktive Polyäthylenfolie einschlagen. Neben der besseren Haltbarkeit besteht hierbei im Gegensatz zur Lagerung in Folienbeuteln keine Ansteckungsgefahr bei eventueller Fäulnisbildung. Von den zahllosen A.-Sorten seien genannt für die Reifezeit im Herbst: ‘Weißer Klar-

apfel', 'James Grieve', 'Gravensteiner', und für die Reifezeit im Winter: 'Cox Orangenrenette', 'Goldparmäne', 'Golden Delicious', 'Jonathan', 'Boskoop', 'Ontario', 'Ingrid Marie' u. v. a. → Obstgehölzformen, → Obsthecke.
Schädlinge: → Apfelbaumgespinstmotte, → Apfelblattlaus, → Apfelsägewespe, → Apfelblütenstecher, → Apfelwickler, → Blutlaus, → Frostspanner, → Rote Spinne, → Schildlaus.
Krankheiten: → Apfelmehltau, → Apfel-Stippigkeit, → Mehligkeit, → Monilia, → Obstbaumkrebs, → Schorf, → Bakterienkrankheiten.

▷ Äpfel und → Tomaten scheiden während der Reife Äthylen aus, einen gasförmigen, fast geruchlosen Kohlenwasserstoff. Er bewirkt ein schnelleres Reifen von Gemüse. Deshalb Äpfel möglichst gesondert lagern. Sonst werden Gurken und Rosenkohl schneller gelb, Blumenkohl oder Kartoffeln verändern sich im Geschmack, Möhren werden bitter.

Apfelbaumgespinstmotte Befall ab VI. Sichtbar durch große Gespinste voller Raupen. Das Laub wird skelettartig zerfressen. Falter erscheinen im VII–VIII. Bekämpfung: → Winterspritzung.

Apfelblattlaus Die Grüne A. befällt vor allem Triebe und die Laubunterseite. Schadbild: Einrollen und Grünbleiben der Blätter. Aus Wintereiern schlüpfende → Blattläuse erscheinen mit Knospenaufbruch. Weite Verbreitung der geflügelten Läuse ab VI. Schadbild der flugunfähigen, aschgrauen Mehligen A.: Einrollen und Vergilben der Blätter, Verkrüppeln von Trieben und Früchten. Bildung von → Rußtau auf der glänzenden, zuckerhaltigen Ausscheidung. Bekämpfung durch eine gründliche → Winterspritzung.

Apfelblütenstecher Ein Rüsselkäfer von 5 mm Länge. Überwintert in der Baumrinde. Nagt im III an Knospen. Später Eiablage in Blütenknospen. Gelblich-weiße Larven (Kaiwürmer) fressen an Staubfäden und Narbe. Schadbild: Braun verfärbter, trockener Blütenansatz. Bekämpfung: → Austriebsspritzung mit Berührungsgiften. → Spritzkalender. Spätblüher werden seltener befallen. → Tafel Schädlinge.

Apfelmehltau Pilzerkrankung: Mehlig-weißer Belag vorwiegend auf Triebspitzen, später auf Stengeln, Laub und Blüten. Späteres Absterben befallener Pflanzenteile. Bekämpfung: Rückschnitt bis auf gesundes Holz, Vor- und Nachblütespritzung mit einem organischen, insektenschonenden → Fungizid. Wenn möglich, kranke Pflanzenteile entfernen und verbrennen. Vorbeugung: → Pflanzenjauche.

Apfelquitte → Quitte.

Apfelsägewespe Eiablage in den Blütenkelch. Jede Larve kann mehrere junge Früchte aushöhlen. Leicht möglich ist eine Verwechslung mit Obstmadenbefall. Schadbild: Spiralförmige Fraßnarben auf verkümmerten Früchtchen. Bekämpfung: Nach Abfall der ersten Blütenblätter mit Spezialpräparaten (Metasystox R, Unden flüssig) ab 22 Uhr nach dem Bienenflug spritzen. → Spritzkalender. Vorbeugung: Baumscheibe kalken. Nachblütespritzung mit → Quassiabrühe.

Apfelschorf → Schorfkrankheit.

Apfelstippigkeit Runde, braun gefärbte Flecke auf der Schale und im Fruchtfleisch. Befallene Äpfel schmecken bitter. Ursachen können sein: falscher Standort (zu feucht und kühl), einseitige Düngung oder sortenbedingte Anfälligkeit.

Apfelwickler, Obstmade Nachtschmetterling, der seine Eier an jungen Früchten ablegt. Weißliche kleine Raupen, die »Obstmaden«, fressen sich ins Kerngehäuse. Befallen wird vor allem Apfel, aber auch Birnen sind gefährdet. → Fallobst beseitigen. Bekämpfung: Stammpflege, Entfernen von loser Rinde, von Flechten und Moosen, die als Schlupfwinkel zum Verpuppen dienen. Fanggürtel aus Wellpappe im VI und VII in 100 cm Höhe um den Baum binden; im Herbst entfernen und sofort vernichten. Obstmadenspritzung nach → Spritzkalender. → Tafel Schädlinge.

Aphrodisiakum Mittel pflanzlichen Ursprungs mit anregenden Wirkungen auf die menschlichen Drüsen- und Hormonfunktionen, wie bereits in alten Kräuterbüchern zu lesen ist. In der Kulturgeschichte haben A., oft auf Aberglauben beruhend, eine Rolle als Liebestrank gespielt. So sollen als A. wirken: Sellerie, Knoblauch, Zwiebeln, Salbei, Thymian, Basilikum, Wacholder, Rosmarin, Petersilie, Bohnenkraut, Spargel, Fenchel, Wiesen-Bärenklau u. a.

Aprikose, *Prunus armeniaca* Anspruchsvolle Steinfrucht. Geeignet vor allem für klimatisch günstige Lagen (Weinbaugebiete). Buschbäume leiden leicht unter Bodenfrösten. Halbstämme und Spalierbäume windgeschützt an die südliche oder südwestliche Hauswand pflanzen, wobei weit vorspringende Dächer eher von Vorteil sind. Stauende Nässe und Regen begünstigen Krankheiten. Boden nährstoffreich, durchlässig und warm. Geeignete Sorten für jeweiligen Standort und spezielles Gartenklima am besten in nahe gelegenen Baumschulen nach Beratung erwerben. → Obsthecke.
Wichtigste Krankheiten: → Mehltau, → Monilia, → Schrotschußkrankheit, → Gummifluß, → Viruskrankheiten.
Schädlinge: → Apfelwickler, → Aprikosenspinner, → Frostspanner, → Goldafter und → Pfirsichmotte.

Aprikosenspinner, Schlehenspinner Verursacht bei gelegentlichem Auftreten meist geringen Schaden. Räupchen können lästig werden durch Fraßschäden an verschiedenen Laubgehölzen. Besondere Bekämpfungsmaßnahmen sind nicht erforderlich. Raupen werden bei der Frühjahrsspritzung der Obstbäume mit vernichtet. → Spritzkalender.

Ar Flächenmaß. 1 Ar = 100 m^2

Aralie, Herkuleskeule, Teufels Spazierstock, *Aralia* Fremdartig anmutendes Gehölz für Ziergärten. Die 3–4 m hohen Stämme sind dicht mit Stacheln besetzt, ebenso die Äste und die Hauptrippe der 40–80 cm langen, gefiederten Blätter. Große, weiße Blütendolden im VIII. Sonne–Halbschatten. Normaler Boden.

Arbeitsgeräte → Gartengerät.

Armleuchtergewächse, Armleuchteralgen Hochentwickelte Gruppe der Grünalgen; bekannteste Vertreter: *Chara-* und *Nitella-* Arten. Unterwasserpflanzen für Gartenteiche, die andere, störende Grünalgen verdrängen. Sauerstoffspender für Fischbesatz. → Algen.

Arnika, Bergwohlverleih, *Arnica* Blütenstaude für naturbelassene Gartenteile, mit gelben Blüten von V–VI. Sonne. Trockener Boden. *A. montana,* für das Moor- und Sumpfbeet, hat große, orangegelbe Blüten im V und VI.

Aronstab, *Arum* Liebhaberpflanze, bis 30 cm hoch, mit weißen, callaähnlichen Blüten von IV–VI. Großes, pfeilförmiges Laub. Roter Fruchtstand oft schon im Hochsommer. Halbschattig bis schattig, auch absonnige Lage unter Gehölzen oder am Fuß des Steingartens auf humosem, feuchtem Boden.
▷ Gute Nachbarschaft mit vielen Waldblumen, niedrigen Farnen und Schattengräsern.

Artischocke, *Cynara* Feinschmeckergemüse oder große, dekorative Zierstaude. Aussaat Anfang II in Zimmerschale oder Gewächshaus. Nur großknospige Jungpflanzen Mitte V mit 1 m Abstand

im Freiland auspflanzen. Sonne, humoser, lockerer Boden. Ab VII erscheinen Blütentriebe. Zum Verbrauch als Gemüse läßt man nur große Knospen stehen. Ernten, wenn äußere Schuppen sich spreizen und innere noch fest geschlossen sind. Als Zierstaude dürfen alle vorhandenen Knospen erblühen. Farben: blau und blauviolett. An geschützter, warmer Stelle bleiben A. im Boden. Für Frostschutz sorgen, der im IV entfernt wird. Andernfalls auf zwei Sprossen zurückgeschnittene Pflanzen in kühlem Raum unter feucht gehaltener Sandschicht überwintern.

Asbestzement Künstliches Steinmaterial aus Asbest und Zement. Unempfindlicher, feuer- und wetterfester Werkstoff zur Herstellung von Pflanzenschalen und -Kübeln, Wasser-, Planschbecken und Sandkästen, Gewächshausplatten, Welldächer usw. Je nach Stärke besteht jedoch gewisse Bruchgefahr. Die hellgraue Farbe läßt sich mit Zementfarbanstrichen überdecken. Vorgefertigte Teile mit Stahlsäge, Bohrer usw. bearbeiten, z. B. für Frühbeeteinfassungen und Rasenkanten. Als Handelsnamen sind Eternit und Fulgurit bekannt.

Asche Die A. von Holz und Papier enthält alle Mineralien, die in der Pflanze vorkommen. Geeignet als Düngemittel. Auf den starken Kalkgehalt von Papier-A. achten! Die A. von Braunkohlenbriketts besteht zumeist aus lehmartigen Mineralien und läßt sich in geringer Menge gut unter leichte Sandböden mischen. Koks- und Steinkohlen-A. sind in der Zusammensetzung ungleichmäßig und enthalten oft störende gröbere Schlacke. Sie wird am besten über den Komposthaufen gesiebt.

Assel Graue bis braune, flache, 1–2 cm lange Tiere, die sich gern an feuchten, dunklen Orten aufhalten: Unter Pflanzenkübeln, Steinen, morschem Holz und lockerer Baumrinde. Schädlich werden sie vor allem im Gewächshaus und in Frühbeetkästen, wo sie die junge Saat und andere weiche Pflanzenteile und zarte Wurzeln fressen.

Assimilation Phase des Stoffwechsels: Die aufgenommenen Stoffe werden zu organischen Substanzen aufgebaut. Im allgemeinen versteht man bei Pflanzen unter der A. den Einbau von Kohlendioxid. Dabei werden mit Hilfe des Sonnenlichts (→ Photosynthese) die energiereichen Kohlenhydrate gebildet, chemische Grundbausteine des Lebens.

Aster, *Aster* Dankbare, reichblühende Staude, 10–180 cm hoch, in vielen Arten und allen Farbtönen. Blütezeit von Frühjahr bis Frosteintritt. Sehr haltbare Schnittblumen. Staudenkataloge führen ein reichhaltiges Angebot zur vielseitigen Verwendung in jedem Gartenteil. Meist sind die Sortimente in drei Gruppen aufgeteilt:
Frühlings-A.: Blütezeit von V–VI, 10–50 cm hoch, in den Farben weiß, blau, verschieden rosa, rote, violette und lila Töne. Zu diesen gehört auch die Alpen-A., *A. alpinus,* für → Trockenmauern und → blühende Steine.
Sommer-A.: Blütezeit VII–IX, ca. 30–80 cm hoch, vor allem in blauen, bioletten und rosa Tönen. Die Wildstaude *A. linosyris,* 60 cm hoch,

blüht in goldgelben Blütenständen von VIII–IX. Herbst-A.: Blütezeit von IX–XI, ca. 20–180 cm hoch, in weiß, lachs, roten, rosa, blauen, lila und violetten Tönen, mit einfachen, halb und vollgefüllten Blüten.
Stauden-A. eignen sich für bunte Blumenbeete und Rabatten; niedrige Sorten als Einfassungen, für Steingärten, Mäuerchen und Rabatten. Kissen-A. *(A. dumosus)* als Einfassungen für → Staudenwiesen und Steingärten. Rasig wachsende, wie die 10 cm hohe *A. andersonii,* vor allem im Alpinum. Luftiger, sonniger Standort wirkt vorbeugend gegen Krankheiten. → Mehltau. Glattblatt-A. wie *A. novi-belgii,* vertragen auch Streuschatten. Für alle Arten nahrhaften, durchlässigen Boden wählen. Reichlich wässern, nach einigen Jahren werden manche Sorten infolge → Bodenmüdigkeit kleiner in Wuchs und Blüte. Wuchsrückgang auch in verunkrautetem Boden. Zwischen Staudenastern nur flach jäten; durch Hacken werden Wurzeln leicht verletzt.
Vermehrung: Wurzelteilung nach der Blüte. Vorher Stiele stark einkürzen, um Neutrieb anzuregen. *A. alpinus* kann auch aus Samen gezogen werden. Bei geplanter Neupflanzung möglichst Topfballengewächse von welkeresistenten Sorten erwerben.
Auch von den einjährigen A., den Sommer-A., *Callistephus chinensis,* sollte man nur welkeresistente Sorten aussäen oder als Topfballenpflanzen kaufen. Blütezeit: Sommer bis Frostbeginn. Wuchshöhe 20–80 cm. Sorten gefüllt und einfach in allen Farben. Aussaat III und IV ins Frühbeet. Auspflanzen Anfang V an sonnigen Ort in kräftige Erde. Abstand: zwergige Sorten 25 cm, mittelhohe 35 cm, hohe 45 cm. Soeben aufblühende Pflanzen lassen sich noch willig versetzen. Gärtnereien bieten ab V Topfballengewächse an. In Trockenzeiten gut wässern. Für gelegentliche Düngegüsse dankbar.

Astern-Gelbsucht Durch Insekten übertragene → Viruskrankheit. Wachstumshemmung, verfärbte Blütenblätter, verkrüppelte Staubfäden und Stempel. Schmale, steil aufrechtstehende Blätter.

Asternkräuselkrankheit Ursache: Blattläuse und Blattwanzen. Bekämpfung mit systemischen → Insektiziden. → Blattläuse, → Blattwanzen.

Asternwelke Pilzerkrankung im Stengel. Bewirkt rasches Absterben befallener Einzelpflanzen. Kranke Gewächse ausheben und verbrennen. Einsatz von systemischen → Fungiziden. Welkeresistente Sorten pflanzen. Stickstoffgaben mindern, Kalkzufuhr erhöhen.

Astilbe → Prachtspiere.

Astschere Spezialschere (günstige Hebelwirkung durch lange Griffe) zum → Auslichten von Gehölzen. → Tafel Gartengerät.

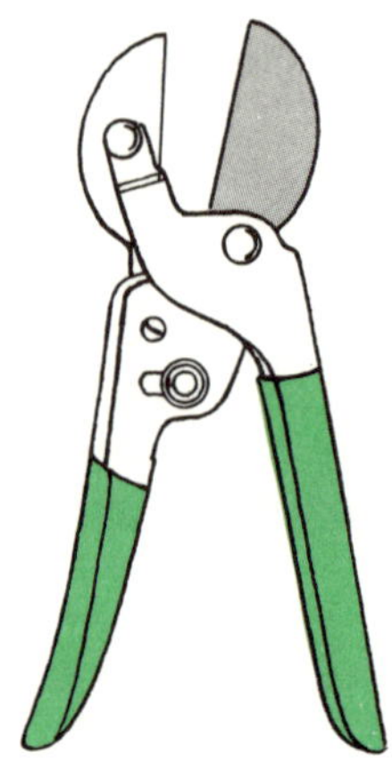

Atemgift Wirkstoff bestimmter Pflanzenschutzmittel. Dringt als Gas in die Atemwege der Schädlinge ein. Vorsicht beim Ausbringen von A.! Mund und Nase schützen. → Gift.

Atriumgarten Erweiterter Wohnraum der Familie auf wenig Grundfläche, oft nur etwa 50 qm; allgem.: Zwischen Mauern geschützter Freiraum.

Beispiel für einen gut gestalteten Atriumgarten.

In altrömischen Häusern war das Atrium ein Hauptwohnraum, in dem auch der Herd stand. Durch die Oberlichtöffnung wurde Regenwasser in einem Becken aufgefangen. Ein Raum mit wenig Sonneneinfall also, der sich als Garten nur bedingt eignete. Ihn ersetzte das Peristyl, ein gartenartig ausgestalteter Hof innerhalb des Hauses. Diese Idee griff die moderne Architektur bei der Flachdach- und Teppichbauweise wieder auf. Die gärtnerische Gestaltung des A. verlangt sorgfältige Planung. Sitzplätze zum Aufenthalt in der Morgen-, Mittag- und Abendsonne einplanen! Kleine Bodenplatten wie → Klinker oder Pflaster passen sich leichter an, helles und rotbraunes Baumaterial wirkt freundlicher und wärmer. Durch richtige Planung ausreichend befestigte Sitzplätze und Pflanzbeete schaffen. Die Pflanzbeete mit Erde .auffüllen und dann nach Plan Gräser, Sträucher, Zwergbäume, Blütenstauden, niedrige Blumenpolster u. ä. einpflanzen. Für Wohnrasen trittfeste Sorten wählen. Wasserbekken oder Tröge spenden notwendige Luftfeuchtigkeit für Garten und Bewohner. → Wasser im Garten. Solitärgehölze mit schattenspendender Krone sollten den Proportionen des Freiraumes im A. entsprechen. Blühende Kletterpflanzen verdecken kahle Wände; Stauden, Gräser und Sommerblumen – stufig hintereinander aufwachsend – füllen Ecken aus und tragen zur Raumbildung bei. → Dachgarten.

Aubergine, Eierfrucht, *Solanum melongena* Kultur ist nur im Frühbeet, im Gewächshaus oder unter Folienschutz lohnend. Märzaussaat in Schalen, gefüllt mit Einheitserde. Keimung bei 15–18°. Keimblatt-Sämlinge in kleine Töpfe set-

zen und 4 Wochen später nochmals umpflanzen. Mitte V kommen die Ballenpflanzen in sonnige, belüftbare Frühbeete. Erde locker und nahrhaft. Öfter nachdüngen. A. sind wärmebedürftiger als Tomaten oder Paprika. Dunkelviolett glänzende Früchte sind erntereif.

Auffrierschäden kommen nur selten in sandigen Böden vor, öfter dagegen in lehmhaltiger Erde. Der Frost hebt Pflanzen aus dem Boden, und ihre Wurzeln verdorren in trockener Luft. Betroffen sind vor allem Topfballengewächse (→ Container) und flachwurzelnde Stauden nach Herbstpflanzung. In solchen Fällen für den ersten Winter die Wurzelballen vorbeugend mit Steinen beschweren oder die Pflanzstellen mit → Daxen usw. beschatten, um die austrocknende Wirkung von Wind und Sonne abzuschwächen. In älteren Pflanzungen entstehen A. in feuchten Wintern durch Barfrost. Hier sofort nach der Schneeschmelze die aufgefrorenen Erdstellen zurückdrücken. Bei tiefwurzelnden Steingartengewächsen entstehen Hohlräume rund um den Wurzelhals. Hier neue Erde aufschütten, gut andrücken oder → einschlämmen. Für Aussaaten liegt die Gefahr darin, daß in aufgefrorenen Erdschichten an warmen, sonnigen Föhntagen die jungen Pflanzen vertrocknen.

Auflaufschäden, Saatschäden Verluste, die nach dem Keimen (Auflaufen) der Saat entstehen. Ursachen: 1. Nichtbeachtung der → Keimgewährzeit auf der Samentüte. – 2. Vogelfraß nach → Raseneinsaat oder im Gemüsegarten an → Erbsen, → Bohnen usw. – 3. Bei → Rasensaat Schäden durch zu frühe oder zu reichliche Gaben anorganischer Düngemittel. Sichtbar durch flächenweises Braunwerden und Abwelken der jungen Pflänzchen. Ein ähnliches Schadbild zeigt sich beim Austrocknen der oberen Bodenschichten, besonders in Landstrichen mit längerer, trockenwarmer Föhnperiode im Frühjahr. Abhilfe durch gleichmäßige → Bewässerung. – 4. Bodenschädlinge können durch Wurzelfraß und Bodenpilze durch Fäule junge Pflanzen vernichten.

Aufplatzen von Früchten Ursachen: 1. Wachstumsstockung durch unregelmäßige Wasseraufnahme, wie sie nach langer Trockenheit bei einer Regenperiode gegeben ist. Vorbeugung: regelmäßig gießen, oder bei rasch austrocknendem Boden einen → Gießrand graben. Feuchthalten der Erde durch → Mulchen. – 2. Bei Kernobst können Risse bereits in der unreifen Frucht entstehen als Folge von → Schorf oder Verbrennung durch Spritzmittel. – 3. Überreife Früchte platzen manchmal bei Lagerung in trockener Luft. Dann schnell verwenden, notfalls als Kompott, besonders → Kirschen.

Aufschießen → Schießen.

Augen, Schlafende A. → Adventivknospen.

Augenstecklinge Vor allem bei Rebengewächsen wird im Herbst oder Winter aus reifem Holz ein 3–5 cm langes Stück mit einem Auge herausgeschnitten. Das kleine Zweigstück auf der

Rückseite in Höhe des Auges entweder mit scharfem Messer bis zum Mark spalten, oder einen schmalen Rindenstreifen entfernen. Dann bis zum Auge in sandige, nahrhafte Erde stecken, feucht halten.

Aurikel, Felsaurikel, Alpenaurikel, *Primula auricula* Alpine Pflanze, 15 cm hoch, mit goldgelben, duftenden Primelblüten von V–VI. Die dickfleischigen Blattrosetten sind oft mehlig bereift. Im → Steingarten am besten Ost- oder Südostlage. Gute Benachbarung mit Alpenveilchen, Steinbrechgewächsen und Steinfederfarn. Boden: kalkhaltig, durchlässig, lehmig, auch mit Schotter durchsetzt. Felsaurikel gedeihen gut in Mauerfugen und eignen sich zum Bepflanzen von → blühenden Steinen und Trögen. Bunte Gartenaurikel → Primeln. → Trockenmauer.

Ausdauernd → Perennierend.

Ausdünnen, Auslichten, Verziehen 1. Herausschneiden oder Ausziehen von → Sämlingen bei zu dicht aufgegangener Blumen- oder Gemüsesaat, um genügend Wuchsraum für kräftige Jungpflanzen zu schaffen. – 2. Zu dichten Fruchtbehang an Obstbäumen auspflücken. Faustregel: Mindestabstand zwischen zwei Früchten ca. 10 cm. Kernobst im VI ausdünnen, Pfirsiche Anfang VII. – 3. Herausschneiden einzelner Blütenzweige (für die Vase) an Obstbäumen. Diese Maßnahme erspart oft das Ausdünnen der Früchte. → Auslichten.

Ausgeizen Bei Fruchtgemüsen (Tomaten) in den Blattwinkeln entstehende Nebentriebe (Geiztriebe) entfernen. Vorsichtiges Ausbrechen mit der Hand beugt Krankheitsübertragung vor. Nicht Schere oder Messer verwenden. A. steigert Qualität und Größe der Früchte. → Entgeizen, → Tomaten, → Tomatenjauche.

Ausläufer Flächige Selbstvermehrungsart von Stauden oder Gehölzen durch → Wurzelausläufer oder Rankenbildung. → Ableger, → Abranken, → Bodendecker.

Auslichten Notwendiger Pflegeschnitt für Gehölze. Entfernt werden zu dicht stehende

Zweige, nach innen wachsende Triebe und Äste, die sich bei Wind aneinanderreiben. Schnitte → einzelne Pflanzenarten.
Auslichtezeiten: Nadelgehölze kurz vor Austrieb, meist im V, oder nach Ausreifen der Jahrestriebe im VIII und IX; die meisten Laubgehölze in der blattlosen Zeit, von X–III; Fruchtzierende Gehölze im Frühling kurz vor dem Austrieb; Ziersträucher mit Frühlingsblüten sofort nach dem Abblühen, da die Bildung der Knospen oft schon im Spätsommer oder Herbst beginnt. Dazu zählen Forsythien, Flieder, Zierobst.

Auspflanzen 1. Umsetzen von Jungpflanzen aus einem Anzuchtbeet oder Frühbeetkasten an den endgültigen Standort. – 2. Einsetzen von → Topfballengewächsen. → Containerpflanzen. Ausgepflanzt wird möglichst bei feuchter Witterung oder an sonnenarmen Tagen. Während Schönwetterperioden kurz vor Sonnenuntergang pflanzen, damit die Gewächse sich in der Nachtkühle erholen. In jedem Fall gut andrücken und → einschlämmen.

Aussaat Einbringen von Saatgut in die Erde. Entweder direkt ins Freiland oder in Frühbeetkästen, Schalen, → Torftöpfe und Hobbygewächshäuser. → Anzucht, → Breitsaat, → Reihensaat, → Rillensaat, → Dibbelsaat, → Pillensaat, → Freilandaussaat.

Austriebsspritzung Bekämpfung überwinternder, tierischer und pilzlicher Schäden in der Zeit vom Schwellen bis zum Aufbruch der Knospen. → Pflanzenschutz.

Auswintern Schädigender Vorgang, der allgemein durch den Winter bedingt ist, im einzelnen aber auf verschiedene Einflüsse zurückzuführen sein kann:
1. Absterben von Pflanzen durch → Barfröste. –
2. Verfaulen der Pflanzen in nassen Wintern. –
3. Frostbedingtes Herausheben im Herbst eingesetzter Topfballengewächse.

In schneereicher Lage oder klimabegünstigten Landstrichen ist ein A. selten. → Auffrierschäden.

Azalee, *Azalea* → Rhododendron.

B

Bacillus thuringiensis Bakterienart, die in Form verschiedener Präparate (Biotrol, Thuricide) zur biologischen Schädlingsbekämpfung eingesetzt wird. Ungefährlich für Menschen und viele nützliche Insekten, wie z. B. Bienen, erzeugt aber bei Raupen eine tödliche Darminfektion. Keine → Wartezeiten. Anwendung nach Vorschrift auf der Packung. Z. Z. im Handel: Gegen Kohlweißling, Kohlschabe und Kohleule: Thuricide HP, CME, SAN, Dipel, ASU, Tarsol. Gegen Goldafter, Kleiner Frostspanner, Ringelspinner, Knospenwickler und Schwammspinner an Kern- und Steinobst: Thuricide HP. Gegen Gespinstmotten an Obst- und Ziergehölzen: Dipel, ASU, Tarsol und SCH.

Bärenklau, *Acanthus* Schmuckstaude mit ornamentalen Blättern für Einzelstellung, Staudenbeet und naturnahe Pflanzung. Blütenähren, auch für Schnitt, im VII und VIII. Sonne. Normaler bis schwerer Boden. Nicht verwechseln mit *Heracleum,* im Volksmund ebenfalls B. genannt! A. *longifolius:* ca. 100 cm hoch, spitzes Blattwerk, stark gelappt. Lange Blütenähre, weißrosa, dicht besetzt. A. *mollis:* 80–150 cm hoch. Große, bis 60 cm lange, stark eingeschnittene Blätter. Blütenähre locker, weiß mit lila Zeichnung.

Bärwinde, *Calystegia* Kletterstaude, ca. 2–3 m hoch, zur Berankung von Lauben, Mauern, Sitzplätzen, Terassen- und Balkonwänden. Starke Ausläuferbildung, daher möglichst in Kübel oder Kästen pflanzen. Bis 5 cm breite, langgestielte, gefüllte Röschenblüten von *C. pubescens* erscheinen in großer Fülle von VI–IX. *C. dahurica,* die Taurische Bärwinde, hat ungefüllte, dunkelrote Windenblüten. Sonne. Normale, nahrhafte Erde. In ungünstigen Lagen nicht unbedingt winterfest. Von notwendigem Frostschutz abgesehen, hier vorsichtshalber im Herbst einige Wurzeln ausgraben und im Haus kühl, trocken, unter Sandeinschlag überwintern.

Bakterien im Boden Reiches Bakterienleben fördert die Bodengare, verbessert Struktur und Nährstoffhaushalt, macht Böden fruchtbar und ist die grundlegende Voraussetzung für den biologisch-dynamischen Pflanzenbau. Es gibt Bakterienpräparate, die über den Boden gespritzt oder dem Kompost zugesetzt werden. B. werden auch gefördert durch Mulchdecken aus Pflanzenmaterial und Kleinlebewesen im Boden. → Bodenprofil.

Bakterienkrankheiten Bakterien sind Wundparasiten. Sie überwintern im Boden, auf infizierten Knollen, Samen und erkrankten Pflanzenresten. Verbreitung durch Wind und Regen, Insekten und Schnecken. Ebenso können durch Arbeitsvorgänge wie Zurückschneiden, Entfernen von Pflanzenteilen oder andere Pflegemaßnahmen, bei denen Verletzungen an Pflanzen entstehen, B. übertragen werden. Bakterien dringen durch die Wunden in die Gewächse ein. Die Anzeichen eines Befalls äußern sich als Krebsgeschwulst, vor allem an Wurzeln und Wurzelhals von Sträuchern und Bäumen, als Wurzelkropf an Himbeeren und Brombeeren, als Blattgallen, sichtbar durch Bildung einer weichen, oft kraus wuchernden Masse am Stengelgrund. Andere Bakterien leben in den Leitungsbahnen der Pflanze, stören die Saftzirkulation und verursachen Welkeerscheinungen. Symptome für die Bakterienfäule, unter denen Rhizompflanzen zu leiden haben, sind faulignasse Wurzelstöcke. Abhilfe kaum möglich. Bakterienkranke Pflanzen ausgraben und nach Möglichkeit im Ofen verbrennen. Vorbeugung: → Desinfektion von Saatgut oder Erde. → Beizen, → Bodendesinfektion, → Meerrettich, → Tafel Pflanzenkrankheiten.

Balkon Das Pflanzensortiment für einen B. richtet sich nach Lichteinfall, Sonnenbestrahlung und Windrichtung. Die Tragfähigkeit der B.-Konstruktion entscheidet über Größe und Gewicht der erdgefüllten Pflanzenkübel. Steht wenig Innenraum zur Verfügung, dann hohe Pflanzvasen verwenden oder mit hochrankenden Blumen in Kästen auf dem Boden für Wandbedekkung sorgen. Vieles, was im Garten wächst, läßt sich mit Fantasie und Geschick auch auf dem B. halten. → Balkonblumen, → Balkonkästen, → Winterbalkon, → Einjahresblumen, → Troggarten, → Wasser im Garten.

Balkonblumen Erde, Düngung, Pflege: Am einfachsten ist es, käufliche Einheitserde zu verwenden. Wer einen Garten hat, mischt Balkonblumenerde selbst: Im Herbst je einen Teil Gartenerde, gut verrotteten Kompost und gedüngten Torf mischen und einige Hände voll Sand dazugeben. Aufgehäuft im Freien überwintern lassen. Durch Frosteinwirkung Zerfall in lockere Krümel. Zur besseren Durchlüftung können im Frühling → Styroporflocken hinzugefügt werden. Austrocknen darf die Erde im Balkonkasten nie! Düngen nur nach vorherigem Wässern von II bis VIII im Abstand von 14 Tagen. Düngewasser nie auf Blüten und Blattwerk sprühen, sondern in dünnem Strahl zwischen den Pflanzen knapp über der Erde verteilen. Verwelkte Blumen mit dem Kelch entfernen, um Samenansatz zu vermeiden und die Blühfreudigkeit zu fördern. → Abhärten. Volle Sonne vertragen Buschgoldlack, Buschnelken, Buschwicken, Fuchsschwänze, Geranien, Kapuzinerkresse, Leberbalsam, Lobelien, Pantoffelblumen, Petunien, Prunkbohnen, Ringelblumen, Salvien, Stiefmütterchen, Studentenblumen, Tausendschönchen, Trichterwinden, Verbenen, Zwergastern, Zwergbalsaminen, Zwergdahlien. Im Halbschatten an Ost- oder Westseite blühen die vorgenannten Pflanzen weniger reich. Für diese Lage eignen sich besser Begonien, Buntnesseln, Fuchsien, Hängenelken, Hornveilchen.

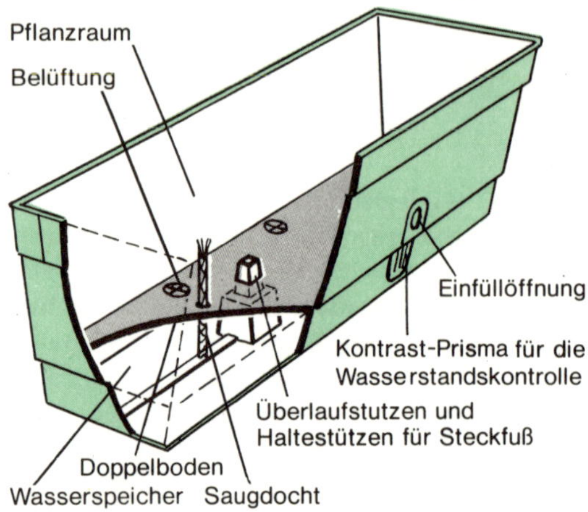

Balkonkasten mit automatischer Wasserversorgung (Oase-Eldorado Bewässerungssystem).

Balkonkästen Kästen aus Kunststoffmaterial halten die Erdfeuchtigkeit wesentlich länger als Holz- oder Tonkästen. Hier seltener – und nur nach Prüfung der Bodenfeuchte – gießen. Schaumstoffkästen wirken isolierend und gleichen Temperaturschwankungen aus. Es gibt auch Kunststoffkästen mit einem mehrere Liter fassenden Wassereinsatz. Durch dicke Dochte steigt die Nässe in die Erde des Pflanzabteils. B. mit Sommerblumen im Herbst gründlich reinigen. Blumenzwiebeln zur Frühlingsblüte in neue Erde setzen und im Freien unter Schnee überwintern lassen. Tulpenblüte von II–IV, wenn die Balkonkästen auf eine gedeckte Veranda oder geschützte Terrasse gestellt werden. → Winterbalkon.

Ballenpflanzen Gehölze oder große Stauden mit eingebundenem Wurzelballen (s.Zeichnung).

Nach dem Eintreffen an schattigem Ort unterbringen und gut durchwässern. Pflanzloch in doppelter Ballengröße ausheben; Bodengrund gut lockern, mit Torf vermischen. Den Knoten des Ballentuches aufbinden oder abschneiden. Das Gewächs ohne oder mit aufgeschlagener Umhüllung mitten ins Pflanzloch stellen. Mit Erde auffüllen und festtreten, dann → Einschlämmen. Zum Feuchthalten → Mulchen oder eine mehrere Zentimeter dicke, nasse Torfschicht auflegen. Drahtgeflechte verrotten ebenso wie Ballentücher. Sind die Wurzeln aber mit Folie umwickelt, muß diese vor dem Einpflanzen entfernt werden. → Einschlag.

Ballonblume, *Platycodon* Eine dankbare, anspruchslose, ausdauernde Staude, 15 bis 60 cm hoch, mit bläulich-grünem Laub. Von VII bis X werden aus ballonförmigen Knospen zipflige Glockenblüten in Perlmuttrosa, Weiß und verschiedenen Blautönen. Sonne bis Halbschatten, normaler Boden. Gute Nachbarschaft mit niedrigen Teppichblühern wie Sedum-Arten, zierlichen Gräsern, Sonnenröschen und gelbblühenden Fingerkräutern. Vermehrung: Freilandaussaat ab IV. Auf 30 cm Abstand ausdünnen oder umsetzen.

Balsamine, Springkraut, *Impatiens* Einjahresblüher, 30–150 cm hoch. Blüht von VI bis Frosteintritt in allen Farben außer in Gelb. Zwei Samenkörner ab IV in kleine Töpfe streuen. Um kräftige Ballenpflanzen zu erhalten, später die schwächere Pflanze wegschneiden. Nach den Eisheiligen mit 15–20 cm Abstand an Ort und Stelle setzen. Die große B., *I. glandulifera,* eignet sich gut zur Zaunbepflanzung oder für naturbelassene Gartenteile in Sonne und Halbschatten. Aussaat ab IV an Ort und Stelle. Auf 30–40 cm Abstand ausdünnen. Später samt sie sich von selbst aus.

Bambus, *Pseudosasa* Sumpfgras für den Rand des Gartenteiches, beheimatet in Ländern mit langen, warmen Sommern. In rauhem Klima leidet es unter → Barfrost. In geschützter Lage, unter hohem Schnee oder in klimatisch günstigen Landstrichen übersteht es den Winter meist gut. *P. japonica,* 2–3 m hoch, hat glänzend grünes,

So setzt man Ballenpflanzen richtig ein.

lang zugespitztes Laub. *Arundinaria pumila,* Zwergbambus. 40 cm hoch. Beide sind immergrün. Sonne–Halbschatten. Feuchter oder sumpfiger Boden. → Chinarohrgras, → Chinaschilf.

Bandblume, Greiskraut, *Ligularia* 100–180 cm hochwachsende Stauden mit ornamentalem Blatt. Gelb- oder rötlichorangefarbene Blüten von VII–X. Fast alle lieben hohe Luftfeuchtigkeit, wie sie rund ums Wasserbecken gegeben ist. Eine Ausnahme macht *L. przewalskii,* 100 cm hoch, mit geschlitztem Blatt und gelben Blütenähren. Sie gedeiht in jedem Boden und paßt vor allem in naturbelassene Gartenteile. Sonne, auch Streuschatten. Boden tiefgründig, humos und feucht, sonst wirken B. kümmerlich. Vermehrung: Staudenteilung im Frühling. *L. przewalskii* mit Samen durch Frühjahrsaussaat.

Bandgras → Glatthafer.

Bankbeete Zwischenbeete, die in einem Gewächshaus in entsprechender Höhe zwischen Boden und Tischbeeten liegen. Auf B. werden höher wachsende Zimmerpflanzen untergebracht. Auch im Freien sind B. in Verbindung mit Gebäuden, Mauern und Treppen möglich.

Barbarazweige Um den 4. Dezember, dem Barbaratag, geschnittene Zweige von Kirschen, Pflaumen, Zierpflaumen, Äpfeln, Haselnüssen, Weiden, Erlen, Forsythien, Japanischen Quitten, Blutjohannisbeeren. Erblühen willig bis zum Weihnachtsfest. In sehr warmen Räumen trocknen die Knospen manchmal ab. Deshalb kühleren Ort zum Aufblühen wählen. Am besten werden Zweige genommen, die beim → Obstbaumschnitt oder → Auslichten der Sträucher sowieso fallen müßten. Allerdings sollten sie dicht mit Knospen besetzt sein. Je mehr Frosteinwirkung vor dem Schneiden, um so williger erblühen die Knospen. Ab Januar ausgelichtete Zweige blühen ebenfalls in Zimmerwärme oder treiben grünes Laub. Hierfür eignen sich vor allem Forsythien, Kastanien, Kirschen und Birnen.

▷ Zweige in der Vase zur Erhöhung der Luftfeuchtigkeit von Zeit zu Zeit absprühen.

▷ Legt man B. nach dem Schnitt mehrere Stunden in ein bis 35° C warmes Wasserbad, blühen sie früher auf.

Barfrost, Kahlfrost Frosteinwirkung auf Pflanzen ohne schützende Schneedecke. Besonders wintergrüne Pflanzen leiden empfindlich, wenn in warmen Spätwintern vorzeitiger Saftanstieg einsetzt. Gehölze, Stauden und Wintergemüse sollten in diesem Fall abgedeckt oder wenigstens beschattet werden. Wurden im Herbst gepflanzte Nadelgehölze vor Wintereinbruch mit Verdunstungsschutz übersprüht, kann Sonnenstrahlung wenig schaden. Im Frühling platzt der Kunststoffilm von selbst wieder ab. → Auswintern.

Bartblume, *Caryopteris clandonensis* Ziergehölz, 1 m hoch, mit duftendem Laub und leuchtend blauen oder blauvioletten Blüten im Herbst. Sonne. Normaler Boden.

Bartfaden, *Penstemon* Langzeitblüher, 10 bis 100 cm hoch, mit Blütenrispen in Rosa, Rot, Lila, Orange oder Blau von V–IX. Durch ständigen Rückschnitt mehr Blütenfülle. Schnittblume für Sommersträuße. Niedrige Arten für Steingärten: *P. coloradensis* mit lila Blüten, *P. glaucus* in Schwarzviolett und *P. pinifolius* mit orangeroten Blüten. Sonne. Boden sandig-humos, nicht zu trocken. Vermehrung durch Teilung des Wurzelstocks im Frühjahr oder kurz nach der Blüte. Besonders prächtig ist der einjährige B., ca. 70 cm hoch; blüht von VI–IX in Weiß und in rosa, roten und blauen Farben. Manche Blüten sind bunt gezeichnet, getigert, oder haben einen weißen Schlund. Die Blütenschönheit leidet unter Regen. Neusaat im Februar in Fensterkästen oder gleich in Töpfe. Ballenpflanzen nach den Eisheiligen an Ort und Stelle setzen.

▷ In günstigem Klima oder nach milden Wintern kann diese Tropenpflanze erneut austreiben, wenn sie im Herbst nicht abgeschnitten wurde.

Bartnelke, *Dianthus barbatus* Zweijahresblume, 30–60 cm hoch. Blüten in Rot, Rosa, Weiß, Lachs und auch zweifarbig von VI–VIII. Wertvolle Schnittblume. Aussaat im VI in leeren Frühbeetkasten oder auf geschütztes Anzuchtbeet. Jungpflanzen auslichten. Die kräftigsten Pflanzen im Herbst auf vorgesehenen Platz setzen. Um Ausfällen vorzubeugen, Winterschutz geben. Sonne. Normaler nahrhafter Boden.

Basilikum, *Ocimum basilicum* Ein einjähriges Würzkraut, 30–60 cm hoch, stark aromatisch. Universalgewürz für Suppen, Gemüse, vor allem zu Tomaten, für Rohkost, Fleisch und Fisch. Zusammen mit Bohnenkraut und Rosmarin zur Diät als Pfefferersatz. Nach den Eisheiligen mit Reihenabstand von 25 cm an Ort und Stelle aussäen. Vor der Blüte Vorrat schneiden und ein zweites Mal vom neuen Austrieb. Portionsweise tieffrieren. Auch getrocknet verwenden. Kleinblattriges B. verlangt sonnigen Standort, großblättrige Sorten dagegen gedeihen auch an rauheren Stellen. Nährstoffreicher Boden. → Tafel Würz- und Heilkräuter.

Bastard → Hybride.

Bastardindigo, *Amorpha* Anspruchsloser Zierstrauch, 1–6 m hoch; faltet am Abend sein gefiedertes Laub zusammen. Die violettblauen Blütenrispen von V–VI werden gern von Schmetterlingen besucht. Wegen spätem Blattaustrieb möglichst zwischen andere Büsche setzen. Sonne. Trockener Stand.

Baugenehmigung Aufgrund von Baurecht, Vorschriften und Gesetzen über die Nutzung von Grund und Boden bedürfen Baumaßnahmen, auch Veränderungen, der baupolizeilichen Genehmigung. Deshalb die kostenlose Auskunft beim zuständigen Bauamt der Stadt oder des Landkreises in Anspruch nehmen, damit späterer Ärger erspart bleibt. Manchen Gartenbesitzern ist kaum bekannt, daß vielerorts auch Gartenhäuschen, Geräteschuppen, Zäune, Garagen und manche Gewächshäuser von Bauämtern zu den Gebäuden gerechnet werden, wenn sie z. B. 2,50 m Firsthöhe überschreiten oder näher als 4,00 m an einer Grenze stehen. In vielen Fällen genügt die einfache Bauanzeige bei der Bauaufsichtsbehörde. Ein B.-Verfahren wird nur dann eingeleitet, wenn nach den gesetzlichen Vorschriften des jeweiligen Landes das Bauvorhaben die gesetzte Grenze überschreitet.

Baumband Statt Draht, Kokosstricke, alte Fahrradschläuche oder ausgediente Perlonstrümpfe

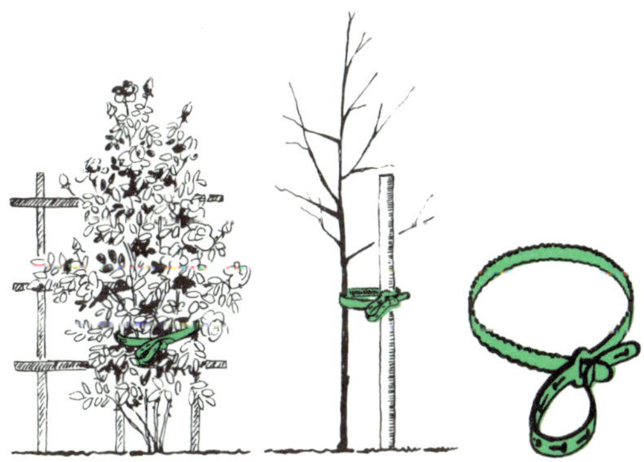

zu verwenden, nimmt man besser eines der verstellbaren Baumbänder aus Kunststoff, um Kletterrosen aufzubinden, Sträucher und Stauden zusammenzuhalten oder frisch gepflanzte Gehölze mittels Stützpfahl gegen Witterungsunbill zu schützen.

Baumbürste, Rindenbürste, Baumkratzer Handgerät zum Rindenreinigen und → Abkratzen der Stämme. → Baumpflege.

Baumhasel, *Corylus colurna* Langsamwachsender industriefester Baum bis 20 m hoch. Grauweiße, korkige Rinde. Geschlossener pyramidaler Kronenaufbau. 12 cm lange, männliche Kätzchen von II–III. Goldgelbe Herbstfärbung. Sonne–Halbschatten. Trockener Stand auf lehmigem Boden.

Baumkratzer → Baumbürste.

Baummörder, Baumwürger, *Celastrus* Anspruchsloses Schlinggewächs bis 10 m Höhe, für Lauben, → Pergolen, Mauern, Wände, abgestorbene Bäume und zum Verdecken hoher Masten oder Pfeiler. Spanndraht zum Halten reicht aus. Spitz zulaufendes, eirundes Laub und blaßgrüne Blüten. Auffallender, gelber Fruchtbehang mit scharlachrotem Samenmantel von X bis tief in den Winter hinein. Sonne–Halbschatten. Normaler, durchlässiger Boden.

▷ Männliche und weibliche Pflanze zusammensetzen, oder Zwitterzüchtung erwerben.

Baumpaeonie → Pfingstrose.

Baumpflege Jährlich mindestens zweimalige Kontrolle der Obstbäume und wertvoller Ziergehölze. Totes Holz entfernen. Regelmäßigen → Obstbaumschnitt durchführen. Entstandene Wunden mit → Baumwachs überstreichen. Zwischen X und III die Stämme mit Baumbürste säubern. → Abkratzen. → Fruchtmumien absammeln und verbrennen. Im Spätsommer → Leimringe anlegen und im III entfernen. Auf Tierschutz achten. → Winterspritzung, → Fällen von Bäumen, → Fanggürtel, → Baumstumpf, → Absägen.

Baumsägen Besonders geformte Sägen und besonders geschränkte Sägeblätter zum Ausschneiden von Ästen und Zweigen. Dazu gehören Bügelsägen mit drehbarem Sägeblatt, Stichsägen verschiedener Art und der Fuchsschwanz.

Baumscheibe Freie Bodenstelle rund um den Baumstamm. Notwendig zur besseren Wasser- und Nährstoffaufnahme. Baumscheiben können mit → Lochpflaster- bzw. Rasengittersteinen abgedeckt werden sowie mit Kies oder größeren Kieseln. Im Ziergarten B. nicht frei halten, sondern flach wurzelnde Bodendecker, Zwiebelblumen oder Einjahresblüher um die Bäume pflanzen. Kapuzinerkresse wehrt Blutläuse ab, Fingerhut begünstigt die Fruchtbildung und Moniliabefall läßt sich durch Pflanzen von Meerrettich eindämmen. → Düngelanze, → Lochdüngung, → Kronentraufe, → Mulchen.

Baumschläfer → Gartenschläfer.

Baumschule Spezialgärtnerei für die Vermehrung und Anzucht von Gehölzen, teils spezialisiert, teils mit einem umfassenden Sortiment, einschließlich Stauden. Die meisten B.-Gärtner sind dem »Bund deutscher Baumschulen e. V.« (BdB) angegliedert. Gründung 1907 in Mannheim. Das Markenetikett BDB garantiert dem Käufer beste Qualität und sortenrichtige Ware durch Selbstkontrolle aller dieser Vereinigung angeschlossenen Baumschulen.

Baumschutzverordnung Zuständig für den Erlaß sind die Gemeinden und Städte. Regierungen einzelner Länder verschicken Musterverordnungen an die Landkreise, welche im einzelnen von diesem Mustertext auch abweichen können. Eine grundsätzliche Höhe für das Nichtfällendürfen eines Baumes ist nicht festgelegt, aber der Stammumfang spielt eine Rolle. Deshalb vor dem Fällen größerer Bäume sich mit Gemeinde oder Landratsamt bzw. Stadtverwaltung in Verbindung setzen. Beispiel: München hat als Grenze für die Erlaubnispflicht einen Stammumfang von 80 cm in 1 m Höhe festgelegt. Gesetzliche Grundlage für den Erlaß in Obb. ist Art. 12 Abs. 2 des Bayer. Naturschutzgesetzes. → Fällen von Bäumen.

Baumstumpf als Gartenschmuck 1. Brauchbar als Sockel für Troggärten, Blumenschalen, Seerosenbecken oder Vogeltränken. – 2. Zum Bepflanzen, B. größeren Durchmessers aushöhlen. Innenwände mit Holzschutzmittel zweimal streichen und einziehen lassen. Danach wasserdichten Überzug geben, z. B. mit Polyesterharz. Der Boden erhält keinen Anstrich, damit Gieß- und Regenwasser absickern können, wenn der ausgehöhlte Stumpf bepflanzt ist. Als Drainageschicht 10 cm hoch Kieselsteine einfüllen und darauf Gartenerde schichten. Zusätzlich zum besseren Wasserabfluß in Höhe der Erdschicht mehrere Seitenlöcher bohren. – 3. Wird der ausgehöhlte B. ganz mit wasserdichtem Material ausgestrichen, kann er als Sumpfbeet, Moorbeet oder Vogeltränke Verwendung finden.

Baumstumpf-Vernichtung Im Frühling vorzunehmende Zerstörung des Holzes. – 1. 25–30 cm tiefe, senkrechte Löcher von 2–3 cm in Stumpf und waagerechte, dicke Wurzeln bohren. → Wuchsstoffe einfüllen. Die Flüssigkeit soll sich mit einsetzendem Saftstrom im lebenden Wurzelwerk verteilen. – 2. Beschleunigung der Verrottung durch Einfüllen von Kaliumnitrat (in Apotheken erhältlich). Im Herbst die Mitte des getrockneten Stumpfes mit einem Stechbeitel aushöhlen und mit Holzkohle eine kleine Glut entfachen. Übrigbleibendes Wurzelwerk verrottet später von selbst.

Baumteer Schutzanstrich gegen Wildverbiß und zum Verschließen von Baumverletzungen.

Baumwachs Weiche, streichbare Masse zum Abdichten von Schnitt-, Säge-, Frost- und Rißwunden an Gehölzen. Verhindert das Eindringen von Krankheitserregern und Schädlingen. Beim Hantieren mit B. zum Schutz der Hände Gartenhandschuhe tragen. → Lehmverband.

Baumwürger → Baummörder.

Bebauungsplan Nach Bundesbaugesetz festgelegte Planart für die verbindliche Bauleitplanung mit Art und Maß der baulichen Nutzung sowie Einzelheiten der Erschließung.

Becherfarn, *Matteuccia struthiopteris* Ausläuferbildender Farn, 80 cm hoch, für Flächenwuchs in Halb- und Vollschatten. Boden humos und etwas feucht. Fruchtwedel sprießen aus der Trichtermitte.

Becherglocke, *Adenophora* Staude mit langer Pfahlwurzel. Nickende Glockenblüten an 30–100 cm hohem Stiel; je nach Sorte, blau oder weiß. Schnittblume. *A. tashiroi,* 70 cm hoch, Blüten hellblau, VII–VIII. Für naturnahe Pflanzung geeignet. *A. bulleyana,* 60 cm hoch, hat blaue Glöckchen und *A. kakusanensis,* 30 cm hoch, lilablaue Hängeglöckchen. Sonne. Humoser, durchlässiger Boden.

Beckenbau → Wasser im Garten.

Beerenobst Beeren oder beerenartige Früchte verschiedener Pflanzenarten. B. soll nur vollreif geerntet werden. Gegen Vogelfraß die Sträucher mit Schutznetzen überdecken. Unreife Brombeeren täuschen durch dunkle Färbung. Erdbeeren dürfen keine hellgrünen Stellen mehr zeigen, und Himbeeren müssen fast von selbst abfallen. Manche Kulturformen der Heidelbeeren reifen ungleichmäßig. Weiße und rote Johannisbeeren läßt man so lange hängen, bis auch die letzte Traubenspitze durchgefärbt ist. Schwarze Johannisbeeren werden – je nach Reifegrad – einzeln gezupft, um Verlusten vorzubeugen. Stachelbeeren als Kuchenbelag oder zum Einwecken können halbreif geerntet werden.

Beerenobstpflege Boden auflockern. Unkrautfrei halten durch → Mulchen. Nach der Ernte durchhacken. → Auslichten im Winter, um größere Früchte zu bekommen. Wächst der Strauch zu dicht, bringt er viele, aber meist nur kleine Beeren. Düngung erfolgt im Frühling und ein zweites Mal nach der Ernte. → Obsthecke.

Beerensträucher Mehrtriebige B. im unbelaubten Zustand einsetzen. Für rauhe Gegenden ist Frühjahrspflanzung, in mildem Klima mit mäßigem Frühjahresregen Herbstpflanzung anzuraten. Gut wässern! Bodenvorbereitung: Zwei Spatenstich tief umarbeiten. Erde mit abgelagertem Kompost oder feuchtem Torfmull anreichern. Vorratsdüngung mit Thomasmehl und schwefelsaurem Kali. Die Pflanzabstände sind, je nach Wüchsigkeit der Sträucher, unterschiedlich. Folgende Faustregel gilt als Richtschnur:

Brombeeren: 200 cm Reihenabstand, 80–100 cm in der Reihe.

Dornenlose, rankende Brombeeren: 200–300 cm Reihenabstand.

Heidelbeeren: etwa 1 m^2 Raum pro Pflanze

Himbeeren: 150–200 cm Reihenabstand, 50–75 cm in der Reihe.

Johannisbeeren, rot und weiß: 175–225 cm Reihenabstand, 150–175 cm in der Reihe.

Johannisbeeren, schwarz: 175–200 cm Reihenabstand, 175–200 cm in der Reihe.

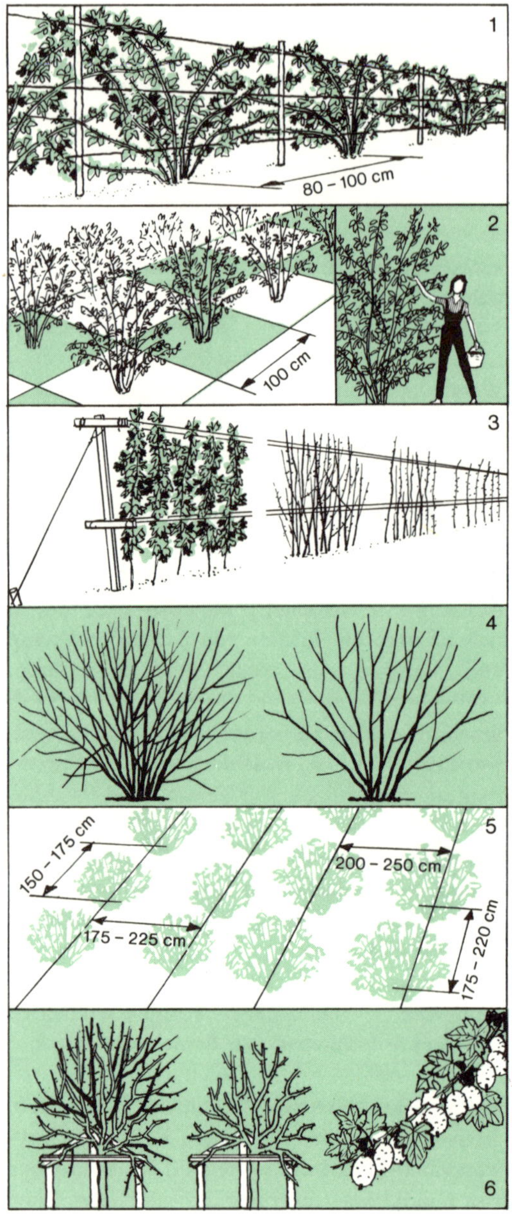

Stachelbeeren: 150–200 cm Reihenabstand, 125–150 cm in der Reihe.

◁ Beerensträucher 1 Brombeeren: Pflanzabstand 2 Heidelbeeren: Pflanzabstand und Größenvergleich 3 Himbeeren: Alt- und Jungruten 4 Johannisbeeren: Ausschneiden 5 Johannisbeeren: Pflanzabstände für Weiße und Rote (links) sowie Schwarze Johannisbeeren (rechts) 6 Stachelbeeren: Ausschneiden

Beete Pflanz-B. rechteckig, bis 1,20 m breit; Sonderformen sind runde, elliptische und quadratische B. Wer B. nicht frei Hand nach Augenmaß anlegen will, kann folgendermaßen vorgehen: Schmuck-B.: Für runde Formen ein Pflanzholz als Mittelpunkt in die vorgesehene Grundfläche drücken. Daran eine Schnur befestigen, deren Länge dem halben Durchmesser des B. entspricht. Bindet man an das Schnurende einen spitzen Gegenstand, läßt sich die Rundung wie mit einem Zirkel abzeichnen. Sollen rechteckige oder viereckige B. genau abgepaßt werden, könne man die Ecken mit Hilfe eines Winkels markieren, um von dieser Stelle aus Schnüre in gewünschter Länge zu spannen. Für ein ovales B. steckt man zwei Holzpflöcke weit auseinander in den Boden. Dann legt man eine zum Ring geschlossene Schnur um diese Pflöcke, die vier mal so lang sein soll wie der Zwischenabstand. Nun läßt sich mittels eines angebundenen spitzen Holzstückes das Oval ziehen, ähnlich wie beim Rund-B. Je weiter die Holzpflöcke voneinander entfernt sind, um so rundlicher die Form. Kinder-B. möglichst schmal anlegen, damit die kurzen Ärmchen ohne Mühe bis zur Mitte reichen. Gemüse-B. sollten – von Reihenpflanzung abgesehen – nicht breiter als 120 cm sein, um das Unkrautjäten zu erleichtern. → Hügelbeet.

Beetwege Beim Anlegen von Gemüsebeeten ca. 30 cm Breite für B. einrechnen. Sie können an ausgespannter Gartenschnur eingetrampelt oder durch Auflegen eines breiten Brettes flachgetreten werden. B. mit → Trittsteinen oder Lattenrosten belegen. Die Beetränder möglichst eben verlaufen lassen. Hochgezogene Kanten bröckeln leicht ab, legen Wurzeln bloß und dürren während Trockenperioden leichter aus.

Beete

Begonie, Schiefblatt, *Begonia* Frostempfindliche Garten- und → Balkonblume sowie Zimmerpflanze. Niedrige Sorten zur Teppichpflanzung, für Rabatten, Einfassungen, Schalen, → Balkonkästen, Gräber.

Zuchtformen der Beet-B., *B. semperflorens,* 8–20 cm hoch, sind unterschiedlich in Aufbau, Blattform und Blütengröße, Wüchsigkeit und Wetterfestigkeit. Blüten in Weiß, Rosa oder Rot ununterbrochen von VI–X. Blätter grün- und

Beetwege

dunkellaubig. Jungpflanzen beim Gärtner kaufen. Sonne–Halbschatten. Boden mehr feucht als trocken, humusreich.
Knollen-B. – für Balkonkästen, Schalen, Ampeln, warme, schattige Gartenstellen und Gräber – scheuen pralle Sonne. Im Pflanzengefäß hochwachsende und hängende Sorten zusammensetzen. Blumen von VI–X, kleinblütig, mittel- oder riesenblumig bis 20 cm Durchmesser. Die Blüten können einfach sein, gefüllt oder halb gefüllt, am Rand gekraust, gefranst und mit abweichend getönten Rändern. Viele Farben. Nahrhafte, torfgesättigte Erde. Eher feucht als trocken halten. Gärtner bieten schon im IV blühende Pflanzen an. Mit einsetzendem Frost im Herbst Knollen-B. aus der Erde nehmen, Laub abbrechen, Pflanzen abtrocknen lassen und die Knollen in einem trockenen, kühlen Raum überwintern. Ab Februar wieder in Töpfe mit Einheitserde pflanzen und ab April abhärten.

Beifuß, *Artemisia vulgaris* Ausdauerndes Küchengewürz, 100–150 cm hoch. Knospende Blütenstände 30 cm lang schneiden, bündeln und trocknen. Pflanzzeit Frühjahr oder Herbst. Dieses leicht bitter aromatisch würzende Kraut wirkt verdauungsfördernd und wird vorwiegend fetten Fleischgerichten wie Gänse- und Entenbraten, gebratenem Aal und Kalbshaxen beigegeben.
▷ Zwei B.-Stauden im Garten decken den Bedarf einer Familie.

Beinwell, Comfrey, *Symphytum officinale* und *S. peregrinum* Ausdauernde Wildstauden mit reicher Laubbildung und 40–80 cm hohem Blütenstiel von V–VII. Sehr stickstoffreiche Pflanze. Verwendung: Für den Garten mit Brennesseln zusammen in einem Wasserfaß 10 Tage vergären lassen, bis die Schaumbildung vergeht. Diese Brühe zur biologischen Düngung verwenden. Für die Küche junge Blätter als Gemüse dünsten, evtl. zusammen mit Brennesseln. Als Suppeneinlage verwenden, in Eierkuchenteig backen oder roh in Salat schneiden. C. enthält Vitamin B, C, E, Calcium, Phosphor, Eisen, Mangan und sehr viel Kalium.

Beiwurzeln → Adventivwurzeln.

Beizen Vorbehandlung von Saatgut, wobei pilzliche und bakterielle, in Einzelfällen auch tierische Krankheitserreger (z. B. Nematoden) abgetötet werden sollen. Geringe Samenmengen für den Hausgebrauch und leicht quellende Samen mit Trockenbeize behandeln. Samenkörner mit vorgeschriebener Menge Beizpulver in verschlossener Flasche oder Plastikbeutel gut durchschütteln. Beizmittelüberschuß absieben. In gleicher Weise Blumenzwiebeln und Knollen behandeln. Größere Saatgutmengen können auch durch Naßbeize geschützt werden. Dafür Naßbeizpulver in warmem Wasser nach schriftlicher Anweisung auflösen und Saatgut, Zwiebeln oder Knollen in durchlässigen Säckchen darin baden. Behandlungsdauer nach Vorschrift auf der Pakkung. Beizmittel gibt es auch kombiniert mit Pflanzenschutzmitteln. In jedem Fall gehören Beizpräparate in den Giftschrank unter Verschluß. → Gartenapotheke, → Fungizide.

Beleuchtung → Licht im Garten.

Berberitzen, *Berberis* Anspruchsloses, stacheliges Ziergehölz; je nach Sorte 30 cm–3 m hoch wachsend. Grün- oder rotlaubig. Gelbe Blüten von V–VI verwandeln sich im VIII–IX in roten oder schwarzen Beerenbehang. Grünlaubige Sträucher haben goldgelbe, orangefarbene oder leuchtend rote Herbstfärbung. Immergrüne Arten als Zierstrauch einzeln stellen oder als Hecke pflanzen. Sehr gute Vogelschutzgehölze. Zwergige Sorten in Steingärten, als Einfassung und für Gräber verwenden. Sonne–Halbschatten, normaler Boden. *B. stenophylla* ist für Halb- und Vollschatten geeignet. 1 m hoher, wintergrüner Strauch mit tannennadelähnlichem Laub. Dichter, goldgelber Blütenbesatz von V–VI und blauschwarz bereifter Fruchtbehang.

▷ Manche Berberitzenarten sind Zwischenwirte einer Pilzkrankheit, die Getreide und Ziergräser befallen kann. Im Baumschulsortiment werden die hierfür anfälligen Arten nicht geführt. Deshalb keine B. in freier Natur ausgraben und in den Garten pflanzen.

Bergaster → Alpenaster.

Bergblumen → Alpenblumen.

Bergenie, *Bergenia* Immergrüne Blütenstaude für jede Gartenlage, 20–40 cm hoch. Weiße, rosa oder karminfarbene Blumentrauben von IV–V. Es gibt Sorten für trockenen und feuchten Boden. *B. delavayi* entwickelt 20 cm lange, purpurrote Blütenrispen, von V–VI und im Herbst dunkelrotes Laub.

▷ In sonniger Lage am Gartenteich gute Nachbarschaft mit Sumpfblumen. Halbschattig zwischen Rhododendren setzen. Gute Gemeinschaft mit Farnen, Astilben und Hornveilchen.

Bergkiefer, Krummholzkiefer, Latsche, *Pinus mugo* Anspruchsloses Zwerggehölz, 1,50 m hoch, einzeln oder in Gruppen für Steingärten, wo sie klein und buschig bleiben, wenn man alle zwei Jahre den Frühjahrstrieb abtrennt. Breitwachsende Arten mit niederliegenden Ästen für Abhänge und Böschungen, z. B. *Pinus mugo* var. *mugo;* hochwachsende, die eine Höhe von 4 m erreichen können, zur Windschutzpflanzung auswählen. Sonne. Normaler bis kalkhaltiger Boden.

Bergminze, *Calamintha grandiflora* 50 cm hohe Staude mit vielzählig rosa Blüten von VI–VIII für sonnenarme und absonnige Gartenstellen. Durchlässiger humoser Boden, nicht zu trocken. Gute Nachbarschaft mit Akelei, Anemonen, Primeln, Farnen und Ziergräsern.

Bergwohlverleih → Arnika.

Berührungsgift, Kontaktgift Pflanzenschutzmittel, das tierische Schädlinge beim Berühren durch Wirkung auf das Nervensystem abtötet.

Berufkraut → Feinstrahl.

Besenginster → Ginster.

Besenheide, Heidekraut, *Calluna* Zur Flächenpflanzung in Heidegärten und Moorbeeten, auch zwischen Wacholder oder unter Birken. Überall dort, wo es kargen, kalkfreien sandigen Boden gibt, gedeiht die von VII–IX rosa blühende Wildform *C. vulgaris.* Düngung verträgt sie schlecht. Rückschnitt von Zeit zu Zeit notwendig, damit die Blühwilligkeit erhalten bleibt. Zuchtsorten mit roten Blüten (auch gefüllt), in Weiß, Rosa und Lachs, 25–40 cm hoch, passen gut zu Farnen, unter hohe Rhododendron-, Hortensien- oder Azaleenbüsche. In Gärten mit Mineralerde große Pflanzlöcher ausheben und mit reinem, ungedüngtem Torf füllen. Dieses Heidekraut nicht verwechseln mit winterblühender Schneeheide. → Bewässerung.

Besenwuchs Viruserkrankung von Gehölzen, bei der dicht beisammen stehende Seitenaugen besenförmig austreiben.

Beton Baustoff aus Zement, Wasser und Kies, Sand oder Splitt. Oft genügt es, eine fertige B.-Trockenmischung zu kaufen, die nur mit Wasser angefeuchtet wird. Für den Bedarf größerer Mengen liefern Bauunternehmen oder Transportbetonwerke Fertig-B. Wer seinen B. aber in altbekannter Weise herstellen will, geht folgendermaßen vor:
Auf einer Unterlage, z. B. einer großen Plastikfolie werden Zement und Kiessand im notwendigen Verhältnis gemischt. Das heißt, beim Verhältnis 1:6 z. B. 1 Schaufel Zement für 6 Schaufeln Kies-

sand. Dazu kommt so viel Wasser, daß nach gutem Durchmischen eine plastische Masse entsteht. Die Folienunterlage soll den Gartenboden schützen; sie wird später zusammengeschlagen und weggeworfen. Natürlich kann man B. auch in Wannen mischen oder kleine Mengen im Gartenkarren herstellen. Harte Rückstände durch sorgfältiges Ausspülen vermeiden. Je nach Verwendungszweck ist das Mischungsverhältnis von Zement, Kiessand und Wasser verschieden. Zur Erhöhung der Festigkeit von B.-Teilen kann man Eisenteile oder Drahtgeflechte einziehen. Das wäre beim Bau eines Gewächshauses und bei sehr großen Wasserbecken angebracht, nicht jedoch bei B.-Pfeilern oder Wegen.
B.-Teile im Garten leiden unter → Streusalz. → Betonfarbe.

Mischungsverhältnis für

Wegplatten:
1 Raumteil Zement, 5,5 Raumteile Kiessand (Körnung bis 8 mm), 0,7 Raumteile Wasser, alles erdfeucht und gut gestampft. In B.-Werken maschinell hergestellte B.-Platten weisen größere Festigkeit auf.

Pfeiler und Mauern im Garten:
1 Raumteil Zement, 5–10 Raumteile Kiessand (Körnung bis mehrere Zentimeter), 1,1 Raumteile Wasser, alles erdfeucht und gut gestampft.

Fundamente für Gartenmauern, Gartenhäuschen, Gewächshäuser, Pergolen usw.:
1 Raumteil Zement, 8–11 Raumteile Kiessand (Körnung bis mehrere Zentimeter), 1,2 Raumteile Wasser, alles erdfeucht und gut gestampft.

Verwendungsmöglichkeiten für Beton: Wegplatten, Pfeiler und Mauern, Fundamente für Gartenhäuschen, Pergolen usw.

Betonbeckenbau Die Beckengrube für kleine Pflanzbecken in gewünschter Tiefe schrägwandig ausheben. Zum Rand hin mit 2–3 Stufen auslaufen lassen. Hierher später Wasserblumen und Sumpfgewächse setzen. Beim Ausheben 10 bis 20 cm für die Dicke der Betonwand einplanen. Bodengrund und Wandung feststampfen. → Beton im Mischungsverhältnis 1:4 bis 1:6 herstellen und die Grube ohne Verschalung von unten nach oben ausstreichen. Mit Holzstampfer bearbeiten, bis die Oberfläche glatt und feucht erscheint. Beckenfläche mit Brettern, Säcken oder Pappe vor Sonne schützen und ca. vier Tage feucht halten. Vor Erdeinfüllung und Bepflanzung das Becken 3–4 mal gut auswässern. Wird eine Folienbahn zwischen zwei Betonschichten gelegt, braucht der Beton nicht fachmännisch gemischt zu sein. → Wasser im Garten, → Sumpfbeete, → Moorbeet. Beim Bau von Schwimmbecken gelten andere Bauweisen, die statisch berechnet und von Firmen des Garten- und Landschaftsbaues ausgeführt werden. → Algen im Gartenteich.

Betonfarbe Wasser- und wetterfester Flüssigkunststoff, sowohl für Anstriche von Betonböden oder -wänden, von Kübeln und Balkonkästen aus Asbestzement als auch für Beschichtungen von Badebecken und Fischbehältern. Spezielle Schutzfarben mit hoher Verschleißfestigkeit und

Beständigkeit gegen Chemikalien (→ Streusalz!) eignen sich besonders für Betonsteinbelag und ähnliche Bodenflächen im Garten (Auskunft im Baustoffhandel).

Beton-Fertigbauteile Fabrikmäßig hergestellte Fertigteile für Gärten und Grünanlagen. Handelsüblich sind Platten, Pflastersteine, Verbundsteine, Kantensteine, Tröge sowie U- und L-förmige Mauerelemente. Mit dem »Karlsruher Gartenstein« z. B. kann man nach Anleitung verschiedenartige Treppen bauen, Mauern mit und ohne Pflanzfugen errichten, wetterfeste Tische und Bänke aufstellen, Steingärten und Beeteinfassungen anlegen, Böschungen befestigen.

Beton-Fertigbauteile sind vielseitig verwendbar.

Betonweg → Wege im Garten.

Betreten des Nachbargrundstückes → Abholanspruch.

Bewässerung Künstliche Zufuhr von Wasser auf oder in den Boden. Man unterscheidet oberflächige B. durch Gießen, Beregnen mit stationären oder mobilen Kreis-, Sektor- und Viereckregnern, zeitweises Überstauen sowie unterirdische B. über Dränrohre. Im Garten hat sich außerdem die B. mit Schlauchdüsen sehr gut bewährt. Wasser und Wasser ist jedoch nicht dasselbe, wenn es sich um die Bewässerung des Gartens handelt. Regen und Schnee sind kalkfrei und mit Sauerstoff angereichert. Wasser mit hohem Kalkgehalt aus der Leitung kann für viele Gewächse schädlich sein. Nach neuen Erkenntnissen brauchen z. B. auch Eriken und Azaleen einen gewissen Kalkgehalt, der mit Wassergaben zu decken ist, wenn das Gießwasser mindestens 20 → DH besitzt. Grundsätzlich ist ein schwaches Überbrausen im Hochsommer unzureichend. Zudem nimmt ein hart gewordener Boden nur langsam Feuchtigkeit auf. Effektiver ist es, wenn die Vegetationsflächen des Gartens, also die Gemüsebeete, die Staudenpflanzung oder der Rasen, ausreichend bis zur Sättigung des Bodens bewässert werden. Dies kommt der Einzelpflanze physiologisch besser entgegen als nur leichtes Besprühen. Bei Bäumen und Solitärgehölzen empfiehlt es sich, sogar eine modellierte Pflanzscheibe zur Aufnahme einer größeren Wassermenge herzustellen. Für die Rasenfläche des Gartens kann sogar eine Unterflurberegnung mit Teilkreisregnern angebracht sein. Manchmal muß auch – bei frostfreiem Wetter und offenem Boden – im Winter gewässert werden. Vor allem immergrünen Gewächsen und Pflanzen, die im Regenschatten stehen, kann es zu trocken werden. → Auffrierschäden, → Enthärten des Wassers, → Gartenschlauch, → Gießwasser, → Wasser im Garten.

Biannuelle → Zweijahresblumen.

Biene, Honigbiene Als Blütenbesucher wichtig für die Bestäubung, vor allem bei Obstgehölzen. Vorsicht bei Anwendung von → Insektiziden! B. sind gesetzlich geschützt. Die wichtigsten Bestimmungen sind in der »Verordnung zum Schutz der Bienen vor Gefahren durch Pflanzenschutzmittel« vom 19. 12. 72 (BGB I, S. 2515 ff.) enthalten. Danach darf man bienengefährliche Pflanzenschutzmittel an blühenden Pflanzen nicht anwenden. Mit solchen Mitteln dürfen keine Blüten getroffen werden. Innerhalb eines Umkreises von 60 m um Bienenstände dürfen bienengefährliche Pflanzenschutzmittel ohne Zustimmung der Imker nur außerhalb der täglichen Flugzeit angewandt werden. Werden bienengefährliche Pflanzenschutzmittel verbotswidrig, fahrlässig oder vorsätzlich verwendet und hierdurch Bienen getötet, so hat der geschädigte Imker einen Anspruch auf Schadenersatz nach § 823 Abs. 2 in Verbindung mit der genannten Verordnung, da diese eine Schutzvorschrift im Sinne des § 823 Abs. 2 BGB ist. Wird ein Bienenhaus aufgestellt, dürfen die Fluglöcher nicht in Richtung Nachbargrundstück zeigen. Grenzabstand 5–6 m, soweit baurechtliche Bestimmungen nichts anderes vorschreiben. Bienenflug durch eine mindestens 3 m hohe Hecke in gefahrlose Höhen lenken. → Kirschen.

Bienenfreund → Büschelschön.

Bilche → Gartenschläfer.

Binsen Sumpf- und Wasserpflanzen. Blaubinse, *Juncus glaucus,* 60 cm hoch, mit weich herabhängenden, dünnen, blaugrauen Halmen. Wächst im Sumpf. Horst im Frühjahr vor Neuaustrieb radikal abschneiden, weil alte Halme gern vergilben. Sumpfbinse, *Eleocharis palustris,* 15–40 cm hoch, bis 30 cm Wasserstand. Grüne Halme tragen spitze, braune Blütenhütchen von VI bis VIII. Kriechender Wurzelstock. Seebinse, Teichbinse, Flechtbinse, *Scirpus lacustris,* 80–150 cm hohe, dicke, dunkelgrüne Halme bei 0–70 cm Wasserstand. Zebrabinse, *Scirpus tabernaemontani,* weiß-grün quergestreift, eignet sich nur für sonnigwarme, windgeschützte Stellen. Anfällig für Krankheiten an den weiß abgesetzten Pflanzenteilen. Wird in 10–30 cm tiefem Wasser 70–120 cm hoch. Wenn sie vergrünt, umpflanzen.

Binsenlilie, *Sisyrinchium* Zierliche Staude, 15–40 cm hoch, für Sumpfbeete und Steingärten. Gelbe oder blaue Blüten von V–VII. Sonne–Halbschatten. Boden mehr feucht als trocken, keine Staunässe. *S. angustifolium* (blau) eignet sich auch für Steingärten.

Biologisch-dynamisch Naturgemäße Anbaumethode auf der Basis der anthroposophischen Lehre nach R. Steiner. Verwendung von Kompost, Pflanzenextrakten, Mist, natürlichen Mineralien. Spezialpräparate für Anhänger des B.-d. Anbaus im Handel. Zu dieser Methode gehört auch der Saat- und Anbaurhythmus in Abhängigkeit von den verschiedenen Mondphasen.

Biologische Düngung Naturgemäße → Düngung, bei der natürliche Düngemittel verabreicht werden: Kompost, Gesteinsmehl, Mist, Pflanzenjauche, Dünge-Torf, Hornmehl, Hornspan, Knochenmehl, Blutmehl, Algendünger, Guano-Dünger, organische Mischdünger u. a., → Pflanzenschutz, → Biologische Pflanzenschutz- und Pflegemittel.

Biologische Pflanzenschutz- und Pflegemittel Zum biologischen Pflanzenschutz lassen sich käufliche Spezialpräparate ebenso verwenden wie manche Kräuter und Unkräuter des Gartens oder aus freier Natur. Diese werden als Tee, Brühe oder Jauche zum Spritzen über die Pflanzen und Gießen auf den Boden verwendet. Selbstherstellung und Dosierung können nach eigener gärtnerischer Erfahrung auch etwas abgewandelt werden. Grundsätzliche Vorschläge sind

Tee: Getrocknete oder frische Pflanzenteile mit kochendem Wasser überbrühen, ziehen lassen und abgekühlt zum Spritzen und Gießen verwenden.

Brühe: Getrocknete oder frische Pflanzenteile 24 Stunden lang kalt einweichen, 30 Minuten kochen lassen und mit der abgekühlten Flüssigkeit spritzen oder gießen.

Jauche: Getrocknete oder frische Pflanzenteile in einem großen Gefäß mit Wasser überdecken (notfalls mit Brettern und einem Stein beschweren). Unter täglichem Umrühren ca. 10 Tage vergären lassen. Hört die Schaumbildung auf, ist die Jauche gebrauchsfertig. Zehnfach verdünnt zum Gießen auf vorgefeuchtetem Boden verwenden. Die Verdünnungen und Mischungen (Beigaben) lassen sich unterschiedlich variieren. Zur Bereitung von Pflanzenjauche keine Metallbehälter verwenden, um chemische Verbindungen zu vermeiden. → Pflanzenjauche, → Pflanzentee, → Tomatenjauche, → Zwiebelschalen. → Holunder, → Kapuzinerkresse. Alle genannten Präparate sind völlig ungiftig für Nutzinsekten und Menschen.

Biologische Schädlingsbekämpfung → Pflanzenschutz.

Biologische Stickstoffbildung Verschiedene Pflanzen wie Bohnen, Erbsen, Klee (Legumino-

Biologische Pflanzenschutz- und Pflegemittel

Algifert ist ein Spritzpulver oder Flüssigpräparat mit über 60 Spurenelementen und für alle Kulturen geeignet. Stärkt Widerstandskraft und Resistenz der Pflanzen gegen Schädlinge, Pilz- und Viruserkrankungen in allen Kulturen.

Artanax, in Form von Spritzpulver, beugt Schorf- und Mehltaubefall vor an Obstgehölzen, Gurken und Zierpflanzen, Braunfäule an Tomaten, Kartoffeln und Erdbeeren.

Baldrian-Blütenextrakt fördert Blütenbildung, eignet sich als Saatgutbeize, stimuliert Kompost und Bodenleben.

Bio-Blattspritzmittel ist ein pflanzliches Pflegeöl zur Vorbeugung gegen Echten Mehltau. Nach gärtnerischer Erfahrung besonders wirksam bei Stachelbeeren, Gurken, Rittersporn, Chrysanthemen, Herbstastern.

Bio-Gemüsestreumittel fördert die Widerstandsfähigkeit gegen Krankheiten und Schädlinge von Gemüsepflanzen. Hat sich bewährt bei Kohlarten, Möhren und Radieschen.

Bio-S ist ein biologisches Spritzpulver aus Natursubstanzen zur Vorbeugung gegen Pilzkrankheiten an Obstgehölzen, Weinstöcken, im Gemüsebeet und bei Kartoffeln.

Brennesseln für Tee oder Brühe 150 g trockene Pflanzenteile oder B.-Pulver oder 1 kg frische Pflanzen für 10 l Wasser verwenden. Für Jauche 2 kg B.-Pulver in 50 l Wasser vergären lassen. Zur Düngung verdünnen 1–5 l Jauche auf 10 l Wasser.

Beißende Brühe zur Bodenverbesserung, gegen Läusebefall und zur Kompostpflege: 150 g trokkenes Kraut oder Pulver oder 1 kg frische Pflanzen für 10 l Wasser verwenden und unverdünnt über Pflanzen spritzen und auf den Boden gießen. Brennesselbehandlung gegen Schädlinge und zur Kräftigung der Pflanzenabwehr kann ganzjährig durchgeführt werden.

Dipel-Spritzpulver auf Basis von → Bacillus thuringiensis zur unschädlichen biologischen Raupenvernichtung.

Eco-Erdbeerspritzmittel wirkt vorbeugend gegen Grauschimmel-Fruchtfäule bei Erdbeeren.

Eco-Rosenspritzmittel wirkt zellstärkend, wuchsfördernd, pilz- und schädlingshemmend. Enthält organisch gebundene Hauptnährstoffe und Spurenelemente. Blattdüngung erzielt gesundes Laub und kräftige Blütenfarben.

Etermut-Streumittel zur biologischen Bekämpfung und Abwehr der Möhrenfliege.

Farnkraut, Wurmfarn *(Dryopteris filix-mas)* und Adlerfarn *(Pteridium aquilinum)* als Brühe oder Jauche gleicht Kalimangel aus, wirkt gegen Schild-, Schmier- und Blutläuse. Mit verdünnter Jauche Komposthaufen übergießen. Frische Farnblätter sollte man schonen und stattdessen getrocknetes Kraut in Fachgeschäften kaufen, 500 g für 10 l Wasser und den Sud zehnfach verdünnen. Spritzzeit ganzjährig.

Löwenzahn als Brühe oder Jauche zur Kompostverbesserung verwenden, zum besseren Pflanzenwuchs und zur Erhöhung der Fruchtqualität. 1 kg frisches Laub für 10 l Wasser verwenden und den Sud zehnfach verdünnen. Pflanzen besprühen und Sud auf den Boden gießen. Anwendung günstig im Frühjahr und Herbst.

Natron-Wasserglas (Natrium-Silizium) wirkt im Kronen- und Wurzelbereich gegen Pilze an Obst- und Beerengehölzen wie an Ziersträuchern.

Promanal-Winterspritzmittel im Frühjahr kurz vor Knospenaufbruch spritzen. Wirkt gegen überwinternde Schadinsekten an Obst- und Ziergehölzen wie Blatt-, Blut- und Schildläuse, Apfelblattsauger, Gespinstmotte, Frostspanner und die Sitka-Fichtenlaus an Nadelgehölzen.

Quassia-Pulver, biologisches Spritzmittel gegen Sägewespe und andere Schädlinge als Jauche: 250 g mit 2 l Wasser kochen und mit 500 g biolog. Schmierseife in 20 l Wasser verrühren. → Quassia.

Rainfarn als Spritzbrühe oder Tee gegen schädliche Insekten, Rost und Mehltau verwenden. Pflanzen spritzen und Brühe auf den Boden gießen, Winterspritzung, Sommer und Herbst. 30 g Pulver in 1 l Wasser kochen und nach Abkühlen verwenden. 1,5 kg frisches Kraut für 5 l Wasser nehmen und 1:1 verdünnt spritzen.

Ryania-Spritzmittel ist ein auf pflanzlicher Basis hergestelltes Präparat mit spezieller Wirkung gegen Apfelwickler (Obstmaden), Kohl- und Möhrenfliege.

Schachtelhalm, Ackerschachtelhalm zur Bekämpfung von Roter Spinne und Milben, zur Pflanzenabwehr gegen Kräuselkrankheit, Schorf, Rost, Pilzerkrankungen sowie Echtem und Falschem Mehltau. Zur Jauche 1 kg Schachtelhalmpulver in 50 l Wasser 10 Tage vergären lassen. Oder 1 kg frischen Ackerschachtelhalm in 10 l Wasser vergären und zur Spritzung fünffach verdünnen. Gehölze ganzjährig spritzen, besonders wichtig ist Vorknospenspritzung. Zum Tee gegen Pilzkrankheiten kann auch trokkener Schachtelhalm-Grobschnitt verwendet werden, wobei man in diesem Fall 100 g in 3 l Wasser 15 Min. kocht und den Sud 5–10fach verdünnt.

Soda, körniges, an trüben Tagen oder abends für mehltaubefallene Gehölze verwenden. Eine Handvoll Soda in 10 l Wasser auflösen und die Gehölze ab Spätwinter im sechswöchentlichen Abstand satt auf gefährdete Pflanzen (Stachelbeere, Rosen u. a.) spritzen.

Spruzit-Gartenspray, Spruzit-flüssig und **Spruzit-Staub** sind biologische Schädlingsbekämpfungspräparate aus Pyrethrum-Blütenextrakt, die auf breiter Basis angewendet werden können. Keine Gefahr für Bienen.

SPS, biologisches Pflanzenkonzentrat aus Wildkräutern zur Erhöhung der Widerstandskraft gegen Pilz- und Viruskrankheiten. Gut geeignet auch als Bewurzelungsmittel zur besseren Entwicklung von Stecklingen und Jungpflanzen.

Tannalgin als Spritz- und Gießlösung vorbeugend gegen Pilzkrankheiten und Schadinsekten bei allen Koniferen, Rhododendren und anderen Immergrünen. Zur Vorbeugung: 50 ml in 10 l Wasser vierwöchig spritzen. Ab Mai bei akuter Gefährdung auch öfter. Als Gießlösung: 5 ml in 10 l Wasser im gleichen Zeitabstand auf den Boden gießen. Oder die Gehölze so satt einspritzen, daß die Lösung auf den Boden tropft.

Wermut als Brühe oder Tee gegen Brombeermilben, Blattläuse und Säulenrost spritzen.

sen) u. a. können unter Mithilfe von Bakterien Stickstoff aus der Luft dem Boden als Düngung zuführen. Auf diesen Beeten keine Stickstoffdüngung geben. Auch Regenwürmer sammeln Stickstoff. In ihren Kothäufchen findet sich siebenmal soviel Stickstoff wie in der gleichen Erdmenge. → Gründüngung, → Regenwurm.

Biologische Wirkstoffe Bei richtiger → Mischkultur harmonische Ergänzung und gegenseitiger Pflanzenschutz. Gemüsesorten vereinen, die sich nicht bedrängen können! Beispiele: Salate unter Stangenbohnen, Porree im Wechsel mit Möhren, Tomaten zwischen Kohlköpfen. Dazu im Gemüsebeet einige Studentenblumen, deren Wurzelausscheidungen den Nematoden vorbeugen. Oder Knoblauchzehen quer durch die Beete stecken, um Wühlmäuse abzuhalten. Flachwurzelnde Pflanzen mit Tiefwurzlern vereinen. Gewächse mit hohem Düngebedarf und großem Laubanteil nicht unbedingt mit genügsamen Pflanzen zusammensetzen. Zwischen Gemüse verschiedene Heilkräuter pflanzen. Dill beeinflußt Möhren positiv, Pfefferminze wird vom Kohlweißling gemieden und Radieschen werden im Salatbeet milder als neben Gartenkresse. → Tabelle: Gute Nachbarschaft im biologischen Pflanzenbau.

Biologischer Anbau Im B. wird auf Giftanwendung beim → Pflanzenschutz verzichtet und mit → Kompost, → Pflanzenjauche und Naturpräparaten gedüngt. Betrifft vor allem Gemüsebeete und Obstgehölzkulturen.
→ Bacillus thuringiensis, → beinwell, → Biologische Pflanzenschutz- und Pflegemittel, → Bodenanzeiger, → Bodenmüdigkeit, → Fanggürtel, → Fruchtfolge, → Gründüngung, → Hornmehl, → Hügelbeet, → Kaiserkrone, → Kapuzinerkresse, → Knoblauch, → Kohlweißling, → Kompost, → Krankheitsanfälligkeit, → Kräuterrasen, → Laubverwertung, → Lehmverband, → Leimring, → Löwenzahn, → Meerrettich, → Mischkultur, → Mulchen, → Naturdünger, → Naturnaher Garten, → Nützlinge, → Oberflächenkultur, → Ohrwurm, → Pflanzenfreundschaften, Pflanzenfeindschaften, → Pflanzentee, → Quassia, → Rindenpflege, → Stallmist, → Studentenblume, → Tomatenjauche, → Umweltschutz, → Vögel im Garten, → Wiese, → Wildgemüse, → Zwiebelschalen.

Biologisches Gleichgewicht Ursprünglicher Zustand innerhalb eines Ökosystems. Dessen bestimmende Faktoren und Mitglieder ergänzen sich in ihrer Vielfalt zu einer stabilen, aber auch anpassungsfähigen Lebensgemeinschaft. Dabei entstehen keine Abfälle, die nicht wieder in den Kreislauf zurückgeführt werden können. Im Garten ist daher die weitgehende Erhaltung des B. G. anzustreben. Auch scheinbar nutzlose Schädlinge haben darin einen sinnvollen Platz und bringen sogar direkt nützliche Wirkungen hervor, wie z. B. Schnecken, die durch Vertilgung von verwesendem und krankem Laub der Ausbreitung verschiedener Krankheiten vorbeugen.
Im Nutzgarten ist vor allem die Gesunderhaltung des Bodens wichtig. → Bodenbearbeitung, → Düngung, → Fruchtfolge. Im Gartenteich kann man das Wasser durch Einsetzen von → Unterwasserpflanzen und → Wasserschnekken gesund und sauber erhalten. → Pflanzenschutz.

Bio-Start-Samen Naturreiner Samen mit biologischer Behandlung. Z. B. Hitzebehandlung bei Gurken gegen Virusbefall, bei Kohlpflanzen Umfallkrankheit der Sämlinge. Behandlung mit Kräuterextrakten hemmen Krankheiten, machen widerstandsfähig, gewährleisten gute Keimung und kräftige Wurzelbildung. Saatgut aus diesem Programm in Samenständern erhältlich.

Birke, *Betula* Arten- und formenreiches Gehölz mit weißer, gelblicher, rosagetönter, schwarzer oder rötlicher Rinde. Lichtbäume, 1 m–20 m hoch, je nach Art. Schnell wachsender Sichtschutz gegen hohe Gebäude, graziler Heister bei Solitärstellung. Baum für kleine Gartenräume oder in Gemeinschaft mit Heidekraut und Koniferen. Angebot von Baumschulen und Versandgärtnereien prüfen. Sonne. Boden je nach Art normal, trocken oder feucht. → Düngelanze

▷ B. zehren den Boden stark aus. Deshalb keine anspruchsvollen Gewächse dazusetzen.

Birne, *Pyrus domestica* Für die Birne gilt, was über den Apfel geschrieben wurde. Sie reagiert jedoch noch empfindlicher auf einen kalten und feuchten Standort. Deshalb bei der Sortenwahl auf warmen Stand und Lage mit hoher Sonnenscheindauer achten. Die mit ortsgegebenen Bodenverhältnissen vertrauten Gehölze sind zu bevorzugen. Empfohlene Anbauformen sind Spindelbusch, Buschbaum, Spalier und Hecke. B. lassen sich leicht und ertragreich an Süd- und Westwänden als Spalierobst ziehen. Obstgehölze in nächster Baumschule selbst aussuchen und sich beraten lassen, welche Sorte im gegebenen Klima höchsten Ertrag bringt. Die häufigsten Schädlinge bzw. Krankheiten sind → Apfelblütenstecher, → Apfelwickler, → Monilia-Fruchtfäule und → Schorf. → Spritzkalender.

Birnenblattsauger Winzige lausähnliche Insekten, die eine klebrige Flüssigkeit absondern. Schadbild: Verkrüppelung an Blättern und jungen Trieben, später → Rußtau. Bekämpfung: Befallene Triebe abschneiden. Schädlinge mit systemischen → Insektiziden abtöten. Speziell gegen B. wirken Phenthoat-haltige Präparate. → Spritzkalender.

Birnengallmücke Insekt erscheint im IV. Eiablage erfolgt in Paketen in die noch geschlossenen Knospen zwischen die Blütenblätter, auf Staubgefäße oder Griffel. Ausschlüpfende Larven dringen in die Fruchtanlage ein. Die Früchte verformen sich zu kürbisflaschen-ähnlichen Gebilden, werden schwarz und fallen ab. Bekämpfung: Befallenes Obst nach Möglichkeit im Ofen verbrennen. Unter den Bäumen häufig mit Eisenrechen kräftig harken, damit die Verpuppung gestört wird. → Spritzkalender.

Birnengitterrost Schwer bekämpfbare Pilzkrankheit. Ab V erkennbar an den gelb-roten Flecken und klebrigen Tropfen auf der Blattoberseite und ab August an den roten, mit einem gitterartig zerrissenen Häutchen bedeckten Pusteln auf der Blattunterseite. Der Rostpilz braucht als Zwischenwirt den Wacholder oder den Sadebaum und andere Juniperus-Arten. Bekämpfung: Befallene Zweige ausschneiden, Zwischenwirt entfernen. Befallene Gehölze mit anorganischen Kupfermitteln oder organischen Fungiziden wie Dithane Ultra, Maneb oder Zineb gründlich spritzen. Auch vorbeugende Spritzungen mit → Pflanzenjauche (Schachtelhalm) sollen helfen. → Tafel Pflanzenkrankheiten.

Birnenknospenstecher Kleiner, brauner Rüsselkäfer. Im Herbst Eiablage in Winterknospen. Schadbild: Larvenfraß an den sich entwickelnden Blütenknospen. Bekämpfung nach dem → Spritzkalender.

Bitterklee → Fieberklee.

Blasenbaum, Blasenesche, Lampionbaum, *Koelreuteria paniculata* Auffälliger, oft schiefstämmier, 6–8 m hoher Baum. 30 cm lange, gelbe Blütenrispen von VII–VIII. Lampionähnliche, blasenförmige Fruchtkapseln von IX–XII. Gelbe Herbstfärbung. Sonne. Normaler Boden.

Blasenfarn, *Cystopteris bulbifera* Wuchernder, schmal- und langwedeliger Farn, 40 cm hoch; trägt Brutknöllchen. Schatten. Humoser Boden.

Blasenfuß, *Thrips* Schädliches Insekt, an Zier- und Nutzpflanzen. Schadbild: von Larven verursachte Saugschäden an Blättern und besonders in den Blütenständen. Verfärbung, Vergilben, Vertrocknen. Bekämpfung: Spritzen mit systemischen → Insektiziden.

Blasenspiere *Physocarpus opulifolius* → Industriefester Blüten- und Deckstrauch, 3–5 m hoch. Weiß-rötliche Blüten in Doldentrauben von VI–VII. Abblätternde Rinde. Eignet sich auch zur Unterpflanzung und verträgt Staunässe. Keine besonderen Bodenansprüche.

Blasenstrauch, *Colutea arborescens* Stickstoffsammelnder Strauch; anspruchslos, für trockene und steinige Böden. Bis 4 m hoch. Gelbe bis orangefarbene Schmetterlingsblüten über gefiedertem Laub von V–VII. Blasenförmige Früchte von VIII–X. Sonne–Halbschatten. Boden kalkhaltig.

Blattachsel Winkel zwischen Blattansatz oder Blattstiel und Zweig.

Blattachselknöllchen → Bulben.

Blattdüngung Nährstoffe, die in flüssiger Form von der Pflanze über das Laub aufgenommen werden. Gebräuchlich auch als Zusatz in Spritzbrühen zur Unkrautbekämpfung und gegen Insekten- oder Pilzbefall. Wichtigster Bestandteil der Blattdünger ist → Stickstoff. Außerdem, zur Vorbeugung von Mangelerscheinungen, Spuren von Kupfer, Mangan, Eisen und Bor. → Algifert, → Artanax.

Blattdürre Dafür gibt es verschiedene Gründe, die jeder Gartenbesitzer selbst herausfinden muß, um wirksame Abhilfe schaffen zu können. In Frage kommen Winterschäden, falsche Düngung, Ernährungsmangel, Trockenheit, Luftverschmutzung in Industriegegenden, Pilzerkrankungen, Bakterienbefall und tierische Schädlinge, u. a.

Blattfallkrankheit Durch Schmarotzer verursachte Pflanzenkrankheit. Johannis- und Stachelbeeren sind am meisten betroffen. Nach Erscheinen kleiner, dunkler Flecke auf den Blättern vergilbt das Laub und fällt ab. Bekämpfung: Laub sofort verbrennen, da noch im gleichen Jahr weitere Ansteckung erfolgen kann. Unmittelbar nach dem Austrieb und nach der Ernte mit → Fungiziden gegen B. spritzen (Benomyl, Euparen, Antracol). → Spritzkalender, → Zwiebelschalen.

Blattgemüse Gemüsearten, deren Blätter in der Küche Verwertung finden wie Spinat, manche Kohlarten, Salate usw. → Gemüse.

Blattgrün → Chlorophyll.

Blattläuse Saugende Schadinsekten in Farbschattierungen von gelblich über grün bis schwarz. Theoretisch können Weibchen durch Jungfernzeugung mehrere Millionen Nachkommen in einem Sommer hervorbringen. Schaden entsteht durch Entzug von Pflanzensäften und Übertragung von bestimmten Krankheiten, wenn mit dem Speichel Viren ins Pflanzengewebe gelangen. Die Folge sind Wachstumsstörung, Mißbildung, Ertragsminderung, Krankheitsanfälligkeit. B.-Kolonien sitzen an Stielen und jungen Trieben, verbergen sich in eingerollten und gekräuselten Blättern. Radikale Bekämpfung mit systemischen → Insektiziden. Die Pflanzen nehmen das Gift in ihre Leitungsbahnen auf, transportieren es mit dem Saftstrom in alle Teile, und geben es so an die saugenden Insekten weiter. Systemische Insektizide, unter verschiedenen Markennamen im Handel, sind im Gemüsebau mit Vorsicht anzuwenden; Wartezeiten beachten! In vielen Fällen genügt eine einmalige Behandlung, da die Wirkstoffe ja nicht vom Regen abgewaschen werden und der Höhepunkt der B.-Vermehrung häufig überschritten ist, wenn die Wirkung nachläßt. Eine Behandlung mit nichtsy-

stemischen Insektiziden muß dagegen wöchentlich erfolgen. Überwinternde Eier werden bei der → Winterspritzung der Obstgehölze mit vernichtet.
Die natürlichen Feinde der B. werden durch die chemische Schädlingsbekämpfung stark reduziert. Zu ihnen gehören u. a. Marienkäfer und deren Larven, Schlupfwespen, die Larven der Florfliegen und mancher Schwebfliegen. In verschiedenen Ländern werden heute Marienkäfer zur biologischen Bekämpfung von B. gezüchtet und eingesetzt. B. befallen seltener Bäume, an deren Stämme Kapuzinerkresse rankt. Außerdem haben Untersuchungen gezeigt, daß neben Kartoffelkäfern auch B. und Kirschfruchtfliegen eine auffallende Vorliebe für die Farbe Gelb haben. Von dieser Erkenntis versprechen sich Pflanzenschutzexperten einen Vorteil für künftige Bekämpfungsmethoden. Darüber hinaus hat sich erwiesen, daß B. blendendes Licht scheuen. Geflügelte B., die das Salatmosaik-Virus übertragen, konnten durch Aluminiumfolie zwischen Salatreihen abgewehrt werden. B.-Befall an Seerosen und anderen Wasserpflanzen: Hier sorgen die zu den Insekten gehörenden Wasserläufer für B.-Vernichtung. → Ameisen, → Tafel Schädlinge, → Spritzkalender.

Blattrippenstecher Rüsselkäfer, der zwischen Blattstiel und Blattfläche seine Eier ablegt. Bevorzugt Apfelbäume. Schadbild: Abknicken der Blätter. Bekämpfung: Spritzen oder Stäuben mit Insektiziden. → Spritzkalender.

Blattrollkrankheit, Kräuselkrankheit Viruserkrankung, unter deren Einfluß sich das Laub buckelig wölbt, kräuselt oder einrollt. → Rosenblattrollwespen. Besonders gefährdet sind Tomaten. Bei der Kartoffel rollt sich das Laub tütenförmig ein und weist Verfärbungen auf. Vorbeugung: Spritzungen mit Magermilch oder Schachtelhalmtee. → Pflanzentee. → Blattläuse bekämpfen. → Tafel Pflanzenkrankheiten.

Blattstecklinge Vermehrungsart, die vor allem bei Zimmerpflanzen wie Begonien, Usambaraveilchen, Peperomien, Echeverien u. a. angewendet wird. Ein Blatt mit kurzem Stielende bis ca. 1/3 in Torf-Sandmischung stecken oder flach auf die Erdfläche legen. Nach Wurzelbildung entsteht an der Stielbasis ein Austrieb und dann ein neues Pflänzchen.

Blattwanzen Schadinsekten von käferähnlichem Aussehen, 6–10 mm lang, platt geformt, schwarz, braun oder grün. Manche Arten sind gelb oder rot gefleckt. Alle haben den typischen Wanzengeruch. Verletzen Pflanzen durch Stechen und Saugen. Auf Obstbäumen und Beerensträuchern erscheinen sie im Frühling. W. und ihre Larven stechen junge Früchte an und verursachen Wachstumshemmung. Wanzenbefallene Kartoffelblätter erscheinen weiß getüpfelt und durchlocht, bei starkem Befall zerrissen oder zerfetzt. Auf Kohl findet sich meist eine dunkelgrüne, gelb- oder rot gefleckte, 6 mm lange W.-Art, sowie eine schwarze, 8–10 mm lange Art, mit roten und gelben Flecken. Durch Saugstiche entstehen gelbe Flecke auf den Kohlblättern. Bei starkem Befall Wachstumshemmung.
Im Ziergarten bewirken W. das Verkrüppeln von Blättern und Knospen. Sie bevorzugen Chrysanthemen. Bei stärkerem Auftreten Pflanzen mit → Nikotinbrühe oder Rotenon-haltigen Präparaten abspritzen.

Blauähre, *Elsholtzia stauntonii* Aromatisch duftender Halbstrauch, 150 cm hoch, mit hellpurpurnen Blütenrispen von IX–X. Sonne. Geschützte Lage. Boden normal bis sandig-humos. In rauhen Gegenden Winterschutz geben. Vermehrung dem Baumschulgärtner überlassen.

Blaubeere → Heidelbeere.

Blaudistel, *Carduncellus rhaponticoides* Steingartenstaude, deren dunkelgrüne, tellergroße

Blattrosette sich eng an den Boden schmiegt. Lilablaue, stengellose Blütenköpfe wachsen im V–VI 5 cm hoch aus der Mitte hervor. In sonniger Lage zwischen Steine pflanzen. Normaler, durchlässiger Boden.

Blaukissen, *Aubrieta* (früher *Aubrietia*) Reich blühende Polsterstaude, 10 cm hoch, mit einfachen oder halbgefüllten Blüten, von IV–V, in Dunkelviolettblau, Hellviolettblau, Lavendelblau, Magentarot oder Rosa. Sonne. Normaler, kalkhaltiger Boden. B. eignen sich vor allem in Steingärten und am Rand von Plattenwegen. Bunte Farbteppiche entstehen zusammen mit rotem Polsterphlox, gelbem Steinkraut und niedrigen weißen Schleifenblumen. Vermehrung durch Teilen bewurzelter Polsterstücke.

Blaukraut → Rotkohl.

Blaulilie, *Ixiolirion* Zwiebelblume, bis 40 cm hoch, mit violettblauen Blüten in endständiger Dolde im VI. Dankbare Schnittblume. Sonne–Halbschatten. Normaler, durchlässiger, humoser Boden. Im Herbst die Zwiebeln 10–15 cm tief in Gruppen auslegen.

Blauraute, *Perovskia* Blütengehölz, bis 1 m hoch, mit duftendem, graugrünem Laub. Blaue, lange Blütenrispen von VII–IX. Sonne. Normaler bis karger, trockener Boden. In ungünstigen Lagen dankbar für Winterschutz.

Blauregen → Glycinie.

Blauschote, *Decaisnea* Winterharter Strauch, bis 5 m hoch, mit rötlichem Austrieb und goldgelber Herbstfärbung. 50–80 cm langes, fiederblättriges Laub. Die grünlichgelben, glockenförmigen Blüten (in 20 cm langen, hängenden Rispen) entwickeln sich im Herbst zu blauen, walzenförmigen, weiß bereiften Früchten von 10 cm Länge. Sonne. Geschützte Lage. Normaler Boden.

Blaustern, *Scilla* Zwiebelblume, in zahlreichen Arten. Am meisten verbreitet *Scilla sibirica,* 10–30 cm hoch, mit blauen, weißen oder rosa Blüten von III–V. Pflanzzeit im Herbst. Pflanztiefe: niedrige Sorten 10 cm, höhere 15 cm. Sonne–Halbschatten. Normaler Boden. B. immer in Flächen oder Gruppen pflanzen, so in Steingärten, Rabatten und vor allem unter lichte Gehölze. Vermehrung durch Selbstaussaat.

Blaustrahlhafer, *Avena sempervirens* Ausdauerndes Ziergras mit blaugrauem Laub. Blaßgelbe, aufrechte Blütenähren erscheinen im VII–VIII und steigen 50 cm hoch. Sonne. Normaler bis karger, sandiger Boden.

Blaustrandhafer, *Elymus* Ausdauerndes Ziergras mit stahlblauem, leicht bereiftem Blattwerk und 100–150 cm hohen Blütenähren von VI–VII. Sonne. Normaler, trockener Boden.

Blautanne, *Picea* Das allgemein als »Blautanne« bezeichnete Gehölz ist in Wirklichkeit eine veredelte Blaufichte. Die bekannteste 10–20 m hohe *P. pungens* 'Glauca Koster' steht seit altersher in vielen Gärten. Verschiedene neue Formen werden in Baumschulen angeboten. Darunter die nur 150 cm hohe Zwergform *P. pungens* 'Glauca Compacta' mit blauen Nadeln an kurzen Zweigen und gedrungenem sehr langsamen Wuchs. Sonne–Halbschatten. Normaler Boden.

Bleichen von Gemüse und Salaten Wird der innere Kern geeigneter Blattsalate und Blattgemüse dem Lichteinfall entzogen, kann sich kein Blattgrün (Chlorophyll) mehr bilden. Die Pflanzen werden besonders mild und zart. Geeignet sind u. a.: Chicoree als dicke Trieb-Winterknospen, Cardy, Bleichsellerie, Endivien, Rhabarber und Löwenzahn. Dies wird erreicht durch: Anhäufeln mit Erde, Zusammenbinden größerer Pflanzen, Überstülpen eines Eimers, Überdecken mit schwarzer Folienhaube.

Bleichsellerie, *Apium graveolens* var. *dulce* Delikateßgemüse, dessen Stiele und Rispen vor allem zur Rohkost verwendet werden. Keine Knollenbildung. Aussaat im III ins Frühbeet. Ab V direkt ins Freiland. Zur Folgepflanzung in Saatkistchen säen und im VI auf abgeerntete Gemüsebeete auspflanzen. Arbeitserleichternd ist das Auspflanzen in ca. 30 cm tiefe Gräben. Abstand etwa 30 × 20 cm. Reichlich wässern und düngen.

Von Mitte VIII–X wird gebleicht, indem man den leichten, sandigen Boden einfach hochhäufelt bzw. im flachen Beet die Pflanzen etwa drei Wochen lang mit schwarzer Folie umhüllt. Bei Frosteinbruch mit Wurzeln ausgraben und in feuchten Sand einschlagen. Haltbar bis Dezember. Selbstbleichende Sorten sind im Handel. → Bleichen von Gemüse.

▷ B. enthält die Vitamine A, B, C. 100 g: 40 Kalorien (168 J).

Bleichsucht → Chlorose.

Blindengarten Gartenteil, auch in öffentlichen Anlagen oder an Heimen, mit Duftblumen und bizarr wachsenden Gehölzen und Stauden zum Ertasten für Sehbehinderte.

Blindschleiche Beinlose Eidechse, bis 30 cm lang, mit schlangenförmigem Körper. Nützlich bei der Biologischen Schädlingsbekämpfung. Vertilgt u. a. auch Nacktschnecken. B. können im Gegensatz zu Schlangen nicht schwimmen. Geraten sie in Gartenteiche, muß man sie herausnehmen. B. sind durch Katzen sehr gefährdet. → Eidechsen.

Blinkketten An Fäden aufgezogene, kurze Streifen aus glänzender Metallfolie, die gern über Gemüse-Beete gespannt werden. Sollen gegen Blattlausbefall und Vogelfraß schützen. → Blattläuse.

Blühende Steine Mit Alpenblumen bepflanzte poröse Steinbrocken wie Tuffstein, Bims, Kalkstein, Sandstein, Lava. Auch saugfähiger Kunststein eignet sich dafür. Vorhandene Steinnischen oder ausgehauene Höhlungen mit lehmiger Erde füllen und bewurzelte Teilstücke nachstehend aufgeführter Pflanzen einsetzen. Mit Moosen abdecken, die an Mauern oder auf sonnigem Erdboden wachsen. In jedem Frühjahr einen sehr schwach dosierten Düngeguß verabreichen. B. S. sollten Erdanschluß im Garten haben, damit sie Feuchtigkeit aufsaugen können. Auf Plattenflächen oder auf Terrassenböden daher regelmäßig gießen. Alle Gewächse, die sich für B. S. eignen, gedeihen auch in jeder → Trockenmauer.

Pflanzen für Blühende Steine

Deutscher Name	Botanischer Name	Blütenfarbe	Blütezeit
Alpenastern	*Aster alpinus*	blau, weiß, rot	V–VII
Alpenaurikel, Felsaurikel	*Primula auricula*	gold-gelb	V–VI
Alpen-Gemskresse	*Hutchinsia alpina*	weiß	V–IX
Alpenglöckchen	*Campanula cochlearifolia*	blau	VI–IX
Alpenkresse	*Arabis alpina*	weiß	III–V
Alpen-Leberbalsam	*Erinus alpinus*	weiß, rot	IV–VI
Bergminze	*Satureja montana*	lilaweiß	VIII–IX
Edelweiß	*Leontopodium alpinum*	silberweiß	VI–VIII
Felsennelke	*Tunica saxifraga*	rosalila	VIII–IX
Habichtsblume	*Hieracium*	gelb-orange	VI–VIII
Hufeisenpolster	*Hippocrepis comosa*	gelb	VI–VII
Katzenpfötchen	*Antennaria dioica*	silberweißes Blattpolster	
Quendel, Thymian	*Thymus* i. A.	rot-violett	VI–VIII
Steinnelke	*Dianthus gratianopolitanus*	rosa	V–VII

Dazu alle Steinbrecharten *(Saxifraga)*, kriechende Fetthenne *(Sedum)* und jede Hauswurz *(Sempervivum)*.

Blütenstauden Blühende Gewächse – krautartig und ausdauernd – deren Stengel nicht verholzen. Vielfach läßt sich ihre Blütezeit verlängern, wenn voll erblühte Blumen reichlich für die Vase geschnitten werden, so bei Kokardenblumen, Margeriten, Sonnenhut, Sonnenbraut, Sonnenauge. Wenn durch Abzwicken verwelkter Blumen der Samenansatz verhindert wird, bringen hochwachsende Glockenblumen wie Marienglockenblumen gern eine Nachblüte. Bei Nelken und Winterastern wird Riesenblumigkeit erreicht, indem man mehrere Seitentriebe abzwickt, weil die Pflanzen dann ihre Kraft auf einzelne Blüten verwenden können. Schneidet man Staudenphlox sofort nach Abwelken im oberen Drittel zurück, sprießen neue Blütentriebe aus den Blattachseln. Bis zum unteren Blattwerk zurückgeschnittene Lupinen können ebenfalls ein zweites Mal blühen. Vor der Blüte geknickter Rittersporn bis 10 cm über dem Boden zurückschneiden; er blüht im September nach. Viele Sorten blühen im Herbst ein zweites Mal, wenn kurz nach dem Abblühen die Stiele auf 10 cm eingekürzt werden. Gibt es aber schon Samenansatz, nur auf 25 cm Höhe zurückschneiden. Wenn Herbstastern wie *A. novibelgii*, Staudenphlox, Sonnenauge, Sonnenbraut, Sonnenblumen oder hohe Knöterichgewächse im Sommer vor dem Erblühen oder bei Knospenansatz abknicken, werden sie bis zu den Knickstellen abgeschnitten. Sie blühen dann etwas später. Diese Maßnahme hilft auch bei anderen Stauden. Tabelle s. nächste Seite.

Blütensträucherschnitt Herbstblüher spätestens vor neuem Blattaustrieb auslichten. Frühlingsblüher, die Blütenknospen im Herbst ausbilden, nach der Blüte. Altes Holz oder dürre Zweige knapp über dem Boden entfernen. Zweigspitzen zur Formgebung einkürzen. → Auslichten.

Dankbare Blütenstauden für den Vasenschnitt

Deutscher Name	Botanischer Name	Deutscher Name	Botanischer Name	Deutscher Name	Botanischer Name
Aster, hohe Arten	*Aster*	Goldrute	*Solidago*	Prachtscharte	*Liatris*
Brennende Liebe, Lichtnelke	*Lychnis*	Indianernessel	*Monarda*	Prachtspiere	*Astilbe*
Chrysantheme, Margerite	*Chrysanthemum*	Jochlilie	*Zigadenus*	Rittersporn	*Delphinium*
Edeldistel	*Eryngium*	Kokardenblume	*Gaillardia*	Schafgarbe	*Achillea*
Eisenhut	*Aconitum*	Kugeldistel	*Echinops*	Sonnenauge	*Heliopsis*
Fackellilie	*Kniphofia*	Lilie	*Lilium*	Sonnenblume	*Helianthus*
Feinstrahl	*Erigeron*	Lupine	*Lupinus*	Sonnenbraut	*Helenium*
Flockenblume	*Centaurea*	Mädchenauge	*Coreopsis*	Sonnenhut	*Rudbeckia*
Glockenblume	*Campanula*	Nelke	*Dianthus*	Steppenkerze	*Eremurus*
		Pfingstrose	*Paeonia*	Trollblume	*Trollius*
		Phlox, Flammenblume	*Phlox*	Vergißmeinnicht	*Myosotis*
				Witwenblume, Skabiose	*Scabiosa*

Blumenbinse, Schwanenblume, Wasserliesch, *Butomus umbellatus* Wasserpflanze mit kriechendem Wurzelstock, 60–150 cm hoch, mit hellrosa, dunkelrosa oder weißen Blüten von VI–VIII. 0–30 cm Wasserstand. Sonne. Der Boden sollte stark torfhaltig sein, da Kalk schlecht vertragen wird.

Blumenesche → Esche.

Blumenhartriegel → Hartriegel.

Blumenkohl, Karfiol Sortenangabe auf der Samentüte beachten. Frühe Sorten von I–II unter Glas aussäen, spätere ab IV ins Freiland und zur

Nachfolge noch einmal im VI. Einfacher ist es, Jungpflanzen vom Gärtner im Abstand von 50 cm rundum in Reihen zu setzen. Nahrhaften, im Herbst gedüngten Boden viel wässern. Kopfdüngung in Abständen. Bei biologischer Anbaumethode Absuchen der → Kohlweißling-Raupen. Über faustgroß entwickelter Kohlrose einige Blätter knicken, um die Frucht zu beschatten und vor dem Vergilben zu schützen. Ernte der Frühsorten ab VI. Die späten Sorten werden im allgemeinen ab IX geerntet.

▷ B. enthält die Vitamine A, B, C. 100 g: 19 Kalorien (80 J). Um den Boden besser zu nutzen, zwischen die B.-Pflanzen grünen Salat setzen und Radieschen säen.

Blumenlauch, *Allium* Zwiebelgewächs, 25 bis 100 cm hoch, mit Dolden oder Kugelblüten in Weinrot, Karminrosa, Gelb, Stahlblau, Lilarosa und in violetten Tönen. Sonne. Boden normal, durchlässig. Niedrige Sorten eignen sich für Steingärten, Heidegärten und Rabatten. Hohe Sorten mit großen Blütenbällen in bodendeckende Blütenpolster setzen; sie sind dankbare

Schnittblumen. Gute Nachbarschaft mit Ziergräsern. Vermehrung durch → Brutzwiebeln.

Blumenrasen 1. Mischung niedriger Sommerblumen als Bodendecker auf nicht begehbarer Gartenfläche breitwürfig ausgesät. 2. Käufliche Wiesenblumenmischung zusammen mit Rasensaat im Frühjahr ausgesät. → Wiese, → Staudenwiese. → Kräuterrasen.

Blumenrohr, *Canna* Nicht winterharte Blütenstaude, 50–150 cm hoch, mit vielblumigen asymmetrischen Blütenständen in Gelb, Orange, Rosa bis Lachs und verschiedenem Rot. Das Laub spielt, je nach Sorte, von Grün bis ins dunkle Rotbraun. Wird die welkende Mittelrispe entfernt, blühen Seitenrispen um so üppiger. Nach Kurzschneiden im Herbst die Knollen herausnehmen und bei Temperaturen über 10° C in atmungsaktiver Polyäthylenfolie oder angefeuchtetem Sand überwintern. Faulende Pflanzenteile entfernen. Ende II bis Anfang III sehr große Knollen zerteilen und nach kurzem Abtrocknen die Wundstellen → desinfizieren. In frischer Einheitserde bei ca. 20° C vortreiben und ab V → abhärten. Nach den Eisheiligen auspflanzen.

Blumenzwiebeln Unter diesen Gewächsen gibt es Frühlings- und Herbstblüher. Frühlingsblüher im IX–X in möglichst altgedüngte Erde setzen; Herbstblüher im VIII. Bei zu später Pflanzung unbedingt Winterschutz geben, weil bis Frostbeginn keine ausreichende Wurzelbildung mehr eintritt. Pflanztiefe siehe Tabelle.
Ist der Boden beim Pflanzen sehr trocken, die mit Blumenkelle oder Hohlpflanzer vorgestochenen Löcher 2–3mal mit Wasser füllen und der ausgestochenen Pflanzerde reichlich nassen Torfmull beifügen. Gut wässern. Feuchtigkeit im Boden beschleunigt die Wurzelbildung. B. immer in Gruppen setzen, mindestens 3–5 zusammen mit geringem Abstand. Niedrige, kleinblütige Zwiebeln zeigen erst in größerer Fläche oder als Nester eine Farbwirkung. Deshalb nicht weniger als 10 Zwiebeln mit jeweils einigen cm Zwischenraum zusammen auslegen. Für die Gruppenpflanzung verwendet man besser einen Spaten, gräbt die Fläche um und steckt alle Zwiebeln mit der Hand. Zur Nachpflanzung oder beim Setzen zwischen Gehölze und Stauden leisten → Zwiebelblumenstecher gute Hilfe. Wer B. nicht kühl überwintern kann, oder wem das Ausgraben zu viel Mühe macht, läßt sie im Boden und pflanzt

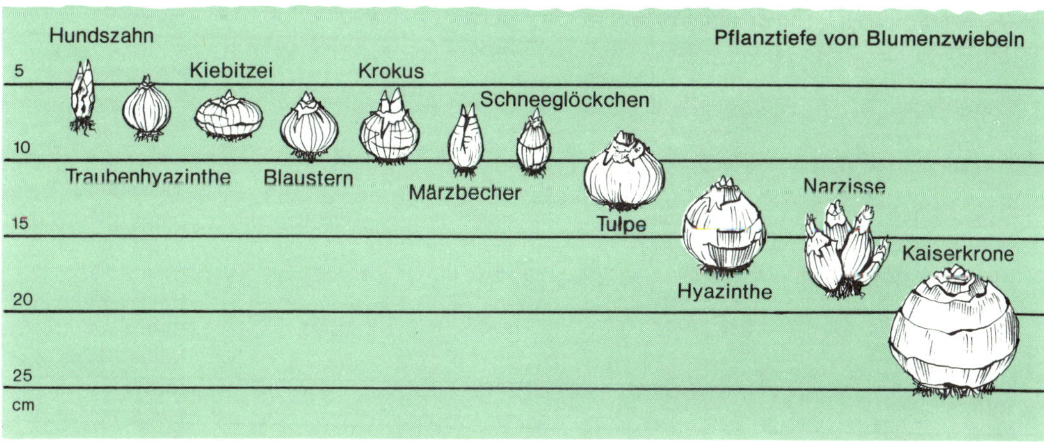

Deutscher Name	Botanischer Name	Pflanztiefe cm	Pflanzzeit Monat	Standort
Blaustern	*Scilla*	5–10	VIII–X	Sonne bis Halbschatten
Blumenlauch	*Allium*	6–12	X	Sonne
Herbstzeitlose	*Colchicum*	15–20	VII–VIII	Sonne bis Halbschatten
Hundszahn	*Erythronium*	5–7	IX–X	Sonne bis Halbschatten
Hyacinthe	*Hyazinthus*	15–20	IX–X	Sonne
Kaiserkrone	*Fritillaria imperialis*	20–25	VIII–IX	Sonne
Kapzwiebel	*Ixia*	8–10	X	Sonne
Kiebitzel	*Fritillaria meleagris*	6–8	VII–IX	Sonne bis Halbschatten
Königslilie	*Lilium regale*	10–25	VIII–IX	Sonne
Krokus	*Crocus*	8–10	VIII–IX	Sonne bis Halbschatten
Madonnenlilie	*Lilium candidum*	10–15	VIII–IX	Sonne
Märzenbecher	*Leucojum*	8–10	VII–IX	Sonne bis Halbschatten
Milchstern	*Ornithogalum*	8–10	IX–X	Sonne
Narzissen	*Narcissus*	8–20	IX–XI	Sonne bis Halbschatten
Präriekerze	*Camassia*	8–10	VIII–X	Sonne bis Halbschatten
Schneeglöckchen	*Galanthus*	8–10	IX–X	Sonne bis Schatten
Schneeruhm, Schneeglanz	*Chionodoxa*	6–8	VII–X	Sonne bis Halbschatten
Traubenhyazinthe	*Muscari*	5–8	IX–X	Sonne bis Halbschatten
Tulpe	*Tulipa*	10–15	IX–XI	Sonne bis Halbschatten
Zwiebeliris (Iris)	*Iris reticulata*	5–8	VIII–X	Sonne bis Halbschatten

jährlich wenige neue Sorten hinzu. So tritt ein Ausfall nicht in Erscheinung. → Wühlmäuse nagen gern an Tulpenzwiebeln, lassen aber alle Narzissen und Kaiserkronen ungeschoren. Blühfähigkeit wird gefördert durch Düngung leicht nach dem Austrieb. Zweite Düngung nach der Blüte. Verwelkte Blumen werden so abgebrochen, daß Stiel und Blätter erhalten bleiben. Auch beim Schnitt für die Vase möglichst viel Blattwerk schonen. Die Zwiebel braucht das Laub, um Reservestoffe speichern zu können. Deshalb wird nur gelbes Laub entfernt. Soll die Pflanzfläche vorzeitig mit anderen Blumen besetzt werden, die Zwiebeln ausgraben, an schattigen Ort in eine flache Mulde legen und mit Erde überdecken. Nach Abgilben des Laubes herausnehmen, ausputzen und kühl, luftig und trocken bis zur Pflanzzeit im Herbst aufbewahren. Eine Rasenfläche, die mit Zwiebelblumen durchsetzt ist, wird erst gemäht, wenn das Laub der Pflanzen gelb ist. Im Steingarten oder unter Gehölzen braucht man sich um den Lebensrhythmus der Zwiebelgewächse nicht zu kümmern. Anhaltende Bodenfeuchtigkeit lieben die meisten Zwiebelblumen nicht. Bei feuchtem Gartenboden deshalb Pflanzung nahe bei Gehölzen anlegen, deren Wurzelgeflecht viel Feuchtigkeit aufnimmt. Ausnahmen machen Schneeglöckchen *(Galanthus)*, Märzenbecher *(Leucojum)*, und Schachbrett- oder Kiebitzblumen *(Fritillaria)*. → Container.

Blutauge, *Potentilla palustris* Eine Wasser- und Sumpfpflanze, 20–40 cm hoch. Bläulich-grünes fingerblättriges Laub, das sich im Herbst dunkelrot färbt. Dunkelrote Blüten von VI–VII. Wasserstand 0–20 cm. Sonne.

Bluthasel → Haselnuß.

Blutjohannisbeere → Zierjohannisbeere.

Blutlaus, Wollige Rindenlaus Saugendes Insekt von rötlich-brauner Farbe. Zerdrückt man es, erscheint ein blutroter Saft. Die B. lebt vorzugsweise auf Apfelbäumen, selten auf Quitten. Sie siedelt in Kolonien an Zweigen und Stämmen unter dem Schutz einer für sie typischen weißwolligen Wachsausscheidung. Folgeerscheinungen sind Gallen oder Geschwülste. Bekämpfung: Bei starkem Befall Sommerspritzung mit Mitteln gegen B. (Gesal, Perfekthion, Thiodan). Im Winter Jungläuse hinter lockerer Rinde oder am Wurzelhals der Gehölze durch → Baumpflege vernichten. Biologische Bekämpfung: Baumscheibe mit reifem Kompost überdecken und → Kapuzinerkresse rund um den Baumstamm säen. B.-resistente Sorten anbauen. Natürliche Feinde: Zehrwespen, Schlupfwespen. → Tafel Schädlinge, → Spritzkalender.

Blutmehl Stickstoffdünger, vor allem für biologisch-dynamischen Gemüseanbau.

Blutpflaume, *Prunus cerasifera* 'Nigra' Baumartiger Strauch, 5–7 m hoch, mit großen rosa Blüten von IV–V. Glänzendes Laub, beständig tief schwarzrot. Dunkelrote Früchte. Sonne–Halbschatten. Normaler, kalkhaltiger Boden.

Blutweiderich, *Lythrum* Wasserpflanze, 60 bis 150 cm hoch, mit roten oder rosa Blütenkerzen vom VII–IX. 0–30 cm Wasserstand. Kein kriechender Wurzelstock. Dürre Pflanzenteile im Herbst abschneiden. Sonne–Halbschatten. Normaler Boden. Rotes Herbstlaub.

Boden Die mit Mikroorganismen durchsetzte oberste Verwitterungsschicht der Erdrinde wird als B. bezeichnet. Je nach Anteil von Lehm, Ton, Sand und Humus unterscheidet man zahlreiche B.-Arten. → Erde, → Bodenprofil.

Bodenanzeiger Pflanzen, die für eine bestimmte Bodenart typisch sind. Hinweis zur Beurteilung des Bodens bei neuen Gartenanlagen und Pflanzungen in der Landschaft, um Anbau-, Pflanz- und Düngefehler zu vermeiden. Auf kalkreichen, meist lehmigen Böden wachsen z. B. Huflattich, Silberdistel, Hornklee, Wegwarte, weiß- und gelbblütige Buschwindröschen. Ist dieser Boden feucht, wie auf manchen Wiesen, blühen hier die Herbstzeitlosen. Kalkfliehende Pflanzen sind z. B. Heidekraut, Preiselbeeren, Heidelbeeren und zahlreiche Farne. Leichte, sandige Böden zeigen Sanddorn, Strandhafer, Kiefer, höhere Ginsterarten, Königskerzen und Habichtskräuter an. Auf schwerem, tonigem Boden findet man Feldrittersporn, Hirtentäschel, Feldmohn und Gemeines Kreuzkraut, auf Humusboden Sauerklee, Waldmeister, Haselwurz und Farne. Trockenheitsanzeiger sind z. B. Thymianpolster, Sonnenröschen, niedriger Hufeisenklee, Wacholder. Auf dürren, oft auch steinigen Böden findet sich Leinkraut, Natterkopf, Rainfarn, weißer und gelber Steinklee. Auf feuchten Böden wachsen Trollblumen, Schlüsselblumen, Beinwell, Ampfer, Mädesüß, Sumpfschachtelhalm, Frühlingsknotenblumen. Ist der Boden schwer und ist Staunässe vorhanden, sieht man dunkelgrüne Binsen. Stickstoffreiche Böden werden von Kletten und Brennesseln bevorzugt.

Bodenbakterien → Bakterien im Boden.

Bodenbearbeitung Voraussetzung für gute Pflanzenentwicklung ist die richtige B. Verkrustet die Erde – durch Niederschläge oder durch

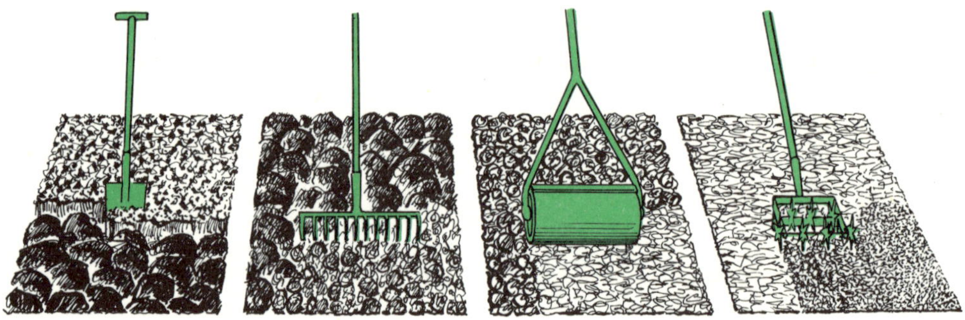

Belastung und Druck – muß durch Hacken aufgelockert werden. Diese Maßnahme ist unerläßlich für die Atmung der Wurzeln, den Wassertransport in den Kapillarröhren und den Sauerstoffbedarf von Kleinlebewesen. Auch ist lockerer Boden wärmer, nimmt leichter Wasser auf als verkrusteter, und die Löslichkeit der Nährstoffe nimmt zu. Im Frühjahr, wenn die Erde gut abgetrocknet ist und sich nicht mehr knetig anfühlt, Boden nur leicht hacken oder mit der Grabgabel flach auflockern, damit die Winterfeuchtigkeit und die Jahr für Jahr neu entstehende Humusschicht erhalten bleiben. Nur bei Neuanlage von Beeten und im Gemüsegarten umgraben. Leichte, sandige Böden im Frühjahr, schwere Böden und Torf zum Winter, damit der Frost die Schollen zermürbt. Das Einebnen geschieht mit grobem Rechen. Auf großer Fläche die Schollen durch Überrollen mit einer Walze zerkleinern. Dann die obere, dünne Bodenschicht mit Rechen oder Rollkrümler glätten. In so vorbereiteten Boden können zarte Faserwurzeln von Sämlingen und Jungpflanzen leicht eindringen und Wasser und Nahrung aufnehmen. Späteres Hacken, so z. B. in der Staudenpflanzung, dient der Auflockerung des Bodens wie der Unkrautbekämpfung. → Bodenwärme.

Bodenbeschattung Unter schattenspendender Bodenbedeckung ist das Erdreich feucht, locker, krümelig und unkrautarm. Diesen anstrebenswerten Zustand bezeichnet man als → Bodengare. Bleiben verrottende Pflanzenteile liegen, vermehren sich die aeroben Bodenbakterien, die im Boden erwünscht sind. Dadurch wird der Boden fruchtbar. Die gleiche Wirkung wird durch → Mulchen erzielt, günstig vor allem unter Beerensträuchern, Gehölzen und zwischen Hecken. In Erdbeerpflanzungen verwendet man gern schwarze → Folie, um für eine gute B. zu sorgen, während im Ziergarten ein dichter Besatz mit → Bodendeckern die Erde feucht erhalten und das Aufkommen von Unkrautsamen verhindern kann. → Bodenwärme, → Mischkultur.

Bodendecker Niedrig wachsende Polsterstauden oder Zwerggehölze zur Bodenbeschattung und als Rasenersatz. Höhere Stauden und Gehöl-

Deutscher Name	Botanischer Name	Laubfarbe	Höhe mit Blütenstand cm	Blüte	Blütezeit	Lichtverhältnisse
Blaukissen	*Aubrieta*	grün	5–10	blau, violett, rosa, rot	IV-V	Sonne
Fetthenne	*Sedum*	viele sehr unterschiedliche Arten				
Gänsekresse	*Arabis procurrens*	grün	10	weiß	IV–V	Sonne bis Halbschatten
Glockenblume	*Campanula poscharskyana*	grün	15–20	lila Töne und weiß	V–VIII	Sonne bis Halbschatten
Günsel	*Ajuga reptans*	grün oder rot, auch gefleckt	15	lila-blau	IV–V	Sonne bis Halbschatten
Habichtskraut	*Hierarcium*	grün-grau	20	gelb-orange-rot	VI–VIII	Sonne
Haselwurz	*Asarum europaeum*	grün	10–20	unscheinbar	III–IV	Halb- bis Vollschatten
Hornkraut	*Cerastium*	grün-silbrig	6–15	weiß	V–VI	Sonne
Immergrün	*Vinca*	grün oder weißbunt	10–20	blau, weiß rot-violett	IV–VI	Halb- bis Vollschatten
Katzenpfötchen	*Antennaria*	silber-grau	15	weiß oder rot	V–VI	Sonne
Knöterich	*Polygonum affine*	grün	20–30	rosa, rot	V–IX	Sonne bis Halbschatten
Maiglöckchen	*Convallaria*	grün	20	weiß oder rosa	V	Halbschatten
Münzkraut	*Lysimachia nummularia*	grün	5	gelb	V–VII	Sonne bis Schatten
Perlkörbchen	*Anaphalis triplinervis*	silbrig	20	weiß	VI–VII	Sonne
Polsterphlox	*Phlox subutala*	grün	10–20	rot, lila, blau, rosa, weiß	V–VI	Sonne
Polsternelke	*Dianthus*	grün-grau	5–30	rot, rosa, weiß	V–IX	Sonne
Seifenkraut	*Saponaria*	grün	5–20	rote Töne	V–VIII	Sonne
Stachelnüßchen	*Acaena*	grün	10	unscheinbar, fruchtzierend	VI–VII	Sonne bis Halbschatten
Steinbrech	*Saxifraga*	viele sehr unterschiedliche Arten				
Sternmoos	*Sagina subulata*	grün oder goldgelb	5	weiß	VI–VII	Sonne bis Halbschatten
Taubnessel	*Lamium galeobdolon*	silbrig-weiß-gefleckt	20	gelb oder rötlich	V–VI	Halb- bis Vollschatten
Thymian	*Thymus*	grün, weißwollig oder goldbunt	5–20	weiß, rosa	V–IX	Sonne
Trug-erdbeere	*Duchesnea*	grün	10	gelb, rote Früchte	V–IX	Sonne bis Schatten
Waldmeister	*Asperula odorata*	grün	15	weiß	V	Halb- bis Vollschatten
Waldsteinie	*Waldsteinia*	grün	10	gelb	IV–V	Halb- bis Vollschatten

ze können aus diesem grünen Teppich herauswachsen. → Tabelle Bodendeckende Gewächse.

Bodendesinfektion, Bodenentseuchung Vernichtung von Krankheitserregern und Schädlingen im Erdboden. Dies geschieht durch Behandlung der Erde mit chemischen Präparaten bei peinlich genauer Beachtung der Gebrauchsanweisung. Wird Kalkstickstoff zur B. verwendet, dient er gleichzeitig als Stickstoff-Vorratsdünger. Diese Maßnahme ist zu empfehlen, wenn in kleinen Gärten Jahr für Jahr gleiche Kulturen auf gleichem Boden gezogen werden müssen. Kalkstickstoff verfügt über spezifische Eigenschaften zur Bekämpfung von Bodenschädlingen (Engerlinge), und zur Vernichtung von Unkrautsamen und Krankheitserregern (Kohlhernie). Pro m^2 100 g Kalkstickstoff im Winter auf die Schneedecke streuen, damit Schneewasser das Präparat in die Erde spült. Nur unbebaute Beete behandeln und erst 4 Wochen später einsäen oder bepflanzen. → Bodenmüdigkeit.

Bodenfrost Unmittelbar über dem Boden gemessene Temperatur unter dem Nullpunkt. Leichter Bodenfrost ist nicht mit → Nachtfrost gleichzusetzen. Besonders gefährdet sind Kaltluftlagen wie Bodensenken. Hier zu frühe Aussaaten vermeiden und im Herbst empfindliche Pflanzen abdecken.

Bodengare Bodenfruchtbarkeit, die wesentlich von einer regen Tätigkeit des Bodenlebens (→ Mikroorganismen) abhängt und durch sorgfältige Bearbeitung, Bewässerung und Düngung erreicht wird. Zu erkennen am lockeren, krümeligen Boden, dem ein typischer Erdgeruch anhaftet. Im Zustand der Gare weist der Boden optimale Verhältnisse für ein gesundes Pflanzenwachstum auf. Eine Form der B. ist die Schattengare, die durch → Mulchen oder anderweitiges Abdecken der Erdoberfläche entsteht. → Bodenbeschattung.

Bodenmüdigkeit Entsteht durch Fehler bei der Fruchtfolge. Die Folgen sind: 1. Einseitiger Entzug eines bestimmten Nährstoffs, z. B. Kalk durch Gemüsekohl. 2. Ansammlung von Wurzelausscheidungen, pflanzlichen Abbauprodukten und Stoffwechselschlacken. Hervorgerufen durch mehrjährigen Anbau von Pflanzen, die mit sich selbst nicht verträglich sind, z. B. Erbsen. 3. Gehäuftes Auftreten von Krankheiten und Schädlingen.

Zeigen sich im Blumengarten Krankheitserscheinungen, für die es keine sichtbare Ursache gibt, hilft Umpflanzen an einen anderen Platz. Neue Gewächse gleicher Art nicht auf bodenmüde Flächen setzen. Dort können Stauden wachsen, die keine B. hervorrufen, vor allem Wildstauden, aber auch Züchtungen von Christrosen, Eisenhut, Iris, Kugeldistel, Lilien, Mohn, Pfingstrosen, Silberkerze, Steinkraut, Taglilie und Wolfsmilch. Pflanzen, die unter B. leiden, sind u. a. Astern, Rittersporn und Sonnenbraut. Gewächse, die von Natur aus zum Fortwandern neigen, soll man nicht daran hindern. Auch bei Obstbäumen kann B. nach einer Reihe von Jahren Anlaß der Ertragsrückgänge sein. Ebenso im Gemüsegarten. Hier macht sie sich häufig durch vermehrtes Auftreten von Bodenschädlingen wie Wurzelälchen (Nematoden) bemerkbar. Kohlhernie (Kohlkropf) entsteht durch lawinenartige Vermehrung eines Schleimpilzes, wenn Jahr für Jahr auf gleichem Platz Kohlarten nach sich selbst folgen. Abhilfe durch Fruchtwechsel. Ist der Verbrauch gewisser Nährstoffe Ursache der B. wie z. B. Kalimangel bei Sellerie, führt Fruchtwechsel eher zum Erfolg als eine entsprechende Düngung. Auch für Erdbeerneupflanzungen immer andere Flächen wählen. → Fruchtfolge, → Bodendesinfektion.

Bodennahes Kleinklima Jeder Garten besitzt sein eigenes Kleinklima. Dazu kommen die verschiedenen bodennahen klimatischen Bereiche der einzelnen Gartenteile. In der Nähe eines

Wasserbeckens z. B. herrscht immer erhöhte Luftfeuchtigkeit. Hier fühlen sich wohl: die Dreimasterblume, einzelne Primeln, Trollblume und Wiesenraute. Durch richtige Wahl des Standortes, vor allem wegen des dort herrschenden Kleinklimas, ist es möglich, schattenliebende Gewächse wie Astilben und Waldgeißbart auch sonnig zu pflanzen, wenn in Bodennähe Feuchtigkeit herrscht, z. B. am sonnigen Gartenteich. Dagegen wird ein Steingarten absichtlich so angelegt, daß er durch Sonneneinstrahlung, Hanglage und Bodenzusammensetzung ein trockenes Kleinklima bietet. Feuchtigkeit und dumpfe Bodenluft würden vielen alpinen Gewächsen schaden, es sei denn, sie sind an Nordhängen beheimatet.

Bodenprofil Lagerung der Bodenschichten. Wird der Boden beim Neubau ausgeschachtet, werden Gruben ausgehoben oder Wasserbecken angelegt, treten verschiedene Erdschichten zutage. Die oberste Verwitterungsschicht ist am wertvollsten. Bei diesem Oberboden (meist auch als Mutterboden bezeichnet) oder Krume ist die Verwitterung beendet. Außerdem spielen sich hier im A-Horizont der Schichtenfolge die wichtigen biologischen Zersetzungsprozesse ab. Dieser Boden sollte gesondert abgetragen, abseits gelagert und mit Futterlupinen angesät werden. Er wird später wieder zur Pflanzung verwendet. Die zweite Schicht (B-Horizont), der Roh- oder Unterboden, von brauner bis rötlicher Farbe, verfügt über lösliche, unzersetzte Mineralstoffe und ist meist arm an Bodenbakterien. Er bildet das Nährstoff- und Wasserreservoir. Die dritte Schicht (C-Horizont), der Untergrund, kann aus Kies bzw. Gesteinen bestehen, Lehm, Ton oder Fels. In den verschiedenen Landstrichen, je nach geologischer Situation, ist die Zusammensetzung des B. natürlich unterschiedlich.

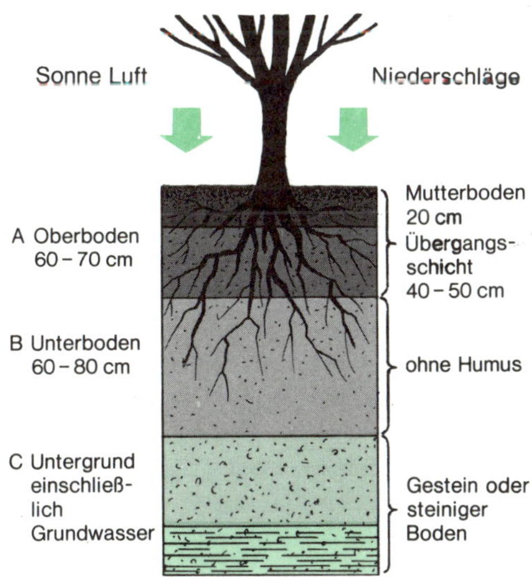

Bodenreaktion Wasserstoff-Ionen-Konzentration, gemessen als → pH-Wert; steht im Zusammenhang mit Kalk im Boden. Sie ist ein Anhaltspunkt dafür, welche Erde oder Böden sich für diese oder jene Pflanzenart eignen. Rhododendron und Heidekrautgewächse lieben einen Boden, der chemisch gesehen sauer reagiert. Das Gegenteil ist die alkalische, basische Reaktion, die einen mehr oder weniger hohen Kalkgehalt anzeigt. Halten sich Säure- und Kalkgehalt die Waage, handelt es sich um einen neutralen Gartenboden, in dem sich der Großteil unserer Zier- und Nutzpflanzen wohlfühlt. Jede Pflanze braucht einen gewissen Anteil an Kalk zum Aufbau. Deshalb sollte man sauren Boden nicht als kalkfrei, sondern als kalkarm bezeichnen. Maßstab für die verschiedenen Reaktionen bei Kulturböden ist der pH-Wert von 3,5 bis 8,5. Zu seiner Bestimmung können käufliche → Pehameter dienen. Die Prüfung des Bodens auf Kalkgehalt läßt sich aber auf einfache Weise mit einer Haushaltssäure wie Essig durchführen. Man verrührt Essig mit einer Bodenprobe; schäumt es, dann enthält die Erde – je nach dem Grad des Schäumens – mehr oder weniger Kalk. Schäumt es nicht, dann ist der Boden kalkarm und kann als sauer bezeichnet werden. Landwirtschaftliche Untersuchungsanstalten und Bodenkunde-Insti-

Anschriften landwirtschaftlicher Untersuchungsanstalten und Institute:

Hess. Landw. Versuchsanstalt,
Landw. Untersuchungsamt,
Rheinstraße 91, 6100 Darmstadt

Institut für Angewandte Botanik,
Marseiller Straße 7
2000 Hamburg 36

Landw. Untersuchungs- und Forschungsanstalt,
Finkenborner Weg 1, 3250 Hameln 1

Hess. Landw. Versuchsanstalt,
Landw. Untersuchungsamt
Am Versuchsfeld 11–13
3500 Kassel-Herleshausen

Landw. Untersuchungs- und
Forschungsanstalt Kiel,
Gutenbergstraße 75–77, 2300 Kiel 1

Bayer. Landesanstalt für Bodenkultur
und Pflanzenbau,
Menzinger Straße 54, 8000 München 19

Staatl. Landw. Untersuchungs- und
Forschungsanstalt Augustemberg,
Neßlerstr. 23, 7500 Karlsruhe 41

Landw. Untersuchungs- und Forschungsanstalt,
Weberstraße 59–61, 5300 Bonn 1

Landw. Untersuchungs- und Forschungsanstalt
der Landwirtschaftskammer Weser-Ems,
Mars-la-Tour-Str. 4, Postfach 2549
2900 Oldenburg

Landw. Untersuchungs- und Forschungsanstalt
– Joseph-König-Institut –
Kanalstraße 240, 4400 Münster

Landw. Untersuchungs- und
Forschungsanstalt Speyer,
Obere Langgasse 40, 6720 Speyer

Landesanstalt für Landw. Chemie,
Bodenuntersuchung (Gartenbau),
Emil-Wolff-Str. 14, 7000 Stuttgart 70 (Hohenheim)

Bayer. Hauptversuchsanstalt für Landwirtschaft
der Techn. Universität München,
8050 Freising 12-Weihenstephan

Bayer. Landesanstalt für Bodenkultur
und Pflanzenbau
Landw. Untersuchungsamt Würzburg,
Luxburgstr. 4, 8700 Würzburg

tute können den genauen pH-Wert eines Bodens von einer Bodenprobe bestimmen. Dafür sollte man an mindestens 15 verschiedenen Stellen des Gartens einen Spatenstich tief etwas Erde entnehmen, sie gut mischen und etwa 1 kg davon im Plastikbeutel einsenden. Neben der Bodenreaktion sind Bestimmungen der Bodenart und ihres Humusgehaltes sowie des Phosphor- und Kaliumgehaltes üblich.

Bestimmung der Bodenreaktion mit dem pH-Meter. Eine Bodenprobe wird mit einigen Tropfen einer Indikatorlösung versetzt. Die Färbung der ablaufenden Flüssigkeit wird mit den Testfeldern verglichen und der entsprechende pH-Wert abgelesen.

Bodenverbesserung 1. Ausreichende Versorgung des Bodens mit Nährstoffen durch die Düngung. – 2. Auflockern schwerer Erde und Anreichern mit Düngetorf und Sand. – 3. Versetzen von Sandboden mit Ton oder Lehm, Torfmull, Kompost und Düngern.

Bodenwärme Sie wird weitgehend bestimmt von der Lage des Bodens zum Sonnenstand, von der Farbe des Bodens, vom Wassergehalt, der Durchlüftung und der Bodenbedeckung. Südhänge erwärmen sich eher, da sie senkrecht zur Sonne stehen. Dunkle Böden (Humusböden) speichern bedeutend mehr Wärme als helle (Sand). Ausnahmen sind wasserreiche Moorböden, die sich sehr langsam erwärmen, sich dafür aber auch langsamer abkühlen. Sandige Böden nehmen wenig Wärme auf und strahlen sie schnell wieder ab. Schwere Ton- und Lehmböden sind kalt, oft bedingt durch einen verhältnismäßig hohen Grundwasserstand. Lockerer, gut durchlüfteter Boden erwärmt sich rascher als verkrusteter. Dichter Pflanzenbestand verhindert durch Beschattung ein Austrocknen der Bodenoberfläche und verringert damit die Verdunstung. In warmen Böden gedeihen die meisten Pflanzen besser, weil Wärme bei gleichmäßiger Bodenfeuchtigkeit die Zersetzung organischer Substanzen fördert. → Dränage, → Kapillaren.

Böschung Geneigte Ausgleichsfläche zwischen zwei verschiedenen hoch geschütteten Flächen. Das B.-Verhältnis richtet sich nach Bodenart und planerischer Absicht, jedoch nicht unter 1:1 möglich. Ideale Voraussetzung für einen → Steingarten, → Alpinum oder Bodenmodellation. Wesentlich geringeren Pflegeaufwand als Rasen verlangt ein dichter Besatz mit → Bodendeckern oder unkrauthemmenden, bodendekkenden, niedrigen Gehölzen wie manchen Cotoneasterarten, kriechenden Wacholdern u. a. → Bodenbeschattung.

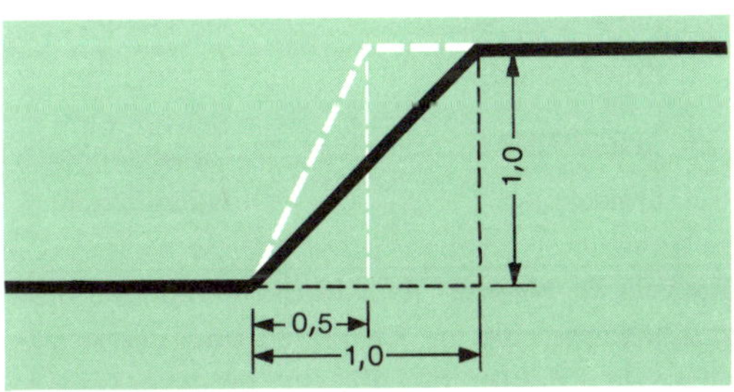

Das Böschungsverhältnis sollte nicht unter 1:1 liegen, da dann keine Bepflanzung mehr möglich ist (z. B. bei 0,5:1).

Bohnen, *Phaseolus* Busch-B., fadenlos, grüne und gelbe, kann man von VI–X ernten. Aussaat nach den Eisheiligen in altgedüngtem Boden. Für besonders frühe Ernte ab IV ins Frühbeet, Hob-

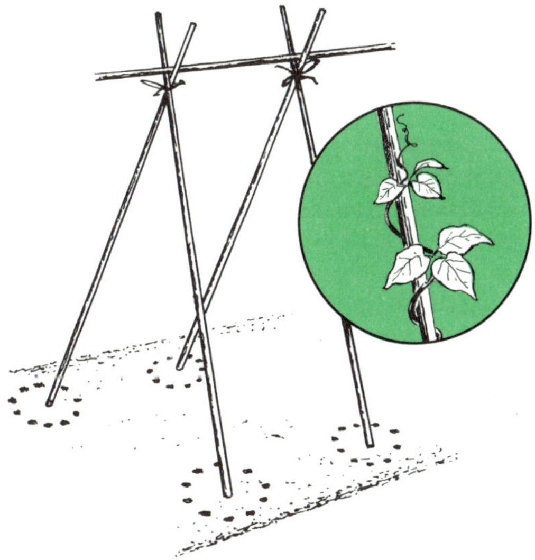

bygewächshaus oder in Töpfe am Fensterbrett; später umpflanzen. Ab Ende IV Freilandaussaat. In diesem Fall Schutz durch Folientunnel. Folgesaat im Abstand von 3–4 Wochen bis Ende VII. Drohen Nachtfröste im Herbst, werden die letzten B. wieder durch Folientunnel geschützt. Von vergessenen, überreifen B. die Körner trocknen. Bei wenig Pflanzraum ergeben Stangen-B. reiche Ernte von VII–X. Saattermin wie bei Busch-B. Die Stangen im Abstand von 100 × 50 cm tief ins Erdreich stecken und zusammenbinden oder → Drahtgerüst verwenden. 10 Samenkörner rundum 3 cm tief in die Erde legen. Gut wässern. B. sind Rechtswinder. Wenig Dünger nötig.

▷ B. enthalten Vitamin A, B, C. 100 g frische B.: 56 Kalorien (265 J), getrocknete: 310 Kalorien (1300 J).

Prunk- und Feuer-B. mit leuchtend roten oder weißen Blüten kann man in Blumenkästen auch als Zierde auf dem Balkon ziehen oder als Sichtschutz an Terrassen und Sitzplätzen. Rankhilfe durch Spaliergerüste, Maschendraht oder gezogene Nylonfäden. B. in Kästen wöchentlich einmal mit Volldünger versorgen und reichlich wässern.

Bohnen-Brennfleckenkrankheit Pilzerkrankung. Zu erkennen an den runden oder länglichen, rötlichbraunen, eingesenkten Flecken mit schwarzem Rand, vor allem auf Hülsen und Körnern. Die Flecke können sich auch längs der Blattnerven zeigen oder schwarzbraun an Stielen. Bekämpfung: Saatgut → beizen. Einwandfreien Samen verwenden. Erkranktes Bohnenstroh nach Möglichkeit verbrennen. Boden tief umgraben und Anbaufläche wechseln. Resistente Sorten wählen. Befallene Kulturen mit → Fungiziden spritzen.

Bohnenkraut, Pfefferkraut Am bekanntesten ist das einjährige, *Satureja hortensis.* Aussaat III–IV in Reihen. Nach Bedarf Folgesaat bis VI. Sät sich auch selbst aus. Ernte: In Vollblüte das ganze Kraut schneiden und zum Trocknen bündeln. Die Würzkraft bleibt stärker erhalten, wenn das Laub von den Stielen gezupft und gesondert getrocknet wird. Sonne, leichter Boden. Ausdauernd und stark aromatisch ist *Satureja montana.* Wird auch als Zierpflanze für Steingärten angeboten. Hiervon kann man frische Blättchen zum Würzen verwenden; für Kartoffelsalat, Kräutertunken und Bratkartoffeln. Sonne, anspruchsloser Boden. Gute Bienenweide. → Tafel Würz- und Heilkräuter.

Bohnenrost Pilzerkrankung vor allem an Stangenbohnen in feuchter Lage. Es erscheinen helle, später dunkle Pusteln auf der Laubunterseite oder an den Hülsen. Bekämpfung: Erkrankte Pflanzen nach Möglichkeit in einer Feuerstelle verbrennen. Anbaufläche wechseln.

Borretsch, Gurkenkraut, *Borago officinalis* Würzkraut von gurkenähnlichem Geschmack. Aussaat III–IV in Reihen. Folgesaat ist zu empfehlen, da nur junge Blätter würzig genug sind. Neigt zum Verunkrauten durch Selbstaussaat. Ernte frischer Blätter von VI–Herbst. Getrocknetes Kraut verliert nach kurzer Zeit an Geschmack. Frische Blätter zerkleinert zu Salaten geben, an Soßen für kaltes Fleisch, Mayonnaisen, Senfgurken, Kohlgemüse. Älteres Kraut verbessert den Geschmack von Mangold und Spinat. → Tafel Würz- und Heilkräuter.

Botanische Kennzeichen In Gartenbüchern, -zeitschriften und -katalogen tauchen immer die gleichen Symbole auf, die man kennen sollte, um schnell und richtig informiert zu sein. Nachfolgende Aufstellung enthält eine Auswahl der wichtigsten Zeichen:

⊙ Einjährige Pflanze	Polsterpflanze
Zweijährige Pflanze	Steingarten
♃ Staude	Ufer- und Sumpfpflanze
Halbstrauch	Wasserpflanze
Strauch	Warmhaus
Baum	Kalthaus
× Bastard (Hybride)	Alpinenhaus
+ Pfropfbastard (Chimäre)	Kasten
Hängepflanze	Winterschutz
Kletterpflanze	Giftpflanze
Kriechpflanze	Fruchtschmuck
Topfpflanze	Schnitt für Vasenschmuck
Einfassung	Ⓝ Nutzpflanze

Botanische Namen Um Mißverständnisse auszuschließen, sind in Katalogen und Gartenbüchern die Pflanzen alphabetisch mit ihrer botanischen Bezeichnung aufgeführt. Dabei ist der Gattungsname groß- und der Artname kleingeschrieben. Deutsche Pflanzennamen sind landschaftlich verschieden, z. B. Meerrettich ist süddeutsch Kren; Blumenkohl nennt man in Bayern Karfiol, die Heidelbeere heißt in der Lüneburger Heide Bickbeere und die Kohlrübe in Norddeutschland Wruke. Manche Blumen tragen teilweise bis zu sechs volkstümliche Bezeichnungen, und die unendlich vielen Arten bei Primeln, Astern, Lilien oder Iris wären, ganz zu schweigen von den Sorten, ohne genaue botanische Bezeichnung nicht auseinanderzuhalten. Zum Teil sind B. N. auch schon allgemein bekannt wie z. B. Forsythie, Cosmee oder Cotoneaster.

Botrytis, Grauschimmel (Pilzkrankheit) Anzeichen: Grauer Schimmelbelag auf fast allen befallenen Pflanzenteilen. Auftreten vor allem in Anzuchtkästen, Gewächshäusern, in feuchtem Gartenklima oder nach längeren Regenperioden. Behandlung: Speziell für Botrytis entwickelte → Fungizide (Wirkstoffe: Benomyl, Ferbam, Quintozen) spritzen oder stäuben. → Spritzkalender.

Bougainvillie, *Bougainvillea* Frostempfindlicher Kletterstrauch, der in unseren Breiten als → Kübelpflanze gezogen wird. Durch entsprechendes Zurückschneiden auch als Busch oder Hochstämmchen zu ziehen. Für Gartenkübel am besten geeignet ist *B. glabra* var. *sanderiana,* mit blauvioletten Blüten von III–VII. Normal gießen. Von IX–I trockener halten. Von II–VII wöchentliche Düngung mit 1–2 g Volldünger auf 1 l Wasser. Überwinterung hell im Haus bei 8–12° C. Nach den Eisheiligen in den Garten stellen. Sonne. Einheitserde. Gartenerde mit Sand und Torf vermischen. Vermehrung dem Gärtner überlassen.

Braunelle, *Prunella* Anspruchslose Kleinstaude, 20 cm hoch, mit weißen, karminrosa oder violetten Blüten von VII–IX. Sonne-Halbschatten. Normaler Boden; mehr feucht als trocken.

Braunfäule, Pilzerkrankung Begünstigt durch feuchtwarme Witterung. Graugrüne bis braune Fleckenbildung auf dem Laub und weißlicher Schimmelrasen auf der Blattunterseite. Abfaulen von Laub und Früchten. Befallene Pflanzen mit → Fungiziden behandeln. Ernterückstände im Ofen verbrennen. Vorbeugend mit Kupferpräparaten oder → Pflanzenjauche spritzen. → Zwiebelschalen.

Braunkohl Norddeutscher Name für → Grünkohl oder Kraußkohl.

Braut im Haar → Schwarzkümmel.

Breitblättriges Wollgras → Wollgras.

Breitsaat Breitwürfig meist mit der Hand ausgestreutes Saatgut. Anwendung dort, wo dichter Bestand angestrebt wird, wie im Futterbau und bei Anlage einer Grünfläche mit Gräsern.

Brennende Liebe → Lichtnelke.

Brennender Busch → Diptam.

Brennessel → Unkraut, vor allem auf stickstoffreichen Böden, das sich aus lockerer oder regenfeuchter Erde als ganzer Horst mit weiten Ausläufern herausziehen läßt. Dazu Gartenhandschuhe tragen. Auf harten oder steinigen Böden die Pflanzen mit → Wuchsstoffpräparaten vernichten. → Pflanzenjauche, → Wildgemüse, → Biologische Pflanzenschutz- und Pflegemittel. Jetzt auch Samen erhältlich.

Brokatblume → Trompetenzunge.

Brokkoli, Spargelkohl, *Brassica oleracea var. italica* Gemüse, 50–60 cm hoch. Die blumenkohlähnlichen, blaugrün-knospigen Blütentriebe werden ab VI geerntet. Die Pflanze treibt immer wieder nach, so daß Ernte bis spät in den Herbst hinein möglich ist. Stiele schälen, in Stücke schneiden und mit den Köpfen verwerten. Ab IV ins Anzuchtbeet säen. Ende V im Abstand von 50 × 60 cm auspflanzen. Wächst mühelos. Bei anhaltender Trockenheit wässern.

Brombeere, *Rubus* Beerenobst, ohne besondere Bodenansprüche. Jedoch sonnig stellen und gegen Frost schützen. Schwächer wachsende, aufrechte Sorten heckenartig in abgestützter Reihe pflanzen. So läßt sich gut auslichten und leicht ernten. Üppiger wachsende oder rankende Sorten an hohe Zäune setzen, zur Hecke verwenden oder an Spalieren ziehen. Im Angebot: Dornenlose Kletter-B., die zweimal im Jahr Früchte tragen; ebenso Kreuzungen zwischen Himbeeren und B. Günstige Pflanzzeit: Herbst bis Frostbeginn, wenn die Sträucher unbelaubt sind. Triebe auf 20 cm zurückschneiden, da Neuaustrieb von unten erfolgt. Gut anhäufeln und Wurzelscheibe abdecken. Nach dem Einsetzen → Einschlämmen. Reihenabstand etwa 2 m, Abstand in der Reihe etwa 1 m. Dornenlose B. mit 2–3 m Abstand pflanzen. Blüten- und Fruchtansatz entsteht an Kurztrieben einjähriger Ruten. Deshalb abgeerntete Ranken dicht am Boden wegschneiden; das fördert die Entwicklung der nächstjährigen Fruchtruten. Im Sommer Rückschnitt der Seitentriebe aus den Ruten auf 30–50 cm. Außerdem die Zahl junger Ruten auf etwa 10 beschränken. Vor verfrühter Ernte hüten. → Beerensträucher.

Brombeermilbenspritzung Sie erfolgt mit beginnendem Austrieb. → Spritzkalender. Biologische Vorbeugung: Mit Rainfarntee nach der Blüte, im Herbst und Winter spritzen. Im Sommer Rainfarnbrühe auf den Boden gießen.

Bruchkraut, *Herniaria* 5 cm hohes, kriechendes, immergrünes Polster. Ausdauernde Arten sind dankbarer Rasenersatz. Unscheinbare Blüten von VI–VII. Sonne. Normaler, durchlässiger Boden. Vermehrung durch Teilung im Frühling. → Bodendecker.

Brunnenkresse, *Nasturtium officinale* Ausdauerndes, scharf aromatisches Küchenkraut für Kräuterbutter, Kartoffelsalat, Quarkaufstrich, Rohkost. Verwendet werden nur die Blätter. Als Wasserpflanze gedeiht sie sehr gut auch in nasser Erde. Dazu genügt eine große Schüssel, die irgendwo im Freien oder auf dem Balkon halbschattig stehen sollte. Wegen ihrer starken Wuchskraft eignet sich Brunnekresse nicht für den Gartenteich. Dafür wächst sie niedrig unter Büschen auf feuchtem Gelände. In Wasserpflanzengärtnereien oder Gemüsegeschäften erhältlich.

Brutknöllchen → Bulben.

Brutzwiebeln Tochterzwiebeln an älteren Zwiebelgewächsen. → Blumenzwiebel ausgraben, große Tochterzwiebeln abtrennen und am

gewünschten Platz in die Erde stecken. Kleine B. ausstreuen und flach mit Erde überdecken. Nach 1–2 Jahren im Herbst an endgültigen Standort verpflanzen.

Buche, *Fagus sylvatica* Heimischer Baum mit grünem oder dunkelrotem Blattwerk, von aufrechtem, breitkronigem oder hängendem Wuchs. 15–40 m hoch. Für kleinere Gärten nicht geeignet. Blut-B., 20 m hoch, mit glänzender, schwarzroter Belaubung sind: *F. sylvatica* 'Atropunicea' und *F. sylvatica* 'Swat Magret'. Eine rotlaubige Hängebuche ist: *F. sylvatica* 'Atropurpurea pendula'. Sonne. Normaler Boden. → Hainbuche.

Buchsbaum, *Buxus* Immergrünes Laubgehölz, anspruchslos und schattenverträglich, auch unter hohen Baumgruppen. Bei freiem Stand wird *B. sempervirens* 'Arborescens' 3–4 m hoch. *B. sempervirens* 'Suffruticosa' wächst nur 1 m hoch. Eignet sich sehr gut zur Formhecke. 5–6 Pflanzen pro lfd. Meter. Sonne–Halbschatten, nicht zu trockener Boden. Bei Trockenheit vergilbt das Laub. B. läßt sich sehr gut schneiden.

Buddleia, Schmetterlingsstrauch, Sommerflieder Reich blühendes Gehölz, 1–3 m hoch, mit 15 bis 25 cm langen Blütenrispen von VII–X. In Blau, Rosa, Rot, Lavendelpurpur, Schwarzviolett oder reinem Weiß. Ein Anziehungspunkt für → Schmetterlinge. Sonne, normaler Boden. B. frieren in ungünstigen Lagen zurück, treiben aber erneut aus dem Wurzelstock und aus geschützten Zweigen aus. Zurückschneiden erst im Frühling, wenn der Austrieb erkennbar ist.

Bügelrechen → Gartengerät zum Harken von Wegen, Beeten, Rabatten und Rasen. → Tafel Gartengeräte.

Büschelglocke, *Edraianthus* Steingartenstaude, 5–15 cm hoch, mit blauen Glockenblüten von V–VII. Wächst auch aus Mauerfugen. Sonne. Boden kalkhaltig, durchlässig und trocken. Empfindlich gegen Nässe und Schnecken. Vermehrung durch Samen. Die B. ist in Staudengärtnereien mit Topfballen erhältlich.

Büschelschön, Bienenfreund, *Phacelia* Einjähriger Sommerblüher ohne Vorkultur, 15–70 cm hoch. Die hellblauen, dunkelblauen oder weißen Blüten von VI–IX enthalten sehr viel Nektar und werden reich von Bienen besucht. B. wächst in voller Sonne auf allen Böden, die nicht sauer sind, damit auch auf Ödland sowie auf steinigen und trockenen Flächen. Freilandaussaat an Ort und Stelle von III–VI. → Ausdünnen auf 10–15 cm. Die Pflanzen samen sich auch von selbst aus. Herbstaussaat bringt frühere Blüte.

▷ B. eignen sich auch zur Gründüngung. Beliebte Schnittblumen sind *Ph. campanularia* mit dunkelblauen Glockenblüten und *Ph. parryi,* die rotviolett-weiß gefleckt blüht.

Bulben So heißen in der Gärtnersprache nicht nur die Luftknollen der Orchideen, sondern auch die Brutknöllchen, die in den Blattachseln mancher Pflanzen entstehen und der Vermehrung

Buddleia

dienen (→ Lilien-Vermehrung). Letztere werden auch Bulbillen genannt.

Buntlaubigkeit Bei Pflanzen mit zweifarbigem Laub: Sie können grünweiß oder gelbweiß gestreift, gefleckt oder farbig abgesetzt sein. Ebenso zählen rotlaubige und gelbliche Töne zur Buntblättrigkeit, nicht aber rein grüne Schattierungen. Für buntlaubige Pflanzen nur sonnige Plätze wählen, da sie im Schatten meist vergrünen. Ausnahme Buntnessel.

Buntnessel, *Coleus* Bunte Blattpflanzen, 30 bis 60 cm hoch. Am besten in Gruppen pflanzen; geeignet für Beete, Schalen, niedrige Kübel. B. verleihen dem Garten auch in Regenzeiten durch ihr Blattwerk Farbe. Manche Sorten haben rote Blätter mit goldenem Saum, andere sind gelb mit grünem Rand, scharlachrot oder rosa und grünbraun marmoriert. Die Sorte 'Multicolor' ist rot, gelb, kupfer und grün gefleckt und gestreift. Statt Samenzucht mit Vorkultur gut verzweigte Jungpflanzen einsetzen. Pflanzzeit: nach den Eisheiligen. Sonne–Halbschatten. Nahrhaften, stark mit Torf durchsetzten Boden feucht halten.

▷ Beginnen einige Pflanzen zu schießen, werden sie geköpft, worauf sich neue Triebe bilden. Durch Ausbrechen der Knospen bessere Blattentwicklung.

Buschbaum, Obstgehölze mit etwa 60 cm Stammlänge. Gute Raumausnutzung in kleineren Gärten, weil engräumig gepflanzt werden kann. Diese Gehölze brauchen sorgfältige Pflege und regelmäßigen Schnitt. → Obstbaumschnitt.

Buschbohne → Bohnen.

Buschklee, *Lespedeza thunbergii* Spätblühender, bis 2 m hoher Strauch mit überhängenden Zweigen. Ca. 20 cm lange, purpurrosa Blütentrauben von IX–X. Sonne. Leichter durchlässiger Boden.

Buschwindröschen, *Anemone nemorosa* Eine Zwergpflanze mit kriechendem Wurzelstock; 10 cm hoch. Weiße oder rosa angehauchte Blüten von IV–V. Zur Pflanzung unter Gehölzen und zwischen Stauden. Nach der Blüte vergilbt das Laub; die Pflanze lebt nur unterirdisch weiter. Die Zuchtform *A. nemorosa* 'Robinsoniana' hat blaue Blüten.

Butterblume → Sumpfdotterblume.

Buxus → Buchsbaum.

△ Anemone

△ Aster

▽ Begonie

▽ Berberitze

△ Blaukissen ▽ Efeu △ Edelwicke ▽ Feinstrahl

Cardy, Kardone, *Cynaria cardunculus* Mit Artischocken nah verwandtes Feingemüse, dessen gebleichte Blattstiele von IX–XI geerntet werden. Samen im V an Ort und Stelle in nahrhafte Erde aussäen. Später im Vierwochenabstand

Flüssigvolldünger geben. 1 m Platz rundum für jede Pflanze berechnen. Ende VIII so hoch wie möglich anhäufeln, das große Laub zusammenbinden und mit schwarzer Folie umgeben. → Bleichsellerie. Ernte der gebleichten Stiele nach 2–3 Wochen. C. wird 2 m hoch, winterhart und mehrjährig. Blauviolette Blüten eignen sich zum Schnitt. Blüht im 2. Jahr.

▷ Attraktive Zierpflanze zur Einzelstellung.

Chicorée, *Cichorium intybus* var. *foliosum* Salat- und Gemüsepflanze mit besonderen Kulturansprüchen. Ab III im Anzuchtkasten oder heizbaren Frühbeet vortreiben. Mitte V, 2–3 cm tief, ins Freiland aussäen. Nahrhafte Erde. Sämlinge auslichten, 15 cm Abstand rundum. Später Jungpflanzen etwas kürzen, um die Verdunstung einzuschränken. Beet bei gelockerter Erde feucht halten, und im VIII gering dosiert Volldünger geben. Ende X bis Anfang XI Wurzeln mit Grabgabel ausheben und 1 Woche lang frostfrei, schattig aufschichten. Dann das Laub bis 4 cm über den Wurzelrüben abschneiden. *Antreiben:* In durchlöcherte Behälter von mindestens 30–40 cm Höhe und 40 cm ∅ eine humose Erdschicht 10 cm hoch einfüllen und dicke Rübenwurzeln senkrecht nebeneinander stellen. Anschließend ca. 3 cm humose Gartenerde auffüllen und gut angießen, damit sich die Erde zwischen den Wurzeln verteilt. Dann weitere 20 cm Erde auffüllen und die Gefäße bei Temperaturen zwischen 12° und 17° C im Haus dunkel aufstellen. Feucht halten. Nach 4–6 Wochen erntereif.

Chinakohl, *Brassica chinensis* Ausgiebige Salat und Gemüsepflanze. Aussaat Ende VII bis Mitte VIII ins Freiland. Sämlinge auf 35 cm Ab-

Chicorée (links) und Chinakohl (rechts)

stand auslichten. Jungpflanzen können ab Ende VIII mit 40 cm Abstand als Nachfrucht ins Gemüsebeet umgesetzt werden. Ernte bis Schneeinbruch, da Ch. auch leichten Frost verträgt. Im Ziergarten sehen auswachsende Pflanzen sehr wirkungsvoll aus.

Chinarohrgras, *Sinarundinaria* Winterharter Gartenbambus mit schilfförmigem Laub an rohrartigen Stielen. *S. murielae,* 2–2,50 m hoch, soll unempfindlicher sein als das stark wachsende 2–3 m hohe Halbrohr, *S. nitida.* Dieses braucht einen sonnigen und warmen Standort. Es wirkt nur, wenn es im Herbst gut ausreifen kann und im Frühjahr zeitig treibt. Andere S.-Arten brauchen Sonne–Halbschatten und normalen, feuchten Boden. → Bambus.

Chinaschilf, *Miscanthus* Ein schilfartiges Gras, 1,50–3,50 m hoch, mit meist überhängendem Blattwerk. Aparter Schmuck in Gartenteichnähe aber auch als Solitär. *M. sacchariflorus,* großes Silberfahnengras, bis 2 m hoch, mit braunen Mittelstreifen im grünen Laub und goldroter Herbstfärbung. Silberweiße Blütenstände von Herbst bis Frühling. Haltbarer Vasenschmuck. *M. sinensis* 'Gracillimus', Graciles Chinaschilf, mit schmalem, leicht überhängendem Laub. Dichtbuschiger Wuchs, 150 cm hoch. Blütezeit: IX–X. Sonne. Normaler, feuchter Boden. → Bambus.

Chlor Chlorhaltige Düngemittel wie Kainit zu Obstbäumen sollen möglichst im Herbst oder Winter gestreut werden, damit Schnee und Regen das darin enthaltene Kochsalz auswaschen.

Chlor im Wasser Chlorgas wird dem Leitungswasser vor allem in Großstädten zur Desinfektion beigefügt und verflüchtigt sich, wenn das Wasser ca. 24 Stunden in einem Gefäß der Luft ausgesetzt ist. Als direkter Zulauf im Gartenteich und zum Sprengen kann chloriertes Wasser unbedenklich verwendet werden.

Chlorophyll, Blattgrün Wichtigstes Pigment für die → Photosynthese.

Chlorose, Gelbsucht Gelbliche oder weißliche Verfärbung grüner Pflanzenteile. Typisch für gelbsuchtbefallenes Laub sind grüne Blattadern. Ursachen: Meist Magnesium- oder Eisenmangel im Boden. Abhilfe durch Spezialmittel wie u. a. 'Fetrilon'. Oder Boden anreichern mit Algenkalk. Leiden Moorbeetpflanzen oder *Rosa rugosa* unter Chlorose, enthält der Boden eisenbindenden Kalk. In diesem Fall ungedüngten Torf untermischen und mit speziellen Rhododendron-Düngern gießen.

Christophskraut, *Actaea* Schattenstaude, 50 bis 80 cm hoch, mit dreifach gefiedertem Laub. Unscheinbare Blütentrauben von V–VI. Auffälliger Fruchtschmuck. *A. alba:* weiße Beeren an roten Stielen; *A. spicata:* schwarze Beeren; *A. spicata* 'Fructo Rubra': rote Beeren. Halb- bis Vollschatten. Normaler, torfgesättigter Boden. Gute Gesellschaft für Gehölze, Farne, Schattengräser. Vermehrung: Wurzelteilung im Frühjahr.

Christrose, *Helleborus* Immergrüner Winterblüher, 25–50 cm hoch, mit weißen, gelblichgrünen, rosa oder purpurroten Blüten von X–V. Beste Pflanzzeit ist VIII. Halbschatten bis Schatten. Humoser, kalkhaltiger, nicht zu trockener Boden. Winterliche Schnittblume. Gute Nachbarschaft für alle Gehölze, vor allem Seidelbast, Primeln, Silberkerzen, Glockenblumen, Christophskraut, Farne. Vermehrung durch Wurzelteilung.

Chrysantheme, *Chrysanthemum* Bekannt unter dem Namen Winteraster, Frühlings-, Sommer-, Herbstmargerite oder Bunte Margerite. 10–100 cm hoch. Blütenköpfe von V–XI, dicht gefüllt mit gebogenen, geringelten, gelockten oder strahlenförmigen Blütenblättern. Viele Farbtöne. In Stauden- und Versandgärtnereien sind jährlich neue Sorten mit anderen Farben und Formen sowie verbesserten Eigenschaften zu haben. Alle Ch. sind haltbare Schnittblumen. Die meisten lieben normale, kalkhaltige Erde und einen sonnigen Standort. Die nur 25 cm hohe *Ch. arcticum,* mit weißen Margaritenblüten von IX–X, ist für eher feuchten Boden dankbar. Heiklere Sorten verlangen leichten Winterschutz. *Ch. carinatum,* die Ring-Wucherblume, läßt sich leicht einjährig ziehen (Bunte Vasenblume). Aussaat im IV an Ort und Stelle auf nahrhaften Boden. Sonne. Sämlinge auf 30 cm Abstand auslichten. Jungpflanzen lassen sich willig versetzen. Wuchshöhe ca. 60 cm. Blüten in Gelb, Rot oder Weiß von VI–IX. Die Blühdauer verlängert sich, wenn verwelkte Blüten abgeknipst werden.

Comfrey → Beinwell.

Compact-Seerosen Gängige → Seerosen wachsen stark oder wuchern. C.-S. dagegen sind züchterisch ausgewählte Sorten, deren Wurzelballen über einen langen Zeitraum hinweg gedrungen bleibt. Besonders geeignet für sehr flache Becken und kleine Schalen etwa ab 40 cm ∅ und 20 cm Höhe. Im Laufe der Jahre ist etwas breiterer Wuchs möglich. Notfalls Eindämmung durch Entfernen der äußeren Wurzeltriebe. Statt C. kann man auch Zwergseerosen einsetzen.

Container Englisches Wort für Behälter. C.-Pflanzen haben unverletzte Wurzelballen und lassen sich das ganze Jahr über einsetzen. Bei Blumenzwiebeln und Knollengewächsen bilden gitterwandige Pflanzenbehälter einen Wühlmausschutz. C. aus Preßtorfmasse zerfallen in feuchtem Erdboden. Andere zeigen Öffnungen auf allen Seiten und geben so den Pflanzenwurzeln die Möglichkeit zum Ausbreiten. Genormte C.-Größen von 7×7×8 cm, 9×9×10 cm, 11×11×12 cm bis zu Sonderformen für Solitärs.

Cornwallheide → Erika.

Cotoneaster, Zwergmispel Vielseitige, teils wintergrüne Laubgehölze für alle Gartenteile und für Grünanlagen, 10 cm bis 3 m hoch, kriechend, buschig oder hochwachsend. Rosarote oder weiße Blüten von V–VI, dichter roter oder schwarzer Perlbeerenbesatz von VIII–X. Je nach Art geeignet für Steingärten und Mauerfugen, als Halbstamm-Solitäre zur Einzelstellung, strauchig wachsend an der Hauswand oder bodendeckend an Böschungen. Um sicher zu gehen, möglichst die gewünschte Wuchsform für einen bestimmten Platz in nächstgelegener Baumschule selbst auswählen. Sonne–Halbschatten. Normaler Boden. Über 50 verschiedene C.-Arten im Handel.

Container schützen Wurzelballen beim Versetzen oder – als Gitterbehälter – Zwiebeln und Knollen gegen Wühlmausfraß.

DDDDDDD

Dachgarten Vegetationsfläche ohne Verbindung zum gewachsenen Boden; nur mit Substraten auf Dächern, an Penthäusern und auf Garagen aufgebaut. Je nach statischer Belastbarkeit kann man 30 bis 60 cm dicke Schichten mit Dränmaterial (Kies, Styropor), Filtermaterial (Torf, Hygromull) und gärtnerische Kultursubstrate auftragen und dann entsprechend Pflanzen einplanen. Ungehinderte Sonneneinstrahlung und bewegte, trockene Luft bestimmen die Auswahl der Pflanzen. Vor allem eignen sich Gewächse, die von Natur aus an Staub und Trockenheit gewöhnt sind (manche Kakteen, Agaven, die Präriemalve, Prärielilie) und solche, die trockenen Boden bevorzugen (Fackellilien, Schafgarben, Königskerzen). Ebenso gut gedeihen grün- oder silbergrau belaubte oder mit dicht behaarten Blättern versehene Pflanzen; manche Nelken, Wolfsmilch, Katzenpfötchen, Edelweiß, Steinkraut, Lichtnelken und Perlkörbchen. Unter den Schling- und Klettergewächsen sind besonders der industriefeste Strahlengriffel und einige Zuchtsorten vom Wilden Wein, wie *Parthenocissus quinquefolie engelmanii* und *P. tricuspidata* 'Veitchii', den extremen klimatischen Bedingungen gewachsen. Großblättrige Stauden, die dem Staub eine zu breite Angriffsfläche bieten, vermeiden. Dagegen sind alle einjährigen, hitzeverträglichen Sommerblumen gut zu ziehen. Wer ohne Hilfe eines Architekten einen Dachgarten anlegt, verwendet Pflanzenkübel, Beetanlagen aus Fertig- oder Halbbauteilen, Mäuerchen und Pflanzengitter. Die Erde trocknet schnell aus, den Wasserhahn daher in Reichweite anbringen! Staunässe bei Beeten und Rasenanlagen verhindert die Dränageschicht. Vliese zwischen Drän- und Filterschicht unterbinden das Einschwemmen von Erde in die Kies- oder Styroporschicht. In dem Kies, der im Baustoffhandel erhältlich ist, verankern sich die eindringenden Pflanzenwurzeln fest mit dem Erdboden. Um die trockene Dachgartenluft mit Feuchtigkeit anzureichern, kann man Wasserschalen mit Seerosen oder Sumpfblumen aufstellen oder einen kleinen Teich anlegen, evtl. mit einem Springbrunnen, den eine Umwälzpumpe speist. Die gegebenen Anregungen lassen sich natürlich nur dort realisieren, wo – nach Rücksprache mit einem Architekten – die Statik es zuläßt, das Dach gut isoliert ist und Wasserabflußmöglichkeiten gegeben sind.
→ Wasser im Garten, → industriefeste Gehölze, → Balkonblumen.

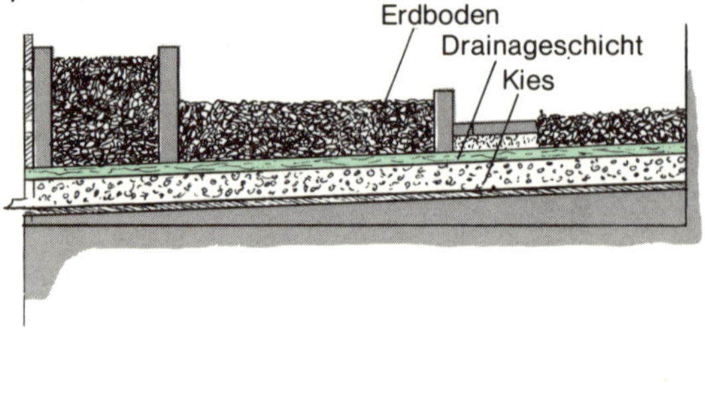

Dachwurz → Hauswurz.

Dahlie, *Dahlia variabilis* Fast jedes Jahr erscheinen auf dem Markt neue Züchtungen in verschiedenen Höhen für Beete, Schalen- und Balkonpflanzung. Blühen in allen Farbtönen von VI bis Frosteinbruch. Standardbezeichnungen für einzelne Sorten und Blütenformen:

	Wuchshöhe ca.
Anemonenblütige D.	40– 50 cm
Beet-D.	40– 60 cm
Giraffen-D.	90 cm
Halskrausen-D.	70–100 cm
Kaktus-D.	80–100 cm
Mignon-D.	30– 40 cm
Pompon-D.	70–100 cm
Rabatten-D.	40 cm
Schmuck-D.	80–150 cm
Top-Mix-D.	20– 30 cm

Pflanzzeit der Knollen Anfang V – je nach Sortengröße – mit Abstand von 50–100 cm rundum. Für hochwachsende Dahlien gleichzeitig einen Stützstab in den Boden rammen. Erdhöhe über den Triebknospen ca. 3 cm. Von Frühsommer bis VIII alle 3 Wochen einen Volldünger-Guß verabreichen. Vor Nachtfrösten schützen. Im Herbst, wenn das Laub nach den ersten Frösten schwarz geworden ist, die Knollen ausgraben und Stiele auf 10 cm zurückschneiden. Mit den Stümpfen nach unten zum Trocknen frostfrei aufstellen. Später Erdkrümel entfernen und die Knollen entweder in trockenem Torfmull kühl überwintern, oder in durchsichtige Polyäthylen-Folienbeutel stecken. Knollen mit Fäulnisstellen absondern und desinfizieren. Bei Vermehrungsteilung auf Triebknospen achten. Wurzelstücke ohne Triebknospen können nicht austreiben. Von Mignon-D. und anderen, meist niedrigen Sorten, wird Samen angeboten. Aussaat im II im Hobbygewächshaus oder am Fensterbrett. Sämlinge in Töpfe setzen und nach den Eisheiligen auspflanzen. Blüte im gleichen Jahr. Sonne. Nahrhafte Erde. An Schädlingen sind vor allem Schnecken und Ohrwürmer von Bedeutung.

▷ D. sind dankbare Schnittblumen. Je mehr man schneidet, um so reicher entwickeln sich neue Knospen. Riesenblüten erreicht man durch Abzwicken mehrerer Seitentriebe.

Dauerblüher Stauden oder Gehölze, die mehrere Monate hindurch ununterbrochen blühen, wie Fingersträucher, *Potentilla fruticosa* und deren Zuchtformen, Hornveilchen, *Viola cornuta,* viele Rosensorten und manche Einjahresblumen (Studentenblumen).

Dauerunkräuter Im Gegensatz zu einjährigem → Unkraut vermehren sich viele Dauerunkräuter außer durch Samen auch durch weitreichende Ausläufer. Zu diesen gehören Giersch, manche Hahnenfußarten, Quecken und die Ackerwinde.

Daxen Deckreisig für Winterschutz. Fichten- oder Tannenzweige verwenden.

Dendrologie, Gehölzkunde Spezialgebiet der Botanik. Mit D. beschäftigt sich die 1892 gegründete Deutsche Dendrologische Gesellschaft, Hawstr. 28, 5500 Trier.

Desinfektion, Desinfizieren Pflegemaßnahme zum Schutz vor oder nach Krankheits- und Ungezieferbefall. → Beizen, → Bodendesinfektion. Leere Treibhäuser kann man durch Ausräuchern mit einem der gebräuchlichen D.-Mittel entseuchen. Auch Frühbeetkästen werden mit solchen Präparaten oder einer zweiprozentigen Formalinlösung keimfrei gemacht. In jedem Fall genau die schriftliche Anweisung beachten! Je nach dem angewendeten Präparat kann es zwei Wochen dauern, bis neu gepflanzt werden darf. Wer kein Risiko eingehen will, setzt zuerst eine schnellwachsende Testpflanze ein, z. B. Blattsalat oder Kresse, um sicher zu sein, daß später keine Verluste entstehen. Wundstellen oder Verletzungen an Blumenzwiebeln oder -knollen mit Oxychinolinsulfat (Handelsname z. B. Chinosol oder Albisal), nach Vorschrift auf der Packung behandeln.

DH, Deutscher Härtegrad Maßstab für den Gehalt des Wassers an Calcium- (Kalk) und Magnesiumverbindungen. 1 DH entspricht 10 g Kalk auf 100 l Wasser. Mittelhartes Wasser hat 8–12 DH. → Enthärten.

Dibbelsaat Fleckenweises Auslegen mehrerer Saatkörner mit der Hand, mit Hilfe eines Pflanzholzes oder einer Saatmaschine auf vorbestimmte Abstände. Anzuwenden bei größeren Samenkernen wie Kapuzinerkresse, Wicken, Erbsen und Bohnen.

Dill, *Anethum graveolens* Hoch aromatisches Würzkraut für Salate, Quark und Kräuterbutter, Fischgerichte. Kraut kurz vor der Blüte zupfen, frisch verwenden oder trocknen. Verdauungsfördernd. Blüte, Samenstände und Stiele zum Einlegen von Gurken verwenden. Aussaat im IV an Ort und Stelle mit Folgesaaten nach Bedarf. Einjährig. 60–100 cm hoch. Sonne. Normaler Boden. → Kohlweißling, → Tafel Würz- und Heilkräuter.

Diptam, Brennender Busch, *Dictamnus* Langsamwachsende Liebhaberstaude, die 20 Jahre alt werden kann. Höhe bis 80 cm. *D. fraxinella,* orchideenähnliche Blüten, rötlich, stark geadert, im VI–VII. *D. fraxinella* 'Albiflorus', weiß blühend. Beide sind Blickpunkte im Steingarten. An heißen Sommertagen entströmt dem D. besonders intensiv ein ätherisches Öl. Entzündet man ein Streichholz über der Pflanze, entsteht eine rasch erlöschende Stichflamme, die dem Gewächs aber nicht schadet. Sonne–Halbschatten. Normaler, kalkhaltiger, eher trockener Boden.

Dörrfleckenkrankheit → Mangelerscheinungen.

Dornen Stechende, spitze pflanzliche Gebilde, verzweigt oder unverzweigt, die mit dem Pflanzeninneren verbunden sind und sich oft nur schwer abbrechen lassen. Bei Berberitzen entstehen sie aus umgewandelten Blättern, aus Nebenblättern bei Robinien und aus Sprossen beim Weißdorn. Als echte Pflanzenorgane nehmen Dornen auch Feuchtigkeit auf. »Stachelige« Kakteen besitzen in Wirklichkeit echte Dornen, während »dornenbedeckte« Rosen Stacheln haben, die nur der Oberhaut entstammen und daher leicht abbrechen.

Dotterblume → Sumpfdotterblume.

Drachenkopf, *Dracocephalum* Kleinstaude für naturbelassene Gartenteile und Steingärten, 10–30 cm hoch, mit weißen, rosa oder blauen Blüten von VI–VIII. Sonne–Halbschatten. Boden nahrhaft und durchlässig. Staunässe wird nicht vertragen.

Drachenwurz, Sumpfcalla, *Calla palustris* Kriechende Sumpf- und Wasserpflanze für Halbschatten, 20–30 cm hoch, mit weißen, trichterartigen Blüten von VI–VII. Gelbes Laub und roter Fruchtkolben (giftig!) im Herbst. In sumpfigem Boden waagerecht einpflanzen. Normale oder torfige Erde. Verträgt bis zu 20 cm Wasserstand.

Dränage Entwässern bzw. Trockenlegen feuchter Böden oder Absenken des Grundwassers. Lange, gelochte, durch Falze zusammenhaltende Betonrohre, Tonrohre oder Kunststoff-D.-Schläuche werden je nach Bodenbeschaffenheit ½–1 m tief quer zur Hangneigung verlegt. Bessere Filterwirkung, vor allem bei Kunststoff-D.-Schläuchen, hat das Einbetten in eine schützende, zusätzlich dränierende Schicht von Styromullflocken. Abfließendes Wasser kann nach Rücksprache mit den Anliegern durch Nachbargrundstücke zu einem öffentlichen Abfluß weitergeleitet werden. Gibt es diese Möglichkeit nicht, kann man im eigenen Garten einen Verdunstungsteich anlegen, der D.-Wasser aufnimmt. Ist ein Grundstück nur wenig feucht, hilft oft das Anpflanzen feuchtigkeitsliebender Gehölze, die einen großen Teil der Bodenfeuchtigkeit aufnehmen und als Verdunstungswasser abgeben. Hierfür eignen sich u. a. Weiden, Erlen und Holunder, als Untersträucher manche Hortensien und die Lavendelheide, *Pieris*. → Bodenwärme.

Drahtgeflecht Aufstellbare, in festen Rahmen verankerte D. zum Hochranken von Erbsen und Bohnen. Als bewegliche Zäune zum Abschirmen von Sitzplätzen sind sie Kletterhilfen für Duftwicken, Winden, Zierkürbisse, Feuerbohnen oder in Kübel oder Kästen gepflanzte ausdauernde Schlinggewächse.

Drahtgerüst Welldrahtgestell zum Hochziehen von Stangenbohnen.

Drahthose Um Gehölze gezogene Drahtgitter, die vor Wildverbiß schützen.

Drahtklammern Lassen sich aus kurzen Drahtenden selbst zurechtbiegen und dienen als Halterung für Rank- und Schlinggewächse.

Drahtschere Als Gartenzubehör nicht unbedingt notwendig. Zum Durchschneiden von Draht kann man auch die Kneifzange, den Seitenschneider oder eine Kombinationszange verwenden.

Drahtspanner Gerät zum Spannen von Drähten an Beerenobstanlagen, Gartenzäunen usw. In Eisenwarenhandlungen und Fachgeschäften für Gartenbedarf erhältlich.

Drahtwürmer Im Boden lebende, hellfarbige Larven einiger Schnellkäfer. Fressen an unterirdischen Pflanzenteilen und bevorzugen Möhren, Salate, Kohl und fleischige Ziergewächse. Schadbild: Kümmern und Abwelken der Pflanzen. Bekämpfung: Durchtränken der Erde mit einem in Fachgeschäften erhältlichen Bodenentseuchungsmittel. → Fruchtfolge, → Tafel Schädlinge.

Drahtzaun Einfachste und oft auch preiswerte Umfriedung des Gartens aus Gitterelementen oder Maschendraht. Als Fertigprodukt stellt die Industrie Zaunanlagen mit Ziergittern zum Selbstaufstellen her. Mitgeliefert werden die dazu passenden Pfähle und Befestigungsschrauben. → Zaun. Der kunststoffummantelte Maschendraht für D. ist dem verzinkten vorzuziehen. Übliche Maschenweiten sind 4 oder 6 cm. D. in manchen Gemeinden verboten.

Drahtgeflecht

Drahtgerüst

Drahthose

Drahtklammer

Dreiblatt, *Trillium* Zierstaude, 20–40 cm hoch, mit dreiteiliger Blüte von IV–V; in Weiß, Rot, Rosa oder Braunrot. Halbschatten–Schatten. Boden humos, eher feucht als trocken.

Dreimasterblume, *Tradescantia* Zierstaude, 40 bis 50 cm hoch, mit grasartigem, in der Mitte gefurchtem Laub. Blüten in Rosa, Himmelblau, Weiß, Violett und Rot von VI–VIII. Sonne bis Halbschatten. Boden normal, nicht zu trocken.

Düngefehler Allgemeingültige Rezepte für richtiges Düngen lassen sich nicht geben. Die Düngemittel-Industrie ist bemüht, mit genauen Richtlinien auf den Packungen mögliche Fehler einzudämmen. Zu üppige → Düngung bringt die Gewächse häufiger zum Absterben als Nahrungsmangel. → Überdüngung. Einige praktische Tips: Wildpflanzen wie Alpenblumen verlieren ihren typischen Wuchscharakter durch gut gemeinte Düngegaben. Hier ist wenig oft schon zuviel. Klares Wasser im Gartenteich reagiert auf Düngung der Seerosen meist mit grüner oder brauner Eintrübung. → Algen. Blumenzwiebeln vertragen weder frischen Mist noch Jauche. Sie sollten nur in alt gedüngte Erde gesetzt werden. → Moorbeete gar nicht düngen und nur sauberes, abgestandenes Regenwasser zum Gießen verwenden. Auf keinen Fall kalkhaltiges Wasser aus der Leitung! → Enthärten des Wassers.

▷ Beginnen Gehölze – vor allem Nadelgehölze – ohne ersichtlichen Grund zu kränkeln, dann beobachten Sie Ihren Hund. Ein eifrig besuchter »Stammbaum« erträgt diese einseitige Düngung nur selten über einen längeren Zeitraum hinweg.

Düngelanze Düngegerät zum Einstechen in den Bodengrund. An Gartenstellen, wo nicht gegraben werden darf oder kann – im Rasen, unter Obstbäumen, in der Straßenhecke, im dichten Staudengarten –, wird mit der D. flüssiger Dünger in den Boden gebracht. → Flüssigdüngung.

Düngerstreuer Streuwagen oder Handstreugeräte, mit denen sich streufähiger Dünger gleichmäßig verteilen läßt, auch unter Sträuchern und Stauden. Manche dieser Geräte lassen sich außerdem zur gleichmäßigen Samenverteilung bei der Aussaat und zum Streuen von Viehsalz im Winter verwenden. → Tafel Gartengeräte.

Düngetorf Einfacher Torf, dem keine Nährstoffe beigemengt wurden, heißt im Handel »Düngetorf«. Man verwendet ihn als Zusatz zur Kompostbereitung, für Moorbeete und humusliebende Gewächse wie Farne, Orchideen, Rhododendron, Azaleen, Hortensien usw. Mit diesem Torf wird u. a. Mineralboden verbessert, werden Flächen zur Humusbildung abgedeckt und Blumenzwiebeln und Knollen im Keller überwintert. Mit Mineraldüngern angereicherter Torf wird unter der Bezeichnung Torfmischdünger angeboten.

Düngezeiten Gedüngt wird im Frühjahr, ca. III–IV, zusätzlich während der Wachstumsperiode bestimmter Pflanzen und dann wieder im Herbst. Der genaue Zeitpunkt ist witterungsbedingt und hängt vom Düngebedürfnis der Pflanze und der Art des Düngemittels ab. Schwerlösliche Dünger arbeitet man im Herbst oder zeitigen Frühjahr in den Boden ein, damit die Nährstoffe den Pflanzen während der Hauptwachstumsperiode zur Verfügung stehen. → Vorratsdüngung.

Düngelanze

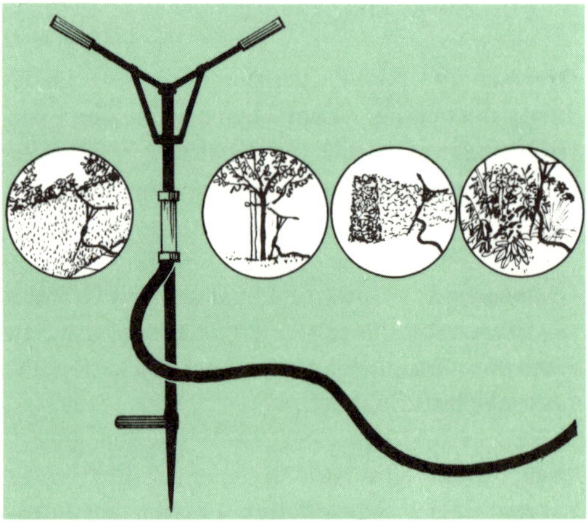

Leichtlösliche Dünger gibt man als → Kopf- bzw. → Flüssigdüngung bei offensichtlichen Wachstumsschäden und zur schnellen Nahrungsaufnahme möglichst kurz vor einem Regen. → Düngung, → Handelsdünger.

Düngung Mit der D. werden dem Boden die durch die Pflanzenwurzeln entzogenen Nährstoffe wieder zugeführt oder einseitig versorgte Böden mit fehlenden Nährstoffen versehen. Das geschieht entweder mit organischen Düngemitteln wie Blutmehl, Hornmehl, Hornspänen, Knochenmehl, Jauche, Stall- oder Geflügelmist und Kompost oder mit anorganischen Düngesalzen, fälschlich Kunstdünger genannt, weil sie fabrikmäßig hergestellt werden. Anorganische Düngemittel, die auch Mineral- oder → Handelsdünger heißen, entstammen jedoch ebenfalls dem Erdboden oder der Luft. Organische Dünger tragen zur Humusbildung, also zur Bodenverbesserung bei, während Mineraldünger keinen Humus bilden. Organische Düngestoffe bilden die Grundbestandteile → biologischer Düngemethoden. Unter ihnen gibt es Volldünger (mit den vier Grundnährstoffen Stickstoff, Phosphor, Kali und Kalk) wie auch Spezialdünger mit nur einem Nährstoff. Je nach Bodenbeschaffenheit können organische und anorganische Düngemittel einander gut ergänzen. Im Gemüsebeet wird man auf stickstoffhaltige Dünger Wert legen, um möglichst viel Blattmasse zu erhalten, im Blumengarten dagegen Dünger verwenden, die zur Blüte anregen. Die Industrie bietet für jeden Gartenteil gesonderte Dünger an, organische, anorganische und auch Mischdünger – für Rosen, Rhododendron, Erdbeeren, Rasen usw. Jeder Gartenbesitzer kann sich im Gartencenter und Fachgeschäft selbst darüber informieren, welche Düngemittel für seinen Boden und die dort wachsenden Pflanzen geeignet sind. Es wird immer Befürworter der biologisch-organischen D. geben, die Mineraldünger ablehnen und andere, die großzügiger denken. Die Auswahl der angebotenen Düngemittel ist für jeden Bedarf und Wunsch reichhaltig. → Düngetorf, → Fäkaliendünger, → Flüssigdüngung, → Gründüngung, → Handelsdünger, → Jauche, → Kalk, → Kompostdüngung, → Kopfdüngung, → Lochdüngung, → Mikronährstoffe, → Nährstoffe, → Pflanzenjauche, → Stallmist, → Torfdüngung, → Volldünger, → Vorratsdüngung, → Kalium, → Phosphor, → Stickstoff.

Duftblumen Blühende Gartengewächse, die einen angenehmen Duft haben. Nach Frische

Duftblumen im Garten

Deutscher Name	Botanischer Name	Lichtverhältnisse
Duftwicke	*Lathyrus odoratus*	Sonne
Freesien	*Freesia hybrida*	Halbschatten bis sonnig
Goldlack	*Cheiranthus*	Sonne
Heliotrop	*Heliotropum*	Sonne
Hyazinthe	*Hyacinthus*	Sonne
Levkoje	*Matthiola*	Sonne
Lilien (alle Jan-de-Graaf-Züchtungen)	*Lilium i. A.*	Sonne bis absonnig
Goldbandlilie	*Lilium auratum*	Sonne bis Halbschatten
Königslilie	*Lilium regale*	Sonne
Madonnenlilie	*Lilium candidum*	Sonne bis Halbschatten
Prachtlilie	*Lilium speciosum*	Halbschatten
Maiglöckchen	*Convallaria*	Halbschatten bis absonnig
Nachtviolen	*Hesperis matronalis*	Sonne bis Halbschatten
Narzissen	*Narcissus*	Sonne bis Halbschatten
Nelken	*Dianthus*	Sonne
Reseda	*Reseda odorata*	Sonne
Seerosen	*Nymphaea odorata*	Sonne
Staudenphlox, Hoher	*Phlox paniculata*	Sonne
Veilchen	*Viola odorata*	Halbschatten bis absonnig

Duftende Gehölze im Garten

Deutscher Name	Botanischer Name	Lichtverhältnisse
Blauähre	*Elsholtzia stauntonii*	Sonne
Blauraute	*Perovskia astriplicifolia*	Sonne Sonne
Blumenesche	*Fraxinus ornus*	Sonne
Dufthimbeere	*Rubus odoratus*	Sonne bis Halbschatten
Flieder	*Syringa* i. A.	Sonne bis Halbschatten
Gewürzstrauch	*Calycanthus floridus*	Sonne bis Halbschatten
Holunder	*Sambucus cana densis* 'Maxima'	Sonne bis Halbschatten
Japanische Blütenkirsche	*Prunus* 'Amanogawa'	Sonne
Pfeifenstrauch Falscher Jasmin	*Philadelphus*	Sonne bis Halbschatten
Rainweide	*Ligustrum*	Sonne bis Halbschatten
Rosen	*Rosa* i. A. u. S.	Sonne
Schleimbeere	*Sarcococca humilis*	Halbschatten bis absonnig
Schneeball	*Viburnum bodnantense* 'Dawn'	Sonne bis Halbschatten
	Viburnum burkwoodii	Sonne bis Halbschatten
	Viburnum carlcephalum	Sonne bis Halbschatten
	Viburnum fragrans	Sonne bis Halbschatten
Schneeflockenbaum	*Chionanthus virginicus*	Sonne bis Halbschatten
Seidelbast	*Daphne*	Sonne bis Halbschatten
Winterblüte	*Chionanthus praecox*	Sonne

Duftende Schling- und Kletterpflanzen

Deutscher Name	Botanischer Name	Lichtverhältnisse
Akebie	*Akebia*	Sonne bis Halbschatten
Geißblatt	*Lonicera*	Sonne bis Halbschatten
Glycinie	*Wisteria*	Sonne
Kletterrosen	*Rosa* i. A. u. S.	Sonne

duften Schneeglöckchen, Himmelsschlüsselchen oder Bauernpfingstrosen, streng oder herb die Kapuzinerkresse, Geranien oder Tagetes. Von letzteren gibt es Sorten, denen der herbe Geruch weggezüchtet wurde. Manche Blumen duften so zart, daß man ihren Wohlgeruch kaum verspürt. Andere Düfte sind nur wahrnehmbar für Tiere. Dabei gibt es innerhalb einer Pflanzengattung auch mehr oder weniger duftstarke Sorten.

Dufthimbeere, *Rubus odoratus* Ein robuster Strauch, 2 m hoch, mit handförmigem, behaartem Laub. Purpurrote Blüten, bis 5 cm breit, in verzweigter Rispe von VI–VII. Sonne bis Schatten. Normaler bis sandig-humoser Boden.

Duftsteinrich → Weißes Steinkraut.

Duftwicke → Edelwicke.

Dunggüsse → Flüssigdüngung, → Kopfdüngung.

Dunkelkeimer Saatkörner, die im Gegensatz zu → Lichtkeimern Dunkelheit zur Keimung benötigen. Zu dieser Gruppe gehören die meisten Pflanzen: Einjahresblumen, die Gemüsearten, Halbstauden, Veilchen, Rittersporn, Lupinen, Christrosen usw. D. müssen mit Erde bedeckt sein, wenn die Saat aufgehen soll.

Durchlüftung Durch die Atmung der Kleinlebewesen und der Pflanzenwurzeln, durch Verwesungs- und Verwitterungsprozesse ist die Luft im Erdboden meist reich an Kohlendioxid und arm an Sauerstoff. Gut durchgelüftet ist ein lockerer, krümeliger, wasserdurchlässiger Boden mit hohem Hohlraumanteil. Pflegemaßnahmen wie → Hacken fördern das Eindringen von Sauerstoff. Eine einfache Methode ist das Einarbeiten von verrottungsfesten Styromull-Flocken mit Hilfe einer Fräse oder Grabgabel. So wird der Boden nachhaltig aufgelockert und durchlüftet.

EEEEEEEE

Eberesche, Mehlbeere, *Sorbus* Sommergrüner Baum oder Strauch, 5–15 m hoch, mit gefiedertem Blatt. Manche Arten zeigen kräftige Herbstfärbung. Weiße Blüten in Doldentrauben von V–VI. Auffallender Fruchtbehang von IX–X mit roten, rosa, gelben, weißen, braunen oder grünlichen Beeren. Beliebtes Vogelgehölz. Sonne–Halbschatten. Normaler bis steiniger Boden, tiefgründig, nahrhaft.

Eberwurz → Silberdistel.

Echter Mehltau → Mehltau.

Edeldistel, *Eryngium* Eine dekorative Staude, 40–100 cm hoch, für naturbelassene Gartenteile, vor sonnigen Mäuerchen und Hauswänden, auch inmitten flacher Bodenpolster. Zylindrische oder kugelige Blütenköpfe von VI–IX in silbrigen Blau- und Lilatönen oder tiefblau, stahlblau und dunkelviolett. Geeignet als → Trockenblume für die Vase. Um den Farbton zu erhalten, die Stiele schneiden, wenn kleine Blütchen eben erst erscheinen. Gute Nachbarschaft mit Perlkörbchen, Gräsern (→ Blaustrahlhafer), Strandflieder oder Ziest. Sonne. Normaler bis karger, durchlässiger Boden. Vermehrung durch Aussaat gleich nach der Samenreife. *E. giganteum* im Frühjahr säen.

Edelraute, *Artemisia* Zwergedelrauten, 10 bis 15 cm hoch, eignen sich gut als Bodendecker und für den Steingarten. Weiße Blüten von VII–VIII. Die Zierde liegt im silbrigen Weiß der filigranartigen Blätter. *A. lanata,* kriechend, als Silberpolster über Steine und in Fugen. *A. vallesiaca,* 40 cm hoch, kann im Staudenbeet verschiedenfarbige Blütenpflanzen voneinander trennen. Sonne. Lockerer, sandhaltiger Boden.

Edelreis Zur Veredelung geeignete, gut ausgereifte Triebe von Gehölzen mit kräftigen → Adventivknospen.

Edeltrieb Zur Veredelung geeigneter, einjähriger Langtrieb.

Edelweiß, *Leontopodium* Eine 10–15 cm hohe Bergblume mit grünem oder silbrig behaartem Laub und verschieden großen, filzigen, silbrigweißen Blütensternen von VI–IX. Geeignet für → Alpinum, → Trockenmauern, → Blühende Steine. E. vergrünt durch Düngegaben. Sonne. Humusarmer, kalkhaltiger trockener Boden. Anziehungspunkt für viele Schnecken. Gefährdete Pflanzen rundum durch Schneckenkorn schützen. Vermehrung durch Aussaat gleich nach Samenreife oder im Februar auf einem kühlen Platz; ferner durch Wurzelteilung im Frühherbst.

Edelwicke, Duftwicke, *Lathyrus odoratus* Einjährige Kletterpflanze, bis 2 m hoch, zum Beranken von Zäunen, Lauben, Garagenwänden, Rankgittern. Als Sichtschutz für Terrassen und Sitzplätze. E. in Balkonkästen säen und an hochgezogenen Schnüren oder Draht klettern lassen. Auf Gartenbeete Reiser (wie bei Erbsen) stecken und mit E. überwachsen lassen. Für Balkonbrüstungen werden E. in nichtrankender, buschiger Wuchsform angeboten. Stark duftende Blüten in allen Farben von VI–X. Freilandaussaat in herbstgedüngtem, nährstoffreichem Boden ab Anfang IV. Samenkörner mit 10 cm Abstand 3 cm tief einlegen. Oder jeweils 3 Körner zusammen mit 20 cm Abstand auslegen. Für Topfballenpflanzung 2–3 Samenkörner ab III in kleine Töpfe säen, am Fensterbrett aufstellen und die Ballen nach den Eisheiligen an Ort und Stelle setzen. Gut entwickelte Jungpflanzen anhäufeln. Bei Regenwetter Kopfdüngung geben. Falls notwendig, Schneckenkorn streuen. Sonne. Lockerer, nährstoffreicher Boden.

▷ Wenn E. 15 cm hoch sind, Triebe leicht stutzen, die Pflanzen werden so kräftiger. Stehen Wicken mehrere Jahre an gleicher Stelle oder in gleicher Erde (Balkonkasten), werden Wuchs und Blüten mit der Zeit kleiner.

Die ausdauernde Staudenwicke, *L. latifolius,* gleicht mit ihren rosaroten oder weißen, etwa von VII–IX erscheinenden Blüten den einjährigen E., ist aber duftlos.

Efeu, *Hedera* Immergrüne Kletterpflanze zum Bedecken von Mauern, Wänden und Gräbern. Die niedrige nicht kletternde Varietät *H. helix* 'Conglomerata' eignet sich als Bodendecker im Garten und für Gräber. E.-Blüten erscheinen erst nach dem 8. Lebensjahr und dann von VIII–IX. Gute Bienenweide. Sonne–Halbschatten. Normaler, torfgesättigter Boden, nicht zu trocken.

Efeuaralie, *Fatshedera* Eine frostempfindliche → Kübelpflanze mit etwas kletterndem Wuchs. Kreuzung zwischen Efeu und Aralie. Neigt wenig zum Verzweigen, deshalb in größeren Schalen oder Kübeln mehrere Pflanzen zusammensetzen und im Frühjahr stutzen. Grünes oder weißbuntes Laub. Verlangt relativ hohe Luftfeuchtigkeit. Deshalb die Kübel in die Nähe von Wasserbekken oder halbschattig-schattig stellen. Normaler Wasserbedarf. Düngung von III–VIII alle 2 Wochen mit 3 g Volldünger auf 1 l Wasser. Überwinterung hell und kühl im Haus oder Gewächshaus. Einheitserde oder humose Gartenerde. Vermehrung durch → Stecklinge im Frühjahr. Nach Bewurzelung mindestens 3 Pflanzen in einem nicht zu kleinen Topf zusammensetzen.

Ehrenpreis, *Veronica* Blütenstaude, 10–180 cm hoch, für Steingärten, Einfassungen und Staudenbeete, für Heidegärten, in naturbelassenen Gartenteilen und als Bodendecker. Blaue, lila, weiße oder rosa Blüten von V–IX. Sonne. Normaler Boden. *V. virginica,* 180 cm hoch, mit lichtblauer Blütentraube, verträgt auch Schatten. *V. incana,* Blüten 30 cm hoch, Blatt silberweiß.

Eibe, *Taxus* Nadelgehölz, 1,50–20 m hoch. Auch Hängeformen. Giftig. Vorsicht mit Kindern! Grüne und gelbliche Nadelfärbung. Roter Beerenschmuck. Hohe Schattenverträglichkeit. Geeignet als → Solitär, für Hecken, Steingärten, oder zur Pflanzung unter hohe Bäume. Sonne–Schatten. Boden kalkhaltig, nährstoffreich. Nicht auf heiße, trockene Böden pflanzen. Staunässe vermeiden.

Eibisch, *Hibiscus* Reichblühender Strauch, bis 2 m hoch, mit gefüllten oder einfachen Blüten von VI–IX. Einfachblütige Sorten sind in unserem Klima frosthärter. Farben: Blauviolett, Rosa, Weiß, Rot. Blüten oft gestreift oder mit andersfarbiger Basis. Sonne, geschützte Lage. Leichter durchlässiger, humusreicher Boden. Jungen Pflanzen Winterschutz geben. Je mehr sie im Lauf der Jahre verholzen, um so größer ist ihre Frosthärte.

▷ Blühfreudigkeit und Wachstum werden angeregt, wenn man die vorjährigen Triebe im zeitigen Frühjahr bis auf etwa ein Drittel der Länge einkürzt.

Eidechsen Die Zaun-E., *Lacerta agilis,* lebt oft in sonnigen Steingärten, in Fugen von Trockenmauern und auf sonnigen Terrassen. Grüngezeichnet das Männchen und braun das Weibchen. Die bis 40 cm lange Smaragd-E., *L. viridis,* ist in Deutschland nur noch selten zu finden. Während diese beiden Arten Eier legen, bringen die braune, zierlichere Berg.-E., *L. vivipara,* und die ebenfalls zu den Eidechsen gehörende → Blindschleiche lebende Junge zur Welt. Bei tödlicher Gefahr löst sich die Schwanzspitze der E. Der

Angreifer wird abgelenkt, während die Echse entkommt. Berg-E. können schwimmen. Sie lieben das Moorbeet und sonnige Teichränder. Alle E. sind vorwiegend Insektenfresser.

Eierfrucht → Aubergine.

Eierschalen Nutzbar als Düngemittel für Zimmerpflanzen und Balkon. Rohe Eierschalen 8 Tage in Wasser legen, bis es riecht. Schwacher Stickstoffdünger. E. sondern keinen Kalk ab!

Einfassungen Begrenzung von Beeten, Wegen oder Rasenflächen durch einmal zu verlegende Steinplatten, Klinker, Kantensteine, → Betonfer-

Wegeinfassung mit Polsterstauden.

tigbauteile oder niedrige Mäuerchen. Effektvoll, aber mit mehr Arbeitsaufwand verbunden, sind E. mit Polsterstauden, die jährlich gestutzt werden müssen. Schmale Streifen niedriger Stauden, Einjahresblumen oder immergrüne Zwerggehölze, die einen Formschnitt erhalten, eignen sich insbesondere für den Übergang von Plattenwegen zur Rasenfläche. Schmale Plattenstreifen an Pflanzungen als Übergang zum Rasen werden als Mähkante bezeichnet.

Einfriedung Umhegen eines Grundstückes mit Zaun, Hecke, Mauer, Palisade oder Wall.

Einheitserde Abgepackte Erdmischung für Topfkultur und Balkonkästen. Nach patentiertem Verfahren hergestellt aus sterilem Ton, Torfmull und Nährstoffen in stabiler Krümelform. In allen Fachgeschäften erhältlich.

Einjähriges Holz Unverzweigter Jungtrieb an Gehölzen.

Einjahresblumen, Annuelle Landläufige Bezeichnung für Sommerblumen, die in einer Wachstumsperiode keimen, blühen und fruchten. Samenaussaat, laut Tabelle, ins Freiland, in Frühbeetkästen oder in Töpfe. Anleitungen sind auch auf den Samentüten zu finden. Die sogenannten → Zweijährigen entwickeln sich im ersten Jahr zur Pflanze, um dann im zweiten zu blühen (s. Tabellen).

Einschlämmen Rund um neu gepflanzte oder umgesetzte Gewächse die Erde mit Schlauch oder Gießkanne stark einspülen, damit entstandene Hohlräume im Boden sich wieder auffüllen. Ist das Wasser eingesickert, die obere Erdschicht zur besseren → Durchlüftung leicht auflockern.

Einschlag Vorübergehende Unterbringung und somit Wartung von Gehölzen oder Stauden. Sind

Die wichtigsten Einjahresblumen mit Vorkultur im Hobby-Gewächshaus, Frühbeet oder in Zimmerschalen

Deutscher Name	Botanischer Name	Aussaat	Blütezeit
Balsamine	*Impatiens balsamina*	IV	VI–X
Beetbegonie	*Begonia semperflorens*	I–II, nicht lohnend	VI–X
Buntnessel, Blumennessel	*Coleus-Blumei*-Hybriden	nicht lohnend	Sommer–Herbst
Einjährige Gartennelke	*Dianthus* spec.	II	VII–X
Einjahrs-Bartfaden	*Penstemon hartwegii*	II	Sommer–Herbst
Einjahrs-Pantoffelblume	*Calceolaria integrifolia*	nicht lohnend	VIII–X
Einjahrs-Sonnenhut	*Rudbeckia hirta*	IV	VIII–IX
Gartenverbene, Eisenkraut	*Verbene hybrida*	III	VI–X
Gauklerblume	*Mimulus*-Hybriden	III	VI–VIII
Glockenrebe, Krallenwinde	*Cobaea scandens*	III	Sommer bis Frosteintritt
Hängefruchtranke, Schönranke; klettert	*Eccremocarpus scaber*	II	VII–X
Hahnenkamm	*Celosia argentea* var. *cristata*	III–IV	Sommer
Heliotrop, Sonnenwende	*Heliotropium arborescens*	I	VII–IX
Leberbalsam	*Ageratum* spec.	III–IV	VI–X
Löwenmaul	*Antirrhinum majus*	II–III	VI–X
Mittagsgold, Gazanie	*Gazania* spec.	III	VI–X
Prachtsalbei, Roter Salbei	*Salvia splendens*	II–III	Sommer
Riesenblumige Zinnie	*Zinnia elegans*	III–IV	VII–IX
Schmuckkörbchen, Kosmee	*Cosmos* spec.	IV–V	VI–IX
Schwarzäugige Susanne, Thunbergie (Triebe aufbinden oder hängen lassen)	*Thunbergia alata*	III	VI–X
Sommeraster	*Callistephus chinensis*	III–IV	VII–X
Sommerlevkoje	*Matthiola incana*	II–IV	VI–X
Sommermalve	*Althaea-Rosea*-Hybriden	III	VIII–X
Sommerphlox	*Phlox drummondii*	III–IV	VII–X
Spaltglöckchen, Hängelobelie	*Lobelia erinus*, *L. erinus* 'Pendula'	II–IV	VI–IX
Spinnenblume, Pillenblume	*Cleome spinosa*	III	VII–X
Trompetenblume,	*Salpiglossis sinuata*	III oder IV–V ins Freiland	VI–IX
Wunderblume	*Mirabilis jalapa*	III–IV	VII–IX
Ziertabak	*Nicotiana*-Hybriden	III	VI–IX

Die Bezeichnung spec. hinter dem lateinischen Gattungsnamen ist die Abkürzung für species und steht anstelle eines konkreten Artnamens. Sie bedeutet in der obenstehenden Aufstellung, daß von der betreffenden Gattung mehrere Arten unter *einem* deutschen Namen zusammengefaßt werden.

Die wichtigsten Einjahresblumen ohne Vorkultur

Deutscher Name	Botanischer Name	Freilandaussaat	Blütezeit
Büschelschön, Bienenfreund	*Phacelia tanacetifolia*	III–VI	VI–IX
Edelwicke; klettert	*Lathyrus odoratus*	IV	VI–X
Einjahrs-Goldlack	*Cheiranthus cheiri*	IV	VIII–X
Einjahrs-Kokardenblume	*Gaillardia* spec.	III–IV	VIII–X
Einjahrs-Lupine	*Lupinus hartwegii*	IV	VI–X
Einjahrs-Rittersporn	*Delphinium ajacis*	Herbst oder IV	VI–IX
Einjahrs-Schleierkraut	*Gypsophila elegans*	IX oder III–VII	V–X
Einjahrs-Vergißmeinnicht	*Myosotis azorica*	IV	VI–X
Feuerbohne, Prunkbohne	*Phaseolus coccineus*	V	ab VI
Flockenblume, Kornblume	*Centaurea* spec.	IV	VII–IX
Fuchsschwanz, Amarant	*Amaranthus* spec.	V	VII–X
Gartenmohn	*Papaver* spec.	Herbst oder III	VI–IX
Goldmohn	*Eschscholzia californica*	Herbst oder III	VI–X
Hainblume	*Nemophila menziesii*	III–VI	Sommer–Herbst
Immortelle, Papierblume	*Xeranthemum annuum*	V	VII–X
Japanischer Hopfen; klettert	*Humulus scandens*	IV	
Jungfer im Grünen	*Nigella damascena*	Herbst oder IV	VI–VIII
Kap-Ringelblume	*Dimorphotheca* spec.	V–VI	VI–X
Kapuzinerkresse; rankend	*Tropaeolum* spec.	V	VI–X
Lein, Rotblühender	*Linum grandiflorum*	IV	VI–X
Mädchenauge, Schöngesicht	*Coreopsis* spec.	III–IV	VI–X
Mittagsblume	*Dorotheanthus bellidiformis*	IV	VI–IX
Portulakröschen	*Portulaca grandiflora*	V	VI–VIII
Reseda	*Reseda odorata*	IV	VI–X
Ringelblume	*Calendula officinalis*	III–IV	VI–IX
Schleifenblume	*Iberis amara* var. *coronaria*	III–IV	V–VIII
Sommerfuchsie, Kreuzblume	*Clarkia* spec.	IV	VI–X
Sommer-Margerite	*Chrysanthemum carinatum*	IV	VI–IX
Sommerzypresse	*Kochia scoparia*	V	
Sonnenflügel	*Helipterum* spec.	IV	VI–IX
Spaltblume	*Schizanthus* spec.	IV–VI	VI–X
Sternwinde, Indische; windet	*Quamoclit pennata*	V	VII–X
Strohblume	*Helichrysum bracteatum*	IV–V	VII–X
Studentenblume, Samtblume	*Tagetes* spec.	V	VI–X
Trichtermalve	*Malope trifida*	IV	VI–X
Weißes Steinkraut	*Lobularia maritima*	III–VI	Sommer–Herbst
Witwenblume, Skabiose	*Scabiosa atropurpurea*	V	VII–X
Zierkürbis, rankend	*Cucurbita pepo* var. *ofivera*	IV–V	
Winden: Kaiserwinde	*Ipomoea nil*	IV–V	VII–IX
Purpurwinde	*I. purpurea*	IV–V	VII–IX
Dreifarbige Prunkwinde	*I. tricolor*	IV–V	VII–IX

die Wurzelballen nicht in Tücher eingeschlagen, werden sie auf eine Folienbahn gestellt, gut mit Erde oder Torf angeschüttet und durchfeuchtet. Zum Schutz vor Wasserverdunstung und Verletzungen, Folie umschlagen. In Ballentücher gepackte Gewächse eng nebeneinanderstellen und mit Torf oder Erde einfüttern. Kräftig durchgießen. → Ballenpflanzen.

Einspruchsrecht Jeder Grundstücksbesitzer hat das Recht, bei seinem Nachbarn Einspruch (nach BGB) zu erheben gegen 1. andauernden Lärm, 2. belästigende Gerüche durch Komposthaufen, Jauchetonnen oder Kleintierställe an der Gartengrenze, 3. Grundwasserentzug durch willkürliche Abtragung des Nachbargeländes, 4. Umleitung von Wasserläufen, 5. zu hoch wachsende und dadurch schattenwerfende Hecken und andere Gehölze, 6. Nichtbeachtung des gesetzlich vorgeschriebenen Grenzabstandes beim Aufstellen von Zäunen, Schuppen, Anlegen von Pflanzungen (bei Bäumen 4 bis 2 m, Sträuchern 1 bis 0,50 m und bei Hecken 0,25 m) usw.

Einwintern Frostsichere Unterbringung der Gemüseernte, von Blumenzwiebeln und Knollen. Weiter ist darunter das Abdecken von Beeten und der Frostschutz für Rosen und Rankgewächse an Spalieren zu verstehen. Frühbeetkästen zudecken und → Folientunnel unter Dach bringen.

Einziehen von Pflanzen Buschwindröschen, Schneeglöckchen, Krokus, Traubenhyazinthen, Scilla, Narzissen, Tulpen, Hyazinthen, Götterblumen u. a. lassen ihr Laub nach der Blüte absterben und leben mit Wurzelstock oder Zwiebeln unterirdisch bis zum nächstjährigen Austrieb weiter. Blätter erst nach dem Vergilben entfernen. Damit keine Lücken im Beet entstehen, solche Blumen möglichst nahe zu später hochwachsenden Pflanzen setzen, Gräser oder Farnen zugesellen, zwischen niedrige Bodendecker pflanzen oder in die Nähe von Gehölzen.

Eisen Notwendig als Spurenelement zur Bildung des grünen Farbstoffs (→ Chlorophyll) der Pflanzen. E.-Mangel bewirkt → Chlorose, zu erkennen an der Gelbfärbung des Laubes.

Eisenholzbaum, Parrotie, *Parrotia persica* Baumartiger Strauch, 5–7 m hoch. Solitärgehölz mit malerischem Wuchs, abschilfernder Rinde und goldgelbem bis scharlachrotem Herbstlaub. Blüten unscheinbar. Halbschatten bis Schatten. Boden leicht sauer, also torfgesättigt, und nicht trocken.

Eisenhut, Sturmhut, *Aconitum* Giftige Staude, 100–150 cm hoch, mit ritterspornähnlichem Laub. Vorsicht mit Kindern! Blütenrispen mit helmartigen Einzelblüten in dunklen, bläulichen Tönen, auch blau mit weiß sowie in Hellgelb von VI–X. Schöne Schnittblumen, etwa 350 Arten. Im Staudenbeet gute Nachbarschaft mit hellfarbenen oder roten Blumen, zwischen Gehölzen mit Astilben, Farnen, Glockenblumen, Silberkerzen. Leidet durch Umpflanzen. Verlangt in sonniger Lage einen normalen, feuchten Boden; schattig darf er trockener sein. Vermehrung erfolgt durch Aussaat im Spätherbst. → Frostkeimer.

Eisenkraut → Verbene.

Eisheilige Letzte Frühlingstage mit Nachtfrostgefahr, vom 12. bis 15. Mai. Erst danach Auspflanzen und Aussaat frostempfindlicher Gewächse. → Abhärten.

Eissalat Kohlkopfähnlicher Salat, der, wie Endivien, in Streifen geschnitten zubereitet wird. Aussaat von IV–VII ins Saatbeet und die größten Pflanzen versetzen. Bei Aussaat an Ort und Stelle, Jungpflanzen auf 30 cm Abstand rundum auslichten. Längere Entwicklungszeit als bei Kopfsalat. Dafür innerhalb von 3 Wochen kaum Auswuchs.

Elfenbeindistel, *Cirsium diacanthum* Cremeweiß geadertes und bestacheltes Laub in 25 cm hoher Rosette. Purpurne Blüten an meterhohen Stielen von VII–VIII. Diese Schmuckstaude ist zweijährig und samt selbst aus. Blickpunkt in Gärten mit Wildstaudenteil. *C. acaule,* Zwergdistel für alpine Steingärten. Stengellose, rote Blüten im VII. Sonne. Normaler bis karger Boden.

Elfenblume, *Epimedium* Halbschattenstaude, bis 30 cm hoch. Graziöse Blüten in Rot, Gelb, Weiß, Kupfer oder kräftigem Rosa von IV–V. Laubzierend. Wächst auch im Streuschatten der Bäume, zwischen Sträuchern und im Steingarten. Für gelegentliche Düngung durch Kompostauflage oder mit angefeuchtetem Torfmischdünger dankbar, vor allem in der Nähe düngezehrender Gehölze. Gute Nachbarschaft mit Farnen, Akelei, Glockenblumen, Waldgeißbart, Fingerhut und Prachtspiere. Normaler, torfgesättigter Boden oder Waldhumus.

Endivie, *Cichorium endivia* Vitaminreicher Blattsalat. Aussaat VI–VII, möglichst dünn, in Saatbeet oder leeren Frühbeetkasten. Auspflanzen ab Mitte VII auf abgeerntete Gemüsebeete im Abstand von 25–30 cm rundum. Zur schnellen Bildung von Seitenwurzeln vor dem Umsetzen Wurzeln und Blätter einkürzen. Später Kopfdüngung geben. Stehen E. dicht, bleichen sie in-

nen von selbst. Sonst nachhelfen durch Zusammenbinden der einzelnen Stauden. Ernte: IX–XI. Haltbare Lagerung im frostfreien Keller bis XII. Unter Folienhauben und in Frühbeetkästen können frostharte Sorten auch im Winter geerntet werden. → Bleichen.

Engerling Sechsbeinige weißliche Larve des → Maikäfers. Sehr gefräßiger Bodenschädling. Drei- bis vierjährige Entwicklungsdauer. Nur junge Larven lassen sich durch in Fachgeschäften erhältliche Bodenentseuchungsmittel vernichten. → Tafel Schädlinge.

Entengrütze → Wasserlinsen.

Entgeizen, → Ausgeizen Ausbrechen von Seitentrieben. Bei Stauden erreicht man Riesenblumigkeit und bei Gemüse (→ Tomaten) werden die verbleibenden Triebe kräftiger und ertragreicher.

Enthärten des Wassers Durch Basenaustausch kalk- oder eisenhaltiges Wasser für kalkempfindliche Pflanzen verträglich machen. Dazu wird ein 10-l-Eimer mit ungedüngtem, zerkleinertem Torf gefüllt und in einen Kübel mit 100 l Wasser geschüttet. Nach ca. 24 Stunden ist dieses Gießwasser selbst für Moorbeetpflanzen weich genug. Wird im Gartenteich die Pflanzerde zu einem Drittel oder zur Hälfte mit ungedüngtem Torf vermischt, kann bei starker Verdunstung auch stark kalkhaltiges Leitungswasser nachgefüllt werden. → Algen. Da die Löslichkeit für Kalk mit steigender Temperatur abnimmt, kann man Wasser auch durch Kochen weitgehend enthärten.

Entlauben Abstreifen oder Abschneiden des Laubes nach Gehölzpflanzung im Herbst. Maßnahme, um die Verdunstung einzuschränken.

Entseuchen → Bodendesinfektion, → Desinfektion.

Entspitzen Einkürzen von Triebspitzen, z. B. bei Rosenkohl, Tomaten, Gurken. Trägt zur besseren Entwicklung der Seitentriebe oder Fruchtbildung bei. → Entgeizen.

Entwässerung →Dränage.

Enzian, *Gentiana* Bergblume und Sumpfbeetpflanze mit über 700 Arten, 5–50 cm hoch. Von V–IX blau-, weiß- oder gelbblühend, für Sonne bis Halbschatten. Die unterschiedlichen Bodenansprüche der einzelnen Arten bei Bestellung in Staudengärtnereien oder Alpenpflanzengärtnereien beachten. Allerdings nur wenige Arten für den Hausgarten geeignet. → Schwalbenwurz-E.

Erbse, *Pisum sativum* Hülsenfrucht für jeden Garten; zum Tiefgefrieren geeignet. Zucker-E. werden mit der Schale gekocht, als Gemüse oder Salat zubereitet. Dazu nur flache Schoten verwenden, dickkörnige zur Rohkost. Freilandaussaat in lockeren, mit Volldünger, Kompost oder düngehaltigem Torf angereicherten Boden. E. versorgen mit Hilfe von Knollenbakterien die Beete mit Stickstoff aus der Luft. Daher ist Kopfdüngung überflüssig. Schalen-E. im III, Mark-E. Anfang IV, Zucker-E. Ende IV aussäen. Folgesaaten nach Bedarf bis VII. Saatmenge: ca. 20 g pro m^2. Körner für E.-Gitter 3–5 cm tief in Rillen oder rund um eingestecktes Reisig anlegen. Keimdauer 8 Tage. Erste Ernte nach 6–8 Wochen. Pflanzanweisungen auf jeder Samentüte. Wintererbse 'Sperlings Winfrida', 60 cm hoch, kann im Herbst gesät werden. Vorsicht mit »niedrigen Sorten ohne Reiser«! Je nach Witterung oder Boden sind keineswegs alle standfest. Legen sich fruchttragende Pflanzen um, wird das Ernten schwierig und die Nachblüte leidet.

▷ E. enthalten Vitamin A, B, C, E. 100 g frisch: 65 Kalorien (272 J), getrocknet: 310 Kalorien (1300 J).

Erbsenälchen Schadbild: Wachstumsstockung und Vergilben der Pflanze vom Boden ab aufwärts. Bekämpfung: Kranke Pflanzen entfernen und nach Möglichkeit im Ofen verbrennen. Anbaufläche wechseln. → Älchen.

Erbsen-Brennfleckenkrankheit Pilzerkrankung. Dunkelbraune Flecken erscheinen auf Hülsen, Laub, Stengeln und Samen. Bekämpfung: gebeiztes Saatgut verwenden; Wechsel der Anbaufläche; Anbau resistenter Sorten. → Beizen.

Erbsenfußkrankeit Verursacht durch Bodenpilze der Gattung Fusarium. Die Folge sind Welkerscheinungen. Bekämpfung: Erkrankte Pflanzen mit den Wurzeln herausheben und verbrennen. Im Folgejahr Saatgut → beizen und Anbaufläche wechseln. Auf verseuchtem Boden fünf Jahre lang Erbsenanbau aussetzen.

Erbsenmehltau Pilzkrankheit. Zu erkennen am weißlichen Belag, der die Pflanzen meist in der letzten Ernteperiode befällt. Bekämpfung: Pflanzen ausreißen und verbrennen. → Mehltau.

Erbsenstrauch, *Caragana arborescens* Baumartig wachsender Strauch, 3–5 m hoch, mit gefiedertem Laub. Dichter Besatz gelber Blüten im V., braune Hülsenfrüchte im VIII–X. Stickstoffsammelndes Vogelschutzgehölz auch für schlechte und trockene Lagen. Sonne–Halbschatten. Boden normal bis karg, sandig und steinig. Etwa 50 Arten verbreitet.

Erdbeeren, *Fragaria* Zuchtsorten: Rankende und nicht rankende E.-Stauden; anspruchslose, kleinfrüchtige Monats-E. oder großfrüchtige »Immertragende«; Sorten zur ein-, zwei- oder dreijährigen Ernte. Neuzüchtungen und Zuchtverbesserungen beachten. Für Liebhaber gibt es an Besonderheiten Spalier-E., deren Ausläufer aufgebunden oder die als Hochstamm gezogen werden: An dünnen Trieben wachsende, kleine Pflanzen blühen und fruchten von VII–XI, wenn sie sonnig und geschützt stehen. Auch alle anderen Sorten verlangen Sonne, einen möglichst geschützten Platz und nahrhaften, humos-lehmigen Boden. Mischkultur mit Lauch, Radieschen oder Gurkenkraut möglich. In ungünstigen Lagen muß mit Ertragsverlusten durch Erfrieren der Blüten gerechnet werden. Als problemlos gilt die E.-Kultur mit Hilfe einer geschlitzten Mulchfolie. Vorteile: Kein Hacken oder Jäten, kein Unkrautwuchs; Bodenfeuchtigkeit und → Bodengare bleiben erhalten. Niederschläge sickern durch die Folienschlitze; die Bodenerwärmung nimmt zu; Früchte bleiben sauber und faulen nicht so leicht. → Grauschimmel und andere Krankheiten treten bei Folienpflanzung kaum auf. Nachteile → Wühlmäuse. Ertragsteigernd wirkt sich das Neusetzen von Jungpflanzen im Zweijahresabstand aus. Vor Auflegen der Folienbahnen ausreichend Vorratsdünger geben, z. B. Kompost, gut gemischt mit durchfeuchtetem Torfhumus-Volldünger oder spezielle E.-Dünger mit humusbildenden Stoffen, die verschiedene Firmen anbieten. Zweite Augusthälfte ist beste Pflanzzeit. E. flach einsetzen, Herzblätter frei lassen. Bis Anfang IX zwischen E.-Reihen Spinat säen, Schnittsalat, Radieschen, Feldsalat. Ab III auf im Herbst abgeernteten Bodenstellen wieder Radieschen säen, Pflücksalat, Gartenkresse oder Würzkräuter. → Mulchfolie, → Rindenmulch, → Spritzkalender → Schnecken.

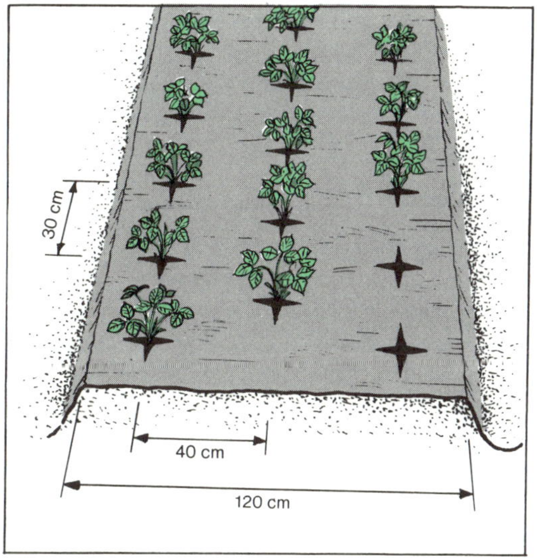

▷ Schwarze Folien halten viele Jahre. Lichtdurchlässige Folien dagegen haben eine kurze Lebensdauer und verhindern auch den Unkrautwuchs nicht.

▷ Neue Sorten werden fast jährlich angeboten. Auch Klettererdbeeren und Monatserdbeeren für Beet, Hängeampel oder Balkonkasten.

▷ Nicht alle Sorten eignen sich gleichgut zum Tieffrieren. Unter einigen anderen behält vor allem die Sorte 'Senga Sengana' auch nach dem Auftauen das typische Erdbeeraroma.

Erdbeerälchen Schadbild: Krümmung der Pflanzen, verdickte Blattstiele, wertlose Früchte, verkrüppeltes Laub. Bekämpfung: Befallene Pflanzen ausreißen und im Ofen verbrennen. Keine Ausläufer zur Nachzucht verwenden. Bei starkem Befall Erdbeerkultur an dieser Stelle bis zu 4 Jahren aussetzen. → Älchen, → Bodenmüdigkeit.

Erdbeerblütenstecher Dunkelfarbiger bis 3 mm langer Rüsselkäfer, dessen Weibchen jeweils ein Ei in die Blütenknospen ablegen und danach den

Stiel annagen, so daß die Knospe welkt und umknickt. Bekämpfung: Vorblütespritzung oder Stäuben mit bienenungefährlichen → Insektiziden. → Spritzkalender, → Pyrethrum-Derris.

Erdbeermehltau Pilzkrankheit. Anzeichen: Vertrocknendes Laub. Mehliger Überzug auf den Blattunterseiten und grünen Beeren. Bekämpfung mit → Fungizide nach Vorschrift auf der Packung. Weniger anfällige Sorten wählen.

Erdbeermilbe Weißliches, kaum sichtbares Spinnentier. Schadbild: Kräuseln und Verkrüppeln junger Blätter und Triebe. Die Pflanzen sterben ab. Bekämpfung: Nach dem Austrieb mit bienenungefährlichen Akariziden spritzen oder mit systemischen Präparaten behandeln. Keine Ausläufer zur Neuanpflanzung verwenden. → Spritzkalender, → Knoblauch.

Erdbeerstengelstecher Rüsselkäfer, der an Blüten, Blattstielen und Ausläufern Schaden anrichtet. Stäuben oder Spritzen mit bienenungefährlichen → Insektiziden. → Spritzkalender.

Erdbeerweißfleckenkrankheit Pilzerkrankung. Runde, grauweiße, braunrot umrandete Flecken auf dem Laub führen zum Absterben der Blätter. Bekämpfung: Befallenes Laub abschneiden und im Ofen verbrennen. Bei starkem Befall mit → Fungiziden spritzen. Künftig andere Sorten anbauen.

Erdbirne, Erdschocke → Topinambur.

Erde Im Gegensatz zum gewachsenen Boden ist die E. ein Kultursubstrat. Vor allem unter Anreicherung von organischen Substanzen, insbesondere durch die verschiedenen Humusstoffe, sowie Mikrooorganismen entwickelt sich die für den Garten und die Kultur von Pflanzen wichtige E. Außer den organischen Verbindungen sind für E. die bodenphysikalischen Verbesserungsmittel wie Torf, Hygromull, Styromull, Sand u. ä. sowie die Dosierung von Dünger maßgebend.

Mit E. kann der jeweils im Garten anstehende Boden gesteuert und somit verbessert werden. Die genauere Kenntnis der Böden ist Voraussetzung zur Verbesserung mit E.

<u>Dunkler Humusboden:</u> Guter, meist lockerer Boden, oft mit Rohhumus, reich an Bakterien und aufschließbarem Stickstoff, aber arm an Phosphorsäure und anderen mineralischen Bestandteilen.

<u>Kalkhaltiger Boden:</u> Meist trocken und wasserdurchlässig, wird wegen rascher Zersetzung organischer Bestandteile als »Düngerfresser« bezeichnet.

<u>Lehmiger Boden:</u> Meist kalt und schwer, Gemisch aus Sand und Ton, oft kalkarm. Lehmiger Sand und sandiger Lehm sind besonders fruchtbar.

<u>Löß:</u> Trockener, warmer, nährstoffreicher Boden, reich an Bodentieren und Mikroorganismen, besitzt mehr Kalkgehalt als Lehm.

<u>Mergel:</u> Besteht aus Kalk und Ton; Verbesserung mit Kompost, humusbildenden, biologischen Naturdüngern (Knochenmehl und -schrot, Hornspäne, Hornmehl, Blutmehl usw.) und einem Zusatz von Torfmull.

<u>Sandboden:</u> Leicht, warm, wasser- und luftdurchlässig. Nährstoffarm und arm an Bodenbakterien. Leichte Zersetzung organischer Stoffe. Verbesserung durch Kompost, Düngetorf, Ton- oder Lehmzusatz und humusbildende Stoffe wie Oscorna-Dünger. Nur im Frühjahr verbessern. → Lehmschlämme.

<u>Steiniger Boden:</u> Schotter oder Verwitterungsboden; wasserdurchlässig, niedriger Grundwasserstand, geringer Nährstoffgehalt. Geeignet für Pflanzen mit geringen Ansprüchen wie viele Alpenblumen.

<u>Ton:</u> Geringe Wasserdurchlässigkeit, schlechte Durchlüftung, geringes Porenvolumen, meist kalkarm. Verbesserung mit Torfmull, Kompost, Sand und Kalk.

Heideerde: »Kompostieren« von trockenen Heidepflanzen im Haufen, der einmal im Jahr umgestochen wird. Sehr gutes Kultursubstrat für Rhododendron, Azaleen, Farne und Waldgewächse.
Komposterde: → Kompost.
Lauberde: Herbstlaub in Haufen schichten und einmal im Jahr umstechen (Buchenlaub verrottet besonders schwer, ist jedoch gut als Packlage in Frühbeeten). Zusatz für alle Farne und Waldpflanzen. Auch geeignet als Düngung für Gemüsebeete.
Rasenerde: Rasensoden mit den Wurzeln nach oben aufeinanderschichten. Kalk und Dünger dazwischenstreuen. Öfter umstechen.
Erde für den Gartenteich wird aus 1/3 Lehm und 2/3 Torf gemischt. Beides ungedüngt, um späterem Algenwuchs vorzubeugen.
Überalterte Gartenerde so tief wie möglich umstechen oder → rigolen. Düngetorf und Komposterde, auch Torfdünger einarbeiten. Die Oberfläche mit phosphorsäure- und kalihaltigen Düngemitteln versehen. Kalkzusatz entsprechend dem → Bodenuntersuchungsergebnis. → Bodenbearbeitung, → Bodengare, → Bodenprofil, → Bodenschichten, → Bodenwärme.

Erdflöhe Winzige Springkäfer, die vor allem bei warmem, trockenem Wetter in Mengen auftreten. Meist im V, VI und VIII. Schadbild: Siebartige Fraßstellen an Zier- und Nutzpflanzen. Beete feucht halten. Im Gemüsegarten häufig hacken. Kohlpflanzenbeete werden von E. gemieden, wenn Spinat oder Salat dazugepflanzt wird. → Tafel Schädlinge.

Erdkröte Wertvoller Nützling im Garten. Bis zu 14 cm langes Tier mit braungrauer, höckrigwarziger, lederartig trockener Haut, bei Männchen manchmal grünlich gefleckt. Tagsüber kaum sichtbar. Bei feuchter Witterung und bei Einbruch der Nacht Jagd auf Insekten, Raupen und Schnecken. Im Frühling Laichablage auch in Wassergärten. E. stehen unter Naturschutz.

Erdmassenberechnung Für die beim Bau eines Gartens anfallenden Erdmassen werden Berechnungen nach verschiedenen Verfahren vorgenommen, um planen und abrechnen zu können.

Erdscheibe → Alpenveilchen.

Erhaltungsschnitt Regelmäßige Pflegemaßnahme durch das → Auslichten nach innen wachsender, sich kreuzender oder einander reibender Zweige. Das Kürzen vorjähriger Sommertriebe wirkt wuchsanregend auf das kurze Fruchtholz. Die Lichtdurchlässigkeit wird durch Kurzhalten des Holzes in der oberen Kronenhälfte erhöht.

Erika, Heide, *Erica* Alle nachstehend genannten Heidegewächse sind immergrün. Vielseitig verwendbar in Steingärten, als Einfassungen, für Gräber oder flächige Pflanzung unter lichten Gehölzen wie Birken und natürlich in Heidegärten auf Sandböden. Winterblühende Arten auch im Balkonkasten. Je sonniger die Pflanzen stehen, um so reicher ist die Blühfreudigkeit. Kalkfliehende E. zu Rhododendron, Azaleen, Farnen oder ins Moorbeet setzen. Buschiger Wuchs wird durch sofortigen Rückschnitt nach der Blüte erzielt. Knospen für die Frühjahrsblüte bilden sich im Herbst und überwintern. Deshalb Vorsicht bei *E. carnea!* Den Arten *E. vagans* und *E. cinerea* sollte man in kalten, schneearmen Lagen vorsichtshalber Winterschutz geben. → Barfrost, → Frostschutz, → Besenheide, → Schneeheide, s. Tabelle nächste Seite.

Erle, *Alnus* Feuchtigkeitsliebender Baum. Schwarz- oder Roterle, *A. glutinosa,* bis 20 m hoch. Stickstoffsammelndes, rauchhartes Gehölz, brauchbar auch als Windschutz. Als Zierbaum eignet sich die Golderle, *A. incana* 'Aurea', 10 m hoch. Goldgelber Austrieb und gelblichgrünes Laub. Kupferrote, männliche Kätzchen an rotgelben Zweigen. Aparter Vasenschmuck. Normaler, kalkhaltiger Boden. → Dränage.

Die wichtigsten Erika-Arten

Name	Blütenfarbe	Blütezeit	Höhe cm	Erde
Bruchheide				
Erica mediterranea 'Erecta'	rosa	III–V	50	normal – Torf
Erica mediterranea 'Silberschmelze'	weiß	III–V	40	normal – Torf
Cornwallheide				
Erica vagans 'Lyonesse'	weiß	VII–IX	30	torfig
Erica vagans 'Mrs. D. F. Maxwell'	rosarot	VIII–X	40–50	torfig
Glockenheide				
Erica tetralix	rosa	VII–IX	30–40	Sand – Torf
Torfheide				
Erica carnea 'Atrorubra'	karminrot	III–V	20	normal – Torf
Erica carnea rubra	rot	XII–I	15	normal – Torf
Erica carnea 'Springwood'	weiß	I–III	30	normal – Torf
Erica carnea 'Winter Beauty'	rosa	XII–III	15	normal – Torf

Erosion Bodenabtrag durch Wasser oder Wind. E.-Schutz gewährleisten → Bodendecker.

Ertragsperiodizität Abwechseln von Ertragsreichtum und Ertragsausfall; regelmäßig bei Obstbäumen. Wirkungsvolle Schnittmaßnahmen verhindern allzu große Ertragsschwankungen.

Erziehungsschnitt Mehrere Jahre nach der Pflanzung regelmäßig durchzuführender Baumschnitt zur Formgebung oder zum Kronenaufbau. Maßgebend sind Wuchsstärke, Unterlage und Baumform. → Obstgehölzformen. Zu dicht stehende Triebe entfernen oder waagerecht binden (→ Obsthecke). Steiltriebe auf der Oberseite der Seitenleitäste entfernen. Ebenso alle dünnen und schwachen Triebe. Waagerechte Triebe ungekürzt stehen lassen. Seitentriebe ebenfalls schonen, da sie Fruchtruten ausbilden. → Fruchtholz. Ihr Rückschnitt verzögert den Ertragsbeginn. Er wird nur an Stellen vorgenommen, wo Jungtriebe erwünscht sind. Die Kronenerziehung beginnt mit dem → Pflanzschnitt. → Grünschnitt, → Hohlkrone, → Trichterkrone. Für lichte Kronenbildung bei Niederstämmen und Buschbäumen sorgt regelmäßiges → Auslichten. Bei Spindelbüschen Verlängerungstriebe nicht zu stark kürzen, sondern herunterbinden. An Spalierbäumen mit strenger Form die Seitenverzweigungen kurz halten. Dabei auf Fruchtholz achten, das direkt am Stamm oder an den seitlichen Leitästen sitzt (s. Zeichnung).

Esche, *Fraxinus* Etwa 60 verschiedene Arten. Am weitesten verbreitet ist die heimische *F. excelsior,* die bis 40 m hoch werden kann. Blumenesche, *F. ornus,* 8–15 m hoher, industriefester Baum. Duftende, weiße Blütenrispen von V–VI. Sonne. Trockener, kalkhaltiger Boden.

Essigbaum, Hirschkolben-Sumach, *Rhus typhina* → Wurzelausläufer treibender Strauch oder Baum, bis 5 m hoch, mit sehr langem Blattwerk an samthaarigen Zweigen. Orange-scharlachrote Herbstfärbung, bedingt durch hohen Gehalt an Gerbsäure. Gelblichgrüne Blütenrispen, 20 cm lang, von VI–VII. Karminrote Fruchtkolben von VIII–III. Sonne–Halbschatten. Normaler, kalkhaltiger oft sogar nährstoffarmer Boden.

Estragon, *Artemisia dracunculus* Mehrjährige Würzstaude, 60–150 cm hoch. Botanisch verwandt mit → Beifuß. Pflanzzeit VIII–IX oder IV. Würzkraut für Rohkost, Soßen, Majonäse, Salate und zum Einlegen von Gurken. Frisch verwendet, ist es hocharomatisch. Zum Trocknen Kraut 2–3mal im Jahr schneiden und locker gebündelt luftig aufhängen. Sonne–Halbschatten. Gut bearbeiteter Boden. → Tafel Würz- und Heilkräuter.

Etagenerika → Gelenkblume.

Eternit Markenname für Erzeugnisse aus → Asbestzement.

Etiketten Wetterfeste Kunststoff-, Metall- und Holzschildchen zum Beschriften und somit zum Kenntlichmachen von Pflanzennamen.

Eukalyptus, *Eucalyptus globulus* Frostempfindliche → Kübelpflanze. Rasch wachsend, mit blaugrünen, weißlich bereiften Blättern. Im Sommer reichlich wässern, im Winter trockenhalten. Düngung während der Wachstumszeit alle 8–14 Tage mit 2–3 g Volldünger auf 1 l Wasser. Überwinterung im Haus bei etwa 10° C. Nach den Eisheiligen in den Garten stellen. Sonne. Einheitserde. Buschige Pflanzen erreicht man durch Zurückschneiden weicher Jungtriebe. Altes Holz verschonen. Die Vermehrung von E. sollte man besser dem Gärtner überlassen. E. ist nur im Gewächshaus problemlos zu überwintern. Ein Gehölz für Liebhaber.

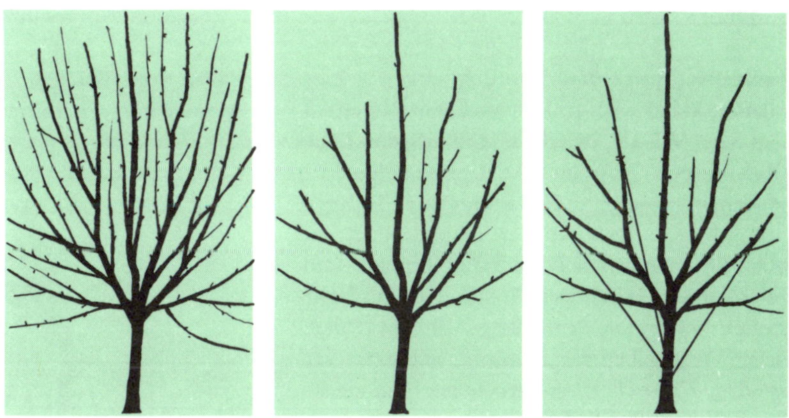

Der Erziehungsschnitt ist für den Kronenaufbau der Bäume von wesentlicher Bedeutung. Dünne und schwache Triebe werden entfernt, zu steil stehende Triebe heruntergebunden.

F_1-Hybride Saatgut, das der Züchter aus Kreuzungen von zwei wertvollen, z. B. reinrassigen Elternpflanzen gewinnt. Die Eltern dieser Zuchtform werden durch Beobachtungen unter Tausenden von Pflanzen ausgewählt. Samen von F_1-Hybriden müssen jedes Jahr neu gekauft werden. Sät man selbstgeernteten Samen aus solchen Pflanzen wieder aus, entstehen in überwiegender Zahl, dem Vererbungsgesetz folgend, Gewächse mit unterschiedlichen Eigenschaften. Für den Käufer bedeutet die Bezeichnung F_1-H. eine Gewähr für Gleichmäßigkeit und Güte. Bei Teppichblumen wie Leberbalsam z. B. sind vor allem kompakte Wuchsform und gleichmäßige Höhe wichtig. Auch F_1-Hybriden im Gemüsesamen-Angebot.

Fackellilie, *Kniphofia* Exotisch wirkende Zierpflanze, Staude, 50–150 cm hoch, mit Blütenkolben von VII–IX zwischen schilfartigem Laub. Blütenfarben: Verschiedene Gelbtöne von Elfenbein bis Orange, in Rot übergehend. Haltbare Schnittblume. Dekorativ im Staudenbeet, als hohe Gruppe zwischen niedrigen Teppichpflanzen oder am Gartenteich. Sonne. Gut mit Nährstoffen versorgter, durchlässiger Boden. Reichliche Wassergaben zur Blütezeit. Staunässe vermeiden. Frostschutz mit trockener Laubdecke. Vermehrung durch Stockteilung im Frühjahr oder durch Aussaat.

Fadenwürmer → Älchen.

Fächerbesen Leicht zu handhabender, in der Breite verstellbarer Spezialbesen mit elastisch federnden Stahlzinken. Zum Säubern von Wegen, Rasenflächen und zum Abharken von Laub unter Gehölzen. → Tafel Gartengeräte.

Fächerblattbaum → Ginkgo.

Fäkaliendünger, Abortdünger, Jauche Verwendung im zeitigen Frühjahr besser als im Herbst. Gut zersetzt, stark verdünnt und reichlich mit Torf vermischt ausbringen. Um Stickstoffverluste zu vermeiden, Düngung an bedeckten Tagen vornehmen. Späte Anwendung als Kopfdünger beeinträchtigt Haltbarkeit und Geschmack von Gemüse und sollte unterbleiben.

▷ Herstellung aus Tierdung: 2 l Dung mit 10 l Wasser verrühren und in zugedecktem Gefäß 10 Tage gären lassen. Vor Anwendung im Garten 1:10 verdünnen. Mit Jauche bespritztes Blattwerk sorgfältig mit Wasser absprühen, um Verbrennungsschäden zu vermeiden.

Fällen von Bäumen Einzelbäume innerhalb engstehender Gehölzgruppen oder in kleineren,

dicht mit Pflanzen besetzten Gärten lassen sich, ohne großen Schaden anzurichten, folgendermaßen fällen: Eine große Leiter, die bis zum Gipfel reicht, Axt und Säge sind die Arbeitsgeräte. Arbeitsvorgang: Der Baum wird von unten nach oben entastet. Danach den Wipfel senkrecht am Stamm entlang zu Boden fallenlassen. Zuletzt den kahlen Stamm von oben her stückweise absägen. → Baumstumpf, → Baumschutzverordnung.

Färberhülse, *Baptisia* Lupinenähnliche Staude, 60 cm hoch, mit lilablauen Blüten in lockerer Traube von VII–VIII. Zur Gruppenpflanzung ebenso geeignet wie für Rabatten und zur Einzelstellung. Sonne, normaler Boden.

Fäulnis 1. Zersetzung stickstoffhaltiger organischer Stoffe (Eiweißstoffe, Nährhumus) durch fast alle Kleinlebewesen des Bodens bei aeroben Verhältnissen. In gut durchlüfteten Böden also wesentlich begünstigter Vorgang. – 2. Zersetzung unter Luftabschluß durch anaerobe Bakterien, die keinen Sauerstoff benötigen. Abgesehen von der Entstehung pflanzenschädlicher Abbauprodukte entweicht hier wertvoller Stickstoff als stinkendes Gas. Im Innern zu großer und zu dicht gepackter → Komposthaufen ein unerwünschter Vorgang.

Fallobst Meist schädlingsbefallene Früchte, die durch verfrühten Reifeprozeß vom Baum fallen oder vom Sturm abgerissen werden. Durch besonders hohen Pektingehalt wertvoll zur Geleebereitung. Wer F. nicht in der Küche verwendet, sollte es trotzdem beseitigen, um der Vermehrung von Schädlingen und der Verbreitung von Krankheitserregern entgegenzuwirken.

▷ Vorsicht mit beschädigten oder angefaulten Äpfeln! Nach Versuchen der Bundesforschungsanstalt für Lebensmittelfrischhaltung in Karlsruhe kann sich in Früchten, die von der Braunfäule befallen sind, der krebserregende Stoff »Patulin« bilden.

Falscher Mehltau → Mehltau.

Fanggürtel Künstliche Verstecke für Schadinsekten, die in ihre Winterquartiere abwandern wollen. Ab Juli in 1 m Höhe um Bäume mit gut gepflegtem Stamm legen. Man nimmt dazu Wellpappe, Strohseile oder Holzwolle und bindet darüber festes Papier oder einen Lappen. Dabei nur den oberen Rand des Gürtels mit Bindfaden oder Draht fest um den Baum schnüren, damit Käfer und Raupen von unten her in das Versteck hineinkriechen können. Von Zeit zu Zeit kontrollieren, Käfer (Apfelblütenstecher) und Raupen (Apfelwickler) vernichten. Im Oktober diese »Fallen« wieder entfernen und sofort verbrennen. → Baumpflege, → Leimring.

Farne, Winterharte Freilandfarne Vielseitig zu verwendende Stauden für schattige und absonnige Stellen: unter Bäumen, zwischen Sträuchern und zur Gesellschaft aller schattenliebenden Gewächse wie Seidelbast, Hortensien, Fuchsien, Rhododendron, einigen Primeln, Azaleen. F. vermitteln Waldstimmung, wenn man sie mit Türkenbund, Fingerhut, Anemonen, Waldgeißbart und Glockenblumen zusammensetzt. Bodenansprüche: Waldhumus oder torfgesättigte, normale Gartenerde, mehr feucht als trocken. Nur wenige Arten sind → Xerophyten. Stark mineralhaltigen Boden zwei Spatenstich tief umgraben und mit grobfaserigem Torf, Herbstlaub, zerbröckelten, dürren Zweigen und gut verrottetem Kompost versetzen. Dies gilt für die meisten F. Ausnahmen sind in Stauden-Katalogen angezeigt. Vermehrung durch Sporen und Teilung. Die von Fall zu Fall wintergrünen Wedel sind einfach oder doppeltgefiedert (s. Tabelle nächste Seite).

Faschine Walzenförmiges, durch Draht fest zusammengehaltenes Bündel aus Weidenruten. Zur Befestigung von Böschungen, Ufern und zur Sicherung von Mutterboden.

Winterharte Freilandfarne

Deutscher Name	Botanischer Name	Wuchshöhe in cm	Ausbreitend	Wintergrün	Besonderes
Blasenfarn	*Cystopteris bulbifera*	40	ja	nein	trägt Brutknöllchen
Goldschuppenfarn	*Dryopteris paleacea*	80	nein	teils	schuppig, Stiele goldbraun
Hirschzungenfarn	*Phyllitis scolopendrium*	30–40	nein	ja	wächst in Mauerfugen, kalkliebend
Königsfarn	*Osmunda regalis*	120–150	nein	nein	Einzelstellung
Regenbogenfarn	*Athyrium goeringianum* 'Pictum'	50	nein	nein	farbenreich
Riesenwurmfarn	*Dryopteris goldieana*	150	nein	ja	Einzelstellung
Rippenfarn	*Blechnum spicant*	40	nein	ja	Fruchtwedel
Rotschleierfarn	*Dryopteris erythrosora* 'Proliferum'	60	nein	ja	Vasenschnitt
Schriftfarn	*Ceterach officinarum*	10	nein	ja	wächst in Mauerfugen, kalkliebend
Sumpffarn	*Thelypteris palustris*	30–40	ja	nein	Sumpf bis einige cm Wasserstand
Pfauenradfarn	*Adiantum pedatum*	20–30	nein	nein	–
	Asplenium trichomanes	10–15	nein	ja	Mauerfugen

Faserwurzeln Feinste Verzweigungen am Wurzelwerk, mit denen die Pflanzen Wasser und Nahrung aufnehmen. Ihr Verlust beim Um- und Neupflanzen beeinträchtigt die Lebensfähigkeit der Pflanze. Vorsichtsmaßnahme: Oberirdische Teile im gleichen Verhältnis zum Wurzelverlust abschneiden.

Fechser Pflanzenteile, die sich zur Vermehrung eignen. → Stecklinge.

Federborstengras → Lampenputzergras.

Federbusch → Hahnenkamm.

Federbuschstrauch, *Fothergilla* Zierstrauch, 1–3 m hoch, mit gelb-rot-oranger Herbstfärbung. Duftende, weiß-rötliche kätzchenähnliche oder cremefarbene Blüten, meist vor Blattaustrieb. Sonne, geschützte Lage. Humusreicher, durchlässiger, notfalls mit Torf durchsetzter Boden. Staunässe vermeiden.

Federgras → Pfriemengras.

Federmohn, *Bocconia* Laubzierende Großstaude, 100–200 cm hoch, für Sonne und Halbschatten. Gelblichweiße Blüten von VI–VIII. Wuchernde dekorative Pflanze für naturnahe Gartenstellen mit kräftigem Boden.

Feinstrahl, Berufkraut, *Erigeron* Verzweigte Staude, 10–80 cm hoch, für Steingärten, Blumenbeete und naturbelassene Gartenteile. Asternförmige Korbblüten, einfach bis gefüllt, von V–VIII in Weiß, Gelb, Orange, Rosarot und Violett. *E. aurantiacus,* 15 cm, orange, und *E. leiomerus,* lila, gedeihen in Trockenmauern.

Sonne. Normaler Boden. Vermehrung durch Staudenteilung vor oder kurz nach der Blüte.

▷ Für die Vase nur aufgeblühte Blumen schneiden. Knospen öffnen sich selten.

Feldsalat, Ackersalat, Rapunzel, *Valerianella locusta* Anspruchsloser Blattsalat; vitaminreich. Aussaat ab VII als Nachfrucht auf abgeernteten Gemüsebeeten; Ernte im Spätherbst. Bei Aussaat von VIII–IX an Ort und Stelle, Ernte im zeitigen Frühjahr. Unter Folienhauben oder im Frühbeet ist Winterernte möglich. Boden nährstoffreich, kalkhaltig. → Zwischenkultur.

Felsaurikel → Aurikel.

Felsenbirne, *Amelanchier canadensis* Blütengehölz, 5–8 m hoch, mit orange-scharlachfarbener Herbstfärbung. Weiße Blütentrauben im V vor Blattaustrieb. Eßbare, kleine Beerenfrüchte. Sonne–Halbschatten. Normaler, warmer Boden.

Felsennelke, *Tunica saxifraga* Kleinstaude, 20 cm hoch, für Steingärten, Alpinum, Heidegärten, Troggärten und Trockenmauern. Blaßrosa Blüten über nadelförmigen Blättern von VI–IX. *T. saxifraga* 'Rosette' ist eine gefülltblumige Form mit leuchtend rosa Blüten. Dankbar für Winterschutz. Sonne. Boden normal, leicht und durchlässig.

Fenchel, Knollenfenchel, Gemüsefenchel, *Foeniculum vulgare* Speisegewächs für Rohkost und Gemüse. Wird ca. 70 cm hoch. Mit Sand vermischten Samen im III ins warme Frühbeet aussäen. Auspflanzen im V im Abstand von 40 cm rundum an warmen, geschützten Ort. Oder: Aussaat im IV ins Freiland. Oder: Aussaat im VI als Nachfrucht auf Gemüseland zur Ernte im X–XI. Verlangt humoses, nährstoffreiches, kalkhaltiges, durchlässiges Erdreich. Öfter hacken und gut wässern. Für Kopfdüngung dankbar.

▷ F. enthält Vitamin C.

Fertigrasen → Rollrasen.

Fertigteile Für Heimwerker liefert die Industrie in reicher Auswahl: 1. Fertig-Betonsteine zum Treppenbau, Wegebau, für den Bau spezieller Pflanzbeete. – 2. Vorgefertigte Zierzäune aus Holz, Draht und Metallgitter zum Selbstaufstellen. – 3. Gewächshauselemente mit Rahmenkonstruktion und Glas bzw. Plexiglas. – 4. → Frühbeete im Baukastensystem. – 5. Wasserbeckenbau-Methoden in Metall, Beton und Kunststoff. – 6. Bausatz für Sommerhäuschen oder Pergola aus Holzelementen. – 7. Ziergitter zur Krönung von Mäuerchen oder zur Begrenzung des Sitzplatzes. – 8. Einzelteile zum Zusammensetzen von Kompostbehältern. → Beton-Fertigbauteile. – 9. → Palisaden für den Bau eines Spielplatzes.

Fetthenne, *Sedum* Artenreiche, sommer- oder immergrüne, dickblättrige Gewächse, fast 500 Arten, 5–50 cm hoch. Polsterbildend oder buschig hochwachsend. Teppichbildende Sorten eignen sich als Rasenersatz auf trockenem Boden, andere wachsen in Mauerfugen. Alle F. sind im Steingarten zu verwenden. Niedrige Sorten auch als unkrauthemmende Pflanzung unter

Fenchel

Stauden und Gehölzen. Blüten von V–IX in Gelb, Weiß, Rosa oder Rot. Sonne–Halbschatten. Normaler bis karger Boden. Vermehrung durch Stecklinge oder Wurzelteilung im Frühjahr. Bei der reichen Auswahl an Arten zunächst in Literatur und Katalogen nachschlagen.

Fettkraut, *Pinguicula* Fleischfressende Pflanze für das Sumpfbeet. Auf dem Boden anliegende, hellgrüne Rosette, mit weißer oder hellvioletter, wie Veilchen aussehender Blüte von V–VI. Sonne. Für das Sumpfbeet normalen bis torfigen Boden verwenden.

Feuerbohne, Prunkbohne, *Phaseolus coccineus* Einjährige Zier- und Gemüsepflanze. Geeignet zur Begrünung größerer Flächen wie von Sitzplatzwänden oder Zäunen, von Masten oder abgestorbenen Bäumen. Mit Hilfe von Spanndraht Windschutz für Terrasse und Balkon. Blüten: ziegelrot, weiß oder zweifarbig. Bohnenernte ab VIII. Zierpflanzen im IV in Töpfchen einzeln heranziehen, Ende V auspflanzen. Freilandaussaat nach den letztmöglichen Frösten. Sonne bis Halbschatten. Normaler, nahrhafter Boden.

Feuerdorn, *Pyracantha* Zierstrauch, 2–3 m hoch, mit weißen Blüten von V–VI und reichem, orangeroten Fruchtbesatz von IX–XII. *P. coccinea* 'Praecox' gilt als industriefest und widerstandsfähig gegen Schorf. Verwendung als Solitärpflanze an der Hauswand oder als undurchdringliche Hecke. Sonne. Gedeiht aber auch als Unterpflanzung im Halbschatten, oft sogar im Schattendruck von Bäumen. Boden: normal, kalkhaltig, eher trocken als feucht.

Feuersalbei → Prachtsalbei.

Feuerstellen im Garten Für einen Grillplatz Erde ca. 40 cm tief und 60 cm breit ausheben, mit Steinen – entweder große Kiesel oder Pflaster – auslegen. Als Bratrost dienen eiserne Fußabtreter, Kellergitter oder einfache Eisenstangen. Anspruchsvoller sind Garten-Grillgeräte, veilseitig, mit und ohne Bratspieß, in allen Preislagen im Handel. In jedem Fall auf Windrichtung achten, um die Nachbarn nicht zu belästigen. Bei Planung fest eingebauter Außenkaminheizungen sind baupolizeiliche Vorschriften zu beachten.

Fichte, *Picea* Nadelgehölz von verschiedener Form und Größe (60 cm bis 60 m). Unterschiedliche Ansprüche einzelner Arten und Sorten an Bodenverhältnisse. Klima und Luftfeuchtigkeit beachten. Für Industriegebiete rauchharte Fichten wählen. → Blautanne, → Omorikafichte.

Fichtengallenlaus und **Fichtenröhrenlaus** (Sitkalaus) 1 mm lange, grünliche, gelbe oder rote Läuse, die vor allem Blaufichten (meist Blautannen genannt), Omorikafichten und Rotfichten befallen. Schadbild: Gallenbildung durch die F.-Gallenlaus. Bei Befall durch die F.-Röhrenlaus vergilben die Nadeln zunächst. Sie werden später braun und fallen ab. Befall kann zum gefürchteten Blaufichtensterben führen. Bekämpfung: Vor Austrieb (Anfang III) mit Folidol-Öl oder Eftol-Öl sprühen oder spritzen, nach dem Austrieb gegen Laubholzläuse zugelassene Präparate verwenden: Dimethoat, Lannate, Metasystox, Unden flüssig. Zeigt sich keine Besserung, Behandlung wiederholen. Junge Bäumchen vorbeugend mit Metasystox(i) angießen (0.3‰ige Brühe ansetzen, 10 l je lfd. m Stammhöhe ausbringen). → Tafel Schädlinge, → Spritzkalender.

Fieberklee, *Menyanthes trifoliata* Wasserblume für Gartenteiche, 30 cm hoch. Weißrosa Blütenkerzen erscheinen von V–VI, während sich das kleeförmige Laub entfaltet. Sonne bis Halbschatten. Normale Erde, 0–30 cm Wasserstand.

Fiederpolster, *Cotula squalida* Immergrüne Kriechstaude, 5 cm hoch mit unscheinbaren Blüten. Deckender Teppich für kräftige Zwiebelblumen im Staudenbeet und auf dem Grab. Rasenersatz für nichtbegangene Gartenstellen. Sonne bis Halbschatten. Normaler Boden. Wintert leicht aus.

Fingerhut, *Digitalis* Dekorative 80–180 cm hohe, giftige Staude. Rosa, gelbe, rote oder weiße Blütenglocken von V–VIII. Manche Arten sind ausdauernd, andere zweijährig und selbstaussamend. Ein Rückschnitt kurz nach der Blüte kann zu längerer Lebensdauer führen. F. paßt gut zwischen Gehölze jeder Art, zu Farnen, Glokkenblumen, manchen Primelarten und allen waldnahen Pflanzen. In Streuschatten unter Gehölze, sonst halbschattig und auch absonnig auf torfgesättigten Boden setzen.

Fingerkraut, *Potentilla* Dankbare Blütenstaude, 5–60 cm hoch. Blüten von V–VIII in Gelb, Weiß, Rot, Rosa. Sonne. Normaler Boden.

Fingerstrauch, *Potentilla fruticosa* Dauerblühender Zierstrauch, 30–150 cm hoch, für jeden Garten. Von V–X ununterbrochene gelbe oder weiße Blütenfülle. Rückschnitt bei Nachlassen der Blühfreudigkeit. Tiefwurzelnder, daher trokkenheitsresistenter Strauch. Sonne. Normaler bis sandig-humoser Boden. Sehr wertvoll sind niedrige Arten wie *P. fruticosa* 'Beesii'.

Fischbesatz im Gartenteich Im Pflanzenteich tragen vor allem die gefräßigen Goldfische, *Carassius auratus,* sehr zur Wassertrübung bei. Ihre rege Verdauung führt zu einer Überdüngung des Wassers. Empfehlenswerter sind die sehr ähnlich aussehenden Goldorfen, *Idus melanotus.* Faustregel: 2 Fische pro 1 m^2 Wasseroberfläche. Außerdem Stichlinge, manche Barsche und Bitterlinge einsetzen, aber keine Karauschen, Karpfen oder Schleien, → Algen, → Wasser im Gartenteich. Sauerstoffbildende, wintergrüne → Unterwasserpflanzen sind für Fische lebensnotwendig. Bei Neupflanzung Fische erst nach kräftigem Pflanzenbewuchs auf dem Beckenboden einsetzen, ca. 8 Wochen später. Unterwasserpflanzen nicht in Pflanzgefäße setzen, sondern den Boden überziehen lassen. Notfalls vorübergehend Fische mit Maschendraht vom Pflanzenteil trennen, bis der Boden überzogen ist. Das Winterquartier für Fische ab 80 cm Wasserstand und tiefer immer dicht mit Unterwasserpflanzen besetzt halten.

Flachwurzler Gewächse, deren Wurzeln im Gegensatz zu denen der → Tiefwurzler nur die oberste Erdschicht durchziehen. Zu ihnen gehören u. a. Birken, Erlen, Tannen, Fichten, Goldruten und Herbstastern.

Flächenmaße 1 Ar (a) = 100 Quadratmeter (m^2); 1 Hektar (ha) = 100 a; 1 Quadratkilometer (km^2) = 100 ha; 1 Morgen = 2500 m^2; 1 Tagwerk = in Bayern 34,07 a, in Württemberg 47,28 a.

Flächenkompostierung Bodenauflage von reifem oder halbgarem Kompost, auch gemischt mit Torf oder Erde. Diese Schicht mit grünen Pflanzenteilen dünn überstreuen. F. schützt kahlen Boden vor Austrocknung, beschattet, fördert die Bodengare, Kleintiere und Mikroorganismen. Lockt Regenwürmer an, erhöht die Humusauflage. Verdunstung wird eingeschränkt, Bodenwärme bleibt erhalten. → Mulchen.

Flammenblume → Phlox.

Flaschenbürstengras, *Hystrix patula* Ziergras, 60 cm hoch, zur Pflanzung zwischen Stauden oder vor Gehölze. Schilfartiges Laub. Lockere, hell behaarte Blütenähren von VI–VII ergeben einen aparten Vasenschmuck. Sonne. Torfdurchsetzter oder humoser Boden.

Flechten → Symbiose von Pilzen und Grünalgen, wobei eine völlig neue Organisationsform entsteht, die äußerlich die beiden Symbiosepartner nicht mehr einzeln erkennen läßt. F. wachsen extrem langsam (manche Arten nur 0,5 mm pro Jahr) und besiedeln – in verschiedenen Wuchsformen – Gestein, Sandflächen, Moorböden und die Rinde älterer Bäume. F.-Belag an Bäumen durch → Abkratzen entfernen, da manche Insekten darunter überwintern. F. sind sehr empfindlich gegen Rauchgase. Ihr Vorhandensein ist deshalb ein Zeichen für verhältnismäßig reine Luft.

Flechtzaun Er wird – auch im Do-it-yourself-Verfahren – mit Hilfe von Weidenruten oder dünnen Holzlatten (meist Bongossiholz) oder breiten Plastikbändern hergestellt.

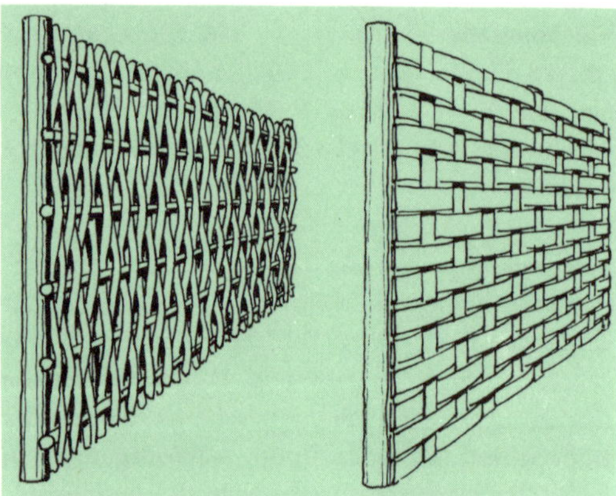

Fleischfressende Pflanzen Gewächse, die mit Hilfe ihrer Klebdrüsen oder Fangbläschen Insekten anlocken, einfangen und verdauen und somit tierisches Eiweiß als zusätzliche Stickstoffquelle nutzen. Im Garten kann man folgende Arten halten: → Fettkraut, → Sonnentau, → Wasserschlauch.

Flieder, *Syringia* Blütenstrauch, 2–6 m hoch, mit großen duftenden Blütendolden von IV–VII in Lilarosa, Violett, Rot, Weiß oder Creme. Bekannt sind etwa 30 Arten, von *S. vulgaris* zahlreiche Sorten im Handel. Zur Vorbeugung gegen Krankheiten den F. sehr tief einpflanzen, damit sich immer neue Wurzeln an der Veredelungsstelle bilden können. Manche Sorten halten sich nur dann als Vasenblume, wenn sie voll erblüht geschnitten werden. Sonne–Halbschatten. Normaler bis sandig-humoser Boden.

▷ Zur Unterstützung der Blühwilligkeit die Samenstände entfernen oder viele Blütenzweige für die Vase schneiden.

Fliederbeeren → Holunder.

Fliederstammfäule Kümmern der Sträucher, Welken und Absterben der Blätter. Auch die Rinde stirbt ab. Ursache: Größere Verletzung oder falscher Standort. Bekämpfung: Wenn möglich, zurückschneiden und umpflanzen. Sonst neuen Flieder an günstigere Stelle setzen.

Flieder-Zweig- und Knospenkrankheit Pilzerkrankung. Erkennbar an verkümmerten, absterbenden Blütenständen und der braunen, schrumpfigen Rinde bei erkrankten Pflanzenteilen. Knospen entwickeln sich nicht, gelegentlich dunkelfleckiges Laub. Bekämpfung: Erde mit einem in Fachgeschäften erhältlichen Bodenentseuchungsmittel vorsichtig durchtränken. Besser: Neupflanzung an anderem Platz.

Flockenblume, *Centaurea* Als »Garten-Kornblume« bekannte Staude mit kornblumenähnlichen Blüten von V–IX. In kräftigem Blau, Schwefelgelb, oder rosa und roten Tönen. Ausdauernde Arten sind 20–180 cm hoch, lieben Sonne–Halbschatten und normalen Boden. Gute Nachbarschaft mit allen Sommerblühern im Staudenbeet, am Gartenteich oder zwischen Ziergräsern in naturbelassenen Gartenteilen, wo sie langsam vor sich hinwuchern dürfen. Für Steingärten die nicht wuchernde *C. thomasiana* wählen, 30 cm hoch, buschig, mit roten Blüten von V–VI. Einjährige F., ca. 70 cm hoch, blühen von VI–IX in Lila, Rosa, Weiß und Blau. Aussaat im IV an Ort und Stelle. Sämlinge auf 40 cm Abstand auslichten. Sonne. Normaler Boden.

▷ Lange Blühdauer durch Abzwicken welker Blüten. Alle Arten sind haltbare Schnittblumen.

Florfliege, *Chrysopa* Nützling im Garten. Die Larven der grünlich oder gelblich aussehenden F. saugen als gefräßige Räuber unzählige Blattläuse aus. Daher ihr volkstümlicher Name »Blattlauslöwen«. F. überwintern gern in Häusern und sind am Fenster zu sehen. Wenn möglich, in kühle Räume tragen. In geheizten Zimmern gehen sie meist zugrunde. → Tafel Nützlinge.

Floribundarosen → Rosen.

Flüssigdüngung In Wasser gelöste Düngestoffe, die den Pflanzenwurzeln unmittelbar zur Verfügung stehen. Es gibt F. aus 1. organischen Düngern und aus 2. Mineraldüngern. Auf grasüberwachsenem Boden → Düngelanze anwenden. Man kann auch Plastik- oder Metallrohre ca. 20 cm tief ins Erdreich schieben oder graben und sie zur Aufnahme von Flüssigdüngern im Boden belassen. Dann aber Öffnung mit einem Folienstück kappenartig umbinden. Manche Flüssigdünger werden durch Aufsprühen auch vom Blattwerk aufgenommen. Genaue Vorschrift auf der Packung beachten! Bei Neupflanzungen Blatt- wie Wurzeldünger nur mit Vorsicht anwenden, um Verbrennungen zu verhüten. Frisch eingesetzte Pflanzen müssen gut im Wuchs sein, um die Düngegaben richtig verarbeiten zu können. Eine Lösung aus organischen Düngern wie Jauche, Guano oder Knochenmehl kann man selbst herstellen. Biologische Düngung mit → Pflanzenjauche. → Blattdüngung, → Düngung, → Mist.

Föhre → Kiefer.

Folgekultur → Nachkultur.

Folgesaat Mehrmaliges Nachsäen in Abständen von 1–3 Wochen, zur fortlaufenden Ernte u. a. von Erbsen, Buschbohnen und Radieschen.

Folien Vielseitig verwendbares Material aus Kunststoffen; z. B. zum Abdecken von Hobbygewächshäusern aus Drahtgeflecht und Anlegen von Teichen. PE (Polyäthylen)-F. sind weich, lichtdurchlässig für ultraviolette Strahlen und gewährleisten den notwendigen Gasaustausch. Gewächse bekommen nach Entfernen der F. keinen Lichtschock. Es gibt sie auch als Schlitz-F. zum Schattieren und Abdecken. Der schwarzen PE-F. als Bodenauflage im Erdbeer- und Gemüsebeet wurde wasserdurchlässige Schlitz-F. zur Seite gestellt. Die Verdunstung wird eingeschränkt, Unkrautwuchs verhütet und → Bodengare gefördert. PVC (Polyvinylchlorid)-F. besitzt diese Vorzüge nicht, ist aber fester und haltbarer zur Anlage von Seerosen-, Fisch- und Schwimmbekken. F. werden in verschiedenen Stärken von der Rolle und als fertige Plane angeboten. → Frostschutz, → Schlitzfolie, → Luftpolsterfolie, → Mulchfolie.

Folientunnel Transportable Schutzhaube für Gemüse- und Anzuchtbeete. Gleichen Witterungsschwankungen aus. Gleichzeitig billigste Art des → Frühbeetes. Beim Einkauf im Fachgeschäft auf gute Belüftungsmöglichkeiten achten,

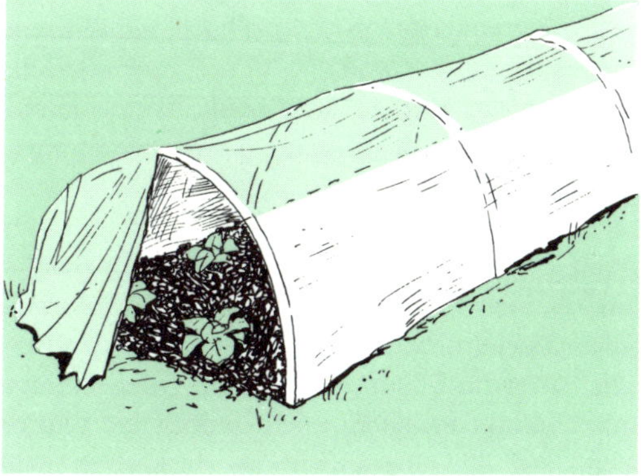

um die jungen Pflänzchen bei zunehmender Außentemperatur vor Hitzeschäden bewahren zu können.

Forke → Mistgabel.

Formieren, Formierungsschnitt 1. Formgebung bei Gehölzen durch Schneiden oder durch Biegen und Festbinden von Zweigen und Trieben. – 2. Spreizen zu eng am Stamm hochwachsender Äste, z. B. mit Hilfe einer geschnittenen Astgabel oder mit dem → Spreizholz. → Abspreizen.

Formschnitt 1. Schmalhalten von Zaunhecken. – 2. Zuschneiden aus der Form geratener Gehölze. – 3. Pyramiden-, Kugel- oder Figurenschnitt z. B. beim Buchsbaum.

Formsteine Künstliche, in bestimmten Formen gepreßte Steine. – 1. Beton-Fertigteile als U-, L- und Blocksteine für Mauern, Traversen, Hochbeete und Stufen. – 2. F. aus Beton oder Keramikmaterial für Gittermauern, z. B. am Sitzplatz. – 3. Verbundsteine für Flächenbelag, wobei sich durch Verzahnung bestimmte Muster ergeben. Es gibt auch F. mit Pflanztaschen zum Einsetzen von Blütenpflanzen oder mit Nisthöhlen für bestimmte Vogelarten. → Beton-Fertigbauteile, → Vögel im Garten.

Forsythie, Goldglöckchen, *Forsythia* Industriefester Zierstrauch, 1 m–3,50 m hoch, mit dichtem gelben Blütenflor von IV–V vor Blattaustrieb. Bekannteste Art: *F. intermedia.* Sonne–Halbschatten. Normaler Boden. → Barbarazweige, → Ableger.

Fräse Vielzweckgerät für den Garten in großen und kleinen Ausführungen, auch mit Motorantrieb. Lockert, belüftet und zerkrümelt den Boden, sorgt für Unterbringung von Dünger, trägt zur Unkrautvertilgung (nicht jedoch bei Quekken!) bei und übernimmt die Hackarbeit zwischen den Reihen. Gefrästes Saatbeet kann sofort eingesät werden. Anwendung nach längerem Regen verhindert Erdverkrustungen. → Tafel Gartengeräte.

Franzosenkraut → Unkräuter.

Fraßgift Mittel zur Schädlingsbekämpfung, das durch Spritzen, Sprühen oder Stäuben als möglichst feiner Überzug auf die Pflanzenoberfläche aufgebracht wird, eine bestimmte Zeit wirkt und fressende Insekten abtötet. → Insektizide.

Frauenfarn, *Athyrium* Gattung sommergrüner Freilandfarne, winterhart, 20–100 cm hoch. Gedeihen auch unter Bäumen und zwischen Sträuchern, wenn der Boden humos, tiefgründig und nicht zu trocken ist. *A. filix-femina* 'Monstrosa' wird 80 cm hoch und hat bizarre Wedel. *A. filix-femina* 'Minutissima', der Zwergfrauenfarn, ist mit 20 cm Höhe der niedrigste und *A. goeringianum* 'Pinctum' der farbenreichste unter den F. Halbschatten-Schatten.

Frauenhaar, *Adiantum* Winterharter Freilandfarn für Schatten und Halbschatten: Unter Bäumen, neben Sträuchern, im Steingarten, an der Rückseite des Hauses, zusammen mit Anemonen, Türkenbund, Frauenschuh, Primeln, Veilchen, Maiglöckchen, Astilben, Ziergräsern. Wedel eignen sich zum Schnitt. Erde mit viel Torf vermischen; feucht halten. *A. pedatum,* 60 cm hoch, *A. pedatum* 'Minor', 20 cm hoch.

Frauenmantel, *Alchemilla* Bodendecker für Sonne und Halbschatten. Für dichten Bewuchs eng pflanzen. Laub besonders hübsch nach Tau. Normale Gartenerde, nicht zu trocken. *A. alpina:* Laub mit silbernem Rand, dicht im Wuchs. 10 cm hoch. Blüte grüngelb, unscheinbar. Schön für Steingärten und Wasserbecken. *A. mollis:* graugrünes Laub, ca. 30 cm hoch, Blüte hellgelb von VI–VII.

△ Fichte ▽ Gänsekresse

△ Forsythie ▽ Gemswurz

△ Glockenblume

△ Goldlack

▽ Goldregen

▽ Hartriege

Deutscher Name	Botanischer Name	Blütenfarbe	Wuchshöhe in cm	Bodenbeschaffenheit
Behaarter Frauenschuh	*C. pubescens*	In Form und Farbe dem heimischen Frauenschuh ähnlich. Blütenschuh goldgelb, dazu oft rot geadert	40	Humus, kalkfrei
Heimischer Frauenschuh	*C. calceolus*	rotbraun. Lippe gelb, rot punktiert	30	Humus mit Kalkgehalt
Herztragender Frauenschuh	*C. cordigerum*	grünlich. Gelbweiße Lippe purpur gefleckt	20–60	Humus, kalkfrei
japanischer Frauenschuh	*C. macranthum*	Intensive rote Aderung auf weißem Grund. Dadurch erscheint die ganze Blüte rot.	30–40	Humus mit Kalkgehalt
Königinfrauenschuh	*C. reginae*	Weiß, Lippe karminrosa	30	Torf, kalkfrei
Stengelloser Frauenschuh	*C. acaule*	grünlich mit purpur, dunkel geadert	15	Torf, kalkfrei

Frauenschuh, *Cypripedium* Winterharte Gartenorchideen für halbschattige Stellen, die weder Pflege noch Düngung wünschen. Gefahr durch Schneckenfraß. Schneckenvertilgungsmittel in so weitem Umkreis streuen, daß die Pflanzenwurzeln diese Chemikalien auch bei Regenwetter nicht aufnehmen können. Moorerde-liebende Orchideen erhalten ein → Torfbett. Stauden-Gärtnereien liefern meist Topfballenpflanzen, damit der lebensnotwendige → Symbiosepilz sich im Gartenboden weiter verbreiten kann. In der Nähe von Orchideen niemals hacken oder umgraben, damit die Lebensgemeinschaft zwischen Pilz und Pflanze nicht gestört wird. Blütezeit V–VI (s. Tabelle).

Freesie, *Freesia* Knollengewächs, 30–40 cm hoch. Von VIII–X etwa 6 Blütenähren pro Pflanze. Farben: Gelb-Orange, Weiß, Rosa, Rot, Violett. Pflanzung in Gruppen, ca. 8 cm tief, mit 10 cm Abstand pro Knolle. Haltbare Vasenblumen. Überwintern wie Gladiolen. Halbschatten. Normaler, nahrhafter Boden.

Freilandaussaat Saatgut frostharter Gewächse ab III auf besonderen → Anzuchtbeeten oder an Ort und Stelle in die Erde bringen; Samen frostempfindlicher Pflanzen erst nach den letztmöglichen Frösten. Im Gemüsegarten ist wegen der leichteren Unkrautbekämpfung die → Reihensaat der → Breitsaat vorzuziehen. Arbeitsvorgang: Auf vorbereiteter Bodenfläche entlang der Pflanzschnur mit einem Holz oder Rechenstiel Rillen ziehen. Saatkörner dünn und weitläufig einstreuen. Feine Sämereien mit Sand vermischen. Erde dünn über die Saatreihe schieben, andrücken und mit feiner Brause anfeuchten. Als Austrocknungsschutz Fichtenreisig oder Strohmatten über die angesäten Stellen legen. Nach erfolgter Keimung entfernen. Saatbeet weiterhin gleichmäßig feucht halten. → Pikieren, → Auffrierschäden, → Auflaufschäden, → Aussaat, → Pillensaat, → Schlitzfolie.

Freilandkakteen → Kakteen im Garten.

Freispalier 1. Freistehende formlose Spalierpflanzung. → Obsthecke. – 2. Sichtschutz mit Hilfe von Drahtgittern und Schlingpflanzen.

Froschbiß, *Hydrocharis morsus-ranae* Schwimmende Wasserpflanze, die als Knospe auf dem

Beckengrund überwintert. Weiße Blüten von VI–VIII. Sonne–Halbschatten. Algenhemmend.

Froschlöffel, *Alisma* Wasserpflanze, 40–100 cm hoch, mit weißer Blütenkerze von VI–IX. Samenstände zum Trockenstrauß verwenden. 0–30 cm Wasserstand. Sonne–Halbschatten. Normale Erde.

Frost Bewirkt eine Zerkrümelung der im Herbst aufgeworfenen Erdschollen und Torfbrocken, so daß im Frühjahr die Beetfläche meist nur übergeharkt zu werden braucht. → Nachtfrost, → Bodenfrost.

Frostballenpflanzung Mit gefrorenem, großzügig ausgehobenem Wurzelballen lassen sich auch ältere Gehölze, vor allem Flachwurzler, im Winter ohne großen Schaden verpflanzen. Vor Frosteinbruch den Wurzelballen abstechen oder bei großen Bäumen einen schmalen, schrägen Graben ziehen. Im Winter das Gehölz vollends herausheben, in die vorbereitete Pflanzgrube stellen und mit Erde auffüllen. Beim Verpflanzen großer Bäume Gärtner befragen.

Frostgare Die durch Frosteinwirkung bedingte Lockerung und Zerkrümelung großer, im Herbst umgegrabener Erdschollen. Danach im Frühjahr den Boden mit dem Rechen nur noch glattziehen.

Frostharte Pflanzen Gewächse, insbesondere Stauden und Gehölze, die im Gegensatz zu → annuellen Pflanzen, in unseren Breiten den Winter schadlos überstehen.

Frostkeimer Pflanzen, deren oft hartschaliger Same nur unter Kälteeinwirkung keimt. Aussaat nach Samenreife oder im Herbst, an Ort und Stelle oder in erdgefüllte Töpfe bzw. Schalen. Dünn mit Erde oder Torf überdecken, angießen und dem Frost aussetzen, notfalls im Gefrierfach des Kühlschranks. Keimung erfolgt im Frühjahr. Frostkeimer sind u. a. Eisenhut, Trollblume, manche Primeln, Akelei, Christrose und Enzian.
▷ Vorsicht beim Sameneinkauf. Frische Samen von Frostkeimern werden von Spezialgärtnereien schon im Winter angeboten.

Frostplatten Plattenartig eingesunkene Rindenstellen an Bäumen. Dadurch entsteht eine Hemmung des Saftstromes. Rindenteile trocknen ein und fallen ab. Ursache: Vermehrter Saftstromfluß auf der Süd- oder Südwestseite des Baumes infolge von Sonneneinstrahlung im Spätwinter, im Wechsel mit niedrigen Nachttemperaturen. Betroffen häufig die Süßkirsche. Baumpfähle beim Pflanzen von Jungbäumen schattenspendend auf der Sonnenseite anbringen. → Gehölze. Befallene Stellen mit der darunterliegenden Gewebeschicht entfernen und die Wunde mit → Baumwachs verschließen. → Lehmverband.

Frostschaden-Verhütung → Frostschutz.

Frostschutz Abdecken empfindlicher Pflanzen mit Laub, Tannenreisig oder einer Torfschicht. Bewährt haben sich auch atmungsaktive Luftpolsterfolienbahnen aus Polyäthylen, die locker – möglichst auf Reisigunterlage – über den Pflanzen liegen müssen. Auf Wasserbecken schwimmend verhindern sie das Durchfrieren. Schwere Kübelpflanzen sollten mit Styroporplatten umgeben werden. Bei empfindlichen Pflanzen wurde auf den Winterschutz im jeweiligen Stichwort hingewiesen. Frostschäden lassen sich nach gärtnerischen Erfahrungen auch dadurch verhüten, daß man Gehölze, blühende Erdbeeren usw. eineist. Die Gewächse werden am Abend, wenn der Frost gerade einsetzt, mit einem Wassersprühnebel aus feiner Düse so lange übersprüht, bis sich eine leichte Eisschicht gebildet hat. Diese schützt die Pflanzen gegen starke Frosteinwirkung und löst sich am Morgen wieder auf. Je zarter die Pflanzenkulturen (Erdbeeren), um so schwächer muß die Eisbildung ausfallen.

Frostspanner Unscheinbare, kleine Schmetterlinge, deren grünliche Raupen Blätter und Früchte anfressen. Schäden vorwiegend an Obstbäumen, manchmal an Beerensträuchern. Bekämpfung: Ab X → Leimringe um Stämme und Baumpfähle legen; sie hindern die flügellosen Weibchen am Hinaufkriechen in die Baumkronen, wo die Eiablage stattfindet. → Spritzkalender, → Tafel Schädlinge.

Fruchtfäule → Monilia.

Fruchtfall an Obstbäumen 1. Abfallen der unbefruchteten Ansätze nach der Blüte. – 2. Abstoßen kleiner, nicht entwicklungsfähiger Früchte, meist im Juni. – 3. Ebenfalls im Juni Abstoßen entwicklungsfähiger Früchte infolge Nährstoffmangels (→ Stickstoff) oder Schädlingsbefalls (→ Kirschfruchtfliege). – 4. Vorerntefruchtfall als Folge zu üppigen Fruchtbehangs oder von Schädlingsbefall. → Fallobst.

Fruchtfolge, Fruchtwechsel Aufeinander abgestimmte Folge von Kulturpflanzen nach ihren Ansprüchen an Boden, Wasser und Nährstoffen. Beim Gemüseanbau entsprechend den Nährstoffbedürfnissen der einzelnen Arten und Sorten. – 1. Stark zehrende Pflanzen (Gurken, Kohl, Kürbis, Mangold, Salat, Sellerie, Spinat, Tomaten) in frisch gedüngte, nahrhafte Erde setzen. Als Folgefrucht weniger anspruchsvolles Gemüse pflanzen: Feldsalat, Möhren, Porree, Rettich, Radieschen, Rote Bete, Schwarzwurzeln, Zwiebeln und manche Salate. Dazu Hülsenfrüchte. – 2. Fruchtwechsel als Vorbeugung gegen eine bedrohende Ansammlung von Bodenschädlingen z. B. von → Älchen und → Drahtwürmern. Betrifft vor allem Dauerkulturen wie Erdbeeren. → Bodenmüdigkeit, → Biologischer Anbau, s. Tabelle nächste Seite.

Fruchtgemüse Gemüsearten, bei denen die Früchte geerntet werden: Erbsen, Bohnen, Melonen, Kürbisse, Gurken, Paprika, Auberginen, Tomaten.

Fruchtholz Obst- oder Beerenzweige, an denen sich Früchte entwickeln können und die mindestens eine Fruchtknospe zeigen. F. meist zwei- oder dreijährig, so bei Kernobst.

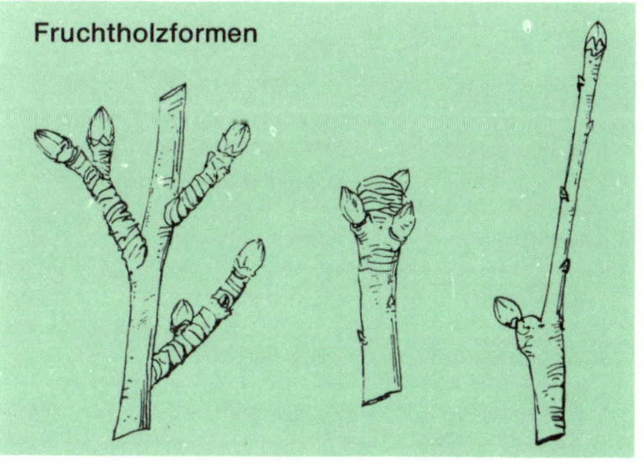

Fruchtmumien Vertrocknete Früchte oder trockenfaule Obstreste an Bäumen und Sträuchern, die im Rahmen des Pflanzenschutzes lt. amtlicher Verordnung entfernt und vernichtet werden müssen, weil sie einen drohenden Infektionsherd darstellen. Das Unterlassen einer solchen Maßnahme kann Ordnungsstrafen zur Folge haben. → Monilia.

Fruchtstecher → Apfelblütenstecher.

Fruchttrieberneuerung Notwendiger Rückschnitt einjähriger Triebe an Obstgehölzen als Anreiz zu kräftigem Neutrieb. So u. a. bei Aprikosen, Pfirsichen, Pflaumen und Sauerkirschen.

Fruchtwechsel → Fruchtfolge.

Frühbeet Bewährte Einrichtung 1. zur Jungpflanzenanzucht und somit zur Vorkultur von Gemüse, Stauden, Ein- und Zweijahresblumen – 2. zum Anbau von Frühgemüse und Salaten 3.

Fruchtfolgeplan für den Gemüsebau

Vorfrucht	Hauptfrucht	Zwischenfrucht	Nachfrucht
–	Frühkartoffeln	–	Buschbohnen, Möhren, Kohlrabi, Blumenkohl; letzterer auch Anfang VI schon zwischen die Kartoffelreihen
–	Frühkohlrabi	–	Frühkopfkohl, Rosenkohl, Blumenkohl oder Rote Rüben
Früherbsen	Grünkohl, Kohlrüben oder Spinat	–	–
Kohlrabi	Bleichsellerie	–	Endivien
Kopfsalat	Gurken	Schnittsalat	Spinat
Winterspinat	Frühkartoffeln	–	Grünkohl
Radieschen	Buschbohnen	Pflücksalat	Erdbeeren
Schnittsalat oder Gartenkresse	Buschbohnen	–	Feldsalat
Schnittsalat	Stangenbohnen	Gurken	Chinakohl
Frühmöhren und Steckzwiebeln	Schlangengurken	–	–
–	Frühkohl, Kohlrabi, Karotten oder Frühkartoffeln	–	(Ende VII) Grünkohl, Rosenkohl
–	Kohl, Kohlrabi oder Sellerie mit Porree abwechselnd in der Reihe gepflanzt		
Wintermöhren und Kopfsalat	Dicke Bohnen und Wirsing	–	Grünkohl oder Endivien

zur Sommerkultur wärmebedürftiger Gemüse wie Paprika, Melonen, Gurken usw. – 4. zum Anbau von Feldsalat und spätem Kopfsalat für die Winterernte.

Der Platz für das F. sollte sonnig, windgeschützt und möglichst nahe am Haus liegen, um alle anfallenden Pflegearbeiten wie Lüften, Gießen, Zu- und Abdecken und Maßnahmen des Pflanzenschutzes zu erleichtern. Bevor man veraltete Mistbeete baut, sollte man sich über das Angebot

Frühbeete sind in verschiedenen Ausführungen möglich: in der herkömmlichen Bauweise; mit selbstlüftenden Fenstern; aus Kunststoffteilen, die sich platzsparend aufbewahren lassen; mit Heizkabel, das unter der Erde verlegt wird.

im Handel informieren. Die Industrie liefert eine reiche Auswahl an wärmeisolierenden F. für kleine und große Gärten, sowie für den Balkon. Zu empfehlen sind F. im Baukastensystem, die nach Bedarf vergrößert und verkleinert werden können. Bei selbstlüftenden F.-Fenstern in der Größe 80 × 150 cm, die man auch auf vorhandene Kästen legen kann, sorgen Lüftungslamellen für gleichmäßige Wärme, indem sie sich je nach der Temperatur öffnen oder schließen. Wer seinen F.-Kasten selber anlegt, sollte ebenfalls zuerst an Wärme denken, möglichst Kunststoffe, → Acrylglas, → Polyester und nicht kaltes Material wie metallene Fensterrahmen verwenden. F.-Wanderkästen sind veraltet und werden durch → Folientunnel ersetzt. → Schattieren.

Frühlingslichtblume → Lichtblume.

Fuchsie, Gartenfuchsie, *Fuchsia* Dauerblühende Zwerggehölze, 50–100 cm hoch, mit rotweißen oder rot-violetten, hängenden Blüten. *F. magellanica* 'Gracilis' ist an geschütztem Platz winterhart. Abdecken mit Laub oder anderem Frostschutzmaterial. Andere *F. magellanica*-Züchtungen sollen unter Frostschutz ebenfalls durchhalten. Frieren obere Pflanzenteile zurück, treiben die Pflanzen im Frühjahr neu aus. Halbschattig bis schattig, unter Laubgehölze und zwischen Sträucher setzen. Herbstlicher Laubfall gibt natürlichen Winterschutz. Normaler, nahrhafter, durchlässiger Boden. Überschüssiges Wasser muß schnell ablaufen können. Staunässe unbedingt vermeiden.

Fuchsschwanz, *Amaranthus* Einjahresblume für Balkon und Garten. 60–150 cm hoch, mit roten, lang hängenden Blütenständen von VI – Frostbeginn. *A. tricolor* hat grünliche Blüten und rötliches, gezeichnetes Laub. Aussaat entweder ins Frühbeet oder nach den Eisheiligen direkt ins Freiland. Die Sämlinge dürfen nicht trocken werden. Beim Verpflanzen auf 35 cm Abstand rundum achten. Später erfolgt Selbstaussaat. Sonne. Nahrhafter, nicht zu trockener Boden. → Trockenblumen.

Fungizide Mittel zur Bekämpfung von Pilzkrankheiten. Verhindern vor allem das Auskeimen der Pilzsporen, dämmen die Krankheit ein und haben eine pilztötende Wirkung. Erhältlich unter verschiedenen Markennamen als Spritzpräparat, Stäube- und Beizmittel. Je nach Art der Erkrankung werden Schwefel-, Kupfer-, Quecksilber-haltige oder organische F. verwendet.
Schwefel wird als Stäubemittel oder als Netzschwefel-Spritzpräparat im Obstbau gegen den Echten Mehltau an Apfel, Aprikose, Pfirsich,

Quitte und gegen Stachelbeer- und Johannisbeermehltau angewandt. Erwähnenswert ist die Nebenwirkung gegen Spinnmilben.
Kupferpräparate haben eine hohe Dauerwirkung und werden ebenfalls im Obstbau, z. B. gegen den Falschen Mehltau eingesetzt.
Quecksilberverbindungen dienen zum → Beizen von Saatgut.
Organische F. verdrängen z. T. die Schwefel- und Kupferpräparate. Sie sind hoch wirksam, neigen aber zur Resistenzbildung; werden im biologischen Anbau vermieden.
Systemische F. schützen die ganze Pflanze, da der Wirkstoff von der Pflanze aufgenommen und mit dem Saftstrom in ihr verteilt wird.

Funkie, Herzlilie, *Hosta* Schattenstaude, 30 bis 90 cm hoch. Grünes, blaubereiftes, graugrünes, weißrandiges oder goldbuntes Laub. Lila oder weiße Blüten von VII–VIII. Geeignet zur Einfassung von Beeten oder als Eckgruppe, als farbige Blattkante vor Gebüsch, unter Bäumen und am Rand des Gartenbeckens. Halbschatten bis Schatten. Nahrhafter Boden. Vermehrung durch Wurzelteilung im Frühjahr.

▷ Sonne wird auf feuchtem Boden vertragen. Düngetip: Gejauchten Torf als Erdzusatz verwenden!

Fußstamm Niedrige Stammform bis 50 cm Höhe. Bei Beerenobst, Rosen u. a.

GGGGGG

Gänseblümchen im Rasen Können Gräser bei Überhandnahme verdrängen. Nicht chemisch vernichten, sondern ausstechen und in der Küche verwenden. Blütenknospen als Kapern in Kräuteressig legen. Die ganze Pflanze mit Spinat als Gemüse dünsten oder roh in Salat schneiden, unter Kartoffelsalat mischen oder als Suppeneinlage verwenden. → Tausendschönchen → Wildgemüse.

Gänsekresse, *Arabis* Polsterstaude, 10–20 cm hoch, von IV–V mit einfachen oder gefüllten Blüten in Weiß oder Rosa. Zur Pflanzung vor höhere Stauden, als Einfassung, im Steingarten und in Mauerfugen. Sonne–Halbschatten. Normaler, nicht zu trockener Boden bevorzugt. Vermehrung: Bewurzelte Ausläufer im Frühjahr versetzen.

Gallen Wucherungen von meist rundlicher Form, glatt oder struppig behaart, an Buchen, Eichen, Fichten, Haseln, Pappeln, Rosen und anderen Gewächsen. Verursacht von Bakterien und Pilzen, sowie von Insekten, die mit ihrem Legestachel ihre Eier in die Blätter legen. Im letztgenannten Fall gelangen – noch nicht bekannte – Wirkstoffe in die Pflanze, auf die jene mit der Bildung von G. reagiert, die den Larven Wohnung und Nahrung bieten. Schaden nur bei Massenbefall. Dann Bekämpfung mit systemischen → Insektiziden.

Garage Immer baugenehmigungspflichtig! Auch nur ein Wetterschutzdach, ob mit oder ohne Heckeneinrahmung. Die G. sollte das Gartenbild nicht stören, sondern durch blühende oder immergrüne → Rankgewächse eher ergänzen.

Garageneinfahrt → Wege im Garten.

Garbe, Schafgarbe, *Achillea* Anspruchslose, dankbare Sommerblume, auch in der Vase. Zum Trocknen für Wintersträuße volle Blüten abschneiden und mit den Köpfen nach unten aufhängen. → Trockenblumen. Sonne. Normaler bis karger, kalkhaltiger Boden.
Niedrige Arten: Blüte von V–VI. *A. conjuncta,* 15 cm hoch, für Steingärten und Trockenmauern. Silbergraues Laub, große, weiße Blüten. *A. tomentosa,* 15 cm hoch, wuchernder Bodendecker, grauwollige Blattpolster, goldgelbe Blüten.
Höhere Arten für Staudenbeete und Schnitt: Blüte von VI–IX: *A. filipendulina* 'Parkers Varietät', 120 cm hoch. Goldgelbe Blütendolden behalten ihre Farbe auch in trockenem Zustand. Ebenso die rotblühende *A. millefolium* 'Sammetriese', 80 cm hoch. Echte Schafgarbe, *A. millefolium,* in Kräuter- oder Blumenwiesen säen. Junges Laub in Salate mischen und für Tee trocknen.

Gare → Bodengare.

Gartenapotheke Verschließbares Schränkchen als Pflanzenschutzapotheke, in dem alle Schädlingsbekämpfungsmittel untergebracht werden. Hier stehen auch Meßbecher, Briefwaage und alles, was regelmäßig mit den → Giften in Berührung kommt.

Gartenbeleuchtung Bewegliche oder fest verankerte Beleuchtungskörper für Zufahrten, Wege, Plätze, Wasserbecken etc. → Licht im Garten.

Garten-Center Spezialgeschäft für Gartenbedarf. Sein Angebot reicht von Geräten jeder Art über Samen und Einjahresblumen mit Topfballen, Ballengehölzen und Zimmerpflanzen bis zu Düngemitteln, Unkraut- und Schädlingsbekämpfungsmitteln.

Gartendoktor Blumensamenmischung zur biologischen Bodendesinfektion, Bodenregeneration, gegen Bodenmüdigkeit, bekämpft durch Wurzelausscheidungen → Älchenbefall. Bei Aussaat von IV – Mitte VII entsteht ein bunter Vasenblumen-Teppich. Nach ersten Frösten umgraben und später Gemüse pflanzen.

Gartengeräte Geräte zum Bau, für die Pflege und Unterhaltung eines Gartens. Vor Neuanschaffungen prüfen, ob die Arbeitsgeräte für leichten oder schweren, steinigen Boden gebraucht werden. Spatenstiele z. B. bestehen aus verschiedenen Holzarten oder Kunststoff. Je nach Material und Ausführung sind sie mehr oder weniger bruchfest. Werkzeug aus nichtrostendem Stahl behält sein gutes Aussehen. Grün gestrichenes Handgerät geht schnell verloren. Griffe besser rot lackieren. Altüberlieferte Arbeitsgeräte gibt es auch in weiterentwickelter Form. Fast jährlich kommen neue Modelle auf den Markt.
Zur Standardausrüstung gehören:

- Spaten
- Grabgabel
- Rechen / Harke
- Fächerbesen aus Draht oder Federstahl
- Transportkarren
- Jätegeräte für Beete und Wege
- Doppelhacke
- Astsäge
- Pflanzeisen / -holz
- Allzweck-Gartenschere
- Handgrasschere
- Rasenmäher
- Spritzgeräte für den Pflanzenschutz
- Gartenapotheke
- Gießkanne und Sprühschlauch

Ergänzende Kleingeräte zur Blumen- und Beetpflege, angeboten in Gartencentern und Eisenwarenhandlungen, sind z. B. Handgrubber zum Lockern und Lüften des Bodens in Frühbeeten und im kleinen Gemüsegarten, Hohlpflanzer zum Ausheben von Pflanzlöchern, Blumenkellen. (Sortimente werden auch im Geschenkkarton angeboten.) Darüber hinaus kann für besondere Zwecke und den fortgeschrittenen Hobbygärtner arbeitserleichterndes Gerät zusätzlich erworben werden; Düngerstreuer oder Streuwagen, Vertikutierrechen oder -kämme zur vorbeugenden Anwendung und zum Beseitigen von Moos und Rasenfilz, Rasenkantenstecher oder -schneider, Kultivatoren (verstellbar), Krümmerjäter, elektrische Fräsen, Sämaschinen oder Rillenzieher, Gartenregner, elektrische Heckenscheren, elektrische Rasenscheren für Kanten u. a. Ist kein Schuppen vorhanden, um Hand- oder Kleingerät übersichtlich aufzubewahren, kann man in Keller oder Garage an der Wand eine gelochte Holzspanplatte mit verstellbaren Aufhängeösen anbringen. Werden die Umrisse des jeweiligen Werkzeugs mit roter Farbe nachgezeichnet, erkennt man auf den ersten Blick, ob etwas im Garten vergessen wurde. Bewährt haben sich auch Metallgitter mit verstellbaren Aufhängern, die sich an der Wand befestigen lassen. Für langgestielte G. gibt es praktische Geräteständer zu kaufen. → Gerätepflege.

Gartenhaus und Gartenlaube Gartenhaus: Vielerorts baugenehmigungspflichtig, wenn es feste Wände, Fenster und Türen besitzt und über 15 m^2 Grundfläche hat. Dazu zählt die im Bayerischen übliche Blockhütte aus runden Baumstämmen mit weit vorspringendem Dach. In diesem Fall beim Bauamt der Stadt oder des Landkreises Auskunft einholen. Gartenlaube: Aufenthaltsraum in lichter, lockerer Bauweise. Für ein mit Schlingpflanzen bedecktes Gerüst bedarf es selten einer Bauerlaubnis. Vorsichtshalber Auskunft einholen. Vorgefertigte Teile und leicht zu

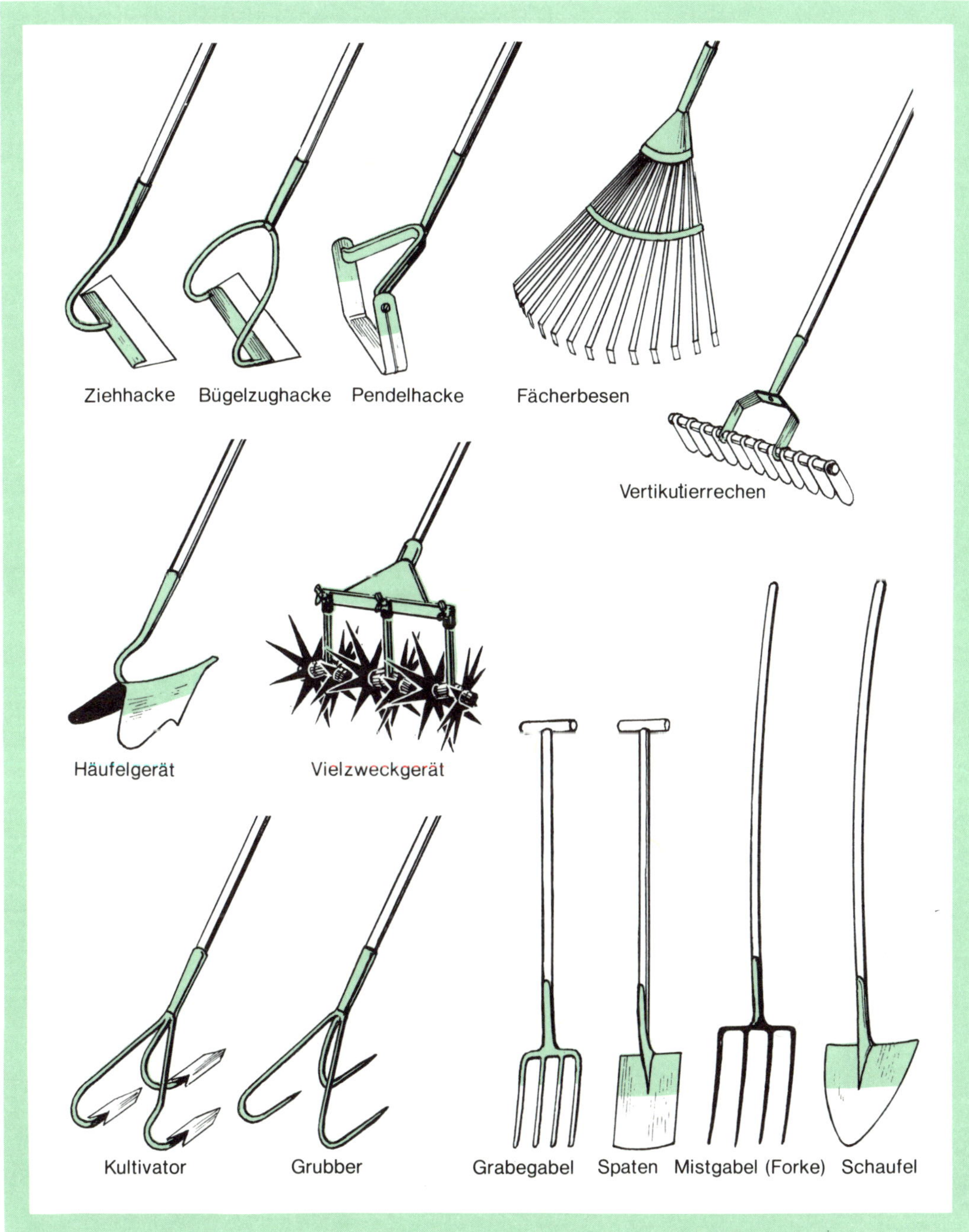

Ziehhacke
Bügelzughacke
Pendelhacke
Fächerbesen
Vertikutierrechen
Häufelgerät
Vielzweckgerät
Kultivator
Grubber
Grabegabel
Spaten
Mistgabel (Forke)
Schaufel

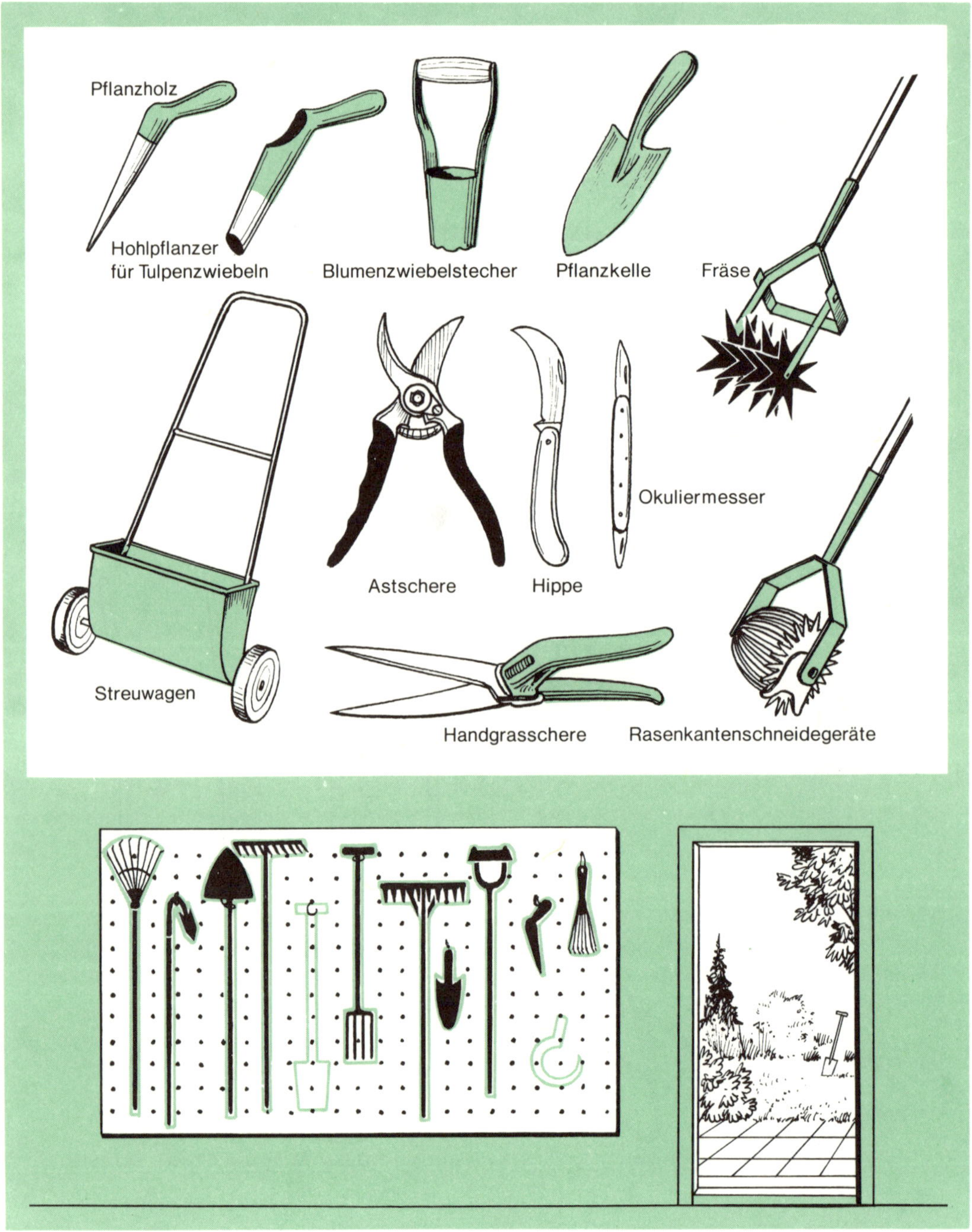
Pflanzholz
Hohlpflanzer
für Tulpenzwiebeln
Blumenzwiebelstecher
Pflanzkelle
Fräse
Okuliermesser
Astschere
Hippe
Streuwagen
Handgrasschere
Rasenkantenschneidegeräte

verarbeitendes Material bieten auch dem Heimwerker viele Möglichkeiten. Preisunterschiede bei → Acrylglas, Well-Polyester und Well-PVC beachten. Für → Glasbausteinwände aus Kunststoffen braucht man kein formstabiles Fundament. Bei einfachster Konstruktion genügen 4 Pfosten und ein Dach als Grundstock für eine leichtgebaute Laube. Die Wände bestehen aus Spanndraht oder kunststoffummanteltem Drahtgeflecht, an dem Kletterpflanzen ranken. Ebenso lassen sich Kunststoffornamente verwenden. Mehr Festigkeit wird erreicht, wenn ein Teil der Wände mit gehobelten Brettern verschalt wird und Zwischenräume mit Isoliermaterial ausgefüllt werden. Vor dem Bau Schnee- und Winddruck beachten! Für Schneedruck gelten in Deutschland 75 kg/m^2 als Richtzahl. Werden vorgefertigte Bauteile verwendet, geben manche Lieferanten Anleitung und Belastungstabellen. → Hausberankung, → Kletterpflanzen.

Gartenhof → Atriumgarten.

Gartenkresse → Kresse.

Gartenlampen →Licht im Garten.

Gartenmauer Auf Fundament gebaute G. können Stützmauern sein, die als Schwergewichts-, Stahlbeton- oder Trockenmauern ausgeführt werden. Als Materialien dienen Beton, Ziegelstein, Klinker sowie Naturstein. → Beton-Fertigbauteile, → Mauern.

Gartenmöbel Pflegeleichtes Mobiliar aus wetterfestem Material wie Stein oder Kunststoff und vorgefertigte Betonteile zum Selbstbau sind anderem Material vorzuziehen. Solche G. brauchen bei Regen nicht untergestellt zu werden und können im Freien überwintern. Ein Tisch mit Einlegearbeiten erspart die Tischdecke, und mit Plastik bezogene Kissen aus Schaumstoff halten jeder Witterung stand.

Gartenplan Entwurf für die Anlage eines Gartens. Beratung durch Gartenarchitekten.

Gartenraum In den Proportionen ausgewogener und durch Pflanzung begrenzter Freiraum des Gartens.

Gartenrecht → Abholanspruch, → Grenzabstand, → Lärmbelästigung, → Nachbarrecht, → Überfallrecht, → Überhangrecht, → Unkraut.

Gartenregner Bewegliche oder fest eingebaute Beregnungsanlagen mit Wasseranschluß. Für Rasen und Nutzgarten.

In der Praxis erweisen sich ausbaufähige Beregnungsanlagen als sehr nützlich.

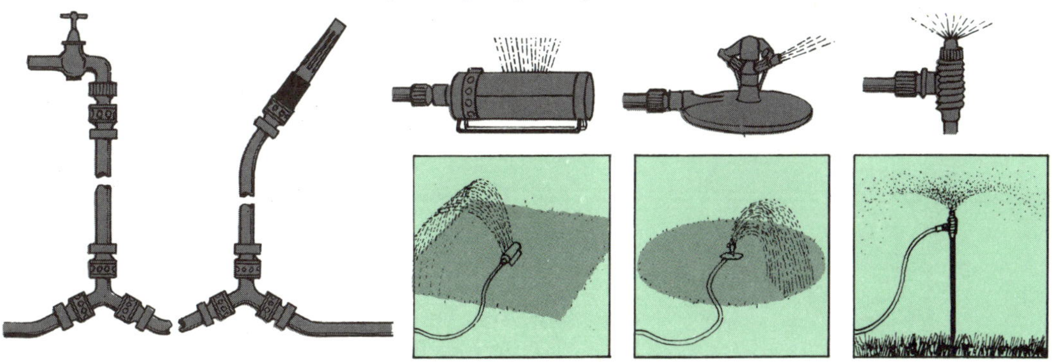

Reichhaltiges Angebot in Ausführungen mit unterschiedlicher Sprengbreite, als Kreis-, Viereck- und Sektorregner in Fachgeschäften und Katalogen. → Bewässerung.

Gartenrotschwanz Insektenfressender Nützling, heimisch in Gärten der Städte und Dörfer. Zugvogel, Halbhöhlenbrüter. Nistet in Vertiefungen von Bäumen und Gebäuden. Nimmt künstliche Nisthöhlen an.

Gartenschläfer, *Eliomys guercinus* Eichhörnchenähnliches, kleines Nagetier, 12 cm lang. Lebt in Gärten, Parks und Wäldern. Seine Nahrung besteht aus Obst, Beeren, Samen, Vogeleiern und Kleintieren. Er gehört mit seinen Verwandten, dem Baumschläfer *(Dryomys nitedula),* dem Siebenschläfer *(Glis glis)* und der Haselmaus *(Muscardinus avellanarius),* zu den Bilchen und ist als Nachttier selten zu sehen. Alle Schlafmäuse, wie die Bilche auch heißen, halten einen vielmonatigen Winterschlaf. Sie stehen unter Naturschutz!

Gartenschlauch Arbeitserleichternd sind perforierte Sprühschläuche, die sich als Sickerschlauch oder zur Beregnung verwenden lassen. Vor dem Kauf einfacher G., aus Gummi oder Kunststoff, die benötigte Länge ausmessen. Dabei Spielraum berücksichtigen. Praktsich sind handliche Schlauchwagen und Schlauchtrommeln zum Aufwickeln des G. an der Hauswand. Besonders haltbar ist ein G. aus weitgehend temperaturunabhängigem Material wie der WOLF-G., dessen robuste Innenwand von einer flexiblen PVC-Außenwand mit stützender Chemiefaser-Einlage ummantelt ist. Im Garten sind meist ½ Zoll (seltener ¾ Zoll) starke G. ausreichend.

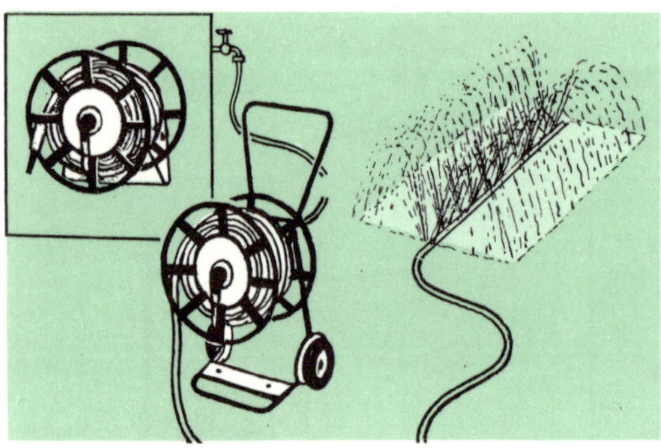

Gartenteich → Wasser im Garten.

Gartenweg → Wege im Garten als schmale Mähkante, als Trittplattenweg, als Plattenweg, wassergebundene Decke, mit und ohne Unterbau, in zahllosen Materialien, von 25 cm bis 2,00 m Breite.

Gartenwiesel Vielzweckgerät zur Bodenbearbeitung (Krümeln, Belüften, Fräsen, Graben, Unkrautjäten). Das G. läßt sich fünffach verstellen und reinigt sich selbst. Es kann mit langem Stiel verwendet werden oder mit kurzem Griff als handliches Kleingerät und läßt sich auch an ein Radpaar anschrauben. → Tafel Gartengeräte.

Gartenzaun → Zaun.

Gauklerblume, *Mimulus* Reich blühende Staude für nicht zu trockene Böden. Blüten in gelben und roten Farbtönen, 15–40 cm hoch, von VI–IX. G. für den Gartenteich: *M. luteus,* gelbe Blüten, 0–10 cm Wasserstand und *M. ringens* mit hellvioletten Blüten, 0–20 cm Wasserstand.

Gazanie → Mittagsgold.

Gebirgshängenelken → Nelken.

Gedenkemein, *Omphalodes* Bodendecker für schattige Lage, 10–20 cm hoch. Vergißmeinnichtartige, himmelblaue oder weiße Blüten von IV–VI. Humoser Boden, mehr feucht als trokken. Vermehrung durch Abtrennen von Ausläufern im Frühjahr.

Deutscher Name	Botanischer Name	Wuchshöhe
Laubgehölze		
Ahorn:		
Feldahorn	*Acer campestre*	10–15 m
Spitzahorn	*Acer platanoides* 'Schwedleri'	15 m
Besenheide	*Calluna vulgaris*	1– 2 m
Berberitze	*Berberis gagnepainii lanceifolia*	2 m
	B. Stenophylla u. a.	1– 2 m
Eberesche	*Sorbus intermedia*	10 m
Erika, Heide	*Erica vagans*	50 cm
Feuerdorn	*Pyracantha coccinea*	4 m
	P. coccinea 'Praecox'	2– 3 m
Flieder	*Syringa josiflexa* 'Bellicent'	3– 4 m
	Syringa reflexa	3– 4 m
Forsythien, Goldglöckchen	*Forsythia*, alle	2– 3 m
Goldklee	*Cytisus praecox*	2– 3 m
Götterbaum	*Ailanthus altissima*	25 m
Hartriegel	*Cornus alba*	3 m
	Cornus alba 'Sibirica'	3– 5 m

Gehölze Ausdauernde Gewächse mit verholzenden Pflanzenteilen: Laubbäume, Nadelhölzer, Sträucher, Schling- und Kletter-G., Heidekrautgewächse (→ Erika), Fuchsien. Wer die Möglichkeit hat, G. in einer → Baumschule auszusuchen, sollte sie wahrnehmen. Nahgelegene Baumschulen sind mit Boden- und Klimaverhältnissen ihres Standortes vertraut und können entsprechend beraten. Außerdem hat man die Auswahl unter verschiedensten Wuchsformen. → Container-Pflanzen lassen sich das ganze Jahr über einsetzen. Beim Umpflanzen direkt aus dem Boden, Ruhezeit der G. beachten. Günstigste Pflanzzeit für Laubabwerfende sind die Monate X–XI und II–III. → Entlauben. → Immergrüne G. nach Beendigung des Wachstums verpflanzen und zwar von IX–X und von III–IV. → Pflanzgrube, → Ballenpflanzen. Vor dem Pflanzen zugespitzte Baumpfähle zum Stützen nahe der Pflanzgrube einschlagen. An der Südseite angebracht, bieten sie dünnstämmigen Jungbäumen gleichzeitig Schutz vor Sonnenbestrahlung. G. nach Einsetzen mit Baumband anbinden und gut

Deutscher Name	Botanischer Name	Wuchshöhe
Heckenkirsche	*Lonicera*, die meisten Arten	50 cm– 5 m
Holunder	*Sambucus nigra*	7 m
Traubenholunder	*Sambucus racemosa*, rote Beeren	3– 4 m
Hortensie	*Hydrangea paniculata* 'Grandiflora'	2 m
Jasmin, echter	*Jasminum nudiflorum*	5 m
Jasmin, falscher; Pfeifenstrauch	*Philadelphus pubescens*	4– 5 m
	Philadelphus virginalis	3– 5 m
Japanische Zierkirschen	*Prunus*, alle	4– 7 m
Johanniskraut, Hartheu	*Hypericum moserianum*	40 cm
Johanniskraut (Rose von Sharon)	*Hypericum calycinum*	30 cm
Kornelkirsche	*Cornus mas*	5– 8 m
Kranzspiere	*Stephanandra incisa*	1,50 m
Lederhülsen-baum	*Gleditsia triacanthos*	20 m 20 m
Liguster, Rainweide	*Ligustrum vulgare*	3– 5 m
Lorboorroso	*Kalmia angustifolia* und *latifolia*	1– 2 m
Mahonie	*Mahonia aquifolium*	1 m
Ölweide	*Elaeagnus angustifolia*	7 m
Pappel	*Populus simonii*	15 m
Pfaffenkäppchen	*Euonymus planipes*	5 m
Ranunkelstrauch	*Kerria japonica*	2 m
Rhododendron (Vorfrühlings-alpenrose)	*Rhododendron praecox*	1,50 m
Schoinakazie	*Robinia pseudoacacia*	25 m
Scheinquitte	*Chaenomeles lagenaria*	1– 2 m
Skimmie	*Skimmia japonica*	1 m
Schmetterlings-strauch	*Buddleia*, alle	2–2,50 m
Schneeball	*Viburnum lantana*	3– 5 m
	V. opulus	4 m
	V. opulus sterile	4 m
	V. rhytidophyllum	3 m
	V. tomentosum	3 m
Schneebeere	*Symphoricarpos orbiculatus u. racemosus*	2 m
Stechpalme	*Ilex aquifolium*	10 m
	J. crenata	2 m
	I. pernyi	
Tulpenbaum	*Liriodendron tulipifera*	25 m

Deutscher Name	Botanischer Name	Wuchshöhe
Türkische Baumhasel	*Corylus colurna*	20 m
Waldhaselnuß	*Corylus avellana*	4–7 m
Weide, Trauerweide	*Salix alba* 'Vitellina pendula'	15 m
Weißdorn	*Crataegus prunifolia*	6 m
Zaubernuß	*Hamamelis japonica*	3– 5 m
	H. mollis	4 m
Zierapfel	*Malus floribunda*	10 m
Zwergmispel	*Cotoneaster bullatus*	3 m
Felsenmispel	*C. conspicuus* 'Decorus'	1 m
	C. dammeri	20 cm
	C. dielsianus	3 m
	C. divaricatus	3 m
	C. frigidus 'Vicariy'	3– 4 m
	C. horizontalis	1,50 m
	C. hybridus 'Cornubia'	4 m
Schling- und Kletterpflanzen		
Efeu, alle Arten	*Hedera helix*	2–30 m
Wilder Wein	*Parthenocissus quinquefolia engelmannii*	10–12 m
Selbstklimmender Wein	*P. tricuspidata* 'Veitchii'	8–15 m
Strahlengriffel	*Actinidia arguta*	4– 5 m
Nadelgehölze		
Eibe	*Taxus baccata*	12–20 m
	T. cuspidata	20 m
Fichte:		
Omorikafichte Serbische Fichte	*Picea omorika*	35 m
Stechfichte	*P. pungens*	20 m
Weißfichte	*P. glauca*	20 m
Ginkgo	*Ginkgo biloba*	30 m
Kiefer, Föhre:		
Österreichische Schwarzkiefer	*Pinus nigra austriaca*	20 m
Koloradotanne	*Abies concolor*	25 m
Lärche	*Larix*, alle	10–30 m
Lebensbaum	*Thuja occidentalis*	20 m
Nikkotanne	*Abies homolepis*	20 m
Sumpfzypresse	*Taxodium distichum*	30 m
Urweltmammutbaum	*Metasequoia glyptostroboides*	In China 35 m. Bei uns unterschiedlich
Wacholder	*Juniperus chinensis* 'Pfitzeriana', rußfest	4 m
	J. communis 'Repanda', rußfest	1,50 m
	J. horizontalis, rußfest	30 cm

→ einschlämmen. Jüngere Gehölze wachsen leichter an als ältere. Wurzeln beim Transport vor dem Austrocknen schützen. Je feuchter und frischer sie beim Eingraben sind, um so leichter bilden sich neue Saugwurzeln, die allein Wasser und Nährstoffe aufnehmen. Pflanzstelle schon vor dem Gehölzeinkauf tiefgründig lockern, sowie mit Torf oder Kompost anreichern. Lockerer Humusboden fördert die Entwicklung von Saugwurzeln. → Zwerggehölze. In Industriegebieten sollten möglichst industriefeste Arten gepflanzt werden. Folgende Aufstellung gibt einige Anhaltspunkte:

Gehölzkunde → Dendrologie.

Geißbart, *Aruncus* 120 cm hohe Staude. Große weiße Blütenrispen von VI–VII über scharf gezahntem Blattwerk. Für schattige und halbschattige Stellen unter Laubgehölzen, vor hohen Sträuchern und Hecken, sowie an der Nordseite des Hauses. Normaler Boden.

▷ Bleibt die Erde feucht, gedeiht der G. auch in Sonne. In der Vase mit blauem Rittersporn und rotem Mohn zusammenstellen.

Geißblatt, Jelängerjelieber, *Lonicera* Schlinggewächs für Hauswände, Zäune, hohe Pfosten, Mauern und Pergolen; 3–7 m hoch, mit weißlichen, gelb oder rot gefärbten, stark duftenden Blüten von V–VIII und schwarzem oder rotem Beerenschmuck von VIII–X. Sonne–Halbschatten. Normaler Boden, nahrhaft und nicht zu trokken. → Heckenkirsche, → Tafel Schling- und Kletterpflanzen.

Geißklee, *Cytisus* Im Volksmund → Ginster genannt. *C. decumbens* wächst aus Mauerfugen oder niederliegend, 10 cm hoch, als gelbblühender Teppich von V–VI im sonnigen Steingarten. Hierfür eignet sich auch der 30 cm hohe Zwergstrauch. *C. kewensis,* rahmweiße-schwefelgelbe Blüten im V. Der 150 cm hohe Elfenbeinginster blüht cremefarben, goldgelb und purpurrot mit rosa von IV–V. Normaler Boden. Für kalkfreien Boden die Besenginster wählen, 1–2 m hohe, von V–VI reichblühende Sträucher: *C. scoparius* 'Andreanus', gelb-braun und *C. scoparius* 'Killiney Red', leuchtendrot. Sonne, möglichst geschützte Lage. Frieren in harten Wintern die Spitzen ab, wird im Frühjahr bis zum sichtbar neuen Austrieb zurückgeschnitten.

Gelbe Rüben → Möhren.

Gelbrandkäfer Etwa 4 cm langer, flugfähiger olivgrüner Käfer mit gelbem Rand. Das vollentwickelte Insekt wie auch die Larve leben räuberisch im ruhigen Wasser. Fressen Schnecken, Wasserinsekten und die Nachkommenschaft von Fischen, Fröschen, Kröten, Molchen, Salamandern. Käfer und Larven steigen zum Luftholen an die Oberfläche. In diesem Moment kann man sie fangen. Das mag nötig sein, wenn sie unter den erwünschten Bewohnern des Gartenteichs zu großen Schaden anrichten. In diesem Fall sollte man sie jedoch nicht vernichten, sondern in einem Tümpel im Freiland aussetzen, wo sie für das biologische Gleichgewicht von Bedeutung sind.

Gelbsucht → Chlorose.

Gelenkblume, Etagenerika, *Physostegia* Für Kinder imponierende Staude, weil sich die einzelnen Blüten am Stiel hin und her bewegen lassen. 60–90 cm hoch, mit weißen oder roten Blütenähren von VIII–X. Sonne bis lichter Schatten. Nicht zu leichter Boden, eher feucht als trocken. Vermehrung: Im Frühjahr Ausläufer abtrennen und verpflanzen.

▷ G. sind dankbare Schnittblumen, die bis zur letzten Knospe erblühen. Gute Wirkung wird neben hohen Gräsern, Königskerzen, zwischen Hornkraut und blaublühenden Astern erzielt.

Gemswurz, *Doronicum* Robuste Staude für alle Gartenteile. Gelbe Margeritenblüten auf 25–80 cm hohen Stielen von IV–V halten lange in der Vase. Gute Nachbarschaft mit Herzblumen, Narzissen, Wildtulpen, blauen Frühlingsblumen, Primeln und Gräsern. Halbschatten. Volle Sonne wird vertragen, wenn der Boden etwas feucht ist. Normaler Boden. Vermehrung durch Wurzelteilung im Frühjahr oder Sommer.

Gemüse Pflanzen, die mit Wurzel, Blattmasse oder Frucht der Ernährung dienen. Ihr Nährwert liegt im Gehalt an lebenswichtigen Vitaminen, Mineralstoffen und pflanzlichem Eiweiß (Hülsenfrüchte). Wassergehalt ca. 90%, daher wenig Kalorien (Joule). Man unterscheidet:
Wurzel- und Knollengemüse: Kartoffel, Knollensellerie, Kohlrüben, Mairüben, Möhren, Pastinaken, Petersilienwurzel, Radieschen, Rettich, Rote Rüben, Schwarzwurzel.
Blattgemüse: Bleichsellerie, Chicorée, Chinakohl, Endivien, Eissalat, Feldsalat, Gartenkresse, Mangold, Kopfsalat, Schnitt- und Pflücksalat, Spinat, Stielmus.
Kohlgemüse: Blumenkohl (Karfiol), Brokkoli, Grünkohl, Kohlrabi, Rosenkohl, Rotkohl, Weißkohl, Wirsing.
Zwiebelgemüse: Küchenzwiebeln, Knoblauch, Perlzwiebeln, Porree (Lauch), Schalotten.
Hülsenfrüchte: Bohnen (Buschbohnen, Stangenbohnen), Erbsen, Feuerbohnen, Puffbohnen.
Fruchtgemüse: Gurken, Kürbis, Tomaten.
Seltene Gemüsearten: Artischocke, Aubergine, Cardy, Fenchel, Paprika, Squash, Topinambur, Zichorie, Zucchetti, Zuckererbsen, Zuckermais.
Ausdauernde Gemüse: Grünspargel, Meerrettich, Rhabarber, Spargel. → Wildgemüse.
Gemüsebeete sollten möglichst sonnig liegen. Im Halbschatten gedeihen aber auch noch Bohnen, Kohlarten (außer Blumenkohl), Landgurken, Möhren, Radieschen, Rettiche, Rosenkohl, Sellerie, Spinat. Im biologischen Gemüseanbau wurden beim Zusammenpflanzen folgender G.-Ar-

ten (→ Pflanzenfreundschaften) günstige Erfahrungen gemacht: Bohnen mit Frühkartoffeln, Mais, Gurken, Sellerie oder Kohl, nicht aber mit Fenchel oder Zwiebeln. Zwiebeln dagegen mit Rübchen oder Roten Beten, nicht aber mit Buschbohnen oder Rettich. Rote Bete mit Kohlrabi oder Zwiebeln. Frühkartoffeln mit Mais oder Bohnen und mit Meerrettich als Randpflanze. Sellerie und Lauch unterstützen sich benachbart in getrennten Beeten, ebenso Mais neben

Aussaat-Daten für den Gemüsebau

	Keimzeit (Tage)	Aussaat Wann	Aussaat Wie
Basilikum	20	April	Rillen
Blumenkohl	5–6	April	Reihen
Bohnen, Busch-	8	Mai/Juli	Reihen
Bohnen, Stangen-	8	Mai/Juni	Stangen
Bohnenkraut	10	Mai	breit
Dill	10	Mai	Reihen
Endivien	8–10	Ende April	Reihen
Erbsen	8	März/Juli	Reihen
Fenchel	20	April/Mai	breit
Gurken	8–10	Mai	Reihen
Gurkenkraut	8	April	Reihen
Kerbel	8	März/April	Reihen
Kohlrabi	5–7	März/Juni	Reihen
Kohlrüben	5–7	Anfang Mai	Reihen
Krauskohl	5–6	Mai/Juni	Reihen
Kürbis	6–8	Anfang Mai	breit
Majoran	12	März	Rillen
Mangold	14	Ende April	Reihen
Möhren	15–20	März/April	breit
Petersilie	15–20	März	Reihen
Petersilie, Wurzel-	14	März	breit
Porree	14	Anfang März	Reihen
Radieschen, Rettich	4–6	ab April	breit
Rosenkohl	5–6	Mai	Reihen
Rote Rüben	8–10	ab April	Reihen
Rotkraut	5–6	Anfang April	Reihen
Salat	8–10	ab März	Reihen
Schnittsalat	8–10	ab März	Reihen
Schwarzwurzel	10–12	März	Reihen
Sellerie	14	März	Reihen
Spinat	6–8	März/Juni	Reihen
Tomaten	8–10	Anfang März	Frühbeet
Weißkraut	5–6	März/April	Reihen
Wirsing	5–6	März/April	Reihen
Zwiebeln	10–14	Anfang März	Reihen

Gurken oder Bohnen im Nachbarbeet zu Lauch und Sellerie. Fenchel und Tomaten vertragen sich schlecht. Gut dagegen Tomaten und Petersilie oder Sellerie. Möhren und Zwiebeln reihenweise im gleichen Beet unterstützen sich gegenseitig, indem Zwiebeln die Möhrenfliege und Möhren die Zwiebelfliege vertreiben.
→ Mischkultur, → Kohlweißling → Hügelbeet, → Fruchtfolge, → Schlitzfolie.

Gemüseernte Junges Gemüse nur für alsbaldigen Verbrauch ernten: so z. B. Salat, Spinat, Zuckererbsen für Rohkost bzw. zum Kochen mit der Schale. Möhren, Kohlrabi und Porree zu Suppengrün. Bei Wintergemüse ist abgeschlossenes Wachstum Voraussetzung für gute Haltbarkeit. Rosenkohl und Grünkohl sollte wegen des besseren Geschmacks erst nach dem ersten Frost geerntet werden.

▷ Erfrorenes Gemüse wird wieder schmackhaft, wenn man es vor der Zubereitung kurze Zeit in sehr kaltes Wasser legt.

Gepreßte Blumen Frisch gepflückte Blumen, Gräser und Farne zwischen Löschpapier legen, beschweren (z. B. mit Büchern) und trocknen lassen. Dabei verschieden geartete Pflanzen nicht auf dem gleichen Bogen trocknen, d. h. fleischige bzw. saftige Blüten, wie Schneeglöckchen oder Schlüsselblumen, nicht mit Veilchen oder zarten Gräsern zusammenlegen. Verblaßte oder unansehnlich gewordene Blüten mit Wasserfarben aus einem Tuschkasten überpinseln. Wird die Feuchtigkeit von den Blättern abgestoßen, einen Tropfen Geschirrspülmittel unter die angerührte Farbe mischen. Durchsichtig gewordene Blütenblätter auf buntes Papier kleben. Ausschneiden. Gartenblumen, die sich besonders gut zum Pressen eignen, sind u. a. Stiefmütterchen, Hornveilchen, Korkusse, Vergißmeinnicht, Glockenblumen, zarte Nelken, Schneeheide, Sauerklee, Garben, Wicken, Iris, Storchschnabel, Leberblümchen, Gänseblümchen, Mohn, Primeln, bunte Margeriten. Dazu Gräser, Moose, Farne, schön geformte Blätter von Kleinstauden, und farbiges Laub von Gehölzen. Aus gepreßten Pflanzen läßt sich ein kleines → Herbarium anlegen. Man kann sie auch auf verschiedene Gegenstände kleben und mit durchsichtigem Lack überstreichen. So lassen sich auf dicker Pappe oder auf dünnen, schön gemaserten Holzplatten Sträuße zu einem Bild zusammenstellen oder Türschilder, Kleiderbügel, Lampenschirme schmücken.

Geräte → Gartengeräte.

Gerätepflege → Gartengerät nicht über Nacht draußen lassen. Erdverschmutzte Flächen säubern, im Haus oder Schuppen abtrocknen lassen, Rostansätze mit Entrostungsmitteln entfernen. Den Winter über alle Metallteile mit Öl oder Petroleum einreiben und trocken aufbewahren. Gießkannen mit dem Rohr nach unten aufhängen; Stumpf gewordene Schneiden schleifen lassen. Rasenmäher überprüfen. Zerbrochenes oder unhandliches, veraltetes Gerät ersetzen.

Geranie, Storchschnabel, *Geranium* Bodendeckende oder aufrecht wachsende Stauden für alle Gartenteile, 10–70 cm hoch, teilweise rötliche Laubfärbung im Herbst. Blüten von V–IX in verschiedenen Rottönen, Rosa, Violett, Blau, Weiß oder auch zweifarbig. Geeignet zur Zwischenpflanzung im Staudenbeet, für Steingärten, bodendeckend zwischen Gehölzen und für naturbelassene Gartenteile. Reiches Angebot in Staudengärtnereien. Sonne–Halbschatten. Normaler Boden. G. oft falsche Benennung für Pelargonien.

Geschützte Pflanzen Gewächse in freier Natur, die entweder als ganze Pflanze mit Wurzel oder als Teilstück unter Naturschutz stehen. Abgesehen von der strafbaren Handlung lohnt sich das Ausgraben für den Garten nicht. Die Pflanzen kümmern am neuen, meist ungeeigneten Stand-

Die wichtigsten, unter Naturschutz stehenden Pflanzen

Deutscher Name	Botanischer Name	Deutscher Name	Botanischer Name
Akelei	*Aquilegia vulgaris*	Küchenschelle	*Pulsatilla vulgaris*
Alpenrose,	*Rhododendron*	Mehlprimel	*Primula farinosa*
Bewimperte	*R. hirsutum,*	Schachbrettblume	*Fritillaria meleagris*
Rostblättrige	*R. ferrugineum*	Schwarzes Kohlröschen	*Nigritella nigra*
Alpenveilchen	*Cyclamen europaeum*	Seerose	*Nymphaea alba*
Diptam	*Dictamnus albus*	Seidelbast	*Daphne mezereum*
Edelweiß	*Leontopodium alpinum*	Silberdistel	*Carlina acaulis*
Eisenhut,		Stechpalme	*Ilex aquifolium*
Blauer	*Aconitum napellus,*	Steinrösel	*Daphne cneorum*
Gelber (Wolfs-E.)	*A. vulparia*	Sumpfgladiole	*Gladiolus paluster*
Fingerhut,		Teichrose	*Nuphar*-Arten
Roter	*Digitalis purpurea*	Trollblume	*Trollius europaeus*
Großblütiger	*D. grandiflora,*	Türkenbund	*Lilium martagon*
Gelber	*D. lutea*	Wacholder	*Juniperus communis*
Felsaurikel	*Primula auricula*	Waldgeißbart	*Aruncus silvester*
Frauenschuh	*Cypripedium calceolus*	Waldhyazinthe	*Platanthera bifolia*
Frühl.-Adonisröschen	*Adonis vernalis*	Waldvögelein	*Cephalanthera*-Arten

Hinzu kommen alle noch nicht erwähnten Orchideen wie Knabenkräuter, Ragwurz-Arten usw., alle Enziane (*Gentiana*-Arten) und alle rosetten- und polsterbildenden Gebirgspflanzen.

ort und sterben ab. Man kann aber in Alpenpflanzen-, Stauden- und Wasserpflanzengärtnereien viele der bei uns geschützten Gewächse erwerben.

Gespinstmotte → Apfelbaumgespinstmotte.

Gesteinsmehl Steinmehle werden im biologischen Gartenbau verwendet, sind reich an Mineralien und Spurenelementen. Je nach Gesteinsart enthalten sie unterschiedliche Mengen an Kalk, Magnesium, Kali und anderen Nährstoffen. G. reichern Böden an und geben ihre Wirkstoffe nur sehr langsam ab. Meist bestehen sie aus Granit, Basalt oder auch anderem Felsgestein. Kalksteinmehl – kohlensaurer Kalk aus zerkleinertem und gemahlenem Kalkbruch – verbessert vor allem leichte Böden. Schnecken meiden Bodenflächen, die mit Steinmehl überstreut sind, solange es trocken ist. → Stäuben.

Gewächshaus Stahl- oder Holzkonstruktion mit Glas- oder Folienflächen.
Nutzung: 1. Anzucht von frühem Gemüse (Kohlrabi, Radieschen, Rettiche, Salat usw.) – 2. Zucht von wärmebedürftigen Schlangengurken, Tomaten, Paprika usw. – 3. Heranziehen von Sommerblumen und Gemüse-Jungpflanzen aus Samen zum Umpflanzen ins Gartenland nach den Eisheiligen. → Frühbeet. – 4. Überwinterung von Kübelpflanzen aus dem Mittelmeerraum (Oleander, Aloe), blumenbesetzten Balkonkästen, Gartenkakteen, Seerosenschalen, und verschiedenen Zimmerpflanzen (Bougainvillea, Schönmalve). –

5. Warmhaus für Hobbygewächse wie Orchideen.

Durch seine Eigenschaft als Wärmefalle kann ein kaltes G. Temperaturen aufweisen, die bei Sommersonne um 20 Grad und bei Winterkälte um 5–7 Grad höher liegen als die Außentemperatur. In milderen Gegenden dienen ungeheizte G. auch zur Überwinterung empfindlicher Pflanzen. In Ost-West-Richtung angelegte Häuser, deren Breitseite nach Süden zeigt, sind der vollen Sonneneinstrahlung ausgesetzt und entwickeln hohe Hitzegrade. Für die meisten Kulturen wird es zu heiß. Gute Belüftung, evtl. mit elektrischen Ventilatoren, ist daher unerläßlich. Wenn möglich, Aufstellen in anderer Richtung; oft hilft Beschatten mit Strohmatten, Winterheizung ist nur für besonders frostempfindliche Pflanzen nötig. Verschiedene Möglichkeiten: Anschluß an die Zentralheizung des Hauses; Petroleum-, Gas- oder Ölöfen; automatische Ölheizung oder Elektroheizung.

Fertig-G. sind in verschiedenen Größen und Ausführungen auf dem Markt; für den Heimwerker auch vorkonstruierte Fertigteile zum Selbstbau. Fensterglas (Silikatglas) ist billig in der Anschaffung, wird im Wärmeeffekt aber von teureren doppelschichtigen Kunststoffgläsern wie → Acrylglas übertroffen. Andere Kunststoffe (PVC) sind im allgemeinen weniger durchsichtig, eine Eigenschaft, die im Lauf der Jahre noch zunimmt. Größere Lichtbeständigkeit als bisher übliche glasfaserverstärkte Kunststoffe zeigen sogenannte oberflächenvergütete Kunststoffe. Alle Kunststoffgläser haben gegenüber dem Silikatglas Vorteile. Sie sind elastischer und daher nicht so leicht zerbrechlich, weniger empfindlich gegen Hagel und bedürfen keiner so stabilen Tragkonstruktion. Betonfundamente sind überflüssig und werden durch Punktfundamente oder durch Erdbodenanker ersetzt. Für die Tragkonstruktion dauerhaftes, verzinktes Material wählen, wenn man nicht gleich die etwas teurere Aluminiumbauweise vorzieht. Am einfachsten herzustellen und am billigsten in der Anschaffung ist ein mit Folien aus PVC oder Polyäthylen überspanntes Gerüst. Hier muß allerdings die Windempfindlichkeit berücksichtigt werden, das Ableiten der Schneelast und eine verhältnismäßig rasche Zerstörung durch die ultravioletten Sonnenstrahlen. Es gibt aber auch ultraviolett-stabilisierte Folien, die mehrere Jahre aushalten. Vor Aufstellen eines G. sich mit Bauamt über Platz und Größenordnung einigen. Anlehngewächshäuser (Hauswand) sind nicht überall zulässig. Heizbare Gewächshäuser vielerorts genehmigungspflichtig. Guten Kälteschutz im Winter durch Überspannen der Dachneigung und Wände im Inneren des G. mit → Luftpolsterfolie. Über Schattierungsanlagen, automatische Klimaregelung, Bewässerungssysteme und Beheizungsmöglichkeiten gibt der Fachhandel Auskunft. Solartechnik und Wärmepumpen für G. sind in der Entwicklung und werden laufend vereinfacht. → Frühbeet mit Sonnenenergie (Krieger).

Gewächshauseffekt Er beruht auf dem physikalischen Gesetz der Brechung und Reflektion von Strahlen und wird dadurch erzielt, daß manche lichtdurchlässigen Stoffe die unsichtbaren Wärmestrahlen hindurchlassen und nur in geringem Maß wieder zurückwerfen.

Gewürzkräuter → Würzkräuter.

Gewürzstrauch, *Calycanthus floridus* Ein Duftstrauch, 2 m hoch, mit dunkelbraunroten, nach Gewürznelken duftenden Blüten von VI–VII. Sonne–Halbschatten. Normaler Boden.

Giersch → Unkraut.

Gießmittel Flüssiges Präparat zur Schädlings- und Krankheitserregerbekämpfung, das mit dem Gießwasser ausgebracht wird. Als systemisches → Insektizid wird es von der Pflanze mit der Wurzel aufgenommen, in Blätter und Triebe weitergeleitet und tötet dort saugende und beißende Insekten ab.

Gießrand Ein hochgezogender Erdrand rund um die Pflanze verhindert das Ablaufen von Gießwasser. → Bewässerung.

Gießwasser → Bewässerung, → Chlor im Wasser, → Enthärten von Wasser, → Gartenregner, → Gartenschlauch.

Gift Bei G.-Anwendung im Garten ist äußerste Vorsicht am Platze. Pflanzenschutzmittel genau nach aufgedruckter Vorschrift verwenden, angegebene Dosierung keinesfalls überschreiten. Bei hochgiftigen Präparaten nur mit vorgeschriebener Schutzkleidung arbeiten. Mundschutz nicht vergessen! Auf keinen Fall bei der Arbeit rauchen oder gar essen. Anschließend alle Geräte reinigen, übriggebliebene Spritzbrühe nicht aufheben. Danach gründliche Körpersäuberung, evtl. auch Haare waschen. Alle Pflanzenschutz-

Diese Giftpflanzen sind mit Vorsicht zu genießen!

präparate in verschließbarem Schränkchen aufbewahren. Niemals neben Lebensmittel, Futtermittel oder Düngemittel stellen. Giftige Präparate nicht in harmlos aussehende Gefäße umfüllen, sondern immer in der Originalpackung belassen. Möglichst bienenunschädliche Mittel verwenden. Bei geringem Schädlingsbefall auf nichtchemische Bekämpfungsmethoden ausweichen. → Pflanzenschutz.

Giftige Pflanzen im Garten Kinder mit giftigen Gewächsen schon früh vertraut machen! So lassen sich Unfälle vermeiden. Keine Pflanzenteile in den Mund nehmen, und nach dem Blumenpflücken lieber die Hände waschen. Notfalls sollte man auf besonders giftige Gewächse verzichten, z. B. auf Eiben *(Taxus)*. Die Beeren vom hochgiftigen Seidelbast *(Daphne)* können tödlich wirken, so daß man sie vorsichtshalber schon im Ansatz entfernt. Giftig sind auch die Früchte von Heckenkirschen, Geißblattgewächsen *(Lonicera)*, Pfaffenkäppchen *(Euonymus)* und Liguster. Weitere wichtige Giftpflanzen sind:

Deutscher Name	Botanischer Name
Buchsbaum	*Buxus*
Eisenhut	*Aconitum*
Fingerhut	*Digitalis*
Goldregen	*Laburnum*
Herbstzeitlose	*Colchicum*
Maiglöckchen	*Convallaria*
Rizinus, Wunderbaum	*Ricinus*
Schlafmohn	*Papaver somniferum*
Viele Sumach-Arten	*Rhus*

Alle Hahnenfußgewächse, *Ranunculus*-Arten, enthalten mehr oder weniger den Giftstoff Protoanemonin. Dazu zählen die bekanntesten Gartenblumen wie Akelei, Adonisröschen, Christrose, Jungfer im Grünen, Klematis, Küchenschelle, Leberblümchen, Pfingsrose, Ranunkel, Rittersporn und Trollblume.
Unter den Unkräutern ist die Hundspetersilie gefährlich, deren Blätter man leicht mit denen der Wurzelpetersilie im Kräutergarten verwechselt.

Ginkgo *biloba,* Fächerblattbaum Industriefestes Nadelgehölz aus China, dessen Laub zum Winter abfällt. Relikt einer ausgestorbenen Pflanzenfamilie. Lederartiges, fächerförmiges Laub mit goldgelber Herbstfärbung. Vielgestaltiger, bis 30 m hoher Wuchs, pyramidal oder ausgebreitet. Solitärbaum für größere Gärten. Männliche Exemplare treiben 14 Tage früher aus als weibliche. Sonne. Normaler Boden.

Ginster, *Genista* Zwergstrauch, 20–100 cm hoch, für Steingärten, Heidegärten, Wildgärten, Trockenmauern, Terrassenpflanzung. Blüten in verschiedenen Gelbtönen von V–VIII. Sonne. Magerer, durchlässiger, trockener Boden. G.-Büsche lassen sich nicht verpflanzen. Vermehrung: Samen im Frühling unter Glas aussäen. Sämlinge sind frostempfindlich. Stecklinge im Sonner unter Glas in sandige Erde bringen. Nach Wurzelbildung in Töpfe setzen und im nächsten Jahr auspflanzen. → Geißklee.

Gladiole, Siegwurz, *Gladiolus* Knollengewächs, 60 bis 150 cm hoch. Große Prachtblüten in allen Farbtönen von VII – Frosteintritt. Ab Ende IV Folgepflanzung von frühen, mittelfrühen und späten Sorten. Die Knollen je nach Größe 8–15 cm tief im Abstand von 10 cm in altgedüngten, durchlässigen, nicht zu trockenen Boden legen. Leichter Bodenfrost wird vertragen. Nach 14 Tagen, bei Regenwetter, 150 g Volldünger pro m^2 geben. Schnitt für die Vase nach Erscheinen des ersten Blütenblattes, Überwinterung wie Dahlien. Im Herbst ausgegrabene Knollen gut abtrocknen lassen und erst später das vergilbte Laub entfernen. Sonne, windgeschützte Lage, Vermehrung durch → Brutzwiebeln. Die winterharte Wild-G., *G. byzantinus,* legt man von IV–V 20 cm tief in trockenen, durchlässigen Boden. Purpurrote Blüten an 60 cm hohen Stielen erscheinen von V–VI. *G. communis,* 60 cm hoch, mit rosa bis violetten Blüten, verlangt feuchten Boden. → Wühlmaus.

Gladiolenblasenfuß Wärmeliebendes Schadinsekt, 1 mm lang, dessen Larven großen Schaden verursachen. Überwintert in den Knollen und im Boden. Schadbild: Weißlich schimmernde, sich später graubraun verfärbende Kottröpfchen oder Streifen auf dem Laub. Vergilben und Verdorren der Blätter, verkrüppelte Knospen, fleckige, zerknitterte Blüten, bräunlich klebrige Stellen auf den Knollen, Bekämpfung: Pflanzen mit einem gebräuchlichen Insektizid stäuben oder Abspritzen. Befallenes Laub sofort nach der Blüte abschneiden und im Ofen verbrennen. Ausgegrabene Knollen abtrocknen lassen und mit Insektizidpulver bestäuben. Im Frühjahr vor dem Auspflanzen mit Quecksilber-Naßbeize behandeln. Einfacher ist es, neue Knollen zu kaufen und den Standort zu wechseln.

Glanzgras, *Phalaris arundinacea* Feuchtigkeitsliebendes Ziergras, 1–2 m hoch, mit schilfartigem, grünem oder grünweißem Blatt. Beigefarbene Blütenähren von VI–VII. Sonne. Sumpfiger Boden. Verträgt bis zu 10 cm Wasserstand.

Glanzmispel, *Photinia villosa* Zierstrauch, 3–5 m hoch, mit überhängenden Zweigen breit wachsend. Weiße Blüten im VI. Der scharlachrote, apfelartige Fruchtbehang hält bis zum Winter. Orange-scharlachfarbenes Herbstlaub. Sonne bis Halbschatten. Kalkfreier Boden. Notfalls sehr großes → Torfbett bereiten.

Glasbausteine Weiße oder buntfarbige Bausteine aus Glas oder Kunststoffmaterial, die als lichtdurchlässige Windschutzwand beim Terrassen- oder Gartenhausbau Verwendung finden.

Glatthafer, Bandgras, *Arrhenatherum bulbosum* 'Variegatum' Mit Ausläufern wanderndes Ziergras, 50 cm hoch, weißbunt gestreift, für normalen oder kargen, sandigen bis steinigen Boden gut geeignet. Sonne. Vermehrung durch Ausläuferpflanzen.

Glockenblume, *Campanula* Niedrige Sorten, 10–30 cm hoch, mit verschiedenen Blütenformen von VI–IX. Verschiedene Blautöne oder weiß. Geeignet für Rabatten, Steingärten und Einfassungen. *C. cochlearifolia* und *C. tommasiniana* in Mauerfugen pflanzen. 50–100 cm hohe Arten für Staudenbeete, zwischen Gehölze und Ziergräser. Reichhaltiges Angebot in Staudenkatalogen. Sonne–Schatten, je nach Sorte. Normaler, humoser Boden.
Nur zweijährig ist die Marien-G., *C. medium.* Aussaat V–VI in kalten Kasten oder ins Freiland. Im Herbst mit 35 cm Abstand an Ort und Stelle setzen. Sonne, nahrhafte Erde. Nach Bildung einer Blattrosette erscheinen im folgenden Jahr große, tiefglockige Blumen in Trauben an 50–90 cm hohem Stiel mit steifen Seitentrieben von VI–VIII. Gefüllt oder ungefüllt, auch mit doppeltem Blütenrand, blühen sie blau, weiß oder rosa. Lang haltende Schnittblumen. Selbstaussaat nahe der Mutterpflanze, wenn der Standort behagt.

Glockenheide → Erika.

Glockenrebe, Korallenwinde, *Cobaea* Mit Hilfe von Haftranken selbständig kletternde Einjahrespflanze. Breitflächiges Wachstum, 4–5 m hoch. Vielzählig blaue oder weinrote Glockenblumen von VI–Frosteinbruch. Mit Hilfe von Spanndraht oder -Fäden verkleidet sie Wände, Pergolen, Lauben, Mauern. In Balkonkästen gepflanzt, bildet sie am Gitter blütenbedeckte Wände an Sitzplätzen, auf Terrasse, und Balkon. Jungpflanzen vom Gärtner nach den Eisheiligen auspflanzen oder Aussaat ab III in Töpfe. Sonne. Nährstoffreiche Erde, bei Trockenheit gut wässern.

Gloxinie, *Incarvillea* Ein Trompetenblumengewächs, 30–50 cm hoch mit Trompetenblüten in verschiedenen rosa Farbtönen von V–VI. Sonne–Halbschatten. Tiefgründiger, durchlässiger Boden, eher feucht als trocken. Wurzelteilung nicht möglich, *I. olgae* braucht Sonne und trockenen Boden. Vermehrung durch Samen.

Glühwürmchen → Schnecken.

Glycinie, Blauregen, *Wisteria* Sommergrünes, 6–10 m hochwindendes Schlinggewächs. 30–60 cm lange, blaue, weiße oder violette, duftende Blütentrauben von IV–VI. *W. floribunda* 'Macrobotrys' eignet sich zum Hochziehen an freistehenden, starken Gerüsten wie z. B. Pergolen, Zäunen und Laubengängen, während *W. sinensis* mit 15–30 cm langen Blüten an Hauswänden (→ Drahtgeflecht) rankt. Sonne. Geschützte Lage. Nährstoffreicher, durchlässiger und nicht zu trockener Boden. Großes Wasserbedürfnis im Sommer, vor allem in Hauswandnähe. Beim Neu- oder Umpflanzen Triebe auf 30–50 cm zurückschneiden und mit feuchtgehaltenem Moos abdecken. Spät einsetzender Neutrieb. → Tafel Schling- und Kletterpflanzen.

Götterbaum, *Ailanthus altissima* Schnell wachsendes, industriefestes Gehölz. Höhe etwa 20 m. 50 cm lange, dekorativ wirkende Fiederblätter und grünliche Blütenrispen von VI–VII. Rötliche Fruchtstände im Herbst. Da Wild den G. verschmäht, ist er vor allem für Wochenendgrundstücke geeignet. Sonne. Normaler Boden. Gedeiht auch auf Sandböden und Kalkschotter.

Götterblume, *Dodecatheon* Langsamwüchsige Kleinstaude, 40 cm hoch. Von V–VI zart duftende Blüten, die an Alpenveilchen erinnern. Eine nicht alltägliche Blume für sonnenarme Stellen im Steingarten, unter Büschen, auf der Nordseite des Gartens. Sonnig, in feuchtem Boden am Gartenteich. Im Lauf des Sommers zieht die Pflanze ein. Deshalb gute Nachbarschaft mit niedrigen Azaleenbüschen, kleinen Farnen, zierlichen Gräsern, Primeln oder gelbblühendem Lerchensporn. Humoser Boden, eher feucht als trocken. Mineralerde stark mit Torf anreichern.

Goldafter Schmetterling, dessen bis zu 3,5 cm große Raupen Laubbäume kahlfressen können. Erste Anzeichen: Löcherfraß im Blattwerk von Birke, Buche, Eiche, Haselnuß, Hainbuche, Birne, Kirsche, Apfel. Bekämpfung: kurz vor oder unmittelbar nach dem Austrieb Sprühen oder Stäuben mit Mitteln gegen beißende Insekten. Dabei Präparate bevorzugen, die nützliche Insekten verschonen. Gegen G.-Raupen ein Bakterienpräparat (Bacillus thuringiensis) anwenden. Die sichtbaren, bis eigroßen Winternester der Raupen verbrennen. → Tafel Schädlinge.

Goldauge, Goldaster, *Chrysopsis* Reich blühende Staude, 30 cm hoch, für Steingärten, Rabatten, Einfassungen. Goldgelbe Blüten in lockerer Dolde über graugrünem Laub von VI–IX. Sonne. Normaler bis karger Boden.

Goldbartgras, *Chrysopogon nutans* Dichthorstiges Ziergras mit schmalem, blaugrünem Laub und 80 cm hochen, rispenartigen Ähren von VI bis VIII. Vasenschmuck. Sonne. Normaler Boden.

Goldglöckchen → Forsythie.

Goldlack, *Cheiranthus* Duftende Sommerblume, 25–70 cm hoch, einfach oder gefüllt von IV–VI. In Gelb, Braun, Violettbraun, Orange, Braunrot. *C. cheiri* läßt sich als Ein- oder Zweijahresblüher ziehen. Kann in mildem Klima oder unter Winterschutz mehrjährig sein. Um welchen G. es sich handelt, den reich verzweigten Buschlack, den großblumigen Stangenlack mit nur einer Blütentraube oder den Frühwunderlack, ist auf den Samentüten angegeben. Zur Zweijahreskultur im V im Frühbeet oder Freiland aussäen. Sämlinge auf 25 cm Abstand verziehen und Frostschutz geben. Sät man einfach- oder gefülltblühenden Frühwunderlack im III ins Frühbeet und pflanzt im IV um, blüht er schon im Sommer. Wegen seinem berauschenden Duft sollte G. unter Wohnzimmerfenstern oder in Terrassennähe stehen. Für Blumentöpfe oder Balkonkästen eignet sich besonders der gefüllte Zwergbuschlack. Härter und ausdauernder als die genannten Sorten ist *C. allioni,* 30 cm hoch, mit orangefarbenen Blütensträußen von V–VI. Eine Reisigdecke genügt im Winter. Entweder Aussaat im VI ins Freiland oder Topfpflanzen erwerben, die von Alpenpflanzenzüchtern und manchen Staudengärtnereien angeboten werden. Sonne. Nahrhafter, möglichst lehmhaltiger Boden.

Goldleistengras, *Spartina pectinata* (früher *S. michauxiana*) Ziergras, bei dem sich die Zuchtform 'Aureomarginata' besonders gut zur Einzelstellung eignet. Aus weit überhängenden, gelbgrünen Blättern wachsen von VII–IX hellbraune Blütenähren. Höhe bis 150 cm. Sonne. Normaler Boden, schwach feucht. Auffallend gelbe Streifen am Blattrand.

Goldmohn, *Eschscholzia californica* Eine anspruchslose Einjahresblume ohne Vorkultur, 30–60 cm hoch. Mohnartige Blüten einfach oder gefüllt in Karmin, Gelb und Orange von VI–X. Aussaat im III an Ort und Stelle. Auslichten mit 20 cm Abstand rundum. Vermehrung auch durch Selbstaussaat. Herbstsaat ab Ende IX bringt frühere Blüte. Jungpflanzen lassen sich nicht versetzen. G. in Horsten zwischen andere Sommerblumen streuen, für Einfassungen verwenden, als Füllung in mager besetzte Staudenbeete oder in Balkonkästen säen. Sonne sowie nährstoffreicher, durchlässiger, eher trockener als feuchter Boden sind erwünscht.

Goldnessel → Taubnessel.

Goldprimel, *Douglasia vitaliana* Mattenbildende Steingartenstaude, 3 cm hoch, mit gelben, dicht auf dem runden Polster sitzenden Blüten von IV–V. Sonne. Sandig-humoser Boden.

Goldregen, *Laburnum* Zierstrauch, 3–10 m hoch. Giftigkeit der jungen Rinde und Früchte beachten! *L. alpinum,* für leicht feuchten Standort, blüht von V–VI mit 30 cm langen, duftenden, hellgelben Trauben. Der zur gleichen Zeit blühende Gemeine Goldregen, *L. anagyroides,* duftet nicht. Als schönste Art wird *L. watereri* 'Vossii' bezeichnet: 3–5 m hoch, reich blühend mit 40–50 cm langen goldgelben Trauben von V–VI. Sonne–Halbschatten. Normaler, kalkhaltiger Boden. Empfindlich gegen starken Rückschnitt. → Giftige Pflanzen im Garten.

Goldrute, *Solidago* Anspruchsloser Herbstblüher von leuchtender Farbkraft, 25–90 cm hoch. Gelbe Blütenrispen von VII–IX. Von IX bis X blüht *S. caesia,* 60 cm hoch, mit zierlichen, goldgelben Rispen. Haltbare Schnittblumen. Sonne–Halbschatten. Keine besonderen Bodenansprüche, gedeihen auf Ödland ebenso wie auf feuchter Erde am Sumpfbeet. Vermehrung durch Wurzelteilung im Frühjahr.

▷ Wuchergefahr durch Samenwurf. Deshalb verblühte Stiele sofort abschneiden.

Goldschuppenfarn, *Dryopteris borreri* Winterharter → Wurmfarn, 80 cm hoch, der durch seine goldbraun beschuppten Stiele dekorativ wirkt. Halbschatten–Schatten. Humoser oder torfgesättigter, nicht zu trockener Boden.

Goldtröpfchen, Walddickblatt, *Chiastophyllum oppositifolium* Eine bodendeckende Schattenstaude, 15 cm hoch, mit gelben, hängenden Blütenrispen von VI–VII. Geeignet für Steingärten, Trockenmauern und als Teppich unter Gehölzen. Voraussetzung für gutes Gedeihen ist mindestens Halbschatten. Bevorzugt wird Schatten oder absonnige Lage. Normaler, auch karger Boden, nicht feucht. Vermehrung durch Staudenteilung im Frühjahr.

Graben, Umgraben Wichtigste Gartenpflege im Herbst. Wird der Boden umgegraben und in grober Scholle liegen gelassen, dringt Feuchtigkeit auch in die untersten Erdschichten. Nässe und Frost zerkrümeln die Schollen, so daß im Frühjahr nur leicht mit dem Rechen eingeebnet wird. Den Spaten etwas schräg ansetzen, eine Scholle abstechen, umdrehen und in die vordere Bodenfurche legen. So kommt die untere Erdschicht nach oben. Dabei kann Laub, Kompost, Gründünger oder Mist mit untergegraben werden. Wer Torfmischdünger zur Bodenverbesserung (Sandböden) im Herbst einarbeitet, muß mit Nährstoffverlusten rechnen. Dauerunkräuter werden beim Umgraben ausgelesen und sollen nach Möglichkeit verbrannt werden. Zerschnittene Pflanzenteile von Quecken, Giersch, Löwenzahn usw. treiben im Frühling wieder aus, so daß nach oberflächlichem Arbeiten mehr Unkraut erscheint als vorher. Deshalb auf stark verunkrauteten Böden besser eine → Grabgabel verwenden oder → rigolen. Im Sommer bleibt der Spaten im Geräteschuppen. Zwischen Bodendeckern, Gehölzen oder in Beeten mit flachwurzelnden Stauden wird niemals umgegraben.

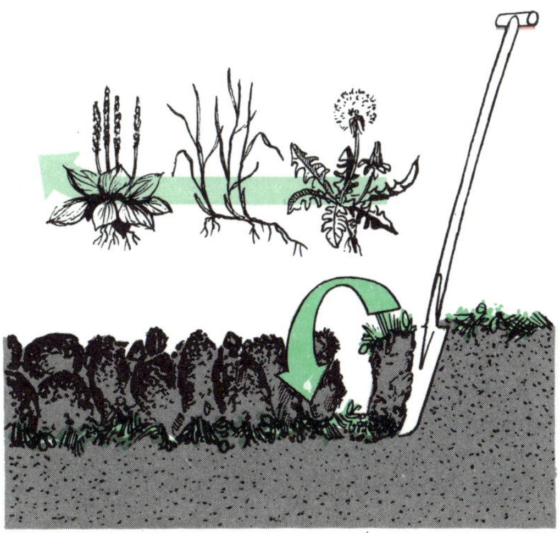

Grabgabel Gartengerät für vielseitige Grabarbeiten, auch zur Bodenlockerung zwischen Flachwurzlern. Findet auch zum Aufnehmen von Laub Verwendung. → Tafel Gartengeräte.

Gräser → Ziergräser.

Granatapfel, *Punica granatum* Frostempfindliche → Kübelpflanze, je nach gebotenem Wuchsraum und Alter 1–2 m hoch. Blüten im Frühling und Sommer, meist gefüllt, in Rot, Orange, Rosa, Lachsrosa oder Weiß. Einfach blühende Sträucher können auch Früchte bringen. Düngung von III–VII im Zweiwochen-Rhythmus mit 3 g Volldünger auf 1 l Wasser. Überwinterung im Haus oder Gewächshaus bei 6–8° C. Bei zu warmer Überwinterung blühfaul. Nach den Eisheiligen im Garten aufstellen. Sonne. Einheitserde oder mit Torfmull durchsetzte Gartenerde.
Vermehrung durch → Stecklinge. Entweder halbharte Zweigspitzen nach dem Austrieb oder unbelaubte, etwa 10 cm lange Triebe im II–III schneiden und bei ca. 25° C an hellem Standort im Zimmer bewurzeln lassen. Zur Erhöhung der Luftfeuchtigkeit eine durchsichtige Polyäthylen-Plastiktüte über den Kopf stülpen.

Grasnelke, *Armeria* Alpines Polstergewächs für Steingärten und Trockenmauern. Von V–VII erscheinen – auf 5–30 cm hohen Stielen – rosa, weiße oder rote Blüten zwischen dem grasartigen Laub. Sonne. Durchlässiger, möglichst sandiger Boden. Für Mauerfugen lehmige Erde verwenden.

Grasschere Spezialschere zum Abschneiden von Gras an Stellen, die der Rasenmäher nicht erfaßt: zwischen Gehölzen, am Heckenrand oder an Mauerbegrenzungen. → Tafel Gartengeräte.

Grauschimmel → Botrytis, → Tafel Pflanzenkrankheiten.

Greiskraut → Bandblume.

Grenzabstand In allen Bundesländern gibt es verschiedene Vorschriften für den G. Auskunft erteilen das Landratsamt (Abtlg. Gartenbau oder Bauwesen) und die zuständige Gemeindeverwaltung. Das betrifft auch die Wuchshöhe an der Grenze stehender Ziergehölze. Bei Obstbäumen und Beerensträuchern wird jeder selbst für den entsprechenden G. sorgen, um Streitigkeiten mit Nachbarn wegen überhängender Zweige zu vermeiden. → Überfallrecht, → Überhangrecht. Als Faustregel könnte gelten, mindestens den halben Kronendurchmesser des ausgewachsenen Baumes als Pflanzabstand zu wählen. Bei Bäumen soll ein Mindestabstand von 4 m, bei Kleinbäumen wie Spindel 2 m, bei Sträuchern 1 m und bei Heckenpflanzen von 0,25 m eingehalten werden.

Grubber Gartengerät mit drei Zinken. Für die Bearbeitung schwerer oder steiniger Böden und zum Auflockern und Durchlüften des Erdreiches. → Tafel Gartengeräte.

Gründüngung Stickstoffdüngung mit Hilfe angebauter Grünpflanzen wie Lupinen, Seradella, Sonnenblumen, Vogelfußklee, Erbsen, Wicken und Raps. Diese Schmetterlingsblütler sind Stickstoffsammler, nehmen Stickstoff mit Hilfe ihrer Knöllchenbakterien aus der Luft auf und geben ihn an den Boden weiter. Ein Untergraben dieser Grünpflanzen bereichert den Boden gleichzeitig mit Humus. Das Einarbeiten von Gemüseabfällen, Gras oder Laub ist keine G., trägt jedoch zur Humusanreicherung bei.

Grünkohl, Braunkohl, Krauskohl, Winterkohl, *Brassica oleracea* var. *sabellica* Kohlgemüse zur → Nachkultur auf Salat-, Spinat-, Erbsen- oder Bohnenbeeten. Aussaat ab V ins Saatbeet

und Verpflanzen von VII–VIII in Reihen. Oder Aussaat ab VII an Ort und Stelle. Abstand je nach Sorte verschieden. Hinweise auf der Samentüte beachten. Ernte der Blätter ab XI von unten nach oben; wegen der besseren Bekömmlichkeit erst nach dem ersten Frost. Mit Hilfe von Folientunneln Schneeschutz geben.

▷ G. enthält die Vitamine B und C. 100 g: 15 Kalorien (63 J).

Grünordnungsplan Bei Neuanlage eines größeren Gartens, einer hohen Straßenhecke in dicht besiedelten Gebieten, an Stadträndern und auf dem Land die Gemeindeverwaltungen, Landratsämter oder Stadtverwaltungen nach Beschränkungen lt. Grünordnungsplan fragen. Der G. betrifft aus Gründen des Naturschutzes oder der Landschaftspflege vor allem folgende Bereiche: Nachhaltige Landschaftsveränderungen; Gebiete, die der Erholung dienen oder dafür vorgesehen sind; Ufergebiete, die aus Gründen der Wasserversorgung unbeschadet wasserrechtlicher Vorschriften zu schützen oder zu pflegen sind. G., die Maßnahmen zur Erhaltung oder Gestaltung der Landschaft vorsehen, sollen zur Grundlage der gemeindlichen Bauleitplanung gemacht werden. Grundlage für die einzelnen Länder bildet das Naturschutzgesetz. Im Bayer. Naturschutzgesetz ist sie für die Erstellung in Art. 3 verankert.

Grünschnitt Sommerschnitt bei Kernobst, vor allem bei niedrigen Baumformen, um die Fruchtholzbildung zu beeinflussen. An Nebenzweigen werden die Jahrestriebe je nach Wuchsstärke ab VI bis auf 3–5 Blätter eingekürzt. An unerwünschten Triebgabeln, den oberen Gabeltrieb bis auf 2 Blätter stutzen und den unteren völlig wegschneiden. Außerdem werden alle Triebe entfernt oder eingekürzt, die durch Steilwuchs der Krone zu nahe kommen oder nach innen wachsen. Mit dem Kürzen der Verlängerungstriebe vom Mittelstamm und Seitenleitästen bis zum Winterschnitt warten.

Grünspargel → Spargel.

Grundstück Amtlich vermessene und durch Grenzsteine markierte Fläche in einer Flur, im Grundbuch auf den Namen des Besitzers eingetragen.

Grundwasser Es beeinflußt Anbauplanung und Pflanzenwahl. Während zu niedriger G.-Stand durch künstliche Bewässerung ausgeglichen werden kann, verhindert ein zu hoher G.-Stand den Anbau vieler Gewächse. So vertragen die meisten Obstgehölze feuchten Boden nur sehr schlecht. Für sie liegt der günstigste G.-Stand in lehmiger Erde bei 120 cm und in leichten Böden bei 75 cm. Notfalls Obstbäume auf 40 cm hoch aufgeschüttete Hügel pflanzen, die ca. 2 m Durchmesser haben sollen. Für Gemüse und Zierpflanzen kann der G.-Stand etwas höher liegen. Bei zu hochreichendem G. ist der Erdboden feucht bis naß und kalt. Das vertragen außer Sumpfgewächsen die wenigsten Pflanzen. → Dränage.

Günsel, *Ajuga* Pflegefreie Bodendecker, 15 cm hoch; zwischen Stauden, Gehölzen, Zwiebelblumen. Bildet mit anderen Polsterpflanzen bunte Teppiche. Kleine Blütenkerzen in Blau oder Rosa von IV–V, die nach dem Verwelken nicht abgeschnitten zu werden brauchen. Sie verschwinden von selbst. Sonne–Halbschatten. Normaler, nicht zu trockener Boden.
A. reptans: grünes Laub, blaue Blüten.
A. reptans 'Rosea': grünes Laub, hellrosa Blüten.
A. reptans 'Atropurpurea': Laub metallisch glänzend rot bis braunrot, lilablaue Blüten.
A. reptans 'Multicolor': rote und gelbe Flecke in bräunlich-grünem Laub, Blüten lilablau.
A. pyramidalis: aufrechte, behaarte Stengel, blaue Blüten. Bildet nur kurze Ausläufer.

Gütezeichen → ADR.

Gummifluß an Steinobst Folge verschiedener Wachstumsstörungen, vor allem bei Aprikosen, Pfirsichen und Kirschen. Schadbild: Am Stamm oder an Ästen Saftaustritt, der nach Abtrocknen gummiartig klumpt. Bekämpfung: Ausscheidungsstellen säubern, bis zur gesunden Rinde ausschneiden und mit → Baumwachs verschließen. Die Ursache der Erkrankung feststellen und beseitigen. Diese können sein: Bakterienbrand; erkennbar am Absterben von Ästen, Aufplatzen der Rinde und Ausfließen einer klaren, bräunlichen Harzmasse. Ferner: zu starke Stickstoffdüngung; ungenügende Wundbehandlung nach Frosteinwirkung oder nach zu kräftigem Rückschnitt zum ungünstigen Zeitpunkt; allgemeiner Frostschaden; zu hoher Grundwasserstand und ein dadurch verursachter nasser oder feuchtkalter Standort; nicht zuletzt Kalkmangel.

Gurken Gemüsefrucht zum Anbau im Freiland, im Gewächshaus oder Frühbeetkasten. Ansprüche: viel Wärme, reichlich Wasser, einen gut mit Nährstoffen versorgten Boden und Windschutz. Um dem Befall von Krankheiten vorzubeugen, gesunden Erdboden wählen und Anbaufläche jährlich wechseln. Vorbereitung des Beetes: Im Herbst spatenstichtief umgraben, damit der Frost die Erde zerkrümelt. Reichlich vordüngen. Oder 2–3 Wochen vor Aussaat in der Beetmitte eine ca. 20 cm tiefe Furche graben, mit verrottetem Mist, Kompost, einem Torf-Kompost-Gemisch oder gut angefeuchtetem Humusdünger auffüllen und die ausgehobene Erde wieder auflegen, so daß sich ein kleiner Damm ergibt: Beetbreite: ca. 120 cm. Aussaat:

1. Freilandaussaat ab Anfang V oder nach den Eisheiligen. Keimdauer 8–12 Tage. 4 Saatkörner tellerförmig im Abstand von ca. 25 cm in 1–2 cm tiefe Löcher mitten auf den Damm legen. Sämlinge auf jeweils 2 Pflanzen vereinzeln. Einige Folgesaaten im Abstand von 8 Tagen sind vorteilhaft.
2. Ab IV je 2 Samenkörner in kleine Töpfe (evtl. Torftöpfe) voll nahrhafter Erde drücken. Frostfrei, warm und hell aufstellen. Feucht halten, Kräftige Jungpflanzen mit 4 gut entwickelten Blättern nach den Eisheiligen auspflanzen. Gehen beide Samen auf, kann nach Entwicklung der Keimblätter die schwächere Pflanze herausgeschnitten werden.
3. Keine eigene Aussaat, sondern gesunde, kräftige Jungpflanzen mit Topfballen beim Gärtner kaufen und nach den Eisheiligen auspflanzen.

Pflege: Vor kühlen Nächten oder Unwetter Folientunnel aufstellen. Anfang VI leicht → anhäufeln. Beet gut feucht halten, Gurkenlaub soll bis zum Abend abgetrocknet sein. Nach Entwicklung von 7 großen Blättern, den Haupttrieb über dem 5. Blatt abzwicken, damit sich die aus den Blattachseln entstehenden Triebe besser entwikkeln können. Nur Nebentriebe bringen Früchte. Ab VI mehrmals → Kopfdüngung geben. Volldünger an einem Regentag auf feuchten Boden streuen und einharken oder im Gießwasser auflösen. Im Abstand von ca. 3 Wochen wiederholen. Erde locker halten. Um Jungpflanzen Windschutz zu geben, kann man die Beetränder mit Kopfsalat, Rettichen, Frühkohlrabi usw. besetzen und G. auch zwischen Stangenbohnen oder Tomatenreihen pflanzen. Eine Reihe Mais, im Abstand von 150 cm, hat gute Windschutzwirkung.

Freiland-Spalierzucht: Mit Maschendraht bespannte, ca. 1 m hohe Holzrahmen oder vorhandene Erbsengitter ca. 10 cm vor der G.-Reihe aufstellen und mit schräg eingerammten Pfählen abstützen. → Drahtgeflecht. G.-Ranken hinüberleiten und klettern lassen. Frühbeetkultur: Ende IV/Anfang V Samen aussäen oder Jungpflanzen einsetzen, letztere schattieren. Viel lüften, feucht halten. Fenster später entfernen. Ernte: Beginn ca. 9 Wochen nach Aussaat. G. zum Einlegen höchstens 12 cm lang wachsen lassen. Kulturen im Abstand von 3–4 Tagen durchpflücken. Größere G. in der Küche verwenden oder gehobelt tieffrieren. Dicke Schäl-G. einlegen.

▷ Zum Feucht- und Lockerhalten der Erde den Boden unter G. → mulchen. Auf die Mulchschicht Zweige legen, damit die Früchte mit der verrotteten Schicht nicht in Berührung kommen.

▷ Vermehrung dankbarer G.-Sorten: Einige G. goldgelb ausreifen lassen und das Fleisch als

Senfgurken einlegen. Lassen sich ausgeschabte Kerne nicht vom Fruchtfleisch lösen, läßt man die Masse in einem Schüsselchen gären und spült dann im Sieb aus. Die Kerne werden locker ausgelegt und im Schatten luftig getrocknet.

▷ G. enthalten Vitamin B und C. 100 g: 6 Kalorien (25 J). G. bleiben länger frisch, wenn man sie mit dem Stielende ins Wasser stellt und kühl und dunkel aufbewahrt.

Gurken-Bitterkeit Entsteht vermutlich durch starke Temperaturschwankungen und Pflegefehler, wie unregelmäßige Wasser- oder Nährstoffgaben. Nachwachsende Gurken gegen heiße Sonne mit Blattwerk überdecken. Mit temperiertem Wasser gießen.

Gurkenblattbrand Pilzerkrankung. Jungpflanzen sterben ab. Befallene Früche werden gelb und schrumpfen ein. Auf dem Laub unregelmäßige, gelbliche, größer und dunkler werdende Flecke, die sich mit samtartigem Schimmel überziehen. Das Blattgewebe fällt heraus. Bekämpfung: Die Pilzsporen überwintern im Gewächshaus, auf Samen und kranken Pflanzenteilen im Boden. Deshalb Gewächshäuser oder Frühbeetkästen → desinfizieren, Boden durch Gießen mit einem → Fungizid entseuchen. Erkrankte Pflanzen verbrennen. Im Freiland Standort wechseln. Widerstandsfähige Sorten anbauen.

Gurkenkrätze Pilzerkrankung. Anzeichen: Auf den Früchten erscheinen bräunliche Flecke mit grünlichem Schimmel, auf dem sich gummiartige Tröpfchen bilden. Tritt bei starken Temperaturschwankungen sowie in zu feuchten Gewächshäusern auf. Zur Vorbeuge Temperaturen möglichst gleichmäßig halten. Resistente Sorten anbauen.

Gurkenkraut → Borretsch.

Gurken-Mehltau Pilzerkrankung. Zu erkennen am weißlichen Belag auf beiden Blattseiten. Blätter sterben ab. Pflanzen sind geschwächt. Bekämpfung durch Spritzen mit → Fungiziden (Netzschwefel). Kranke Pflanzen nach der Gurkenernte verbrennen. → Mehltau.

Haarröhrchen → Kapillaren.

Habichtskraut, *Hieracium* Bodendeckende Kleinstauden, mit silbrigem, grauem, grünem oder weißwolligem Laub. 20 cm hoch. Gelbe und orangerote Blüten von VI–IX. Geeignet für Steingärten, im Heidegarten und lückenfüllend im naturbelassenen Gartenteil. Sonne und leichter Streuschatten. Boden normal bis karg, möglichst trocken. Vermehrung durch Pflanzenausläufer. → Blühende Steine.

Hacke Gartengerät zum Auflockern des Bodens und zur Unkrautbekämpfung. → Häufler, → Jätegeräte, → Kultivator, → Pendelhacke, → Hacken, → Tafel Gartengeräte.

Hacken Lockerung des verkrusteten Bodens mit dem Ziel, die → Durchlüftung zu verbessern und die Wasserverdunstung herabzusetzen. → Kapillaren. Moderne H. ermöglichen aufrechte Körperhaltung bei der Arbeit. Mit Hackgeräten wie der Zieh-H. oder dem → Kultivator wird eine gleichzeitige Unkrautvernichtung erzielt. Zieh-H. gleiten knapp unter der verkrusteten Bodenfläche entlang und trennen die Unkräuter von den Wurzeln ab. Ein verkrusteter, gehackter Boden soll nach Bearbeitung staubigtrocken, aber nicht schollig wirken. → Gartenwiesel.

Hängefruchtranke, Schönranke, *Eccremocarpus* Ein Schlinggewächs mit Haftranken, ein- oder mehrjährig, 3–4 m hoch. Für Zäune, Pergolen, Lauben, Hauswände und umfriedete Sitzplätze. Kletterhilfen sind Spanndraht, Latten, Maschendraht oder netztbespannte Gestelle. Orangegelbe Blütenglocken in fiedrigem Laub von VII bis Frosteintritt. Aussaat ab II in warmes Frühbeet, Fensterkästen oder Töpfe. Umpflanzen nach den Eisheiligen. Hochsommeraussaat, in Töpfen hell und kühl überwintert, bringt Blüten ab VI. Sonne. Normaler, nährstoffreicher Boden.
Überwinterung im Freiland ist an geschütztem Ort möglich. Dazu Sommerranken stark einkürzen und die Pflanze mit einer Torf- oder Laubschicht abdecken. → Tafel Schling- und Kletterpflanzen.

Hängelobelie → Lobelie.

Härtegrad → Deutsche Härte.

Häufeln → Anhäufeln.

Häufler, Häufelgerät Gartengerät zur Bodenbearbeitung wie → Anhäufeln und Furchenziehen.

Hagebutten Rote, orangefarbene oder auch schwarze Beerenfrüchte von Rosen. H.-tragende Heckenrosen als Vogelschutzgehölz in einer Zaunhecke, unter lichten Bäumen oder freistehend pflanzen. Zur Verwertung in der Küche (rohe Marmelade, Tee) möglichst große H. verwenden, wie sie die Kartoffelrose hervorbringt. Zubereitung von roher H.-Marmelade: 1 Pfund H. pflücken, solange sie sich fest anfühlen. Aufschneiden, Kerne entfernen, Schalen waschen. 2 Tage in Rotwein einweichen. Kühl stellen. Danach den Wein durch ein Sieb ablaufen lassen, die H. im Mixer zu Mus verarbeiten und nach und nach ½ Kilo Zucker hinzufügen. Weitere 5 Min. durchrühren. Die Masse in vorbereitete Gläser füllen. Lange Haltbarkeit. 100 g frische

H. enthalten 8000 i. E. Vitamin A, 50 i. E. B_1 und 100 mg Vitamin C.

Hagel Bei dunkler Wolkenbildung mit düsteren orange-rosa getönten Rändern oder rosa Einzelwölkchen inmitten einer Unwetterwand droht H.-Schlag, der oft nur strichweise niedergeht. Vorsichtshalber Frühbeetfenster schließen, Gemüse- und Salatbeete durch Folientunnel schützen, Balkon- und Fensterkästen mit Folienbahnen überdecken. Wurde ein Garten durch H. verwüstet, das Laub vom Rasen entfernen und ca. 3 Tage abwarten. Lassen die Pflanzen das Ausmaß des Schadens erkennen, geknickte und verletzte Teile abschneiden. Die meisten Stauden bilden dann reichlich Seitentriebe. Zerfetztes Laub an Rhododendronbüschen muß bis zum nächsten Jahr erhalten bleiben. Zu den Pflanzen, die sich bald erholen, gehören viele Einjahresblumen und wuchskräftige, sommerblühende Stauden: Geranien, Petunien, Begonien, Kokardenblumen, Glattblattastern, Sonnenbraut, der Knöterich, alle Blumen im Gartenteich und die meisten Alpenpflanzen. Rittersporn setzt nach dem Rückschnitt später neue Knospen an. Unter den Gehölzen sind es: Buddleia, Mahonien, Stechpalmen, Wacholder, Kirschlorbeer, Polyantharosen, Latschen. H.-empfindlich sind: Pfingstrosen, Akeleien, Salomonssiegel, Zierrhabarber, Staudenphlox, niedrige und halbhohe Herbstastern, Heckenrosen, Rhododendron, Azaleen und der Jungtrieb von Kiefern und Fichten.

Hahnenfußgewächse, *Ranunculaceae* Große Pflanzenfamilie, zu der viele → Giftpflanzen im Garten gehören. H. sind unter den Unkräutern ebenso zu finden wie unter den Wasserpflanzen oder den bekanntesten Blütenstauden: Akelei, Anemonen, Christrosen, Eisenhut und Rittersporn. Auch die Ranunkeln, *Ranunculus,* sind H. Hier wählt man für den Garten vor allem gefüllt blühende Züchtungen wie die Silberranunkel, *R. aconitifolius* 'Pleniflorus', 40 cm hoch, mit weißen, röschenartigen Blüten von V–VII. Oder die Goldranunkel, *R. acris* 'Multiplex', 60 cm hoch, mit leuchtend gelben, gefüllten Blüten von V–IX. Für Steingärten und zur Randpflanzung auf Rabatten eignen sich der Knollen-Hahnenfuß, *R. bulbosus* 'Pleniflorus', 20 cm hoch, mit gelben, gefüllten Blüten von IV–VIII und der niedrige Gebirgshahnenfuß, *R. montanus,* mit einfachen, gelben Schalenblumen von V–IX. Sonne–Halbschatten. Normaler, eher feuchter Boden.

Hahnenkamm, Federbusch, *Celosia* Einjahresblume mit Vorkultur, 25–50 cm hoch, mit roten oder gelben Blütenständen von VII–X. Jungpflanzen beim Gärtner kaufen, oder Aussaat ab III warm und hell im Zimmer oder Kleingewächshaus. Auspflanzen nach den Eisheiligen. Sonne. Nahrhafter, normaler Boden. Öfter eine → Kopfdüngung (→ Volldünger) verabreichen.

Hainblume, *Nemophila menziesii* Anspruchslose Einjahresblume ohne Vorkultur, 10–20 cm hoch. Blaue, weiße oder rosa Blüten – je nach Aussaattermin – von Sommer bis Herbst. Folgesaaten können von III–VI an Ort und Stelle vorgenommen werden. Blütebeginn etwa 6 Wochen später. Blühdauer zwischen 5 und 7 Wochen. Sonne wird vertragen, aber lichter Schatten bevorzugt. Normaler, schwach kalkhaltiger, durchlässiger Boden.

▷ H. als Farbflecke zu Zwerggehölzen setzen, in halbschattige Steingärten oder unter früh blühende Ziersträucher.

Hainbuche, *Carpinus betulus* Hecken- und Windschutzgehölz, dessen dürres Herbstlaub oft bis zum Frühling haftet. Verträgt jeden Schnitt in beliebiger Höhe. Sonne-Halbschatten. Normaler oder sandiger Boden. Bei uns heimisch in Wäldern.

Hainsimse, *Luzula* Immergrünes Ziergras für verschiedene Gartenteile. *L. nivea,* die Schnee-

Hainsimse oder Schneemarbel, ist ein Schattengras und wird 30–90 cm hoch, weiße Blütenstände von VI–VIII, diese im Trockenstrauß verwenden. *L. sylvatica,* die Wald-Hainsimse oder Waldmarbel wird 40–70 cm hoch. Robustes Ziergras für Steingärten und naturbelassene Gartenteile. *L. sylvatica* 'Marginata' hat silbergerandete Blätter. Halbschatten–Schatten. Humoser Boden.

Hakenlilie, *Crinum* Exotisch aussehende Zwiebelblume, 80 cm hoch, mit großen, trichterförmigen, weißen oder tiefrosa Blüten von VII–VIII. Die Zwiebeln werden im Frühjahr so eingesetzt, daß nur die Halsspitze aus der Erde schaut. Sonne, geschützte Lage. Nahrhafter, gut durchlässiger Boden.

▷ H. entweder in Kübel pflanzen und im Haus überwintern, oder im Freiland für den Winter hoch mit trockenem Laub oder Torfmull und gegen Feuchtigkeit mit einer atmungsaktiven Folie abdecken. Dankbare Schnittblume.

Halbschatten Sonneneinstrahlung, die durch schattenspendende Gehölze und Stauden oder Pergolen verringert wird. Viele H.-Gewächse vertragen volle Sonne, wenn Bodenfeuchtigkeit vorhanden ist oder eine hohe Luftfeuchtigkeit, wie sie in der Nähe von Wasserbecken gegeben ist. → Bodennahes Kleinklima.

Halbstamm Stammhöhe von 120–160 cm. Erleichtert bei Obstgehölzen Pflege und Ernte.

Halbstrauch Stauden, bei denen die unteren Stengelteile verholzen und überwintern, während die krautigen oberen Pflanzenteile absterben.

Hammelmöhre → Pastinake.

Handelsdünger Bezeichnung für anorganische Düngemittel, auch Mineral- oder Kunstdünger genannt. Die vier Hauptnährstoffe Stickstoff (N), Phosphor (P), Kalk (Ca) und Kali (K) werden dem Boden außer durch die Pflanzenwurzeln auch durch ständige Auswaschung entzogen. Dies um so mehr, je weniger Humusstoffe ein Boden enthält. Fehlende Nährstoffe können mit Hilfe von H. ergänzt werden. → Kopfdüngung, → Vorratsdüngung, → Mischdünger. Die im Handel erhältlichen Dünger (Guano, Oscorna, Knochenmehl) fallen nicht unter den gewohnten Begriff H.

Handkasten Flacher Kasten aus Holz, Eternit oder Kunststoff mit gutem Wasserabzug, in den ausgesät oder pikiert wird. → Anzuchtkasten.

Hartriegel, *Cornus* Sträucher oder Bäume für alle Gartenteile, 20 cm–10 cm hoch. Anspruchslos, Windschutz-, Deck- und Heckenpflanze. Manche besitzen blutrote Rinde, andere buntes Laub oder besonders große Blüten. Erdbeerförmige Früchte von seltener Rostfarbe bringt *C. kousa.* Der Blumen-H., *C. florida,* ist besonders schön als Solitärstrauch. Sonne–Halbschatten. Bodenansprüche je nach Art verschieden. Auskunft in Katalogen und Baumschulen.

Harzfluß → Gummifluß.

Haselmaus → Gartenschläfer.

Haselnuß, *Corylus* Die heimische H., *C. avellana,* gibt es auch in großfrüchtigen Zuchtformen. Hängende Kätzchen von II–III. Reife Nüsse ab VIII locken Eichkätzchen in den Garten. Korkzieher-H., *C. avellana* 'Contorta', 2–4 m hoch, mit gedrehten Zweigen und langen, gelben Hängekätzchen im Frühling. Schwarzrotes Laub von Frühling bis Herbst hat die Blut-H., *C. maxima* 'Purpurea', 2–3 m hoch. Gelbe Kätzchen von II–III. Sonne–Halbschatten. Normaler Boden. → Barbarazweige. Einige H.-Sorten: 'Lambert', 'Daviana', 'Zeller'. 'Nottingham Fruchtbare' und 'Hallesche Riesen'.

△ Heliotrop ▽ Hyazinthe △ Hortensie ▽ Iris

△ Kapuzinerkresse

△ Klematis

▽ Kokardenblume

▽ Krokus

Haselnußbohrer Brauner, kleiner Rüsselkäfer. Eiablage in weichschalige, junge Nüsse. Larven leben vom Nußkern und bohren sich durch die braun werdende Schale. Schaden meist gering.

Haselwurz, *Asarum* Immergrüner Bodendekker mit lackglänzendem Laub, 10–20 cm hoch. Unscheinbare Blüten von III–IV. Nach Neupflanzung fallen die Blätter gern ab. Pflanze treibt später wieder aus. Danach Bildung von Teppichen, die Jahrzehnte aushalten können. Unterpflanzung für Sträucher sowie für alle schatten- bis halbschattenliebenden Gewächse. Humoser Boden.

Hauptfrucht Gemüseart mit der längsten und intensivsten Kulturzeit: Kartoffeln, Kohl, Zwiebeln, Wurzelgemüse, Fruchtgemüse wie Tomaten, Gurken, Kürbis. → Fruchtfolge, → Mischkultur, → Nachkultur.

Hauptnährstoffe → Makronährstoffe, → Düngung.

Hausberankung Auflockerung von kahlen Hauswänden durch Rank-, Schling- oder Kletterpflanzen. Rankgerüste als Fertigteile im Handel. Manche werden einfach zusammengesteckt. Heimwerker skizzieren andeutungsweise das geplante Gerüst auf der Wand und setzen in Abständen von 1 m Dübel. Darauf 3–5 cm dicke Unterlegklötzchen schrauben, die das Gerüst von der Wand abhalten. Auf die Klötzchen erst senkrecht und dann waagerecht Holzlatten oder Plastikteile schrauben. Sie sollen allein bereits als Wandschmuck wirken, vor allem bei langsam wüchsiger Bepflanzung. Statt Latten kann man auch kunststoffummantelten Draht verwenden, der auf den Unterlegklötzchen über den Dübeln mit schmalen Drahtkrampen befestigt wird. Die vorgesehene Berankung bestimmt Art und Festigkeit des Klettergerüstes. Schlingknöterich, Glycinien und großlaubige Geißblattgewächse

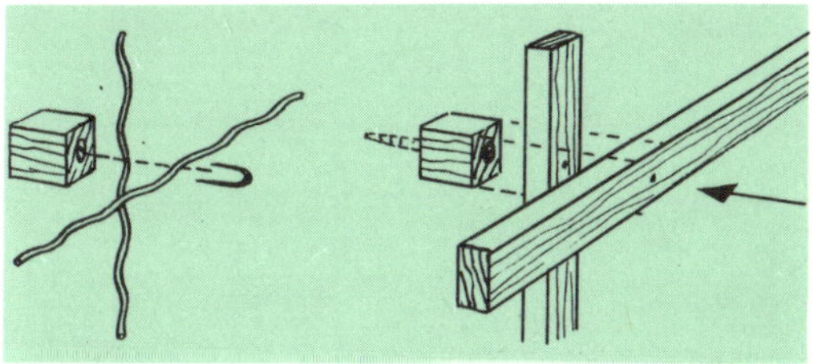

verlangen ein starkes Gerüst. Seitlichen Winddruck beachten! Holzlatten gegen Fäulnis imprägnieren oder mit Flüssigkunststoff überstreichen (s. Tabelle S. 136/137).

Hausgarten Wohngarten mit Nutzgartenanteil am Einfamilienhaus, dessen Fläche nicht unter 400 m^2 groß sein soll und bis 1500 m^2 groß sein kann. Darüber liegt der → Landsitz oder Siedlergarten.

Hauswurz, Dachwurz, Donnerwurz, *Sempervivum* Immergrüne Dickblattgewächse für Steingärten, Mauerfugen und Steinbepflanzung sowie für Beet- und Grabumrandungen. Kugelige und flächige Rosetten in Grün, Rotbraun, Braunviolett, Graugrün und auch mehrfarbig. Spinnweb-H. ist mit silbrigen Fäden übersponnen. Blüten von VI–VII, 10–20 cm hoch, in Rosa, Rot und Gelb. Blühende Rosetten sterben ab. Entstehende Lücken füllen sich durch Tochterrosetten. Sonne–Halbschatten. Boden kalkhaltig, trocken und durchlässig. Vermehrung: Tochterrosetten abtrennen. → Blühende Steine, → Trockenmauer.

Hechtkraut, *Pontederia* Wasserblume für Gartenbecken, 60–120 cm hoch, mit hell- oder kornblumenblauen Blüten von VII–IX. 20–40 cm Wasserstand.

Hecke Gartenbegrenzung; als Zaunersatz, Sichtschutz, Windschutz, Lärmschutz, Vogelschutz; als Grundstücksbegrenzung, niedrige Umrandung für Kinder-Spielplätze, Rabatten

Für Hausberankung geeignete Schling- und Kletterpflanzen, ausdauernde Arten

Deutscher Name	Botanischer Name	Wuchshöhe in m	Blütenfarbe	Standort
Akebie	*Akebia quinata*	3 – 5	fruchtzierend	Sonne bis Halbschatten
Baumwürger	*Celastrus orbiculata*	8–12	fruchtzierend	Sonne bis Halbschatten
Efeu	*Hedera helix*	20	immergrün	Halbschatten bis Schatten
Glycinie	*Wisteria*-Arten	8–10	violette Blütentrauben	Sonne
Jasmin, echter	*Jasminum nudiflorum*	2	gelb	Sonne bis Schatten
Jelängerjelieber, Geißblatt	*Lonicera*-Arten	2 – 5	Blüten stark duftend	Sonne bis Halbschatten
Klematis	*Clematis*-Arten und Zuchtformen	2–10	alle Farben	Sonne bis Halbschatten
Kletterhortensie	*Hydrangea petiolaris*	7	weiß	Halbschatten bis Schatten
Kletterrosen → Rosen				
Knöterich	*Fallopia (Polygonum) aubertii*	8–12	weiße Rispen	Sonne bis Schatten
Pfeifenwinde	*Aristolochia durior*	6–10	pfeifenkopfartige Blüten	Sonne bis Halbschatten
Strahlengriffel	*Actinidia*-Arten	4 – 8	weiße eßbare Früchte	Sonne bis Halbschatten
Trompetenwinde	*Campsis radicans*	6	orangescharlach	Sonne
Wilder Wein	*Parthenocissus*-Arten	8–12	buntes Herbstlaub	Sonne bis Schatten
Zierbrombeere	*Rubus henryi*	3	hellrot, fruchtzierend	Halbschatten bis Schatten

Für Hausberankung geeignete Einjahres-Kletterpflanzen, möglichst sonnige Lage

Deutscher Name	Botanischer Name	Wuchshöhe in m	Blüten-farbe	Anzucht
Duftwicke	*Lathyrus odoratus*	1,5–2	bunt	ohne Vorkultur
Feuerbohne	*Phaseolus coccineus*	3	rot und weiß	ohne Vorkultur
Glockenrebe	*Cobaea scandens*	4 – 5	weinrote Glocken-blüten	mit Vorkultur
Hängefruchtranke	*Eccremocarpus scaber*	3 – 4	orange-gelbe Blüten-glocken	mit Vorkultur
Hopfen, Japanischer	*Humulus scandens*		rasch und sehr hoch wachsend, Blüten un-scheinbar	ohne Vorkultur
Kapuzinerkresse	*Tropaeolum majus*	2 – 4	golb-orange-rot	ohne Vorkultur
Winden: Sternwinde, Papageienwinde, Scharlachwinde	*Quamoclit*	2 – 5	hochrot	mit und ohne Vorkultur
Kaiserwinde, Purpurwinde, Drei-farbige Purpurwinde, Trichterwinde	*Ipomoea*	2 – 3	viele Farben	mit und ohne Vorkultur

und Beete oder zwischen Zier- und Nutzgarten. Je nach Bodenbeschaffenheit und Geschmack können laubabwerfende, immergrüne oder Nadel-Gehölze gewählt werden. Die → Zaun- oder Straßen-H. sollte möglichst aus dem Sortiment der → industriefesten und → streusalzfesten Gehölze stammen. Eng an einen großmaschigen Drahtzaun gepflanzt, wächst die H. durch das Geflecht und verdeckt es völlig. Der Drahtzaun bleibt unsichtbar als Hunde- und Katzenschutz erhalten. → Lärmschutzpflanzung: Dazu eignet sich die streng geschnittene H.-Form, z. B. aus Thuja, Rainweide oder Hainbuche ebenso wie eine locker freiwachsende Blüten- oder Vogelschutz-H. Als gemeinsame Grenze zweier Grundstücke wird die H. genau auf die Grenze gesetzt und von beiden Nachbarn in Form gehalten bzw. gepflegt. Zur niedrigen Umrandung für → Spielplätze, Beete usw. verwendet man am besten kurz gehaltenen Buchsbaum. Für Wind- und Lärmschutz-H. wird man hochwachsende Gehölze wählen und als Vogelschutz-H. vor allem beerentragende Wildsträucher, die den Vögeln Nahrung und Nistplatz zugleich bieten. Die Obst-H. wird vor allem in kleineren Gärten bevorzugt werden, wo der Platz für Beerensträucher und

Obstbäume fehlt. → Heckenschnitt. Wer → Heckenpflanzung plant, sollte sich in Fachkatalogen oder in der nächstliegenden Baumschule über Bodenansprüche und Wuchsfreudigkeit informieren. Dazu bei Gemeindeverwaltung oder Landratsamt Grenzabstand (Mindestabstand 0,25 m) und genehmigte H.-Höhe erfragen. Die Vorschriften sind in den einzelnen Bundesländern verschieden.

Heckenkirsche, *Lonicera* Laubabwerfende oder immergrüne Gehölze, 1,50–5 m hoch. Für alle Gartenteile. Rote, orangefarbene, rosa oder gelblichweiße Blüten, teils duftend, von IV–VII. Dunkelfarbener oder leuchtend roter Beerenschmuck. Unverträglich bis giftig. Sonne–Vollschatten. Normaler Boden. *L. tatarica* und *L. xylosteum* sollen wegen der Kirschfruchtfliege nicht in die Nähe von Kirschbäumen gepflanzt werden. Schlingende H. → Geißblatt.

Heckenpflanzung Pflanzgraben für Heckensträucher ca. 50 cm breit und zwei Spatenstich tief durcharbeiten. Dauerunkräuter auslesen. Zum Einpflanzen als Faustregel: einen Spatenstich breiter und tiefer umgraben als Wurzelumfang oder Ballengröße. Die ausgegrabene Erde gut mit Kompost und feuchtem Torf vermischen. Gehölze bis zum sichtbaren Wurzelhals in den Graben stellen, Erde aufschütten, festtreten, Gießrand stehen lassen und gut → einschlämmen. → Bewässerung. Pflanzstellen mit feuchtem Torf abdecken oder → mulchen. Für Hecken von 50 cm bis über 2 cm Höhe werden je nach Breitwüchsigkeit des Strauches 3–5 Pflanzen pro lfd. Meter gerechnet.

Name		Stück pro Meter
Berberitzen bis 2 m Höhe		3
Fichten von ca. 80 cm Höhe		2
Forsythien	je nach Wuchsbreite	1–3
Hainbuche mit Ballen		3–4
Hartriegel		3–4
Haselnuß, wüchsige Arten		1–2
Kartoffelrose (→ Rose)		3–4
Rainweide (Liguster)		4–5
Scheinzypressen mit Ballen		3–4
Thuja mit Ballen		3–4
Weißdorn		3–5

Kleine Jungpflanzen setzt man dichter zusammen, bis zu 10 Stück pro lfd. Meter. Je enger die Sträucher gesetzt werden, um so schneller wird die Hecke dicht. Während → Containerpflanzen mit unverletzten Wurzelballen zu jeder Jahreszeit gepflanzt werden können, setzt man laubabwerfende Gehölze in günstigem Klima von X–XI, in rauhen Lagen von III–IV, → immergrüne Gehölze kurz vor Austriebsbeginn, etwa IV oder nach Abschluß des Triebes, etwa Ende VIII. Um ein gutes Anwachsen und möglichst gleichmäßigen Austrieb zu sichern, sollen die Gehölze um $^1/_3$ bis zur Hälfte gekürzt und in gleicher Breite zugeschnitten werden. Zusatzdüngung erst nach Einsetzen des neuen Austriebs. → Grünordnungsplan, → Lärmschutzpflanzung.

Heckenrose, *Rosa* Undurchdringliches Hekken- und Vogelschutzgehölz, 80 cm–3 m hoch.

Rosa, rote oder weiße, ungefüllte Blüten von VI–VIII. Rote oder orangefarbene Früchte (→ Hagebutten) ab IX. Viele H. treiben Ausläufer. Niedrige Arten eignen sich vor allem zur Hangbepflanzung und Befestigung. Während die meisten H. mit normalem Boden zufrieden sind, wünscht die Kartoffelrose, *R. rugosa,* sauren, nicht zu trockenen Boden. Ihre sehr großen, orangefarbenen Hagebutten, die sich gut in der Küche verwerten lassen, erscheinen ab VIII. Zusammen mit den großen, rosa oder weißen Blüten ergibt sich ein reizvoller Anblick. Sonne–Halbschatten. Die stachellose Alpenheckenrose, *R. pendulina,* treibt nur wenig Ausläufer; sie blüht und fruchtet auch im Schatten. Die heimische *R. canina* ist als Heckengehölz undankbar. Sie bildet weitreichende, schwer zu entfernende Wurzelausläufer.

Heckenschere Spezialschere zur Heckenpflege. Für kurze Hecken oder niedrige Einfassungen genügt eine Hand-H. Für lange Straßenhecken und große Einfriedungen lohnt sich meist die Anschaffung einer elektrischen H. (evtl. gemeinsam mit Nachbarn). Hierbei ist vor allem auf Sicherheit zu achten. Bei einer Elektro-H. mit Zweihandschaltung stoppen die Schneidmesser sofort, wenn eine Hand den Bügel oder den Schalter am Griff losläßt.

Heckenschnitt Für den Zeitpunkt des Schnittes gibt es keine starre Regel. Er richtet sich nach Art und Wuchsfreudigkeit der Pflanzen sowie nach dem örtlichen Klima. Dichte Formhecken, z. B. aus Thuja, Rainweide, Weißdorn, Kornelkirsche, werden mindestens zweimal im Jahr geschnitten: nach Triebwuchs zum Frühlingsende und im späten Sommer. Koniferenschutzhecken werden nach Reife des Austriebs, meist im VIII, geschnitten. Weitere Schnittmöglichkeit im V. Um einen gleichmäßigen H.-Schnitt zu erreichen, spannt man eine Richtschnur und schneidet etwas schräg aufwärts, so daß die Hecke unten breiter ist als oben und die unteren Partien wegen mangelnden Lichteinfalls nicht kahl werden. Vogelschutzhecken sollten nach Ausfliegen der ersten Brut geschnitten werden. Sind Kahlstellen in einer Hecke entstanden, muß bis ins alte Holz ausgeschnitten werden. Nachkommende Jungtriebe mit Fingerspitzengefühl stutzen. Bei starkem Verkahlen bis fast in Bodennähe zurückschneiden, zusätzlich düngen und Jungtriebe gleichmäßig einkürzen.

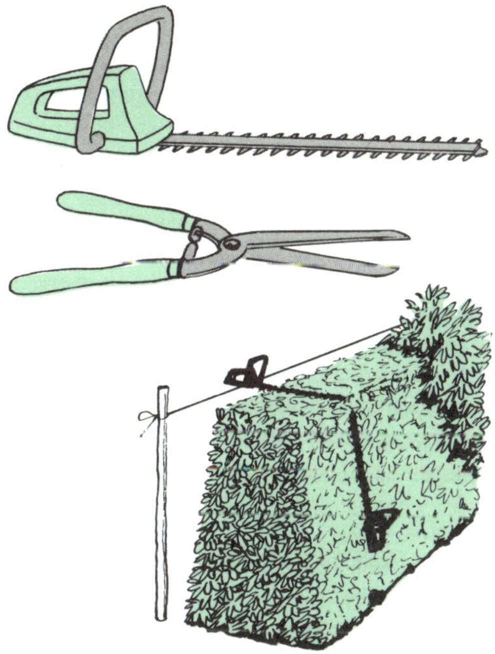

Heckzwiebeln, *Allium fistulosum* Winterheckzwiebeln im VIII säen oder ab IX stecken auf abgeerntetes Gemüseland oder Umrandung von Beeten. Zwiebelgrün wie Schnittlauch verwenden, vor allem im Winter. Dichte Büsche im VIII teilen und mit 30 cm Abstand verpflanzen.

Heidegarten Sonniges Teilstück einer Gartenanlage als Liebhabergärtchen oder als Sondergarten in öffentlichen Anlagen. In sandig-humosem, kalkarmem Boden wachsen hier u. a. Erika, Schneeheide, Ginster, Tamarisken, Wacholder, Felsenbirnen, Sandbirken und die Ölweide. Dazu Ziergräser wie Blaustrahlhafer, Zittergras, Heideschmiele, Bärenfellgras, Schafschwingel und das 120 cm hohe Bartgras, dessen lockere Ähren sich zum Vasenschnitt eignen. Zwischen Bodendeckern, wie Thymian, Kartäusernelken, Deltanelken, Katzenpfötchen, Igelpolster, Teppichkamille und Stachelnüßchen, blühen Stauden wie Königskerzen, Brennende Liebe, Wüstengoldaster, Adonisröschen, Küchenschellen, Kugeldisteln, Lein und Heidegünsel. Normalen Gartenboden für einen H. stark mit Torfmull und lehmfreien Sand vermischen.

Heidekraut → Erika.

Heidelbeere, Blaubeere, Bickbeere, Gartenheidelbeere Bis zu 2 m hoher, kalkfliehender Strauch. Dunkelblaue bis weißfleischige Beerenfrüchte. In sauren Boden pflanzen, notfalls Torfbett herrichten. Langtriebe um etwa 1/3 einkürzen. Nach mehreren Wuchsjahren beim Auslichten nur altes Holz entfernen. Niemals kalkhaltige Dünger verwenden, sondern nur physiologisch saure Düngestoffe. Regelmäßig → mulchen, um die Bodenfeuchtigkeit zu erhalten. Die Früchte reifen nicht gleichzeitig. Daher regelmäßig durchpflücken oder die Büsche mit Vogelschutznetzen überspannen. Halbschatten bis absonnig, aber kein Vollschatten. Boden torfig, nicht sumpfig. Für das → Torfbett Sägemehl oder morsche Astteilchen, kalkfreien Sand und nur wenig Gartenerde unter den Torf mischen. Für ungehinderten Wasserabfluß sorgen.

Heilglöckchen, *Cortusa matthioli* Primelähnliche Staude, 30 cm hoch. Rote Blütenglocken an langgestieltem Schaft von V–VI. Absonnig, Halbschatten–Schatten. Kalkhaltiger Humusboden, nicht zu trocken. Gute Nachbarschaft mit zwergigen Nadelgehölzen, Seidelbast, Primeln und Farnen.

Heilkräuter Können im Einzelbeet auf sonnigem Platz oder zwischen Stauden verstreut den Garten bereichern. Kamille, Melisse, Baldrian und Salbei gehören zu den populärsten H. Unter diesen befindet sich außerdem eine große Zahl von Pflanzen, deren Bedeutung als solche uns trotz hohen Bekanntheitsgrades häufig verborgen bleibt. Die meisten → Würzkräuter und auch → Wildgemüse, von denen Löwenzahn und Huflattich als wichtige Beispiele erwähnt werden sollen, besitzen gleichzeitig Eigenschaften, die vor allem in der Naturheilkunde Anwendung finden. Und beliebte Gartenblumen wie der Mohn oder der Fingerhut gehören sogar zu den bedeutendsten pharmazeutisch genutzten Pflanzen.

Heister Natürlich gewachsene Junggehölze ohne Baumschulschnitt oder Verpflanzung.

Hektar Flächenmaß. 1 ha = 10 000 m^2.

Heliotrop, Sonnenwende, *Heliotropium* Nach Vanille duftende, frostempfindliche Einjahresblume bis 60 cm hoch, die wegen umständlicher Vorkultur besser als Torfballenpflanze beim Gärtner erworben werden sollte. Dunkelviolette Blüten von VI–IX. Im Garten nicht vor den Eisheiligen setzen. Im Balkonkasten oder in Pflanzschalen mit roten, rosa und weißen Petunien und gelb blühenden anderen Einjährigen zusammensetzen. Standort sonnig und geschützt. Humoser, durchlässiger Boden. Für Balkonkästen und Schalen Erdgemisch aus Kompost, Sand, Torfmull und verrottetem Laub verwenden.

▷ H. läßt sich mit Geduld als Hochstamm ziehen. Dafür eine Topfpflanze eintriebig heranziehen. Im Haus zwischen 6 und 10° C überwintern und im Sommer in den Garten stellen. Nach gewünschter Stammhöhe die Spitze stutzen, damit sich aus Seitentrieben eine

Krone entwickelt. Bei zu warmer Überwinterung häufig Lausbefall.

Hemerocallis → Taglilie.

Hemlockstanne, Schierlingstanne, *Tsuga* Nadelgehölz mit zierlicher Benadelung und meist hängenden Zweigspitzen. Wuchshöhe: 1–20 m. *T. canadensis,* 15–20 m hoch, verlangt windgeschützten, feuchten und schattigen Standort. Ihre Zwergform *T. canadensis* 'Nana' wird nur 1 m hoch und eignet sich für halbschattige Steingärten, während die nestartig wachsende *T. canadensis* 'Jeddeloh', 1 m Wuchshöhe, auch auf Gräber gepflanzt werden kann. *T. mertensiana* 'Glauca', 15–20 m hoch, schmale Kegelform, da hängende Zweige. Reife Zapfen sind dunkelbraun, unreife violett. Bläuliche Nadeln.

Herbarium Sammlung → gepreßter oder getrockneter Pflanzen bzw. Pflanzenteile, die unter Glas gelegt oder in ein Album geklebt und beschriftet werden. Anschauungsmaterial für Forschung und Unterricht. Freizeitbeschäftigung.

Herbizide Mittel zur Bekämpfung von Unkräutern. Unterschieden werden nicht-selektive H., sogenannte Total-H., die die gesamte Vegetation abtöten und selektive H., die nur Unkräuter vernichten, die Kulturpflanzen aber schonen. Letztere Eigenschaft kann sich auch auf verschiedene Unkräuter auswirken. So z. B. vernichten die Wuchsstoffpräparate auf der Wirkstoffbasis von MCPA und 2,4-D breitblättrige Unkräuter, nicht aber Gräser. Blatt-H. werden auf die vollentwickelte Pflanze ausgebracht; sie haben eine begrenzte Wirkung. Boden-H. dagegen vernichten die Unkräuter im Keimstadium und halten längere Zeit an. → Unkrautstab, → Wuchsstoffmittel, → Rasen.

Herbstfärbung Gehölze mit buntem Herbstlaub sollten in keinem Garten fehlen und können als Blickfang eingeplant werden. Fachkataloge und Baumschulen geben Auskunft (s. Tabelle nächste Seite).

Herbstzeitlose, *Colchicum* Ausdauernde, giftige Knollenpflanze, deren Laub im Sommer vergilbt. Im Herbst erscheinen krokusähnliche Blumen. Vorsicht mit Kindern! Knollen ab Spätsommer 10–20 cm tief einsetzen. Nicht zu dicht beisammen und nicht in die Nähe sommerblühender Kleinstauden, weil das Blattwerk sich im Frühjahr reich entwickelt! Im ersten Jahr nach der Pflanzung kommt die Blüte, oft spärlich, im Lauf der Jahre immer üppiger. Unter den H. gibt es hervorragende Trockenblüher. Diese Knollen kommen kurz vor der Blütezeit in einzelne Töpfe oder mehrere beisammen in eine große Schale mit Sand, Moos oder Torf. Nicht gießen, sondern völlig trocken halten! Nach Welken der Blumen sofort in den Garten pflanzen, um das eigentliche Wachstum nicht zu hemmen. Normaler oder lehmhaltiger Boden, möglichst etwas feucht.

Herbstzeitlosen für den Garten

Name	Farbe	Blütezeit Monat
C. autumnale, kleinblütig	rosalila	IX–X
C. autumnale album, kleinblütig	weiß	IX–X
C. bornmuelleri, großblütig	violett mit weißer Mitte	IX–X
C. bulbocodium, kleinblütig	purpurviolett	III–IV
C. hybridum 'Waterlily', großblütig	lila-purpur	X–XI
C. speciosum, großblütig	lila mit breitem, weißem Grund	IX–X
Als Trockenblüher fürs Zimmer besonders geeignet		
C. bornmuelleri	violett mit weißer Mitte	ab IX
C. 'Byzantinum'	hellrosa mit purpurnen Streifen	ab IX
C. 'Lilac Wonder'	violett	ab X
C. 'The Giant'	violett	ab X

Gehölze mit besonders auffallendem Herbstlaub

Deutscher Name	Botanischer Name	Herbstfärbung	Wuchshöhe m
Ahorn	*Acer capillipes*	leuchtend karminrot	6– 9
	A. ginnala	leuchtend rot	bis 7
	A. japonicum 'Aconitifolium'	brennend rot	3– 4
	A. palmatum	gelb-rot oder rosa-karmin	4
	A. rubrum	scharlachrot-gelb	7
	A. negundo 'Aureo-variegatum'	gelb	5– 7
	A. negundo 'Odessanum'	gelb	5– 7
Berberitzen	*Berberis thunbergii*	feurigrot	2– 3
	B. wilsoniae	zinnoberrot	1– 2
Birke	*Betula ermanii*	gelb-orange	15
	B. verucosa 'Purpurea'	bronzegrün	7–10
Eisenholzbaum	*Parrotia persica*	goldgelb-scharlachrot	5
Essigbaum verschiedene Arten und Formen	*Rhus*	karminrot oder orangegelb	3– 5
Federbuschstrauch	*Fothergilla major*	gelbrot-tiefgelb	2– 3
Felsenbirne	*Amelanchier laevis*	gelb-rot-orange	6– 8
Felsenmispel	*Cotoneaster horizontalis*	rot-orange	1,50
	C. bullatus	rot	3– 5
	C. praecox	lebhaft rot	0,8
Glanzmispel	*Photinia villosa*	orangescharlach	3
Hartriegel	*Cornus alba sibirica*	rosa	3– 5
	C. florida 'Rubra'	violettrot	5–10
Katsurabaum	*Cercidiphyllum japonicum*	goldgelb mit roten Adern	8
Pfaffenkäppchen	*Euonymus yedoensis*	orangerot	bis 5
Perückenstrauch	*Cotinus coggygria*	gelb-orangescharlach	3– 5
Prachtglocke	*Enkianthus campanulatus*	feurig rot	3
Scheinhasel	*Corylopsis spicata*	gelb-orange	2– 3
Zaubernuß	*Hamamelis mollis* und Formen	goldgelb	bis 4
Zierjohannisbeere	*Ribes floridum*	gelb-scharlachrot	3
Schneeball	*Viburnum opulus*	tiefrot	4
	V. tomentosum	weinrot-violett	3

▷ Eine Ausnahme unter den H. ist die Frühlingslichtblume, *C. bulbocodium.* Ihre zerschlitzten, purpurvioletten Blüten erscheinen im III/IV.

Herkuleskeule → Aralie.

Herkulesstaude, *Heracleum* Riesenstaude bis 2,50 m hoch und fast ebenso breit wachsend. Weiße Blütendolden, oft mehr als 50 cm breit, von VI–VIII, locken Bienen und Schmetterlinge an. Herbsttrockene Stiele lassen sich für den Winterstrauß verwenden. Sonne. *H. mategazzianum* liebt etwas feuchten, nahrhaften Boden und wirkt, besonders am Seerosenteich oder in naturbelassenen Gartenteilen, dekorativ. Die etwas kleinerwüchsige *H. lanatum* ist anspruchslos und gedeiht auch in mageren Böden. Vermehrung oft durch Selbstaussaat. Größere Pflanzen lassen sich nicht mehr versetzen.

▷ Zur eigenen Zucht oder zum Verschenken, Samen sofort nach Reife in Töpfe säen und später nach Bedarf umsetzen. Oder wilde Sämlinge im Frühjahr eintopfen.

Herzblume, *Dicentra* Gartenstaude, 20–80 cm hoch. Am bekanntesten ist *D. spectabilis* mit dem Namen »Tränendes Herz«. Blüten von V–VI, herzförmig, rosa mit weiß, zwischen blaugrünem Laub an brüchigen Stielen. Dankbare Schnittblume. Halbschatten. Normaler Boden, nicht zu trocken. Die nur 20 cm hohe *D. eximia* mit tief purpurnen Herzblüten von V–VII und ihre weiße Form 'Alba' eignen sich gut für Steingärten und Rabatten. *D. formosa* 'Bountiful', mit 30 cm Höhe und tiefdunkelroten Blüten von IV–VIII zwischen silbergrauem Laub, braucht Winterschutz. Halbschatten. Normaler Boden, kalkhaltig und nicht zu trocken. Gute Nachbarschaft für alle H. sind Farne, Zwerggehölze und Blumenzwiebeln.

Herzlilie → Funkie.

Hexenbesen Anomales Wachstum bei Holzgewächsen, dessen Ursache Pilzbefall *(Taphrina-*Pilz) ist. Im Garten besonders lästig an Kirschen. Erkennbar an krankhaften Astverdickungen und vielen, nach oben und durcheinanderwachsenden Jungtrieben. Dadurch entsteht ein besenartiges Aussehen. H. blühen selten und fruchten nicht, Deformiertes, vom Pilz infiziertes Laub fällt bald ab. Das Pilzmycel lebt im Gewebe der Äste. Bekämpfung: H. mit Aststück absägen und verbrennen. Wunde mit → Baumwachs verschließen.

Hibiskus → Eibisch.

Himbeere, *Rubus* Sich selbst befruchtender, Ausläufer bildender Beerenstrauch. Das Angebot reicht von frühen, mittel- und spätreifenden Sorten bis zu zweimal tragenden oder »Immertragenden« (ab VI). H.-Ernte bei Aromareife, wenn die dunkelroten, saftig-weichen Beeren sich leicht vom Blütenboden lösen lassen. Pflanzung: Herbst und Frühjahr in Reihen mit 50 cm Abstand. Schnitt: Nach Neupflanzung 2 Ruten stehen lassen und auf etwa 30 bis 60 cm zurückschneiden. Später läßt man 6 Ruten pro Pflanze stehen. H. fruchten an vorjährigem Holz. Lebensdauer jeder Rute: 2 Jahre. Dann sofort nach der Ernte knapp über dem Boden wegschneiden und mit Erde anschütten. Infektionsgefahr durch aufragende Stumpen. Bodenansprüche: Kräftiger, humoser oder humos-lehmiger Boden, nicht zu trocken, keine stauende Nässe. H. gedeihen besonders gut in niederschlagsreichen Gegenden. Lockeren Sandböden viel Torf, Stallmist und Gründüngung zusetzen. Pflanzvorschlag: An Zäunen oder an Mauern entlang (Schnüre spannen!) oder als Trennhecke am Spaliergerüst zwischen Nutz- und Wohngarten. Düngung: Kompost, Stallmist, Mulch, organische Humusdünger. Chlorhaltige Düngemittel oder Jauche vermeiden. Vermehrung: Ausläufer im Herbst oder Frühjahr ausgraben und an gewünschter Stelle wieder einpflanzen. → Obsthecke. Gebräuchliche Sorten: 'Deutschland', 'Preußen', 'Stuttgart', 'Schönemann' und 'Zeva'. → Spritzkalender.

Himbeerrutenkrankheit Pilzerkrankung. Zu erkennen im VI–VII meist an länglichen, violettbraunen, später braunen Flecken auf dem Holz junger Wurzelschößlinge. Bei Verholzung der Ruten weißgraues Verfärben der Flecke und Abschuppen. Der Pilz dringt in das Mark der Ruten ein. Von V–VI Sporenbildung mit Neuansteckung junger Ruten. Befallene Ruten sterben ab. Vorbeugung: Abdecken der Pflanzflächen mit feuchtem Torf oder samenlosen Pflanzenteilen. → Mulchen. Bekämpfung: Kranke Ruten über dem Boden abschneiden und im Ofen verbrennen. Anwendung systemischer Fungizide nach Vorschrift auf der Packung. Vorbeugende Spezialbehandlung: Winterspritzung mit 2%iger Kupferkalkbrühe, der ein spezielles Haftmittel (notfalls auch Spülmittel aus der Küche) zugesetzt wurde. Von V–VI zweimaliges Spritzen der Jungtriebe mit einprozentiger Kupferkalkbrühe plus Haftmittel, und eine letzte Behandlung gleich nach der Ernte. → Spritzkalender.

Himmelschlüssel → Primel.

Hippe Gärtnermesser mit sichelförmiger Klinge und entgegengesetzt gebogenem Schaft. Zum Abschneiden von Pflanzenteilen und Glätten größerer Sägewunden sowie zum Zapfenschneiden im Obstbau.

Hirschkolben-Sumach → Essigbaum.

Hirschzungenfarn, *Phyllitis* Immergrüner Farn, 40 cm hoch, mit lederartigem, ungefiedertem Blattwerk, das am Rand glatt, gekräuselt oder gewellt sein kann. Halbschatten–Schatten. Gedeiht auch in absonnigen Mauerfugen. Humoser, kalkhaltiger Boden. Samt manchmal auch von selbst aus.

Hochstamm Obst- oder Zierbaum mit Stammhöhe von 180–200 cm. Jungpflanzen mit Baumpfahl sichern. Gefahr von Windbruch bei Fruchtbehang.

Höhlenbrüter → Vögel im Garten.

Hohlkrone Entsteht durch die Entfernung des Mitteltriebes an Obstbäumen. Zur Spalierbildung können sich auf diese Weise die Seitentriebe regelmäßig entwickeln. Wird auch bei Hochstämmen und Buschbäumen angewandt. Der Schnitt wird im Jugendstadium des Baumes, meist schon in der Baumschule, ausgeführt.

Holländern Bodenlockerung, ca. zwei Spatenstich tief. Die zu bearbeitende Fläche in 50 cm breite Streifen aufteilen und immer drei Streifen zusammen bearbeiten. Arbeitsweise: Einen Streifen spatenstichtief abgraben und beiseite legen. Den Unterboden umgraben und darauf die Oberschicht des zweiten Streifens werfen. Dann

den Unterboden des zweiten Streifens umgraben, die Oberschicht des dritten auf den zweiten Streifen füllen usw., bis die gesamte Fläche umgearbeitet ist. Zum Schluß die Oberschicht des ersten Streifens einfüllen. Man kann auch jeden Streifen zwei Spatenstich tief ausgraben und die Ober- und Unterschicht der Nebenstreifen gegeneinander auswechseln, so daß die Unterschicht eines jeden Streifens nach oben gelangt. Nicht verwechseln mit → Rigolen.

Holunder, *Sambucus* Blüten- und Beerenstrauch, 2–7 m hoch, mit grünem oder goldgelbem Laub. Weiße bis gelbliche Blütenstände von VI–VIII und schwarzer oder leuchtend roter Beerenschmuck von VII–IX. Wertvolle Vogelschutzgehölze. Sonne–Schatten. Normaler Boden, nicht zu trocken. Oft in Gesellschaft mit Ödlandflora anzutreffen. Von *S. nigra* lassen sich Blütenteller und Beeren in der Küche verwerten. Luftgetrocknete Blüten ergeben einen schweißtreibenden Tee. → Pflanzenjauche.

▷ Gegen Mehltau, verschiedene Insekten und Raupen hilft eine Vorbeugespritzung mit H.-Blätteraufguß.
Zur Wühlmausbekämpfung ein verschließbares Gefäß voll H.-Blätter füllen, mit Wasser aufgießen und in der Sonne verjauchen lassen. Diese Flüssigkeit mit dem Satz in die Wühlmauslöcher gießen.

Holzasche vom Heizen oder Grillen ist wertvoller Kalidünger, enthält Kalk und Spurenelemente, wirkt fäulnishemmend und pilzfeindlich. H. dünn auf den Boden streuen, im Winter auch auf Schnee. Günstig für Rosen, die viel Kali verlangen. H. auch aus Holz vom Gehölzschnitt herstellen. Schnecken meiden oft mit H. überstreuten Boden. → Stäuben.
Je nach Alter schwankt der Nährstoffgehalt. Wegen dem hohen Gesamtkalk-Anteil eignet sich H. sehr gut zur Kompostierung. Es erhöht den Nährstoffgehalt und verbessert die Zersetzungsreaktion. H. an Kohlsetzlingen kann die → Kohlfliege abhalten.

Holzschutz → Imprägnieren.

Honigtau Aus vielen einzelnen Tröpfchen bestehende, klebrig-glänzende Schicht auf blattlausbefallenen Gewächsen. Von Ameisen begehrte zuckerhaltige Ausscheidung der → Blattläuse. Bekämpfung: Blattlausvernichtung. → Rußtau.

Hopfen, Japanischer, *Humulus scandens* Schnellwüchsige Einjahres-Kletterpflanze, 3 bis 5 m hoch. Für Lauben, Wände, Garagen, Pergolen, Zäune usw. Blüten unscheinbar. Grünes oder buntes, schön geformtes Laub. Aussaat ab III in Töpfe am Zimmerfenster oder ins frostfreie Frühbeet. Freilandaussaat Ende IV direkt an Spalier. Pflanzabstand ca. 40 cm. An Wänden Kletterhilfe mit kunststoffummanteltem Spanndraht geben. Gärtner bieten Jungpflanzen an.

Hornblatt, *Ceratophyllum* Schwimmpflanze unter Wasser, algenfeindlich und sauerstoffbildend. Für alle Gartenteiche sowie Zimmeraquarien. Wenig lichtbedürftig; gedeiht auch unter Seerosenlaub. H. ist auch als »Hornkraut« im Handel.

Hornkraut, *Cerastium* Kriechstaude, 6–15 cm hoch, mit weißen Blüten von V–VI. Die bekannteste Art *C. biebersteinii* überwächst in kurzer Zeit große Flächen und eignet sich als Rasenersatz auch für Abhänge und Böschungen. *C. columnae* verbreitet sich weniger stark. Kleines, silberweißes Laub. Eine 15 cm hohe, nicht wuchernde Züchtung ist *C. arvense* 'Compactum', die mattgrüne Polster bildet. Ins Alpinum das zwergige, reichblühende *C. glaciale* setzen. *C. villosum* überspinnt Mäuerchen und ist mit lehmgefüllten Fugen zufrieden. Sonne. Normaler oder karger Boden.

Hornmehl, Hornspäne Vorratsdünger aus zermahlenen Klauen, Hufen und Hörnern. 60–100 g Hornmehl, eingehackt in 1 m^2 Bodenfläche, wirkt schnell und anhaltend. Wertvoller Stickstofflieferant auch im Komposthaufen. Hornspäne als Langfristdünger ausbringen.

▷ Herstellung von Flüssigdünger: Durchlässigen Beutel mit 750 g Hornspänen oder 500 g Hornmehl ca. 14 Tage in ein Gefäß mit 50 l Wasser hängen. Dann umrühren und als Dungguß verwenden.

Hornveilchen, *Viola cornuta* Reich blühende, ausdauernde Zwergstaude, 15–20 cm hoch, für alle Gartenteile. Stiefmütterchenblüten von V–IX in Lila, Blau, Creme, Gelb, Weinrot, Purpur- und Violettblau, teils mit gelbem Auge. Sonne–Halbschatten. In hartem Klima vorsichtshalber Winterschutz geben. Boden frisch und humos, nicht zu nahrhaft. Vermehrung: Stockteilung im Frühling. Bewährte Sorten: 'Admiration' (dunkelviolett), 'Perfekta' (hellblau), 'Triumph' (gelb), 'Aprikosenfarbe' (orange), 'Hansa' (blau), 'G. Werming' (blau) und 'Blaue Schönheit' (veilchenblau).

▷ Vorsicht mit Düngegaben! Die Pflanzen verlieren sonst ihren typischen Wuchscharakter und wintern leicht aus.

Horstsaat Einlegen von 2–5 Samenkörnern im Abstand von einigen Zentimetern auf einen Fleck. Entsprechend große Saatlöcher vorbereiten! Vor allem bei Hülsenfrüchten wie Stangenbohnen, Buschbohnen, Erbsen, Duftwicken anwenden.

Hortensie, *Hydrangea* Schattenverträglicher, buschig wachsender Strauch, 1–3 m hoch, mit Doldenrispen, flachen Blütendolden oder großen Kugelblumen aus Hochblättern (Brakteen) von VI–IX. In Weiß, Hellviolett mit Weiß, Porzellanblau, Rosa mit Lilalblau, Hellrot, Blau, Rosa. Die stark wachsende Kletter-H., *H. petiolaris,* mit flachen weißen Blütendolden von VI–VII, zwischen großem herzförmigem Laub, berankt Wände, Bäume, Mauern, und ist auch als Bodendecker zu verwenden. Freiwachsend wird sie etwa 2 m hoch. Halbschatten–Schatten. Humoser, nicht zu trockener Boden. Alle anderen H. lieben Halbschatten und ebenfalls humosen Boden. Frieren H.-Büsche in harten Wintern zurück, treiben sie von allein wieder aus. Vermehrung durch Teilung älterer Exemplare im Frühling.

▷ Das Auspflanzen der als Topfblumen erhaltenen Ball-H. ist manchmal lohnend. Ballblütige H., bei uns meist in Rosa, Rot oder Blau zu haben, bringen später oft grünliche Blüten. Torfgesättigter Boden oder Wassergaben mit Eisenvitriollösungen fördern die blaue Blütenfarbe, während alkalischer Boden oder kalkgesättigter Dünger die Blumenbälle rosa färben.

Hügelbeet Halbrundes, ca. 1 m hoch aufgebautes Gemüsebeet. Erweiterung der Anbaufläche auf kleinem Raum. Lebensdauer eines H. ca. 5 Jahre. Nach 3 Jahren Neuanlage. Nord-Süd-Richtung gewährleistet besten Lichteinfall. Bodenfläche im Herbst ca. 3 m lang und 1,50 m breit spatentief ausheben und mit Torfmull belegen. Dann Gartenabfälle in der Mitte als schmalen Hügel aufschichten. Dazu dürre Stengel von Stauden verwenden, Zweige und dünne Äste vom Baum- oder Heckenschnitt. Diesen Rundhaufen mit Grassoden verkleiden (Grünteile nach unten, Wurzelwerk nach oben). Oder 20 cm dick mit einer Mischung aus feuchtem Herbstlaub, Torfmull, kleingeschnittenem Stroh, Rasenschnitt und verschiedenen gesunden Gartenabfällen. Dann 20 cm dick Erde auflegen und rundum zur Hügelform festklopfen. Darüber 30 cm hoch ein feuchtes Laub-Erdgemisch, das mit einer weiteren 10 cm dicken Erdauflage festgeklopft wird. Nun eine nahrhafte, dicke Schicht Mistkompost oder mit Erde vermischter, abgela-

gerter Mist. Als Ersatz eine Mischung aus Erde, Torfmull und reichlich organischem Volldünger verwenden. Mit feuchtem Torf abdecken und als letztes eine 15 cm dicke Schicht kompostgemischte Gartenerde. Hügel auf allen Seiten festklopfen. Durch Wärmeentwicklung im Inneren des Beetes ist sehr frühe Aussaat und Bepflanzung möglich.
Pflanzvorschlag: In Bodennähe rund um das Beet Kräuter säen, dazu Radieschen, Rettiche, Möhren, Spinat, Rapunzel, Pflücksalat (→ Saatbänder). In halber Höhe Buschbohnen, Buscherbsen, Lauch, frühe Gemüse wie Sellerie, Blumenkohl, Kohlrabi. Dazu Rote Beete und Kopfsalat. Auf den Hügelkamm Tomaten setzen und Gurken, deren Ranken später den Platz von Frühgemüsesorten einnehmen. Erdbeeren immer nur in das untere Drittel des Hügels pflanzen oder ein kleines H. extra anlegen. → Fruchtfolge, → Gemüse, → Mischkultur, → Biologischer Anbau, → Schlitzfolie.

Hülsenfrüchte Gartengemüse wie z. B. Erbsen, Bohnen, Puffbohnen, deren verwertbare Samenkörner in Hülsen reifen. Durch zu reichliche Düngung wird viel Kraut und wenig Frucht erzielt. H. verwerten Stickstoff aus der Luft und wirken bodenverbessernd durch ihre → Knöllchenbakterien. → Gründüngung.

Hufeisenklee, *Hippocrepis comosa* Reichblühender Bodendecker, 10–20 cm hoch. Gelbe Blüten von V–IX. Geeignet für Steingärten, Heidegärten, Trockenmauern. Sonne. Normaler, trockener, auch karger oder steiniger Boden. Die Pflanzen bilden lange Pfahlwurzeln. Vermehrung dem Gärtner überlassen.

Hummel Gedrungen gebautes, stark behaartes Insekt aus der Gruppe der Bienen; wichtiger Blütenpflanzenbestäuber. Baut unterirdische Nester gern in verlassenen Mäuselöchern. Im Herbst sterben die Hummeln, bis auf wenige befruchtete Weibchen, die überwintern und als Stammütter im Frühling neue Nester bauen. Weibchen und Arbeiter besitzen einen Giftstachel, den sie aber nur in Notwehr gebrauchen. → Wespen.

Humus → Erde.

Humusdünger Abgestorbene pflanzliche und tierische Substanz, Torf, Stallmist, Kompost und Rohhumus wie Laub und Nadeln sind die humusbildenden Stoffe im Boden. Die noch nicht umgewandelten Humusstoffe werden auch als Nährhumus bezeichnet. Mit Hornmehl, Hornspänen, Knochenschrot oder Blutmehl angereicherter Humus wird als sogen. H. verwendet.

Hundszahn, *Erythronium* Eine Zwiebelblume, 20–40 cm hoch, mit grünem, welligem oder geflecktem Laub. Blüten von IV–V in Rosarot, Weiß, Cremeweiß mit Orange, Gelb, Gelb mit Braun und Weiß mit gelbem Rand. Zieht im Sommer ein. Deshalb kleine Farne, Primeln oder Gräser zur Gesellschaft geben. Pflanztiefe ca. 12 cm. Halbschatten. Blüht auch im Schattenwurf von Häusern oder Gehölzen. Boden kalkhaltig, mehr feucht als trocken, aber durchlässig. Stauende Nässe vermeiden. Amerikanische Arten vertragen unsere Winter schlecht. Vorsichtshalber Winterschutz mit Laubdecke oder trockenem Torf geben, und darauf als Nässeschutz eine atmungsaktive Polyäthylenfolie legen. An frühzeitiges Aufdecken im Vorfrühling denken. Verrottendes Laub oder Torf dienen gleichzeitig als Bodendüngung.

Hungerblümchen, *Draba* Polsternde Kleinstaude, 3–8 cm hoch, mit weißen oder gelben Blüten im III–V für Alpinum und Trockenmauern. Langsamer Wuchs, deshalb Polster mit Steinen eingrenzen, um ein Überwuchern anderer Gewächse zu vermeiden. Sonne. Durchlässiger, normaler Boden. Bei Staunässe faulen die Pflanzen.

Hyazinthe, *Hyacinthus* Zwiebelblume, 20 bis 30 cm hoch, mit stark duftenden Blüten von V bis VI in Gelb, Weiß, Rot, verschiedenen Blau- und Rosatönen. Für Beete und Rabatten. Zwerg-H. und Wildformen für Steingärten. Pflanzzeit: Herbst. Folgepflanzung früh blühender und späterer Sorten von IX–XI, im Abstand von 12 cm, ca. 10–15 cm tief. In wühlmausverseuchten Gebieten gegen Mäusefraß schützen. H.-Zwiebeln (und Narzissen) werden weniger oft angenagt als Tulpen. Nahrhafter Boden mit gutem Wasserabzug. Notfalls Dränagebeet mit Schottereinlage herrichten und nahrhaften Oberboden aufschütten. Sonne. Unter Bodendeckern oder zwischen Zerggehölzen Frostschutz meist unnötig. Vermehrung: Große Zwiebeln im VI nach Vergilben aus dem Boden nehmen, Brutzwiebeln entfernen und an anderer Stelle ca. 5–8 cm tief einlegen. Blühfähigkeit nach 2–3 Jahren. Mutterzwiebel wieder einsetzen. → Wasserhyazinthe, → Traubenhyazinthe.

▷ Blühende H.-Töpfe vom Fensterbrett nach der Blüte wenig gießen, Laub vergilben lassen und die Zwiebeln im Garten auspflanzen. Sie blühen meist im übernächsten Jahr. Zum Treiben präparierte Knollen kaufen.

Hybride, Bastard Pflanzenkreuzung, entstanden aus verwandten Arten. Steht vor einem wissenschaftlichen Namen das Zeichen ×, handelt es sich um eine Hybride und nicht um ein artreines Gewächs. Die Nachkommen einer ersten Kreuzung, also die Pflanzen der 1. Tochter – oder 1. Filialgeneration, werden als → F_1-Hybriden bezeichnet.

Hybrid-Saatgut Hochwertiges Saatgut, entstanden durch Auslese und Kreuzung. Muß jedes Jahr frisch bezogen werden. Samen ausgereifter Pflanzen eignen sich nicht zur Nachzucht.

Hygrometer Gerät zur Messung der Luftfeuchtigkeit in Gewächshäusern und im Freien. Hier in Verbindung mit einem Spezialthermometer als sogenanntes Polymeter auch zur Vorhersage von Nachtfrost. → Nachtfrost-Warngerät.

Hygromull Synthetische, verrottungsfähige Schaumstoff-Flocken zur Verbesserung von Sandböden und Auflockerung schwerer Erde. Als Torfersatz ähnliche Eigenschaften wie Torfmull. Aufnahmefähig für Wasser und gelöste Nährstoffe.

Igel Nützlicher Mitbewohner unserer Gärten. Gilt als größter Insektenfresser Europas. Vertilgt auch Schnecken, Maulwurfsgrillen, Heuschrekken, Würmer, Schlangen, junge Mäuse u. a. Überwintert gern in Holz- und Geräteschuppen, in Steinhaufen mit größeren Höhlungen oder unter einem Laubhaufen. Schläft meist am Tag und sucht nachts Futter, wobei er auch gerne für ihn bereitgestellte »Zusatzkost«, wie Milch und rohe Eier annimmt. I. stehen unter Naturschutz. Winterschlaf von X–III.

Igelkolben, *Sparganium* Wasserpflanze, für Sumpf bis 50 cm Wasserstand. Wuchshöhe 50 cm bis 1 m. Schmales, dreikantiges Blattwerk, »stachelbesetzte« Kugelfrüchte. Sonne–Schatten. Normale Erde.

Igelpolster, *Acantholimon* Bis 10 cm hohe, immergrüne, stachelige Polsterstaude für Alpinum, Mauerfugen, Terrassenplätze. Rosarote Blütenähren von VI–VIII. Sonne. Karger, kalkhaltiger Boden.

Immergrün, *Vinca* Ausläufertreibende Bodendecker, 10–20 cm hoch, mit grünem oder weißbuntem Laub. Blüten in verschiedenem Blau, Weiß, Rotviolett, einfach und gefüllt, sitzen von IV–VI entlang der dünnen Ranken. Boden humos. Mineralböden stark mit Torf anreichern. Halbschatten–Schatten, auch absonnig. Weißbunte Formen lieben mehr Helligkeit und in harten Lagen Winterschutz. Vermehrung durch bewurzelte Ausläufer.

Immergrüne Als I. bezeichnet man Pflanzen (Laubgehölze, Nadelgehölze, Stauden), deren Laub den Winter grün übersteht. I. Laubgehölze sind u. a. viele Berberitzen und Felsenmispeln, ferner Buchsbaum, Erika, Steinröserl, Scheinbeere, Mahonien, Feuerdorn, Efeu, viele Rhododendron und manche Schneebälle. Unter den Nadelgehölzen verlieren nur Lärchen, Ginkgo- und Mammutbäume im Herbst ihre Nadeln. I. Stauden sind meist unter den Bodendeckern zu finden: Günsel, Grasnelke, Kugelblume, Bruchkraut, Schleifenblume, Teppichkamille, Dachwurz, Thymian und Immergrün. Dazu manche Gräser und Farne. Gehölze, die erst zum späten Winter teilweise ihr grünes Laub verlieren, werden zu den »Halbimmergrünen« gerechnet, weil noch grünlichbraunes Blattwerk an den Zweigen haftet (Rainweide).

Bei im Herbst oder Winter frisch gepflanzten I. sollte man versuchen, mit Hilfe eines Sonnenschutzes die Verdunstung einzuschränken, weil die Wurzeln noch nicht genügend Feuchtigkeit aufnehmen können. Das geschieht durch Aufspannen von Matten. Bei Zwerggehölzen Reisigschutz anbringen. Sonst färben sich Triebspitzen oder Zweige braun und verdorren. Wertvolle Gehölze können nach Herbstpflanzung bei mindestens 5° C Wärme mit Silvaplast-Verdunstungsschutz übersprüht werden. Das Präparat

überzieht das Gehölz mit einem dünnen Kunststoffilm, der im Frühling, mit beginnendem Wachstum rissig wird und von selbst abgeplatzt. → Barfrost.

Immortelle, Papierblume, *Xeranthemum annuum* Einjahresblume, 30–100 cm hoch, die zum Schnitt für den Trockenstrauß gezogen wird. Im V im Freiland an Ort und Stelle dünn aussäen. Ausdünnen auf 20 cm Abstand. Sonne. Trockener Boden. Schnitt und Behandlung wie → Strohblumen.

Imprägnieren Haltbarmachen von Bauholzteilen, die der Feuchtigkeit ausgesetzt sind. Außenwänden von Holzhäusern, Schuppen und Gartenlauben oder Zäunen, die nicht mit Pflanzen in Berührung kommen, einen insekten- und pilzfeindlichen Anstrich geben, z. B. mit Xylamon. Für berankte Wände, Pergolen oder Pfosten ein pflanzenfreundliches Präparat verwenden. Vorsicht in geschlossenen Räumen (Frühbeete, Gewächshäuser), die Ausdünstung vieler Holzschutzmittel ist pflanzenschädlich! Zum Schutz tragender Balken das Präparat möglichst tief eindringen lassen. Das Holz mehrmals überstreichen und Pfosten mindestens einen Tag lang in ein hohes, mit Holzschutzmittel gefülltes Gefäß stellen. Es ist auch möglich, kesseldruckimprägniertes Holz zu erwerben. Eine andere Möglichkeit: dauerelastische Kunststoffe auftragen, so bei Baumpfählen, Haltestäben für Gemüsebeete, Balkenenden und -verbindungen. Die herkömmliche Methode besteht darin, Baumpfähle und Haltestäbe über offenem Feuer anzukohlen.

Indianernessel, *Monarda* Dankbare Blütenstaude, für alle Gartenteile, 100–150 cm hoch. Übereinanderstehende, quirlige Blumenköpfe von VII–IX in Karmin- oder Lachsrot, Rosa, Lilablau, Purpurlila und Weiß. Sonne–Halbschatten. Normaler Boden. Vermehrung durch Wurzelteilung im Frühjahr.

▷ Haltbare Schnittblume. Lockt Schmetterlinge an. Gute Nachbarschaft mit hohem Schleierkraut, Taglilien, Sonnenhut, Gräsern und Silberkerzen.

Indische Erdbeere → Trugerdbeere.

Indische Winde → Sternwinde.

Industriefeste Gehölze Unempfindliche, rauch- und rußfeste Gehölze, die in dicht besiedelten Gegenden oder Industriegebieten weniger Schaden nehmen. Unterschiede je nach Art und Grad der Luftverschmutzung sind jedoch zu beachten. Aufstellung → Gehölze.

Inkrustierung Spezifische Saatgut-Behandlung mit Insektiziden als Vorbeugung gegen Schädlingsbefall, vor allem bei manchen Gemüsearten.

Insektizide Pflanzenschutzpräparate chemischer (Chlorierte Kohlenwasserstoffe, Organische Phosphorverbindungen, Carbamate) und pflanzlicher Herkunft (Pyrethrum, Derris, Nikotin) zur Vernichtung von Schadinsekten. Werden als Spritz-, Sprüh-, Stäube-, Gieß-, Vergasungs-, Vernebelungs- und Beizmittel angewandt. Man unterscheidet nach der Wirkungsweise → Atem-, → Berührungs- (Kontakt-) und → Fraßgifte. Möglichst selektiv (gegen einen bestimmten Schädling) wirkende Mittel verwenden, um die → Nützlinge zu schonen. Auf Bienenungefährlichkeit achten/ Nicht in die offene Blüte spritzen! Von Vorteil sind die systemischen I., die über Wurzeln oder Blattoberfläche in die Leitungsbahnen der Pflanze gelangen, sich in ihr verteilen und nur saugende oder beißende Schädlinge vernichten, nicht aber Nützlinge, die ein Blatt meist nur als Ruheplatz benutzen. Durch sinnvolle Kulturmaßnahmen einer I.-Anwendung nach Möglichkeit überhaupt ausweichen. → Rückstände, → Wartezeit, → Pflanzenschutz, → Biene, → Gift.

Instandhaltungsschnitt Schnittmaßnahme bei Obstgehölzen, Rosen und Blütensträuchern zur Formerhaltung, besseren Fruchtbildung, Kronenerhaltung und Vermeidung von Innenschatten. → Auslichten.

Integrierter Pflanzenschutz → Pflanzenschutz.

Iris, Schwertlilie Prachtblume mit kriechendem Wurzelstock (→ Rhizom) oder aus Zwiebeln und Knollen gezogen. 10–130 cm hoch. Schwertförmiges Laub, große Blüten in fast allen Farbtönen, auch mehrfarbig, von II–VIII. Reichhaltiges Angebot in Staudengärtnereien. Sonne–Halbschatten, normaler Boden. In Spezialgärtnereien sind auch Sumpf- und Wasser-I. zu haben, die teilweise besondere Kulturansprüche stellen.
Zwiebel-I. mit netzartiger Haut (z. B. *I. reticulata*): 10–20 cm hoch, Blütezeit II–IV. Zwiebeln von VIII–X an trockenen, geschützten Stellen 8–10 cm tief in durchlässigen, lehmig-sandigen Boden legen. Im Steingarten vor größere, wärmehaltende Steine setzen. Topfkultur zur Winterblüte: Die Zwiebeln im Herbst in Töpfe mit durchlässiger Erde pflanzen und in Keller oder Schuppen stellen. Nach Durchwurzelung, etwa im I, die Töpfe in einen möglichst kühlen Raum oder ins Doppelfenster stellen. Die Blüten erscheinen nach kurzer Zeit.
Zwiebel-I. mit glatter Haut: 25–60 cm hoch. Blütezeit III–VI. Pflanzzeit X–XI, 10 cm tief. Erde durchlässig. Standort warm. Empfindlich gegen Sommer- und Herbstnässe. Nach → Einziehen die Bodenstellen mit Folie abdecken. Weniger empfindlich sind die Arten *I. xiphioides* und *I. hollandica.* Sie lieben eine trockene Torfdecke als Winterschutz oder niedrige Blumenpolster als Überwuchs.
Rhizom-I.: Standardsorten: *I. germanica,* Hohe Bart-I., 60–100 cm hoch, Blütezeit II–V. Sonne–Halbschatten. Normaler, sandig-humoser Boden. Dankbare Schnittblume, *I. intermedia,* Mittelhohe Bart-I., 30–40 cm hoch, Blütezeit V. Sonne–Halbschatten. Normaler Boden. Dankbare Schnittblume. *I. pumila,* Niedrige Bart-I., 15–30 cm hoch, Blütezeit IV–V. Sonne–Halbschatten. Normaler, sandig-humoser Boden. Pflanzzeit: Wurzelknollen nach der Blüte flach unter die obere Erdschicht legen. Pflegemaßnahmen: Welke Blüten abbrechen, Blatthorste im VIII ausputzen. Um den flachen Wurzelwuchs nicht zu schädigen, Unkraut mit der Hand ausreißen. Boden niemals tief auflockern. Sparsam düngen. Keinen frischen Mist verwenden. Stickstoffüberdüngung hat kräftige Laub- und geringe Blütenentwicklung zur Folge. Vermehrung durch Teilung der Wurzelknollen. Wurzelausbreitung von innen nach außen. Innere Rhizomteile sterben ab. Nach mehreren Jahren Wurzelknollen teilen und umpflanzen.
Botanische I.: Wildformen verschiedener Arten, dazu Zuchtformen, 30–130 cm hoch. Sonne–Halbschatten. Normaler Boden, je nach Art trocken oder feucht. Sumpf- und Wasser-I.: Nach Angaben einer Gärtnerei pflanzen. Sonne–Halbschatten. *I. sibirica* und *I. graminea* gedeihen am besten in sumpfigem Boden, während *I. laevigata* bis zu 20 cm Wasserstand verträgt. *I. pseudacorus* blüht in Sumpf – 30 cm Wasserstand. Bei tieferem Wasser ist sie meist nur eine Grünpflanze. *I. kaempferi,* die Japanische Schwertlilie, verlangt während der Wuchs- und Blütezeit 10 cm Wasserstand, aber ab Herbst einen trockenen Standort. Deshalb in Gefäße pflanzen und nur feucht überwintern. Wurzeln dürfen nicht austrocknen. Keine Kalkerde verwenden.

Islandmohn, *Papaver nudicaule* Zwei- bis dreijährige reich blühende Staude, 30–50 cm hoch. Mohnblüten in Weiß, Lachs, Gelb, Rot und Rosa von V–IX. Ist in Staudengärtnereien zu haben. Sonne. Normaler, durchlässiger Boden. Samt von selbst aus.

Jätegeräte Ermöglichen Unkrautbekämpfung ohne Bücken. Empfohlene Stiellänge 130 bis

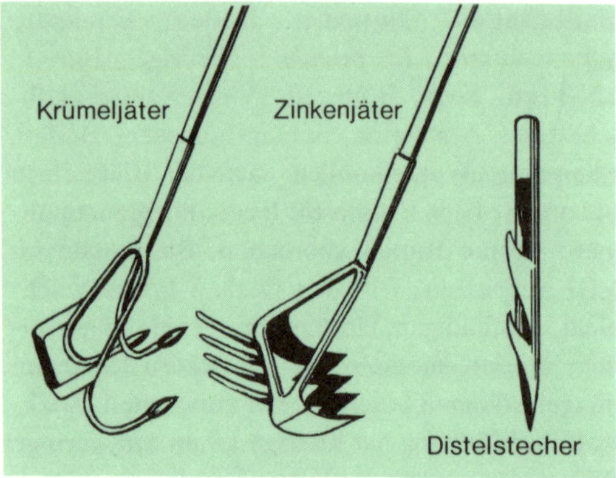

150 cm. Unter der großen Auswahl der J. finden sich Distelstecher zum wurzeltiefen Ausheben von Disteln und anderen Unkräutern; Jätelüfter zum Lockern des Bodens, während das rückseitige Messer jätet; Krümeljäter für Rasenflächen, Blumen- und Gemüsebeete; Pendeljäter zum Jäten und Lockern für Stellen, wo nicht weitläufig gezogen werden kann; Schuffel für Beete und Wege in den Breiten von 12–22 cm; Spitzenjäter mit scharf geschliffenen Winkelschneiden, jäten und lockern zugleich; Wellenjäter mit Seitenschutz zum Flachjäten in Beeten und auf Wegen; Universaljäter, Mehrzweckgerät zum Jäten, Lokkern, Lüften, Säubern und Ausheben von Pflanzlöchern. Unkrautkuli, zum ziehen oder stoßen. Zinkenjäter besitzen geschliffene Winkelschneiden und einem starkzinkigen Rechen zum Unkrautsammeln.

Jäten Unkrautbekämpfung durch Ausreißen mit der Hand oder durch mechanische Bodenbearbeitung mit Spezialgeräten.

Japanische Weinbeere, *Rubus phoenicolasius* Schattenliebender Zierstrauch, 3 m hoch, mit eßbaren, orangeroten Früchten. Elegant überhängende, rotborstige Jungtriebe. Vielblumige rosa Blütentrauben von VI–VII. Halbschatten–Schatten. Normaler Boden.

▷ Die J. W. eignet sich als Unterpflanzung zwischen Gehölze und zum Begrünen halbschattig gelegener Hänge.

Japanischer Hopfen → Hopfen.

Japanorchidee, *Bletilla striata* Freilandorchidee, 40 cm hoch, mit violettpurpurnen Blüten von VI–VII. Halbschatten. Verlangt durchlässigen Boden. Notfalls Beet mit Steindränage versorgen. Dazu Erde 40 cm tief ausheben. Mulde halb mit groben Steinen und Geäst auslegen und mit sandig-humoser Erde auffüllen. Winterschutz: trockene Torfmulldecke, 30 cm hoch. Zusätzlich mit Plastikfolie überdecken.

Jasmin, Echter J., Winterjasmin, *Jasminum nudiflorum* Im Vorfrühling blühender Spreizklimmer, industriefest, 2–5 m hoch. Zum Beranken warmer, geschützter Wände, von Mäuerchen, Böschungen, Zäunen. Gelbe Blüten an weich überhängenden Zweigen von II–IV, bei entsprechender Witterung auch schon eher. Sonne–Schatten. Normaler, gut durchlässiger humoser Boden. Falscher Jasmin → Pfeifenstrauch.

▷ Im Dezember geschnittene Zweige blühen im Zimmer.

Jauche, Odel, → Fäkaliendünger, → Pflanzenjauche.

Jelängerjelieber → Geißblatt.

Jochlilie, *Zigadenus elegans* Ausdauernde Staude, 80 cm hoch. Von VI–VIII an stark verzweigten Stielen sternförmige, weiße Blüten mit grünlichem Innenfleck. Normaler Boden, aber feuchter Standort. Vermehrung durch Wurzelteilung im Frühjahr.

▷ Sehr aparte, haltbare Schnittblume. J. mit Trollblumen, hohen Primeln, Sumpfdotterblumen, Götterblumen und Gräsern (Schmiele) zusammensetzen.

Johannisbeere, *Ribes* Beerenobst mit roten, gelblichen oder schwarzen Früchten. Pflanzung im frühen Herbst als Strauch oder als Fußstämmchen mit 40–60 cm Höhe. Hochstämme ab 1 m sind anfälliger für Stammkrankheiten. Pflanzabstand 150 cm rundum bei roten oder gelblichen, 2 m bei schwarzen Sorten. Rückschnitt nach der Pflanzung. Die Schnittpflege im Winter (Verjüngung von altem Holz, → Auslichten und Heranziehen junger Triebe) ist sortenmäßig verschieden zu handhaben. Bester Durchschnittsertrag an zweijährigem Holz. Sonne. Boden nährstoffreich, lehmig und humos. Empfindlichkeit besteht gegen Staunässe. Leichten Sandboden mit Lehm und Torf verbessern. Bei Trockenheit zusätzliche Wassergaben vor, während und kurz nach der Blüte, da sonst die Beeren abfallen. Boden unkrautfrei und feucht halten durch → Mulchen. Düngung: Kompost und organische Humusdünger oder Misch-Volldünger. Weder chlorhaltige Düngemittel noch Jauche verwenden. Schwarze J. haben den größten Nährstoffbedarf. Vögel ziehen rote und gelbliche Sorten vor. Vogelnetze als Reifeschutz überhängen. Kauf in nahegelegener Baumschule wegen Beratung über Sortenwahl, Bodenbeschaffenheit und Schnittpflege vorteilhaft. → Spritzkalender.

▷ Alle J. eignen sich roh und etwas gezuckert sehr gut zum Tieffrieren. Sorten, rot: 'Red Lake', 'Spätlese', 'Rondon', 'Heros'. – Sorten, schwarz: 'Wellington', 'Rosenthals', 'Langtraubige' und 'Strata'. – Sorten, weiß: 'Weiße Versailler', 'Weiße Jüterboger'.

→ Vogelabwehr, → Beerenobst, → Beerensträucher.

Johannisbeer-Gallmilbe Befällt vor allem die schwarze Johannisbeere. Knospen werden zu kugeligen Gallen und treiben nicht mehr aus. Bekämpfung: Abschneiden und Verbrennen gallenbesetzter Triebe. Abknispen der Gallknospen auch im Winter. → Tafel Schädlinge, → Spritzkalender.

Johannisbeer-Krankheiten → Blattfallkrankheit, → Rotpustelkrankheit, → Säulenrost, → Spritzkalender.

Johanniskraut, *Hypericum* 1. Niedrige Polster für Steingärten, Rabatten, Beete, 15–20 cm hoch. Gelbe Blüten von V–VIII. Sonne–Halbschatten. Normaler, durchlässiger Boden. – 2. Reich blühende Sträucher oder Halbsträucher, 40–200 cm hoch, mit großen, gelben Schalenblüten von VII–XI. Sonne–Halbschatten. Normaler, durchlässiger Boden. *H. calycinum* 'Rose von Sharon', wintergrüner, ausläufertreibender Halbstrauch, 30–50 cm hoch. Als Bodendecker und für Böschungen. 4–5 cm breite, goldgelbe Blüten von VI–IX. Industriefest. Sonne–Schatten. Normaler oder sandig-humoser Boden, durchlässig.

Johannistrieb Zweite Wachstumsperiode, die Ende VI einsetzt (Johannistag 24. 6.). Bei starkem Triebwuchs → Grünschnitt.

Judasbaum, *Cercis siliquastrum* Frühblühendes Ziergehölz, 5 m hoch. Purpurrosa Traubenblüten von IV–V sehr üppig an Ästen und Stämmen. Jungen Pflanzen vorsichtshalber Winterschutz geben. Ältere Bäume sind unempfindlich. Sonne. Normaler, kalkhaltiger Boden.

▷ Mit etwas Geduld kann man den J. auch aus Samen vermehren. Wegen der Frostempfindlichkeit der jungen Pflanzen sollte man aber unter Glas aussäen.

Jungfer im Grünen → Schwarzkümmel.

Jungfernfrüchtig → parthenocarp.

Junkerlilie, Goldwurz, *Asphodeline* Auffällige Staude, mit 80 cm hohem Blütenschaft inmitten grundständiger Blattrosetten. Gelbe Blüten in lockerer Traube von V–VI. Gute Nachbarschaft mit Gräsern, Polsterpflanzen und Wildblumen. Sonne. Normaler Boden.

KKKKKKK

Käfer Schädlich im Garten sind vor allem zwei der bekanntesten Arten.

1. Der Maikäfer, der bei starkem Auftreten erheblichen Schaden durch Kahlfraß anrichten kann. Bevorzugt Eichen, Kastanien, Buchen, Haselnuß, Ahorn, Weiden, Pappeln und Obstbäume. Bekämpfung: Früh am Morgen K. auf vorher untergelegte Tücher von den Bäumen schütteln. K. absammeln und vernichten. Die Weibchen legen in einer Erdtiefe von 12–40 cm Eihäufchen zu je 30–40 Stück ab. Schlüpfzeit der Larven (Engerlinge) VI–VIII. Lebensdauer im Boden 3–4 Jahre. Sie vertilgen während dieser Periode hauptsächlich Wurzeln. Bevorzugen Salat und Mais. Fressen aber auch die Wurzeln von Laub- und Nadelhölzern, von Gemüse, Getreide, Kartoffeln, Gras und Klee. Ein Engerling benötigt während seiner Entwicklung 1 kg Wurzelmasse. Natürliche Feinde: Star, Saatkrähe, Möwe und Maulwurf.

2. Der Junikäfer ähnelt dem Maikäfer, ist jedoch kleiner im Körperbau. Kommt hauptsächlich in Gegenden mit Sandböden vor. Fraßschäden an Kiefernnadeln und dem → Johannistrieb von Laubgehölzen. Die Engerlinge werden lästig durch Wurzelfraß.

Bei vielen anderen größeren K. im Garten handelt es sich meist um → Nützlinge, die man schonen sollte. Zu ihnen gehört die gesamte Familie der goldschimmernden, grünen oder schwarzen Laufkäfer, zu denen auch der Goldschmied zählt. Er jagt in der Nacht und vertilgt während der Vegetationszeit pro Tag das eineinhalbfache seines Körpergewichtes an Insekten und Larven, Würmern und Schnecken. Tagsüber lebt er unter Steinen und zwischen Pflanzenpolstern. → Tafel Nützlinge.

Die Mistkäfer graben unter dem Tierkot von Pflanzenfressern verzweigte Gänge bis in 30–60 cm Tiefe, um den Kot als Larvennahrung transportieren zu können. Sie düngen und durchlüften dadurch den Gartenboden.

Der Vierpunktkäfer ähnelt dem Marienkäfer. Er sitzt gern auf Weidenblättern und trägt zur Ameisenbekämpfung bei. Von V–VII hängt er an Grashalmen, verpackt mit den Hinterbeinen seine Eier in den eigenen Kot und läßt die Kügelchen auf den Boden fallen. Ameisen verwenden diese zum Nestbau, wo die ausschlüpfenden K.-Larven unzählige Ameisenpuppen vertilgen. → Rüsselkäfer.

Kaffeesatz Trocknen und sammeln! Für Moorbeetpflanzen K. in Gartenerde mischen unter Heidelbeeren, Preiselbeeren, Hortensien, Azaleen, Heidekraut, Rhododendren. Verstärkt die saure Bodenreaktion.

Kahlfrost → Barfrost.

Kaiserkrone, *Fritillaria imperialis* Zwiebelgewächs. Hängende Blütenglocken in Orange, Rot oder Gelb von IV–V. Pflanztiefe: 20–30 cm. Sonne-Halbschatten. Normaler, sehr nahrhafter Boden. Nur vergilbtes Laub schneiden, da sonst die Blühfreudigkeit ebenso leidet wie bei Nahrungs- und Wassermangel. In hartem Klima vorsichtshalber Winterschutz geben.

▷ Zur besseren Wirkung immer mehrere Pflanzen in Gruppen zusammensetzen. K. ist wühlmaussicher. Ihre Zwiebel enthält Bitterstoffe (wie auch bei Narzissen) und wird deshalb von Wühlmäusen nicht angenagt.

Kakteen im Garten, Freilandkakteen, Gartenkakteen Spezialgärtnereien führen K., die auch im Garten wachsen und blühen. Am frosthärtesten sind winterharte *Opuntien*. Standortansprüche: Sonne, trockener Mineralboden. Als günstigster Platz, vor allem in regenreichen Gegenden, bietet sich die Hauswand an, der Schutz eines Balkons oder ein vorspringendes Dach. In günstigem Klima wachsen manche Arten ohne weiteres auch im abschüssigen Steingarten, in Trögen oder in Mauerfugen, wo überschüssiges Wasser schnell wieder abfließen kann. Im Winter zum Schutz gegen Kahlfrost und die starke Sonneneinstrahlung im II und III leicht mit Reisig abdecken.

Echinocereen sind K., die – ihrer Heimat gemäß – trockene Sommer lieben und daher im Freien immer unter Dach (auf einer überdeckten Terrasse oder unter dem Dach des Wohnhauses) stehen sollten. Trotzdem tut ihnen ein gelegentlicher Regenguß gut, um Staub und Schmutz aus den Furchen und Stachelfugen der reich gegliederten Oberfläche zu waschen. Da die Pflanzen meist nur 10–20 cm hoch und wenig breit werden, eignen sie sich gut zur Schalenpflanzung, für Troggärten und Balkonkästen. Erdmischung: ühumusarme oder humusfreie Mineralerde. Am besten sandiger Lehm mit einem gewissen Kalkgehalt. Unterschiedliche Frosthärte. Manche vertragen bis zu 30 Grad Kälte. In Gegenden ohne hohe, trockene Schneelage stellt man die Schalen besser an einen geschützten, kühlen Ort mit einer Temperatur von 5–10°. Abdecken mit Polyäthylen-Plastikfolie, damit die Erde etwas Feuchtigkeit bewahrt. Im Frühling 3–4 Tage lang → abhärten. Winterhart nur unter Frost- und Nässeschutz!

Düngung: Von IV–IX wöchentlich mit stickstoffarmem, stark phosphorsäurehaltigem K.-Dünger gießen. Zum Überwintern im Garten nach Ende der herbstlichen Schönwetterperiode nicht mehr gießen und vor Regen schützen, damit die Pflanzen einschrumpfen und sich auf den Winter vorbereiten können. Erneute Wassergabe mit beginnendem Frühling. Reiche Blüte bei winterharten K. erfolgt immer nur nach kühler Überwinterung. Freiland-K. werden in Spezialgärtnereien gezogen. K. aus Blumengeschäften oder Warenhäusern vertragen die Überwinterung im Garten nicht.

▷ Werden K. an ungeschützter Stelle direkt im Garten ausgepflanzt, kann man sie, ebenso wie unbewegliche Schalen oder Troggärten, wie folgt vor zu großer Kälte schützen: 5 cm starke Styroporplatten mit einem Sägemesser zuschneiden, mit Uhu-por zusammenkleben und diesen Kasten über die K.-Pflanzung stülpen. In Gegenden mit sehr strenger Kälte kann man in diesen Kasten noch eine 15-Watt-Glühbirne einbauen, die bei Bedarf eingeschaltet oder durch einen Thermostat selbsttätig geregelt wird.

Dankbare Arten:

Ancistrocactus scheerii: Kugeln oder bis 12 cm hohe Säulen mit Stachelhaken; mehrere cm große, gelbgrüne Blüten.

Coryphantha macromeris: 10 cm hohe, weiß bestachelte Polster, hellgrün gebuckelt. 8 cm große, tiefrosa Blüten.
Echinocereus baileyi: Kugeln und Säulen bis 25 cm hoch; kurze, dichte, braune Stacheln. Große, tiefrosa Blüten im Frühsommer.
E. dasyacanthus: Bestachelte Säulen, 10 cm hoch. Große kanariengelbe Blüten im Frühsommer.
E. fendleri: Bis 20 cm hohe, sich flächig ausbreitende, ei-säulenförmige Pflanze mit braunen Stacheln. Große Blüten in purpur bis karminviolett.
E. fitchii: Bis 10 cm hohe und 5 cm dicke Stämmchen, kammartig kurz bestachelt. Sehr große, purpurrosa Blüten.
E. pectinatus: 10–15 cm hohe und 3–6 cm dicke Säulen. Kammförmige Bestachelung. Große Blüten, tieflilarosa mit heller Mitte.
E. pentalophus: Dünntriebige, ausgebreitete Polster, ca. 5 cm hoch. Karminlila Blüten mit heller Mitte.
E. stramineus: Bis 5 cm hohe, gedrungene, dickstämmige Art mit großen, weißen Stacheln. Blüten purpur. Eßbare Früchte.
E. triglochidiatus: Kugelig und kurze Säulen. Starke, braune Stacheln. Blüten feurig-scharlachrot.
Escobaria vivipara: 12 cm hoch, Kugeln und kurze Zylinder, manchmal mit Tochterpflanzen. Dicht, aber zierlich bestachelt. Viele hell- und dunkelrosa gestreifte Blüten.
Mamillaria gracilis: Wenige cm hohe Polster aus fast weißen Stachelkugeln. Blütchen rosaweiß.
Neobesseya missouriensis: 4–8 cm hohe, langwarzige Kugeln mit Seitensprossen, grau bestachelt. Blüten $2^1/_2$ cm groß, grüngelb.
Opuntia compressa: Stachellose, grüne Blattpolster aus rundlichen bis eiförmigen, 10–15 cm langen Gliedern, teils liegend, teils bis 20 cm aufsteigend. Viele gelbe Blüten von VI–VII.
O. fragilis: Bodendeckende kurze, fingerförmige, bestachelte Walzen, 5 cm hoch. Große, gelbe Blüten von VI–VII.
O. humifusa: 25 cm hoch, sich ausbreitend, mit rundlichen, schwach bestachelten, 13 cm großen Gliedern. Bis 8 cm große, schwefelgelbe Blüten von VI–VII.
O. juniperina: Ähnlich wie *O. ph. camanchica albispina,* aber zierlicher im Wuchs mit kleineren, fetteren Gliedern. Große sattgelbe Blüten von VI–VII.
O. phaeacantha: 30–40 cm hoher, aufgerichteter Wuchs mit seitlichen runden, etwa 15 cm großen Gliedern. Gelbe Blüten im VII.
O. phaeacantha var. *camanchica:* 20–25 cm hohe, ausgebreitete, bis 15 cm große Glieder; kleine gelblichbraune Stacheln. Blüten, 10 cm groß, von VI–VII in Gelb, Orange, Rosa.
O. ph. var. *camanchica rubra:* Blüht zinnoberrot. Sonst ähnlich wie oben.
O. ph. var. *camanchica albispina:* 30 cm hoch; größere, weiße Stacheln.
O. ph. var. *camanchica longispina:* Ähnlich wie letzte, besitzt aber lange Stacheln.
O. xanthostemma: 25 cm hoch, mit 10–15 cm langen Gliedern. Verschiedene Formen mit gelben, rosa und roten Blüten. Besonders empfehlenswert ist *O. xanthostemma* 'Rubra'.

Kalebasse, *Lagenaria siceraria* Nutzgewächs mit Gurkenfrüchten von 60–200 cm Länge. Kletterpflanze zum Beranken von Pergolen, Hauswänden, Zäunen. Verwendung in der Küche wie Gurken und Zucchini. Läßt sich auch einfrieren. Aussaat IV in Einheitserde am Fensterbrett oder Frühbeet. Nach Eisheiligen im Garten auspflanzen. Lockerer Boden, reichlich Düngung.
Junge Keulen zum Verzehr pflücken. Sehr große trocknen lassen, bunt lackieren, bemalen oder Muster einbrennen.

Kalium (K) Zählt zu den Hauptnährstoffen und regelt den Stoffwechsel der Pflanzen. Zucker- und stärkehaltige Gewächse wie Obst, Rüben, Kartoffeln benötigen besonders viel K. Es fördert die Entwicklung von Fruchtknospen, bewirkt frühere Reife und Wachstumsabschluß, erhöht die Widerstandsfähigkeit gegen Frost und Fäulnis und gleicht die Nachteile zu üppiger Stickstoffgaben aus. Moor- und Sandböden sind von Natur aus kaliarm. Stockt der Stoffwechsel bei K.-Mangel, kann bei Bäumen Gipfeldürre entstehen und das Laub gelbfleckig werden. Bei der Düngung stehen K. und Kalk in engem Zusammenhang. Wird mit K. gedüngt, darf Kalk im Boden nicht fehlen – und umgekehrt. → Beinwell.

Kaliumpermanganat, Übermangansaures Kali Trockenes körniges, antibakteriell wirkendes Mittel, das in Apotheken und Drogerien zu haben ist. Eine Düngung auf Gemüse- und Erdbeerbeeten deckt den Kali- und Manganbedarf der Pflanzen und soll den Ernteertrag verbessern. Dazu in einer Gießkanne mit wenigen Körnchen eine hellrote Lösung herstellen und bei trübem Wetter 2mal im Monat gießen. Pflanzen mit verletztem Wurzelballen kann man in dieser Lösung baden und damit desinfizieren, → Algen im Gartenteich, → Umtopfen.

Kalk, Düngekalk Fördert die Blütenbildung, die Samenreife und wirkt sich günstig auf den Zuckergehalt der Früchte aus. Bäume und Sträucher benötigen K. zur Festigung des Holzes. Bei K.-Mangel können sich ernste Schäden zeigen, weil durch den Stoffwechsel entstehende, giftige Säuren im Pflanzenkörper nicht gebunden werden. In erster Linie wirkt K. aber bodenverbessernd: er fördert die Bodengare, schützt vor Verkrustung, neutralisiert schädliche Keime und ist an der Humusbildung beteiligt. K. ist ein Feind vieler Unkräuter und Schädlinge, lockert die Erde und begünstigt die Wirkung der verschiedenen Düngemittel. Verwendet werden: Gebrannter K. (Ätz-K., Brannt-K.), Kohlensaurer K. oder besser der milde K.-Mergel, ein Gemisch von kohlensaurem K. und Ton unter Beimengung von Sand. → Kompost, → Kalkung, → Bodenreaktion.

Kalkfeindliche, kalkfliehende Pflanzen Gedeihen nur in saurem, humusreichem Boden, der keinen oder nur sehr wenig Kalk enthält. Hier möglichst auch mit kalkfreiem Wasser gießen und kalkfreie Spezialdünger verwenden. Zu dieser Pflanzengruppe gehören u. a. Rhododendron, Azaleen, manche Farne, viele Heidekräuter, die Lorbeerrose, Torfmyrte und alle Moorgewächse. → Bodenreaktion, → Bewässerung.

Kalkfreies Wasser → Enthärten des Wassers, → Bodenreaktion.

Kalksteinmehl → Gesteinsmehl.

Kalkung 1. Obstbaumanstrich im X. Verhindert Frostschäden und Moos- oder Flechtenansatz. 2. Maßnahme, um versauerte Böden mit Hilfe von Düngekalk zu neutralisieren. Gesundungs-K.: 3–8 Ztr./1000m^2. Für leichte Böden wird kohlensaurer Kalk, für schwere Böden Ätzkalk empfohlen. Erhaltungs-K.: jährlich etwa 1 Ztr./1000 m^2. Die beste Zeit für eine Kalkdüngung ist der Herbst. Die Bedürftigkeit des Bodens sollte sich nach dem Bodenuntersuchungsergebnis richten (→ Bodenreaktion).

Kallusbildung Natürlicher Wundverschluß an verletztem, lebendem Pflanzengewebe.

Kalmus, *Acorus* Wasserpflanze für Gartenteiche und Schalen. Neigt zum Wuchern, deshalb Pflanzbeet mit breiten Asbest- oder Plastikstreifen abtrennen. Verletzte Pflanzen duften stark aromatisch. Unscheinbare gelbe Blütekolben von V–VI. Paßt gut zu Blutweiderich, Fieberklee, Froschlöffel, Tannenwedel und Pfeilkraut.
A. calamus: schwertförmiges Blattwerk, dunkelgrün, 50–100 cm hoch, 0–30 cm Wasserstand. Sonne–Schatten.
A. calamus 'Variegatus': weißgrün gestreift in sonniger Lage. Im Schatten weniger weißstreifig. 60–90 cm hoch. 0–30 cm Wasserstand.

A. gramineus: zierlicher Japan-K., 20–30 cm hoch. Sonne–Schatten. 0–10 cm Wasserstand.
A. gramineus var. *fol.:* gelbgrün gestreift, 20–30 cm hoch. Sonne–Halbschatten. 0–10 cm Wasserstand.

Kalter Kasten Frühbeet mit Fensterauflage und ohne Bodenheizung, in dem ab III Aussaaten vorgenommen, Jungpflanzen angezogen, und früher Salat, Radieschen oder Kohlrabi gezogen werden. Ab VII im K. K. Feldsalat aussäen und im Winter ernten.

Kamille, *Anthemis* und *Matricaria* Ausdauernde oder einjährige Staude, 15–50 cm hoch. Von V–IX mit gelben oder weißen, einfachen oder gefüllten Blüten. Die Berg-K., 20–30 cm hoch, *A. biebersteiniana,* eignet sich für Steingärten, Trockenmauern und zur Einfassung von Beeten und Rabatten. Von V–VI gelbe Blüten über silbrigem, gefiedertem Blattwerk. Die Färber-K., *A. tinctoria,* 30–50 cm hoch, wird für den Garten in Zuchtsorten angeboten. Große Margeritenblüten, goldgelb, von V–IX. Geeignet zur farblichen Auflockerung von Staudenbeeten, Heidegärten und naturbelassenen Gartenteilen. Kräftiger Rückschnitt nach der Blüte bewirkt nächstjährige Neutriebbildung. Trotzdem haben die Pflanzen nur eine Lebensdauer von wenigen Jahren. Sonne. Boden trocken, sandig-humos.
Vermehrung: *A. biebersteiniana* durch Wurzelteilung im Frühling. *A. tinctoria* durch weiche → Stecklinge, die man im Sommer in Töpfe setzt, kühl überwintert und im Frühjahr verpflanzt.
Die Römische K., *A. nobilis,* 25 cm hoch, blüht weiß von VI–IX, ist eine Heilpflanze und wird wie die Echte K., *Matricaria chamomilla,* verwendet. Diese wird 20–40 cm hoch und kann in naturbelassenen Gartenteilen wachsen oder Gemüsebeete abgrenzen. Sie ist einjährig. Blüten im V pflücken, schattig trocknen und als Tee, für Umschläge oder Bäder verwenden.
Im Ziergarten gefüllte Formen aussäen, wie die Strand-K., *M. inodora,* 20–40 cm hoch, mit weißen Blüten von VI–X. Aussaat ab IV an Ort und Stelle. Sämlinge auf 15 cm Abstand → ausdünnen. Sonne und lichter Halbschatten. Normaler Boden. Schnittblumen halten lange in der Vase. Für Steingärten und zur Flächenpflanzung zu Zwiebelblumen eignen sich die ausdauernden Teppich-K., *M. caucasica* und *M. oreades,* 10 bis 15 cm hoch, mit weißen Blüten von IV–VIII. Sonne. Normaler, nicht zu nährstoffreicher Boden. Vermehrung durch Teilung im Frühjahr.

Kantenstein Stellkante aus Naturstein oder Beton zur Begrenzung von Wegen und Plätzen. Beton-K. sind genormt.

Kapillaren, Haarröhrchen Natürliches System haardünner, wasserleitender Röhrchen im Erdboden, mit dessen Hilfe das Grundwasser aufsteigt und über dem Erdboden verdunstet. Die feinsten unter diesen Hohlräumen (Poren) mit 0,002 bis 0,01 mm Durchmesser dienen dem Wasseraufstieg vor allem in Trockenzeiten. Durch flaches → Hacken oder Aufrauhen der Bodenoberfläche wird die Verdunstung eingeschränkt, die Bodenfeuchtigkeit bleibt den Pflanzenwurzeln erhalten. Der Unterschied zwischen der niedrigen Saugspannung am Grundwasser und der hohen in den oberen Bodenschichten bewirkt diesen Wasseraufstieg.

Kap-Ringelblume, Afrikanische Goldblume, *Dimorphoteca* Bunte Einjahresblume, 30–40 cm hoch. Für nach Süden gelegene Beete, Rabatten und als Lückenfüller im Steingarten. Blütezeit: VI–X. Freilandaussaat in durchlässigen, nahrhaften Boden Mitte V. K.-R. sind ausgesprochene Sonnenblüher, die sich an trüben Tagen und gegen Abend schließen. *D. barberiae* 'Compacta', ausdauernde Kapmargerite mit leuchtend rosa Strahlenblüten von V–X, liebt Kalk im Boden und Schutz vor Winternässe. Sonne.
▷ Für die Vase nur Knospen schneiden.

Kapuzinerkresse, *Tropaeolum* Einjahresblüher, buschig, 30 cm hoch oder mit langen, bodenbeschattenden, auch kletterwilligen Trieben bis zu 4 m. Blüten in gelben und roten Tönen von VI bis X. Im Freiland je 3 Körner im Abstand von 15–20 cm nach den Eisheiligen auslegen. Sonne. Normaler, nahrhafter Boden.

▷ Blatt- und blutlausbekämpfend wirkt die Aussaat von K. auf → Baumscheiben. Gegen die Schwarze Bohnenlaus K. zwischen Stangenbohnen ranken lassen. Schneckenabwehr erfolgt durch Randpflanzung am Gemüsebeet. Wegen antibiotischer Wirkung Blätter oder Blüten in geringer Menge zu Salaten geben. Knospen und Samen in Essig einlegen und statt Kapern verwenden.

Karbolineum Anstrich- und Tränkmittel zum Schutz des Holzes gegen Witterungseinflüsse. In der Nähe von Pflanzen sollte es wegen möglicher Schäden nicht Verwendung finden. Hier besser pflanzenfreundliche Holzschutzmittel verwenden.

Karenzzeit → Wartezeit.

Karfiol → Blumenkohl.

Karpatenglockenblume → Glockenblume.

Karotten → Möhren.

Karre Wendiger Gartenwagen auf zwei Rädern zum Transport von Torf, Erde, Steinen, Gras, Heu oder Laub.

Kartoffel, *Solanum tuberosum* Nachtschattengewächs, im 18. Jahrhundert aus Amerika eingeführt. Lohnend auch für den Kleingarten und Hausgarten sind Früh-K. Günstig ist das Vorkeimen der Saat-K. ab Anfang II in einer Kiste auf einer Lage von feuchtem Torf in kühlem, hellen, frostfreien Raum. K. so auflegen, daß die Triebaugen nach oben zeigen. Für eine Bodenfläche von 3 m Länge rechnet man für eine Pflanzreihe 10 Saat-K. Die kurzen, gedrungenen Lichtkeime dürfen nicht abbrechen. Ab IV in nahrhaften, vorgedüngten Boden im Abstand von 30 cm, 10 cm tief auslegen. Reihenabstand 50 cm. Vor Austrieb das junge Unkraut auf der Pflanzfläche mit einem → Jäter entfernen. Sind die K.-Triebe ca. 5 cm lang. Boden leicht durchhacken. 2 bis 3 Wochen später → anhäufeln. An Regentagen kann zusätzlich → Kopfdüngung mit flüssigem Volldünger oder → Pflanzenjauche gegeben werden. Ertragsminderung tritt ein, wenn Sonnen-

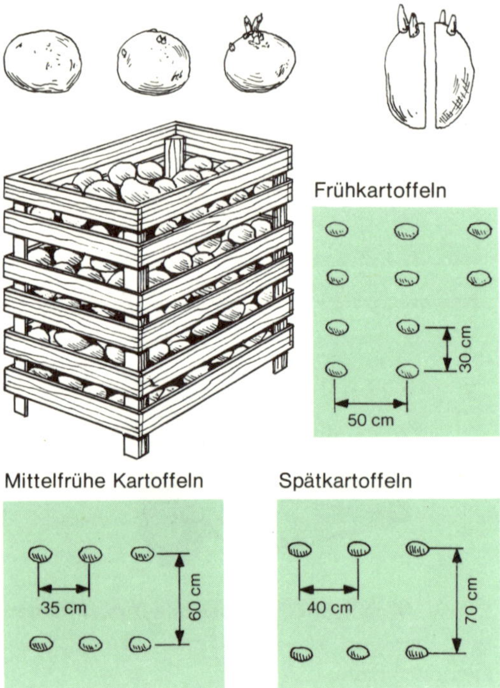

blumen oder andere stark zehrende Pflanzen am Rand des K.-Beetes wachsen. Zur Ausnutzung der Bodenfläche kann Anfang VI Kohl zur Späternte gepflanzt oder Feldsalat gesät werden. Beginn der K.-Ernte nach der Blüte. Vorsichtig mit der Hand vorfühlen und große K. abzupfen. Kleinere weiterwachsen lassen. Resternte nach Absterben des Krautes.

▷ Eine Geschmacksverfeinerung der K. soll durch Aussaat von Kümmel oder Melde zwischen den Reihen erzielt werden. Abgeerntete Beete mit Rosenkohl, Spinat und Endivien besetzen.

Kartoffelkäfer Schädlicher Blattkäfer, oval bis kugelig, 10–12 mm lang. Deckflügel gelb mit jeweils 5 schwarzen Längsstreifen. Gelbe Eipakete auf der Blattunterseite. Larve im Jugendstadium karminrot, später gelbrot. Nicht zu verwechseln mit dem orangefarbenen Eigelege des Marienkäfers und seinen mehr länglichen Larven. Schadbild: Kahlfraß im Kartoffelkraut. Die Folge ist Mißernte. Bekämpfung: Eingeflogene Käfer, Eier und Larven ab V absammeln. Natürliche Feinde: Langbeinige Spinnen, die die Larven aussaugen. K. lassen sich gern vom Wind treiben, deshalb werden Kartoffelfelder im Schutz von Hecken seltener befallen. → Tafel Schädlinge.

▷ Durch schnelles Wachstum erzeugtes weiches Laub lockt K. an. Kartoffelsorten mit rauhem Laub sind weniger anfällig.

Kastanie, Roßkastanie, *Aesculus* Laubbäume und Sträucher, etwa 25 Arten. Eßkastanien *(Castanea)* sind bei uns nicht lohnend.

A. parviflora, Busch-K., 2–6 m, strauchwüchsig, weiße Blütenrispen von VII–VIII. Sonne, normaler Gartenboden. → Wurzelausläufer.

A. hippocastanum, die bekannte Roß-K. Ist wegen ihrer Wuchshöhe und der ausladenden Krone nicht geeignet für normale Gärten, ebensowenig die rotblühende *A. cornea.*

Katsurabaum, *Cercidiphyllum* Blattzierender, meist mehrstämmiger Baum, ca. 10 m hoch, mit herzförmigem, blaugrünem Laub. Braunroter Blattaustrieb aus rosafarbenen Knospenschuppen. Rotblühend von IV–V. Goldgelbe Herbstfärbung mit rötlichen Blattnerven. Abgefallenes Lauf duftet gut, daher der volkstümliche Name »Kuchenbaum«. Sonne–Halbschatten. Normaler, etwas feuchter Boden.

Katzen → Vögel im Garten.

Katzenminze, *Nepeta* Anspruchsloser Langzeitblüher für trockene Hänge, Steingärten, Mauerfugen, naturbelassene Gartenteile, Bodenteppiche, Einfassungen und als Begleitpflanzen für alle Rosen. 15–60 cm hoch, meist graugrünes Laub, Blüten in verschiedenen Blautönen von VI–IX. Sonne. Normaler, durchlässiger, trocke-

ner Boden. Vermehrung durch Wurzelteilung im Frühling.
▷ K. ist ein Anziehungspunkt für Falter.

Katzenpfötchen, *Antennaria* Flache, silbergraue Teppichpflanze für Alpinum, Mäuerchen, blühende Steine, Heidegärten. Rote oder weiße Blüten, 15 cm hoch, von V–VI. Sonne. Karger, trockener Boden. Vermehrung: Ausläufer im Frühling verpflanzen. → Blühende Steine

Kaukasus-Vergißmeinnicht, *Brunnera macrophylla* Halbschattenstaude, 50 cm hoch. Für naturnahe Gartenteile, farbwirksame Staudenbeete, Rabatten oder zwischen Gehölzen. Vergißmeinnichtartige Blütchen in tiefem Blau von IV–V. Humusreicher Boden. Vermehrung durch Pflanzenteilung. Zum Besetzen größerer Flächen einige Mutterstöcke weitläufig pflanzen. K. füllt die Lücken selbst aus. Wühlmäuse zeigen eine Vorliebe für seine fleischigen Wurzeln.

Keimblätter Erste Blätter eines Sämlings. Nach der Anzahl der Keimblätter unterscheidet man ein- und zweikeimblättrige Pflanzen. Jungpflanzen erst nach weiterer Blattentwicklung umsetzen.

Keimdauer Zeitdauer zwischen Aussaat und Erscheinen der Keime. So haben beispielsweise Erbsen eine Keimdauer von 8 Tagen, Gurken von 10–12, Rote Beete von 10–14, Schwarzwurzeln von 15–18, Wurzelpetersilie und Möhren von 21–27 Tagen. Bei manchen Stauden beträgt die K. sogar einige Monate.

Keimfähigkeit der Samen Von Natur aus verschieden und zeitlich begrenzt. Während Erbsen, Bohnen usw. leicht und schnell keimen, keimt Petersilie spät und oftmals lückenhaft. 1–2 Jahre behalten Bohnenkraut, Lauch, Schnittlauch, Spinat und Zwiebeln ihre K. 2–3 Jahre Tomaten und Petersilie. 3–4 Jahre Bohnen, Erbsen, Kopfsalat, Radieschen, Rettiche, Rote Bete, Gurken und Kürbis. Die Aussaat von frischem Samen verspricht besseren Erfolg. Bei älteren Samen vorsichtshalber → Keimprobe machen.

Keimgewährzeit Die auf den meisten Samentüten angegebene Verwendungsdauer. Man sollte sich danach richten, um Ausfälle zu vermeiden.

Keimlingsschäden → Saatbeetkrankheiten.

Die Keimblätter ermöglichen die Entwicklung der Pflanze. Später verkümmern sie und fallen ab.

Keimprobe Im Januar oder Februar Saatschalen oder Teller mit Erde oder feinem Sand füllen

und von jedem zu prüfenden Samen 20 Körner weitläufig säen. Leicht eindrücken. Feine Samen kann man auch auf Löschpapier oder zwischen feucht gehaltene wollene Stoffreste streuen. Keimlinge auszählen. Bei weniger als 50% Auflauf das alte Saatgut fortwerfen. Bei 50% aufgegangener Saat im Freien dichter aussäen und bei 75% normal verfahren.

Kellerhals → Seidelbast.

Keramik Aus Ton gebrannte Gefäße für den Garten wie Schalen, Kübel, Tröge, Vasen und Beläge für Terrassen und Höfe.

Kerbel, *Anthriscus cerefolium* Würz- und Suppenkraut (Kräutelsuppe). Freilandaussaat ab III mit Folgesaaten in 10tägigem Abstand. Letzte Aussaat an schattigem Ort, um die Blüte zu verzögern. Sonne. Boden humos, nahrhaft. Einige Pflanzen zur Selbstaussaat stehen lassen oder Neusaat im Herbst zur zeitigen Ernte im Frühjahr. Unter Schutz überwintern. Einige Sommerpflanzen vor dem ersten Schneefall ausgraben, in Töpfe setzen und ab I in hellem, kühlem Raum antreiben.

▷ Getrocknetes K.-Kraut ergibt einen gesunden Blutreinigungstee.

Kernobst Im Gegensatz zu → Steinobst solche Früchte, die Saatkerne im Fruchtinneren bilden, wie Äpfel, Birnen und Quitten.

Kiebitzei, Schachbrettblume, *Fritillaria meleagris* Zwiebelblume, 25–40 cm hoch. Blüten weinrot bis purpur mit heller schachbrettartiger Musterung von IV–V. Pflanzzeit im Herbst, 6–10 cm tief. Diese Stammform eignet sich für sonnige feuchte Lagen, am Rand von Teichen, Gartenbächen und für das Sumpfbeet. Sie verträgt auch kurze Überflutungen. Zuchtformen in Weiß, Purpur mit rosa Muster oder Rötlich-violett. Für Steingärten und andere Gartenteile. Sonne. Normaler Boden, nicht zu trocken. Wie bei allen Zwiebelblumen auch hier Bodenbearbeitung unterlassen.

▷ Pflanzen ziehen nach dem Verblühen ein, deshalb in niedrige Bodendecker setzen, zu Fetthennen, zarten Polstergräsern usw.

Kiefer, Föhre, *Pinus* Nadelgehölz mit vielgestaltiger Wuchsform, 1 m–25 m hoch, in über 70 Arten, für alle Gartenteile, für Parks und zur Grabbepflanzung. Bergkiefern (Latsche, Krummholzkiefer), *P. montana, P. pumila,* 1–2 m hoch, auch stammlos niederliegend, mit grünen oder bläulichen Nadeln, eignen sich besonders für kleinere Gärten, für das Alpinum und den Steingarten. Höhere, wie *P. parviflora glauca,* mit starkem Zapfenbesatz und kräftig blaugrünen Nadeln, entwickeln sich schöner in Einzelstellung. Baumschulen führen ein großes Angebot; es wird empfohlen, die gewünschte Wuchsform an Ort und Stelle auszusuchen. Die Nadeln stehen einzeln oder in Gruppen zu 2, 3, 5 oder mehr, je nach Kieferart. Hohes Lichtbedürfnis. Normaler, kalkhaltiger Boden. → Weymouthskiefer, → Zwerggehölze.

▷ Werden Zwerg-K. höher als gewünscht, behandeln wie → Bergkiefer.

Kiefernnadelblasenrost → Rost.

Kiesbeet Dränagebeet für trockenheitsliebende Gewächse wie Kakteen, manche Gräser, viele Alpenblumen, Zierdisteln und Strohblumen. Anlage: In einem Plattenbelag beetförmige Fläche aussparen. Pflanzgrube ausheben und diese halb mit Kies auffüllen. Zuletzt bis zur erforderlichen Höhe durchlässige Erde aufschichten.

Kiesweg → Wege im Garten.

Kindel Sich von einer Mutterpflanze abtrennender Nebentrieb, der rasch neue Pflanze ergibt, wie bei Bromelien und einigen Farnen.

Kinder im Garten 1. K. sollten mit möglichen Gefahren vertraut sein. → Giftige Pflanzen muß man kennen, damit man sie meiden kann. Wasserbecken niemals steilwandig anlegen! Je kleiner die Kinder, um so flacher sollte das Wasser sein. Warnung allein genügt nicht, K. sollen die Folgen eines Unfalls genau kennen. Pflanzenschutzmittel niemals herumstehen lassen. → Gartenapotheke. Wenn K. wissen, warum sie nicht auf einem frisch mit Unkrautvertilgern behandelten Rasen spielen dürfen, ersparen sich Eltern oder andere aufsichtspflichtige Personen die ständigen Ermahnungen.

2. Freuden und Pflichten lassen sich leicht miteinander verbinden, wenn bei den K. Interesse für das Pflanzenwachstum geweckt wird. Kleine → Beete von 30–40 cm Breite anlegen und das Kind schnellkeimende Samen in den Boden legen lassen, z. B. Radieschen, Bohnen, Erbsen, Sonnenblumen, Kapuzinerkresse. Freude machte es, mit Gartenkresse-Samen einen Buchstaben zu säen. Pflegen K. dann ihr eigenes Beet, lernen sie spielerisch die notwendige Gartenpflege kennen und bekommen Achtung vor der Arbeit anderer. Kleines Gartengerät anschaffen, mit dem es sich mühelos hantieren und das sich leicht pflegen läßt!

3. Die Tierwelt im Garten entdecken K. meist von selbst: Vögel, Schnecken, Käfer, Igel, Glühwürmchen. Ihr Umweltbewußtsein läßt sich stärken, wenn man ihnen die Möglichkeit gibt, die Lebensweisen von Tieren kennenzulernen und beim praktischen Vogelschutz mitzuhelfen. → Vögel im Garten. → Spielplatz im Garten.

Kirsche, *Prunus* Sauerkirsche: Steinobst mit geringen Ansprüchen. Wächst auf jedem, nicht zu feuchten Gartenboden. Gedeiht auch in sandiger Erde bei ausreichenden Kalkgaben, stickstoffhaltiger Düngung und regelmäßiger Bewässerung. Weniger sonnenhungrig als Süß-K. Schattenmorellen bringen noch guten Ertrag an wenig besonnten Gartenstellen, verlangen aber

mehr Pflege. Beste Blüten- und Fruchtbildung am einjährigen Trieb. Zweijährige Triebe verkahlen gern. Regelmäßige Verjüngung durch Einkürzen kräftiger, einjähriger Seitentriebe kurz nach der Ernte; schwächer in einem, stärker im nächsten Jahr. Diese Pflege bringt gute Fruchtqualität und kann Moniliabefall einschränken. Bei älteren, vernachlässigten Sauerkirschbäumen wird durch starken Rückschnitt kräftige Neutriebbildung und besserer Ertrag erzielt. Erntebeginn bei dunkler Fruchtfarbe. Spaliere oder Buschbäume mit 50–60 cm Stammhöhe sind Hochstämmen vorzuziehen. Nächstgelegene Baumschulen geben Auskunft über geeignete Sortenwahl. Sauer-K.-Sorten: ‘Diemitzer Amerelle’, ‘Morellenfeuer’, ‘Nabelle’, ‘Schattenmorelle’, ‘Heinemanns Rubin’.

Süßkirsche: Benötigt viel Sonne. Kalkhaltiger, nicht feuchter und nicht zu schwerer Boden; geschützte Lage. Blüte und Holz sind frostempfindlich. In nächster Baumschule nach geeigneten Sorten fragen. Nach Herbstpflanzung im Frühjahr zurückschneiden. Wird im Frühjahr gepflanzt, Wurzeln und Krone einkürzen. In den folgenden Jahren gelegentlich → auslichten. Jüngere Süß-K.-Bäume brauchen weniger Stickstoffdüngung als Sauer-K. Ältere sind für zusätzliche Stickstoffgaben dankbar. Durch die kräftige Fruchtfarbe nicht zu verfrühtem Erntebeginn verlocken lassen. Halbstämme und Niederstämme sind dem Hochstamm aus Pflege- und Erntegründen vorzuziehen. Süß-K.-Sorten: 'Schwarze Knorpel', 'Rote Knorpel', 'Haumüller Mitteldicke', 'Querfurter Königskirsche', 'Hedelfinger Riesen'.

▷ Alle Süß-K. sind selbststeril, d. h. Bestäubung zwischen Blüten desselben Baumes hat keine Befruchtung und deshalb keine Fruchtbildung zur Folge. Es ist also ein zweiter Baum nötig, der in der näheren Umgebung stehen sollte (Flugbereich derselben Bienen!). Dabei ist es wichtig, daß dieser hinsichtlich Blütezeit und Sorte (auch hier Unverträglichkeiten!) zum anderen Baum paßt.

▷ Auf Kalk- und Phosphorsäuremangel reagieren alle K. mit geringerem Fruchtbehang. Krankheiten: → Monilia, → Schrotschußkrankheit, → Gummifluß. Schutz gegen Vogelfraß bietet das Aufhängen langer Streifen aus Aluminiumfolie an den Seitenästen und über der Krone. → Vogelabwehr, → Obsthecke, → Spritzkalender.

Kirschfruchtfliege 5 mm lange, schwarze Fliege mit gelbem Rückenfleck und 4 dunklen Bändern auf durchsichtigen Flügeln. Eiablage ab Ende V in reifende Kirschen. Larven ernähren sich vom Fruchtfleisch rund um den Kern. Nach etwa 30 Tagen bohren sie sich durch die Frucht hindurch, fallen zu Boden und graben sich zur Verpuppung wenige cm in den Erdboden ein. Junge Fliegen schlüpfen Mitte V. Befallen werden vor allem Süßkirschen; früh reifende Sorten und Sauerkirschen weniger, Schattenmorellen selten. Bekämpfung: Madige Kirschen vernichten. Erkennbar an eingesunkenen fauligen Stellen in Stielnähe. K. werden von gelben Farbtönen angezogen. Deshalb zur Vorbeugung und Bekämpfung gelbe Leimtafeln in Kirschbäume oder deren Nähe hängen. Bei stärkerem Befall Wirtspflanzen wie → Heckenkirschen (*Lonicera*), Wildkirschen und Schneebeeren (*Symphoricarpos*) im Garten entfernen. → Spritzkalender, → Blattläuse, → Biologische Pflanzenschutz- und Pflegemittel.

Kirschlorbeer, Lorbeerkirsche, *Prunus laurocerasus* Immergrüner Strauch für alle Gartenteile; 1 m hoch, mit ledrigem, lackglänzendem Laub. Weiße Blüten in aufrechter Traube im V und oft ein zweites Mal im IX. Schwarzrote Beeren. Sonne–Schatten. Normaler Boden.

Kirschpflaume, *Prunus cerasifera* Baumartiger, vielfach dorniger Strauch, bis 8 m hoch, mit dichtem, weißem Blütenbesatz im IV. Runde, mirabellenartige, rot bis gelbe, gut schmeckende Früchte, vielzählig von VIII–IX. Dankbares Vogel- und Windschutzgehölz. Naschbaum für Kinder. Sonne–Halbschatten. Normaler, kalkhaltiger Boden. → Blutpflaume

Kiwi Bekannt aus der Obsthandlung. Die Pflanze heißt → Strahlengriffel. Dankbar im Fruchtansatz an warmer Hauswand ist die kleinfrüchtige *Actinidia arguta.* K. sind zweihäusig, man muß zur weiblichen immer eine männliche Pflanze setzen. Fruchtreife ab VIII. Frostschutz notwendig!

Kleingarten Wohnungsferner Garten von 300 bis 350 m^2 Größe, vereint zu K.-Anlagen, die aus der Schreberbewegung Mitte des 19. Jahrhunderts hervorgegangen sind. K. dienen der wirtschaftlichen Versorgung von Bewohnern in Geschoßwohnungen. Intensive Ausnutzung des Pachtgrundstückes für Obstspindel, Obstbüsche, Gemüse und Stauden. Ausgestattet mit einer Laube bis 15 m^2 Grundfläche. Erwerbsmäßige Nutzung durch Gesetze untersagt.

Kleinklima Ortsbedingtes Klima in einem bestimmten Gartenteil, das für die dort wachsenden Pflanzen von Bedeutung ist. Beispiele: 1. Erhöhte Luftfeuchtigkeit rund um den Gartenteich. Hier sollten keine Pflanzen stehen, die Trockenheit lieben. – 2. Geschütztes, trockenes Klima vor wärmespeichernder Südmauer oder Hauswand. Geeignet für Strohblumen, Steppenpflanzen, manche Zwiebelgewächse, Einjahresblüher, Aprikosen. – 3. Luftig-feuchtes Bodenklima unter Laubbäumen und Büschen; für Waldpflanzen wie geschaffen. – 4. Trocken-heißes Sommerklima im → Kiesbeet auf einer Plattenfläche, wo Kakteen gut gedeihen. → Agave, → Bodennahes Kleinklima.

Kleinlebewesen → Mikroorganismen.

Klematis, Waldrebe, *Clematis* Reich blühender Schlingstrauch, je nach Art und Sorte 3–10 m hoch. Überwächst Zäune, Pergolen, Felsen, Baumstämme oder Pfosten. Berankt Wände, Mauern und Lauben. Wildarten mit kleineren Blüten sind meist unempfindlicher als großblumige Hybriden und bieten zusätzlich silbrige, behaarte Fruchtstände im Herbst. Alpenwaldrebe, *C. alpina,* mit nickenden, violettblauen Blütenglocken im IV–V. Bis 2 m hoch. Ranken müssen befestigt werden. Von VII–IX blüht *C. tangutica,* bis 3 m hoch, mit leuchtend gelben Blüten. *C. paniculata,* 10 m hoch, weiße, duftende Blütenrispen von IX–X. *C. montana* 'Rubens', 8 m hoch, mit Blüten in rosa Tönen von V–VI.
Großblütige Hybriden werden in Pflanzenkatalogen meist in 4 Gruppen angeboten: *Patens*-Hybriden, 3 m hoch, mit bis 15 cm breiten, meist blautönigen Blüten von V–VI. *Viticella*-Hybriden, 4 m hoch, mittelgroße Blüten von VII–VIII. 'Lady Betty Balfour' mit weißem Auge im dunklen Blau oder 'Ville de Lyon' in Karmesinrot. Zu gleicher Zeit blühen die *Jackmanii*-Hybriden, 3–4 m hoch, meist blau oder rosa, mit 12 cm Blütendurchmesser. Großblumige *Lanuginosa*-Hybriden klettern bis 2 m hoch. Blüten-Durchmesser: 10–20 cm. Blütezeit: VII–IX, Farben: Weiß, Weinrot; oder wie 'Nelly Moser' zartlilarosa mit rotem Mittelband. 'Prins Hendrik': große azurblaue Blüten mit gewellten Blättern und dunklen Staubgefäßen.
Die K. gedeiht nicht nur halbschattig an der Ost- und Westwand. Sie verträgt auch volle Sonne, wenn ihr Wurzelfuß kühl mit dicht wachsenden → Bodendeckern oder immergrünen → Zwerggehölzen überschattet wird. Gegen Verkahlen der unteren Teile vorbeugen durch kräftigen Rückschnitt in den ersten 3 Jahren nach der Pflanzung, bei Frühsommerblühern kurz nach der Blüte. Im VIII blühende Sorten erst im späten Winter zurückschneiden. Gibt es keine Möglichkeit der Fußbeschattung auf der Sonnenseite, könnte man K.-ranken von der Ost- oder Westwand um die Hausecke herumleiten. Dazu genügt ummantelter Spanndraht.
<u>Stauden-K.:</u> Nicht schlingende Gewächse für halbschattige Gartenstellen. Zu diesen gehören *C. recta* 'Grandiflora', 100 cm hoch, mit weißen Blütendolden von VI–VII zwischen graublauem Laub und *C. integrifolia,* 60 cm hoch, mit blauen, nickenden Blüten von VI–VII. Normaler, durchlässiger Boden für alle Arten und Sorten.

▷ Vorbeugende Maßnahme gegen das K.-Sterben: Tiefes oder schräges Einpflanzen, damit die Veredlungsstelle in der Erde sich gut bewurzelt. → Tafel Schling- und Kletterpflanzen.

Kleopatranadel, Steppenkerze, *Eremurus* Fremdartig wirkende Staude mit großen, grünen oder blaugrünen Blattrosetten. 80–200 cm hohe Blütenschäfte von VI–VII tragen eine Vielzahl kleiner Blüten in Weiß, Gelb, Orange oder rötlichen und rosa Tönen. Wurzelstock höchstens 20 cm tief einsetzen. Sonne. Boden nahrhaft und durchlässig. Herbstpflanzung bevorzugt.

Klettermax → Knöterich.

Kletterpflanzen Kletternde, schlingende und rankende Gewächse für Hauswände, Mauern, abgestorbene Bäume, Pfosten, Pergolen, Lauben, Garagen, Zäune, Sichtschutzwände um Sitzplätze und Terrassen sowie für Balkons. → Hausberankung, → Rosen, → Tafel Schling- und Kletterpflanzen.

Kletterstauden → Bärwinde, → Ruhmeskrone.

Klima → Kleinklima.

Klinker Aus kalkarmen Tonen und Eisenzusätzen hart gebrannter Ziegelstein oder Platte für Mauern, Treppen und Beläge auf Terrassen und in Höfen. Wegen interessanter Farbnuancen von gelb über ocker, rot, braun bis blau viele Verwendungsmöglichkeiten.

Knäuelgras, *Dactylis* Ziergras, ca. 40 cm hoch; grüne und weiß gestreifte Formen. Blütenrispen von V–VI. Zum Verwildern geeigneter Bodendecker zwischen Stauden und höheren Zwiebelblumen. Sonne–Halbschatten. Normaler Boden.

Knoblauch, *Allium sativum* Ab IV einige Knoblauchzehen an sonnigem Platz 5 cm tief mit 15 cm Abstand auslegen. Nahrhafter, altgedüngter, nicht mit frischem Mist versorgter Boden. Ernte ab VII nach Abwelken der Laubstengel. K. ausgraben, abtrocknen lassen und luftig aufhängen.

▷ Wühlmäuse meiden Beete mit K.-Pflanzen. Gegen Vogelfraß kann man aufgeschnittene K.-Zehen zwischen Primelpolster legen, oder in durchlässige Stoffsäckchen gebunden in Obst- und Beerengehölze hängen. → Schildläuse.

Knochenmehl Langsam wirkender Phosphorsäuredünger. Organischer Vorratsdünger besonders auf leichten Böden für Dauerkulturen (Bodendecker, Rasen), langlebige Stauden, Beerensträucher, Kirschen, Erdbeeren u. a. Im Herbst nach Mengenangabe auf der Packung ausstreuen.

Knöllchenbakterien Im Erdboden lebende Nutzbakterien. Dringen vor allem in die Wurzeln von Hülsenfruchtgewächsen ein, was zur charakteristischen Knöllchenbildung führt (Name!). K. decken ihren Bedarf an Kohlenhydraten aus der

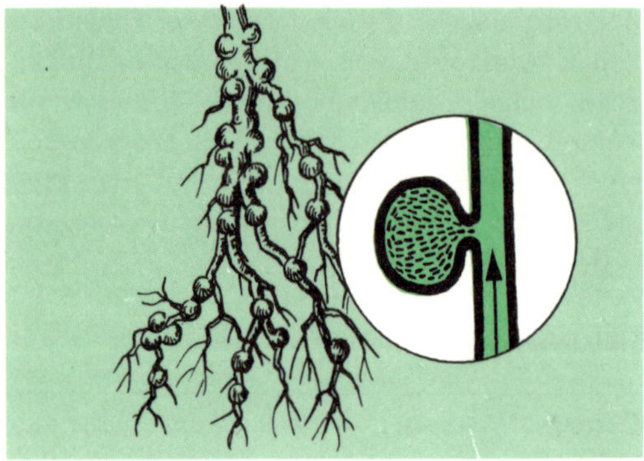

Wirtspflanze und versorgen diese dafür mit Stickstoff. Brach liegendes Land läßt sich durch Einbringen von Erde aus einem Hülsenfrüchtebeet mit K. impfen. → Gründüngung, → Nährstoffe, → Symbiose.

Knöterich, *Polygonum* Vielseitig zu verwendende Stauden, einjährig oder ausdauernd, 20–200 cm hoch. Blüten von VII–IX in Rot, Rosa, Creme und Weiß. Einjährig ist *P. orientale,* der Orientknöterich, 40–150 cm hoch. Niedrig bleibende oder höhere Zuchtformen in Staudenbeete einfügen. Hohe vor Mauern setzen und bunte Einjahresblüher oder langblühende, ausdauernde Stauden davorpflanzen. Aussaat entweder im Herbst an Ort und Stelle (im Frühjahr dann auf 30–50 cm Abstand → ausdünnen) oder Aussaat im Frühjahr ins kalte Frühbeet (Jungpflanzen dann an gewünschte Stellen versetzen). Unter den ausdauernden Arten ist der kriechende, 20 cm hohe *P. affine* mit seinen Zuchtformen fast überall im Garten zu verwenden. In Fugen von Platten, Treppen und Trockenmauern, polsternd im Steingarten, in wegbegleitenden Rabatten und auf schwer zu pflegenden Böschungen. Sonne–Halbschatten. Normaler Boden, feucht oder trocken. Vermehrung durch Wurzelteilung im Frühling.

Über das reiche Angebot an halbhohen oder hohen Arten sollte man sich in Staudengärtnereien und Versandkatalogen informieren, da die Ver-

△ Kugeldistel ▽ Lupine △ Lilie ▽ Mädchenauge

△ Maiglöckchen ▽ Mittagsblume △ Margerite ▽ Mittagsgold

wendungsmöglichkeiten und Bodenansprüche sehr unterschiedlich sind. Der Wasser-K., *P. amphibium,* ist eine Liebhaberpflanze. Sumpf bis zu 30 cm Wasserstand. Der Schling-K. oder Schlingstrauch, *P. aubertii,* wird jetzt unter *Fallopia aubertii* geführt und wegen seiner starken Wuchskraft auch »Klettermax« genannt. Er kann in einem Jahr 6 m hoch winden, überzieht Pergolen, Lauben und Pfeiler, tote Bäume, die sich nicht entfernen lassen, Hauswände (an sehr stabilen Spalieren) oder das gut isolierte Dach eines Schuppens. Weiße Blütenrippen von VI–IX, gute Bienenweide. Sonne–Schatten, normaler Boden. → Tafel Schling- und Kletterpflanzen.

Knollenbegonien → Begonien.

Knollengewächse Pflanzen mit verdicktem, meist fleischigen Stengelteil oder unterirdischem Wurzelteil, der Vorratsstoffe wie Stärke und Zucker speichert sowie oft durch Tochterknollen der Vermehrung dient. K. unter den Blumen sind Dahlien, Knollenbegonien, Alpenveilchen, Gartenranunkeln, Winterlinge, Schwertlilien, usw. Im Gemüsebeet: Kohlrabi, Radieschen, Rote Bete, Kartoffeln.

Knollensellerie Wurzelgemüse mit langer Kulturdauer. Jungpflanzen vom Gärtner nach den Eisheiligen mit 40 cm Abstand in Reihe pflanzen. Bei zu enger Pflanzung schlechte Knollenbildung. Desgleichen bei zu tiefem Einsetzen. K. niemals häufeln. → Kopfdüngung einmal im Monat bei feuchter Witterung. Im VII/VIII zusätzlich mit Kali düngen. Überdüngung oder Bormangel kann zum Schwarzwerden der Knollen führen. Mit beginnender Reife der Knolle vergilben die äußeren Blätter. Ernte von X–XI. Wer selbst Jungpflanzen ziehen will, sät von II–III in Anzuchtkästen, ins warme Frühbeet oder in Töpfe am Fensterbrett. Sämlinge mit 4 cm Abstand rundum → pikieren. Jungpflanzen → abhärten.

▷ K. als Zwischenpflanzung zu Kopfsalat setzen oder an den Rand von Gurkenbeeten. Günstige Pflanzennachbarschaft sind auch Bohnen und Lauch. K.-Kraut als Suppengrün verwenden.

▷ K. enthält die Vitamine A, B, C. 100 g: 45 Kalorien (189 J). → Bleichsellerie.

Knospenfraß Um Vögeln das Abfressen von Knospen an Obstgehölzen zu verleiden, hift folgende Spritzmethode: 500 g gebrannten Kalk in 5 l Wasser auflösen. In einem anderen Gefäß 500 g 40%iges Kalisalz in 1,5 l heißem Wasser verrühren und abgekühlt mit der durchgeseihten Kalklösung mischen. Dazu 50 g Natriumwasserglas geben und gut verrühren (Theobald'sche Lösung).

Alles in eine 10-l-Gießkanne geben und bis oben mit Wasser auffüllen. Obstgehölze satt einspritzen. Die Lösung erstarrt und bildet eine harte Schutzschicht. → Vogelabwehr.

Knotenblume, Märzenbecher, Schneeglöckchen, *Leucojum* Zwiebelblumen für feuchten Boden. *L. vernum,* 20 cm hoch, mit grünzipfeligen, weißen Blütenglocken von II–IV. Sonne–Schatten. *L. aestivum,* 30 cm hoch, mit 4–6 übereinander sitzenden Blütenglocken von V–VI. *L. autumnale,* 15 cm hoch, mit gezackten, weißen, rötlich getönten Blütenglocken von IX–X. Sonne–Halbschatten. Normaler Boden, eher feucht als trocken.

Kochie → Sommerzypresse.

Königsfarn, *Osmunda* Winterharter Freilandfarn, 80–150 cm hoch. Geeignet zur Pflanzung unter lichte Bäume, zwischen Gehölze und an absonnige Gartenstellen. Halbschatten–Schatten. Boden humos, tiefgründig, eher feucht als trocken. Vermehrung durch Teilung im Frühjahr. *O. regalis* kann bis 2 m hoch werden und fühlt sich in feuchtem Torf am wohlsten. In normalem

Boden → Torfbett bereiten und mit Primeln, Trollblumen und anderen → Moorbeet-Pflanzen zusammensetzen. → Farne.

Königskerze, *Verbascum* Mehrere Jahre ausdauernde oder zweijährige Staude, 60–180 cm hoch. Dekorative ährigrispige Blütenkerzen steigen von VI–VIII aus großen Blattrosetten auf. Blütenfarben: vor allem gelbe Töne, aber auch Rosa, Weiß und Violett. Geeignet für jede sonnige, trockene Gartenstelle. Blütenstiele sofort nach Abwelken schneiden. Normaler Boden. K. samen leicht von selbst aus. Hybriden durch Wurzelschnittlinge vermehren.

Kohl Sammelbegriff für Gemüsepflanzen der Gattung *Brassica.* K. braucht nährstoffreichen, kalkhaltigen, humosen Boden, möglichst mit einem gewissen Lehmanteil. Auf Sandböden bilden sich selten feste Köpfe. Hier kann man sich helfen, indem man große Pflanzlöcher mit Komposterde ausfüllt. Am anspruchsvollsten ist → Blumenkohl, die geringsten Ansprüche stellt → Grünkohl.

Die zarten Jungpflanzen brauchen reichlich Wassergaben, um gut anzuwachsen. Werden sie tief gesetzt, bilden sie auch am Stamm Wurzeln. Regelmäßig hacken und leichten Boden → anhäufeln, um die Feuchtigkeit besser zu halten. → Kapillaren. Einige Kamillenstauden am Rand oder mitten im Beet aromatisieren den Geschmack. Eine Zwischenpflanzung von Buschbohnen, frühen Kohlrabisorten oder → Mulchen sorgt für gute Bodenbedeckung. K. und Frühkartoffeln in abwechselnden Reihen bilden eine gesunde Pflanzengemeinschaft. Ernte: Frühkohlsorten je nach Reifegrad und Bedarf; Überwinterungs-Spät-K. so spät wie möglich. Am frostempfindlichsten ist → Weißkraut, widerstandsfähiger der → Wirsing. Frostbedürftig dagegen ist Grünkohl, damit Geschmack und Bekömmlichkeit verfeinert werden. → Kohlkragen, → Kohlhernie, → Erdflöhe, → Kohlweißling, → Zierkohl, → Schwarzbeinigkeit, → Tomatenjauche, → Fruchtfolge.

Kohlfliege 5–6 mm lange graue Fliege. Schlüpft im Mai aus überwinternden Puppen. Bringt 3 Generationen im Jahr hervor, von denen die erste den größten Schaden anrichtet. Eiablage direkt am Wurzelhals der Pflanzen oder in dessen Nähe auf den Boden. Die ausschlüpfenden weißen Larven fressen in Wurzelhals oder Wurzeln gewundene Gänge. Schadbild: Bei starkem Auftreten vollständiges Abnagen der Wurzeln. Kräftiger entwickelte Pflanzen sterben bei späterem Befall nicht ab, werden aber im Wachstum gehemmt. Die K. befällt alle Kohlarten, auch Kohlrüben, Rettiche, Radieschen. Bekämpfung: Bei Anwendung von → Insektiziden → Wartezeit beachten! Biologische Bekämpfung: Spritzmittel oder Stäubemittel auf Pyrethrum-Derris-Basis verwenden. Ebensolche Bodeninsektizide (Spruzit-Streumittel) evtl. zusätzlich anwenden. → Kohlkragen.

Kohlgallenrüssler 3 mm langer, schwarzer Rüsselkäfer. Eiablage in die Pflanze nahe am Wurzelhals. Nach Ausschlüpfen der Larven Bildung erbsen- bis haselnußgroßer, hohler → Gallen. Bekämpfung: Bei schwachem Befall die Gallen entfernen, bei starkem Befall Pflanzen entfernen und vernichten.

Kohlhernie, Kohlkropf Schleimpilzerkrankung. Pflanzen welken und sterben ab. Kropfartige Verdickungen an den Wurzeln. Im Boden vorhandene Sporen sind mehrere Jahre lebensfähig. Besonders gefährdet ist Kohlrabi. Bekämpfung: Befallene Pflanzen möglichst im Ofen verbrennen. Nie auf den Komposthaufen werfen. → Fruchtfolge, → Bodendesinfektion. Auf verseuchtem Boden Kohlpflanzung bis zu 6 Jahren aussetzen. Vorbeugung: gesunde Jungpflanzen kaufen. Beet spätestens 3 Wochen vor Bepflanzung mit Kalkgaben versehen oder kalkhaltige

Dünger verwenden. → Schnee, → Tafel Pflanzenkrankheiten.

▷ Nach gärtnerischen Erfahrungen soll sich Lauchanpflanzung auf hernieverseuchtem Boden günstig auswirken. Wurzelverdickungen der K. sind im Gegensatz zu den Gallen des Kohlgallenrüsslers gefüllt.

Kohlkragen Rund oder eckig geschnittene Scheiben aus Dachpappe oder anderem wasserfestem Material, mit rundem Mittelloch und einem Einschnitt. Um den Wurzelhals der Pflanzen gelegt, hindern sie Kohlfliegen an der Eiablage. Werden im Fachhandel angeboten.

Kohlrabi, *Brassica oleracea* var. *gongylodes* Gemüsepflanze; auch für Rohkost geeignet. Frühe Sorten günstig in Mischkultur mit Blumenkohl, späten Kohlsorten, Sellerie, Salat und am Rand von Gurkenbeeten. Folgesaat von II–III im Frühbeet. Pflänzchen → ausdünnen. Humusreicher, nahrhafter Boden, auch frisch gedüngt. Von IV–VI auspflanzen. Kälteschutz geben (→ Folientunnel). Freilandaussaat ins Gemüse- oder Saatbeet von IV–V. Ausdünnen. Je nach Sorte und Folgesaat von V–VIII umsetzen. Späte Sorten zur Herbsternte von VI–VII auspflanzen. Pflanzabstand 30 cm rundum. Sorten- und Pflanzhinweise auf Samentüten beachten. Beim Kauf von Jungpflanzen (frühe, mittlere, späte) Sorte erfragen. Bekommen Jungpflanzen Frost, schießen sie später aus. Wachstumsstörungen durch zu lange Trockenheits- oder Nässeperioden möglich. Zu geringe Wassergaben und verkrusteter Boden lassen K. aufplatzen. Einige Sorten werden bei Trockenheit holzig. Erntebeginn je nach Sorte und Knollengröße.

▷ Sehr frühe Sorten bilden ein zweites Mal zarte Knollen, wenn bei vorsichtiger Ernte möglichst viele Blätter an der Pflanze verbleiben. Junge K.-Blätter wie Spinat kochen. K. enthalten Vitamin A, B und C. 100 g gekochte K.: 22 Kalorien (92 J.).

Kohlrübe, *Brassica napus* var. *napobrassica* Knollengemüse als Hauptfrucht oder auch als Lückenbüßer auf frei gewordenen Beetstellen. Aussaat ab IV ins Freilandsaatbeet. Kräftige Pflanzen ab VI mit 30–40 cm Pflanzabstand in nahrhaften, nicht frisch gedüngten Boden umsetzen. Erntezeit IX–XI. Gefährdung junger Pflanzen durch → Erdflöhe. Aus der Erde herauswachsende Knollen können holzig werden. Darum rechtzeitig anhäufeln. K. können leichten Nachtfrost vertragen.

▷ K. enthalten Vitamin C. 100 g gekochte K.: 28 Kalorien (117 J).

Kohlschwarzbeinigkeit → Schwarzbeinigkeit.

Kohlweißling Ein weißer Schmetterling mit schwarzer Flügelzeichnung. Eiablage an Kohlblättern in zwei Generationen von V–VIII. Gelbe Eihäufchen auf der Laubunterseite. Jungraupen sind hellgelb, ausgewachsene graugrün, schwarz gefleckt. Erhebliche Fraßschäden an Kohl und anderen Kreuzblütlern. Bekämpfung: Zerdrücken der Eigelege, Absuchen der Raupen. Bei starkem Befall spritzen mit Insektiziden auf Basis des Wirkstoffs Tetrachlorvinfos oder mit Bacillus thuringiensis. → Wartezeit beachten. Tips für die biologische Bekämpfung: Abtöten der Raupen durch Spritzen mit dreiprozentigem Wermuttee, oder ungiftige Pyrethrum-Spritz- oder Stäubemittel verwenden. Kohlmeisen und Schlupfwespen gehören zu den eifrigsten Raupenvertilgern in Kohlbeeten.

▷ Einige Tomatenpflanzen und Dill im oder beim Kohlbeet können den Falter vertreiben. Der starke Duft ätherischer Öle überlagert den schwächeren Geruch der Kohlgewächse. Deshalb hier seltenere Eiablage. → Tomatenjauche.

Kokardenblume, *Gaillardia aristata* Winterharte Blütenstauden, 20–70 cm hoch. Margeritenähnliche Blüten von VII–IX in roten und gelben

Farbtönen. Haltbare Schnittblumen. Sorte 'Kobold' nur 20 cm hoch. Sonne. Normaler nahrhafter Boden. Vermehrung: Stauden- wie auch Einjährige K. ab IV an Ort und Stelle aussäen. Jungpflanzen lassen sich versetzen.

Kompost Verrottungsprodukt zahlreicher Garten- und Küchenabfälle. Wertvoller Humusbildner. Zu den pflanzlichen Abfällen gehören: Gesunde und samenlose Pflanzenteile aller Art, leicht verrottendes Laub (Buchenlaub verrottet langsam), Rasenmahd, weiche Triebe vom Gehölzschnitt, Unkraut (möglichst vor der Blüte), welke Vasenblumen, Gemüseabfall, Obstreste, Eierschalen, Staubsaugerinhalt, Rasensoden, Tee- und Kaffeesatz, Holzasche, Pappe- und Papierschnitzel nach gutem Anfeuchten. Als Zusatz Mist, Torf oder Erde. Präparate wie »Kompost-Starter« oder »Humofix« beschleunigen die Vererdung. Lange Pflanzenstengel und großes Laub von Dahlien, Rittersporn, hohen Astern usw. zum Kompostieren kleinschneiden. Zerkleinertes Material verrottet schneller. Nicht auf den K. gehören leicht weiter wachsendes Wurzelunkraut wie Huflattich, Giersch und Quecke. Ferner faules Obst, schorfiges Laub, mehltaubefallene oder andere kranke Pflanzen, dicke Äste, Lumpen, Scherben, Plastik- und Metallreste.

Biologische Methode: Beim Aufsetzen des Haufens Horn-Knochen-Blutmehl, Korallalgenkalk oder Gesteinsmehl zugeben und den fertigen Haufen mit Brennesseljauche übergießen. Bei üblicher Methode beschleunigt das Einstreuen von ungelöschtem Kalk (Ätzkalk) die Zersetzung. Er erhöht außerdem den Stickstoff des Bodens, indem er die Tätigkeit salpeterbildender Bakterien ermöglicht, und vernichtet Krankheitskeime sowie manche Unkrautsamen. K.-haufen sollen durchfeuchtet, aber nicht tropfnaß sein. Das Einlegen dünner Äste vermindert die Gefahr der Fäulnisgärung. Während längerer Regenperioden mit Folie abdecken. Der günstigste Platz für einen K.-haufen ist ein leicht schattiger Ort. Starke Sonneneinstrahlung trocknet ihn schnell aus. Steht kein anderer Platz zur Verfügung, kann man ihn durch Kürbispflanzen beschatten, oder mit höheren, dichtlaubigen Gehölzen umpflanzen. Dazu eignen sich Haselnuß- oder Holundersträucher, eine Hainbuchenhecke, aber auch Stangenbohnen, Himbeeren und Brombeeren an Drahtgestellen oder Johannisbeersträucher. → Kürbis.

Anlage: Man kann entweder einen der praktischen → K.-silos verwenden oder folgendermaßen vorgehen: Gartenboden einen Meter im Quadrat spatenstichtief ausheben, planieren und ca. 15 cm hoch mit Torfmull und darüber 10 cm der ausgehobenen Gartenerde als festhaltende Sickerschicht einfüllen. Lockeren Sandboden wenn möglich mit einer Lehmschlämme überziehen. Kompostbereitende Abfallstoffe bis 120 cm Höhe schräg nach oben aufschichten, damit der Haufen bei Unwetter nicht ins Rutschen kommt. Abwechselnd 30 cm Abfallstoffe und 5 cm Erdschicht oder Torf aufsetzen. Zum Schluß den Haufen 10 cm dick rundum mit Erde abdecken, um Feuchtigkeit und Wärme zu erhalten. An heißen Sommertagen und in Trockenperioden entweder überbrausen, oder eine Gießmulde bzw. Gießrinne eindrücken, über die der K.-haufen mit Wasser und zeitweise auch mit verdünnter Jauche durchfeuchtet wird. Im Viermonatrhythmus umsetzen. Das geschieht, indem der K.-haufen von oben her abgetragen und nebenan erneut aufgeschichtet wird. Das Umsetzen im Winter hat noch einen weiteren Vorteil: Gefrorene K.-teile zerkrümeln leichter und harte Schollen sorgen für lockeren, luftigen Aufbau. Richtig behandelter K. ist in 1½–2 Jahren reif. Eine wesentlich schnellere Reife entsteht durch Überpudern der ca. 25 cm hohen Abfallagen mit ungelöschtem Kalk. Darauf eine 5 cm dicke Erd- oder Torfschicht bringen, dann weiter Abfallstoffe. So wird weiter verfahren. Mist soll nicht mit dem Kalk in Berührung kommen, sondern immer durch Erde oder Torf abgedeckt sein. Wird die-

ser K. feucht gehalten und jeweils nach 6 Wochen umgesetzt, ist er nach 4 Monaten verwendungsfähig.

Zubereitung von Schnell-K. (verwendungsfähig in 6–10 Wochen):

Torf-K.: 1 Ballen Torf (bzw. zwei Sack) vermischen mit 5 kg Kalkstickstoff, 5 kg Thomasmehl und 5 kg Kalimagnesia.

Oder: 1 Ballen Torf vermischen mit 7 kg Thomasmehl, 3 kg Kalkstickstoff, und 7 kg Patentkali.

Oder aus organischen Düngemitteln: 1 Ballen Torf vermischen mit 10 kg Knochenmehl, 10 kg Hornmehl und 5 kg Kalimagnesia. Torf lockern und gut durchfeuchten, auf ebenem Boden mit den Düngemitteln durchschaufeln, reichlich vermischen und wässern. Dann Haufen in Dachform aufsetzen, 1 m breit und ca. 60 cm hoch; 10 cm Erde auflegen und mit der Schaufel festklopfen. Nach 4 Wochen umsetzen und nach weiteren 4 Wochen verwenden – oder 6 Wochen liegen lassen. Dann in den Gartenboden einarbeiten oder als Auflage verwenden. 1 Sack Torf gut durchnäßt und mit 5 kg Volldünger vermischt, kann sofort verarbeitet werden.

Laub-K.: Verwendet wird Herbstlaub von allen Bäumen und Sträuchern. Schwer verrottbares Buchenlaub und gerbsäurehaltiges Eichenlaub nur in geringer Menge mit einstreuen. Beim Ansetzen des K.-haufens mischt man zwischen jede 25 cm dicke Laubschicht eine 3 cm dicke Lage Mist oder halbfertigen K. und einige Hände voll einer Horn-Knochen-Blutmehl-Mischung. Dazu ein Präparat, das die Vererdung beschleunigt. Mit Erde abdecken und gut durchfeuchten. Alles weitere besorgen Frost und Niederschläge, so daß dieser Haufen im Frühjahr (nach 6 Monaten) verwendet werden kann.

Papier-K.: Verwertung von Papier und Karton jeglicher Art. Am schwersten zersetzt sich Kunstdruckpapier, weil es beidseitig mit einer Kreideschicht überzogen ist. Damit ergibt sich gleichzeitig eine Kalkanreicherung der künftigen K.-erde. Beim Aufsetzen des Haufens gibt man zu den fast täglich anfallenden Papierschnitzeln auch Küchen- und Gartenabfälle und lagenweise 1 kg Blutmehl für insgesamt 10 kg Papier. Statt Blutmehl kann man auch 500 g Kalksalpeter bzw. Kalkstickstoff einstreuen.

Lehm-K. → Lehm.

▷ Schnellere Verrottung läßt sich durch beschleunigende Präparate erreichen, die nach Anweisung auf der Verpackung verwendet werden. Sie bestehen meist aus speziellen Bakterien- und Pilzkulturen mit verschiedenen anderen Zusätzen und wachstumsfördernden Wirkstoffen. → Komposthäcksler.

Kompostdüngung Einarbeiten der Komposterde in die oberen Bodenschichten, oder Auflegen einer 1–2 cm dicken Schicht auf Obstbaumscheiben, Gemüsebeete, unter Stauden und Gehölze. Abgesehen vom Düngewert und der Humusversorgung erreicht man eine Verbesserung des Bodens auch durch die günstige Wirkung der K. auf die → Mikroorganismen.

Komposthäcksler zerfasern und schneiden alle organischen Abfälle des Gartens: Hecken- und Baumschnitt, Stauden, Rasenabfall, Küchenabfälle, Pappkartons, Obstkisten. Zerkleinertes

Material kann zum → Mulchen verwendet werden oder zur Kompostbereitung. K. werden meist elektrisch betrieben und in verschiedenen Größen angeboten.

Kompostkräuter wachsen in vielen Gärten als Unkraut oder in freier Natur. Sie werden getrocknet, zerrieben oder auch kleingeschnitten frisch als dünne Decke über den Kompost gestreut. Möglichst wie folgt gemischt: Brennessel, Schafgarbe, Schachtelhalm, Baldrian, Kamille und Löwenzahn. Auch geeignet als Tee oder Jauche zum Übergießen des Komposts. Fördert die Kompostreife.

Kompostsilo Kompostbehälter zur Aufnahme von Stoffen, die vererdet werden sollen. Handliche, zusammensteckbare Elemente verschiedener Bauweise bietet der Gartenbedarfshandel. Es gibt Silos aus Wellendraht, aus verzinktem Blech, Kunststoff-Fertigteilen, Fertig-Betonteilen und imprägnierten Hölzern. Dazu Komposttonnen mit Deckel. Zu beachten bei der Auswahl ist 1. die Möglichkeit für gute Durchlüftung, 2. das Zuwachssystem für höhere Haufen und 3. die einfache Handhabung durch Herausziehen oder Abnehmen der Einzelteile zum Umsetzen des Komposthaufens. Möglichst 2 Elemente aufstellen, um jüngere Schüttung neben der älteren zu haben.

Konkurrenztrieb → Afterleittrieb.

Kopfdüngung Während der Hauptwachstumszeit ausgebrachte Düngegaben, meist in Form von leicht wasserlöslichen Mineralsalzen, die von den Pflanzen sofort aufgenommen werden können. Trocken in der vorgeschriebenen Menge streuen oder, in Wasser gelöst, auf den Erdboden zwischen die Pflanzen gießen. Fein und vor allem gleichmäßig verteilen und leicht einarbeiten. Pflanzen danach gründlich überbrausen, damit trockene Salzkörnchen oder Tropfen von Flüssiglösungen von den Blättern abgespült und so Verbrennungen vermieden werden. → Pflanzenjauche, → Flüssigdüngung. Kopfdünger sind:

N (Stickstoff):	Kalksalpeter	15% N 20–28% Ca
	Natronsalpeter	16% N
	Harnstoff*	46% N*
P (Phosphor):	Superphosphat	18% P_2O_5
K (Kali):	Patentkali	26% K 24% Mg**
Unter den Volldüngern u. a.:		
	Hakaphos	13% N 13% P 9% K
	Nitrophoska	12% N 12% P 21% K

* wegen leichter → Überdüngungsgefahr äußerst vorsichtig anwenden.

** als schwefelsaures Magnesium.

Kompostsilos sind im Handel in den verschiedensten Ausführungen erhältlich.

Kopfsalat → Salat.

Kopulieren → Veredeln.

Korallenwinde → Glockenrebe.

Kornelkirsche, *Cornus mas* Im Vorfrühling blühendes Hecken-, Wind- und Vogelschutzgehölz, 5 m hoch, trägwüchsig, industriefest. Gelbe Blüten vor Blattaustrieb von II–IV. Sonne–Schatten. Normaler, kalkhaltiger Boden.
▷ Eßbare, rote Früchte; eignen sich zu Kompott. Neue Sorten mit großen Früchten gibt es in Baumschulen.

Korrosionsschutz Überzug auf Metallen und Holz zum Schutz gegen Rost und andere Witterungseinflüsse. Beim Kauf darauf achten, daß die hierfür verwendeten Anstrichmittel oder Tränkbeizen pflanzenfreundlich sind. Die Verwendung ungeeigneter Holzschutzmittel zum Streichen von Zäunen o. a. kann z. B. zur Zerstörung benachbarter Hecken führen. → Karbolineum, → Imprägnieren.

Kosmee → Schmuckkörbchen.

Kräuselkrankheiten Pilzkrankheiten der Obstbäume, die das Laub befällt. Besonders anfällig ist der Pfirsich. Schadbild: Verformung und Verdickung junger Blätter, gelblichweißliche bis rötliche Verfärbungen, weißlicher Sporenstaub des Kräuselpilzes. Deformierung junger Triebe. Befallenes Laub vertrocknet und fällt ab. Neuaustrieb im Sommer. Ernteverluste durch Abfallen junger Früchte. Derart geschwächte Bäume blühen im kommenden Jahr selten. Bekämpfung: Kranke Triebe und Laub nach Möglichkeit im Ofen verbrennen. Spritzung vor Austrieb 1. mit Grünkupferpräparaten, 2. mit biologischen Spritzmitteln wie SPS (auch zur Erhöhung der Widerstandskraft bei Austriebsbeginn) oder → Schachtelhalmtee. 3. mit anderen organischen → Fungiziden wie Orthocid oder Captan. → Viruskrankheiten, → Spritzkalender.

Kräuter → Würzkräuter.

Kräuterrasen Mit Würz- und Heilkräutern durchsetzte Rasenfläche. → Naturnaher Garten. Verwandlung eines bestehenden Rasens: 1 Jahr vor Aussaat abmagern lassen und nicht mehr düngen. Grasnarbe mit geeignetem Gartengerät aufreißen und wieder einebnen. Kräutersamen mit Sand vermischt ausstreuen, festtreten und den Kräuterrasen bis zum Erscheinen der Jungpflanzen feucht halten. Wiesenblumenmischung kann zur Verschönerung hinzugenommen werden. Rasen erst nach natürlichem Aussamen der Kräuter und Blumen mähen. Kräuter laufend für Salate und andere Speisen ernten. → Wiese. Beste Aussaatzeit: IV–V und VIII–XI. Geeignete Kräuter: Schafgarbe, Spitzwegerich, Breitwegerich, Gänseblümchen, Kamille, Wiesensalbei, Sauerampfer, Majoran, Pimpinelle u. a.

Krankheitsanfälligkeit Krankheiten der Pflanzen und Anfälligkeit gegen Schädlinge lassen sich weitgehend durch Schaffung gesunder Lebensbedingungen einschränken.
Voraussetzung: 1. Richtiger Standort. Wärme, Windrichtung, Bodenfeuchte beachten. Keine feuchtigkeitsliebenden Pflanzen auf trockenen Boden setzen und umgekehrt. 2. Entsprechende Erdzusammensetzung. Kalkbedürfnis und Kalkfeindlichkeit beachten. 3. Zusagende Lichtverhältnisse. Schattenliebende Pflanzen gedeihen in sonnigen Lagen meist nur bei erhöhter Bodenfeuchtigkeit. → Klematis. 4. Richtige → Düngung. 5. Genaue Saat- und Pflanzzeiten. 6. Sinnvoller Pflanzenschutz. So weit wie möglich mit naturgemäßen, also biologischen Mitteln betreiben. → Umwelteinflüsse.

Kranzspiere, *Stephanandra* Zierstrauch, 50 bis 200 cm hoch, mit braunrotem Herbstlaub. Grünlich-weiße Blütenrispen von VI–VII. *St. incisa:* 2 m hoch, mit überhängenden Zweigen breit wachsend, industriefest. Als Gruppenstrauch auch für Hecken geeignet. Die Triebe von *St. incisa* 'Crispa' krümmen sich bogig nach unten. Zwergstrauch, 50–80 cm hoch, 1,50 m breit, läßt sich als Bodendecker verwenden. Sonne. Geschützte Lage. Humoser Boden.

Krauskohl → Grünkohl.

Krebs → Obstbaumkrebs.

Krebsschere → Wasseraloe.

Kren → Meerrettich.

Kresse, Gartenkresse, *Lepidium sativum* Aussaat zu jeder Jahreszeit. Im Herbst und Winter auf feuchten Wattelagen, in Schalen oder Tellern am hellen Fensterbrett. Keimdauer 3–5 Tage. Ab III im Frühbeet. Nach Eisheiligen Freilandaussaat dick und breitwürfig. K. schießt schnell in Samen. Deshalb Folgesaaten im Abstand von 14 Tagen, möglichst halbschattig. Stark besonnte K. schmeckt scharf. Saat leicht andrücken, nicht mit Erde überdecken. Bis zur Keimung feucht halten. Ernte: Eine Woche nach der Keimung.

▷ Radieschen werden besonders schmackhaft, wenn K. das Beet umrandet oder dazwischengesät wird. K. ist gleichzeitig eine Fangpflanze für Erdflöhe.

Kreuzen Hobbygärtner können mit Hilfe künstlicher Bestäubung Pflanzen kreuzen, um → Hybriden zu erzielen, bei denen wertvolle Eigenschaften von zwei Elternpflanzen (z. B. Blühwilligkeit und Blütenfarbe) in einer Pflanze vereinigt sind.

Beispiel: Lilien. Bei gutem Wetter mit einer kleinen Pinzette einer soeben geöffneten Lilienblüte, der Vaterpflanze, Pollenkörner (Blütenstaub) entnehmen und diesen über die Narbe einer anderen Lilienblüte streichen, mit der man kreuzen möchte (Mutterpflanze). Bei einer geöffneten Blüte wäre Selbst- oder Fremdbestäubung möglich, so daß der Züchter nicht mit Sicherheit ein reines Züchtungsergebnis erwarten könnte. Bekannte Lilienzüchter formen deshalb aus dünner Aluminiumfolie oder aus Silberpapier über einer Bleistiftspitze einen hütchenähnlichen Schutz, den man über den befruchteten Stempel der Mutterpflanze stülpt und zum besseren Halt etwas andrückt. Die befruchtete Lilie mit einem Schildchen versehen, auf dem der Name der Vaterpflanze vermerkt wird. Die Namen beider Lilien und deren besondere Merkmale in ein »Züchterbüchlein« eintragen. Zum Kreuzen eignen sich Lilien, die nahe verwandt sind, z. B. Trompetenlilien untereinander, Asiatische Lilien untereinander usw. Wird im VI/VII bestäubt, ist der Samen meist im IX reif. Nach Abnehmen die schweren – keimfähigen – Körnchen auslesen und im Hobbygewächshaus oder im kalten Frühbeet in Blumentöpfe oder Saatschalen aussäen. Als Sämlingserde entweder Bimssand oder ungedüngten Torf verwenden. Bei gedüngter Anzuchterde (Substrat) entstehen Ausfälle. Saat bis zur Keimung leicht feucht halten. Nach Blattentwicklung schwache Nährlösung geben (z. B. 35 g Nitrophoska auf 10 l Wasser). Im Folge-Jahr Sämlinge in eine Erdmischung aus $^1/_3$ Sand, $^1/_3$ Erde und $^1/_3$ ungedüngtem Torf umsetzen. Möglich, daß manche Lilien dann schon Blütenstengel bekommen. Im zweiten Jahr auf Gartenbeete verpflanzen.

▷ Blütenpollen halten sich in trockenen, verschließbaren Röhrchen bis zu 1 Jahr im Tiefkühlfach.

Kröte → Erdkröte.

Krokus, *Crocus* Frühjahrs- und Herbstblüher, 10–15 cm hoch, in Weiß, Gelb, verschiedenen Lila- und Blautönen. Blütezeit: II–IV und IX–XI. Pflanzzeit der Frühlings-K. von IX–XI.

Mindestens 5 Zwiebeln an beliebigen sonnigen oder halbschattigen Gartenstellen zusammensetzen. Blühen K. im Rasen, darf erst gemäht werden, wenn ihr Laub vergilbt. Sonst ist kaum mit nächstjährigem Flor zu rechnen. Herbst-K. im VIII pflanzen, 10 cm tief. Sonne–Halbschatten. Normaler, altgedüngter Boden. → Knoblauch.

Kronentraufe Tropfenfall im Zweigumkreis der Baumkrone. In diesem Bereich liegen die zur Ernährung wichtigen Wurzeln. Unter dem Laubdach rund um den Stamm bleibt der Boden verhältnismäßig trocken. → Bewässerung.

Krümelgeräte Verschiedenartige Gartengeräte, um den Boden locker aufzukrümeln. Dazu gehören Rechen und → Fräse.

Krumendüngung Vorratsdüngung durch Ausstreuen fester Düngestoffe und anschließendem leichten Einarbeiten in die Bodenkrume.

Krummholzkiefer → Bergkiefer.

Kübelpflanzen Zur Dekoration von Balkon und Terrasse, von Sitzplätzen und zeitweise blütenarmen Gartenteilen. Als → mobile Gärten aufgestellt, bedeuten K. eine wertvolle Bereicherung von Haus und Garten. K. enthalten zumeist niedrige bis halbhohe Gehölze. Winterharte Gewächse können – bei notfalls leichter Abdeckung – in frostsicheren Kübeln ganzjährig im Garten verbleiben. Dafür eignen sich Buxbaum, Kirschlorbeer, Rhododendron, Azalee, Stechpalme, Japanischer Zierahorn, Ginster, Hortensie, manche Fuchsien, Eibisch sowie niedrige bzw. hängende Nadel- und immergrüne Laubgehölze.
Nicht winterharte Pflanzen werden im Haus, in Schuppen, Garage oder Gewächshaus frostfrei aber kühl, bei etwa 4–8° C, überwintert. Dazu gehören Oleander, Agave, Zwergpalme, Kanarische Dattelpalme, Stechapfel, Fuchsie, Blumenrohr, Schönmalve, Granatapfel, Palmlilie, Efeuaralie und Eukalyptus.
Rankende Pflanzen für Kübel und Blumenkästen mit Rankgestellen, die sich als Sichtschutzwand auf Terrassen und Plattenflächen eignen, sind Bougainvillie, Passionsblume, Rankendes Pfaffenkäppchen, Ruhmeskrone und Echter Jasmin. Einjahres-Kletterpflanzen → Hausberankung.

Küchenkräuter → Würzkräuter.

Küchenkräutergarten Kleine Beete im Nutzgarten oder der Küche benachbart für die wichtigsten im Haushalt benötigten Würzkräuter.

Küchenschelle, Pelzanemone, *Anemone pulsatilla* Zwergige Stauden, 20 cm hoch für Steingärten und Alpinum. Große Blütenglocken in Violett, Weiß, Rot. Hell- und Dunkelrosa von IV–V. Auffallend zierende Samenstände. Normaler, kalkhaltiger Boden. Vermehrung: Nach Samenreife Aussaat sofort ins Freiland. Flach mit Erde überdecken und feucht halten. → Frostkeimer. Bei Teilung der Pflanzen – auch der großen – ist mit Verlusten zu rechnen.

Kümmel, *Carum carvi* Aussaat ab IV ins Freiland zur Zweijahreskultur. Auslichten auf 14 cm

Abstand. Die Pflanzen können in gutem Boden bis 1,50 cm hoch werden. Junges Grün als Würzzutat für Salate und Suppen verwenden. Im 2. Jahr ab VI die reifenden, bräunenden Dolden ausschneiden und schattig trocknen. Körner als Würze in der Küche verwenden und als Tee bei Magen-Darmverstimmungen. → Kartoffeln.

▷ Wird Kümmel mit Fenchel zusammengepflanzt, können beide Gewächse kümmern.

Kürbis, *Cucurbita* Frostempfindliche Gemüsepflanze. Aussaat im III in Blumentöpfe zum späteren Auspflanzen. Freilandaussaat im IV/V, 2 cm tief, in nährstoffreichen, lockeren, humosen

Boden, an warmem, geschütztem Platz. Gutes Wachstum am Fuß des Komposthaufens, wo reichlich Nahrung im Boden vorhanden ist. Wird K. auf den Komposthaufen gesetzt, entzieht er ihm zu viele Nährstoffe. Man kann aber zum Beschatten und Feuchthalten den Komposthaufen mit K.-ranken überziehen. Auf Gartenstellen mit ungeeignetem Boden besonderes K.-beet bereiten: Pflanzgrube 50 × 50 × 50 cm ausheben, mit gut verrottetem Mist-Kompostgemisch oder anderer humoser, nährstoffreicher Erde auffüllen und 2–3 K.-kerne einlegen. Zusätzliche Wurzelbildung an Ranken nach Erdanschüttung. Nur soviel Früchte wachsen lassen, wie gewünscht werden. (Gegen Fäulnisgefahr am Boden durch Unterlage schützen.) Alle weiteren Blüten oder Fruchtansätze ausbrechen. Haupttrieb nach Entwicklung des 6. Blattes und Rankenspitzen der Nebentriebe über dem letzten, ca. faustgroßen K. nach dem 3. Blatt abschneiden. An Regentagen Dünggüsse verabreichen. Reichlich gießen. Eine K.-pflanze verdunstet an heißen Sommertagen zwischen 20 und 40 l Wasser. Früchte neigen unter Sonneneinwirkung zum Platzen. Deshalb abdecken, evtl. mit einem großen Blatt. Ernte vor Frostbeginn. Früchte mit Stiel schneiden, Druckstellen vermeiden, notfalls in der Sonne nachreifen lassen. Merkmale der Vollreife: harte Schale, eintrocknender Stiel. Klopft man gegen den K., muß es hohl klingen. → Zucchini.

▷ K. enthält Vitamin B und C, 100 g Fruchtfleisch: 6 Kalorien (25 J).

Kugelblume, *Globularia* Immergrünes Zwerggewächs für Alpinum und Mauerfugen, 6–20 cm hoch. Blaue Kugelblüten von IV–VI. Sonne–Halbschatten. Normaler, kalkhaltiger Boden. Vermehrung durch Wurzelstücke im Frühjahr oder Herbst.

Kugeldistel, *Echinops* Zierdistel mit kugeligen, intensiv blauen, stahlblauen oder grauweißlichen Blütenköpfen von VII–IX. Wuchshöhe: 100 bis 160 cm. Für Staudenbeete, den Wildgartenteil oder sonnige Baumgrenzen. Gute Nachbarschaft mit Gräsern, Lavendel, Königskerze, auch mit Wacholder oder anderen Nadelgehölzen.

▷ Haltbare Vasenblumen. Für den Trockenstrauß möglichst kurz vor Erscheinen der Einzelblütchen schneiden, um den Farbton zu erhalten.

Kultivator Gartengerät zum Aufreißen, Lokkern und Durchlüften des Bodens. Verstell-K. zum Bearbeiten schmaler und breiter Bahnen, haben auswechselbare und variierende Zinkenteile.

Kunstdünger → Handelsdünger.

Kunststeine, Betonsteine Künstlich hergestelltes Steinmaterial aus Beton mit Zusatz von Naturstein oder spezieller Oberflächenbearbeitung, z. B. Kieselauflage oder Splittvorsatz. Verwendung im Garten für Wege, Plattenflächen, Treppen, Einfassungen, Mäuerchen. Dem Naturstein in Oberfläche und Struktur oft täuschend ähnlich, aber preisgünstiger. Gleichmäßige Formen lassen sich durch Absplittern der Kanten mit Hammer und Meißel oder Trennscheibe beliebig verändern. → Trockenmauer, → Blühende Steine, → Betonfertigbauteile, → Formsteine, → Wege.

Kunststoffe Chemiewerkstoffe, die durch besondere Eigenschaften alt überliefertes Material im Gartenbau ersetzen oder neue Möglichkeiten anbieten, z. B. für Gießkannen, Gartenschläuche, Wannen, Spaten- und Grabgabelstiele: → Acrylglas, → Styropor, → Styromull, → Polyester, PVC (→ Folie), → Schlitzfolie, → Mulchfolie, → Wasser im Garten.

Lärche, *Larix* Industriefester, bis 30 m hoher, sommergrüner Nadelbaum mit gelber Herbstfärbung. Im Jugendstadium meist schnellwüchsig. Die Trauer-L., *L. leptolepsis* 'Pendula', 10 m hoch, wächst langsam und eignet sich mit bizarrem Wuchs auch für Steingärten und Gräber. Standort hell und frei. Boden nicht zu trocken, tiefgründig. Der junge hellgrüne oder blaugrüne Nadelaustrieb im Frühjahr ist nicht frostempfindlich.

Lärmbelästigung An Sonn- und Feiertagen dürfen lt. Gesetz nur Gartenarbeiten verrichtet werden, welche die nachbarliche Umgebung nicht stören. Zu vermeiden sind Sägearbeiten, Holzhacken, laute Rasenmäher. Radio- oder Fernsehgeräte auf der Terrasse aufzustellen, sollte ganz unterbleiben. Musikberieselung durch Nachbarn gehört zur schlimmsten Art der L. Wer ein Sommernachtsfest veranstaltet, wird vorher bei den Nachbarn um Verständnis bitten – oder sie mit einladen. Die Ruhezeiten während der Woche, vor allem in den Mittagsstunden sind örtlich verschieden geregelt.

Lärmschutzpflanzung Gehölzpflanzungen sind in der Lage, den Schallpegel (wird gemessen in Phon und Dezibel) des Straßenlärms zu mindern. Besonders wirksam sind Gehölze mit großen Blättern und dichter, möglichst bis zum Boden reichender Belaubung. Lärmschutz geben nach den Forschungsergebnissen besonders die Gehölze in der nachfolgenden Tabelle.
Eine geringere Schallpegelminderung zeigen Forsythien, Erbsenstrauch (*Caragana arborescens*) und Fiederspiere (*Sorbaria sorbifolia*), während Nadelgehölze schalldurchlässig sind. Baumschulen führen eine Auswahl von Pflanzen zur Lärmminderung in ihren Katalogen. Besonders starke Lärmreduzierung läßt sich durch eine Kombination von Erdwall und Pflanzung erreichen. → Grünordnungsplan, → Hecke.

Gehölze für die Lärmschutzpflanzung

Einfacher Flieder, *Syringia vulgaris*	4 dB
Hainbuche, *Carpinus betulus*	4 dB
Hartriegel, *Cornus alba*	2 dB
Hartriegel, Roter, *Cornus sanguinea*	2 dB
Haselnuß, *Corylus avellana*	2 dB
Heckenkirsche, *Lonicera maackii*	2 dB
Holunder, *Sambucus nigra*	2 dB
Pfeifenstrauch (Falscher Jasmin), *Philadelphus,* hochwachsende Arten	2 dB
Schneeball, Wolliger, *Viburnum lantana*	5 dB
Weißdorn, Pflaumenblättriger, *Crataegus prunifolia*	2–3 dB

Läuse → Blattläuse.

Laichkraut, *Potamogeton* Algenfeindliche Unterwasserpflanze. → Algen im Gartenteich.

Lampenputzergras, Federborstengras, *Pennisetum alopecuroides* (Früher unter *P. compressum.*) Ziergras, 40–80 cm hoch. Von VII–IX mit 20 cm langen, walzenförmigen, rotbraunen Blütenähren, die aus dem Blatthorst nach allen Seiten locker überhängen. Sehr dankbarer Vasenschmuck. Verlangt freien Standort. Sonne. Normaler Boden. Zur Einzelstellung oder mit Rudbeckien bzw. Herbstastern im Staudenbeet.

Lampionbaum → Blasenbaum.

Lampionblume, *Physalis* Als Trockenblume geeignete, wuchernde Staude, 40 cm hoch, für trockene, blumenarme Gartenstellen. Große, orangerote Fruchtkelche von VIII–IX. Fruchtbesetzte Stiele im IX schneiden und luftig zum Trocknen aufhängen. Sonne bis Halbschatten. Durchlässiger, kalkhaltiger, trockener Boden. 1 Pflanze pro m^2 reicht aus. Vermehrung: Wurzelschnittlinge im Herbst oder Frühjahr 3 cm tief in den Boden legen.

Landsitz Große Gartenform am Stadtrand oder in ländlichen Gemeinden mit über 2000 m^2 Grundfläche und zahlreichen Freiräumen. Früher auch Garten an einer Villa.

Langzeitblüher Blütenstauden, die Wochen oder Monate hindurch ununterbrochen blühen, z. B. Fingersträucher (V–X), Karthäusernelken (VI–IX), hochwüchsige Garben (z. B. Schafgarbe, VI–IX), Katzenminze (VI–IX), Bartfaden (VI–IX). → Dauerblüher.

Lanzendüngung → Flüssigdüngung von Rasenflächen und Gehölzen mit Hilfe einer → Düngelanze. → Lochdüngung.

Latsche → Bergkiefer.

Laube → Gartenhaus.

Laubengang → Pergola.

Laubfrosch, *Hyla arborea* Insektenfressender Nützling mit grüner Hautfarbe. Hält sich vorzugsweise in Gärten mit Laubgehölzen auf. Eiablage in Pflanzenbecken. Kann sich in der Farbe weitgehend seiner Umgebung anpassen. So nimmt er z. B. auf verwittertem Holz eine fast grau wirkende Tarnfarbe an.

Laubgehölze → Gehölze, → Hecken, → Immergrüne.

Laubverwertung Laub nur an Stellen zusammenrechen, wo Laubfall stört, im Rasen, auf Wegen, Plattenflächen usw. In Gehölzpflanzungen verbessert liegenbleibendes Laub den Boden. Beim Umgraben kann Laub mit eingearbeitet werden. Überwintertes Blattwerk und verrottende Pflanzenteile auf Staudenrabatten sollten im Frühjahr auf den → Kompost kommen. → Mulchen.

Lauch, Porree, *Allium porrum* Gemüse mit Würz-Geschmack. Aussaat ab II ins Frühbeet oder ab IV aufs Anzuchtbeet. Die etwa bleistiftdicken Sämlinge umpflanzen. Praktischer ist es, Jungpflanzen von IV–V beim Grätner zu kaufen. Dabei auf Sortenunterschiede achten. Sommer-L. ist weniger frosthart als Winter-L. Von IV–V in herbstgedüngten, nährstoffreichen Boden setzen. Reihenabstand 20–30 cm, Rillentiefe 15 cm. Vorher Spitzen und Wurzeln etwas kürzen. Beim späteren Durchhacken die Rillen einebnen. Später wiederholt → anhäufeln, etwa so hoch, wie die Rille tief war. Zwischen VII und VIII Kopfdüngung mit Volldüngerlösung. Ab IX nicht mehr anhäufeln. Ernte ab XI, unter einem → Folientunnel auch im Winter. → Grabgabel zum Ausheben verwenden. Hindert man stehengebliebenen L. am Blühen, so bilden sich Perlzwiebeln, die sich zum Einmachen (Mixed Pickles) verwenden lassen. L. zur Sommerernte: II–III dünn in Töpfe oder Saatschalen aussäen. Mit durchsichtiger Haushaltsfolie überspannen, damit die Erde feucht bleibt. Im Hobbygewächshaus, im Frühbeet oder auf dem Fensterbrett eines kühlen Raumes aufstellen. Keimdauer 3 bis 4 Wochen. Sämlinge pikieren. Von IV–V mit 15 cm Abstand in altgedüngten Boden auspflanzen. L. anhäufeln, um lange, weiße Stangen zu bekommen. Ernte ab Ende VI. Beim Ernten nicht ausreißen, sondern 3 cm über der Erde abschneiden. L. treibt dann wieder nach und kann laufend geerntet werden. Überalterten Lauch stehen lassen. Im Jahr nach der Blüte reicher

Ansatz kleiner Brutzwiebeln, die als → Perlzwiebeln verwendet werden. Die abgeernteten, vom L. gut durchlockerten Beete mit späten Kohlrabi-Sorten, Radieschen, Kopf- oder Feldsalat besetzen. → Blumenlauch.

▷ Im L.-Beet Möhren aussäen. Möhren vertreiben die Zwiebelfliege, und den L.-Geruch scheut wiederum die Möhrenfliege.

▷ L. enthält Vitamin A, B und C. 100 g: 46 Kalorien (193 J).

Lauchmotte Brauner Kleinschmetterling von 12 mm Länge. Flugzeit von IV–V. Eiablage auf den Blättern. Raupen fressen sich ins Herz der Pflanzen vor. Schadbild: gelbe Blattspitzen. Erwachsene Raupen kehren auf die Außenblätter zurück und verpuppen sich dort in spindelförmigen, lockeren Kokons. Die daraus schlüpfenden Falter können eine zweite Raupen-Generation hervorbringen, welche die Lauchpflanzung dann im VIII ein zweites Mal schädigt. Die Motte überwintert. Bekämpfung: Zur Kräftigung der Pflanzen so hoch wie möglich anhäufeln. Lauch mit sichtbaren Fraßgängen stark zurückschneiden und mit Schachtelhalmtee (→ Pflanzentee) kräftig gießen. Oder Vernichten der Raupen mit einem Bacillus-Thuringiensis-Präparat.

Laufkäfer Unter Steinen und Pflanzenpolstern lebende nützliche → Käfer.

Lavendel, *Lavandula* Duft- und Heilpflanze, 30–50 cm hoch, graugrünes Laub. Blaue, violette oder rosa Blüten von VII–VIII. Zuchtformen eignen sich für Steingärten, als Einfassungen und für naturbelassene Gartenteile. Sonne. Boden kalkhaltig, auch trocken und mager. Nach Frostschaden oder zur Verjüngung ist Rückschnitt erforderlich. → Rosen.

▷ Die Blütenstiele von *L. angustifolia (L. officinalis)* ins Badewasser geben oder in den Wäsche- bzw. Kleiderschrank legen (vertreiben Motten!). Dafür frischblühenden L. schneiden und an schattigem Ort trocknen.

Lavendelheide, *Pieris* Immergrüner Strauch ca. 2 m hoch, breitbuschig. Weiße aufrechtstehende oder hängende Blütenrispen von III–V. Halbschatten–Schatten. Kalkfeindlich. Der Boden sollte mehr feucht als trocken, stark torfdurchsetzt oder mit Humus- und Lauberde vermischt sein. *P. japonica* verträgt keinen Mineraldünger. Gute Nachbarschaft für Azaleen, Rhododendren, Farne, Primeln und Hortensien.

Lebender Zaun Heckenpflanzung, geschnitten oder freiwachsend, entlang des → Zaunes oder als Zaunersatz. → Hecke.

Lebendverbauung Verarbeitung von lebendem (pflanzlichem) Baumaterial zur Sicherung von Böschungen, Hängen, Ufern u. a. → Faschine.

Lebensbaum, *Thuja* Immergrünes Nadel-Gehölz mit grünen oder goldgelben Nadeln, 1,50 m bis 20 m hoch, zur Einzelstellung oder Heckenpflanzung (2 Stück pro lfd. m). Zwergformen für Steingärten und Gräber. Hecken als Wind- und Sichtschutz brauchen einen regelmäßigen Schnitt, um nicht von unten herauf zu verkahlen (→ Heckenschnitt). Auf trockenem Boden Dür-

reerscheinungen. Sonne, normaler Boden. Neben dem Abendländischen L., *Thuja occidentalis,* ist der Morgenländische L., *Thuja orientalis,* mit seinen mehr anliegenden Zweigen verbreitet.

Leberbalsam, *Ageratum* Einjahresblume, 15 bis 60 cm hoch. Von VI–X Blüten in verschiedenen blauen Farbtönen, seltener weiß oder rosa. Für Einfassungen, Gräber und als Lückenbüßer im Staudenbeet, für Pflanzschalen und Balkonkästen. Ergibt hübsche Farbtupfer mit niedrigen Studentenblumen, rosa Begonien und roten Salvien. Sonne. Normaler, nahrhafter Boden. Topfpflanzen beim Gärtner kaufen oder von II–III in kaltes Frühbeet bzw. im V ins Freiland säen. Sämlinge aus dem Frühbeet nicht vor den Eisheiligen umpflanzen.

▷ Späte Blütentriebe im Herbst in Schalen mit feuchtem Sand stecken und als Zimmerschmuck verwenden.

Leberblümchen → Anemone.

Lehm Bodenteilchen der Korngrößenfraktion Schluff (0,02–0,002 mm Durchmesser). Sandiger Lehm- oder lehmiger Sandboden sind die Bodenarten mit Lehmanteil. Gelten als Kulturböden von hoher Fruchtbarkeit. Bei harten, rissigen Böden mit brauner bis rötlicher Färbung handelt es sich meist um lehmigen oder lehmig-tonigen Rohboden. Er ist reich an Mineralstoffen, die für die Pflanze schwer verwertbar sind, und arm an Bodenbakterien. Er kann, geschichtet, dem Komposthaufen zugesetzt werden. Baut man eigens einen Komposthaufen zur L.-verwertung, wird gut durchgefrosteter L. in dünnen Schichten abwechselnd mit halbreifem Kompost aufgeschichtet. Dazwischen ungelöschten Kalk einstäuben. Wasser- oder Jauchegaben und Umsetzen wie → Kompost.

Lehmschlämme Mit Wasser angerührter dickflüssiger Lehm wird zur Festigung auf eine durchlässige Bodenfläche gestrichen. Dient 1. auf sandigen Böden als Unterlage für Komposthaufen; 2. beim Wasserbeckenbau als feste Unterlage für die Selbstbaumethode auf der Grundlage von Polyesterharz und Glasfasermatten.

Lehmverband, Lehmanstrich Eine vorbeugende Maßnahme gegen das Eindringen von Krankheitserregern in wunde Stellen an Gehölzen. Ist kein → Baumwachs vorhanden, kann der Riß oder Schnitt im Holz mit dickem Lehmbrei verbunden oder ausgestrichen werden. Biologisch orientierte Gartenfreunde rühren ihn mit Tee aus getrocknetem → Schachtelhalm an und halten ihn auch damit feucht. Ein L. ist auch beim Verpflanzen großer Bäume erforderlich. Dabei bildet er in der Anwuchsphase einen Verdunstungsschutz.

Leimring, Klebegürtel Abwehrmaßnahme gegen Obstbaumschädlinge, insbesondere gegen die Weibchen des → Frostspanners. Ende IX, Anfang X entweder käuflichen L. anbringen oder ca. 25 cm breite Papierstreifen um den gesäuberten Stamm binden und mit Raupenleim bestreichen.

Rissige Rindenstellen oder Höhlungen mit Leim ausstreichen, damit die Insekten nicht unter dem L. hindurchkriechen können. Den stützenden Baumpfahl in dieses Verfahren mit einbeziehen. Nach 3–4 Wochen die Klebfähigkeit kontrollieren. Im Frühjahr (Februar) werden die L. entfernt und verbrannt.

Lein, *Linum* Ausdauernde oder einjährige Pflanzen für Staudenbeete, Steingärten, Rabatten und Einfassungen. *L. grandiflorum,* einjährig, ca. 40 cm hoch, mit blutroten, rosa oder blauvioletten Schalenblüten von VI–X. Freilandaussaat ab Anfang IV breitwürfig in bunte Staudenbeete oder zwischen andere einjährige Sommerblumen. Pflänzchen auf 15 cm Abstand ausdünnen. Sonne. Normaler Boden. Für die Vase knospige Blütenstiele schneiden.
Ausdauernder L., 10–100 cm hoch. Blüten von VI–VIII. Geeignet für Staudenbeete, Heidegärten, Steingärten, naturbelassene Gartenteile und zum Einstreuen zwischen Polsterstauden. Die Bestände halten ca. 6 Jahre aus. Sonne. Kalkhaltiger Boden, eher trocken. Arten: *L. perenne,* blaue Blüten; *L. flavum,* gedeiht in lichtem Schatten und blüht gelb. Vermehrung durch Aussaat im Frühjahr. Bei Selbstaussaat ist das Verpflanzen der Sämlinge möglich.

Leinkraut, *Linaria* Ausdauernde oder einjährige, niedrig kriechende Staude. Für den Garten lohnend ist unter den einjährigen L.-Arten das Alpen-L., *L. alpina,* 10 cm hoch mit blauen Blüten von VII–VIII. Kann auch mehrere Jahre ausdauern und sich durch Selbstaussaat rasch vermehren. (Vorsicht im Steingarten!) Geeignet für naturbelassene absonnige oder halbschattige Gartenteile als Bodendecker oder für Mauer- und Treppenfugen. In bunte Beete sät man die einjährigen *Bipartita*-Hybriden, 15–60 cm hoch, mit löwenmäulchen-ähnlichen bunten Blüten von VI–VIII. Aussaat ab Anfang IV. Ausdünnen auf 15 cm. In der Vase öffnen sich alle Knospen. Sonne. Normaler Boden. Das ausdauernde, bodendeckend kriechende oder aus Mauerfugen herabhängende L. gedeiht nur an absonnigen, etwas feuchten Gartenstellen, z. B. an der Rückseite sonniger Trockenmauern, in Plattenfugen unter Gehölzen, auf der Nordseite des Hauses und in halbschattigen Steingärten. *L. cymbalaria* (veralteter Name; heute: *Cymbalaria muralis*), Zymbelkraut, 10 cm hoch, lilablaue Blüten von VI–IX. *L. pallida* (heute: *Cymbalaria pallida*), 5 cm hoch, blauviolette Blüten. Sandig-humoser, durchlässiger Boden.

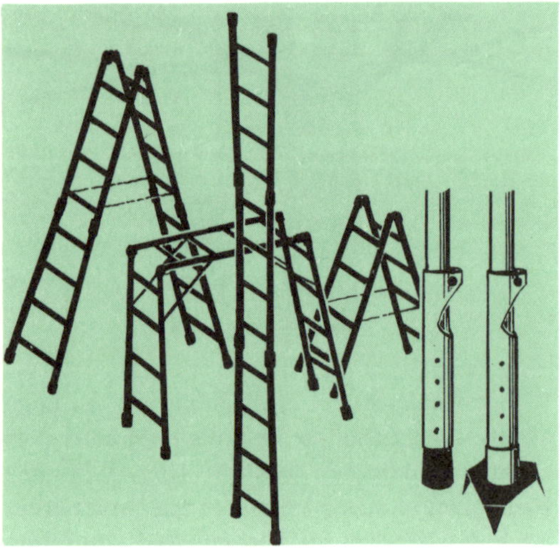

Leitast Mitteltrieb am Obstbaum.

Leitern Steiggeräte wie L. unterliegen bestimmten Sicherheitsvorschriften, die vor allem die Standsicherheit betreffen. Anlege-L. sollen am unteren Ende der Holme stählerne Spitzen haben oder ähnliche Vorrichtungen zum Festkrallen im Boden, um die Rutschsicherheit zu gewährleisten. Dreibein-L. sind von ihrer Konstruktion her sicherer, Leichtmetall-L. haben eine größere Lebensdauer als Holz-L., und verstellbare bzw. zusammenklappbare Mehrzweck-L., die in verschiedenen Ausführungen angeboten werden, sollten vor dem Kauf hinsichtlich ihrer Vorteile und ihrer Sicherheit geprüft werden. Versicherungen lehnen manchmal Schadenersatz ab, wenn nicht genügend Sicherheit bei L. gegeben war.

Leopardenblume, *Belamcanda chinensis* Blütenstaude, 60 cm hoch, mit schwertlilien-ähnlichem Laub. Orangefarbene, rotbraun-getupfte Blüten an verzweigten Stielen von VII–VIII. Sonne. Normaler Boden. Gute Nachbarschaft mit Ziergräsern.

Lerchensporn, *Corydalis* Ausdauernde Blütenstaude für jeden Gartenteil. Sonne–Schatten. *C. cheilanthifolia,* 30 cm hoch, hat von III–IV Büschel leuchtend gelber Blüten über rotbraun gefiedertem Laub. *C. cava:* 20 cm hoch, rotweiße Blütentrauben von IV–V. Nach der Blüte ziehen die Pflanzen ein und machen damit anderen Blumen Platz. Humoser, nicht zu trockener Boden. Besonders dankbar ist *C. lutea,* ein 20 cm hoher, robuster, gelbblumiger Dauerblüher von V–X. Sonne–Schatten. Keine besonderen Bodenansprüche. Gedeiht sogar auf Tuffstein und in Mauerfugen. Vermehrt sich zwar selbst, wird aber in größeren Gärten selten lästig. Notfalls kann man die Pflanzen leicht ausreißen.

Leseplatz Besonders geschützter Freiraum im Garten, ausgestattet mit Liegestühlen und in Verbindung mit Wasser und Schmuckpflanzungen.

Levkoje, *Matthiola incana* Einjahresblume mit Vorkultur, stark duftend, 20–60 cm hoch. Einfache und gefüllte Blüten in allen Farben von VI bis Frosteintritt. Junge Topfpflanzen beim Gärtner kaufen und mit 10 cm Abstand nach den Eisheiligen auspflanzen. Oder Aussaat von II–III ins Frühbeet, in Töpfe oder Saatschalen. Sandige, nicht zu nahrhafte Erde. Dünn aussäen und mit feinem Sieb Sand darüberstreuen. Sämlinge nicht zu feucht halten. Ab V auf altgedüngten Boden umsetzen. Sonne, geschützte Lage.

Licht im Garten Abgesehen von notwendigen und praktischen L.-Quellen an Gartentor, Wegen und Haustür, lassen sich mit Hilfe von Strah-

lern romantische Beleuchtungseffekte erzielen. Steckerfertige Strahlersets, bei denen Scheinwerfer durch lange Kabel miteinander verbunden sind, und auch mittels Erdspießen in den Boden gesteckt werden können, sollten so unsichtbar wie möglich angebracht werden. Man verwendet sie, um Treppenwinkel, Solitärgehölze oder Blumenrabatten ins Licht zu tauchen. Der Fachhandel bietet viele Möglichkeiten an. So lassen sich in Gartenwege dicke Gußglasplatten einfügen, die von unten her aus einem Lichtkasten erhellt werden. Auf dem Weg vom Gartentor zum Haus sorgt die durch diese Beleuchtung entstehende Wärme außerdem für Eisfreiheit im Winter.
Viele elektro-technische Probleme löst eine elektrische Verbindungsweiche für Mehrfachanschlüsse im Garten. Auf einem in die Erde zu steckenden Spieß sitzt ein kleiner Anschlußkasten mit vier Steckdosen, die in Kreuzform angeordnet sind. Dieses Gerät wird so installiert, daß die Anschlußwege für Kabel der verschiedensten Elektrogeräte – auch für den Grill – kurz und bequem sind. Gartenstrahler können auch an eine bereits vorhandene Alarmanlage oder mit einem Schalter im Schlafzimmer zusammengeschlossen werden. Unbedingt einen Elektriker mit der Kabelverlegung (Erdkabel) und dem Anschluß von Strahlern beauftragen! Eine Planskiz-

ze von der fertigen Anlage zeigt auch nach einer Gartenumgestaltung, wo die Kabel verlaufen. Möglichst unfallverhütende Spezialkabel verwenden, bei denen sich, im Falle einer Verletzung der Außenhaut, der Strom von selbst abschaltet. Oder die Lichtanlage nicht mit üblichem 220-Volt-Strom betreiben, sondern eine Schwachstromeinrichtung wählen. Dazu wird dem allgemeinen Lichtnetz mittels eines Transformators ungefährlicher 12- oder 24-Volt-Strom entnommen. Beleuchtungskörper und Zubehör für diese geringe Spannung sind im Fachhandel erhältlich.

▷ Pflanzenwachstum soll sich durch farbiges Licht beeinflussen lassen. Untersuchungen haben gezeigt, daß rotes Licht die Blatt- und Fruchtentwicklung fördert, während blaues Licht eine abschreckende Wirkung auf manche Insekten (z. B. Blattläuse) haben kann.

Lichtblume, Frühlingslichtblume, *Bulbocodium vernum* Zwiebelblume, 10 cm hoch. Blüten ähneln denen der Herbstzeitlose, wirken zerschlitzt und sind von purpurvioletter oder weißer Farbe. Sie erscheinen von II–IV, zugleich mit dem schmalen, später bis 25 cm hoch wachsenden Laub. Halbschattig vor Sträucher in nicht zu trockenen Boden pflanzen, zusammen mit Winterlingen und Schneeglöckchen.

Lichtkeimer Pflanzen, deren Samen im Gegensatz zu denen der → Dunkelkeimer Helligkeit zum Keimen brauchen. Sie werden lediglich auf eine feucht zu haltende Erdfläche gestreut. Zu ihnen gehören u. a. Akelei, Alpenmohn, Aster, Nelke und Gelenkblume.

Lichtnelke, Brennende Liebe, *Lychnis* Ausdauernde Blütenstaude, 40–100 cm hoch. Einfache oder gefüllte Blüten in kräftigen Rottönen von V–VII. Dankbare Vasenblumen. Sonne. Lehmig-humoser, nicht zu trockener Boden. Vermehrung: Einfach blühende Formen durch Frühjahrsaussaat auf ein Freilandbeet, gefüllte Formen durch Abtrennen von Nebenrosetten im Frühjahr.

Lichtneutrale Pflanzen Gewächse, deren Samen bei Lichteinwirkung ebenso leicht keimen wie bei Dunkelheit unter der Erde. So z. B. Sonnenblumen, Tausendschönchen und viele andere, sich durch Selbstaussaat vermehrende Pflanzen.

Liebstöckel, Maggikraut, *Levisticum officinale* Ausdauerndes Würzkraut mit maggiähnlichem Geschmack. Wird bis 2 m hoch. Aussaat im Frühjahr. Pro ½ m^2 nur 1 Pflanze belassen. Bei Herbstaussaat vor Wintereinbruch auslichten. Teilung älterer Pflanzen im Herbst oder Frühjahr. Halbschatten. Normaler, tiefgründiger Boden. Man verwendet in der Küche frische oder getrocknete Blätter.

▷ Wurzelstücke, schattig getrocknet, besitzen eine besonders starke Würzkraft. Eine Pflanze im Würzgarten reicht normalerweise aus.

Liguster → Rainweide.

Lilie, *Lilium* Zwiebelblume bzw. Rhizompflanze, 30–220 cm hoch, mit trompetenförmigen Blüten, aufrechtstehenden Schalenblumen oder aufgebogenen Krönchen, der typischen Blütenform aller Türkenbundarten. Die L.-Auswahl ist so vielfältig, daß man sich in einschlägigen Katalogen informieren sollte.

Ebenso verschieden sind die Ansprüche an Bodenbeschaffenheit (kalkliebend oder kalkmeidend) und Lichtverhältnisse. Während Türkenbund, *L. martagon,* unter Bäumen gedeiht und Halbschatten liebt, verlangen die meisten anderen L. einen möglichst trockenen, nährstoffreichen Boden und Sonne. Bei ungünstigen Bedingungen L. in hügelig aufgeworfene Beete pflanzen, damit das Wasser gut ablaufen kann. Auf feuchten Böden die Hügelpflanzung mit einer

Dränageschicht aus Kies oder Tonscherben versehen. Gepflanzt wird im Herbst oder Frühjahr. Pflanzabstand: 10–20 cm bei niedrigen und 20–50 cm bei hohen Sorten. L.-Züchter raten, L. in eine dünne, mit Brassicol versetzte Sandschicht zu betten, um der Fusarium-Fäule vorzubeugen (einen gehäuften Eßlöffel Brassicol auf einen Eimer Sand). Man kann dieses Präparat auch unter die Pflanzenerde mischen. Vor dem Einpflanzen können dem Boden auch einschlägige Streumittel gegen Drahtwürmer, Erdraupen und Engerlinge zugesetzt werden. Gegen → Wühlmäuse die Zwiebeln entweder mit einem Schutzpräparat bestäuben oder mit Gittertöpfen bzw. mit Maschendraht umhüllt einsetzen. Ein Zusatz von Holzasche oder Holzkohle soll das Anwachsen fördern. L. möglichst mit einer Mulchschicht abdecken oder zwischen → Bodendecker pflanzen, weil sie einen kühlen Wurzelfuß brauchen. Sie gedeihen auch gut in der feuchten Luft am Gartenteich. Die Pflanztiefe ist unterschiedlich. Faustregel: Zwiebel dreimal so tief legen wie sie hoch ist. Zu den Ausnahmen gehört *L. candidum.* Sie wird Ende VIII bis Anfang IX gepflanzt und mit einer nur fingerbreiten Erdschicht bedeckt. Der bis zum Herbst wachsende, dichte Blattschopf überwintert. Während des Austriebs im Frühling und zur Blütezeit → Kopfdüngung geben. Schneckenfraß verhindern! Nach dem Abwelken Wasser- und Düngegaben unterlassen. Zur Weiterentwicklung der Zwiebel die Stengel mit möglichst viel Laub stehen lassen. Dies ist auch beim Schnitt für den Vase zu beachten.

Zu den dankbarsten L. zählen: Madonnen-L., *L. candidum,* Feuer-L., *L. bulbiferum,* Türkenbund-L., *L. martagon,* Tiger-L., *L. tigrinum* und Königs-L., *L. regale.*

Die Vermehrung der L. kann auf unterschiedliche Weise erfolgen:

1. Durch Zwiebelteilung: Zwiebelklumpen bilden im Lauf der Jahre unter anderen die *Tigrinum*-Hybriden. Im Herbst nach Abwelken oder im Frühling vor Austrieb die Zwiebeln ausgraben, trennen und jedes Teil neu pflanzen. Natürliche Zwiebelteilung findet jährlich auch bei den *Davidii*-Hybriden statt. Der aus der Zwiebelmitte wachsende Blütenstiel teilt die Zwiebel. Im Folge-Jahr läßt sie sich auseinandertrennen.
2. Durch Rhizomteilung: Vermehrungsweise für viele amerikanische Arten, die zugunsten der Wuchsfreudigkeit alle 4 Jahre geteilt werden sollten. Dazu die an den Rhizomen sitzende Jungzwiebel mit scharfem Messer abtrennen und an anderer Stelle einpflanzen.
3. Durch Zwiebelschuppen: Abgeblühte L. ausgraben, Schuppen einzeln am Ansatz abbrechen und die Bruchstellen mit einem → Fungizid (z. B. Benomyl) desinfizieren. Restzwiebel wieder einpflanzen. Die Schuppen in eine Schale mit angefeuchtetem, ungedüngtem Torf oder Bimssand stecken, mit Polyäthylenfolie abdecken und bei 20° C Wärme aufstellen. Ab I die Kästen kühl stellen (2–8° C) und von III–IV in kalte Frühbeete, → Anzuchtkästen oder → Anzuchtbeete pflanzen.
4. Durch Achselbulben: Verschiedene *L.,* u. a. *L. sulphureum, L. bulbiferum, L. tigrinum,* setzen in den Blattachseln Bulben an. Das sind schwarzgrüne, bis erbsengroße Knöllchen, die von Sommer bis Herbst abgenommen und sofort in Schalen oder Töpfe gepflanzt werden sollen. Weiter verfahren wie bei der Schuppenvermehrung. Verhindert man die Blüte, wird die Bulbenbildung gefördert.
5. Durch Samen → Kreuzen.

▷ Manche L. blühen auch im Topf am Fensterbrett. Dazu gehören u. a. auch die Trompetenlilien und die Asiatischen Hybriden. Trichter-L. werden zu hoch und blühen zu spät. Dankbare L. zur Zimmerkultur sind die orangefarbene ‘Enchantment’, die goldgelbe ‘Croesus’, die zitronengelbe ‘Destiny’, die goldgelbe ‘Evans’, die blutrote ‘Sunspot’, die kastanienrote ‘Tabasco’, die johannisbeerrote ‘Ralph’, die zinnoberrote ‘Leuchtfeuer’ und der aureolingelbe 'Sonnentiger', der auch Zweitblüten bringt. Erdmischung: 1/3 Sand, 1/3 Erde, 1/3 ungedüngter Torf. Normal geheizter Wohnraum, keine bestimmte Luftfeuchtigkeit. Im III eingesetzte L. können Anfang VI blühen.

Lilienhähnchen An Lilien und manchen anderen Liliengewächsen auftretende, leuchtend rote Käfer. Verursachen, ebenso wie ihre schwarzen Larven, Fraßschäden an Blättern. Bekämpfung: Bei normalerweise schwachem Befall lassen sich Käfer und Larven durch ihre auffällige Färbung leicht absammeln, so daß auf → Berührungsgifte verzichtet werden kann.

Lilienmosaik-Krankheit Viruserkrankung, deren Überträger Blattläuse sind. Erkennbar an gelb geflecktem Laub. Bekämpfung: Erkrankte Pflanzen vernichten.

Lilienrost Pilzerkrankung. Nach gelblichen Wärzchen auf hellem, dunkel umrandetem Fleckengrund entstehen braune, sporenenthaltende Pusteln. Bekämpfung: Pflanzen möglichst frühzeitig vernichten, um Sporenausfall zu vermeiden.

Lilienschopf, *Eucomis* Zwiebelgewächs. Dekorative Kübelpflanze für Terrasse und Balkon. 60–100 cm hoher, purpurn gefleckter Blütenschaft. Gelblichgrüne, duftende Blumen von VI–VIII. Langes, gezeichnetes Laub. Zwiebeln im IV oder V 15–20 cm tief in normale, nahrhafte Erde legen. In günstigen Lagen ist Freilandüberwinterung unter einer hohen Laub- oder Torfmullschicht möglich. Sonst behandeln wie → Dahlien. Kübelpflanzen hell und kühl im Haus überwintern.

Linde, *Tilia* Für größere Gärten geeigneter, sommergrüner Baum, 20–40 cm hoch. Stark duftende Blüten von VI–VII. Begehrte Bienenweide. Als industriefest gelten: *T. tomentosa, T. euchlora, T. intermedia* 'Longevirens'. *T. euchlora* läßt die Zweige bis zum Boden herabhängen. Die Winterlinde, *T. cordata,* eignet sich auch zur Hecken- und Windschutzpflanzung. Sonne. Normaler Boden.

▷ L.-Blüten zum Tee möglichst morgens pflükken. Nur voll geöffnete Blüten pflücken und trocknen. L.-Blüten-Tee braucht nicht gesüßt zu werden.

Linkswinder Kletterpflanze, die sich um Haltestäbe linksherum windet, z. B. Hopfen, im Gegensatz zu Rechtswindern wie Stangenbohnen. Junge Triebe lassen die Neigung der Pflanze, nach links oder rechts zu winden, von einer bestimmten Länge an erkennen.

Lobelie, Spaltglöckchen, Hängelobelie, *Lobelia* Einjährige und ausdauernde Stauden, 10 bis 80 cm hoch. Blüten von VI–X in Blau, Rot, Weiß oder zweifarbig. Gärtnereien bieten im Frühjahr Topfballenpflanzen an. Die Einjährigen, vor allem *L.-Erinus-*Hybriden, eignen sich zur Teppichpflanzung, für Beetumrandungen, wegbegleitende Rabatten, zur Schalenpflanzung unter höher wachsende Blumen und für Gräber. Aussaat von II–III in Schalen am Fensterbrett. Samen aufstreuen, andrücken und feucht halten. Sämlinge büschelweise in Töpfe umsetzen und nach den Eisheiligen in mageren Boden an sonnigen Platz pflanzen. Rückschnitt nach der ersten Blüte bringt einen zweiten Herbstflor. Die einjährige Hängelobelie *L. erinus* 'Pendula' kann mit 30–60 cm langen Blütentrieben aus Ampeln, Balkonkästen, hohen Pflanzschalen und über Trockenmauern hängen. Blütezeit von VI–X. Sonne. Zimmerblumenerde oder normaler Boden. Ausdauernde L., 50–80 cm hoch, werden in Staudengärtnereien angeboten. Dankbar ist die hellblaue *L. siphilitica,* die noch im X blüht. Sonne–Halbschatten. Feuchter Boden. Auch für → Sumpfbeete geeignet.

Lochdüngung Düngemethode für hohe Bäume, ähnlich der → Lanzendüngung. Im Bodenbereich vom Stamm bis über die → Kronentraufe hinaus im Abstand von 75 cm ca. 30 cm tiefe Löcher bohren oder spatentief graben. Mit verdünnter Jauche oder Volldüngerlösung aufgießen oder gedüngten Torf einfüllen. → Flüssigdüngung.

Lochpflasterstein Platten verschiedener Größe mit kleiner bis größerer Lochstanzung. Geeignet zur Verlegung auf Einfahrten, kleinen Höfen, Baumscheiben u. a. Können mit Rasen oder Blütenpolstern besetzt werden. Ohne Nutzung der Löcher meist Unkrautfänger. Baustoffhandel bietet Auswahl.

Löffelblättrige Glockenblume, Alpenglockenblume, *Campanula cochlearifolia* Zierliche, polsternde Glockenblume, 10 cm hoch, mit blauen oder weißen Blüten von VI–VIII. Geeignet für das Alpinum, für → Trockenmauern und → Blühende Steine. Sonne–Halbschatten. Normaler Boden. Unter günstigen Bedingungen selbst aussamend. Alpenpflanzengärtnereien bieten meistens Topfballengewächse an.

Löwenmaul, *Antirrhinum* Langzeitblüher, 15 bis 100 cm hoch, für Staudenbeete, Einfassungen und Steingärten. Blüte von VI–X in allen Farben. Blütengröße und -formen verschieden. L. wird als Einjahresblume gezogen, kann unter gutem Frostschutz aber auch ein bis zwei Winter überstehen. Aussaat von II–III in Saatschalen am Fensterbrett, im Hobbygewächshaus oder frostgeschützten Frühbeet. Sämlinge auslichten und kräftige Pflanzen nach den Eisheiligen mit 25 cm Abstand auspflanzen. Gärtner bieten von Frühjahr bis Sommer rostresistente Topfpflanzen an. Sonne–Halbschatten. Normaler, nahrhafter Boden. Sehr haltbare Schnittblume.

▷ Oftmals Selbstaussaat in der Nähe des alten Standortes. Abzwicken welker Blüten erhöht die Blühfreudigkeit.

Löwenmaulrost Pilzerkrankung. Zu erkennen an braunen, stäubenden Pusteln auf gelben Flekken. Befällt Blätter, Stengel, Blüten und Samenkapseln. Kranke Pflanzen möglichst vor der Verbreitung der Sporen im Ofen verbrennen oder mit Ätzkalk kompostieren. → Kompost. Vorbeugung: Rostresistente Sorten erwerben, vor allem bei hochgezüchteten Hybriden.

Löwenzahn, *Taraxacum* Unkrautpflanze mit tiefen Pfahlwurzeln, großen, gelben Blüten und runden Samenständen (Pusteblumen). Kann überall im Garten auftauchen. Bekämpfung: Pflanzen ausstechen oder → Unkrautstab anwenden. → Bleichen von Gemüse.

▷ Will man die Vermehrung nur eindämmen, weil im Frühling junge L.-Blätter zur Rohkostverwertung gebraucht werden, zwickt man die Blüten oder unreife Fruchtstände ab.

▷ L. hat eine blutreinigende Wirkung. Getrocknete Blätter deshalb als Teezusatz.

▷ Kultivierter L. ist weniger bitter. Eignet sich zum Bleichen und als grüner Salat. Möglichst vor der Blüte ernten. Aussaat III–V und VIII–IX. Spezialzucht 'Sperlings Lyonel' im Samengeschäft erhältlich. Gilt in Frankreich als Delikatesse.

Lorbeerrose, *Kalmia* Immergrüner, industriefester Strauch, 1–2 m hoch, mit dunkelroten oder karminrosa Blütendolden von V–VII. Halbschatten. Boden sauer und etwas feucht. Auch geeignet für das Moorbeet am Gartenteich.

Luftpolsterfolie Weitgehend UV-beständige Abdeckfolie mit luftgefüllten Noppen. Verwendung: Winterschutz im Garten, z. B. als letzte Umhüllungsschicht für Rosen über einer Reisigabdeckung. Im Gartenteich schwimmt L. frei auf der Wasserfläche und verringert die Stärke der Eisschicht. → Wasser im Garten. Frostschutzisolierung für → Gewächshäuser. L. eignet sich zum Abdecken von Frühbeeten und Überziehen von Folientunneln. Wird L. als Frostschutz in doppelter Schicht aufgelegt, sollen die glatten Seiten aufeinander stoßen.

Lupine, *Lupinus* Ausdauernde Staudenlupine als Langzeitblüher zur bunten Gruppenpflanzung und für Sonnenhänge; 60–150 cm hoch. Lange Blütenkerzen in allen Farben von V–IX. Sonne–Halbschatten. Boden kalkarm, eher trocken als feucht. Dankbare Vasenblumen. Wird reichlich geschnitten, und werden alle welkenden Blütenstiele entfernt, so treiben die Pflanzen erneut aus und können eine zweite Blüte bringen. Vermehrung: Aussaat von VI–VIII ins Freiland. Ältere Exemplare lassen sich weder versetzen noch teilen. L. werden gern von Schnecken gefressen und manchmal völlig vernichtet.
Einjahreslupine: Aussaat ab IV an Ort und Stelle. Sämlinge auf 20 cm rundum ausdünnen. Blütezeit von VI–X. Pflanzen lassen sich nicht versetzen. Sonne. Boden kalkarm und durchlässig.

M

Madonnenlilie → Lilie.

Mädchenauge, Schöngesicht, *Coreopsis* Ausdauernder oder einjähriger Langzeitblüher, 20–120 cm hoch, mit gelben Blumen von VI–IX. Für Rabatten, Einfassungen und als Horste in bunten Blumenbeeten. Dankbare Schnittblume. Sonne. Normaler, durchlässiger Boden. Stauende Nässe wird nicht vertragen. Vermehrung ausdauernder Arten: Wurzelteilung oder Aussaat im Frühjahr an Ort und Stelle. Einjahresblüher ab Anfang IV an Ort und Stelle aussäen und auf 20 cm auslichten. Sollen blühende Pflanzen in Schalen versetzt werden, vorher gut wässern, damit der Wurzelballen feucht bleibt. Farben: Gelb, Gelb mit Rotbraun oder Rot. → Älchen.

Mädesüß → Spierstaude.

Mähkante Zur Begrenzung einer Rasenfläche ist eine M. erforderlich. Die einfachste Ausführung ist eine gestochene Kante. Besser, weil pflegeleichter, sind M. in Form von Pflasterstreifen, Plattenwegen oder Trittplatten, die zugleich zu einer angrenzenden Staudenrabatte überleiten.

Märzenbecher → Knotenblume.

Maggikraut Volkstümlich für → Liebstöckel.

Magnesium (Mg) Ein in der Natur als Chlorid, Karbonat und Sulfat weit verbreitetes Element. Für die Pflanze von Bedeutung als wesentlicher Bestandteil des → Chlorophyll. Basenbindend bildet es Säuren im Erdreich.

Magnolie, *Magnolia* Strauch oder Baum, 3 bis 10 m hoch. Tulpenähnliche, schalen- oder sternförmige Blüten in Weiß, Rosa oder Purpur von III–VIII. Blüht, je nach Art, vor oder nach dem Blattaustrieb. Als Solitär zu empfehlen. *M. kobus,* 8–10 m hoch, weiß-rosa Blüten kurz vor Blattaustrieb. Besonders frosthart. Walzenförmige, rote Früchte im Herbst. Die Sommermagnolie *M. sieboldii,* 5 m hoch, kann bis Herbst → remontieren. Hauptblüte von VI–VII. Große, weiße Schalenblüten mit roten Staubgefäßen. *M. soulangiana* 'Nigra', 3–6 m hoch, mit purpurnen Blüten von V–VI, gilt als die dunkelste Form. Die Sternmagnolie, *M. stellata,* strauchartig 3 m hoch wachsend, bringt schon als junges Gehölz weiße, duftende Blüten von III–IV.
M. möglichst an einen windgeschützten, warmen Platz setzen. In ungünstigem Klima spätblühende Sorten bevorzugen. Sonne. Humoser oder sehr stark mit Torf durchsetzter Boden. Fast alle M. bevorzugen saure Böden.

Mahonie, *Mahonia* Immergrüner oder halbimmergrüner, meist herbstroter Strauch, 1–4 m hoch, mit gelben Blüten von IV–V. Schwarzblaue, bereifte Früchte. Sonne. Ausreichend feuchter Humusboden. Bei weniger Bodenfeuchtigkeit halbschattig bis schattig setzen. *M. repens* bildet Ausläufer und ist daher gut für flächige Pflanzungen und für Böschungen.

Maiapfel, *Podophyllum* Fremdartig wirkende Staude, 30–50 cm hoch. Geeignet als Pflanzung zwischen licht stehenden Gehölzen. Ab V weiße oder rosa Blüten auf starken Schäften, meist vor Austrieb der bis 30 cm breiten, marmorierten bronzefarbenen Blätter. Leuchtend rote oder gelbliche, eigroße Früchte im Spätsommer. *P. pelatum* wuchert. Halbschatten, Schatten, absonnig. Humoser Boden, stark mit Kompost und

Torfmull durchsetzt. Gute Nachbarschaft mit Astilben, Elfenblumen, Gräsern, Farnen, Immergrün und Primeln. Vermehrung durch Teilung der Rhizome im Frühjahr.

Maiblumenstrauch, *Deutzia* Reich blühender Strauch, 50 cm–4 m hoch, für gemischte Zaunhecken, Einzelstellung und Strauchrabatten. Niedrige Sorten für Steingräten. Weiße oder rosa Blütenrispen, mehr oder weniger gefüllt, von V–VII. Für genügend Feuchtigkeit während der Blütezeit sorgen. Erneute Blühwilligkeit durch Auslichten und Verjüngen älterer Pflanzen. Sonne–Halbschatten. Normaler Boden.

Maiglöckchen, *Convallaria* Liliengewächs. Duftender Bodendecker, 20 cm hoch, giftig. Vorsicht mit Kindern! Kleinblütige Wald-M. unter Buschwerk in naturbelassenen Gartenteilen.
Zuchtformen: *C. majalis* ‘Grandiflora’, großblumig. *C. majalis flori pleno,* gefüllte Blüten. *C. rosea,* rosa Blüten. Blütezeit ab V. Bei wenig Bodenraum die M. in eine große, durchlöcherte Schüssel pflanzen und in der Erde versenken. Oder das Wandern unterbinden durch eingegrabene Betonringe, Eternit- oder Kunststoff-Streifen. Halbschatten, Schatten, absonnig. Humoser, nicht zu trockener Boden.

▷ Als »Eiskeime« zur Zimmerkultur angebotene M. sind später im Garten längere Zeit weniger blühfreudig.

Maikäfer → Käfer.

Mais, Zuckermais, *Zea mays* convar. *saccharata* Schnell wachsende Gemüse- und Windschutzpflanze. Aussaat Anfang V je ein Korn im Abstand von 10 cm in ca. 15 cm tiefe Furchen oder Pflanzlöcher legen. Später auf 30 cm Abstand auslichten. Zur Früherernte ab III jeweils drei Körner zusammen in Töpfe säen und die Wurzelballen dann ab V in Abständen von 60 × 25 cm auspflanzen. Pflege: hoch anhäufeln und öfter hacken. Nährstoffreicher Boden. Für den Trokkenstrauß → Ziermais.
Zu empfehlen ist M. als Windschutzpflanzung für Gurkenbeete; im Abstand von 150 cm pflanzen. Oder eine Reihe als Trennpflanzung zwischen Gemüse- und Wohngarten. Günstig im Wechsel mit Buschbohnen, die den Boden auflockern.

▷ Junge M.-Kolben in Salzwasser weichkochen, heiß servieren, und während der Mahlzeit mit frischer Butter bestreichen.

Majoran, *Origanum* Würzkraut, mehrjährig und einjährig; getrocknet für Soßen, Braten, Kartoffelgerichte, Brotaufstriche und zum Würzen von Wurst und ausgelassenem Fett. Winterharter Staudenmajoran, *O. vulgare,* 50–80 cm hoch; Zier- und Nutzpflanze. Für Steingärten und Staudenteppiche besser geeignet ist *O. vulgare* var. *compacta,* 15–20 cm hoch, rosa Blüten von VI–IX. Lockt Bienen und Schmetterlinge an. Vermehrung durch Stockteilung im Frühjahr. Sonne–Halbschatten. Normaler Boden.
Der frostempfindliche, einjährige Französische M., *Majorana hortensis* (30–40 cm hoch), ist im Geschmack typischer als *Origanum.* Aussaat in Schalen oder Töpfe am Fensterbrett ab III oder ins Freiland-Anzuchtbeet ab IV. Samen nur ausstreuen, andrücken und feucht halten. Keimzeit ca. 3 Wochen. Beim Umsetzen jeweils 3 Jungpflanzen mit 15 cm Abstand in ein Pflanzloch setzen. In Gärtnereien sind im Frühjahr die Jungpflanzen zu haben. Sonnige, windgeschützte Lage. Lockerer, nährstoffreicher Boden.
Ernte beider M.-Arten: Beim Aufbrechen der Blütenknospen Zweige ca. 5 cm über dem Boden schneiden, bündeln und luftig–schattig trocknen. Dürr gewordene Blätter abstreifen und in verschließbaren Dosen aufbewahren. Im Herbst zweite Ernte möglich.

▷ Tee von M. wirkt nervenstärkend, mit Honigzusatz hustenlösend, in Wein gekocht schweißtreibend. Ameisen meiden in kleinem Umkreis Beete, in denen M. wächst.

Makronährstoffe Zur Pflanzenernährung wichtige Hauptnährstoffe wie Stickstoff (N), Phosphor (P), Kalium (K), Magnesium (Mg), Kalzium (Ca).

Malve, Stockrose, *Althaea* Bis 300 cm hohe Staude, einjährig, zweijährig oder ausdauernd. Blüten einfach oder gefüllt je nach Sorte in den Farben Weiß, Gelb, Rosa, Rot, Violett und Schwarzrot. Blütezeit VI–IX. Staudengärtnerei-

en bieten ausdauernde und zweijährige Sorten an. Einjährige Sorten zur Sommerblüte: Aussaat im III in Zimmerschalen, Gewächshaus oder Frühbeet. Kräftige Sämlinge ab IV mit 70 cm Abstand an Zäune und Wände pflanzen. Mit einer straff gespannten Schnur vor Windbruch bewahren. M.-Gruppen im Rasen oder Staudenbeet an einen Stützpfahl binden. Zweijährige, wie *A.-Rosea*-Hybriden, von VI–VII ins Freiland aussäen. Kräftige Sämlinge entweder mit 30 cm Abstand auf Anzuchtbeeten überwintern oder zur nächstjährigen Blüte gleich an Ort und Stelle pflanzen. Sonne. Boden nahrhaft, tiefgründig, nicht feucht. Bei Trockenheit Gefahr von Malvenrostbefall. Vorbeugend Kupferspritzmittel anwenden. Der Rückschnitt ausdauernder M. vor dem Samenansatz verspricht bessere Überwinterung. Geeignete Nachbarn für Malven sind Sonnenblumen, hoher Phlox und Sonnenbraut.

Mandelbaum, *Prunus* Breitwüchsiger Strauch, Ausdehnung bis 3 m. *P. triloba,* bis 2 m hoch. Blüten rosa, rosettenartig gefüllt, erscheinen vor Blattaustrieb. Blütezeit, je nach Standort, von III–V, in geschützter Lage früher, in rauheren Gegenden später. *P. tenella,* Zwergmandel, 1 bis 1,75 m hoch. Zusammen mit Laubaustrieb von IV–V üppige rosa Blüte. Zur Förderung der Blühwilligkeit sofort nach der Blüte sparsam zurückschneiden. Sonne. Kalkhaltiger Boden, möglichst sandig-humos und durchlässig.

Mangelerscheinungen Ernährungsbedingtes, charakteristisches Krankheitsbild an Pflanzen. Fehlt ein bestimmter Nährstoff, treten je nach Grad des Nährstoffmangels Farb- oder Gewebeveränderungen auf. So führt starker Stickstoffmangel zu Vergilbung und Kümmerwuchs. Kupfermangel läßt die Pflanzen weich und schlaff werden, die Blattspitzen färben sich weiß. Manganmangel ruft bei Hafer die Dörrfleckenkrankheit hervor, die nach Verdorren der Blätter zum Absterben der ganzen Pflanze führt. Ähnlich empfindlich sind Rüben, Kartoffeln, Buschbohnen u. a. Bei Kalkmangel läßt das Gedeihen kalkbedürftiger Pflanzen wie Edelweiß, Nachtkerzen, Schleierkraut oder Sonnenröschen zu wünschen übrig. Umgekehrt kümmern kalkfeindliche Pflanzen wie Rhododendron, Azaleen, Kartoffelrose und alle Moorbeetpflanzen, wenn sie in kalkhaltigen Boden gesetzt werden. → Düngefehler, → Bodenreaktion, → Chlorose.

Mangold, *Beta vulgaris* var. *vulgaris* Blatt- oder Stielgemüse, je nachdem, ob Schnitt-M. oder Stiel-M. verwendet wird. Zwischen die Reihen Kopfsalat setzen. Aussaat von III bis Mitte

VI mit 30 cm Reihenabstand. Auf 20 cm Abstand auslichten. Die herausgezogenen Pflänzchen wie Spinat verwenden oder an anderer Stelle auspflanzen. Vielleicht mit Nachbarn gegen andere Junggemüsepflanzen tauschen. Erntebeginn ca. 3 Monate nach Aussaat. Blätter oder Stiele nicht zu tief schneiden und Herzblätter verschonen, damit die Pflanze weiterwachsen kann. Bei Überwinterung unter dem → Folientunnel letzte Ernte im Vorfrühling. Später beginnen die Pflanzen zu schießen. Blätter wie Spinat, Stiele vom Stiel-M. wie Spargel zubereiten. Sonne–Halbschatten. Nahrhafter, herbstgedüngter Boden. Pflege: Hacken, Jäten, Bewässern.

▷ M. enthält Vitamin A. 100 g: 22 Kalorien (92 J).

Margerite, *Chrysanthemum* Dankbare Schnitt- und Staudenblume. Frühlings-M., *Ch. leucanthemum,* 50–60 cm hoch, weiß, mit Strahlenblüten oder edelweißförmigen Blumen von V–VI. Sommer-M., *Ch. maximum,* 60–100 cm hoch. Blüten weiß, einfach, halb gefüllt oder dicht gefüllt, von VII–IX. Herbst-M.: *Ch. arcticum,* 30 cm hoch, mit weißen, rosa oder schwefelgelben Blüten von IX–V. Bunte M., *Ch. coccineum,* 25–80 cm hoch. Blüten verschieden rosa und rot, auch weiß mit getönter Mitte, gefüllt oder einfach, von V–VI. Sonne. Normaler Boden.

▷ M. ins Sommerstaudenbeet, als Einfassung und in Steingärten pflanzen. Riesenblumige Sorten als Gruppe in Rasenfläche setzen.

Marienglockenblume → Glockenblume.

Marienkäfer, Siebenpunkt-Marienkäfer Rundlicher 6–7 mm langer, roter Käfer mit 7 schwarzen Punkten. Käfer und Larven ernähren sich hauptsächlich von → Blattläusen. Ein M.-Weibchen heftet nahe der Blattlauskolonie 10–12 Eihäufchen mit insgesamt bis zu 700 Eiern an die Unterseite der Blätter. Eine ausgewachsene Larve vertilgt bis zu 200 Blattläuse pro Tag. Verpuppte Larven hängen fest angeheftet an Blättern, Käfer schlüpfen noch im selben Jahr. Zur Schonung der M. auf eine Insektizidanwendung möglichst verzichten. → Tafel Nützlinge.

Markiersaat Schnellkeimendes Saatgut, z. B. Radieschen, Feldsalat, Spinat, Dill, Kerbel, das als Markierung in der Reihe zwischen langsam keimenden Gemüsesamen ausgebracht wird, um Pflegemaßnahmen wie Unkrautjäten und Hakken zu ermöglichen. M. sehr sparsam verwenden.

Maschendrahtzaun → Zaun.

Maßliebchen → Tausendschönchen.

Mauern Für Einfriedungs-M. rund um den Garten örtliche Baubestimmungen einsehen und Genehmigung einholen. Stütz-M., Terrassen-M., Treppen-M., Teicheinfriedungen, Trenn-M. aus → Formsteinen, oder Glasbausteinen usw. innerhalb des Grundstückes sind meist genehmigungsfrei. Werden diese jedoch relativ hoch geplant, vorsichtshalber bei der Baubehörde nachfragen. Während man das Errichten von Beton-M. dem Fachmann überläßt, können Mäuerchen aus Natur- oder Betonwerkstein selbst gebaut werden. Dazu lassen sich → Betonfertigbauteile verwenden, → Glasbausteine, Klinker und Ziegel sowie Natur- oder → Kunststein. Den meist backsteinförmigen Betonwerksteinen gibt man mit Hammer und Meißel ein gefälligeres Aussehen durch Absplittern der Seitenkanten. Ziegelmauern im Garten können in Naturfarben belassen oder aber auch weiß angeschlämmt werden. Beschreibungen über das fachgerechte Aufstellen verschiedener M. sind in Bastelbüchern für Gartenfreunde zu finden. Begrünen von M. → Hausberankung, → Trockenmauer. Am Sitzplatz können M. zugleich Auflage und Anlehnung für Pergolen sein. An Treppen, Wasserbecken und an Gebäuden sind M. über ihre Funktion hinaus ein wichtiges Gestaltungselement.

Mauern: Bauelemente und Anlage

Mauerpfeffer, *Sedum acre* Ein immergrünes Zwerggewächs, polsternd, 5 cm hoch, mit walzenförmigen Pflanzenkörpern und leuchtend gelben Blüten von VI–VII. Gedeiht problemlos in Mauerfugen. Sonne. Normaler bis karger Boden.

Maulwurf Im Erdboden lebender Insektenfresser, 16 cm lang, dunkles Fell. Gräbt mit Grabfüßen und Schnauze vom Hauptbau aus dicht unter der Erdoberfläche 30–50 m lange Laufröhren und wirft dabei Erdhaufen auf. Nahrung: Engerlinge, Würmer, Insektenlarven. Gibt es nur einen M. im Garten, sollten Nutzen und Schaden gegeneinander abgewogen werden. Die Erdhaufen lassen sich einebnen oder als gesunde Blumenerde für Zimmerpflanzen verwenden. Vernichtung wenn nötig (auf Gemüseland) mittels Zangenfalle. Oder beim Aufwerfen der Erdhaufen mit Spaten ausgraben. Von Rasenflächen kann man den M. mit stark riechenden Stoffen vertreiben, indem man z. B. mit Karbolineum, Jauche oder Heringslake getränkte Tücher in die Gänge legt.

Maulwurfsgrille, Werre Im Erdboden lebende Heuschrecke, 35–50 mm lang. Lebt von Würmern, Larven, Pflanzenteilen. Wurzelschädling. Bevorzugt feuchten Boden. Durchwühlt mit Grabschaufeln die Erde und durchbeißt alle im Weg stehenden Wurzeln. Erscheint nachts an der Erdoberfläche. Bekämpfung: Im Handel sind verschiedene speziell gegen Maulwurfsgrillen wirkende Streumittel erhältlich, die nach Vorschrift auf der Packung angewandt werden sollen. Biologische Methoden: 1. Vertreiben durch reichliche Kalkgaben. 2. Ab Mai Blumentöpfe in gefährdete Beete ebenerdig eingraben, um die Tiere beim nächtlichen Wandern zu fangen. Für Vögel und Katzen eine willkommene Nahrungsquelle. 3. Im Herbst kleine Laubhaufen oder Mistkompost auf gefährdeten Gartenstellen verteilen. Werren benützen sie als Winterquartier und lassen sich dort leicht fangen. 4. Altes Hausmittel: Gefährdete Beete im Frühjahr mit jungen Haselnußruten im Abstand von ca. 30 cm umstecken.

Maus Von den → Wühlmäusen unterscheiden sich die echten Mäuse vor allem durch den längeren Schwanz. Folgende der zahlreichen Arten gehören zu den Gartenschädlingen und können im Spätherbst auch in die Häuser wandern: Waldmaus (weiße Bauchunterseite, langer Schwanz, große Ohren), Gelbhalsmaus (gelber Hals),

Brandmaus (schwarzer Rückenstreifen). Die Rötelmaus (rötlich gefärbtes Fell) und die Feldmaus gehören zu den → Wühlmäusen und sind schädlicher als echte Mäuse. Feldmäuse sind ca. 14 cm lang, haben ein graues, dunkelbraunes oder gelbbraunes Fell und hellgraue Bauchbehaarung. Sie bauen Wohnungen und Vorratskammern in 30–40 cm Tiefe, aus denen zahlreiche, untereinander verbundene Gänge an die Oberfläche führen. Sie sammeln Wintervorrat (Wurzeln, Knollen, Körner) und können durch Massenvermehrung im Garten schädlich sein. Gärten in der Nähe von Getreidefeldern, Wiesen und Weiden sind besonders gefährdet. Bekämpfung: Auslegen von gebräuchlichen Giftpräparaten. Besser ist es, eine Katze zu halten.

Mausohrstadium Beginn des Blattaustriebs. Gebräuchlicher Ausdruck in manchen Spritzkalendern.

Maximum-Minimum-Thermometer Wärmemesser, der die im Verlauf eines Tages erreichte höchste und tiefste Temperatur optisch ablesbar festhält. Unerläßlich für Gewächshäuser.

Meerrettich, Kren, *Armoracia rusticana* Würz- und Heilpflanze. Verwendung finden dicke Wurzelstücke. Gerieben zu Soßen, Majonaise und Butter, oder mit Rahm verfeinert zu Fleischgerichten. → Stecklinge oder dünne, von dicken Wurzeln abgetrennte Teile von III–IV oder im XI ca. 10 cm tief schräg in den Boden legen. Ernte von IX–IV durch Abstechen oder Ausgraben der Wurzeln. Neigung zum Wuchern. Gut geeignet zur Randpflanzung am Kartoffelbeet. Sonne bis Halbschatten. Boden humos, möglichst sandig. Nicht zu trocken, Nässe wird jedoch auch nicht vertragen. Zum Überwintern Wurzeln an kühlem Ort in Sand einschlagen. Haltbarmachen auch durch Reiben und portionsweises Einfrieren.

▷ M. hat einen hohen Gehalt an Vitamin C. Die ganze Pflanze enthält einen bakteriziden Wirkstoff, den man auf breiter Basis nützen kann. Abgeschnittenes Laub, mit heißem Wasser überbrüht, soll als Spritzbrühe gegen die → Moniliafruchtfäule wirksam sein. M. an Kartoffelbeeträndern kann der Bakterienanfälligkeit entgegenwirken.

Mehlbeere → Eberesche.

Mehligkeit bei Kernobst kann Überreife als Ursache haben oder anhaltende Bodentrockenheit in heißen Sommern (z. B. bei Apfel und Birne). Obstgehölze in Baumschulen mit entsprechenden Bodenverhältnissen auswählen und sich beraten lassen.

Mehlprimel, *Primula farinosa* → Primeln.

Mehltau, Pilzerkrankung <u>Echter M.</u> vor allem an Äpfeln, Aprikosen, Pfirsichen, Quitten, Erdbeeren, Gurken, Melonen und Erbsen. Von den Zierpflanzen sind u. a. Astern, Begonien, Chrysanthemen, Hortensien, Rittersporn und Rosen gefährdet. Erkennbar am weißmehligen Belag auf Trieben, Laub, Stielen und Blüten. Früchte werden fleckig, Blätter trocknen ein. Die Pilzsporen sind frosthart und überwintern. Nicht zu verwechseln mit Grauschimmel (→ Botrytis)! Bekämpfung: Mit schwefelhaltigen → Fungiziden bzw. den im Handel angebotenen, bienenungefährlichen Spezialpräparaten vorbeugend spritzen oder stäuben. Befallene Pflanzenteile abschneiden und vernichten. Knoblauch unter gefährdete Gehölze pflanzen! Der Falsche M. befällt vor allem in feuchtem Klima Karotten, Kartoffeln, Kohlarten, Weinreben, Rüben, Salat, Spinat, Tomaten, Zwiebeln und Lauch. Unter den Zierpflanzen Goldlack, Löwenmäulchen, Mohn, Primeln und Rosen. Zu erkennen an gelblichen Flecken auf dem Laub und dem weißgrauen Schimmelbelag auf den Blattunterseiten. Laubfall. Beeren schrumpfen. Beeinträchtigung des Wachstums. Bekämpfung: In ungünstigem Klima die Pflanzen mit luftigem Abstand einsetzen. Vorbeugend von V–VI nach der Blattentwicklung mit Kupferpräparaten oder organischen → Fungiziden spritzen. Je nach Befall Behandlung wiederholen.

Der Amerikanische Stachelbeer-M. überzieht mehlig-weiß Triebe und Früchte. Auch Johannisbeeren werden befallen. Pilzsporen überwintern am Holz und abgefallenem Laub. Bekämpfung: Pflanzen durch Volldüngung in kräftigen Wachstumszustand versetzen. Kurz vor Austrieb mit Schwefelpräparaten spritzen und während des Sommers mit Schwefelmitteln nach auf der Packung angegebener Vorschrift stäuben. Schwefelempfindliche Stachelbeersorten nach voller Belaubung nicht mehr behandeln. Vorbeugung: In allen Fällen M.-resistente Sorten anpflanzen. M.-gefährdete Gehölze mit körnigem Soda vorbehandeln. Eine Handvoll in 10 l Wasser auflösen und die Gehölze mit Blattaustrieb an trübem Tag oder abends satt überspritzen. Diese Behandlung bei voller Belaubung nochmals wiederholen. Auch ein späteres Überspritzen schadet nicht. → Pflanzenjauche, → Tafel Pflanzenkrankheiten, → Spritzkalender.

Melde, *Atriplex* Staude oder Halbstrauch, 50 bis 150 cm hoch. Ziersorten mit rotem oder kupfrigem Laub für Rabatten. Das Laub von Gemüse-M. wird wie Spinat verwendet. Keine Beeinträchtigung durch Aufschießen der Pflanzen. Aussaat mit Folgesaaten bei schneefreier Witterung ganzjährig. Normaler Boden. Sonne–Halbschatten. → Kartoffeln.

Melisse → Zitronenmelisse.

Melone, *Cucumis melo* Kürbisverwandte Feinfrucht für geschützte, warme Lage. Sommerkultur im leeren Frühbeet oder unterm Folientunnel. Kerne ab Anfang IV einzeln in kleine Töpfe säen, am Fensterbrett aufstellen und nach den Eisheiligen die Wurzelballen mit 80 cm Abstand in nahrhafter Erde auspflanzen. Kopfdüngung während der Sommermonate. An warmen Tagen gut wässern. Bei kühler Witterung empfindlich gegen Nässe. Maßnahmen zur Fruchtbildung: Pflanzen nach dem 4. Blatt entspitzen. Aus den Seitentrieben wachsende Ranken tragen Früchte. Um die Fruchtentwicklung zu fördern, nur 4 tragende Ranken belassen. Nach Fruchtansatz von

3 M., tragende und nichttragende Triebe kürzen. Früchte gegen Fäulnis auf Unterlage betten. Erkennbare Erntereife: Rissiger Stielgrund. Sonne, warm. Boden humos, nährstoffreich.

Metallfässer oder andere Gefäße aus Metall nicht zum Ansetzen von Pflanzenjauche verwenden, um unverwünschte chemische Reaktionen zu vermeiden! Metallgefäße eignen sich aus gleichem Grund nicht als Wasserschalen für Seerosen oder Sumpfgewächse.

Mikronährstoffe, Spurenelemente Im Boden befindliche oder mit spezieller Düngung zuzusetzende Pflanzennährstoffe, die nur in geringer Menge gebraucht werden, jedoch für Wachstum und Gedeihen unentbehrlich sind: Bor, Eisen, Kupfer, Mangan, Molybdän, Zink. Schädliche Wirkung durch Überdosierung einerseits, andererseits führt das Fehlen solcher M. zu → Mangelerscheinungen. → Volldünger.

Mikroorganismen, Mikroben Kleinste Lebewesen, vor allem Bakterien und Protozoen. Sind maßgeblich an der Umsetzung organischer Stoffe (Stallmist, Kompost) beteiligt und verantwortlich für die Erhaltung der → Bodengare. Besonders reich bei groben Bodenverhältnissen vertreten sowie in humusreichen Böden, wo sie eine wichtige Rolle spielen.

Milben → Rote Spinne.

Milchstern, *Ornithogalum umbellatum* Zwiebelgewächs, 10–20 cm hoch. Hyazinthenähnliche Blüten, silbrig-weiß, von IV–V. Geeignet für Steingärten, Beete, Einfassungen und für naturbelassene Gartenteile. Zwiebeln im X oder XI 10 cm tief mit 10 cm Abstand in humosen, durchlässigen Boden legen. Vermehrung durch abgetrennte Tochterzwiebeln. Sonne–Halbschatten.

▷ Blühfaule, zu dicht stehende Pflanzen im VIII ausgraben, trocken und kühl aufbewahren und Ende IX an anderen Gartenstellen auslegen.

Milzfarn, *Asplenium trichomanes* Immergrüner Farn mit einfach gefiederten Wedeln, 10 cm hoch, für schwach besonntes Alpinum und absonnige Mäuerchen. Ideale Fugenpflanze. Halbschatten–Schatten. Boden humos, in Mauerfugen auch lehmig.

Mineraldünger → Handelsdünger.

Minimumgesetz Der am geringsten vorhandene Nährstoff bestimmt den Ernteertrag. Beispiel: Enthält ein Boden genügend Stickstoff und Phosphorsäure, ist aber kaliarm, so verbrauchen die Pflanzen – entsprechend der geringen Kalimenge – auch nur wenig Stickstoff und Phosphorsäure. Kaligaben erhöhen also in diesem Fall die Aufnahme von Stickstoff und Phosphorsäure und damit den Ertrag. Das M. gilt nicht nur für Mineralstoffe, sondern auch für andere Wachstumsfaktoren wie Wasser, Luft, Temperatur, Licht usw.

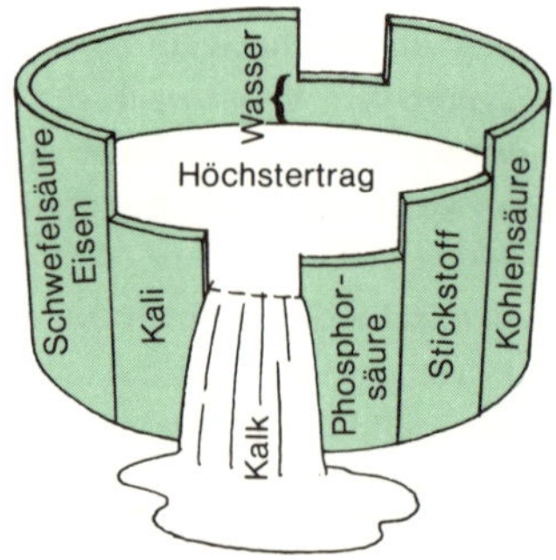

Denkmodell zum Minimumgesetz. Hier befindet sich Kalk im Minimum.

Mirabellen, *Prunus domestica* ssp. *syriaca* Steinobst. Früchte mittelgroß, rundlich, goldgelb, gesprenkelt, süß. Eignen sich zum Einkochen besser als zum Tieffrieren. Viertelstämme bis 1 m sind hohen vorzuziehen. Ernte ab Mitte VIII. Boden nährstoffreich und warm. Auf Frosthärte achten! → Kirschpflaume.

Mischdünger Handelsübliche Mischung von miteinander verträglichen Mineraldüngern, die mindestens zwei Hauptnährstoffe enthalten. Um Fehler auszuschließen, sollte man das Selbstmischen von → Handelsdüngern besser unterlassen und dafür → Volldünger verwenden. Es sind auch M. auf dem Markt, die in ausgewogenem Maß Mineraldünger und organische Düngestoffe enthalten, z. B. Hornoska Spezial. Es enthält 8%

Stickstoff, 7% Phosphorsäure, 10% Kali und 40–50% organische Substanzen. Darüber hinaus die lebenswichtigen Spurenelemente Bor, Kupfer und Mangan.

Mischkultur Zusammenpflanzung von Gemüsen, die sich bei enger Nachbarschaft im Wachstum gegenseitig fördern und durch gute Beschattung des Erdreichs außerdem für ein reges Bodenleben sorgen. Beispiele erprobter M.: Salat oder Spinat mindern den Erdflohbefall im Kohlbeet. Der starke Duft ätherischer Öle von Dill oder Tomaten zwischen Rot- und Weißkraut überlagert den Kohlpflanzengeruch, so daß sich → Kohlweißlinge fernhalten. Die Wirkung ist ähnlich, wenn Blumenkohl mit Sellerie und Tomaten in einem Beet stehen. Zwiebeln und Lauch, reihenweise im gleichen Beet mit Möhren gepflanzt, mindern den Befall durch die Zwiebelfliege. Auch Möhrenfliegen und Lauchmotten werden dadurch ferngehalten. Dill im Möhrenbeet kann die Saatkeimung fördern. Kresse und Kerbel aromatisieren den Geschmack von Radieschen. Melde und Kümmel wiederum können den Geschmack von Kartoffeln verfeinern. → Pflanzenfreundschaften, → Gemüse, → Hügelbeet.
Pflanzenfeindschaften: Fenchel verträgt sich schlecht mit Tomaten und Buschbohnen. Erbsen gedeihen weniger gut, wenn sie zusammen mit Kartoffeln angebaut werden. Sonnenblumen am Rand eines Kartoffelbeetes können die Knollenernte beeinträchtigen. → Zwischenkultur.

Mist M. jeglicher Art in → Flüssigdünger verwandeln: 100 g Dung in 2 l Wasser ansetzen. Zugedeckt im Garten aufstellen. Bildet sich Schaum, die Flüssigkeit bis zu hellbraun-durchsichtiger Färbung verdünnen und Pflanzen damit gießen.

Mistbeet Frühbeet, bei dem Mist als Wärmequelle verwendet wurde. Veraltete Methode.

Mistel, *Viscum* Immergrün, mit biegsamen Zweigen, ledrigen Blättern und weißen Beeren. Vögel fressen die im Winter reif gewordenen Früchte und verbreiten die unverdaulichen, klebrigen Samen weiter. Blüten unscheinbar. Die einheimische M., *V. album,* kommt in 3 Unterarten vor, die auf Laubbäumen, Tannen, Kiefern leben. M. treiben Saugorgane ins Holz der Wirtspflanze und entziehen dieser Wasser und die darin gelösten Nährsalze. M. zeigen jedoch eigene → Photosynthese und sind deshalb nur Halbschmarotzer. Befallene Äste unterhalb des M.-Ansatzes abschneiden. M. von Bäumen ablösen und als Winterschmuck verwenden. Grüne M.-Zweige sehen hübsch aus, wenn sie mit Lack (Haarspray) oder Gold- bzw. Silberspray überzogen werden. In England werden M.-Zweige zur Weihnachtszeit im Zimmer aufgehängt. Im Volksglauben gilt die M. als Glücksbringer.

Mistgabel Gartengerät zum Umsetzen des Komposthaufens und zum Ausbreiten von Mist.

Mittagsblume, *Dorotheanthus bellidiformis* (alter Name: *Mesembryanthemum criniflorum*) Bildet einjährige, bis 20 cm hohe, bunte Blumenteppiche. Blüten von VI–Frostbeginn in Weiß, Rosa und in roten Tönen, in Gelb und Violett. Oft mit weißem Innenrand. Aussaat im IV an Ort und Stelle mit Frostschutz, oder im III in Kästen bzw. Frühbeet. Pikieren und nach den Eisheiligen verpflanzen. Dankbare Bodendecker für südliche Hangflächen. Sonne. Boden leicht und durchlässig, nicht feucht.

▷ M. bringen Farbe in Steingärten und wachsen auch aus Mauerfugen. Sie eignen sich für Rabatten und als Beeteinfassungen.

Mittagsgold, *Gazania* Einjahresblume, 10 bis 50 cm hoch. Blüten von V–X in Weiß, in verschiedenen Gelbtönen, in Orange und Orangerot. Auch mehrfarbig. Geeignet für Steingärten, Trockenmauern, Staudenbeete, Randbepflan-

Gemüseart	empfehlenswert	nicht empfehlenswert
Bohnen	Bohnenkraut, Gurken, Kohlarten Rote Rüben, Sellerie, Radieschen, Frühkartoffeln, Mais	Knoblauch, Porree, Zwiebeln
Endivien und andere Herbstsalate	Porree, Kohlarten, Schwarzwurzeln, Tomaten, Dill, Gurkenkraut, Radieschen, Rote Rüben, Rettich, Erdbeeren	Hochwachsende und spätreifende Gemüse wie Grünkohl und Rosenkohl
Erbsen	Dill, Fenchel, Kohlrabi, Zucchini, Rettich, Salate, Möhren	Knoblauch, Porree, Zwiebeln
Gurken	Bohnen, Dill, Porree, Stangenbohnen, Erbsen, Salat, Rote Rüben, Kohlarten, Zwiebeln, Mais	Kartoffeln, Rosenkohl, Rettich, Tomaten, Grünkohl
Kartoffeln	Stangenbohnen, Mais, Spinat, Mangold, Kohlarten, Dicke Bohnen, Kümmel	Zucchini, Kürbis, Gurken, Tomaten, Melonen
Kohlarten: Kopfkohl, Rotkraut, Weißkraut, Blumenkohl, Rosenkohl, Grünkohl	Rote Rüben, Dill, Spinat, alle Salate, Mais, Porree, Tomaten, Sellerie, Mangold	Zucchini, Kürbis, Knoblauch, Erdbeeren, Zwiebeln, Melonen
Kohlrabi	Buschbohnen, Stangenbohnen, alle Salate, Spinat, Radieschen, Rettich, Rote Rüben, Schwarzwurzeln, Sellerie, Erdbeeren, Petersilie	Zucchini, Kürbis, Zwiebeln, Knoblauch, Melonen
Meerrettich	Bei Kartoffeln als Randpflanze, desgleichen für Mais und Bohnen	
Möhren, Karotten	Zwiebeln, alle Salate, Petersilie, Radieschen, Rettich, Spinat, Tomaten, Schwarzwurzeln, Dill, Porree	Zucchini, Kürbis, Melone
Porree, Lauch	Zwiebeln, Tomaten, Schwarzwurzeln, alle Salate, alle Kohlarten, Sellerie, Möhren	Bohnen, Erbsen
Rote Rüben	Alle Salate, alle Kohlarten, Zwiebeln, Gurken, Dill, Petersilie	Zucchini, Kürbis, Melonen, Kartoffeln, Porree
Salate, alle	Tomaten, Spargel, alle Kohlarten, Porree, Kerbel, Kresse, Bohnen und fast alle Gemüsearten, die bisher genannt wurden	Zucchini, Kürbis, Melonen, Kartoffeln
Sellerie	Bohnen, Tomaten, Porree, Feldsalat, Pflücksalat, alle Kohlarten	Kartoffeln, Mais
Spinat	Unterpflanzung für alle Gemüsearten. Im Erdbeerbeet abwechselnd in Reihen	
Tomaten	Alle vorher genannten Gemüse, Ausnahmen s. rechte Spalte. Besonders aber Kohlarten zur Abwehr vom Kohlweißling	Erbsen, Gurken, Fenchel, Kartoffeln, Melonen, Zucchini, Kürbis
Zucchini, Melonen, Kürbis	Mais, Stangenbohnen, Zwiebeln, Porree	
Zwiebeln	Möhren, alle Salate, Bohnenkraut, Dill, Rote Rüben	Bohnen, Erbsen, alle Kohlarten

Mohn

Ölweide

Nachtkerze

Pfeifenstrauch

zungen, Schalen und Balkonkästen. *G. uniflora* läßt sich mit seinen 10–15 cm hohen, niederliegenden Trieben auch als Bodendecker verwenden. Aussaat im III im Gewächshaus oder in Anzuchtkästen am Fensterbrett. Sämlinge in Töpfe umpflanzen und nach den Eisheiligen an Ort und Stelle setzen. Gärtnereien bieten im Frühjahr Topfballenpflanzen für den Garten an. Sonne. Boden nährstoffreich, stickstoffarm, trokken. Bei zu großer Trockenheit entstehen kleine Blüten und die Blühfreudigkeit läßt nach.

▷ Vermehrung besonders schon blühender Exemplare durch → Stecklinge im IX. Stecklingstöpfe zum Schutz gegen Zug und Verdunstung mit Polyäthylenfolie (Haushaltsfolie) überdecken. Bewurzelte Pflanzen kühl und hell überwintern.

Mitteltrieb Fortsetzung des Stammes. Durch Entfernung des M. entsteht die → Hohlkrone.

Mobile Gärten Transportable Pflanzgefäße, die in verschiedene Gartenteile, auf Mäuerchen, Treppenabsätze, in Hauseingänge, auf Terrassen oder Balkons gestellt werden. Von der einfachen Tonschale mit Sommerblumen über Kübel mit Gehölzen und Seerosenschalen zählen dazu auch bepflanzte Schubkarren oder → Troggärten.

Möhre, Mohrrübe, Gelbe Rübe, Karotte, *Daucus carota sativus* Beim Einkauf Früh-, Dauer-, Wintersorte beachten. Aussaat der Frühsorten nach der Schneeschmelze, etwa im III. Folgesaat bis VI. Sorten zum Überwintern im V. säen, zur Frühjahrsernte Einsaat im Herbst. In rauhen Lagen mit Reisig Winterschutz geben. Keimbeginn bei 4–5° C. M.-Samen wird keimfrei durch zwei Tage langes Einweichen in einer rosafarbenen Lösung von Kaliumpermanganat. Vor Aussaat trocknen. In tiefgründigem, kalireichem Boden lockeres Saatbett gut vorbereiten. Nicht in mit frischem Mist gedüngten Boden säen. Besser 8 Tage vor Aussaat 50 g Kali und 50 g Thomasmehl pro m^2 ausbringen. ½ cm breite Rillen ziehen, Samen – notfalls mit feinem Sand vermischt – dünn einstreuen. Erde überschieben und festklopfen. Etwas → Markiersaat (Radieschen) dazwischensäen. Pflege: Jäten und Hacken. Bei Erntebeginn in lockerem Boden mit der Hand nach den dicksten M. fühlen und diese herausziehen. Die nebenstehenden werden dann um so kräftiger. Winterlagerung: Kraut abschneiden, ohne die Wurzeln zu verletzen; M. im Keller oder Frühbeet in Sand einschlagen. Zum Tieffrieren eignen sich M. nach Blanchieren oder als Fertiggericht.

Erkrankungen: 1. Befall mit Pratylenchus-Ne-

Für mobile Gärten findet sich überall ein Platz.

matoden. Schadbild: Verunstaltungen durch warzen- oder krebsähnliche Wucherungen, manchmal Braunfärbung. Bodenentseuchung meist erfolglos. Bekämpfung: Gezielte Behandlung mit Nematiziden nach Vorschrift auf der Packung. Besser ist es, die Anbaufläche zu wechseln. → Bodenmüdigkeit. – 2. Befall durch Echten oder Falschen → Mehltau. Stickstoffdüngung einschränken, dafür Kalk, Kali und Phosphorsäure geben. Boden hacken und lockern. – 3. Weich- oder Naßfäule (bei eingewinterten M.). Befällt meist M., die mit zu hohen Stickstoffgaben gezogen wurden. Vor dem Einlagern gut abtrocknen lassen. → Möhrenfliege.

▷ Bleistiftdicke M. lassen sich bei vorsichtigem Herausnehmen und Schonung der feinen Seitenwurzeln verpflanzen.

▷ M. enthalten Vitamin A, B und C. 100 g Gemüse: 32 Kalorien (134 J).

Möhrenfliege 4–5 mm lange, schwarzglänzende, gelbfüßige Fliege. Eiablage an Jungpflanzen. Befällt auch Sellerie, Petersilie, Pastinaken. Maden fressen dunkelfarbene Gänge in die Wurzeln und machen sie ungenießbar. Erste Anzeichen: vergilbendes Kraut. Solche Möhren herausziehen und vernichten. Vorbeugen: Frühaussaat im III oder Spätsaat von frühen Sorten im VI. In Mischkultur abwechselnd in Reihen mit Zwiebeln. Die Pflanzen schützen sich gegenseitig durch ihren starken Eigengeruch. Möhrenaussaat nie auf frisch gedüngte oder sehr trockene Böden.

▷ Biologische Bekämpfung: Samen sofort nach Aussaat mit Wurmfarn-Wurzelpulver überstäuben, ab Mitte V auch das Laub. Möhren häufeln.

Mörtel Mischung von Zement, Sand und Wasser, manchmal auch unter Verwendung von Kunststoffen oder anderen Zusätzen. Verbindet durch chemischen Bindeprozeß vorwiegend Steinmaterial und erreicht hohe Festigkeit. Herstellung: Zement und Sand trocken vermischen. Dann unter langsamer Beigabe von Wasser zu einer teigigen bis breiigen Masse verrühren. Je nach mehr oder weniger starker Beanspruchung kann die Zusammensetzung von Zement und Sand 1:3 bis 1:20 betragen. Für Mauern (insbesondere zum Verfugen im Ziegelmauerwerk), Minifelsen usw., die der Witterung ausgesetzt sind, wird ein Verhältnis von 1:6 bis 1:4 empfohlen. Bei Fundamenten im Erdboden, wo Beton verarbeitet wird, oder wenig beanspruchten Bauteilen genügt ein Verhältnis von 1:15 bis 1:20. Zement-M. ist wasser- und wetterbeständiger als Kalk-M. Für einen dauerhaften M., z. B. zum Mauerbau, darf nicht feiner Schweißsand, sondern nur rauher, scharfkantiger Sand verwendet werden. Einen mit grobem Kies-Sand hergestellten M. bezeichnet man als → Beton.

Mohn, *Papaver* Ausdauernde, einjährige oder zweijährige Gartenblume, 15–150 cm hoch, mit kleinen oder großen einfachen oder gefüllten Blüten von V–IX. Ausdauernde niedrige Stauden-Arten für Steingärten, Alpinum, Rabatten, Einfassungen.

Sonne. Boden durchlässig. Vermehrung: Nach Samenreife dünn an Ort und Stelle aussäen. Notfalls im Frühjahr auslichten. Der Orientalische Riesenmohn (Türkenmohn), *P. orientale,* und seine Zuchtformen, 50–150 cm hoch, haben Blüten in vielen Farben, außer in blau, von V–VII. Die Art zieht nach der Blüte ein. Deshalb in Blumenbeete zu sonnenhungrigen Stauden setzen, die später den kahlen Bodenfleck verdekken. Reiches Angebot in Staudengärtnereien. Pflanzzeit im Frühjahr. Volle Sonne. Normaler Boden, etwas kalkhaltig. Nach der Blüte die Stiele zurückschneiden. Vermehrung: Wurzelschnittlinge im Frühjahr oder nach der Blüte verpflanzen. Durch Samen: Aussaat sofort nach Samenreife (V–VI) an Ort und Stelle. Ausdünnen. Verpflanzen wird schlecht vertragen. Erwerbsmäßiger Anbau oder in größerer Stückzahl ist genehmigungspflichtig.

Ausdauernde Mohnarten

Deutscher Name	Botanischer Name	Blütenfarbe	Blütezeit	Wuchshöhe cm
Alpenmohn	*P. alpinum*	gelb, weiß/ orange	V–VI	10–20
Chinamohn	*P. anomalum*	weiß, einfach und gefüllt	VI–X	50
Islandmohn	*P. nudicaule*	weiß, gelb, rot, rosa	V–X	30–40
—	*P. monanthum*	orange	VI–IX	40

Ein- und zweijährige Arten: Tulpenmohn, *P. glaucum,* 50 cm hoch, tulpenförmige Blüten ab V bei Herbstaussaat, sonst von VI–VIII. Farbe: leuchtend rot mit schwarzem Fleck. Kann auch zweijährig sein. Pfauenmohn, *P. pavonium,* 40–60 cm hoch, Blüten von VI–VII, scharlachrot mit schwarz umrandetem, karminfarbenem Innenfleck. Klatschmohn, *P. rhoeas,* 40–120 cm hoch, Blüten von V–VII in allen Farben außer in Blau. Zu ihm gehören die Sortengruppen: Japanischer Pomponmohn, Ranunkelmohn, Shirley- und Seidenmohn. Schlafmohn, *P. somniferum,* 40–120 cm hoch, Blüten von VI–VIII in vielen Farben, einfach oder gefüllt, rundblättrig, geschlitzt oder gefranst. Heißt im Volksmund deshalb auch Prachtmohn, Federmohn, Schlitzmohn, Paeonienmohn. Der Anbau ist laut Gesetz vom Bundesgesundheitsamt (Berlin) genehmigen zu lassen.

Für alle Arten Aussaat Ende III–Mitte IV an Ort und Stelle. Maiaussaat bringt kümmerliche Pflanzen. Auslichten auf 20 cm Abstand. Sämlinge lassen sich nicht versetzen. Bei Herbstaussaat frühere Blüte. Zum guten Bodenschluß Saatstellen festklopfen. Sonne. Boden nährstoffreich, kalkhaltig. In schlechter, magerer Erde kann M. völlig versagen. Zusätzlich phosphorhaltige Mineraldünger geben. In Staudenkatalogen wird *P. nudicaule* als ausdauernde Pflanze geführt, weil er in günstigen Fällen bis zu 4 Jahren durchhalten kann. Er ist aber auch in Samenkatalogen unter den Ein–Zweijährigen zu finden. Zuchtformen hier in vielen Farbtönen.

▷ Hohen großblumigen Gartenmohn für bunte Beete nur zu Blumen mit kräftigen Farben setzen, z. B. zu großblütigen Margeriten, blauem Rittersporn, zu Lupinen, hohen goldgelben Garben, zu Sonnenbraut bzw. vor sommerblühende buschige Gehölze.

▷ Günstiger Zeitpunkt für den Vasenschnitt, wenn nickende Knospen sich aufrichten.

Molybdän ist wichtig für stickstoffbindende Bodenbakterien. Mangel bedingt Mißbildungen an Blättern, vor allem auf sauren Böden. Dann Kalk zuführen.

Monatserdbeeren, *Fragaria vesca semperflorens* Meist kleinfrüchtige → Erdbeeren, mit oder ohne Ausläufer. Ab V Erntemöglichkeit bis Herbst. Nicht rankende Sorten als Beeteinfassungen verwendbar. Vermehrung der rankenden M. durch Ausläufer.

▷ Manche rankenlosen Sorten lassen sich durch Beeren vermehren, indem ausgereifte Früchte in lockeren Boden gesteckt werden. Sorten: 'Baron Solemacher' und 'Rügen'.

Mondeinfluß Umstrittene Wirkung auf Pflanzen und Aussaat. Folgende Beispiele sollen den

Tatsachen entsprechen: Rettichaussaat bei zunehmendem Mond bringt gute Ernte, während bei abnehmendem Mond ausgesäter Rettich kümmert. Bei Kohlrabiaussaat 2 Tage vor Vollmond werden die Knollen groß und saftig, während gegen Neumond ausgesäter Kohlrabi platzt und bald schießt. Eine Bohnen- und Erbsenaussaat vor dem Vollmond garantiert ebenfalls gute Ernte. Allgemein wird behauptet, daß bei zunehmendem Mond stärkeres Wachstum zu beobachten sei als bei abnehmendem.

Monilia, Polsterschimmel, Fruchtfäule, Ringfäule Gefährliche Pilzkrankheit des Stein- (besonders bei Sauerkirschen) und Kernobstes. Die Pilzsporen überwintern an Fruchtmumien, auf spitzendürren Zweigen, am Baum und auf dem Boden.

Krankheitsbild: Eintrocknen der Triebspitzen, bei schwerem Befall ganzer Äste. Bräunliche, faulige Stellen an den Früchten. Später hellgraue, meist ringförmig angeordnete Schimmelpolster. Krankes Obst wird abgestoßen oder schrumpft am Ast. Direkte Ansteckung erfolgt besonders stark durch Früchte mit verletzter Schale. Bekämpfung: → Fruchtmumien sorgfältig einsammeln und tief vergraben. Rückschnitt kranker Triebe bis ins gesunde Holz. Zu dichten Fruchtbehang → ausdünnen. Statt hoher Stickstoffgaben kali- und phosphorhaltige Düngemittel verwenden. Bei starkem Befall spezifisch gegen M. wirkende → Fungizide nach Vorschrift anwenden. Dabei die bienenungefährlichen Präparate auf Basis der Wirkstoffe Captan, Dodin, Folpet, Mancozeb oder Thiram bevorzugen. → Meerrettich, → Tafel Pflanzenkrankheiten.

Monokultur Alleinige Bepflanzung mit einer einzigen Gemüseart. Unrentable Bodennutzung. Gefahr von Bodenmüdigkeit und Schädlingsbefall. Vorzuziehen ist die → Mischkultur in ausgewogener → Fruchtfolge, → Gemüse, → Hügelbeet.

Montbretie, *Crocosmia* Ähnelt im Aussehen kleinblumigen Wildgladiolen. Gute Schnittblume, 30–90 cm hoch. Reichblütige Ähren von VIII–X in Orange und bräunlichen Tönen, Rot oder Gelb. Knollen im IV oder V ca. 10 cm tief, mit 10 cm Abstand, in den Boden legen: zwischen Polsterpflanzen, Zwerggehölze, in Steingärten, Rabatten und Beete. Überwintern in mildem Klima und bei guter Schneelage ohne Schaden. In rauhem Klima Knollen mit einer trockenen Laubschicht oder mit Torfmull abdecken, und darauf eine atmungsaktive → Folie als Feuchtigkeitsschutz legen. In der Vase erblüht noch die letzte Knospe. Sonne bis Halbschatten. Normaler Boden, durchlässig, kalkhaltig. In stauender Nässe gehen die M. ein.

Moorbeet Leicht herzustellendes, fast pflegefreies Liebhaberbeet für Moorgewächse. Saurer Boden. Lage: sonnig, evtl. anschließend an oder rund um den Gartenteich. Anlage: Gartenfläche ca. 30 cm tief ausheben, nicht zu dünne Folie einlegen und mit ungedüngtem Torf auffüllen. Dann mit sauberem Regenwasser durchtränken

Moorbeetpflanzen

Deutscher Name	Botanischer Name	Blütenfarbe	Blütezeit
Alpenrosen	*Rhododendron ferrugineum*	rot	ab V
Alpenrose	*Rhododendron praecox*	rot	ab III
	Azalea mollis- Hybriden	gelb, orange, rosa, rot	ab V
Azaleen*	*Azalea aronense-* Hybriden	weiß, rosa, rot, lila	ab IV
Erika, Heidekraut	*Calluna vulgaris*	rosa, weiß	ab VII
Enzian, Stengelloser	*Gentiana acaulis*	blau	ab V
Fettkraut**	*Pinguicula*	weiß, lila	ab V
Knabenkraut, geflecktes	*Orchis maculata*	rosa	ab VI
Lavendelheide	*Pieris floribunda*	weiß	ab IV
Lorbeerrose	*Kalmia latifolia*	rosa	abV
Mehlprimel	*Primula farinosa*	rosarot	ab IV
Schwalbenwurzenzian	*Gentiana asclepiadea*	blau	ab VI
Sonnentau**	*Drosera*	weiß	ab VI
Sumpfporst	*Ledum palustre*	weiß	ab V
Sumpfveilchen	*Viola palustris*	hellviolett	ab IV
Torfmyrthe	*Pernettya mucronata*	weiß	ab V
Zwergbirke	*Betula nana*	–	–

* werden jetzt auch unter Rhododendron geführt ** fleischfressende Pflanzen

oder den Torf während einer Regenperiode einschütten. Folienrand mit größeren Steinen oder Steinplatten festhalten. Ein M. soll immer feucht sein, nie völlig austrocknen, aber keinen Wasserstand aufweisen. Kurzfristige Überschwemmungen durch Regenperioden schaden den Pflanzen jedoch nicht. Die Pflanzenauswahl ist wesentlich kleiner als beim Sumpfbeet.

Moorbeetpflanzen Kalkfeindliche Gewächse, die nur in reinem Torf gedeihen. Manche in Gärtnereien als M. bezeichneten Gewächse bevorzugen Waldhumus, wachsen aber auch in Torf. Nicht düngen, nicht hacken, nur kalkfreies Gießwasser verwenden. → Enthärten des Wassers. Pflanzen, die das Torfbeet bevorzugen, siehe Tabelle.

Moos → Rasen.

Moosfarn, Mooskraut, *Selaginella helvetica* Moosartiger Bodendecker, bildet auf nicht zu trockenem Boden 10 cm hohe, smaragdgrüne Teppiche an allen schattigen Gartenstellen. Rostrote Herbstfärbung. Auch geeignet für Gräber unter Baumschatten.

▷ Als Zimmerpflanze in Töpfen angebotener M. eignet sich nicht zum Auspflanzen in den Garten.

Moskitogras, *Bouteloua gracilis* Ziergras mit sehr schmalem Blatt, 30 cm hoch. Von VII–IX, braune Blütenähren, die einem Schwarm Insekten ähneln. Sonne. Normaler Boden. *B. curtipendula* wird 80 cm hoch.

Münzkraut, Pfennigkraut, *Lysimachia nummularia* Kriechender Bodendecker, 5 cm hoch, mit gelben Blüten von V–VII. Sehr geeignet als Randpflanzung am Wasserbecken. Überzieht Betonränder. Sonne–Schatten. Normaler Boden, eher feucht als trocken.

▷ Ins Wasser hängende Ranken blühen nicht, man kann sie aber zur Vermehrung verwenden.

Mulchen Abdecken des Bodens unter Obstbäumen, Beerensträuchern, Ziersträuchern, auf Stauden- und abgeernteten Gemüsebeeten. Verwendet werden samenlose Pflanzenteile wie Gras, Unkräuter ohne Samenkapseln, Erbsen- und Bohnenstroh, Herbstlaub, abgeschnittene Stauden sowie halbverrotteter Kompost oder Torf. Erdbeeren nicht vor der Ernte mulchen. Hier besser schwarze → Folie verwenden.
Wirkung: M. schützt vor Verunkrautung, verhütet das Austrocknen des Bodens, verhindert die Verschlämmung nach Regengüssen, fördert die → Bodengare sowie die Entwicklung der Kleinlebewesen. Die Mulchschicht schützt ferner auf Hanggrundstücken vor Bodenausschwemmung, fängt den giftigen Sprühnebel bei Pflanzenschutzmaßnahmen auf und verwandelt sich durch Verwesung schließlich in wertvollen Humusdünger. → Mulchfolie, → Komposthäcksler, → Rindenmulch, → Flächenkompostierung.

Mulchfolie Dünne, schwarz gefärbte → Schlitzfolie für Gemüsebeete. M. auf die vorgesehene gut gedüngte Bodenfläche legen. Die Ränder gegen Wind mit Steinen beschweren und mit Erde anschütten. Im notwendigen Abstand Kreuzschnitte anbringen und → Erdbeeren, → Gurken oder anderes Feingemüse einsetzen. M. hält den Boden feucht, warm und locker, verhindert aber die Kontrolle über Bodenschädlinge. → Schnekken, → Folie, → Rindenmulch.

Multitopf Kunststoffplatte (etwa 30 × 50 bis 40 × 60 cm) mit reihenweise blumentopfförmig eingeprägten Vertiefungen, in die man Sämlinge → pikiert oder in denen man aus → Pillensaat bzw. großen Samenkörnern Jungpflanzen (von Sonnenblumen, Zierstauden, Gurken, Bohnen, Erbsen, Kürbis, Melonen) mit gut versetzbaren Wurzelballen anziehen kann. Ähnliches gibt es auch aus Preßtorf.

Mummel → Teichrose.

Mutterboden Oberste Bodenschicht, die reich an Humus und Mikroorganismen ist. Nach Bundesbaugesetz besteht ein Schutz für M. auf Baustellen. Nach den neuesten DIN-Vorschriften wird M. als Oberboden bezeichnet. M. wegen Überdüngungsgefahr beim Teichbau nicht zur Bepflanzung im Wasser verwenden.

NNNNNNN

Nachbarschaft Nachbarliche Rechte und Einschränkungen im BGB festgelegt. Bei Unklarheiten geben Landratsämter und Gemeindeverwaltungen Auskunft. Vorgeschriebener Grenzabstand bei Heckenpflanzung oder Bauten einhalten. Gegebenenfalls sich auf einen Notweg einigen. Veränderungen wie Anböschen oder Vertiefen des Bodens in Grenznähe mit dem Nachbarn besprechen, falls sein Grundstück beeinträchtigt wird. Aussamende Unkrautstreifen am Gartenzaun, Wurzelausläufer oder überhängende Zweige entfernen. Zeitweises Umleiten natürlicher Wasserläufe und Dränagemaßnahmen mit Nachbarn besprechen. → Abholanspruch respektieren. → Überfallrecht, → Überhangrecht.

Nachblütespritzung → Spritzkalender.

Nachkultur Gemüse- oder Salatpflanzung, auf den im Sommer von der Hauptfrucht geräumten Beeten: Feldsalat, Grünkohl, Winterspinat, Wintersalat, Winterendivien. → Fruchtfolge.

Nachtfrost Absinken der Nachttemperatur unter 0° C. Möglich ab Anfang IX (bis Anfang VI), vor allem bei aufklarender Witterung, sehr selten bei bedecktem Himmel. → Bodenfrost.
Mit N. ist zu rechnen, wenn sich Metallteile am Gartentor etwa eine Stunde nach Einbruch der Dunkelheit feucht anfühlen. Dann vorsichtshalber frostgefährdete Blumen im Garten und auf dem Balkon abdecken.

Nachtfrost-Warngerät Für den Hausgarten angeraten und auch im Preis erschwinglich ist das Polymeter. Durch die gleichzeitige Messung von Feuchtigkeit und Temperatur läßt sich der Taupunkt und damit der kritische Punkt für das Eintreten von Nachtfrost ablesen. Das Gerät kann auch mit einer elektrischen Anlage geliefert werden, die bei Erreichen einer Gefahrenlage ein hörbares oder sichtbares Signal auslöst.

Nachtkerzen, *Oenothera* Aufrechtwachsende oder niederliegende Stauden, 20–100 cm hoch. Schalenblüten in meist gelben Tönen von VI–IX. Ein- bis zweijährige Arten. *O. drummondii* und *O. erythrosepala* zwischen bunte Blumen und auf trockene Stellen in naturbelassenen Gartenteilen setzen. Aussaat ab IX ins Freiland. Im Winter mit Reisig abdecken. Im Frühjahr auslichten. Jungpflanzen lassen sich leicht versetzen. Oder Aussaat ab III ins Frühbeet und Jungpflanzen nach den Eisheiligen umsetzen. Ausdauernde Arten wie *O. missouriensis, O. perennis* oder *O. tetragona* var. *riparia,* mit langen niederliegenden oder kurzen hochstehenden Trieben, eignen sich für warme Lagen in Steingärten und an Abhängen. Manche N. öffnen ihre Blüten am Abend, andere am Morgen. Staudengärtnereien führen ein reiches Sortenangebot. Sonne. Normaler, kalkhaltiger Boden. Vermehrung bei jeder Art unterschiedlich, deshalb dem Gärtner überlassen.

Nachtschattengewächse, Familie der *Solanaceae* Pflanzengruppe mit vielgestaltigen Arten bei Gemüse, aber auch bei den Sträuchern, Bäumen, Blütenstauden und Einjahresblumen.

Nachtviolen, *Hesperis* Duftstauden bis 1 m Höhe, mit phloxähnlichen Blüten in Weiß und Lila, einfach und gefüllt, von V–VI. Verbreiten mit Einbruch der Dämmerung starken Duft. Aussaat direkt ans Freiland nach Vorschrift auf der Samentüte oder zur Weitervermehrung sofort nach der Samenreife. Säen sich auch von selbst aus. Sonne–Halbschatten. Kalkhaltiger, tiefgründiger Boden. Dankbare Schnittblumen.

Nacktschnecken, Wegschnecken Schwarze, braune oder rote → Schnecken ohne Haus, sehr gefräßig, ohne Vorliebe für eine bestimmte Pflanzenart. Bekämpfung: Schneckenvertilgungsmittel streuen, oder flache Teller mit Bier zwischen den Staudenpflanzen verteilen.

Nadelbräune Normale Erscheinung im natürlichen Erneuerungsprozeß. Ab V verfärben sich ältere Nadeln und fallen ab. Typisch bei Kiefern. Bei N. durch Frostschaden dagegen sitzen die trockenen Nadeln fest am Zweig. Vorbeugung: Ab Ende I wertvolle Nadelgehölze bei Frost vor zu starker Sonneneinstrahlung mit Hilfe von Fichtenzweigen oder einer schattenspendenden Wand schützen. Bei großer Trockenheit und klarem Wetter mit wolkenlosem Himmel Nadelbäume auch im Winter gießen. Nadelbäume vertrocknen eher, als daß sie erfrieren. → Fichtengallenlaus.

Nährstoffe Pflanzen nehmen mit ihren Wurzeln und oberirdischen Teilen, vor allem mit den Blättern, N. aus der Erde bzw. aus der Luft auf. Zum Aufbau der Pflanzensubstanz, die zum großen Teil aus Kohlehydraten (Stärke, Zuckerarten, Zellulose u. a.) besteht, werden als wesentlichste Elemente Kohlenstoff, Sauerstoff, Wasserstoff und Stickstoff benötigt. Aus der Luft entnimmt die Pflanze Sauerstoff (den sie jedoch zur Atmung verbraucht) und Kohlendioxid, welches Kohlenstoff und Sauerstoff zur → Photosynthese liefert. Nur Stickstoffsammler, wie → Erbsen und Bohnen, können sich mit Hilfe der → Knöllchenbakterien auch mit Stickstoff aus der Luft versorgen. Die meisten Pflanzen nutzen jedoch die Stickstoffverbindungen, die der Boden enthält (Nitrate). Außer weiteren Salzen, und damit den → Mikro- und → Makro-N., entnimmt die Pflanze dem Boden Wasser, das selbst als Baustoff dient und außerdem – nach Abspaltung von Sauerstoff – den für die Kohlenhydratbildung nötigen Wasserstoff liefert. Wasser ist ferner ein wichtiges Transportmittel für N. im Pflanzenkörper, und es schützt durch sein anschließendes Verdunsten (Transpiration, vorwiegend an den Blättern) die Pflanze vor Überhitzung. Der entstehende Transpirationsstrom sorgt für ein ständiges Nachsaugen von Wasser und N. aus dem Boden. → Mangelerscheinungen, → Minimumgesetz (s. Zeichnung nächste Seite).

Narzisse, *Narcissus* Zwiebelblume, 15–40 cm hoch. Kaum wühlmausgefährdet. Trompeten- oder tellerförmige Blüten, einfach und gefüllt, in Gelb, Weiß, Creme, Rosa, oft mit orange- oder andersfarbiger Krone, von III–V. Zwergige Wildnarzissen vor allem für Steingärten, Beet- und Rabattenränder mit »Botanischen Tulpen« zusammensetzen. Höhere Arten auch zwischen Zwerggehölze setzen, vor Strauchgruppen, an den Rand künstlicher Bäche und Wassergärten sowie büschelweise in Rasenflächen. Pflanzung ab IX, 10–15 cm tief. → Blumenzwiebeln.

Naßbeize → Beizen.

Naturdünger Bezeichnung für organische, humusbildende Dünger wie Tierdung, Jauche, Pflanzenjauche, Hornmehl- und -späne, Blutmehl, Knochenmehl und -schrot. → Mischdünger, → Düngung, → Gründüngung, → Stallmist, → Volldünger.

Naturnaher Garten Der freien Natur angepaßte Gartenanlage mit Blumen, Kräutern und Gräsern. Verzicht auf fremdartige oder hochgezüchtete Gewächse. Stattdessen Pflanzen wählen, die heimisch sind. Vor allem gefährdete und im Aussterben begriffene Gewächse. → Geschützte Pflanzen in Gärtnereien erwerben. Halbschattig: Wiesenraute, Akeleien, Ochsenauge *(Telekia speciosa),* Waldgeißbart, Elfenblumen, Früh-

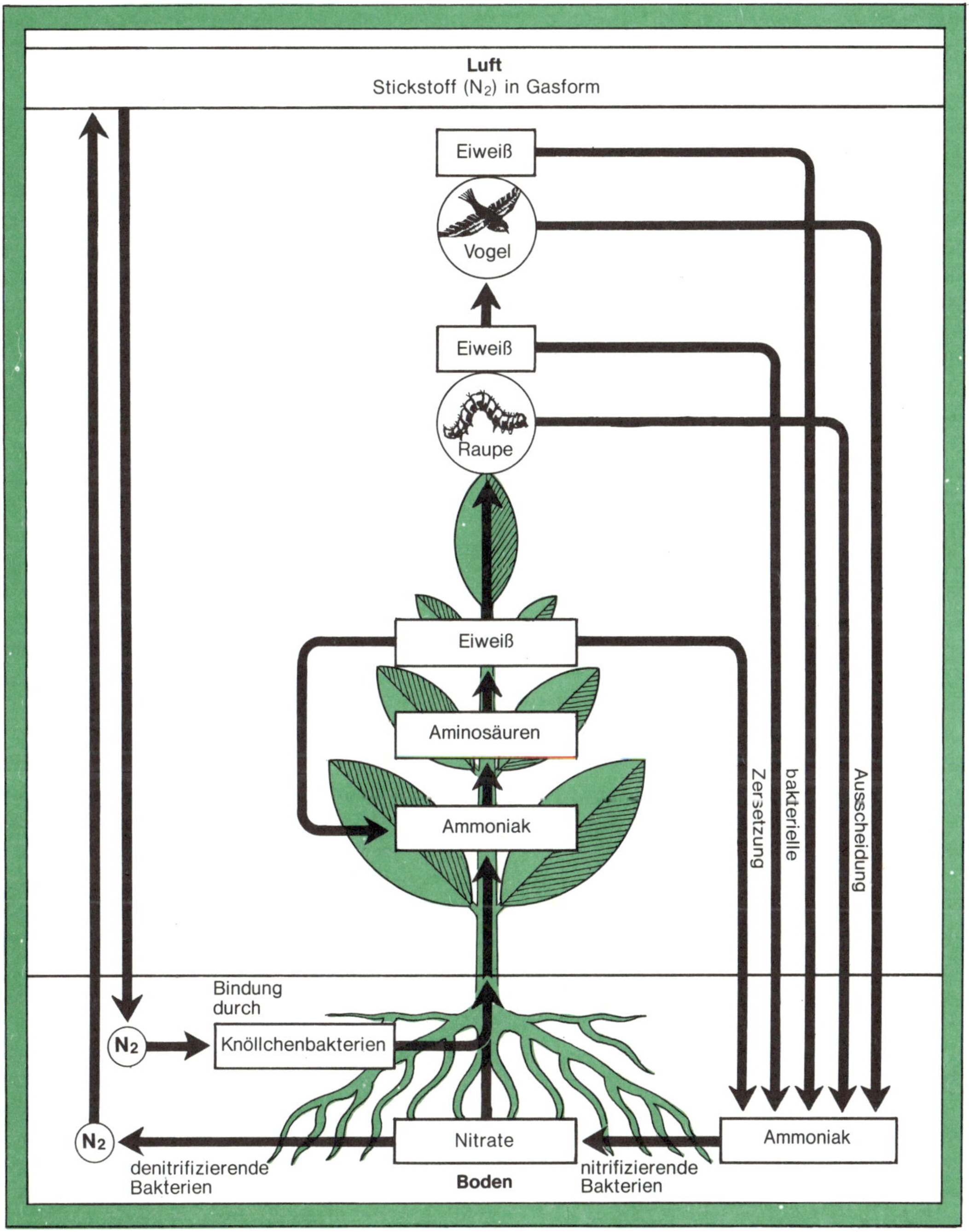
Luft
Stickstoff (N_2) in Gasform
Eiweiß
Vogel
Eiweiß
Raupe
Eiweiß
Aminosäuren
Ammoniak
Zersetzung
bakterielle
Ausscheidung
Bindung durch
N_2
Knöllchenbakterien
N_2
Nitrate
Ammoniak
denitrifizierende Bakterien
Boden
nitrifizierende Bakterien

lingsplatterbse, Leberblümchen, Lungenkraut, Schlüsselblumen. Sonnig: Küchenschellen, Adonisröschen, Federgras, Silberdisteln, Gelber Enzian, Diptam, Königskerzen, Alpenrosen u. a. Feuchter Boden: Trollblumen, Sumpfvergißmeinnicht, Stengelloser Enzian, Mehlprimeln, Prachtnelken, Mädesüß, Sumpflilie *(Iris sibirica)*, Sumpfdotterblumen, Sumpfcalla. Gehölze, Bergkiefern, Eiben, Stechpalmen, Seidelbast. → Wiese, → Kräuterrasen, → Blumenwiese.

Bei Anlage eines N. entsprechendes Baumaterial verwenden: Bruchplatten oder Tuffsteine für eine → Trockenmauer. Garageneinfahrt und Wege mit Kies abdecken, statt Beton oder Asphalt verwenden. Beim Plattenlegen oder Pflastern Moose und trittfeste Blütenpolster (Thymian u. a.) in große Fugen setzen. Einen Gartenteich einplanen, um ein Feuchtbiotop zu schaffen.

Gartenhecke möglichst frei wachsen lassen und aus Nähr- und Vogelschutzgehölzen zusammenstellen: Kornelkirsche, Haselnuß, Holunder, Wilder Schneeball, Heckenrosen, wilder Flieder u. a. Großputz entfällt. Laub auf dem Boden liegen lassen oder als → Mulch verteilen. Dürre Äste und grober Gartenabfall für ein → Hügelbeet verwenden oder im → Komposthäcksler zerkleinern. Leere Schneckenhäuser liegen lassen zum Schutz von schneckenvertilgenden Glühwürmchen. → Schnecken.

Naturstein Mineralien und Gemenge, die als Hart- oder Weichgestein für Mauern, Treppen, Wangen – oder plattig geschnitten – für Wege und Plätze Verwendung finden. Hartgesteine sind Gneis, Granit, Basalt und Porphyr; und zu den Weichgesteinen zählen u. a. Sandstein, Schiefer, Tuff, Travertin und Muschelkalk.

Nelke, *Dianthus* Duftblume, ausdauernd und ein–zweijährig, 5–60 cm hoch. Ausdauernde Arten, meist polsternd, für Steingärten, Beetränder, Troggärten und Mauerfugen. Duftende Blüten, einfach oder gefüllt, in Weiß, Rosa, Rot, von V–IX. Sonne. Normaler, kalkhaltiger Boden. Reichhaltiges Angebot in Staudengärtnereien. Für Sumpfbeet oder feuchten Boden: Prachtnelke *D. superbus,* 40–60 cm hoch. Zerschlitzte Blüten, rosa oder weiß, von VI–VII, bittersüß duftend. Bei ein- und zweijährigen Gartennelken Saat- und Pflanztermin unterschiedlich. Deshalb nach Vorschrift auf der Samentüte aussäen und umsetzen. Blüten meist gefüllt, in fast allen Farben, von VII–X. Gärtnereien bieten Jungpflanzen an.

Echte Gebirgshängenelken für Balkonkästen und Schalen sind selten zu haben. Merkmale: Laub und Stiele graugrün. Dicke Blütenköpfe von VI bis Frostbeginn in Rosa, Weiß oder Rot, tief herabhängend. Überwinterung im Freien möglich. Gärtnereien bieten unter der Bezeichnung »Gebirgshängenelken« meist die Napoleonsnelke an, eine Kreuzung zwischen *C. caryophyllus* und *D. carthusianorum.* Bekannteste Sortennamen ‘Feuerkönigin’ und ‘Napoleon III’. Rote Blüten von VI–IX an hängenden Stielen. Pflanzzeit ab Ende IV. Auf 1 m Balkonkastenlänge 8 Pflanzen setzen. Ostseite wird bevorzugt. Im Süden und Westen möglichst unter vorspringendem Hausdach unterbringen. Nahrhafte Einheitserde verwenden, möglichst mit Lehmzusatz. Überwinterung der Kasten so kühl wie möglich im Haus. → Bartnelke.

Nelken-Krankheiten Sie sind fast alle schwer zu bekämpfen. In Geschäften für Gartenbedarf und in Samenhandlungen nach Spezialpräparaten fragen. Biologische Bekämpfung von Pilzerkrankungen vorbeugend durch Stärkung der pflanzeneigenen Widerstandskräfte, z. B. mit Hilfe des Wildpflanzenkonzentrats SPS oder von → Pflanzenjauche. Geringere Anfälligkeit bei naturgemäßer Anzucht: luftiger Stand, keine stauende Nässe, humoser, lehm- und kalkhaltiger Boden, sonnige Lage. Krankheitsmerkmale bei: Fuß- und Stengelkrankheit, *Fusarium*-Arten:

Wurzelhals anfangs trocken und morsch, dann braun zersetzt. Infektion sichtbar von oben nach unten. Pilz lebt im Boden.
Nelkenrost, *Uromyces caryophyllinus:* Braunfleckigkeit an Laub und Stielen. Pflanzen können absterben. Entstehung vor allem bei erhöhter Luftfeuchtigkeit. Besonders gefährdet sind Gebirgshängenelken und Bartnelken.
Nelkenschwindsucht, *Fusarium oxysporum:* Anfangs graugrüne Färbung und Welken der Triebspitzen, später gänzliches Verdorren der Pflanze. → Bodendesinfektion.

Nelkenwurz, *Geum* Immergrüne Staude, 10–50 cm hoch, mit anemonen-ähnlichen Blüten, einfach oder halbgefüllt, von V–IX. Farben: verschiedene Rot- und Gelbtöne. In der Vase blühen alle Knospen auf. Sonne–Halbschatten. Boden humos, eher feucht als trocken, aber nicht naß. Vermehrung: Im Frühling Pflanzenteile mit → Adventivwurzeln abtrennen und versetzen.

Nematizid Chemisches Pflanzenschutzmittel gegen → Älchen.

Nematoden → Älchen.

Netzmittel Zusatzpräparate für Spritzbrühen zum Benetzen der Gewächse. Sie setzen die Oberflächenspannung der Flüssigkeit herab und ermöglichen eine gleichmäßigere Verteilung auf den Pflanzen. So z. B. die flüssige Pflanzenpflegeseife, oder – sparsam verwendet – eines der üblichen Abspülmittel aus der Küche (10 g auf 10 l Spritzbrühe).

Neuseeländer Spinat, *Tetragonia tetragonioides* Blattgemüse mit spinatartigem Geschmack. Aussaat ab III in Töpfe am Fensterbrett oder im Frühbeet. Samen vorher in warmem Wasser quellen lassen. Keimzeit 5 Wochen. Auspflanzung nach den Eisheiligen, weil diese Pflanzen im Frühling frostempfindlicher sind als im Herbst. Für normalen Familienbedarf sind 6–8 Pflanzen ausreichend. Zwischen Salat oder in einer Reihe zwischen Tomaten setzen. Pflanzabstand ca. 80 cm. Ernte der Blätter oder Triebspitzen von Ende VI bis Frosteintritt. Vermehrung: Grünlichbraune Samenfrüchte ernten und trocknen.

Nichtparasitäre Pflanzenkrankheiten Krankheitserscheinungen, die durch Frosteinwirkung, Hagel, Windbruch, Lichtmangel, schwankende Wassergaben, Nährstoffmangel (→ Mikronährstoffe), falsche Pflanz- oder Saatzeit, ungeeigneten Standort oder falsche bzw. unzeitgemäße Anwendung von Pflanzenschutzmitteln entstehen. So geschädigte Pflanzen sind besonders empfindlich und werden eher von Viren, Bakterien, Pilzen und tierischen Schädlingen befallen.

Niederstamm Standfeste Obstbaumform mit 80 bis 100 cm Stammhöhe für weiträumige Pflanzungen. Günstig für Pflege und Ernte. → Obstgehölzformen.

Nieswurz, *Helleborus foetidus* Immergrüne, 30 bis 50 cm hohe Staude, deren Laub an Palmwedel erinnert. Große Trauben hellgrüner, rötlich umrandeter Blüten von III–IV. Geeignet zur Pflanzung zwischen Gehölzen, an absonnigen Gartenstellen und auf Gräbern. Halbschatten–Schatten. Boden humos, eher feucht als trocken. N. samt sich gelegentlich von selbst aus. → Christrose.

▷ Unter N. findet man auffallend viele, leere Schneckenhäuser.

Nikotinbrühe Mittel zur Blattlausbekämpfung. Billigen Tabak oder Zigaretten- und Zigarrenstummel einige Stunden in Wasser auslaugen lassen. Stark blattlausbefallene Triebe kleiner Gehölze wie Rosen, Himbeeren, Stachelbeeren, Brombeeren usw. in die Flüssigkeit tauchen und anschließend die gesamte Pflanze einsprühen. → Blattläuse.

Nistgelegenheiten → Vögel im Garten.

Nützlinge In diesem Zusammenhang meint dieser Begriff Tiere, die im Garten leben, sich von Schädlingen ernähren und deshalb geschont und gefördert werden sollten. So die Florfliegen, die Laufkäfer, Marienkäfer, Schlupfwespen, Schwebfliegen, Spinnen, Vierpunktkäfer, Blindschleichen, Eidechsen, Frösche, Igel, Kröten, Spitzmäuse und Vögel. N. sind auch die Regenwürmer. Ihre Lebensweise fördert Bodendurchlüftung und Humusbildung.

Nutzgarten Gartenteil mit Gemüsebeeten, Obstbäumen und Beerensträuchern. Sollte möglichst sonnig angelegt werden. Kräuter- und Gemüsebeete von der Küche schnell erreichbar. Steht wenig Bodenraum zur Verfügung, dann für Kräuter die Bodenflächen unter Obstgehölzen, Bäumen und Beerensträuchern ausnützen, falls nicht zu schattig. Würzkräuter auch als Einfassung von Beeten und Rabatten. Petersilie, Feldsalat und Spinat als Bodendecker zwischen höhere Stauden und unter Busch- oder Stammrosen, Stachelbeer- und Johannisbeerstämmchen säen. Verschiedene Gemüsearten wie Lauch, Blumenkohl, Kohlrabi, Salate, Tomaten u. a. im Staudenbeet verstreuen und nach Bedarf ernten. → Gemüse, → Hügelbeet, → Beetwege, → Obsthecke, → Brombeeren, → Schlitzfolie, → Mulchfolie, → Frühbeete, → Gewächshaus, → Mischkultur, → Biologischer Anbau.

Unter den Insekten gibt es für den Gartenbesitzer viele nützliche Arten.

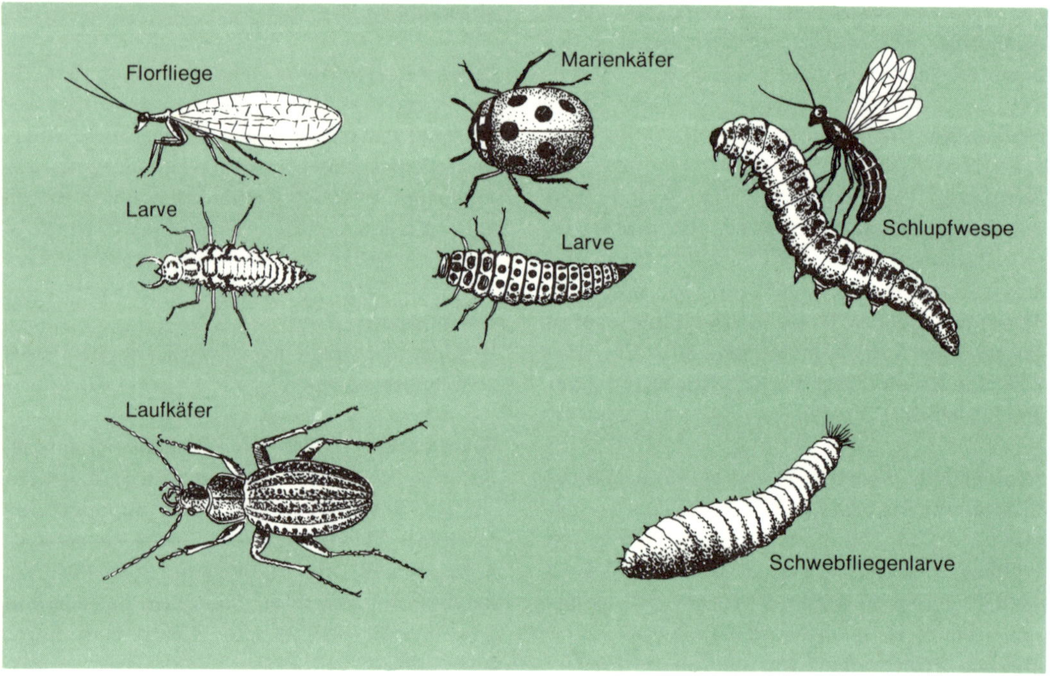

Oberflächenkultur Im Herbst vorzunehmende Bearbeitung von Bodenstellen, auf denen nicht umgegraben wird. Nach Auflockern der obersten Bodenschicht – mit gleichzeitiger Entfernung von Unkräutern und Pflanzenresten – ca. 5 cm dick → mulchen. Erfolg: Regulierung des Luft- und Feuchtigkeitsgehaltes im Erdboden, Förderung der → Bodengare. Anlocken und Vermehren von → Regenwürmern.

Obstbaumkrebs Holzzerstörende Erkrankung, hervorgerufen durch den Pilz *Nectria galligena.* Äußert sich in wulstartigen, geschlossenen oder aufgebrochenen Wucherungen. Es erscheinen braune Flecke an jungen, langsam absterbenden Trieben. Der eintretende Zersetzungsprozeß im inneren Holz hat gestörten Saftkreislauf mit Spitzendürre, Laubsterben und Verdorren der Äste zur Folge. Befallen werden vor allem Apfelbäume. Bestimmte Sorten, z. B. Renetten, sind besonders anfällig. Ursache: Eindringen der Pilzsporen in verletzte Rindenstellen. Begünstigt wird die Krankheit durch unzeitgemäße Düngung, z. B. hohe Stickstoffgaben nach der Ernte.
Verhütung und Bekämpfung: Sorten mit geringer Krebsanfälligkeit wählen. Bei der → Baumpflege auf Rindenverletzungen achten. Beschädigungen können ebenso durch Hagel und Frost (→ Frostplatten) verursacht werden wie durch das Aneinanderreiben von Zweigen (→ Auslichten) und durch Arbeitsgeräte. Apfelbäume nur in geeigneten Boden pflanzen. Bekämpfung: An erkrankten Bäumen Wucherungen bis zum sichtbar gesunden Holz ausschneiden. → Lehmverband anlegen, oder Wunden mit → Baumwachs oder -teer verschließen. Befallene Äste absägen, spitzendürre Zweige wegschneiden. → Tafel Pflanzenkrankheiten.

Obstbaumschnitt → Erhaltungsschnitt, → Erziehungsschnitt, → Grünschnitt (Sommerschnitt), → Instandhaltungsschnitt, → Pflanzschnitt, → Verjüngungsschnitt, → Wurzelschnitt, → Winterschnitt. Zu dicht stehende Zweige in der Krone entfernen. Früchte, die Luft und Sonne bekommen, werden farbiger und süßer als beschattetes Obst. Zweige mit rundlichen Knospen verschonen, denn das sind Blütenknospen, die Früchte bringen. Blattknospen zeigen eher spitze Formen. Holz vom Baumschnitt sofort verbrennen, um Krankheiten und Schädlinge zu vernichten. → Holzasche.

▷ Während Kernobst im Winter ausgelichtet werden kann, sollte empfindliches Steinobst wie der Pfirsich nicht in Frostzeiten geschnitten werden.

Obstbaumstützen Asthalter oder Stangen mit gabelförmigem Endeinschnitt, die bei starkem Fruchtbesatz und drohender Bruchgefahr zum Abstützen der Zweige dienen. Im Handel erhältlich.

Obst dörren Früchte nicht waschen. Mit trockenem Tuch abreiben. Kernhaus mit einem im Handel erhältlichen Apfelstecher entfernen. Früchte in 4 mm dicke Ringe schneiden, locker auf eine gespannte Schnur reihen und schattig in warmer Luft trocknen. Die Ringe sollen sich nicht berühren Entweder luftig austrocknen lassen, oder angetrocknete Ringe auf einem Backblech in den auf 45° C vorgeheizten Backofen schieben. Dann Ofen ausschalten. Blech mehrere Stunden lang im Ofen lassen.

Obstgehölze Sie werden in vier Gruppen aufgeteilt:

Kernobst: Äpfel, Birnen, Quitten.
Steinobst: Aprikosen, Kirschen, Kirschpflaumen, Mirabellen, Pfirsiche, Pflaumen, Renekloden, Zwetschen.
Beerenobst: Brombeeren, Heidelbeeren, Himbeeren, Holunder, Johannisbeeren, Stachelbeeren, Wildbeeren.
Schalenobst: Eßkastanien, Haselnüsse, Walnüsse.

Obstgehölzformen In Baumschulen gezogene Wuchsformen verschiedener Obstsorten. Hochstämme eignen sich für die heutigen Normalgärten weniger. Je nach Raum, Pflegemöglichkeit und Obstart werden verschiedene O. bevorzugt.

Apfel	Spindelbusch, Buschbaum
Birne	Spindelbusch, Buschbaum, Spalier- bzw. Fächerform
Apfel- und Birnenquitte	Buschbaum
Kirsche	
Süßkirschen Sauerkirschen	Niederstamm, Buschbaum, Spalierform
Mirabelle, Reneklode und Zwetsche	Niederstamm, Buschbaum
Aprikose	Niederstamm
Pfirsich	Buschbaum, Spalierform
Haselnuß	Busch
Walnuß	Niederstamm
Johannis- und Stachelbeere	Fuß- und Hochstamm, Busch

Alle genannten Obstgehölze lassen sich auch als → Obsthecke ziehen.
Stammlänge der verschiedenen Formen (lt. Bund Deutscher Baumschulen):

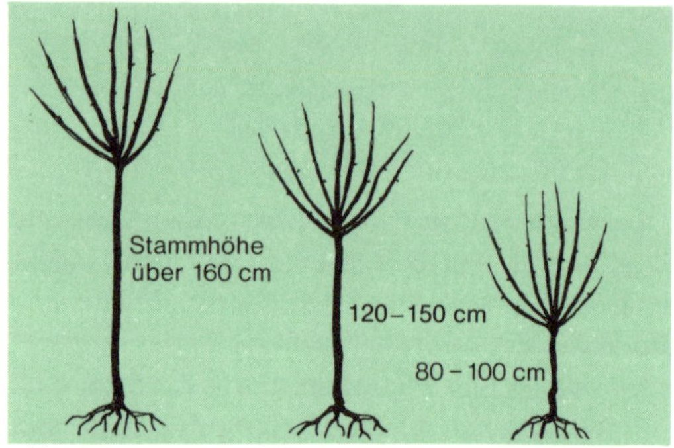

Hochstamm Buschbaum | Mittelstamm Spindelbusch | Niederstamm Spalierform

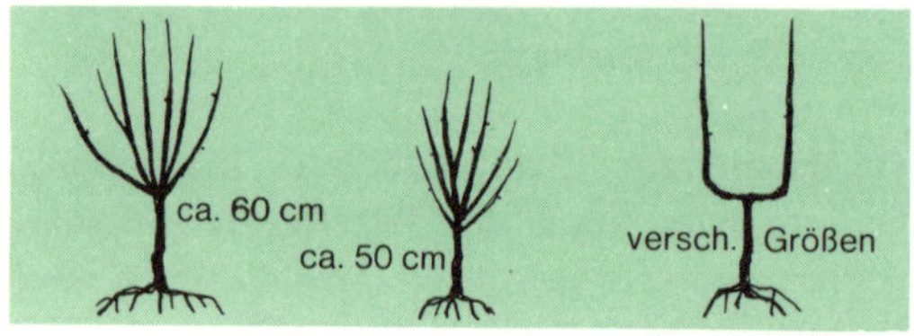

Hochstamm: ab 160 cm. Mittelstamm, Halbstamm: 120–150 cm. Niederstamm: 80–100 cm. Buschbaum, Hochbusch: 60 cm. Spindelbusch: 40–50 cm. Spalierformen: 40 cm. Beerengehölze: Hochstamm über 100 cm, Fußstamm 40–60 cm.

Obsthecke Obstanbau in Heckenform.
1. Veraltete Methode: Reihenpflanzung von Spalierobst.
2. O. mit Hilfe von Spindelbüschen oder einjährigen Veredlungen: Witterungsbeständiges Pfahlgerüst aufstellen und kunststoffummantelte Drähte im Höhenabstand von 50 cm spannen. Unterster Haltedraht 60 cm über dem Erdboden. Höhe der ausgewachsenen Hecke bis 3 m. Schnittbehandlung: → Konkurrenztrieb entfernen, Mitteltrieb und oberste Seitentriebe auf ca. 12 cm kürzen. Untere Stammtriebe in voller Länge schräg nach oben am Draht befestigen. Störende, querstehende Triebe bis zum Astring wegschneiden. In den Folgejahren alle in Heckenrichtung wachsenden Zweige ab VIII schräg

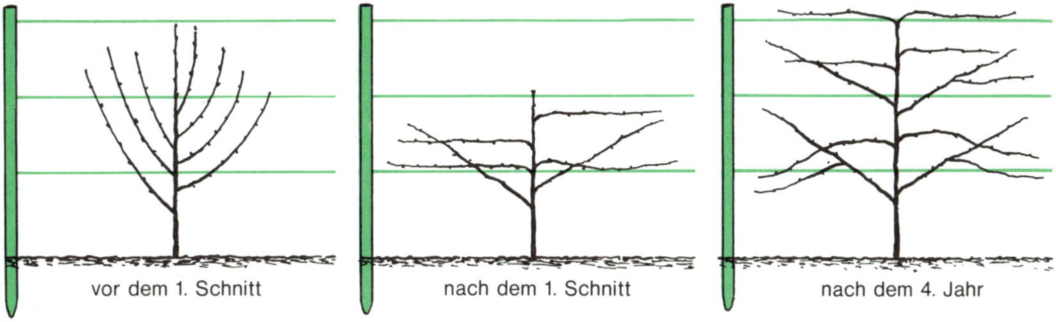

nach unten binden und nur aus der Heckenform herauswachsende Triebe entfernen. Damit sich am Mittelstamm ausreichend Verzweigungen bilden können, werden jährlich die obersten drei Triebe eingekürzt.

3. Zur Beerenhecke am Standgerüst eignen sich Himbeeren, Brombeeren, Stachelbeeren, Johannisbeeren.

4. Bouché-Thomas-Hecke: Die einjährige Veredlung zweier gegenüberstehender niedriger Obstgehölze im schrägen Winkel von 30° mit 2 m Abstand so einpflanzen, daß sie später einander stützen. Kein Rückschnitt. Am unteren Ende der Veredlung hervorwachsende Triebe im Abstand von 30 cm in der zur Veredlung entgegengesetzten Richtung an Stäben befestigen, und zwar im Bodenwinkel von 30°. Kreuzen sich die Triebe der gegeneinander stehenden Bäume, werden sie an diesen Stellen mit Bast oder → Baumband zusammengehalten. Später ist jedes weitere Stützen überflüssig.

Obstlagerung Gesundes, flecken- und rissefreies Kernobst in Keller oder kühlem Zimmer auf Obsthorden legen bzw. locker in Kisten schichten. Druckstellen vermeiden. Bessere Haltbarkeit bei höchstens + 4° C und einer relativen Luftfeuchte von 80–90%. Bei Lagerung großer Mengen lohnt sich der Kauf eines → Hygrometers. Die Luftfeuchtigkeit läßt sich im Notfall durch Aufhängen feuchter Tücher erhöhen.

▷ Beim Überwintern kleinerer Mengen jede Frucht einzeln in atmungsaktive Polyäthylenfolie (Haushaltsfolie) einschlagen. → Apfel.

▷ Die Haltbarkeit soll sich erhöhen, wenn das Obst vor dem Einlagern mehrere Tage nach der Ernte im Freien trocken aufbewahrt wird.

Obstmade → Apfelwickler.

Obstpflücker Gartengerät für die Obsternte an schwer erreichbaren Stellen. Im Handel werden verschiedene Ausführungen angeboten. Die Früchte dürfen durch den Pflücker nicht beschädigt werden.

Ochsenauge, *Telekia speciosa* Dekorative, ausdauernde Wildstaude mit großem Laub und großen gelben Blüten von VII–IX. Wuchshöhe 100–150 cm. Boden normal bis mäßig feucht. Sonne–Halbschatten. Paßt zum Gartenteich, in → naturnahe Gärten und unter hohe Gehölze. Weidenblättriges Ochsenauge, *Buphthalmum salicifolium,* ausdauernde Staude, 50 cm hoch, mit gelben »Margeritenblüten« von VI–VIII. Sonnig. Boden kalkhaltig, nicht feucht. Für Beete und Rabatten mit Feinstrahl oder blauen Astern.

Odel → Fäkaliendünger.

Ökologie Wissenschaft von den Beziehungen der Lebewesen zueinander und zu ihrer Umwelt.

Ölweide, *Elaeagnus* Gegen Trockenheit und Hitze unempfindlicher Strauch, 3–7 m hoch, mit duftenden gelben Blüten von V–VI. Die industriefeste, bis 7 m hohe *E. angustifolia* kann baumartig wachsen. Malerisch herabhängende Zweige im Alter. Geeignet für Windschutzhekken. *E. argentea,* 4 m, mit silbrigen, gelb ausgefütterten, trichterförmigen Blüten, bildet Ausläufer. Brauchbar zur Befestigung von Böschungen und sogar auf Sanddünen. Sonne. Normaler, sehr durchlässiger, trockener Boden. *E. pungens* in buntlaubigen Gartenformen ist nicht sehr winterfest; darum an geschützten, sonnigen Ort setzen. In strengen Wintern abdecken oder als Kübelpflanze verwenden.

Ohrwurm Braunes Insekt, 20 mm lang, dessen Hinterleib in zwei Zangen endet. Frißt nachts an Laub, Blütenblättern und Früchten, vertilgt aber auch Blattläuse.

▷ Einen Blumentopf mit Holzwolle oder Moos füllen, anfeuchten und von oben nach unten kreuzweise mit Schnur umwickeln, damit die Füllung nicht herausfällt. Diesen Topf mit der Öffnung nach unten in blattlausbesetzte Gehölze hängen, oder auf einen Stock gestülpt in Blumen- oder Gemüsebeete stecken. Hier sammeln sich die O. Nutzen und Schaden der O. im Garten dürften sich die Waage halten.

Okulieren → Veredeln.

Oleander, *Nerium* Zierstrauch mit rosa, weißen, roten oder gelben, einfachen oder gefüllten Blüten von VI–X. In unseren Breiten als Kübelpflanze zu ziehen, die frostfrei im Haus oder Gewächshaus hell und kühl überwintert wird. Nach den Eisheiligen im Garten aufstellen. Vermehrung durch → Stecklinge, die in Wasser leicht wurzeln. Knospenansatz überwintert. Sonne. Sandig-humose Erde. Auf → Schildläuse achten. O. braucht reichlich Wasser. Düngegaben wie bei Zimmerpflanzen. O. ist giftig.

Omorikafichte, Serbische Fichte, *Picea omorica* Schmalwüchsiges Nadelgehölz, bis 30 m hoch, industriefest, windfest und trockenheitsresistent. Kurze, abstehende Äste mit nach oben weisenden Spitzen. Nadeln teilweise gedreht, Unterseite bläulich-silbrig. *P. omorica* 'Nana': 1,50 m hoch, breitkegelkörmig, unregelmäßiger Wuchs. Nadeln ebenfalls teilweise gedreht mit blauer Unterseite. Sonne–Halbschatten. Normaler Boden. Stauende Nässe vermeiden. → Fichtengallenlaus.

▷ Vorbeugend gegen Omorikasterben im Frühjahr bei Regen mit Magnesiumsulfat-Lösung gießen. (Pro Baum 100 g Magnesiumsulfat auf eine Gießkanne Wasser.)

Orchideen → Frauenschuh, → Geschützte Pflanzen.

Ordensstern → Aasblume.

Organisch-biologisch Naturgemäße Methode des Pflanzenanbaus (nach Müller-Rusch) unter Verwendung natürlicher Düngemittel und Pflanzenschutzpräparate. Gesunder Boden u. a. durch Abdecken (→ Mulchen) mit Pflanzenmaterial, Torfsubstraten, Zugabe von Steinmehlen, Rizinusschrot, um das Bodenleben zu fördern. Die andere wichtige naturgemäße Methode ist die → biologisch-dynamische. → Mischkultur, → Pflanzenjauchen, → Pflanzentee.

Organische Düngemittel → Düngung, → Mischdünger, → Stallmist, → Kompost.

Organische Substanz Verrottbare Reste pflanzlichen und tierischen Ursprungs zur Verbesserung des Humusgehaltes im Boden. → Mulchen, → Kompost.

Organisch-mineralische Düngung → Mischdüngung.

Osterglocken, Trompetennarzissen → Narzisse.

PPPPPPP

Palisaden Mit Kupfersalzen imprägnierte Rundhölzer von Fichte und Kiefer mit langer Haltbarkeit. Im Handel werden die Rundhölzer in (sogen. Zopf-)Stärken von 5 bis 50 cm und in gewünschten Längen angeboten. Die P. sind vielseitig verwendbar für Kinderspielplätze, zur Abgrenzung von Teilbereichen und zugleich zur Überwindung von Höhenunterschieden sowie in Verbindung mit → Rundholzpflaster für Sitzplätze. Auch Beton-P. im Baustoffhandel.

Palmen Unter den P. gibt es einige beliebte → Kübelpflanzen. Zwei Arten eignen sich für den Garten besonders gut: die Zwergpalme, *Chamaerops humilis,* etwa 1 m hoch, eine erst im Alter stammbildende Fächerpalme, und die Kanarische Dattelpalme, *Phoenix canariensis,* mit langen, gefiederten Wedeln. Im Sommer normaler, im Winter eingeschränkter Wasserbedarf. Von III–VI wöchentliche Düngung mit 2 g Volldünger auf 1 l Wasser. Gedüngt werden darf nur nach vorheriger Wassergabe. Staubbedeckte Wedel vorsichtig abwaschen. Ein Übersprühen an sonnigen Tagen kann das Wachstum fördern. Überwinterung hell und kühl im Haus. Nach den Eisheiligen in den Garten stellen. Sonne. Einheitserde oder humose Gartenerde. Vermehrung durch Aussaat bei 20–30° C Wärme. Die Keimdauer kann oft Monate betragen.

Palmlilie, *Yucca* Frostempfindliche → Kübelpflanze; auch zur Auspflanzung geeignet, wenn Frostschutz möglich. Kurzstämmige Bäumchen. Steife, breite Blätter, je nach Art oder Form in verschiedenem Grün oder Rotbraun, weiß oder gelb gestreift, auch rotbraun gerändert. Alle Arten vertragen trockene Luft. Hoher Blütenstand von VII–IX, mit vielen, weißen, glockigen Blüten. Im Sommer reichlich gießen. Von IV–VIII wöchentliche Düngung mit 3 g Volldünger auf 1 l Wasser. Überwinterung hell bei 6–8° C. Nach den Eisheiligen in den Garten stellen. Sonne. Einheitserde oder durchlässige, mittelschwere Gartenerde. Vermehrung durch Abtrennen von Bodentrieben im Frühling.

Pampasgras, *Cortaderia* Ziergras, 2 m hoch. Große, silbrige Blütenwedel von VII–X, bei *C. selloana* 'Rosea' in Rosa überlaufend. Austrieb oft erst im V. Dürres Laub im Frühling vorsichtig entfernen. Winterschutz breitwürfig aus Laub oder trockenem Torf. Darüber Tannenreisig oder Polyäthylenfolie. Sonne. Warme, geschützte Lage. Nahrhafter, durchlässiger Boden.

▷ Nahe am Gartenwasser pflanzen oder vor hohe dunkle Nadelgehölze. Blütenähren für die Vase schneiden oder als Blickfang im winterlichen Garten locker zusammenbinden.

Panaschierung, Buntblättrigkeit Weißfleckiges oder weißstreifiges Laub entsteht durch Mangel an Blattgrün. P. kann angezüchtet werden.

Pantoffelblume, *Calceolaria polyrrhiza* Rasenartig wachsende Liebhaberblume, 15 cm hoch, für Steingärten und als Bodendecker. Gelbe, oft rot getupfte Pantoffelblüten von VI–VII. Sonne. Humoser Boden, nicht zu trocken. In guter Schneelage winterhart, sonst Frostschutz geben. *C. integrifolia,* einjährig. Für Balkonkästen und Terrassenschalen. Zwischen Geranien und Petunien setzen. Gelbe Pantöffelchen erscheinen an 35 cm hohen Stielen von V-Frostbeginn.

▷ Gärtnereien bieten in jedem Frühjahr Topfpflanzen an. Sie eignen sich auch als Lückenfüller auf sonnigen Gartenstellen.

Papageienwinde → Sternwinde.

Papierblume → Immortelle.

Papierverwertung → Kompost.

Pappel, *Populus* Baum, 15–35 m hoch, der sich nur für größere Gärten oder Parks eignet. Es gibt schmal aufwachsende und breitwüchsige Arten, wie z. B. die Kanadische Silber-P. deren Wuchsform am besten in Baumschulen besichtigt wird. Die Birkenpappel, *P. simonii,* schmalkronig, 15 m hoch, gilt als industriefest. Sonne. Normaler Boden. P. bevorzugen feuchten Untergrund, Staunässe und saure Böden werden jedoch schlecht vertragen. Manche Arten gedeihen auch auf trockenen und sandigen Böden.

Paprika, *Capsicum annuum* Aussaat ab III in kleine Töpfe am Fensterbrett. Sämlinge bis auf 2 Pflanzen wegschneiden. Auspflanzen nach den Eisheiligen auf warme, geschützte Gartenplätze oder in leere Frühbeete. Nahrhafte, humose, durchlässige Erde. Abstand 40 cm rundum. Folientunnel-Schutz bis Mitte VI und wieder ab IX. Regelmäßig wässern, aber hohe Luftfeuchtigkeit vermeiden. → Kopfdüngung mit Volldünger im Zweiwochenrhythmus. Ernte der großen, noch grünen Früchte von VII bis Frosteinbruch. Manche Gärtnereien bieten im Frühling Jungpflanzen an. Aufbinden wie bei Tomaten möglich, aber nicht erforderlich.

▷ P. enthält Vitamin A, B_1, B_2 und C.

Park Großer Garten oder öffentliche Grünanlage. Aus der Zeit der bedeutenden Parkschöpfungen Englands im 18. Jahrhundert gelten großzügige Raumbildungen mit weiten Rasenflächen und imponierenden Gehölzgruppen als typische Merkmale für P.-Anlagen. Deren Imitation auf kleinen Grundstücken ist nicht möglich.

Parrotie → Eisenholzbaum.

Parthenocarp ist auf manchen Samentüten zu lesen und bedeutet »jungfernfrüchtig«. Wichtig bei Gurkensamen! Diesen Sorten fehlen männliche Blüten, die Bestäubung entfällt, jede (weibliche) Blüte bildet eine Frucht. Sorten, die parthenocarp sind, brauchen besonders viel Düngung. → Spinat.

Passionsblume, *Passiflora* Kletterpflanze, die als → Kübelpflanze Rankgestelle oder Drahtspaliere benötigt. Von IV–IX sprießen Blüten aus den Blattachseln. Farben: Hellblau, Violett und Rot. Jede Blüte ist nur einen Tag lang geöffnet. Normal gießen. Von III–VIII wöchentliche Düngung mit 3 g Volldünger auf 1 l Wasser, Anfang II alte Triebe zurückschneiden, weil nur junge Triebe reiche Blüte bringen. Überwinterung im Haus bei etwa 12° C. Nach den Eisheiligen windgeschützt und hell im Garten aufstellen. Einheitserde oder humose Gartenerde. Vermehrung im Frühjahr durch nicht zu weiche → Stecklinge. Bewurzelungsdauer etwa 4 Wochen.

Pastinake, Hammelmöhre Frosthartes Wurzelgemüse, Suppengemüse. Aussaat im Herbst oder von III–VI ins Freiland. Reihenabstand 25 cm, Sämlinge auf 10 cm auslichten. Normaler Boden. Gegen Kalkdüngung empfindlich. Ernte der weißen, süßlich schmeckenden Wurzeln ab VIII. Mit Grabgabel ausgraben. Entweder im Sandeinschlag kühl überwintern oder erst an warmen Wintertagen aus dem Boden graben.

▷ P. sind nährstoffreicher als Rote Bete oder Kohlrabi. Wie Möhren verwenden oder dünne Scheiben trocknen, zerreiben und als Würze unter Kräutersalz (Sellerie) mischen.

Patentkali, Kalimagnesia Chloridfreier Mineraldünger für alle Bodenarten, auch zur → Kopfdüngung geeignet. Enthält in verschiedenen Prozentsätzen Kali und schwefelsaure Magnesia. Günstiger Einfluß auf die Stärkeanreicherung in Kartoffeln, manchen Obstarten usw.

Pechnelke, *Lychnis viscaria* Wiesenblume, die unter Naturschutz steht. Sie zeigt sauren Boden an.

Pehameter Prüfgerät zur Feststellung des Kalkgehaltes im Boden. → pH-Wert.

Pelargonie, Geranie, *Pelargonium* Frostempfindliche, reich blühende Sträucher, die bei uns hauptsächlich in Balkonkästen, Schalen und Kübel gepflanzt werden und seltener in Gartenbeeten zu finden sind. Gärtnereien verfügen über eine reiche Auswahl an niedrigen, hoch wachsenden und hängenden Sorten. Einfache oder gefüllte Blüten in fast allen Farbtönen außer in reinem Gelb und Blau. Im Handel sind etwa 80 P.-Sorten erhältlich. Überwinterung frostfrei in hellen, kühlen Räumen. Rückschnitt im Frühjahr auf ca. 10 cm bringt viele blühfähige Jungtriebe. Nicht vor den Eisheiligen ins Freie setzen. Vorher → abhärten. Sonne. Erde humos, nährstoffreich. Wer große Kästen und Schalen aus Platzmangel nicht überwintern kann, trennt von IX–X mit scharfem Messer blütenlose Jungtriebe vom alten Stock ab. In Wasser oder in feucht gehaltener Erde bewurzeln lassen. Stecklinge in Blumenerde aus Torf-Sand-Gemisch setzen und im Zwischenfenster oder hell in kühlem Raum überwintern. Bei Raummangel 4 Pflanzen in einen größeren Topf setzen und im Frühling in Balkonkästen (1 m) umsetzen. Vergeilen die Jungpflanzen im Winter, Pflanzen köpfen und diese Triebe wiederum als Stecklinge verwenden. Geköpfte Pflanzen bilden reiche Seitentriebe. Es wird auch P.-Samen angeboten, den man nach Anweisung auf der Samentüte einsät.

Pelargonien-Grauschimmel Schimmelartiger Belag, der sich auf allen Pflanzenteilen zeigen kann. Graubraune Faulstellen. Ursache ist eine zu hohe Luftfeuchtigkeit (→ Botrytis). Pelargonien vorbeugend nicht zu dicht setzen und einen gut besonnten, trockenen Standort wählen.

Pendelhacke, Pendeljäter Gartengerät, lockert verkrustete Böden und jätet Unkraut durch einfaches Ziehen. → Tafel Gartengeräte.

Perennierend, ausdauernd Perennen sind ausdauernde, meist winterharte Gewächse, im Gegensatz zu ein- und zweijährigen Sommerblumen. → Einjährige.

Pergola Offener Laubengang aus Holz-, Metall- oder Betongerüsten, die mit Rank- oder Klettergewächsen bepflanzt werden. → Hausbe-

rankung. An die Hauswand oder Mauern gelehnte Pergolen mit lichtdurchlässigem Dach lassen sich als Lauben verwenden (→ Acrylglas). Lichte Höhe einer P. zwischen 2,10 und 2,50 m. Es sind konstruktiv viele Kombinationen mit dem Material sowie in Verbindung mit Sitzplätzen, Badegärten und Terrassen möglich. Zur Konstruktion der P. evtl. einen Garten- und Landschaftsarchitekten befragen. → Fertigteile.

Perlbusch → Prunkspiere.

Perlgras, *Melica* Zur Flächenpflanzung geeignetes Ziergras 30–80 cm hoch. Die Blütenähren erscheinen von V–VI und eignen sich zum Vasenschnitt. Sonne–Halbschatten. Normaler Boden.

Perlhyazinthe → Traubenhyazinthe.

Perlkörbchen, Silberimmortelle, *Anaphalis* Silbrig behaarte Staude, 20–50 cm hoch, mit weißen Blüten von VI–VIII. Sonne. Normaler bis karger, trockener Boden.

▷ Stiele vor der Vollblüte schneiden, mit den Köpfen nach unten luftig aufhängen und für Trockensträuße verwenden.

Perlzwiebel 1. Blütenarme Abart von Porree, die sich vor allem durch Brutzwiebeln vermehrt. Zwiebelchen ab VIII 3 cm tief in Gartenboden stecken und Winterschutz geben. Ernte ab VII. Sehr kleine Zwiebeln zur Weiterzucht verwenden. Reihenabstand 15 cm. Geerntete P. in Essig einmachen oder zu Mixpickles verwenden. – 2. Kleine Steckzwiebeln im VIII in lockeren Gartenboden stecken. Frostschutz geben. Ernte im VII. → Lauch, → Schalotten.

Perückenstrauch, *Cotinus* Zierstrauch für geschützte Lagen, 2 m hoch. *C. coggygria;* leuchtend gelbe und rote Herbstfärbung. Auffallende fedrige Fruchtstände von VIII–XII. Unscheinbare Blüten. *C. coggygria* 'Royal Purple' hat vom Frühjahr bis Herbst tiefrotes Laub von fast metallischem Glanz. Sonne–Halbschatten. Normaler, durchlässiger, kalkhaltiger Boden.

Petersilie, Schnittpetersilie, *Petroselinum hortense* Glattblättrig oder kraus (→ Tafel Würz- und Heilkräuter). Alle zwei Jahre neue Aussaat so früh wie möglich nach der Schneeschmelze in altgedüngten Boden. Keimdauer ca. 20 Tage. Folgesaaten bis VII. Reihenabstand 15 cm. Radieschen als → Markiersaat. Glattblättrige P. ist würziger als krause. Je kräftiger geschnitten wird, um so stärker ist der Wuchs. Mit der Blüte werden die Pflanzen wertlos. Wurzel-P.: Aussaat wie Schnitt-P. Sämlinge bis auf 15 cm Abstand ausdünnen und in der Küche verwenden. Samengewinnung: Einige kräftige Pflanzen blühen lassen, braune Samenstände schneiden und luftig an schattigem Ort nachtrocknen lassen. Tips für den Winter: 1. Frühe Schnittmöglichkeit gibt das wintergeschützte Beet. → Folientunnel. 2. Schnitt-P. portionsweise tieffrieren. 3. Im VIII P. in breite Schale aussäen, feucht halten und in der Küche am Fenster wachsen lassen. 4. Büschel schattig trocknen, zerbröseln und in verschlossenem Gefäß aufbewahren. 5. P. ist schneckenfeindlich.

▷ P. enthält Vitamin A und C. An den Rand von Tomatenbeeten gepflanzt, verfeinert sie den Fruchtgeschmack der Tomaten.

Petunie, *Petunia*-Hybriden Einjahresblumen in fast allen Farben, 20–70 cm hoch. Von V bis Frosteinbruch trompetenförmige Blüten, einfach oder halb bzw. dicht gefüllt, mit glatten, gewellten oder gefransten Rändern. Gärtnereien und Blumengeschäfte bieten P. als Topfballenpflanzen im Frühling an. Wer seine Pflanzen selbst ziehen will, sät im III dünn in Anzuchtschalen am Fensterbrett aus. Sämlinge einzeln in Töpfe verpflanzen. An warmen Frühlingstagen vorsichtig unter Sonnenschein abhärten. Auspflanzen nach den Eisheiligen. Für Gartenbeete, Rabatten und Gräber eignen sich Zwerg.-P., ca. 20 cm hoch, mit einfachen Blüten und buschig-kompaktem Wuchs. Für Balkonkästen und Pflanzschalen höhere Sorten wählen. Hänge-P. haben Blütentriebe, die bis 90 cm lang werden können. Geeignet für Ampeln, Balkonkästen, hohe Pflanztröge oder erhöht auf Mäuerchen und Pfosten stehende Schalen. Gefüllte Sorten sind empfindlicher als einfache P. Sie sollten einen windgeschützten, regenfreien Standort haben. Sonne. Boden humos, nährstoffreich. Erde im Pflanzgefäß nicht austrocknen lassen. Ab Ende VI im Zweiwochen-Rhythmus Volldüngerlösung geben. Samenbildende Pflanzen werden blühfaul. Deshalb welke Blüten abzwicken.

Pfaffenkäppchen, Spindelbaum, *Euonymus* Ziergehölz mit unscheinbaren Blüten, leuchtendem Fruchtbehang und meist bunter Laubfärbung im Herbst. Strauch- oder baumartig wachsend, von dem nur 70 cm hoch werdenden, halbimmergrünen *E. nanus turcestanicus* mit auffallenden, rosarot-braun gefärbten Früchten bis zu 5 m hohen Arten. Es gibt auch bodendeckende P. von 10–15 cm Höhe mit roter Herbstfrucht. Der immergrüne, breitbuschig wachsende, industriefeste Bodendecker *E. fortunei vegetus* wächst auch im Schatten und läßt sich bei Bedarf am Spalier hochziehen. *E. fortunei radicans* hat Haftwurzeln, um an Bäumen und Mauern hochzuklettern. Desgleichen die weißbunte, auch bodendeckende Form *E. fortunei* 'Gracilis'. Sonne–Schatten. Bodenansprüche je nach Art. Baumschulen verfügen über ein reichhaltiges Sortiment.

▷ Vorsicht mit Kindern; P.-Früchte sind giftig!

Pfahlwurzel Senkrecht ins Erdreich wachsende Hauptwurzel. Ältere Pflanzen mit P. lassen sich schwer versetzen, z. B. Silberdisteln, Akeleien, die meisten Malven, bei Obstgehölzen die Birne.

Pfefferkraut → Bohnenkraut, → Tafel Würz- und Heilkräuter.

Pfefferminze, *Mentha piperita* Würz- und Teekraut. Für den Anfang Jungpflanzen erwerben. Später Stauden teilen oder Ausläufer verpflanzen. Volle Sonne. Nährstoffreicher Boden.

▷ Wasserminze wuchert sehr. Eigenes Pflanzgefäß verwenden. Nicht in flache Teiche oder ins Blumen-Sumpfbeet setzen.

Pfeifengras, *Molinia* Ziergras, 50–150 cm hoch, geeignet zur Einzelstellung im Rasen, vor Gehölzen, am Wasserbecken oder im Staudenbeet. *M. altissima* 'Karl Foerster', Riesenpfeifengras, 150 cm hoch, goldbraune Herbstfärbung, Blütenstände von VIII–IX. Geeignet für den Trockenstrauß. *M. caerulea* 'Variegata', 50 cm hoch, weißbuntes Blattwerk. Sonne–Halbschatten. Normaler Boden.

Pfeifenstrauch, Falscher Jasmin, *Philadelphus* Zierstrauch, 1–4 m hoch, mit weißen, einfachen oder gefüllten Blüten von V–VII. Manche Arten zeigen eine gelbe oder rasafarbene Blütenmitte. Regelmäßiger Rückschnitt fördert die Blühfreudigkeit. In schattiger Lage geringerer Knospenansatz. Reiches Angebot in Baumschulen und Katalogen. Sonne–Schatten. Normaler Boden.

Pfeifenwinde, *Aristolochia* Ein 6–10 m hoher Schlinger zur Begrünung von Lauben und Pergolen, von Hauswänden (Spanndraht anbringen!) und Säulen. Starkes Gerüst erforderlich, da ausgewachsene Pflanzen recht schwer sind. Langgestielte Blüten hängen im VI wie Tabakspfeifen zwischen sehr großem, herzförmig-rundlichem Laub. Schatten–Halbschatten. Nährstoffreicher Boden. Bleibt die Erde feucht – z. B. unter → Bodendeckern – verträgt die P. auch Sonne. → Tafel Schling- und Kletterpflanzen.

Pfeilkraut, *Sagittaria* Wandernde Wasser- und Sumpfpflanze, 30–80 cm hoch, mit weißen, einfachen oder gefüllten Blüten von VI–IX. Zierendes, spitzes Laub. Austrieb oft erst ab V. Wasserstand 0–30 cm. Sonne.

▷ P. Zusammen mit Rohrkolben, Kalmus oder Tannenwedel in gesonderte Abteilung pflanzen.

Pfingstrose, *Paeonia* Staude und Strauch, ausdauernd, 30–200 cm hoch, mit gefüllten oder einfachen Blüten in vielen Farben. Pflanzung der Stauden mit 80 cm Abstand ab Mitte VIII in nährstoffreichen, nicht zu trockenen, kalkhalti-

Pfingstrosen: Arten und Sorten

Name	Blüte	Höhe cm	Blütezeit Monat	Licht-verhältnisse
Bauernpfingstrose				
P. officinalis	rot; einfach	60–80	V–VI	Sonne bis Halbschatten
'Alba Plena'	weiß; gefüllt	60–80	V–VI	Sonne bis Halbschatten
'Anemonaeflora Rosea'	rosa; einfach	30	V–VI	Sonne bis Halbschatten
'Rubra Plena'	rot; gefüllt	60–80	V–VI	Sonne bis Halbschatten
'Rosea Plena'	rosa; gefüllt	60–80	V–VI	Sonne bis Halbschatten
'Peregrina Sunshine'	lachs-orange; einfach	70	V–VI	Sonne bis Halbschatten
Chinesische Pfingstrose				
P. lactiflora				
'Avalanche'	weiß, innen gelb; gefüllt	60–100	V–VI	sonnig
'Festiva Maxima'	weiß, rot gefleckt; gefüllt	60–100	V–VI	sonnig
'Lady Alexander Duff'	weißlichrosa; gefüllt	60–100	V–VI	sonnig
'Madame de Verneville'	creme mit rosa Schein; gefüllt	60–100	V–VI	sonnig
'Mons. Martin Cahuzac'	rot mit dunklem Schein; gefüllt	60–100	V–VI	sonnig
'Mons. Jules Elie'	lilarosa; gefüllt	60–100	V–VI	sonnig
'Surugu'	kirschrot; einfach	60–100	V–VI	sonnig
Botanische Arten				
P. miokosewitschii	hellgelb; einfach	70	V–VI	Sonne bis Halbschatten
P. wittmanniana	Knospe gelb, Blüte creme; einfach	80	V–VI	Sonne bis Halbschatten
P. tenuifolia	rot; einfach	50	V–VI	Sonne bis Halbschatten
P. tenuifolia 'Plena'	rot; gefüllt	50	V–VI	Sonne bis Halbschatten
P. delavayi (Halbstrauch)	rot; klein, überhängend	150	VI–VIII	Sonne bis Halbschatten

gen und torfgesättigten Boden. Triebaugen von der Basis an 5 cm hoch mit Erde überdecken. Zu tief gesetzte Pflanzen blühen wenig. Volle Blühfähigkeit erst 3 Jahre nach Pflanzung. Kalireiche Vorratsdüngung im Herbst und vor dem Austrieb stickstoffarme Volldünger geben. Vermehrung: Pflanzenteilung ab Mitte VIII. Nur kräftige Wurzeln mit 2 Augen verwenden.

▷ Beim Schnitt für die Vase 1 Blatt am Stiel belassen. Soeben aufbrechende Knospen halten sich 14 Tage.

Strauchpaeonien, Baumpaeonien: Empfindlich gegen Spätfröste. Magnesiumhaltige Dünger verwenden. Vor hohe, warme Mauern setzen. Das Zusammenpflanzen mit Fliederbüschen wird empfohlen. *P. suffruticosa:* Zuchtformen werden bis 2 m hoch; viele Farbtöne. Blüten einfach und gefüllt, bis zu 20 cm breit, von V–VI. Sonne bis Halbschatten. Baumschulen-Angebot prüfen. Im Herbst pflanzen, etwas tiefer setzen als bei Anzucht in der Baumschule.

Pfirsich, *Prunus persica* Anspruchsvolles Steinobst, weiß- oder gelbfleischig, mit gelblichgrüner bis rotgelber, samtig behaarter Schale. Verlangt warme windgeschützte Lage und nährstoffreichen, humosen Boden. Bevorzugt werden Buschbäume, Heckenpflanzung oder Fächerspalier für Süd- bzw. Südwestwände, möglichst unter weit vorspringendem Hausdach. Robuste Sorten wählen, die unempfindlich gegen die → Kräuselkrankheit sind und deren Früchte sich leicht vom Stein lösen. Pflanzung im Frühjahr oder nach dem Laubfall im Herbst. Düngung nach Fruchtansatz bis Ende VI. Bei Auftreten von → Chlorose, kalkfreie Düngemittel verwenden. Ernte je nach Sorte ab Anfang VII, nachdem die ersten Früchte von selbst abfallen. Dichten Fruchtbehang → ausdünnen. Für jeweiligen Boden und Klima geeignete Sorten in nahe gelegener Baumschule erwerben. Schnittbehandlung: Bei Frühjahrspflanzung Leittrieb um die Hälfte einkürzen, schwache Seitentriebe wegschneiden und 3–5 kräftige Zweige auf 1–2 Augen einkürzen. Um eine → Trichterkrone zu erreichen, Mitteltrieb entfernen und 3–4 kräftige, eingekürzte Seitentriebe belassen. Bei Herbstpflanzung Krone gegen Frost und Austrocknung umhüllen. Schnitt erst bei Triebbeginn vornehmen. In späteren Jahren regelmäßig kurz nach der Blüte zurückschneiden. Gute Fruchttriebe besitzen Blatt- und Blütenknospen nebeneinander. Blattknospen spitz, Blütenknospen rund. Diese Triebe auf 8–10 Knospen kürzen. Schwache Fruchttriebe, die nur Blütenknospen tragen, für die Vase schneiden. Zu dicht stehende Triebe auslichten, dürre Zweige herausschneiden. Sorten: 'South Haven', 'Früher York', 'Rekord aus Alfter', 'Cumberland', 'Mayflower'. → Spritzkalender.

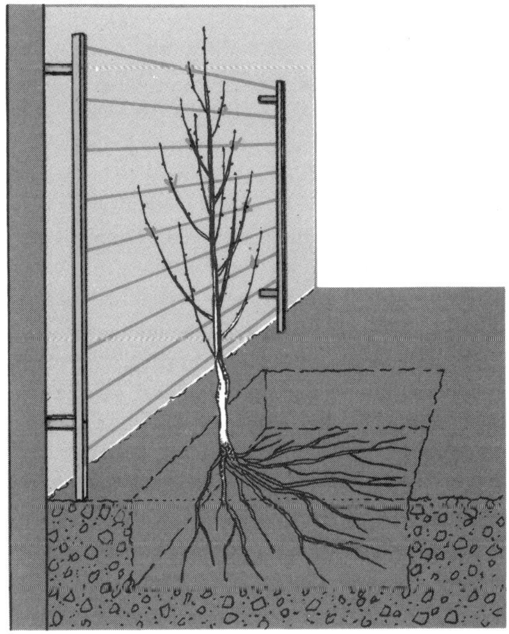

Pfirsichkrankheiten → Gummifluß, → Kräuselkrankheit.

Pfirsichmehltau → Mehltau.

Pfirsichmotte Kleiner, grauer Schmetterling mit Flugperioden im VI und IX. Legt seine Eier auf die Blätter ab. Die erste Raupengeneration überwintert in Kokons zwischen den Astgabeln und schädigt die Jungtriebe. Die Raupen der 2. Generation dringen im VIII in die Früchte ein. Bekämpfung: Befallene Triebe im Ofen verbrennen oder verkompostieren.

Pflanzenfreundschaften, Pflanzenfeindschaften → Mischkultur, → Gemüse.

Pflanzenjauche Selbst herzustellende biologische Pflanzendünger und Schädlingsbekämpfungsmittel.
Brennesseljauche zur → Kopfdüngung: Großes Gefäß halb voll mit samenlosen bewurzelten Brennesseln füllen. Oder käufliches Brennessel-Pulver bzw. getrocknetes Kraut verwenden. Man nimmt 2 kg auf 50 l Wasser. Wenn vorhanden, etwas Schachtelhalm und Guano-Dünger untermischen. Mit Wasser auffüllen, zudecken und 14 Tage bis zur Gärung an sonnigen Platz stellen. Umrühren und noch einmal etwa 10 Tage ruhen lassen. Eine Zugabe von ¼–1 l Sauer- oder Buttermilch wirkt gärungsfördernd. Düngegaben: Jauche im Verhältnis 1:2 mit Wasser verdünnen und an feuchten oder trüben Tagen für Gemüse, Blumen, Obst und Ziergehölze verwenden.
Herstellung von Brennessel-Spritzbrühe (ohne Guano-Zugabe): zur Verwendung als Wachstumsstimulans oder zur Insektenbekämpfung zusammen mit Pyrethrum-Derris-Präparaten werden 5–10 l Jauche durchgeseiht und 100 l Wasser zugesetzt.
Schachtelhalmjauche: 1 kg käufliches Schachtelhalmpulver oder getrocknete Pflanzenteile mit 5 l Wasser 1 Stunde kochen, auskühlen lassen und verdünnt (1:5 oder 1:10) als Spritzbrühe vorbeugend gegen Pilzkrankheiten und zum Beizen von Saatgut verwenden. Vergärt man die konzentrierte Brühe, indem man sie 2 Wochen zugedeckt stehen läßt und regelmäßig umrührt, so werden Enzyme freigesetzt, welche die Wirkung erhöhen. Verwendung: Obst- und Beerengehölze zwischen Laubfall und Blattaustrieb von Zeit zu Zeit an frostfreien Tagen vorbeugend spritzen. Von V–IX pilzanfällige Stauden und Gehölze im 14-Tage-Rhythmus mit der Verdünnung gießen. → Holunder, → Tomatenjauche, → Zwiebelschalen, → Biologische Pflanzenschutz- und Pflegemittel.

Pflanzenkrankheiten Sie sind jeweils unter der entsprechenden Bezeichnung aufgeführt. → Tafel Pflanzenkrankheiten, → Nichtparasitäre Pflanzenkrankheiten.

Pflanzenkübel Ton-, Beton-, Eternit- oder Holzgefäße für → Kübelpflanzen. Auf Terrassen, Innenhöfen, Podesten u. ä. Künstlerisch wertvoll sind z. B. die Tongefäße aus der Toscana.

Pflanzenschutz Verhüten, rechtzeitiges Erkennen und Bekämpfen von Pflanzenkrankheiten und deren Ursachen. Solche sind: Schädlinge (Nematoden, Schnecken, Milben, Insekten, Nagetiere), Krankheitserreger (Viren, Bakterien, Pilze) und → Unkräuter. Im Zusammenhang mit den Bemühungen des Umweltschutzes gewinnt der »Integrierte P.« zunehmend an Bedeutung. Sein Ziel: Chemische P.-Mittel möglichst begrenzt einzusetzen und die Kulturmaßnahmen, wie richtige Wahl des Standortes, sorgfältige → Bodenbearbeitung, sinnvolle → Fruchtfolge, Verwendung resistenter Sorten und gesunden Saatgutes in den Vordergrund zu rücken. Auch die technischen Maßnahmen wie → Baumpflege, Frostschutz, Verwendung von → Fanggürteln und → Leimringen kommen für den Hausgarten eher in Betracht als die Biologische Schädlingsbekämpfung, bei der Fachleute bestimmte Lebewesen und Viren als natürliche Feinde zur gezielten Vernichtung von schädlichen Tieren, Pflanzen und Mikroorganismen einsetzen. Im Hausgarten wird man sich darauf beschränken müssen, die → Nützlinge zu schonen und das → biologische Gleichgewicht weitgehend zu wahren. Trotz aller Pflege und Hygiene wird man nicht immer auf die Hilfe chemischer P.-Mittel verzichten können. Nach deren Anwendungsbereichen unterscheidet man: → Fungizide, → Herbizide, → Insektizide, → Molluskizide, → Nematizide, → Rodentizide. Ihre Anwendung erfolgt als Spritz-, Sprüh- und Stäubemittel, als Streu- (Granulat), Tauch-, Gieß-, Streich-, Impf- und

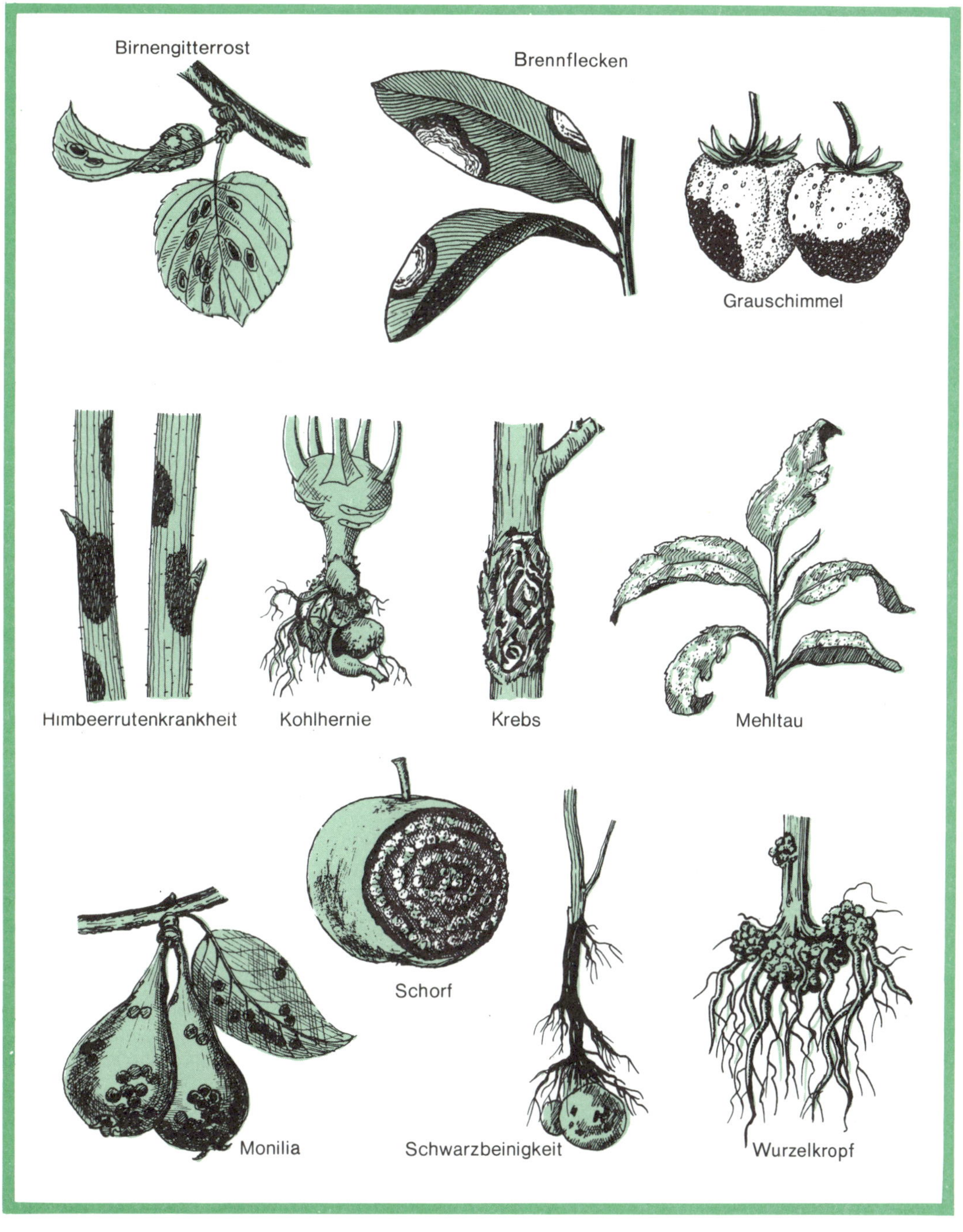
Birnengitterrost
Brennflecken
Grauschimmel
Himbeerrutenkrankheit
Kohlhernie
Krebs
Mehltau
Schorf
Monilia
Schwarzbeinigkeit
Wurzelkropf

Vergasungsmittel. Anwendungsempfehlungen gibt der → Spritzkalender. Für alle Präparate gilt dieselbe Vorsicht wie beim Umgang mit → Giften. → Wartezeiten beachten (→ Rückstände)! Niemals bei stärkerem Wind oder gegen den Wind stäuben oder spritzen. Restbrühen niemals achtlos wegschütten. Kleine Mengen einkaufen, die bei einmaliger Anwendung verbraucht werden. Bei Unsicherheiten lieber Fachleute zu Rate ziehen. Auskunft in allen Fragen des P. geben die P.-Ämter, deren Aufgabe es ist, den gesetzlich geregelten P. zu überwachen. → Biologische Pflanzenschutz- und Pflegemittel, → Fruchtmumien, → Pflanzenjauche, → Pflanzentee.

Pflanzenschutzapotheke → Gartenapotheke.

Pflanzenschutzdienst Behördliche Einrichtung, deren Aufgabe es ist, in den Bundesländern für die praktische Durchführung des 1968 erlassenen Pflanzenschutzgesetzes zu sorgen. Der Pf. ist u. a. zuständig für die Beratung auf allen Gebieten des Pflanzenschutzes und die Durchführung des Warndienstes. Ihm obliegt ferner die Überwachung der Pflanzenbestände und der pflanzlichen Vorräte, die Untersuchung über Auftreten und Massenvermehrung von Schadorganismen und Krankheiten sowie die Durchführung von Bekämpfungsmaßnahmen. Auskunft erteilen die Pflanzenschutzämter. Anschriften:

Baden-Württemberg: Landesanstalt für Pflanzenschutz, Reinsburgstr. 107, 7000 Stuttgart 1

Bayern: Bayerische Landesanstalt für Bodenkultur und Pflanzenbau, Abteilung Pflanzenschutz, Menzinger Str. 54, 8000 München 19

Berlin (West): Pflanzenschutzamt Berlin, Altkircher Str. 1 + 3, 1000 Berlin 33

Bremen: Pflanzenschutzamt, Slevogtstr. 48, 2800 Bremen 1

Hamburg: Institut für Angewandte Botanik, Pflanzenschutzamt, Marseiller Str. 7, 2000 Hamburg 36

Hessen: Landesamt für Ernährung, Landwirtschaft und Landentwicklung, Pflanzenschutzdienst, Fr.-Wilh.-v.-Steuben-Str. 2, 6000 Frankfurt 93

Niedersachsen: Pflanzenschutzamt Hannover, Wunstorfer Landstr. 9, 3000 Hannover 91

Pflanzenschutzamt Oldenburg, Mars-la-Tour-Str. 9–11, 2900 Oldenburg

Nordrhein-Westfalen: Landwirtschaftskammer Rheinland, Pflanzenschutzamt, Ludwig-Erhard-Str. 99, 5300 Bonn 2

Rheinland-Pfalz: Landespflanzenschutzamt Rheinland-Pfalz, Essenheimer Str. 144, 6500 Mainz 1

Saarland: Landwirtschaftskammer für das Saarland, Pflanzenschutzamt, Lessingstr. 12–14, 6600 Saarbrücken 2

Schleswig-Holstein: Pflanzenschutzamt des Landes Schleswig-Holstein, Westring 383, 2300 Kiel

Pflanzentee Absud von trockenen oder frischen Pflanzenteilen, zur biologischen Bekämpfung von Pilzkrankheiten (Schorf, Rost) oder Schadinsekten. Gegen Mehltau an Gurken, Tomaten, Erdbeeren, Trauben, Rosen usw. und gegen Blattflecken- und Kräuselkrankheiten bei Gemüse oder Obstgehölzen sollen Spritzungen und Bodengüsse mit Schachtelhalm- und Brennesseltee helfen. Auch Mischungen aus Brennessel, Rainfarn und Schachtelhalm kommen in Frage. Die Pflanzen kann man selbst sammeln oder getrocknet bzw. pulverisiert kaufen. Im letzten Fall nach Gebrauchsanweisung, im ersten Fall nach folgender Regel verfahren:

Schachtelhalmtee: 20 g getrocknetes Kraut 24 Stunden in 1 l Wasser einweichen und dann

$^1/_2$ Stunde lang kochen. Im Verhältnis 1:5 verdünnt als Spritzbrühe verwenden.
Brennesseltee: 100 g über Nacht in 5 l Wasser einweichen und dann 20 Minuten lang kochen. Mit diesem unverdünnten Absud kranke Pflanzen spritzen und gießen. Brennesseltee hat Düngeeffekt und soll auch gegen → Chlorose wirken. Wasser, in dem Brennesseln 24 Stunden einfach nur lauwarm eingeweicht werden, zeigt ähnliche Wirkungen.
Rainfarntee kann gegen Blattläuse helfen. Pflanzen während der Blütezeit sammeln und trocknen, oder als fertiges Präparat kaufen. 10 g getrocknetes Kraut in 1 l Wasser kochen und zur Spritzung verwenden. Man kann auch getrockneten Schachtelhalm zusetzen (20 g auf 1 l Wasser). Diese Mischung, mit dem Satz als Gießwasser verwendet, soll gegen Bodenungeziefer wirken.
Baldrianblüten-Extrakt fördert Fruchtbildung und Blütenansatz an Nutzgehölzen, Ziergehölzen bzw. Blütenstauden. Verdünnung und Anwendung nach Vorschlag des Lieferanten. → Biologische Pflanzenschutz- und Pflegemittel.

Pflanzenzüchtung Züchtung neuer Pflanzensorten, die anderen Standortsbedingungen gerecht werden (z. B. Trockenheit vertragen oder frosthart sind), geringe Anfälligkeit für Krankheiten zeigen oder veränderte äußere Merkmale aufweisen. Das Züchtungsziel kann im letzten Beispiel Blütenfarbe oder -form, Wuchshöhe Blattgröße u. a. betreffen. Methoden der Pflanzenzüchtung sind u. a. Auslese und Kreuzung. In jedem Fall muß die Neuzüchtung ihre Eigenschaften rein an ihre Nachkommen weiter vererben, ehe sie zur Prüfung durch das Bundessortenamt angemeldet werden kann. → Kreuzen.

Pflanzgerät Je nach Bodenbeschaffenheit und Pflanzmaterial verwendet man Pflanzhölzer ohne oder mit Metallspitze, Pflanzer aus Stahl, Massivpflanzer mit verstärkter Stahlspitze oder Hohlpflanzer, die sich beim Ausheben der Pflanzlöcher selbsttätig entleeren. Beim Legen von Blumenzwiebeln bewährt sich der → Zwiebelblumenstecher. Für Gehölze vorwiegend → Spaten verwenden. Zum Ausgraben und Verpflanzen von Gehölzen oder größeren Stauden ist jedoch die → Grabgabel vorzuziehen. → Tafel Gartengeräte.

Pflanzgrube Pflanzloch im Erdboden zur Aufnahme der Wurzelballen von Stauden, großen Knollengewächsen und Gehölzen, Faustregel: Grubendurchmesser mindestens $^1/_3$ größer wählen als der Wurzelballen ausmacht. Boden der

Pflanzgrube auflockern, bei schweren, tonigen oder lehmigen Böden Dränageschicht aus großen Kieseln legen, ausgehobene Erde, wenn nötig, verbessern mit Torf, Kompost oder nährstoffreichem Boden von anderen Gartenstellen.

Pflanzkelle, Blumenkelle Handliche kleine Schaufel aus Metall zum Ausheben von Pflanzlöchern für kleine Stauden, Gemüse oder Blumenzwiebeln, die in Gruppen gesetzt werden. → Tafel Gartengeräte.

Pflanzplan Bei Neuanlage oder Umbau eines Gartens wird ein P. für die vorgesehenen Bäume, Sträucher, Stauden und Blumenzwiebeln erforderlich. Maßstäbe 1:100, 1:50 oder 1:20 sind üblich. Im P. werden ökologische und architektonische Aspekte beachtet. → Ökologie.

Pflanzrillen Mit → Häufler oder → Rillenzieher flach oder tief gezogene Rillen im Pflanzbeet zum Einlegen der Saat oder Setzen von Gemüsepflanzen. In tieferen Rillen von ca. 10 cm hält sich die Bodenfeuchtigkeit besser.

▷ Werden z. B. Kohl oder Lauch in Rillen gesetzt und wird die Erde später eingeebnet, so bilden sich am Kohlstamm weitere Wurzeln, während Lauch, noch höher aufgehäufelt, lange, weiße Stangen bildet.

Pflanzschnitt Vor der Pflanzung durchzuführender Rückschnitt an Wurzeln und Zweigen. Bei Ballen- oder Containerpflanzen nur die abgeknickten oder verletzten Teile entfernen. Das gilt für → Immergrüne ebenso wie für laubabwerfende Gehölze. Bei frei ausgegrabenen Gehölzen Wurzeln und Zweige im Gleichgewicht halten. Faustregel: In der Länge die Zweige zur Hälfte einkürzen und mengenmäßig doppelt so viel stehen lassen wie das Wurzelwerk buschig ist. Obstgehölze: wenn in der Baumschule nicht bereits geschnitten wurde, dann die Krone von Kernobst um ⅓ einkürzen und die von Steinobst um ⅔. Dabei müssen die letzten Triebknospen an den Seitenzweigen nach außen zeigen und am Mitteltrieb, der die Seitentriebe um ca. 30 cm überragt, steil an der Schnittstelle sitzen. Baumschulen führen den Pflanzenschnitt auf Wunsch bei allen Gehölzen durch.

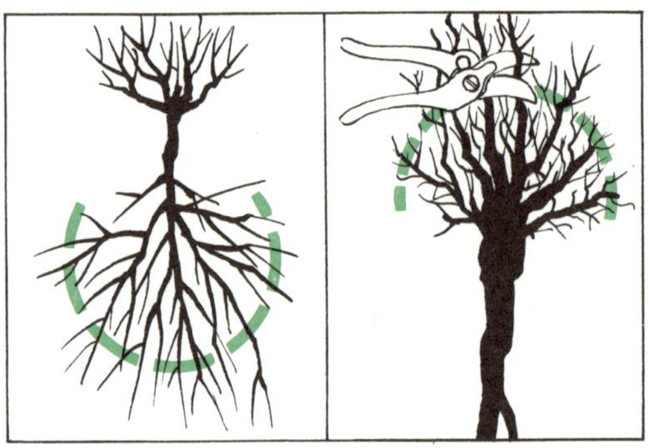

Pflanzwetter Gewächse jeder Art möglichst bei feuchtem oder trübem Wetter einsetzen, um das Anwachsen zu beschleunigen. Niemals bei praller Sonne pflanzen. In Schönwetterperioden Pflanzarbeiten nach Sonnenuntergang vornehmen. → Mondeinfluß.

Pflanzzeit Angaben unter dem jeweiligen Stichwort. → Gehölze.

Pflaster Naturstein-P. von Granit, Porphyr oder Sandstein als Mosaik-, Klein-, Mittel- und Groß-P. im Garten. Betonstein-P. und Betonverbund-P. für Einfahrten, Zugänge oder Plätze. → Plattenbelag, → Wasser im Garten.

Pflaume, Edelpflaume, *Prunus* Steinobst. Zur besseren Raumausnutzung und zur Ernte- und Pflegevereinfachung → Niederstämme oder → Buschbäume pflanzen. Für vorhandenen Boden und Standort geeignete Sorten in nahe gelegener Baumschule auswählen. Hier auch → Pflanzschnitt durchführen lassen. In späteren Jahren die Krone nur → auslichten oder → Verjüngungsschnitt vornehmen. Standort möglichst geschützt und warm. In feuchten, kühlen Lagen leidet das Aroma der Früchte. Boden kalkhaltig. Wenn in feuchten Sommern → Chlorose auftritt, nur kalkfreie Dünger verwenden. z. B. Superphosphat, 40er Kalisalz, schwefelsaures Ammoniak. → Kirschpflaume, → Mirabelle, → Reneklode, → Zwetsche.

Pflaumenmade → Pflaumenwickler.

Pflaumenwickler, Pflaumenmade Lästig werdender, 8–9 mm langer mottenartiger Schmetterling mit aschgrauem, schwarzgepunktetem Fleck auf den braungrauen Vorderflügeln. Zwei Generationen im Jahr. Erste Flugzeit von V–VI. Befruchtete Weibchen legen ca. 2–4 Wochen nach Abfallen der Blütenblätter ihre Eier auf die Unterseite der kirschgroßen Pflaumen. Die Raupen schlüpfen nach 9–15 Tagen und bohren sich am Stielansatz in das Fruchtfleisch ein. Die Früchte färben sich violett und fallen ab. Werden sie nicht aufgesammelt und vernichtet, kriecht die nach 4–5 Wochen ausgewachsene rosafarbige Raupe nahe am Boden unter die Baumrinde, verpuppt sich, und nach ca. 14 Tagen (Ende VI–Anfang VII) beginnt die Flugzeit der 2. Generation, die ihre Eier an den nun fast reifen Pflaumen ablegt. Von VIII–IX sind die Raupen in den Früchten zu finden. Sie bohren sich bis zum Kern durch und machen die Frucht ungenießbar. Ausgewachsene Raupen verlassen die Frucht und überwintern in Kokons unter der Baumrinde. Sie verpuppen sich erst im Frühjahr. Aus den Puppen schlüpfen im V die Falter der 1. Generation des neuen Jahres. Schaden entsteht durch Ertragsausfall, vor allem bei mittleren und späten Pflaumensorten (Zwetschen). Bekämpfung, besonders der 2. Generation, lt. → Spritzkalender. Bei starkem Auftreten von Pf. mit Präparat Rogor 40 L oder Eftol-Öl spritzen. Erfolg verspricht auch eine Spritzung mit Nikotinpräparaten. Sie ist Ende VII/Anfang VIII durchzuführen. Die Bäume von unten her spritzen, um Eier und junge Raupen auf den Pflaumen abzutöten. Vorbeugend → Leimringe anlegen und intensive → Baumpflege durchführen.

Pflücksalat → Salat.

Pfriemengras, Federgras, *Stipa* Ein Ziergras 60–180 cm hoch. *St. capillata,* Büschelhaargras, 80 cm hoch, mit langen Grannen-Rispen von VII–VIII. Für Steingärten und trockene Hanglagen. *St. pennata,* Echtes Federgras, 60 cm hoch, mit langen, silbernen Blütenähren von VI–VII. Gedeiht in trockenen, nährstoffreichen Böden. *St. gigantea,* Pyrenäenfedergras, 180 cm hoch, mit blaugrünen, dichten Blatthorsten, ist immergrün und braucht Winterschutz. Von VI–VII gelbe, bis 60 cm lange Blütenrispen, die einen aparten Schmuck für Bodenvasen ergeben. Sonne. Normaler, kalkhaltiger, eher trockener Boden.

Pfropfen → Veredeln.

pH-Wert Maßzahl für elektrisch geladene Wasserstoffteilchen (Ionen). Abgeleitet vom lateinischen potentia hydrogenii; p bedeutet danach Potenz (Stärke, Konzentration) und H ist das chemische Zeichen für Wasserstoff. pH-Kennzahlen sind zur Beurteilung wäßriger Lösungen in vielen Arbeitsbereichen unentbehrlich, u. a. in der Papier-, Textil- und Zuckerindustrie, bei der Wiederverwertung von Abwässern, im Molkereigewerbe und in Landwirtschaft und Gartenbau auf dem Gebiet der Bodenkunde.
Die Skala zur Feststellung der pH-Werte reicht von 1–14, wo bei Werte unter 7 sauren und Werte über 7 alkalischen Boden anzeigen. → Bodenreaktion, → Pehameter.
Die Werte im Einzelnen:

1–4,5	=	stark sauer
4,6–5,4	=	sauer
5,5–6,4	=	schwach sauer
6,5–7,4	=	neutral
7,4–14	=	alkalisch

Phlox, Flammenblume, *Phlox* Ausdauernde oder einjährige Frühlings- und Sommerblume, 20–140 cm hoch, in Rot, Rosa, Violett, Blau und Weiß. Niedrige Arten (Teppichphlox) als frühlingsblühende Bodenpolster in Steingärten, für Rabatten oder wegbegleitend zusammen mit gelbem Steinkraut, Blaukissen und Schleifenblumen setzen. Blütezeit von IV–VI. Sonne. Normaler Boden. Hoher duftender Staudenphlox: Dankbarste Sorten sind *P.-Arendsii*-Hybriden, 40–60 cm hoch, Blütezeit von V–VI. *P.-Macula-*

ta-Hybriden, 60–150 cm hoch, Blütezeit von VI–VIII; *P.-Paniculata*-Hybriden, 50–140 cm hoch, Blütezeit von VII–IX. Sonne–Halbschatten. Boden humos oder torfgesättigt, nährstoffreich. Nicht zwischen Gehölze setzen, verträgt keinen Wurzeldruck. Vermehrung: Stockteilung im Frühling. → Älchen.

Einjahres-P.: *P. drummondii,* 20–50 cm hoch wachsend in bundfarbigen Sorten. Blütezeit von VII–IX. Aussaat im III in Zimmerschalen oder Anzuchttöpfen am hellen Fenster oder ab IV ins Frühbeet. Auspflanzen nach den Eisheiligen (→ Abhärten). Sonne. Boden humos, nahrhaft.

▷ *P.-Subulata*-Sorten in → Trockenmauern pflanzen oder auf Kronen von Steinpfosten.

▷ Verlängerung der Blühdauer beim Stauden-P. durch Stutzen von einigen Blütentrieben im VI. P. im Halbschatten blüht später.

Phosphor (P) Pflanzen nehmen P. als besonders wichtigen Nährstoff in Form von Phosphorsäure auf (Phosphate). Er begünstigt die Bildung von Eiweißstoffen, fördert Blüten- und Fruchtansatz und beschleunigt den Reifeprozeß. Ohne P. keine Chlorophyllbildung. Bei P.-Mangel geringer Fruchtansatz und oft auch Schwarzfleckigkeit des Laubes. Ebenso sind die Kleinlebewesen des Bodens auf P. angewiesen. Wasserlösliche Phosphate (Superphosphate) werden von Wurzeln sofort aufgenommen.

Photosynthese Grüne Pflanzen vermögen in ihren Blättern mit Hilfe der Energie des Sonnenlichts aus Kohlendioxid und Wasser Zucker bzw. Stärke zu bilden und so die Grundlage für Wachstum und Energiestoffwechsel zu schaffen. Die Ph. ist nur mit Hilfe des Blattgrüns (→ Chlorophyll) möglich. Da die Pflanzen zur Ph. mit dem Kohlendioxid (CO_2) ein Abfallprodukt der Atmung von Lebewesen verwenden und selbst wiederum bei der Ph. Sauerstoff abgeben, sorgen sie für eine ständige Regeneration unserer Atemluft. → Umweltschutz.

Pikieren Zu dicht aufgegangene Saat → ausdünnen, um den verbleibenden Pflanzen genügend Wuchs- und Wurzelraum zu geben.

Nach Entwicklung der Keimblätter und Erscheinen des ersten Laubblattes die Sämlinge vorsichtig aus der Erde nehmen, Wurzelspitzen mit dem Fingernagel abzwicken und die Pflanze in das mit einem Pikierholz vorgestochene Pflanzloch setzen. Durch das P. entwickeln sich viele Nebenwurzeln, so daß Jungpflanzen mit kräftigen Wurzelballen entstehen. Gemüsepflanzen, Einjahresblumen usw. werden je nach Bedarf aus dem → Anzuchtkasten in kleine Töpfe pikiert. → Verstupfen, → Multitopf.

▷ Um Nachbarpflanzen zu schonen, Sämlinge nicht mit der Wurzel herausziehen, sondern mit der Schere dicht über dem Boden abschneiden oder von Hand abzwicken.

Pillensaat Saatgut, bei dem jedes Korn mit einer Schutzschicht umgeben wurde, die spezielle Nährstoffe und oft auch Pflanzenschutzmittel enthält. → Freilandaussaat.

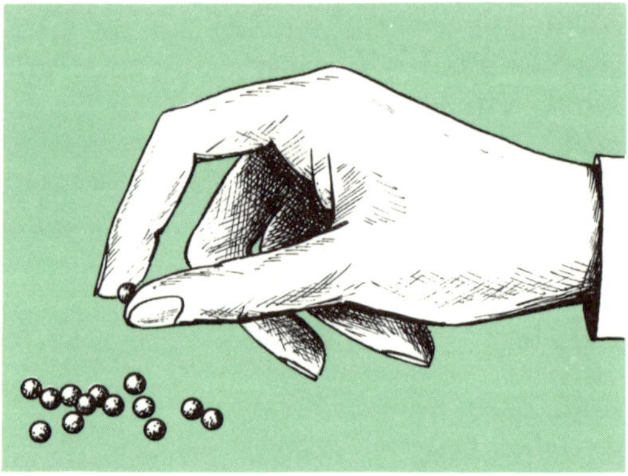

Pilzkrankheiten können fast alle Pflanzen befallen. Als Parasiten entziehen sie dem Pflanzengewebe Nährstoffe und unterbrechen die Leitgefäße. Begünstigt wird Pilzbefall im allgemeinen durch feuchtwarme Witterung und zu reichliche Stickstoffdüngung. Bekämpfung: → Spritzkalender, → Pflanzenjauche, → Pflanzentee; bei starkem Befall → Fungizide verwenden. → Echter Mehltau, → Falscher Mehltau, → Rost, → Obstbaumkrebs, → Monilia, → Kohlhernie, → Schorfkrankheit, → Schrotschußkrankheit, → Schwarzbeinigkeit, → Schwefelkalkbrühe, → Zwiebeljauche.

Pimpinelle, *Sanguisorba minor* Ausdauerndes Würzkraut, 40–60 cm hoch, mit charakteristisch gezahnten Blättchen und nußähnlichem Geschmack. Zu Salat, Kräutersuppen, Kräuterbutter, Soßen und Fischgerichten. Ältere Blätter wie Spinat verwenden. Aussaat ab IV ins Freiland evtl. im Steingarten in trockenen, kalkhaltigen Boden. 2–3 Pflanzen sind ausreichend. Vermehrung in späteren Jahren durch Wurzelteilung. Ernte: Frisches Kraut während des ganzen Jahres. Um den Blattwuchs zu fördern, Blüten ausbrechen.

Pipeline Bewässerungssystem, das mit mehreren Wasseranschlußstellen unterirdisch oder auf dem Boden dauerhaft verlegt werden kann.

Plastikfolie → Folien, → Schlitzfolie, → Mulchfolie, → Wasser im Garten.

Plastiktunnel → Folientunnel.

Plattenbeete Im Plattenbelag ausgesparte Erdflächen, die mit Stauden oder auch mit Küchenkräutern bepflanzt werden können. Erde 40–70 cm tief ausheben und ca. 10 cm dick Kies als Dränageschicht einfüllen, weil bei Regengüssen von Plattenflächen große Wassermengen ins Beet fließen können. Die Erde mit Kompost, Torf oder anderen Nährstoffzusätzen anreichern und wieder einfüllen. Bepflanzung mit Gehölzen, einjährigen Sommerblumen, Stauden (→ Agaven). Wasserbottiche für Seerosenteiche eingraben und freibleibende Erdstellen bepflanzen, um den Anschluß an die Plattenfläche zu erreichen.

Plattenbelag Befestigung und Gestaltung von Bodenflächen, Terrassen und Wegen mit Natur- oder Betonplatten. Unter Gehölzen besondere, mit Aussparungen versehene Baumscheibenplatten verwenden, um die Bewässerung nicht zu beeinträchtigen. Zahllose Formate und Oberflächen im Baustoffhandel. Bei Betonplatten z. B. sind folgende Formate üblich: 30 × 30 cm, 20 × 40, 40 × 40, 40 × 60, 25 × 50, 50 × 50, 50 × 75, 75 × 75, 100 × 100 cm. Sonderformate werden angefertigt. Handelsübliche Oberflächen bei Betonplatten: glatt, gesandstrahlt, gewellt, und mit Kiesel- oder Splittauflage.

Plattenweg → Wege im Garten.

Platzen → Aufplatzen von Früchten.

Plexiglas Markenname für ein → Acrylglas.

Polarbirke → Zwergbirke.

Polsterpflanzen → Bodendecker.

Polsterschimmel → Monilia.

Polyantharosen → Rosen.

Polyester Kunstharz, das sich durch besondere Wetterfestigkeit und Säurebeständigkeit auszeichnet und deshalb im Garten gern in seiner lichtdurchlässigen Form zum Abdecken von Gewächshäusern und in flüssigem Zustand zum Bau von Wasserbecken verwendet wird.

Polystyrol Kunststoff, der im Gartenbau wegen seiner geringen Beständigkeit für kurzlebige Gegenstände verwendet wird, z. B. für Plastiktöpfe.

Porree → Lauch.

Portulak, *Portulaca oleracea* Einjähriges Würzkraut, das sich selbst wieder aussät. Salzähnlicher

Geschmack. Junge Blätter werden zur Rohkost verwertet. Ältere Blätter wie Spinat kochen oder in Butter gedünstet als Suppeneinlage verwenden. Erste Aussaat nach den Eisheiligen mit 20 cm Reihenabstand. Saatkörner nur aufstreuen und leicht eindrücken. Feucht halten. Keimzeit etwa 3 Wochen. Folgesaaten im Vierwochen-Abstand.

Portulakröschen, *Portulaca grandiflora* Einjahresblume, 10–15 cm hoch. Einfache oder gefüllte Blüten von VI–IX in Weiß, Rosa, Rot und verschiedenen Gelbtönen, gelegentlich auch gestreift oder gefleckt. Die Blütenknospen öffnen sich nur bei voller Sonne. Geeignet für alle trokkenen Gartenstellen, → Trockenmauern, Steingärten, Erdfugen zwischen Platten und an Treppen, für Balkonkästen, Blumentöpfe und Schalen. Freilandaussaat ab Ende IV an Ort und Stelle. Samen sehr dünn streuen und nur festklopfen. Nicht mit Erde überdecken. Oder Aussaat im III in → Anzuchtkästen, die hell und warm stehen sollen. Sämlinge in kleine Töpfe pflanzen und später die Ballenpflanzen mit 15 cm Abstand an Ort und Stelle setzen. Sonne. Normaler, trockener Boden.

▷ In mildem Klima oder an geschütztem Platz ist Vermehrung durch Selbstaussaat möglich. Besonders schön blühende Pflanzen können durch → Stecklinge vermehrt werden. Im VIII die Stecklinge in kleine Töpfe mit sandig-durchlässiger Erde stecken. Hell und kühl überwintern. Trocken halten. Nach den Eisheiligen auspflanzen.

Prachtglocke, *Enkianthus* Bis 3 m hoch wachsender Strauch mit gelblich-rötlichen, hängenden Blütendolden, die im Mai – vor dem Blattaustrieb – erscheinen. Gelbe und rote Herbstfärbung. Halbschattig–absonnige Lage. Der Boden soll durchlässig, leicht sauer und auch im Sommer nicht ganz trocken sein. Paßt gut zu Rhododendren.

Prachtlilie → Ruhmeskrone.

Prachtnelke → Nelke.

Prachtsalbei, *Salvia* Einjährige, zweijährige und ausdauernde Blütenpflanzen werden in Gärtnereien angeboten. Blüten in Blau, Weiß, Creme oder Rot von V–IX. Am bekanntesten ist der einjährige, feuerrote *S. splendens* mit seinen Zuchtformen, 20–50 cm hoch. Samenzucht etwas umständlich. Topfballenpflanzen aus der Gärtnerei ab V im Garten an gewünschten Platz setzen. Geeignet für Einfassungen und Teppichbeete, und zwar zur Pflanzung zwischen Lobelien, Leberbalsam und niedrige, großblütige Studentenblumen. Außerdem für Balkonkästen, Schalen und zur Gräberbepflanzung verwendbar. Sonne. Normaler Boden. Von den Staudenarten seien S. nemorosa, S. officinalis und S. pratensis genannt. Gewürzpflanze → Salbei.

Prachtscharte, *Liatris* Ausdauernde Blütenstaude, 40–120 cm hoch. Von VI–X auffällige Blütenähren in violetten bis lila Farbtönen. Die Pflanzen blühen von oben nach unten auf. Sonne. Normaler, durchlässiger Boden. Trockene Lage. Vermehrung durch Wurzelteilung im Frühjahr.

▷ P. sind dankbare Schnittblumen. Wenn der Flor nachläßt, die Stauden herausnehmen, teilen und an andere Gartenstellen setzen.

Prachtspiere, *Astilbe* Blütenstaude, 15–150 cm hoch, mit großen Blütenrispen von VI–IX. Reichhaltiges Angebot in Staudengärtnereien. Je nach Sorte in Weiß, Lachs, Creme, in Rosa und roten Tönen. Standort: halbschattig unter lichten Gehölzen oder absonnig. Humoser Boden, nicht zu trocken. Je feuchter die Erde, um so mehr Sonne vertragen die P. Notfalls in eine Wasserfangmulde setzen. Im ersten Jahr nach der Pflanzung Winterschutz geben. Sonne und Schatten verträgt *A. chinensis* var. *pumila,* 25 cm hoch, dicht wachsend. Ausläufer bildend.

△ Ringelblume ▽ Rose

△ Rittersporn ▽ Scheinquitte

△ Scheinzypresse ▽ Skabiose

△ Schneeglöckchen ▽ Skimmie

Die wichtigsten Primelsorten

Deutscher Name *Botanischer Name*	Blütenfarbe	Blütezeit	Höhe cm	Boden	Licht
Für Steingärten, Beete, Rabatten					
Kissenprimeln *Primula vulgaris*	alle Farbtöne	III–V	10	humos	Halbschatten bis Sonne
P. polyneura	meist rote Farbtöne	V–VI	15–30	humos	Halbschatten bis Sonne
Gartenaurikel *P. pubescens*	alle Farben	IV–VI	20–50	humos	Halbschatten bis Sonne
Polsterprimeln *P.-Juliae*-Hybriden	viele Farben	IV	10	humos	Halbschatten
Schlüsselblumen *Elatior*-Hybriden	viele Farben	IV–V	25–30	humos	Halbschatten bis Sonne
Kugelprimeln *P. denticulata* für Beete	weiß, rot, violett	III–V	30	humos nicht zu trocken	Halbschatten
Etagenprimeln *Bullesiana*-Hybriden	gelb-orange-rot	V–VI	40	feucht lehmig humos	Halbschatten
Für Mäuerchen					
Alpenaurikel *Primula auricula*	gelb (→ Blühende Steine)	IV–VI	10–15	lehmig	Sonne
Gartenaurikel *P. pubescens*	wie oben				
Für Sumpf und feuchte Gartenstellen					
Etagenprimeln	wie oben				
Kugelprimeln	wie oben				
Himmelschlüssel *P. elatior*	gelb	III–V	15	humos	Halbschatten
Rosenprimel *P. rosea*	rot	III–V	10–20	humos	Sonne bis Halbschatten
Mehlprimel *P. farinosa*	rosarot	IV–V	10	humos	Sonne
Glockenprimel *P. florindae*	gelb	V–VIII	60–80	humos	Halbschatten bis Sonne
Sumpfprimeln *P. alpicola*	violett, creme, gelb	VI–VII	30–60	humos	Halbschatten bis Sonne
P. waltonii	rote Töne	VI–VII	50	humos	Halbschatten bis Sonne
Orchideenprimel *P. vialii*	rot	VI–VIII	30–50	humos durchlässig	Halbschatten

▷ Alle Astilben sind dankbare Vasenblumen, wenn die Stiele gequetscht werden.

Prachtstauden Sammelbegriff für Stauden mit besonders großen Blüten und auffallenden Blütenformen oder Farben: Pfingstrosen, Orientalischer Mohn, Hoher Phlox, Rittersporn.

Präriekerze, *Camassia* Zwiebelblume, 50 bis 100 cm hoch, mit zartblauen, weißen oder stahlblauen Blüten von IV–VI. Sonne. Normaler Boden von guter Wasserdurchlässigkeit. In mildem Klima winterhart. Andernfalls mit einer hohen Lage aus trockenem Torf und einer darüber gebreiteten Polyäthylenfolie schützen. Pflanzzeit für die Zwiebeln VIII–X. Vermehrung durch → Brutzwiebeln.

Primel, *Primula* Reichblühende Staude, mit etwa 550 Arten, 10–80 cm hoch, je nach Art und Sorte für verschiedene Gartenteile geeignet. Sonne–Schatten. Blüten in allen Farben von III–VIII. Staudengärtnereien, Kataloge, Blumengeschäfte und Wasserpflanzengärtnereien bieten eine große Auswahl. Fast jährlich kommen Neuzüchtungen auf den Markt (s. Tabelle S. 237).

Prophetenblume, *Echioides longiflorum* Zierstaude, 20 cm hoch. Goldgelbe Blüten von IV–V über bis zu 20 cm langen, behaarten Blättern. Gut zu verwenden in Steinbeeten, Plattenbeeten, zusammen mit zierlichen Gräsern, Freilandkakteen und Steinbrecharten. Sonne. Trockener, sandig-durchlässiger Boden.

Prunkbohne → Feuerbohne.

Prunkspiere, Perlbusch, *Exochorda* Ein Zierstrauch, 4–6 m hoch, mit großen Blüten in aufrechter Rispe von IV–V. Zur Formgebung jährlich nach dem Flor ältere Triebe herausschneiden und auch Jungtriebe etwas kürzen. Sonne–Halbschatten. Normaler Boden.

Prunkwinde, Kaiserwinde, *Ipomoea* Schlingende Blütenpflanze, meist einjährig gezogen, 2–5 m hoch. Von VI–IX viele Eintagsblüten in fast allen Farben. Läßt sich an Fäden, dünnem Spanndraht und an Säulen bzw. Stützpfeilern ziehen. Verwendung, Anzucht und Kultur i. allg. → Sternwinde. *I. pandurata* ist ein ausdauerndes Knollengewächs, windet bis 5 m hoch und blüht von VII–IX cremefarben mit purpurnem Schlund. 10 cm breite Blumenkelche. Standort sonnig und warm. Tiefgründiger, kalkhaltiger, trockener Boden. Im Winter mit hoher, trockener Torf- oder Laubschicht abdecken. Darüber zum Schutz gegen Feuchtigkeit Polyäthylenfolie decken und rundum mit Steinen beschweren.

Puffbohne, Dicke Bohne, Saubohne, *Vicia faba* Gemüsepflanze. Aussaat nach der Schneeschmelze, ca. 5 cm tief mit 25 cm Abstand und 40 cm Reihenabstand, in altgedüngten Boden. P. vertragen bis 5° C Kälte. Wuchshöhe 120 cm. Hacken und häufeln. Nach Fruchtansatz Triebspitzen ausbrechen. Erntebeginn ab V, wenn die Hülsen noch grün und die Körner milchig-weiß erscheinen.

▷ Vorfrucht für Kohlrabi, Salat, Rettiche, späte Möhren, Rote Rüben. Zum Tieffrieren geeignet. Gegen die Schwarze Wickenblattlaus an den Beeträndern Zwiebeln stecken. → Gemüse, → Hügelbeet.

Puppe Bei gewissen Insektengruppen (z. B. Käfern, Schmetterlingen u. a.) auftretendes Entwicklungsstadium zwischen Larve und Vollinsekt (Imago).

Pyrethrum-Präparate → Spritzkalender, → Spruzit.

Qualitätsbestimmung → ADR.

Quassia, Bitterholzbaum, *Quassia amara* Wirkstoffe aus dem Holz der Qu. werden zur biologischen Schädlingsbekämpfung verwendet. Herstellung von Qu.-Seifenbrühe gegen Blattlausbefall und Sägewespen: 250 g Qu.-Holz ca. 12 Stunden einweichen und kochen. Durchseihen, mit 20 l Wasser verdünnen und darin 500 g Schmierseife auflösen. Als Spritzbrühe verwenden, die nach 3 trockenen Tagen mit dem Schlauch wieder abgewaschen wird. Regen macht diese Maßnahme unnötig. Das Holz trocknen und bei Bedarf 2–3 mal wieder verwenden. Spritzung erfolgt in abfallende Blüten. Qu.-Holz kann man in Drogerien bekommen oder bestellen.
→ Biologische Pflanzenschutz- und Pflegemittel.

Quecke, *Agropyron repens* Heimische Grasart, 30–100 cm hoch, Blütenähren von VI–VIII. Wucherndes Unkraut; schwer zu beseitigen, da jedes verbliebene Wurzelstückchen wieder austreibt. Verseuchte Stellen mit der Grabgabel ausheben, Wurzeln durchschütteln und beiseite legen.

▷ Queckenwurzeln ergeben einen entwässernden Blutreinigungstee. Zerkleinern und frisch oder getrocknet verwenden. 10 Minuten kochen lassen.

Quellhof Wassersprudel aus einem Kieselbelag auf einem Sitzplatz im Garten oder im Gartenhof.

Quendel → Thymian.

Quitte, Apfelquitte, Birnenquitte, *Cydonia oblonga* Aromatisches Kernobst, hart, körnig im Fruchtfleisch. Eignet sich nur zur Saft-, Gelee- oder Konfitürenbereitung. Buschbäume oder Viertelstämme setzen. Beim Pflanzen kräftig zurückschneiden. Später nur → auslichten. Die Qu. ist eine wertvolle Unterlage für Birnenveredlungen. Normaler Boden; geschützte, möglichst sonnige Lage. → Scheinquitte.

RRRRRRR

Rabatte Schmal gehaltenes, langgezogenes Blumenbeet, an Rasenfläche, Hauswand oder Zaun entlangführend und Wege begleitend. Sehr geeignet zur individuellen Bepflanzung mit Stauden, Gräsern, Sommerblumen, Blumenzwiebeln und einigen aufragenden Solitär-Gehölzen.

Radicchio Roter Salat für Spätherbst- und Winterernte. Verwendung wie Endivien und Chicoree. Aussaat Mitte VI bis Mitte VII ins Freiland. Auf 25 cm vereinzeln. Ernte ab Oktober. Mischkultur mit Feldsalat, Endivien und Zukkerhut.

Radieschen, *Raphanus sativus* var. *sativus* Würziges Wurzelgemüse; Rohkost zu Bier, Brot, Käse, Salat. Aussaat ab II ins Frühbeet oder von Mitte III bis Anfang IX ins Freiland. Körner 1 cm tief, mit 5 cm Abstand stecken. Keimdauer 5–6 Tage. Altgedüngter Boden. Frische Mist- oder Jauchedüngung begünstigt Wurmstichigkeit. Für ausreichende Bodenfeuchtigkeit sorgen. Bei Wassermangel werden R. leicht holzig und pelzig. Günstige Pflanzgemeinschaft mit Buschbohnen. R. auch als Beeteinfassung und als → Markiersaat verwenden.

▷ Knollen enthalten Vitamin A, B und C. 100 g: 15 Kalorien (63 J). Geschmack → Mischkultur.

Rainfarn → Biologische Pflanzenschutz- und Pflegemittel.

Rainweide, Liguster, *Ligustrum* Heckensträucher, 1–5 m hoch, immer- oder sommergrün, von unterschiedlicher Frosthärte. Für jeden Schnitt geeignet. Gelblichweiße, duftende Blüten in ca. 5 cm langen Rispen von VI–VII. Erbsengroße, schwarze Beeren von X–XII. *L. vulgare,* industriefest und frosthart, wird ungeschnitten 3–5 m hoch. Frosthart sind auch *L. obtusifolium regelianum,* 2 m hoch, *L. vulgare* 'Atrovirens', 3–4 m hoch und *L. vulgare* 'Lodense', 1–1,50 m hoch. Die japanische Art *L. ovalifolium,* 3–5 m hoch, friert in harten Lagen zurück, schlägt aber meist wieder aus. Sonne–Schatten. Normaler Boden.

Randpflanzung 1. Gartenbegrenzung durch Gehölze als Sicht- und Windschutz. – 2. Windschutzpflanzung am Rand von Gemüsebeeten, z. B. mit Mais. – 3. Bepflanzung von Beeträndern oder schmalen Streifen von Gehölzgruppen mit niedrigen Blütenstauden oder flachwachsenden Zwerggehölzen. → Mischkultur, → Gemüse.

Rankgerüste Für Kletterpflanzen selbst herzustellende Gerüste mit Hilfe von Draht, Latten, Stäben, Flechtwerk usw., oder käufliche Gerüste

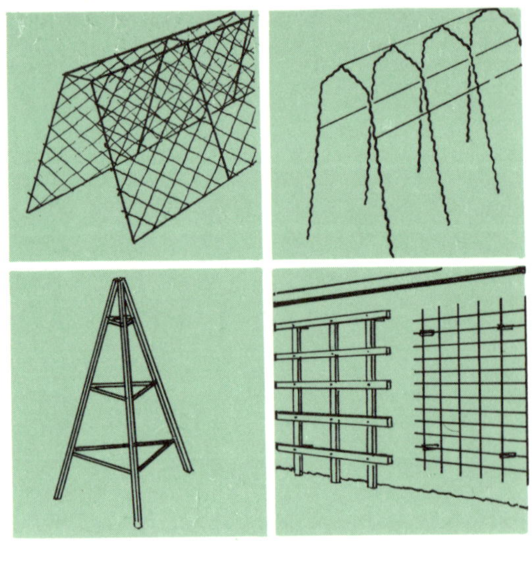

als Wind- und Sichtschutz für Terrasse oder Sitzplatz. → Hausberankung, → Pergola. → Drahtgeflecht.

Rankpflanzen, Kletterpflanzen → Hausberankung.

Ranunkeln → Hahnenfuß.

Ranunkelstrauch, *Kerria* Sommergrüner industriefester Strauch, 2 m hoch, mit einfachen oder gefüllten, goldgelben Blüten von V–IX. Die Triebe sterben mitunter im Dreijahresrhythmus ab und erneuern sich aus dem Wurzelstock. Deshalb jährlich → auslichten. Sonne–Schatten, nährstoffreicher Boden, geschützte Lage.

Rapunzel → Feldsalat.

Rasen Anlage: R. kann zu jeder Jahreszeit angelegt werden. In ausgesprochen trockenen Lagen R.-Fläche 2–3 cm tiefer legen als die umgebenden Wege oder Gartenflächen, damit sich die Feuchtigkeit besser hält. Nährstoffreichen Gartenboden nur auflockern. Nährstoffarme Böden mit humusbildenden Langzeitdüngern wie Oscorna versehen. Sandige Böden stark mit feuchtem Torf durcharbeiten. Schwere, undurchlässige Böden zusätzlich mit scharfem Sand anreichern. Nach der Bodenvorbereitung die Fläche feucht halten und das Keimen in der Erde verborgener Unkrautsamen abwarten. Dann mit Gramoxone oder einem ähnlichen Unkrautvertilger, der die spätere R.-Saat nicht schädigt, vernichten. Dies notfalls wiederholen. Erst wenn kein Unkraut mehr aufgeht, den Samen, (20–25 g/m²) einstreuen, wobei Kanten und Ekken dichter angesät werden. Zum Schutz gegen Vogelfraß leicht einharken und bis zur Keimung dauerfeucht halten (→ Rollrasen). Während Trockenperioden R.-Sprenger mit feinen Düsen verwenden, damit die Erde nicht verschlämmt. Auflaufen der Saat nach ca. 10 Tagen. Weiterhin feucht halten. → Auflaufschäden. Sind die Grashalme 10–25 cm hoch, erfolgt der erste Schnitt. Die Höhe richtet sich danach, ob mit R.-Mäher oder Sense gemäht wird. Zweiter Schnitt 14 Tage später. Vorsichtig arbeiten, weil die Wurzeln noch nicht fest sitzen! → Wiese.

Nach neuester DIN-Norm sind R.-Mischungen nach ihrem jeweiligen Verwendungszweck benannt. Wichtige Gräser sind: *Agrostis tenuis, Poa pratensis, Festuca rubra* sowie *Lolium perenne.*

Allgemeine Pflege: Um das Wachstum anzuregen, anfangs wöchentlich schneiden. Später genügt es, im Vierzehntagerhythmus zu mähen. Die Zeitabstände für den Schnitt richten sich danach, ob Zier-, Teppich-, Spiel- oder Schatten-R. verwendet wurde. Um das Gras nicht zu schwächen und der Moosbildung vorzubeugen, darf nicht zu kurz geschnitten werden. Faustregel: 4 cm Höhe zur Erhaltung der Bodenfeuchtigkeit. Nach jedem Schnitt gut durchwässern. Stellen, die vom R.-Mäher schwer erfaßt werden, wie z. B. Rasenkanten, mit einer → Grasschere nachschneiden.

Oft hängt die Schönheit des R. von seiner Bewässerung ab. Während längerer Trockenperioden sollte der → Gartenregner auf durchlässigem Boden ca. 60 Min. die gleiche Fläche bewässern. Trocknet die R.-Fläche während eines Urlaubs ab und wirkt braun, erholen sich die Gräser nach durchdringender Bewässerung.

Die Düngung richtet sich nach dem Stickstoffverbrauch, auf den spezielle R.-Dünger eingestellt sind. Man geht davon aus, daß 1 m² Rasenfläche pro Jahr 25 g Stickstoff verbraucht. Nach Möglichkeit nur während trüber Tage oder einer Regenperiode düngen. → Volldünger mit Torf vermischen, damit Verbrennungen vermieden werden. Bei Verwendung organischer Dünger wie Blutmehl, Knochenmehl usw. treten Verbrennungen nicht auf. Diese Dünger gibt es ebenfalls als spezielle Mischungen für R. Als fertige Torfmischdünger, die dem R. neben den Nährstoffen gleichzeitig Humusstoffe zuführen, haben sich Huminal, Humobil und Supermanural bewährt.

Gedüngt wird im März, nachdem die R.-Fläche mit einem Fächerbesen oder Eisenrechen gründlich gesäubert und mit einem → Vertikutierrechen durchlüftet wurde. Stark strapazierter R. erhält Mitte V, Mitte VII und Ende VIII weitere Düngegaben. Dünger gleichmäßig von Hand verteilen oder – auf größeren Flächen – mit einem → Düngerstreuer ausbringen.

→ Unkraut im R. läßt sich oft durch einen regelmäßigen, wöchentlichen Schnitt eindämmen. Dabei größere Unkräuter wie Breitwegerich, Spitzwegerich, Löwenzahn usw. ausstechen oder mit einem → Unkrautstab behandeln. Für stark verkrauteten R. kann Dünger verwendet werden, dem ein Unkrautvertilger (→ Herbizid, → Wuchsstoffmittel) beigemischt wurde. Bei hartnäckigen oder vorherrschenden Unkräutern sollte man Präparate anwenden, die den spezifischen Wirkstoff enthalten. Eine Hilfe gibt folgende Übersicht:

Unkräuter	Wirkstoffe
Brennessel Ehrenpreis Hornkraut	Mecoprop + 2,4,5-T
Gänseblümchen Löwenzahn Wegerich	2,4-D + MCPA
Ehrenpreis Löwenzahn Wegerich Weißklee	Mecoprop + 2,4-D

Die Ursache der Moosbildung in R.-Flächen ist oft schwer zu ermitteln. Moos kann unter Bäumen auftreten, in Schattenlagen, bei Kalkmangel und Kalküberschuß, Phosphorsäuremangel, Eisenmangel, Düngefehlern, schlechter Ernährung, Staunässe und zu kurz gehaltenem Schnitt. Hier muß jeder Gartenbesitzer die Ursache selbst herausfinden. Faustregel: Moos im Vierwochenabstand mit Fächerbesen abkratzen. Notfalls → Dränage erwägen. → Bodenreaktion prüfen!

Pilze im R. lassen sich durch regelmäßigen Schnitt eindämmen. Stark verpilzte Flächen mit schwefel- oder kupferhaltigen Präparaten nach Vorschrift auf der Packung behandeln oder ein quecksilberfreies → Fungizid anwenden. → Kräuterrasen.

Rasenersatz → Bodendecker, → Staudenwiese, → Blumenrasen.

Rasengittersteine → Lochpflastersteine.

Rasenmäher Unterschiedlich in Arbeitsweise und Wirkung sind Spindel-(Walzen-) und Sichelmäher. Spindelmäher besitzen mehrere gebogene Klingen, die in drehender Walzenform angeordnet sind und ähnlich wie Scheren gegen andere, feststehende Klingen, arbeiten. Sie erzielen den glattesten und saubersten Grasschnitt (Englischer Rasen). Der Sichelmäher arbeitet mit waagerecht drehenden Klingen, ähnlich wie eine Sichel. Er »köpft« das Gras. Sichelmäher gibt es nur mit Motorantrieb, während Spindelmäher auch von Hand betrieben werden können. Gegenüber den lauten Benzinmotoren ist der Elektroantrieb umweltfreundlicher. Wenn das lange Stromkabel stört, ist kabelloser Akku-Antrieb möglich. Neuerdings werden auch Luftkissenmäher angeboten. Luftkissenmäher arbeiten schwebend ohne Raduntersatz. Gleichmäßiger Rasenschnitt durch Luftsog. Unebenheiten des Bodens werden ausgeglichen, Steinschlag verhindert. Keine Probleme beim Kanten- oder Hangschnitt. Luft-Kissenmäher gibt es als Elektro- und Benzinmäher in verschiedenen Größen mit vielen Zusatzgeräten.

Rasenschere → Grasschere.

Rasenschimmel → Schneeschimmel.

Rasenschmiele → Schmiele.

Rasensoden Ausgestochene Rasenstücke, die bei der Neuanlage von Rasen verwertet werden (→ Rollrasen). Sollen R. verrotten, stapelt man sie mit der Grasnarbe nach unten aufeinander. Sie geben nährkräftige Rasenhumuserde. Niemals in Gartenteiche legen!

Rasensprenger → Gartenregner, → Pipeline.

Rauhblattaster → Aster.

Raumbildung Nach den Proportionen des Goldenen Schnittes mittels Pflanzung, Zaun, Mauer oder Erdwall durchgeführte Bildung von Freiräumen im Garten für die einzelnen Funktionsbereiche, wie erweiterten Wohnbereich, Terrasse, Badegarten oder Partygarten.

Rebe, Weinrebe, *Vitis vinifera* Kletterndes Beerenobst für milde Klimate oder warme, geschützte Lage. Spalier mit ca. 20 cm Abstand an südlicher Hauswand anbringen. Normaler, kalkhaltiger, nährstoffreicher Boden. Wenn möglich veredelte Topfballengewächse erwerben. Von IV–V ca. 50 cm vom Spalier entfernt, zum Spalier geneigt, schräg in den Boden pflanzen. Dabei soll ein 30–50 cm langes Triebstück mit Erde überdeckt werden, um den Neuaustrieb zu gewährleisten. Die Wein-R. über dem Boden bis auf drei Augen zurückschneiden, damit zumindest zwei Augen mit Sicherheit austreiben (→ Augenstecklinge). Pflanzstelle gut wässern und anschließend bis über die Triebknospen mit feuchtem Torf → anhäufeln. Hochwachsende Triebe am Spalier locker befestigen. Schädlinge und Krankheiten: → Schildlaus, Echter und Falscher → Mehltau. Reifende Trauben mit Netzen vor Vogelfraß schützen (→ Vögel im Garten). In ungünstiger Lage Winterschutz geben.

Rechen → Harke.

Rechtswinder → Linkswinder.

Regenmesser Gerät, das die zwischen zwei Ablesungen gefallene Niederschlagsmenge (1 mm Wasserstand entspricht 1 Liter Niederschlag pro m^2) anzeigt. Aufschlußreich besonders zur Beurteilung der Bewässerungsnotwendigkeit, z. B. in Gärten, die vom Wohnsitz des Eigentümers abgelegen sind (Wochenendgrundstücke).

Regenschatten Gartenstellen, die trotz Regen oder künstlicher Beregnung schlecht mit Feuchtigkeit versorgt werden, liegen im R. Das sind meist die Flächen unter dichten Laub- oder Nadelgehölzen oder unter weit vorspringenden Dächern. Dazu gehören auch die schmalen Partien hinter hohen Gewächsen, die von einseitig sprühenden → Gartenregnern nicht erfaßt werden.

Regentonne Wasserbehälter unter der Dachtraufe zum Auffangen des Regenwassers. Wer keine Dachtraufe hat, füllt den Behälter mit Leitungswasser, um abgestandenes Gießwasser für empfindliche Gartenpflanzen zu haben. → Enthärten des Wassers.

▷ Gegen Mückenlarven den fleischfressenden → Wasserschlauch einsetzen.

Regenwurm Lebt im Boden und in organischer Substanz. R. durchwühlen die Erde, sorgen für Umschichtung, Durchlüftung, fördern Humusbildung, düngen den Boden einerseits durch ihre Ausscheidungsstoffe, andererseits dadurch, daß sie Pflanzenteile in den Boden hereinziehen und machen sich durch all das sehr nützlich.

▷ Befinden sich R. im Komposthaufen, ist er biologisch gesund. Ihre Exkremente gelten als hochwertige Düngestoffe, die man auch sammeln und unter Blumenerde mischen kann. Regenwürmer für den Komposthaufen kann man im Postversand beziehen, mit Vermehrungsanleitung, durch die Fa. Heinrich Geisel, Ludwigstr. 70, 8510 Fürth.

Regner → Gartenregner.

Reif Niederschlag aus feinen Eiskristallen, die sich durch Frosteinwirkung aus dem Wasserdampf der Luft bilden. Besonders dicht an der Windseite des Gartens. Herrscht bei starker Abkühlung Nebel, entsteht Rauhreif.

Reifezeiten von Früchten Unterschiedlich je nach Klima, Standort und Sorte. Der gewünschte Reifegrad hängt vom Verwendungszweck der Früchte ab.

Reihenhausgarten Schmale, oft nur 7–9 m breite Gärten an Einfamilienhäusern. Schwierige Ausgestaltung, weil meist einsehbar. Rahmung daher mit schmaler Pflanzung.

Reihensaat ist der → Breitsaat vorzuziehen. Erleichtert Pflege, Ernte und ermöglicht die Mischkultur.

Reiherschnabel, *Erodium* Reich blühende, immergrüne, buschige Kleinstaude, 15–40 cm hoch, für Steingärten und trockene Gartenstellen auch mit »schlechtem« Boden. Blüten von V–VII in Rot, Weiß und Weiß mit dunkelroter oder lilaroter Zeichnung. Sonne–Halbschatten. Sandiger, auch mit Schotter vermischter Boden.

Reisern Einstecken dürrer Zweige in Erbsenbeete, damit die Ranken Halt finden. Auf diese Art können in Staudenbeeten blühende Wicken als »Blumenbusch« gezogen werden.

Reitgras, *Calamagrostis arundinacea* Breitblättriges Ziergras mit 120 cm hohen, aufrechten Ähren von VII–VIII. Zur Einzelstellung, zwischen Gehölzen und am Gartenteich. Sonne, normaler Boden.

Remontieren Nachblüte oder auch mehrmaliges Blühen und wiederholtes Fruchten im Laufe eines Jahres.

Reneklode, *Prunus domestica italica* Saftige Pflaumenart zum Rohverzehr und Einwecken. Zum Tiefgefrieren nicht geeignet. Viertelstamm- oder Buschbäume in geschützter Lage in kalkhaltigem Boden setzen. Auch in gemischter → Obsthecke verwendbar. Nach dem Pflanzschnitt in der Baumschule ist ein Formschnitt nicht erforderlich, nur regelmäßig → auslichten. Auf → Blattläuse, → Schildläuse und → Rote Spinne achten. Baumscheibe mit → Kapuzinerkresse besetzen.

Reihensaat

Resistente Stämme Durch Bekämpfungsmaßnahmen ausgelesene und gegen diese Maßnahmen wiederstandsfähig gewordene Generationen von Pflanzenschädlingen z. B. Spinnenmilben, Blattläusen oder krankheitserregenden Pilzen.

Resistenz 1. Natürliche Widerstandsfähigkeit der Gewächse gegen bestimmte Krankheiten (→ Asternwelke). – 2. Zunehmende Widerstandsfähigkeit der Schädlinge gegen Pflanzenschutzmittel, die längere Zeit hindurch angewandt werden. Um die Entwicklung → resistenter Stämme zu vermeiden, sollte man das verwandte Präparat häufiger wechseln.

Rettich, *Raphanus sativus* Wurzelgemüse zum Rohverzehr. Aussaat: Mai-R. ab Mitte III. Sommer-R. in Folgesaaten ab Mitte IV bis Ende VI. Winter-R. von Anfang VI bis Mitte VII. → Pilliertes Saatgut günstiger. Bei → Reihensaat ganz dünn aussäen und frühzeitig pikieren, oder jeweils zwei Körnchen mit 15 cm Abstand in die Erde drücken. Später eine der Jungpflanzen herausziehen. Reihenabstand 20–25 cm. Kulturdauer von Aussaat bis Ernte ca. 90 Tage. Für den Verbrauch im Herbst und zur Überwinterung zwischen Sand im kühlen Keller einschlagen.

▷ R. enthalten Vitamin A, B und C. 100 g: 15 Kalorien (63 J).

▷ R. gedeihen gut zwischen Bohnen, Salat, Spinat, Kohlrabi, Roten Rüben und als Randpflanzen am Gurkenbeet.

Rhabarber, *Rheum rhabarbarum* Ausdauerndes Stielgemüse für Kompott und Kuchenbelag. Pflanzung von Wurzelstücken mit Triebauge entweder im III oder X, mit 100 cm Abstand rundum. Bei Nachlassen der Ertragsfähigkeit Wurzelstöcke teilen und im VIII an anderer Stelle einpflanzen. Reichlich wässern. Blütenstände ausbrechen. Sonne–Halbschatten. Nährstoffreicher, durchlässiger Boden. Staunässe wird nicht vertragen. Ernte von IV–VII. Danach kräftig düngen.

Stiele nicht abschneiden, sondern herausdrehen.

▷ Grünstielige Sorten brauchen bei der Zubereitung mehr Zucker als rotstielige. Blätter auf keinen Fall für den Genuß verwenden; sie enthalten zuviel Oxalsäure. → Bleichen von Gemüsen und Salaten.

Rhizom, Erdsproß Unterirdischer Pflanzenteil, der einerseits Wurzeln bildet und andererseits Triebknospen, aus denen die oberirdischen Sprosse hervorgehen. Dient vorwiegend als Speicherorgan. Pflanzen mit Rh. sind u. a. Iris, Seerose, Maiglöckchen, Rhabarber. Bei Vermehrung durch Rh.-Teilung auf die Triebknospen achten.

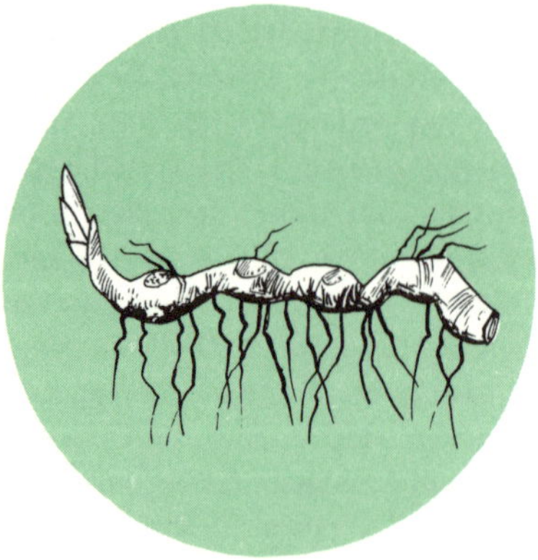

Rhododendron, Alpenrose, Azalee Reich blühende, immergrüne, halbimmergrüne oder sommergrüne Sträucher. Etwa 30 cm bis 300 cm hoch, groß-, mittel- oder kleinblumig, in fast allen Farbtönen. Blütezeit von III–VI. Großblumige, hohe oder breite, starkwüchsige Arten brauchen gut mit Torf oder Laub durchsetzten Boden und wollen möglichst unter dem Streuschatten von Gehölzen mit hohen Kronen und tiefgehenden Wurzeln stehen, z. B. unter Lärchen, Roterlen, Eichen, Kiefern. Ist diese Voraussetzung nicht gegeben, wählt man halbschattige Plätze, vermeidet windige Ecken und die austrocknende Südseite. Vor der Pflanzung den Wurzelballen

In ungünstigen Lagen sind Rhododendron-Sträucher für einen Schneeschutz dankbar.

gründlich wässern. Um möglichen Frostschäden vorzubeugen, im Herbst kräftig gießen. Das ganze Jahr über sind großblumige Alpenrosen und Azaleen für → Mulchen sehr dankbar. Der Boden soll nie völlig austrocknen. Im Spätherbst den Wurzelbereich zusätzlich mit stark verrottetem Rinderdung abdecken.

Düngung: Möglichst spezielle Rh.-Dünger nach Vorschrift auf der Packung verwenden, oder zur Blütenförderung verdünnte Jauche unter Zusatz von Superphosphat (300 g auf 10 l). Vorsichtiges Ausbrechen der Samenansätze fördert die nächstjährige Blüte. Zwergwüchsige, kleinblumige Arten sind fast ausschließlich Hochgebirgspflanzen (→ Alpenrose). Deshalb brauchen sie einen anderen Standort als die großblumigen Sorten. Man setzt sie in Steingärten, an Wegränder und zwischen Zwerggehölzgruppen. Gedüngt wird möglichst nur mit organischem Dünger, wie z. B. mit altem Dung, Planta-Rhodo u. a. Alle Rh. sind Flachwurzler. Deshalb unter diesen Gehölzen niemals hacken oder graben. Sehr früh blühende Arten nur an spätfrostgeschützte Plätze setzen.

▷ Rh. möglichst in nahegelegener Baumschule erwerben. Hier ist man mit den Bodenverhältnissen vertraut und kann Hinweise zur Anzucht geben.

Ribisel → Johannisbeere, Rote, Schwarze oder Weiße.

Ricinus → Wunderbaum.

Riesenschleierkraut, *Crambe cordifolia* Dekorative Solitärstaude, 150 cm hoch, mit sehr großem, scharf geschlitztem Laub und weißen Blütenrispen von V–VI. Volle Größe meist erst im 3. Jahr. Sonne. Normaler Boden. Gute Nachbarschaft mit Ziergräsern, hochwachsenden Zwiebelblumen, Heckenrosen und Schafgarben.

Rigolen Art der Bodenbearbeitung im Herbst. Für Tiefwurzler, neue Obstbaumkulturen oder Spargelpflanzungen auf schweren oder ähnlich ungünstigen Böden.
Arbeitsweise: Obere Bodenschicht einen Spatenstich tief ausheben und beiseitelegen. Zweite Schicht spatenstichtief ausgraben und auf die andere Seite setzen. Den verbleibenden Untergrund spatenstichtief auflockern. Dabei stark lehmigen Boden mit Sand und Torf durchsetzen. Sandigen Böden Torf zusetzen. Wurzelunkräuter auslesen. Bodenschichten wieder einfüllen, so daß die obere humose Erde wieder obenauf liegt. Man kann größere Flächen auch »über den Graben rigolen«, wobei mehrere Gräben nebeneinander ausgehoben und fortlaufend mit den ausgehobenen Erdschichten gefüllt werden.

Rillensaat Mit einem Harkenstiel, breitzinkigem Rechen oder → Rillenzieher geradlinige Rillen in den Erdboden ziehen, Saatkörner einstreuen oder Jungpflanzen setzen, Erde überschieben.

Rillenzieher Ein Gartengerät mit verstellbarer Schar. Zieht Saatrillen und markiert Pflanzstellen.

Rindenbürste → Baumbürste.

Rindenhumus Fermentiertes Rindenprodukt. In der Rinde vorhandene wachstumshemmende Substanzen (Unkraut) wurden hier zu Humusstoffen umgebaut. R. wird mit und ohne Nährstoffzusatz angeboten. R. soll im Lauf der Zeit mehr und mehr als Torfersatz in den Handel kommen. → Rindenmulch → Rindensubstrat.

Rindenkultursubstrat Zum Verbrauch fertige Pflanzerden auf → Rindenhumus-Basis, vermischt mit Nährstoffen, Sand, Torf, Ton u. a. Im Garten für Balkonkästen und Zierpflanzen in Töpfen wie → Torfkultursubstrate zu verwenden.

Rindenmulch Zerkleinerte, unfermentierte Baumrinde in bestimmten Korngrößen. R. wird zwischen Pflanzen auf kahle Bodenstellen gestreut. Verhindert hier Austrocknung und Verdichtung des Bodens, hält die Erde locker und feucht. Keimung anfliegender Unkrautsamen wird unterdrückt. → Rindenhumus → Rindenkultursubstrat.

Rindenpflege → Baumpflege, → Frostplatten.

Ringelblume, *Calendula officinalis* Einjährige Beetblume. Chrysanthemen-, anemonen- und strahlenblütige sowie geschlitztblättrige Formen. Blüten in verschiedenen Gelbtönen und Orange von VI–X. Höhe 25–70 cm. Miniatur-R. mit kleinen, gelben Blüten und dunkler Mitte, 25 cm hoch, eignen sich gut für Steingärten und Einfassungen. Aussaat ab Ende III an Ort und Stelle. Sämlinge auf 20 cm rundum auslichten. Weitere Folgesaaten bis VI. Herbstaussaat an Ort und Stelle bringt frühere Blüte. Werden verblühte Blumen abgezwickt, so daß sich keine Samen bilden, kann die Blüte der Märzsaat bis zum Spätsommer andauern. In diesem Fall Mitte des Sommers phosphor- und kalihaltigen Dünger geben. R. samen selbst aus, bringen dann nach einigen Jahren aber nur einfache Blüten.

▷ Für die Vase möglichst knospige Stiele schneiden. Sie halten lange und die Blüten werden besonders groß. Oft krümmen sich die Stengel in der Vase, so daß sich mit Hilfe von »Ikebana-Igeln« besonders aparte Sträuße zusammenstellen lassen. R. zwischen Salat gepflanzt, vermindern den Schneckenbefall, weil ihr herber Geruch den zarten Salatduft übertönt. → Älchen.

Ringeln Radikale Methode, um den Fruchtansatz bei Obstbäumen zu fördern. Im VI 1 cm breiten Streifen aus Rinde der Hauptäste schneiden und mit Baumwachs überstreichen. Hemmung des Wachstums fördert Fruchtansatz. Dies läßt sich auch erreichen durch Herabbinden einzelner Zweige, wodurch ein Stau im Hormonzufluß entsteht.

Ringfäule → Monilia.

Rippenfarn, *Blechnum* Immergrüner Farn mit einfach gefiederten, glänzend grünen Wedeln, 40 cm hoch, für Halb- und Vollschatten. Humus- oder Torferde; eher feucht als trocken halten. → Farne.

Rispengras, *Poa caesia* Trockenheitsliebendes Polstergras mit blaugrauen Blättern; 20 cm hoch. Pflanzung zwischen Stauden in Rabatten oder flächig zusammen mit Blumenzwiebeln. Geeignet zum Verwildern in naturnahen Gartenteilen. Sonne. Normaler, aber kalkhaltiger Boden.

Rittersporn, *Delphinium* Prachtstaude, 50 bis 200 cm hoch. Haltbare Schnittblumen. Dichte hohe Blütenrispen von VI–VIII und oft ein zweites Mal im IX–X. Vor allem in verschiedenen Blautönen und Violett, auch mit hellen oder dunklen Augen. Dazu weißblühende, rosafarbene oder gelbe Sorten. Eine zweite Blüte im Herbst läßt sich erreichen, wenn kurz nach Abwelken der ersten Blumenkerzen die Stiele auf 10 cm zurückgeschnitten werden. Obere Stielenden umknicken, damit sich das Regenwasser nicht darin fängt. Gibt es aber schon Samenansatz, dann schneidet man auf 25 cm zurück, um den Septemberflor zu sichern. Pflanzen oder Versetzen im III oder kurz nach der letzten Blüte. Sonne. Normaler, nicht zu trockener Boden. Bei freiem Stand durch → Staudenhalter stützen, oder mit Stangen, die schon bei der Pflanzung in den Boden gerammt werden. Steht R. an der Hauswand, vor Gehölzen oder entlang des Zaunes, so schützt Anbinden mit Baumband vor Bruch. Neuere Sorten sind weniger windbruchgefährdet.

Staudengärtnereien bieten drei Hauptgruppen an: Die *Cultorum*-Gruppe, zu der berühmte Zuchtsorten von Karl Foerster gehören, die standfestere *Belladonna*-Gruppe und die großblumige *Pacific*-Gruppe. Pflanzen dieser letzten Gruppe sind besonders für Hobbyzüchter interessant. Sie lassen sich durch Samen leicht vermehren (Dunkelkeimer). Bei Freilandaussaat im IV kommen im Spätsommer die ersten Blüten in verschiedenen Blautönen, in Weiß und Rosa. Entweder als »Einjährige« betrachten, oder zur Weiterzucht vorsichtshalber Winterschutz geben. Sehr gut für Steingärten und niedrige Rabatten eignen sich Zwergrittersporne bis 50 cm Höhe, wie *D. grandiflorum* 'Blauer Spiegel' in Enzianblau. *D. grandiflorum* in Weiß und *D. nudicaule* in Scharlachrot.

Alle R. mit stickstoffarmem Dünger versorgen, damit nicht auf Kosten der Blüten zuviel Blattmasse entsteht. Die einjährigen R. sind → Frostkeimer, deshalb bringt Freilandaussaat im Herbst eine sichere Frühlingsblüte. Zur Sommerblüte sät man erst im III–IV aus. In R.-Beeten soll niemals gegraben, sondern immer nur gehackt werden.

Robinie, Scheinakazie, *Robinia* Lichtbedürftiger, sommergrüner Baum oder Strauch von malerischem Wuchs, 2–25 m hoch. Weiße, rosa- oder purpurfarbene Blütentrauben, manche duftend, von V–VIII. Junge Bäume vor → Wildverbiß schützen. Die folgenden Arten sind für Normalgärten geeignet. *R. kelseyi,* 3 m hoch. Rosalila Blütentrauben von V–VI, gleichzeitig mit rotem Frühjahrsaustrieb. Blüht schon als Jungpflanze. *R. hispida,* 2 m hoch, strauchig wachsend, karminrosa Blütentrauben von V–VI *R. pseudoacacia* 'Frisia', Scheinakazie, 10–15 m hoch. Lockerkroniger Baum mit goldgelbem Laub. Junge Triebe sind dunkelrot bestachelt. Duftende, weiße, lange Blütentrauben von V–VI. Für große Gärten eignet sich als Besonderheit *R. pseudoacacia* 'Torruosa', die Korkzieherakazie, 12–15 m hoch, strauch- oder baumartig wachsend. Gewundene und gedrehte Zweige mit oftmals hängenden Blättern. Sonne. Leichter, gut durchlässiger Boden.

Rodentizide Mittel zur Bekämpfung von schädlichen Nagetieren (Wühl-, Feld- und Erdmaus). Anwendung nur nach Beratung durch die zuständigen Pflanzenschutzämter.

Rohboden → Lehm.

Rohhumus Saurer Humus von faseriger Struktur, nährstoffarm und unfruchtbar. Er findet sich von Natur aus im Nadelwald und Hochmoor und besteht aus pflanzlichen und tierischen Resten, die am Anfang der Verrottung stehen. Im Garten verwendet man anstelle von R. eine Auflage von ungedüngtem Torfmull.

Rohrkolben, *Typha* Wasser- und Sumpfgewächs, 40–250 cm hoch, mit samtig-dunkelbraunen Fruchtkolben ab VIII. *T. minima* braucht Sumpf oder bis zu 20 cm Wasserstand, *T. latifolia, angustifolia* und *laxmannii* gedeihen in Sumpf oder in Wasser bis zu 50 cm Tiefe. Wuchsraum eindämmen. Mit → Pfeilkraut und → Tannenwedel zusammenpflanzen.

▷ Braune Fruchtkolben für die Vase so früh wie möglich schneiden. Spätgeschnittene Kolben platzen gern. Vorsichtshalber in Leim tauchen oder dicht mit Haarspray einsprühen.

Rollrasen, Fertigrasen Rasensoden, ca. 3 cm dick, die von IV bis X auf vorbereitetem Gartenboden ausgerollt und zusammenstoßend verlegt

werden. Lieferbar in verschiedenen Abmessungen z. B. 160 cm lang, 30 cm breit. Da für Zierrasen, Böschungsrasen, Spiel- oder Sportrasen bestimmte Gräser gewählt wurden, bei Bestellung vermerken, welchen Zweck der Rasen erfüllen soll. Boden wie zu Einsaat vorbereiten, einen organischen Volldünger streuen (etwa 150 g/m^2) und mit Rechen einarbeiten. Rasensoden nach Anlieferung nicht lagern, sondern sofort Kante an Kante verlegen. Danach gut wässern und wenn möglich, mit einer leichten Walze andrükken, damit die Soden Bodenschluß bekommen. Nach 14 Tagen ist der R. meist angewachsen. Nach weiteren 10 bis 14 Tagen darf er betreten werden.

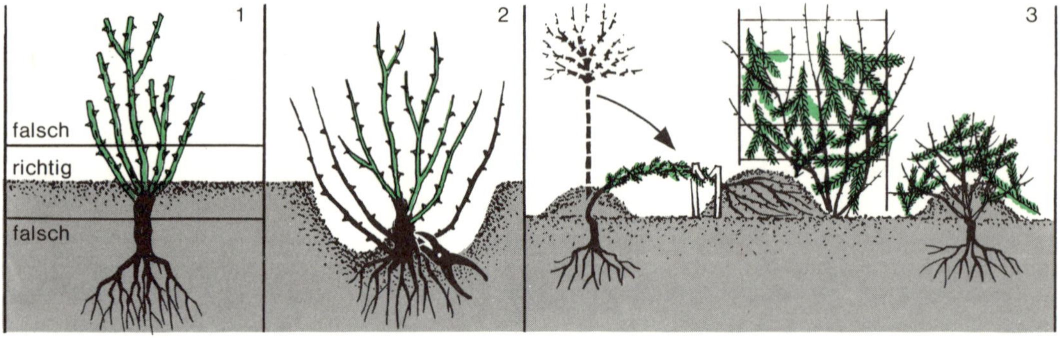

Rosen 1 Die richtige Pflanztiefe 2 Wildtriebe entfernt man an der Entstehungsstelle, d. h. dicht an der Wurzel. 3 So werden Hochstamm-, Spalier- und Buschrosen richtig eingewintert.

Rosen, *Rosa* Beste Pflanzzeit für alle R. sind frostfreie Tage von X–XI, weil R. sich auch im Winter bewurzeln. Frühjahrspflanzung von III bis V. Boden nahrhaft, humos, tiefgründig, nicht zu trocken. Auf feuchten, kalten oder steinigen Böden gedeihen R. schlecht. Saure Böden kalken, sandige Böden mit verrottetem Mist, Torf, Lehm, Kompost verbessern. Schwere Böden mit Torf durchsetzen. Bei Staunässe → Dränage erwägen.

Pflanzung: Boden 2–3 Spatenstich tief lockern, → rigolen oder umgraben. Pflanzen nach Einkauf vor dem Setzen 12 bis 24 Stunden wässern, um möglichen Trockenschäden vorzubeugen. Vor dem Einpflanzen beschädigte Wurzeln zurückschneiden und zu lange Wurzeln um $^1/_3$ bis $^1/_2$ kürzen, damit sie in der nahrhaften oberen Bodenschicht neue Faserwurzeln bilden. R. ins Pflanzloch stellen und rundum mit Erde anschütten. Die Wurzeln dürfen sich nicht umbiegen oder abknicken. Außer bei Stamm-R. und veredelten Wild-R. setzt man die Veredlungsstelle 4–5 cm tiefer als sie vorher gestanden hat. Boden festdrücken oder antreten, gut durchwässern und → anhäufeln. Bei Frühjahrspflanzung Triebe von Kletter- und Strauch-R. auf 25–30 cm zurückschneiden. Park-R. gar nicht kürzen, alle übrigen R. auf 10–15 cm zurückschneiden. Bei Herbstpflanzung erst im Frühjahr zurückschneiden. Im ersten Winter nach der Pflanzung hoch anhäufeln und mit Reisig oder einer dicken Lage aus trokkenem Torf abdecken.

Pflanzabstand: Kletter-R.: schwachwachsende Sorten 1 m, starkwachsende 2 m. – Dauerblühende Strauch-R.: Bei Gruppenpflanzung 80 bis 120 cm, Reihenpflanzung: 80–100 cm, Heckenpflanzung: 60–100 cm. – Park- und Moos-R.: Bei Gruppenpflanzung 80 cm, stark wachsende Sorten 100–150 cm. Heckenpflanzung: schwachwüchsige Sorten 40 cm, starkwüchsige 60–80 cm. – Beet-R. (Polyantha und Floribunda): 8 Pflanzen pro m^2. Heckenpflanzung: 4 Pflanzen pro lfd. m – Zwergbengal-R.: Bei Beetpflanzung 15 Stück pro m^2. Reihenpflanzung: Abstand 20 cm. – Garten-R., Edel-R.: Bei Beetpflanzung 9 Stück pro m^2. Reihenpflanzung: 35 cm Abstand.

Standort: So sonnig und luftig wie möglich. Manche Wild-R. vertragen Streuschatten. Die Alpenhecken-R., *Rosa pendulina,* blüht auch absonnig und halbschattig. Normales Wässern je nach Witterung. Nach kräftiger Bewässerung Boden auflockern. Sprengen nur abends oder morgens. Niemals unter Sonneneinfluß das Laub mit kaltem Wasser überbrausen. Für alte Stöcke mit tiefreichenden Wurzeln am besten eine → Düngelanze verwenden.

R.-Schnitt erfolgt im Frühling. – Beet-R. (Polyantha und Floribunda), die ein gleichmäßiges

Bild bieten sollen, je nach Wachstum kürzen und schwache Triebe entfernen. Verjüngungsrückschnitt auf 15–20 cm. Gleiche Schnittmaßnahmen für Garten-R. (Edel-R., Teehybriden, Schnitt-R.). Bei Kletter-R. nur altes, abgestorbenes oder erfrorenes Holz entfernen. Das gleiche gilt für Park-R. und Moos-R. Für Strauch-R. leichter Formschnitt. Dabei dürre und erfrorene Triebe wegnehmen. Gleichmäßiger Kronenschnitt für Stamm-R. und Trauer-R. Totes Holz entfernen. Wild-R.-Büsche nur → auslichten. Zwerg-R. schwach stutzen.

Pflege: Boden locker und unkrautfrei halten, → mulchen oder mit niedrigen → Bodendeckern überziehen. Welke Blüten bis zum ersten nach außen zeigenden Auge abschneiden.

Düngung: Im ersten Jahr nach der Pflanzung nicht notwendig. Später regelmäßige Gaben von speziellen R.-Düngern, die auf reiche Blütenbildung abgestimmt sind. R. brauchen viel Kali und Phosphorsäure. Stickstoff zusätzlich nur bei sichtbaren Mangelerscheinungen geben, z. B. bei auffallend hellgrünem Laub. Stärkung der Winterfestigkeit durch Ausreifen des R.-Holzes durch Gaben von Superphosphat und chlorfreiem Kali von VIII–IX.

Krankheiten: Echter → Mehltau, Falscher Mehltau, → Botrytis, → Sternrußtau, → Rost. Als biologische Behandlungsmethode gegen Pilzerkrankungen empfiehlt sich das Gießen mit → Pflanzenjauche. Als Mangelerscheinung bei zu saurem oder zu kalkhaltigem Boden kann → Chlorose auftreten, die Blätter werden gelb, die Triebe sterben ab. Die Kartoffel-R., *Rosa rugosa,* dagegen verlangt sogar sauren Boden. Bei Gelbwerden hilft tiefreichendes Wässern mit 1%iger Eisenvitriol-Lösung. Dazu verwendet man die → Düngelanze oder ein einfaches Rohr.

Schädlinge: → Blattläuse, Gallwespen (→ Gallen), → Rote Spinne, → Rosenblattrollwespe, → Rosenzikade.

▷ Für die Vase R. nur morgens oder abends schneiden. Sie halten außerdem länger, wenn man die Stiele unter Wasser noch schräg anschneidet.

▷ Zu R. passende Stauden sind u. a.: Schleierkraut, Gräser, kleinblütige Astern, Königskerzen, Nelken, Witwenblumen, hoher Ehrenpreis, Edeldisteln und zartfarbige Lilien. Lavendelbüsche zwischen Rosen gelten als biologische Vorbeugungsmaßnahme gegen Blattlausbefall. → Heckenrose.

Rosenblattrollwespe Ihre kleinen, weißlichgrünen Larven verursachen Fraßschäden am Laub. Schadbild: Tütenförmig eingerollte Blätter. Bekämpfung: Ab V → Kontaktgifte sprühen oder stäuben (Diazinon-, Dimethoat-, Malathion-Präparate). Bei schwachem Befall verformte Blätter abzwicken. → Tafel Schädlinge.

Rosengarten Kulturgeschichtlich alte Gartenform mit Symbolwert. Heute Teil einer öffentlichen Grünanlage oder besonderer Freiraum im Garten mit überwiegend Rosen und Gewächsen aus der Familie der Rosaceae.

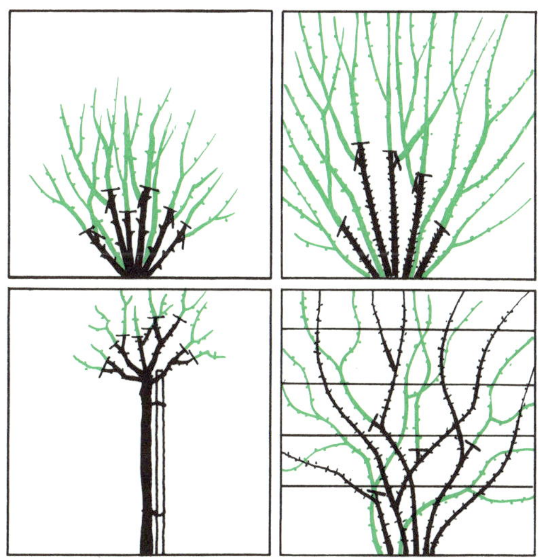

So schneidet man Busch-, Strauch-, Hochstamm- und Kletterrosen.

Rosenkohl, *Brassica oleracea* var. *gemmifera* Wintergemüse. Jungpflanzen kaufen oder Aussaat ab Mitte IV mit Folgesaaten bis Mitte VI an Ort und Stelle oder ins Anzuchtbeet. Keimzeit: ca. 6 Tage. Pflanzabstand 50 cm. Enge Pflanzung ergibt kleine Röschen. → Kopfdüngung an Regentagen. Von VIII bis Anfang IX wegen besserer Röschenbildung Pflanzenspitze ausschneiden. Kälteverträglichkeit bis −15° C.

▷ R. enthält Vitamin A, B, C. 100 g, gekocht: 31 Kalorien (130 J).

▷ Gutes Gedeihen in Mischkultur mit Salat, Bohnen, Gurken.

▷ R. eignet sich gut zum Tiefkühlen.

Rosenzikade Auftreten von V–VI und VIII–IX. Zikaden saugen an der Blattunterseite. Schadbild: Weißfleckigkeit, Laubfall, Bekämpfung: Ab V mit → Kontaktgiften behandeln. Spezielle Mittel: Eftol-Öl, Folidol-Öl-Spritzmittel. → Tafel Schädlinge.

Rosettenpolster → Andenpolster.

Rosmarinseidelbast → Seidelbast.

Rost Pilzerkrankung, befällt Zierpflanzen, manche Gemüsearten und Obstgehölze. Zu erkennen an gelben Flecken auf Laub und Stielen. Später entstehen bräunliche Pusteln. Bekämpfung: Befallene Pflanzenteile nach Möglichkeit im Ofen verbrennen. Mit bienenungefährlichen → Fungiziden spritzen. Vorbeugende Winterspritzung mit Kupferkalkbrühe. Biologische Methode: Spritzungen mit Schachtelhalmbrühe. → Pflanzenjauche, → Birnen-Gitterrost, → Spritzkalender.

Rotdorn → Weißdorn.

Rote Rüben, Rote Bete, Randen, *Beta vulgaris* var. *conditiva* Wurzelgemüse, auch für Rohkost. Aussaat ab IV und VI zur Sommer- und Herbsternte. Beim → Dibbeln oder bei → Pillensaat zwei Körner mit 10–20 cm Abstand auslegen. Keimzeit ca. 2 Wochen. Kulturdauer bis zur Ernte 3–4 Monate. Sonne. Altgedüngten Boden. Bei normaler Aussaat Jungpflanzen auf 20 cm → ausdünnen. Die Sorte 'Forono' bildet pfahlförmige Rüben und kann deshalb enger gepflanzt werden. Gezogene Pflänzchen an trüben Tagen anderweitig einsetzen oder als Gemüse in Butter dünsten. Pflege: Boden lockern, wässern. Bei Ernte zur Wintereinlagerung Verletzungen der Rüben vermeiden, sonst Saftverlust und Fäulnisbildung. Frostfrei in Sand lagern.

▷ Rote R. enthalten Vitamin B; 100 g gekochtes Gemüse: 20 Kalorien (84 J).

▷ Gute Nachbarschaft mit Buschbohnen, Kohlrabi und Lauch.

▷ R. enthalten Oxalsäure. Vorsicht bei Nierensteinen!

Rote Spinne, Spinnmilbe, *Tetranychus-* und andere Arten Mit bloßem Auge kaum sichtbare, rötliche Milben. Ernstzunehmende Schädlinge. Befallen die Laubunterseite von Obstgehölzen, Gemüse-, Zierpflanzen. Eiablage in feinem, hellfarbigem Gespinst; an Obstbäumen besonders in den Verzweigungen des Fruchtholzes. Larvenschlupf ab IV. 6–7 Generationen im Jahr. Schadbild: Laub wirkt oftmals marmoriert, vergilbt, stirbt schließlich ab. Bekämpfung schwierig. Erfolge mit speziellen Akariziden. Winterspritzung mit → Gelbspritzmitteln ungenügend. Frühjahrsspritzungen um den 20. April mit einer Wiederholung nach 10 bis 14 Tagen versprechen erfahrungsgemäß mehr Erfolg. → Spritzkalender, → Tafel Schädlinge, → Schwefelkalkbrühe.

Rotkohl, Rotkraut, Blaukraut, *Brassica oleracea* var. *capitata* Kohlgemüse für frischgedüngten, sehr nahrhaften Boden in sonniger Lage. Frühe Sorten beim Gärtner kaufen oder Aussaat ab IV ins Anzuchtbeet. Wenn die Pflanzen 3 Blätter zeigen, mit 40 cm Abstand rundum versetzen.

Anbau für Herbstsorten Mitte V und für Wintersorten bis Anfang VI. Zur Ernte von V/VI erfolgt Aussaat Mitte VIII in 20 cm tiefe Furchen. In ungünstigen Lagen vorsichtshalber Winterschutz geben. R. ist frostempfindlicher als Weißkraut. Pflege: Boden auflockern, unkrautfrei halten. → Kopfdüngung geben. Ausreichend wässern. Durch → Anhäufeln für zusätzliche Wurzelbildung sorgen. Krankheiten und Schädlinge: → Kohlhernie, → Erdflöhe, → Kohlfliege, → Kohlgallenrüßler, → Kohlweißling.

▷ R. enthält Vitamin A, B und C. 100 g, gekocht: 15 Kalorien (63 J).

▷ R. in Mischkultur mit Salat, Kohlrabi, Tomaten ziehen. Droht der Krautkopf zu platzen, den Strunk halb durchschneiden oder die gesamte Pflanze mit dem Spaten zur Auflockerung anheben. → Kohlkragen, → Zierkohl, → Kohl.

Rotpustelkrankheit Tritt vorwiegend an geschwächten Pflanzen auf. Befällt abgestorbene Holzteile und geht auf gesundes Holz über: erkennbar an zinnoberroten Pusteln, die Pilzsporen enthalten. Infektion durch verletzte Stellen. Bekämpfung: Erkranktes Holz auslichten und nach Möglichkeit im Ofen verbrennen. Größere Schnittstellen mit → Baumwachs überstreichen. Vorbeugung: Abgestorbenes Holz regelmäßig entfernen.

Rotschleierfarn, *Dryopteris erythrosora* Immergrüner winterharter Farn, 80 cm hoch. Mit den roten Sporenbehältern an breiten, pyramidenförmigen Wedeln einer der schönsten Wurmfarne. Halbschatten–Schatten. Humoser oder torfgesättigter, nicht zu trockener Boden.

Rottebakterien Sie verwandeln Verwesbares in Humus, zersetzten Pflanzenreste, Dung usw. im Boden, setzen Komposttoffe zu Erde um. R. sind aerobe Bakterien, d. h. sie sind luft- bzw. sauerstoffbedürftig.

Rudbeckia → Sonnenhut.

Rübstiel, Stielmus Vitaminreiches Gemüse von dicht gesäten, jungen Rübenpflänzchen. Aussaat der Mai- oder Herbstrüben z. B. Teltower Rübchen, von III–VII bzw. im Herbst ins Frühbeet und Freiland. Nahrhafter Boden. Sämlinge schattig halten, damit sie → vergeilen. Bei ca. 20 cm Höhe, Pflanzen abschneiden. Nur die Stiele dünsten oder Pflanzen wie Spinat verwenden.

Rückstände Die Wirkstoffe der Pflanzenschutzmittel werden auf der Pflanzenoberfläche mehr oder weniger rasch durch Licht- und Temperatureinflüsse zerstört und vom Regen abgewaschen. Je nach Dauer dieses Wirkstoff-Abbaus wird die → Wartezeit festgelegt. Wird früher geerntet, besteht die Gefahr, daß die auf dem Erntegut haftenden Pflanzenschutzmittel-R. noch in einer für die menschliche Gesundheit bedenklichen Konzentration vorhanden sind.

Rüsselkäfer gehören zu den wichtigsten Pflanzenschädlingen, obwohl nur wenige der großen Familie von ca. 40 000 Arten bei uns heimisch sind. Die meist nur einige mm großen Käfer bohren Blütenknospen an oder legen ihre Eier zwischen Blattstiel und Blattfläche ab. R. können Schaden im Kohlbeet anrichten, befallen Obstgehölze und Erdbeerbeete. → Apfelblütenstecher, → Birnenknospenstecher, → Blattrippenstecher, → Erdbeerblütenstecher, → Erdbeerstengelstecher, → Haselnußbohrer, → Kohlgallenrüßler, → Fanggürtel.

Ruhmeskrone, Prachtlilie, *Gloriosa rothschildiana* Kletterstaude für Stäbe und Spaliere, 2 m hoch, mit rot-gelben Blüten von VI–VIII, die sich auch für die Vase eignen. Sonne. Warme, geschützte Lage (Südwand!). Boden nährstoffreich, humos, durchlässig. Nicht zu feucht halten. Pflanzung: nach den Eisheiligen → Rhizome ca. 5 cm tief in den Boden legen. In ungünstigem

Klima Rhizome im Herbst herausnehmen und im Sandeinschlag frostfrei überwintern. → Tafel Schling- und Kletterpflanzen. Am sichersten gedeiht die R. als Kübelpflanze.

Rundholzpflaster Für Sitzplätze gern verwendetes Material von 15 cm Höhe und Zopfstärken von 5–30 cm, gegen Verwitterung gut imprägniert. R. wird auf 5 cm starkes Sandbett verlegt. Im Fachhandel wird auch eckiges Holzpflaster angeboten.

Ruß Kein Dünger im eigentlichen Sinn. Seine wuchsfördernde Wirkung beruht wohl auf der schwarzen Farbe, welche die Einstrahlung der Sonnenwärme auffängt. Wegen seines reichen Gehalts an teerartigen und ähnlichen pflanzenunbekömmlichen Substanzen erst nach gründlicher Kompostierung verwenden.

Rußtau Schwärzepilz, dessen Myzel und Fruchtkörper auf dem von Blattläusen oder Schildläusen ausgeschiedenen → Honigtau leben und die Blätter mit einer dünnen, schwarzen Schicht überziehen. Dadurch Hemmung der → Photosynthese. Bei Obstgehölzen Ertragsminderung. Bekämpfung von → Blattläusen und → Schildläusen.

Rutenkrankheit → Himbeerrutenkrankheit.

SSSSSSSS

Saat → Aussaat, → Freilandaussaat.

Saatband enthält in leicht verrottendes Papier eingebettete Samenkörner im richtigen Abstand. Erspart Verziehen der Jungpflanzen. Anwendung: In vorgezogene Rille das S. in gewünschter Länge auslegen und abschneiden. Gut angießen. Erde darüberkrümeln und andrücken. Nochmals gießen. Feuchthalten bis zur Entwicklung der Jungpflanzen. Übliche Länge eines S. ca. 7,50 m. Beim Einkauf Haltbarkeitsdatum beachten.
Angebot: Feldsalat, Radieschen, Petersilie. Mischkulturen (Radieschen und Lagermöhren, Radieschen und Eiszapfen), Möhrensortiment, Zwiebelsortiment, Gewürzkräutermischung, verschiedene Blumenmischungen.

Saatbeet → Anzuchtbeet.

Saatbeetkrankheiten, Keimlingsschäden Abgesehen davon, daß Saatschäden durch → Überdüngung mit Stickstoff eintreten können, werden Erkrankungen und Schäden bei der Jungpflanzenzucht unter folgenden Stichworten beschrieben: → Auffrierschäden, → Auflaufschäden, → Keimgewährzeit, → Keimprobe, → Schwarzbeinigkeit, → Beizen, → Älchen, → Maikäfer (Engerlinge), → Erdflöhe, → Maulwurfsgrille.

Saatrillen → Rillensaat.

Saatschäden → Auflaufschäden.

Säge, Baumsäge Arbeitsgerät in verschiedenen Ausführungen zum → Fällen von Bäumen, → Absägen von Zweigen usw.

Sägewespe → Apfelsägewespe.

Sämlinge Junge Pflänzchen nach dem Aufgehen der Saat. Beim → Ausdünnen ist es günstiger, die S. mit der Schere knapp über dem Erdboden abzuschneiden, da beim Herausziehen von S. die Wurzeln nebenstehender Pflänzchen zu leicht verletzt werden.

Säulenrost Rostpilz, der vor allem Johannisbeeren und besonders gern die Schwarze Johannisbeere befällt. Zu erkennen am Gelbwerden der Blätter im VII/VIII. Gelbbraune oder rötliche Erhöhungen auf der Blattunterseite, die sich zu zapfenartigen Sporensäulchen entwickeln. Wirtspflanze für den S. sind fünfnadelige Kiefernarten. Unter ihnen vor allem die Weymouthskiefer, *Pinus strobus.* Bekämpfung: In der Nähe größerer Johannisbeeranlagen solche Kiefernarten entfernen. Sonst vor dem Austrieb mit einprozentiger Kupferkalkbrühe spritzen. Desgleichen von VI bis VII zweimal im Abstand von 14 Tagen. → Spritzkalender. → Wermutpflanzen wirken abwehrend.

Salat, Kopfsalat, Pflücksalat, Schnittsalat
Kopf-S.: Jungpflanzen beim Gärtner kaufen oder Aussaat von III–IX im Abstand von 2–3 Wochen in Anzucht- oder Frühbeetkästen. Dabei auf die Sorte achten (Frühsorten, Sommersorten, Wintersorten). Pikieren und Auspflanzen mit Abstand von ca. 25 cm rundum. Sonne. Boden nährstoffreich, möglichst frisch gedüngt. In schattiger Lage bilden sich nur lockere Köpfe. Gründe für das Aufschießen: falsche Sorte, zu tiefes Pflanzen, Wassermangel, nährstoffarmer Boden. S. kann auch als Lückenfüller an jede sonnige Stelle gesetzt werden. In → Mischkultur zusammen mit Mohrrüben, Lauch, Zwiebeln, wird er geerntet, bevor sich diese Gemüse kräftig

entwickeln. Aussaat von *Winter-S.* ab IX in 15 cm tiefe Rillen, die von Ost nach West verlaufen sollen, damit Wetter- und Sonnenschutz gegeben ist. Notfalls vor Wintereinbruch mit Reisig abdecken.

Pflück-S.: Reihenaussaat im Abstand von 25 cm ab III in nährstoffreichen, humosen Boden. Sonne oder Halbschatten. Abgepflückt werden die Außenblätter, wenn die Pflanzen 15–20 cm hoch sind (etwa nach 5 Wochen).

Schnitt-S.: Sch.-S.-Sorten oder übrigen Samen von Kopf-S. ab Mitte IV in Reihen mit Abstand von 20 cm aussäen. Folgesaat im Abstand von 3 Wochen. Die Sch.-S.-Blätter werden nach Bedarf abgeschnitten und wachsen nicht mehr nach. Weitere S.-Arten unter den Stichworten Chicorée, Chinakohl, Eissalat, Endivien, Feldsalat.

Schädlinge im S.-Beet: Engerlinge, Erdflöhe, Werren. → Tomatenjauche.

▷ S. enthält Vitamin A, B, C. 100 g: 12 Kalorien (50 J). S. kann man als Fangpflanze für Schädlinge ins Gemüsebeet setzen, weil viele Schädlinge den S. anderen Gemüsearten vorziehen.

Salbei, Echter S., *Salvia officinalis* Aromatisches Würz- und Heilkraut, mehrjährig, ca. 50 cm hoch. 1–2 Pflanzen kaufen oder Aussaat Anfang V in lockeren Boden. Pflanzabstand ca. 30 cm. Stengel vor der Blüte schneiden und schattig trocknen. In hartem Klima Winterschutz geben. S. treibt aber nach Abfrieren neu aus.

▷ Frische Salbeiblätter zum Würzen von Fisch, Kalb- und Lammfleisch verwenden; in diesem Fall mitkochen. Fein gehackt, sparsam zu Gurken-, Tomaten- und grünen Salaten; soll Zähne gesund erhalten. → Tafel Würz- und Heilkräuter, → Prachtsalbei.

Samenpflanzen Pflanzen, die nicht durch vegetative, sondern durch generative Vermehrung entstanden, also aus Samen hervorgegangen sind wie die meisten Gemüsearten.

Samenteppich In schnell verrottbares Papier eingebettete Samenkörner. S. in vorgegebener Größe von ca. 53 × 125 cm können nach Belieben zugeschnitten werden für Beete, Gewächshäuser, Frühbeete, Balkonkästen. Vereinzeln der Jungpflanzen erübrigt sich. S. auf lockeren Boden legen, Kanten mit Erde beschweren und gut wässern. Dünn mit Erde überdecken und nochmals gießen. Bis zur Entwicklung der Jungpflanzen feucht halten. Beim Einkauf Haltbarkeitsdatum beachten.

Angebot: 'Kräutergarten', 'Gewürzkräutermischung', Salatsortiment, Schnittlauch und Zwiebeln, Steingartensortiment, Sommerblumen, Astern. Das 'Gartenbeet für Kinder' enthält neben Möhren und Radieschen schnellwachsende Blumen und Zierkürbisse, um Kinder mit Gartenfreuden und Gartenarbeiten vertraut zu machen.

Sandboden → Erde.

Sanddorn, *Hippophae rhamnoides* Anspruchsloser Zierstrauch, bis 5 m hoch, mit reichem, orangefarbenen Fruchtbehang ab IX. Silbriges Laub. Unscheinbare Blüten von III–IV. Lichtbedürftig, kalkliebend, salzverträglich, windfest. Beeren mit hohem Vitamin-C-Gehalt. Sonne. Boden normal bis sandig; (S. wächst auch auf Sanddünen). Vermehrung durch Abtrennen der Ausläufer.

Sandkasten → Spielplatz im Garten.

Sandkraut, *Arenaria* Alpine Pflanze für Steinfugen, Mäuerchen. Bodendeckend im Alpinum. Viele Sorten mit weißen, oder rosa Blüten im grünen oder bläulichen Laub. Blütezeit V–VIII. Sonne–Halbschatten. Normaler oder karger Boden. *A. tetraquetra* ist trittfest und eignet sich zur Pflanzung zwischen weitfugig verlegten Platten auf Wegen und Sitzplätzen. Vermehrung durch Wurzelstöcke im Frühjahr.

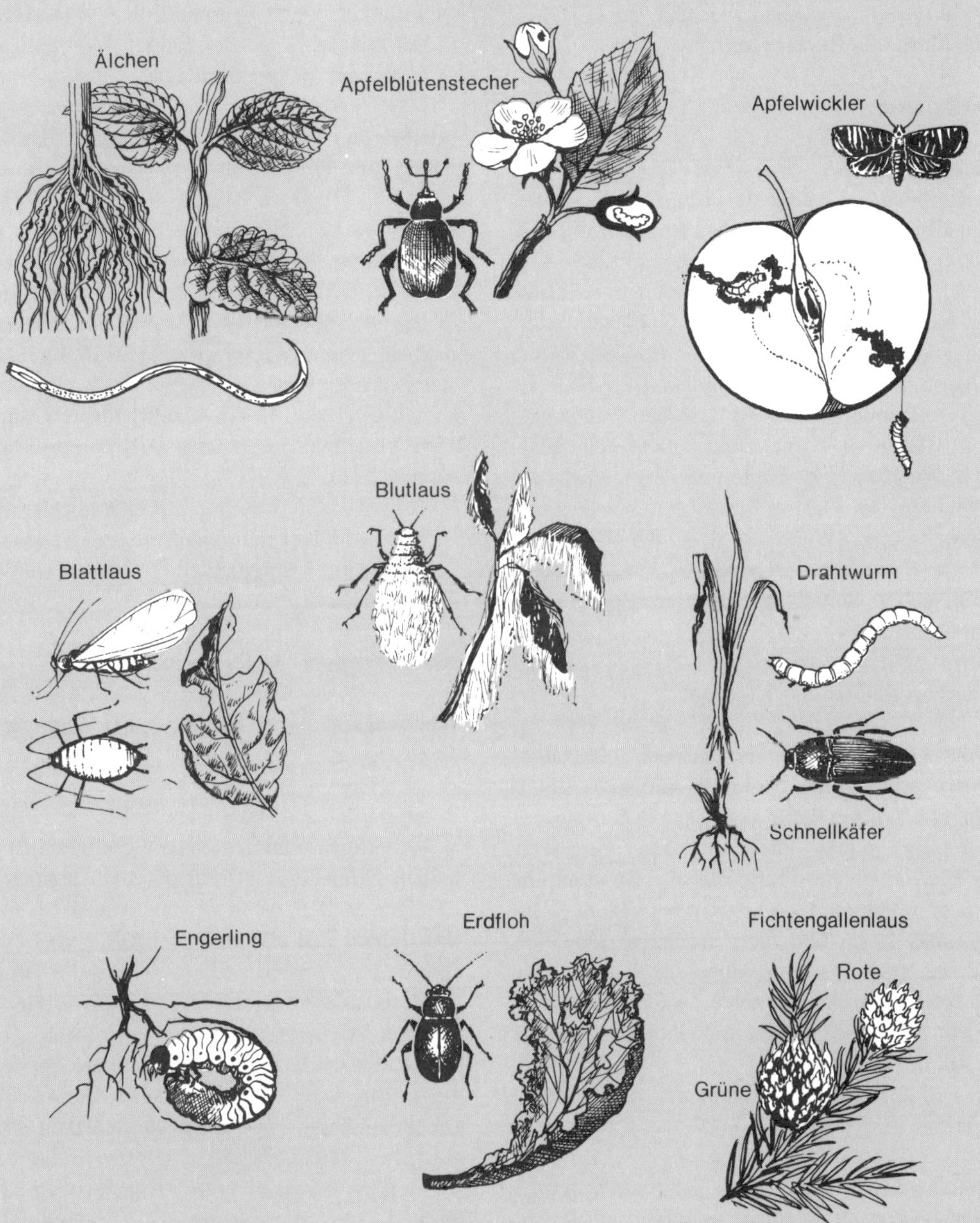

Die wichtigsten Pflanzenschädlinge und ihre Schadbilder

Saubohne → Puffbohne.

Sauerdorn → Berberitze.

Sauerkirschen → Kirschen.

Sauerklee, *Oxalis* Der Wald-S., *O. acetosella,* 15 cm hoch, ist völlig winterhart. Kriechender Wurzelstock. Weiße oder rosa Blüten von IV–V zwischen kleeförmigem, hellgrünem Laub. Geeignet als Bodendecker für absonnige, schattige und halbschattige Plätze unter Gehölzen, Stauden und im Schlagschatten des Hauses. Boden kalkarm, humos. *O. adenophylla,* 10 cm hoch, ist eine reichblühende, nicht kriechende Pflanze. Rosa Blüten im V über silbrig glänzenden Blättern. Wird auch in Töpfen als Zimmerpflanze angeboten. Im Garten zu dichten Polstern zusammensetzen. Wenn er nicht zwischen kriechende Zwerggehölze gepflanzt wird, Winterschutz geben. Sonne–Halbschatten. Boden kalkarm humos.

Schachbrettblume → Kiebitzei.

Schachtelhalm, *Equisetum* Schwer zu vernichtendes, wucherndes Unkraut mit metertiefen Wurzeln. Wird in der biologischen Schädlingsbekämpfung gegen Pilzkrankheiten eingesetzt (→ Pflanzenjauche). Sch.-Tee zur Bodendesinfektion verwenden. → Schwarzbeinigkeit. Vernichtung: 10 cm über dem Boden abschneiden und die Stiele mit Obstbaumkarbolineum oder Schwefelkalkbrühe betropfen. → Pflanzentee.

▷ Mit Acker-Sch. (Zinnkraut) läßt sich sehr gut Zinngeschirr putzen.
→ Biologische Pflanzenschutz- und Pflegemittel.

Schädlinge Sie sind jeweils unter dem betreffenden Namen aufgeführt. → Tafeln Schädlinge (S. 257 und 259). Oft nicht eindeutig von → Nützlingen zu trennen (→ Ohrwürmer).

Schädlingsbekämpfung → Pflanzenschutz, → Spritzkalender, → Fungizide, → Herbizide, → Insektizide, → Rückstände, → Wartezeit, → Nützlinge, → Spritzkalender.

Schafgarbe → Garbe, → Biologische Pflanzenschutz- und Pflegemittel.

Schalotten Zwiebelgemüse zum Würzen und für Rohkost. → Brutzwiebeln von III–IV oder X–XI ca. 5 cm tief an warmer, geschützter Stelle in nährstoffreichen, humosen Boden legen. In rauhem Klima Winterschutz geben. Laub wie Schnittlauch verwenden. Ernte der Zwiebelchen ab Mitte VI zum Frischverzehr; für den Winter nach Vergilben des Laubes. Trocken und luftig aufbewahren.

▷ Brutzwiebeln brauchen nur einmal gekauft zu werden. Dann jährliche Weiterzucht aus den reichlich anfallenden Nebenzwiebeln.
→ Lauch, → Perlzwiebeln.

Scharlachwinde → Sternwinde.

Schattengare → Bodengare, → Bodenbeschattung.

Schattenpflanzen Gewächse, die in schattigen, halbschattigen oder absonnigen Gartenteilen gedeihen. Viele dieser Pflanzen blühen auch an sonnigen Stellen, wenn sie mehr feucht als trokken stehen. Fast alle verlangen humosen Boden. Außer den meisten → Farnen gehören zu den Sch. folgende Arten mit ihren Zuchtformen:
Stauden: Akeleien, Anemonen, Aronstab, Astilben, Christrosen, Dreiblatt, Eisenhut, Elfenblumen, Fingerhut, Frauenschuh, Gänsekresse, Glockenblumen, Haselwurz, Heidenelken, Heilglöckchen, Himmelschlüssel, Hosta, Immergrün, Kissenprimeln, Kreuzkraut, Kugelprimeln, Leberblümchen, Lerchensporn, Lungenblumen, Maiapfel, Maiglöckchen, Orchideen, Ochsenauge, Pfennigkraut, Salomonssiegel, Sauerklee,

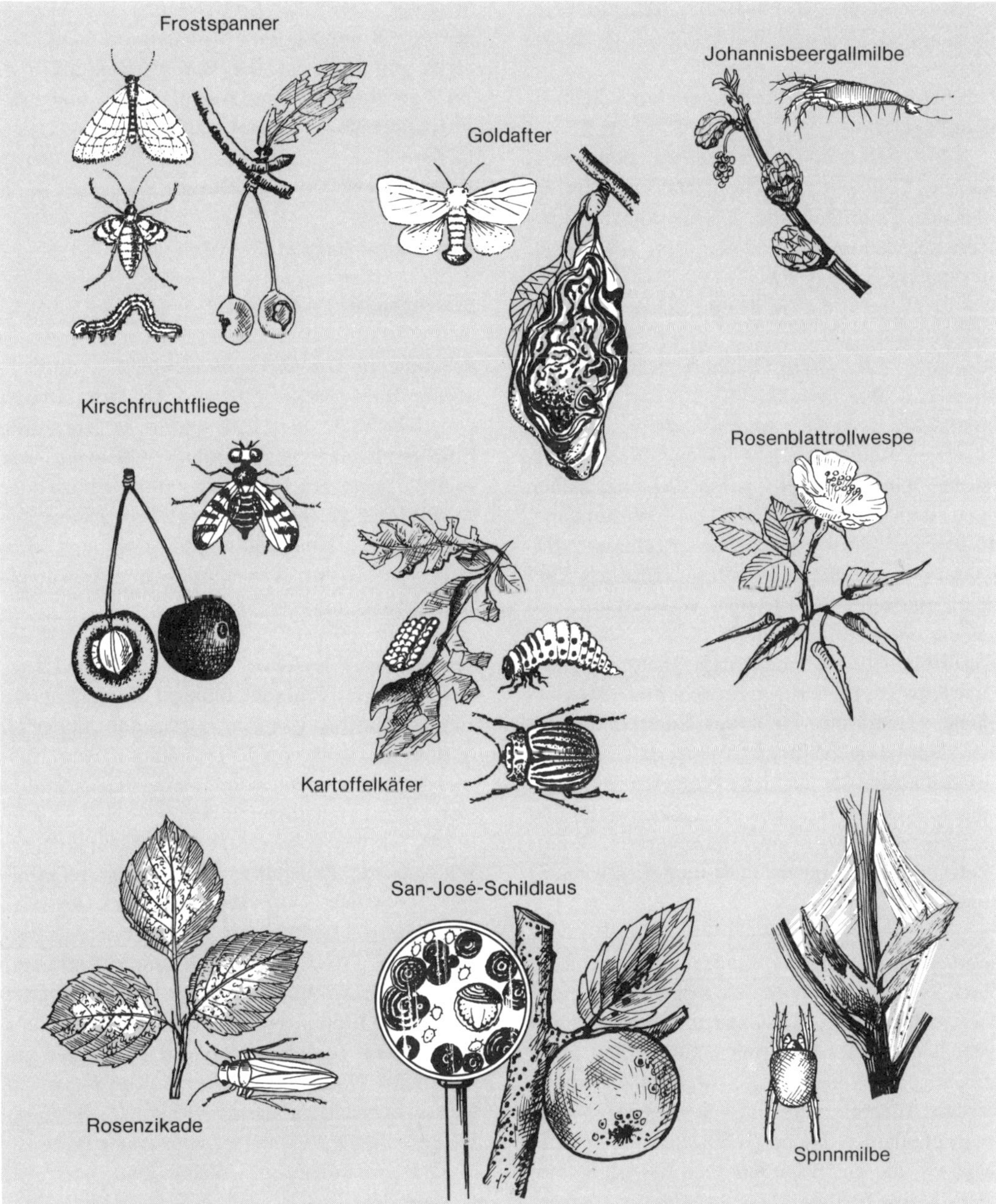

Die wichtigsten Pflanzenschädlinge und ihre Schadbilder

Scharbockskraut, Taubnessel, Trugerdbeere, Türkenbund, Veilchen, Waldgeißbart, Waldmeister.
Zwiebelblumen: Frühlingsknotenblume, Schneeglöckchen, Scilla.
Gehölze: Alpenrosen, Azaleen, Baumpaeonien, manche Cotoneaster, Felsenbirne, Hortensien, Klematis, Lavendelheide, Lorbberkirsche, Lorbeerrose, Mahonien, Rhododendron, Schneeball, Stechpalme, Torfmyrthe.
Wasserpflanzen, die im lichten Schatten blühen oder grünen:
Seerosen: 'Frau Uschi Oldehoff', weiße Blüten. 10–20 cm Wasserstand, 40–100 cm^2 Wasseroberfläche. 'Weiße Alpina', weiße Blüten. 20–80 cm Wasserstand, ab 60 cm^2 Wasseroberfläche. 'Goldmummel', gelbe Blütenkrönchen über dem Wasser. 10–20 cm Wasserstand, 40–100 cm^2 Wasseroberfläche. 'Mummel', *Nuphar intermedium,* gelbe Blütenkrönchen über dem Wasser. 50–150 cm Wasserstand, ab 150 cm^2 Wasseroberfläche.
Wasserblumen: Blumenbinse, Blutweiderich, Drachenwurz, Fieberklee, Froschlöffel, Gauklerblume, Hechtkraut, Pfeilkraut, Sumpfdotterblume, Sumpfvergißmeinnicht, Wasserlilie.
Grünpflanzen, die aus dem Wasser ragen: Igelkolben, Kalmus, Rohrkolben, Tannenwedel und die meisten Wasser- oder Sumpfgräser. Weißbunte Pflanzen vergrünen fast immer an sonnenarmen Stellen.

Schattieren Schutz der Pflanzen gegen Schäden durch Sonne und zu hohe Wärmegrade. Im Frühbeet wichtig, damit Sämlinge und Jungpflanzen nicht leiden. Hier kann mit Schilfmatten, Brettern, Säcken, Wellpappe u. a. Material abgedeckt werden. Jungpflanzen im → Anzuchtbeet oder frisch gepflanzte, kleine Gehölze durch Gestelle schützen, die mit Schattenleinen bespannt sind, oder um den Beetrand belaubte Zweige stecken. → Folientunnel, → Abhärten, → Freilandaussaat, → Immergrüne, → Schlitzfolie.

Schaufel Gerät zur Erdbewegung, zum Umsetzen von Kompost, zum Mischen von Sand, Zement und Kalk bei der Betonherstellung usw. Wird in verschiedenen Ausführungen und Formen angeboten. → Tafel Gartengerät.

Schaumkresse → Gänsekresse.

Scheidiges Wollgras → Wollgras.

Scheinakazie → Robinie.

Scheinbeere, *Gaultheria procumbens* Immergrüner Bodendecker, 20 cm hoch. Rosa Blüten von VII–VIII, die sich später in lachsroten Fruchtschmuck verwandeln. Geeignet für → Moorbeete, zur Pflanzung unter Gehölze oder an absonnig gelegene Gartenstellen. Halbschatten–Schatten. Humoser oder torfgesättigter, eher zu feuchter Boden. Vermehrung durch bewurzelte Teilstücke im Frühjahr.

Scheinhasel, *Corylopsis* Bis 1 m hoher, langsamwüchsiger Frühjahrsblüher. Vor allem für kleinere Gärten geeignet. Hängende, hellgelbe Blüten vielzählig von II–IV. Blätter beim Austrieb rotbraun, später grün. Sonne–Halbschatten. Normaler, kalkhaltiger Boden.

Scheinquitte, Zierquitte, *Chaenomeles* Dorniger Zierstrauch, 1–2 m hoch, je nach Sorte mehr oder weniger breitbuschig wachsend. Reich blühend von IV–V in verschiedenen Rottönen; klein- oder großblumig sowie gefüllt. Dieser leuchtende Blütenstrauch läßt sich als Einfassung oder Hecke zurechtstutzen. Im Dezember geschnittene Zweige mit reichem Knospenansatz blühen im nicht zu warmen Raum (→ Barbarazweige). Sonne. Normaler, auch armer Boden.
▷ Die apfelförmigen Früchte sind hart und sauer. Sie lassen sich zu Gelee verarbeiten, das aber bei längerem Aufheben zuckrig verkörnt. → Quitte.

Scheinwaldmeister, *Crucianella* Bodendecker, ca. 20 cm hoch, mit rosa Blüten von V–VII. Für Rabatten, Steingärten, Treppenwinkel, Gartenteichränder und als Unterpflanzung für höher wachsende Zwiebelblumen, Glockenblumen, Fingerhut. Sonne–Halbschatten. Normaler Boden. Wuchsfreudigkeit notfalls durch Zurückschneiden eindämmen.

Scheinzypresse, *Chamaecyparis* Anspruchsloses Nadelgehölz für alle Gärten. Verschiedene Wuchsformen: pyramidenförmig, säulen-, kegel- oder kissenförmig und auch mit hängenden Zweigen oder solchen in Muschelform. Höhe, je nach Art und Sorte, zwischen 1 m und 30 m. Nadeln meist blau getönt, seltener frisch grün, aber auch gelblichweiß marmoriert oder goldgelb. Baumschulen führen ein reichhaltiges Angebot. Sonne–Halbschatten. Normaler, kalkhaltiger Boden.

Scheren Zum Schneiden von Rasenkanten, Zweigen, Hecken, dichtstieligen Stauden, Vasenblumen usw. Für dornige Gehölze gibt es spezielle S. mit langem Griff und guter Hebelwirkung. → Grasschere, → Heckenschere.

Schermaus → Wühlmaus.

Schierlingstanne → Hemlockstanne.

Schießen Oft durch falsche Kultur und manchmal durch ungeeignetes Saatgut bedingte frühzeitige Ausbildung von Blütenständen bei Gemüse (Sellerie, Spinat, Zwiebeln, Rettich). Sch. verhindert beim Kopfsalat die Kopfbildung.

Schildfarn, *Polystichum* Meist wintergrüner Farn, 50–80 cm hoch. Geeignet zur Pflanzung zwischen Gehölze wie Rhododendren, Azaleen, Hortensien sowie für alle schattigen, halbschattigen oder absonnigen Gartenstellen. Boden humos und nicht trocken. Vermehrung durch Teilung im Frühjahr. Die Formen von *P. setiferum* wirken im Garten am reizvollsten und eignen sich zum Vasenschnitt.

Schildläuse Artenreiche Gruppe flugunfähiger Schadinsekten mit starker Vermehrungsfähigkeit. Die Weibchen der Sch. sitzen fest und schützen sich durch ihren Schild, der entweder aus Larvenhäuten, Drüsensekreten und Exkrementen besteht und daher leicht abnehmbar ist (Dekkel-Sch.), oder aus der verdickten Rückenhaut des Tieres gebildet wird und daher fest mit dem Tier verbunden ist (Schalen- oder Napf-Sch.). Die Larven der Sch. sind – allerdings nur im 1. (Wander-) Stadium – frei beweglich und sorgen für die Ausbreitung. Sch. befallen Zierpflanzen und Gehölze. Schaden entsteht durch Saugtätigkeit an Laub und Rinde. Besonders häufiges Auftreten bei zu enger Pflanzung oder dichtem Laubwuchs. Biologische Bekämpfung, vor allem bei schwachem Befall (auch der Zimmerpflanzen), mit Hilfe von Knoblauchspritzung. Einige Zehen kleinschneiden, in warmem Wasser mehrere Stunden ziehen lassen und die Flüssigkeit als Spritzmittel verwenden. Vor allem auch unter die Blätter spritzen. Trotz ihres Schutzschildes sollen die Läuse bei dieser Behandlung eintrocknen.
Eine der gefährlichsten Sch.-Arten ist die lebendgebärende *San-José-Sch.* Sie befällt außer Ziergehölzen vorzugsweise Beerenobst, Äpfel-, Birnen-, und Pfirsichbäume. Lebt auf der Rinde. Die Sommergeneration befällt Früchte. Schadbild: Rote Flecke auf den Holzteilen, Absterben befallener Zweige. Natürliche Feinde sind Schlupfwespen. Erkennungsbild der Obstbaum-Sch.: Dunkler Fleck auf gelblichem, rötlichem oder grünlichem Schild. Bekämpfung: → Winterspritzung mit 6prozentiger Obstbaum-Karbolineumlösung, während der Wachstumsperiode mit speziellen Präparaten (→ Spritzkalender). Vorbeugung: Regelmäßige → Baumpflege, ausreichende Düngegaben. Neubefall beim Pflanzenschutzamt melden. → Tafel Schädlinge.

Schilf, *Phragmites* Wuchernde Sumpf- und Wasserpflanze, ca. 150 cm hoch, mit graugrünem oder gelbgestreiftem Laub. Wasserstand von 0–50 cm. In abgegrenzte Beckenteile oder Gefäße pflanzen.

▷ Blütenrispen für den winterlichen Vasenschmuck schneiden, wenn sie noch einen violetten Schimmer haben.

Schimmelrasen → Schneeschimmel.

Schlauchwagen Fahrbare Trommel zum Aufrollen des Wasserschlauches. Eine wesentliche Arbeitserleichterung!

Schlehenspinner → Aprikosenspinner.

Schleierkraut, *Gypsophila* Kleinbleibende oder hochwachsende ausdauernde Stauden. 10 bis 100 cm hoch, für Steingärten und Mäuerchen, bzw. für Rabatten, Beete und zur Wegbegleitung. Blüten einfach oder gefüllt, in Weiß oder Rosa von V–VIII. Sonne. Boden kalkhaltig, trocken. Einjähriges Sch. *G. elegans,* 30–50 cm hoch, mit weißen, rosa oder roten Blüten von VII–VIII. Aussaat mit → Folgesaat für Sommerblüte von III–VII, für Frühjahrsblüte im IX.

▷ Alle Schleierkrautarten eignen sich für Sommerblumensträuße und getrocknet für den Winterschmuck.

Schleifenblume, *Iberis* Stauden und einjährige Pflanzen. Immergrüne Polsterstaude, 10–25 cm hoch, mit einer Vielzahl weißer Blüten von IV–VI. Für Blumenbeete, Steingärten, Rabatten, Einfassungen, Trockenmauern. Sonne. Boden nährstoffreich, kalkhaltig. Einfassungen können ohne Schaden zurückgeschnitten werden. Wenn die Polster in harten, schneearmen Wintern und ungünstiger Lage zurückfrieren, folgt neuer Austrieb aus dem Wurzelstock. Regelmäßige, reiche Blüte wird erreicht durch Volldüngergaben nach der Blüte. Die einjährigen Sch. sind 15–40 cm hoch, mit weißen, rosa, roten oder lila Blüten von VI–VII. Manche stark duftend. Aussaat ab III an Ort und Stelle oder je 2 Körner in kleine Töpfe säen und später auspflanzen. Beim → Ausdünnen auf 10 cm Abstand rundum, Sämlinge mit der Schere knapp über dem Boden abschneiden. Auszupfen schädigt die Nebenpflanzen. Kräftigere Pflanzen und frühere Blüte durch Herbstaussaat. In diesem Fall mit Reisig für Winterschutz sorgen. Eine zweite Blüte läßt sich durch sofortigen Rückschnitt nach dem Verblühen erzielen.

Schlingknöterich → Knöterich.

Schlingpflanzen → Hausberankung, → Kletterpflanzen, → Tafel Schling- u. Kletterpflanzen.

Schlitzfolie Geschlitzte, farblose, besonders UV-stabilisierte Folie zur Ernteverfrühung, Verlängerung der Ernteperiode und Erhöhung des Ernteertrages im Gemüsebau. Als »Wachsende Folie« im Handel. Bahnen von 10 m Länge und 1,30 m Breite können nach Belieben zugeschnitten werden. Pro m² weist diese Folie 30 000 Schlitze auf, bei einer Dehnungskapazität von 25%. Unter diesem Schutz liegt die Beettemperatur bis zu 7° C höher als draußen. Sch. sehr locker über Beete mit Aussaaten oder Jungpflanzen legen. Ränder eingraben oder mit Steinen beschweren. Schlitze öffnen sich mit Hochwachsen der Pflanzen. Gießen und Düngen kein Problem. Sch. vor Vollentwicklung der Pflanzen abnehmen oder nochmals sehr locker auflegen, damit Blätter oder Stengel unter zu straff gespannter Folie nicht leiden. Kann im Herbst auch als Frostschutz aufgelegt werden.

»Wachsende Schattierfolie« ist weiß gefärbt und dehnungsfähig geschlitzt. Geeignet zum Schattieren von Gehölzen im Spätwinter, zur An- und Umpflanzung von Stauden im Sommer. Auch als Schutz für neue Rasenaussaat. Anti-Unkraut- und → Mulchfolie ist eine schwarz eingefärbte Sch. ohne Dehnungsmöglichkeit. Geeignet zur

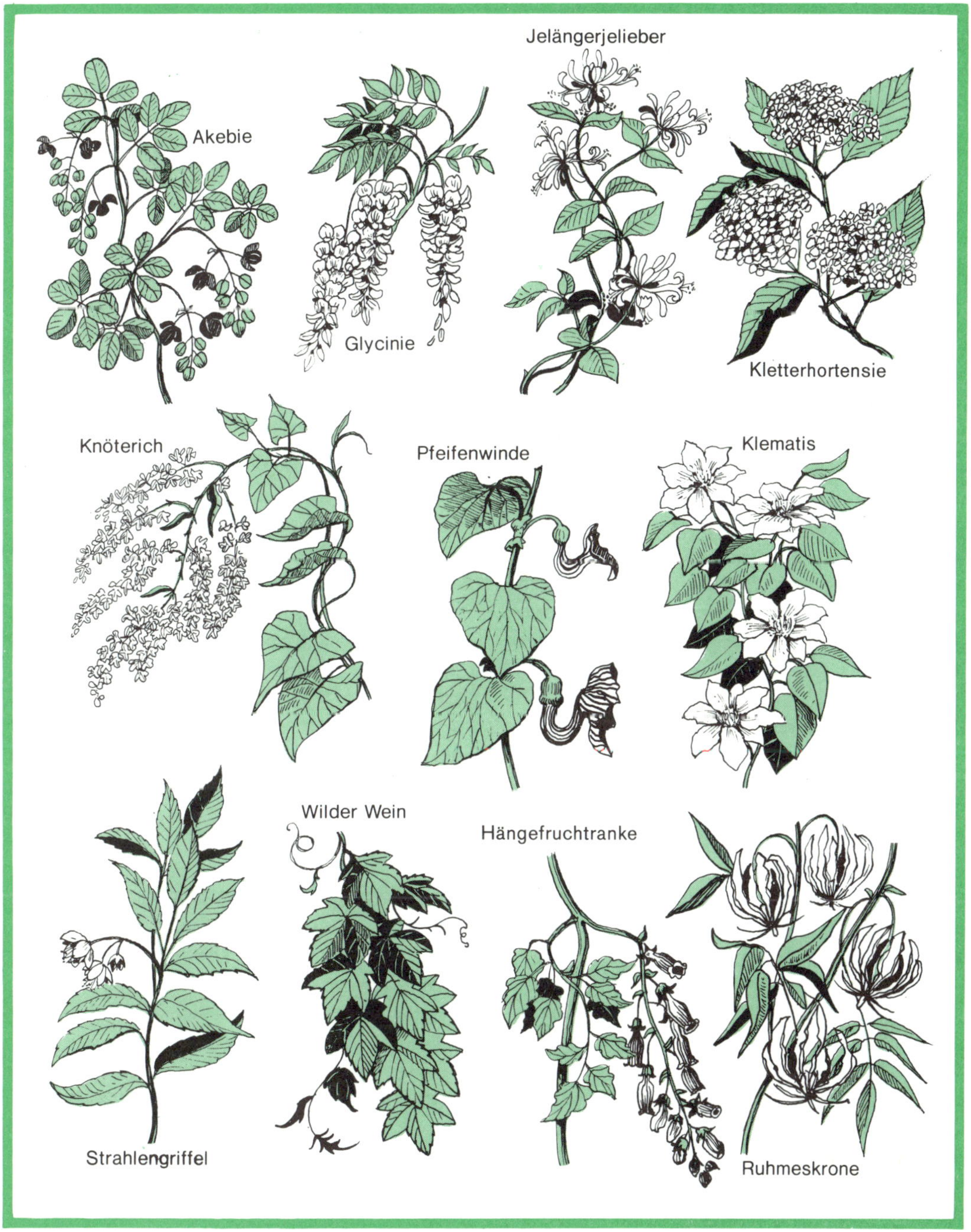
Akebie
Glycinie
Jelängerjelieber
Kletterhortensie
Knöterich
Pfeifenwinde
Klematis
Wilder Wein
Hängefruchtranke
Strahlengriffel
Ruhmeskrone

Beetauflage, bedingt Bodenerwärmung, hindert Unkrautwuchs und ist wasserdurchlässig. Alle Schlitzfolien sind mehrmals verwendbar. → Erdbeeren, → Gemüse.

Schlüsselblume → Primeln.

Schmalblättriges Wollgras → Wollgras.

Schmetterlinge Jede Art liebt bestimmte Blumen und braucht zur Eiablage bestimmte Gewächse, die dann den Raupen als Futterpflanzen dienen. Manche Falter bevorzugen Veilchenpolster, Zitronenfalter den Faulbaum *(Rhamnus-*Arten), Schillerfalter und Trauermantel die Weiden, der Aurorafalter Kreuzblütler und der Apollofalter Fetthennengewächse. Tagfalterblumen, welche die verschiedensten Sch. anlocken, sind u. a.: Karthäusernelken, Kuckuckslichtnelken, Narzissen, Enziane und vor allem der Sch.-Strauch, → *Buddleia,* der in großer Zahl von Distelfaltern, vom Admiral sowie vom Großen und Kleinen Fuchs aufgesucht wird. → Kohlweißling.

Schmetterlingsstrauch → Buddleia.

Schmiele, Rasenschmiele, *Deschampsia caespitosa* Ziergras, 80–120 cm hoch. Bis 70 cm breite Horste zur Einzelstellung. Angebot in Staudengärtnereien beachten. Blütenähren von VI–VIII in verschiedenen Brauntönen. Sehr dekorativ in der Vase. Halbschatten. Humoser Boden.

Schmuckkörbchen, Kosmee, *Cosmos* Frostempfindliche Sommerblume, bis 130 cm hoch. Reiche Blütenfülle in Rot, Weiß, Purpurviolett, Lilarosa, Rotbraun oder Orangegelb zwischen zartem, fiedrigem Laub von VI–X. Besondere Schmuckwirkung bei Verwendung als Heckenersatz am Zaun entlang. Geeignet als Sichtschutz an Sitzplätzen, aber auch zur Zusammenpflanzung mit anderen Sommerblühern in bunten Beeten und Rabatten. Eher in Halbschatten als in zu pralle Sonne setzen. Normaler Boden. Aussaat im IV ins Frühbeet. Nach den Eisheiligen mit 30 cm Abstand versetzen. Oder kräftige Jungpflanzen vom Gärtner mit 40 cm Abstand rundum am gewünschten Platz auspflanzen. Aussaat an Ort und Stelle ab V. In günstiger Lage Selbstaussaat. Solche Jungpflanzen lassen sich im folgenden Frühjahr versetzen, blühen aber nicht so reich.

▷ Abzwicken verwelkter Blüten fördert neue Knospenbildung. Sch. halten sich in der Vase, wenn Stiele mit halb geöffneten Knospen geschnitten werden.

Schmucklilie, *Agapanthus* Immergrüne Kübelpflanze, für Terrasse, Balkon, Atrium- und Dachgarten. Kann mit Tontopf nach den Eisheiligen bis zum Herbst auch im Garten eingegraben werden. Sehr dekorativ in Gruppen zusammen mit Taglilien, Fackellilien und hochwachsenden Gräsern sowie Sommerblumen. Im Haus kühl überwintern. Sonniger Standort. Nährstoffreiche Einheitserde. Von III bis VIII wöchentlich düngen. Blüht viele Jahre im gleichen Gefäß. Sehr selten umtopfen. Schnittblume. *A. orientalis* ›Blue Giant‹: dunkelblaue Blütendolden von VII–IX, 80 cm hoch. *A. orientalis* 'Albus': weiße Blüten.

Schnecken, Gehäuseschnecken, Nacktschnecken Schädlinge in allen Gartenteilen. Besondere Vorliebe für Iris, Lilien, Orchideen, → Salat. Bevorzugen Mulchstellen und feuchte Grashaufen. Bekämpfung: 1. Absammeln. Mit scharfer Schere zerschneiden oder zertreten ist humaner, als haustiergefährdende Schneckenvertilgungsmittel zu streuen, bei denen sich Schnecken langsam zu Tode schleimen. 2. Schnecken mögen den Duft von Petersilie nicht. 3. »Sperrgürtel« um gefährdete Salate, Gemüse und Blumen legen aus Sägespänen oder Koniferennadeln. Holzasche und Steinmehl nach jedem Regen erneuern. Auch Kali-Alaun ist ein Abwehrmittel. 4. Jauche aus toten Schnecken kalt ansetzen und 3 Tage gären lassen. Von jeder Schneckenart muß mindestens 1 Tier dabei sein. Diese übel riechende Flüssigkeit auf den Boden unter gefährdeten Gewächsen gießen. 5. Schnecken kriechen ungern über eine Barriere aus trockenen Koniferennadeln, → Holzasche oder → Gesteinsmehlen. 6. Ein Umstreuen mit Branntkalk verätzt die Kriechschleimhaut der Schnecken, verletzt aber auch Igel und andere Schneckenvertilger wie Kröten, Spitzmäuse, Eidechsen und manche Laufkäfer. Weitere Schneckenvertilger sind: Glühwürmchen mit ihren Larven, Elstern, Drosseln, Stare.

Sch. sind aber nicht immer nur schädlich. Ihre Exkremente sind ein hochwertiger biologischer Pflanzendünger. Im Frühling und Herbst fressen sie faulende und kranke Pflanzenteile und vertilgen dadurch auch Fäulnis- oder Krankheitserreger. Leere Sch.-Häuser liegen lassen, weil darin Glühwürmchenlarven überwintern, die sich ausschließlich von Sch. ernähren. Wasser-Sch. im Gartenteich vertilgen kranke und verwesende Pflanzenteile sowie Algen. Grünes wird in der Regel verschont. Für kleinere Wassergärten sind geeignet: Ohr-Sch., Posthorn-Sch., Teller-Sch.; für größere Becken (besonders mit Fischbesatz) auch Spitzhorn-Sch. → Wasser im Garten.

Schnee Niederschlag mit etwa dreifach größerer Düngewirkung als Regen. Nimmt Ammoniak, Salpetersäure, Schwefelsäure u. a. aus der Luft mit herunter. Frostschutz durch Isolierungseffekt der in den Eiskristallen enthaltenen Luft. Bei Vorratsdüngung mit Mineraldüngern auf Sch. werden die Salze eingeschmolzen und gelangen mit dem Tauwasser ins Erdreich. Ammoniakdüngergaben eignen sich weniger zum Aufstreuen auf eine Sch.-Fläche, weil sich ein Teil davon in gasförmigem Zustand verflüchtigt. Auch manche Pflanzenschutzmittel können im Winter auf Sch. gestreut werden, wie z. B. Brassicol gegen Kropfigkeit verschiedener Kohlarten. → Kohlhernie.

Schneeball, *Viburnum* Schattenverträgliches, immergrünes oder laubabwerfendes Gehölz, 2–10 m hoch. Je nach Art weiße oder rosa-weiße Blüten von III–VI.

V. fragrans blüht oft schon vor dem Austrieb (ab II) oder auch im Spätherbst. Angenehmer Duft. Beerenschmuck und herbstliche Laubfärbung. Sonne–Schatten. Bodenansprüche unterschiedlich. Immergrüne Arten und *V. opulus* brauchen durchlässigen, etwas feuchten, leicht sauren Boden. *V. lantana* liebt trockene und kalkhaltige Böden.

Schneebeere, *Symphoricarpos* Anspruchslose, sommergrüne Sträucher zur Hecken- oder Gruppenpflanzung. 50 cm–3 m hoch. Unscheinbare Blüten von VI–IX. Meist reicher Fruchtbehang mit weißen, rosa oder roten Beeren, die bis weit in den Winter hinein haften. Dankbares Vogelschutzgehölz. Sonne–Schatten. Normaler bis karger Boden.

Schneebruch Nach starkem Schneefall besteht die Gefahr, daß Zweige unter der Last des Schnees brechen. Gefährdete Obstbaumzweige oder kostbare Gehölze abstützen und Schnee abklopfen. Säulenwacholder aufrichten und an Stützpfahl binden.

Schneeflockenbaum, *Chionanthus virginicus* Duftendes Blütengehölz, 2 m hoch, mit ledrigem Blattwerk. Große, weiße Blütenrispen von V–VI. Sonne–Halbschatten. Normaler Boden.

Schneeglanz, Schneestolz, *Chionodoxa* Frühlings-Zwiebelblume, 15 cm hoch, mit Blüten von II–IV in Weiß, Rosa, Lilarosa und Blau, auch mit weißer Mitte. Die haselnußgroßen Zwiebeln werden – mehrere dicht beisammen – im Herbst ca.

6 cm tief in humosen Boden gelegt. Halbschatten; auch an der Nordwestseite des Hauses oder zwischen Gehölzen. Die Blumennester vergrößern sich von Jahr zu Jahr, wenn dort nicht umgegraben oder gehackt wird.

Schneeglöckchen, *Galanthus* Zwiebelblume, 15–20 cm hoch, mit weißen Zipfelblüten von II–III. *G. nivalis,* heimisches Schneeglöckchen; *G. elwesii,* Riesen-Sch.; *G. nivalis* 'Plena', Sch. mit gefüllten Blüten. Sonne–Halbschatten. Normaler Boden, eher feucht als trocken. → Knotenblume.

▷ Zum Treiben, im XI oder XII, vor Bodenfrost Ballen ausgraben, eintopfen und so kühl wie möglich aufstellen.

Schneeheide, *Erica carnea* Immergrüne, reichblühende, bodendeckende Gehölze, 15–30 cm hoch, mit roten, rosa oder weißen Blüten von I–IV. Geeignet für Steingärten, Heidegärten, als wegbegleitende Einfassung und zur Pflanzung vor höhere Gehölze. Sch. leidet unter → Barfrost. Rückschnitt sofort nach der Blüte bewirkt neuen Austrieb. Knospenansatz erfolgt im Herbst. Sonne. Kalkhaltiger Boden. Wegen früher Blüte dankbar auf Gräbern.

Schneerose → Christrose.

ze sichtbar wird. Kann unter der Schneedecke entstehen, wenn im Herbst zu viel oder zu spät gedüngt wurde. Bei schwachem Befall betroffene Stellen mit → Fächerbesen aufkratzen, damit das Wachstum des Schimmelpilzes gestört wird. Später nachsäen. Bei großflächigem Schaden entweder nachsäen oder die betroffenen Stellen abtragen und mit gesunden Rasenstücken oder mit → Rollrasen ausbessern.

Schneestolz → Schneeglanz.

Schnittblumen Haltbare, kurz- und langgestielte Blüten von Stauden und Einjahresblumen. Zur besseren Haltbarkeit Blütenstiele möglichst lokker in die Vase stellen. Vorher das Laub von den Stielen streifen, sonst entsteht Fäulnis im Wasser! Damit nicht Luft die Leitungsbahnen im Stengel blockieren kann, fleischige Stiele in ein breites wassergefülltes Gefäß halten und unter Wasser mit geradem Schnitt kürzen. Harte Stengel erhalten einen Schrägschnitt, holzige werden tief eingeschnitten oder fasrig geklopft.

Für jeden Blumenstrauß das passende Gefäß wählen. Für Margeriten, Phlox und alle Gartenblumen mit Wildcharakter Krüge und Schalen aus Keramik, Porzellan, Kupfer oder Zinn verwenden. Einjahresblüher mit kräftigen Farbtönen in schlichte (Glas-)Vasen stellen, die das Auge nicht ablenken. Zum Ordnen und Arrangieren von Schnittblumen dienen Blumenigel, Netzhalter, Steckkugeln, Schaumstoff- oder synthetische Steckmasse, nichtrostender Maschendraht, der zu einem lockeren Knäuel geformt wird. Notfalls die Stiele mit locker geballtem Moos, mit Sand oder Kieselsteinen festhalten. Blüten verschieden hoch arrangieren. Dabei kleine Blüten immer über große Blumen anordnen. Die Stiele sollten sich nicht kreuzen und die Blütenköpfe nicht nach unten richten. Kurzstielige dichte Sträuße nicht in hohe Stabvasen stekken. Sie wirken besser in flachen Schalen, Keramikkörbchen, Krügen oder alten, schön geformten Tassen. Für schlanke Tischvasen lange, dünnstielige Blumen wählen und mit überhängenden Stengeln oder Laubzweigen kombinieren. Am einfachsten zu füllen sind Vasen, die in Tulpenform nach oben breit auslaufen. Hier fallen die Blütenstiele von selbst zu einem natürlichen, lokkeren Strauß. In hohe Bodenvasen nur langstielige Staudenblüten oder blühende Gehölzzweige stellen, wie Dahlien, Rittersporn, hohen Gartenmohn, Astilben, Sonnenblumen, Lupinen, Waldgeißbart, Fuchsschwanz und auch Gladiolen, die übrigens schon für den Strauß geschnitten wer-

Blumen zum Vasenschnitt

Name	Botanischer Name	Blütezeit Monat	Blütenfarben	Wuchshöhe cm
Bartfaden	*Penstemon*-Hybriden	VI–IX	rosa, blau, rot	60–100
Eisenhut	*Aconitum wilsonii*	VIII–X	amethyst-blau	150
Fackellilie	*Kniphofia*-Hybriden	VII–IX	orange-gelb, rot, elfenbein-rosa	30–150
Flockenblume	*Centaurea macrocephala*	VII–IX	gelb	180
Garben	*Achillea clypeolata* u. a.	VI–IX	gelb, rot, weiß	40–120
Garten-Chrysantheme	*Chrysanthemum hortum*	VIII–X	gelb, bronze, rosa	40–80
Goldrute	*Solidago*-Hybriden	VII–IX	gelb	60–150
Herbstanemone	*Anemone japonica*	VIII–X	rosa, weiß, rot	40–100
Herbstaster	*Aster* i. allg.	IX–X	rosa, weiß, blau, rot, violett	20–150
Hornveilchen	*Viola cornuta*	V–IX	gelb, blau, violett	15–20
Indianernessel	*Monarda*-Hybriden	VII–IX	weiß, rot, purpur-lila	100–150
Kokardenblume	*Gaillardia aristata*	VII–IX	rot, gelb	20–70
Kugeldistel	*Echinops* i. allg.	VII–IX	stahlblau	100
Mohn, niedriger	*Papaver nudicaule*	V–IX	weiß, gelb, rot, rosa	10–50
Nessel-Glockenblume	*Campanula trachelium*	VII–IX	violett-blau	40
Prachtscharte	*Liatris spicata*	VI–X	violett-lila	40–80
Prachtspiere	*Astilbe arendsii* u. a.	VII–IX	rosa, weiß, rot	40–150
Rittersporn	*Delphinium*-Hybriden	VIII–X	violett, blau, weiß, lavendel-rosa	bis 160
Sommeraster	*Callistephus chinensis*	VII–IX	blau, gelb, rosa	30–80
Sommermargerite	*Chrysanthemum maximum*	VII–IX	weiß	20–100
Sonnenauge	*Heliopsis helianthoides*	VII–IX	gelb	80–130
Sonnenbraut	*Helenium*-Hybriden	VII–IX	rot, gelb, goldbraun	80–180
Sonnenhut	*Rudbeckie vulgida* u. a.	VII–X	gelb-rot	60–200
Spornblume	*Centranthus ruber* 'Coccineus'	VI–IX	karminrot	60
Staudenphlox, hoher	*Plox paniculata*	VI–IX	weiß, rot, rosa, violett, dunkelblau	50–140
Stauden-Sonnenblume	*Helianthus* i. allg.	VIII–X	goldgelb	120–250
Witwenblume	*Scabiosa caucasica*	VI–IX	weiß, blau, lila	40–80

Ausdauernde Zwiebel- und Knollenblumen für die Vase

Lilie	*Lilium*	VIII–IX	weiß, rot, gelb	100–120
Montbretie	*Crocosmia crocosmiflora*	VIII–IX	orange-braun	100–120
Sommerhyazinthe	*Galtonia candicans*	VII–IX	weiß	150

den können, wenn die obersten Blütenspitzen Farbe zeigen.
Farbzusammenstellungen: Rot, Blau, Weiß und Gelb, dazwischen Grün und auch Rosa oder Rotbraun. Fingerspitzengefühl ist nötig bei Sträußen, die man Ton in Ton zusammenstellen will, wie violette und blaue oder rosa und rote Blüten. Leichter lassen sich gelbe Töne zusammenfügen, unterstützt durch die Farben Rotbraun und Orange. Wird dem Wasser ein Frischhaltepräparat hinzugefügt, hat man an Schnittblumen länger Freude. Diese Präparate wirken der Fäulnis entgegen und bieten den Blütenstielen leicht aufnehmbare Nährstoffe an. Einige Zuckerkörnchen und dazu ein Körnchen antibakteriell wirkendes Kaliumpermanganat aus der Apotheke hat ähnliche Wirkung. Die dadurch entstehende rosa Wasserfärbung fällt nur in Glasvasen auf und verliert sich in wenigen Stunden. Viele Stauden – vor allem Ein- und Zweijahresblüher – werden durch Schnitt zu immer neuer Knospenentwicklung angeregt. Goldlack und Fingerhut können Jahre hindurch wiederkommen, wenn sie durch Blütenschnitt an der Samenbildung gehindert werden. Der Dahlienblütenschnitt ermöglicht nachsprießenden Knospen genügend Raum für die Entwicklung. Gladiolen und andere Zwiebel- oder Knollengewächse bringen zwar keine neuen Blüten, aber da der Samenansatz verhindert wird, entstehen Kraftreserven, die dem Zwiebel- und Knollenwuchs zugute kommen. → Ziergräser, → Einjahresblumen, → Zweijahresblumen.

Schnittlauch, *Allium schoenoprasum* Vitaminreiches Würzkraut zum Frischverzehr; für Rohkost, Suppen usw. Nicht kochen. Freilandaussaat im IV. Später Stockteilung vornehmen. Zum besseren Wuchs Blütenstiele entfernen. Ernte nach Bedarf. Dabei büschelweise über dem Boden abschneiden, nicht die ganze Pflanze köpfen. Im Herbst Teilstücke ausgraben, eintopfen, am Küchenfenster halten. Sonne–Halbschatten. Boden nährstoffreich, humos, feucht.

▷ Bergschnittlauch, *A. schoenoprasum* ssp. *sibiricum,* ist kräftiger im Geschmack und eignet sich wegen seines Blütenreichtums auch für Steingärten oder Beetumrandungen.

Schnittpetersilie → Petersilie.

Schnittsalat → Salat.

Schönfrucht, *Callicarpa bodinieri giraldii* Zierstrauch, 1,50 m hoch, auch für kleinere Gärten. Leuchtend violette Früchte von X–XII. Sonne–Halbschatten. Normaler Boden.

Schöngesicht → Mädchenauge.

Schönmalve, Zimmerahorn, *Abutilon* Frostempfindliche Kübelpflanze, die auch in großen Blumentöpfen oder Schalen gezogen wird. 50–150 cm hoch. Blüten meist glockenförmig, einfarbig rot, orange, gelb oder auch geadert. Es gibt auch Formen mit weißbuntem Laub. Nach den Eisheiligen in Halbschatten, Hausschatten oder lichtem Baumschatten im Freien aufstellen. Einheitserde oder humose Gartenerde. Vermehrung durch → Stecklinge von II–IV. Samenanzucht ab I in Töpfen am Fenster.

▷ Wird die Sch. günstig im Haus überwintert (hell und nicht zu warm), kann sie das ganze Jahr hindurch blühen. Hauptblütezeit: Frühjahr und Sommer.

Schönranke → Hängefruchtranke.

Schöpfbecken → Regentonne.

Schöterich, *Erysimum* Zwergstaude für Steingärten und Einfassungen, 20–30 cm hoch, reichblühend von IV–VI in Gelb oder leuchtendem Orange. Ergänzung für blau-, rot- und weißblühende Bodenpolster. *E. pulchellum:* 30 cm hoch, rasenbildend. Sonne. Normaler bis karger, durchlässiger Boden.

△ Sommeraster

▽ Sonnenhut

△ Sonnenblume

▽ Steinkraut

△ Studentenblume ▽ Tausendschönchen △ Tanne ▽ Traubenhyazinthe

Schopflilie, *Eucomis punctata* Kübelpflanze, 60 cm hoch, zur Einzelstellung von V–IX auf Plattenflächen, Terrassen oder an Wegen. Große, gelblichgrüne, duftende Blütentrauben an rot geflecktem Schaft über hellgrünen, auf der Unterseite rot punktierten Blättern. Blütezeit von VII–VIII. Sonne. Normaler Boden. Überwinterung möglichst kühl in hellen Räumen, z. B. im ungeheizten Schlafzimmer, auf einem Treppenabsatz oder am Fenster in der Diele.

Schorfkrankheit, *Venturia* Eine Pilzerkrankung vor allem an Apfel, Aprikose, Birne und Kirsche. Dunkelbraune Flecke (Myzel und Sporen des Pilzes) auf Blättern, Trieben, Früchten. Obst platzt auf und zeigt schorfige Furchen. Bei Spätsommerbefall meist nur Fleckenbildung. Vorzeitiger Blattfall, der die Entwicklung der Bäume hemmt und die Blütenanlage beeinträchtigt. Schorfiges Obst nicht einlagern (Fäulnisgefahr). Krankheitserreger überwintern im abgefallenen Laub am Boden, an kranken Früchten und jungen Trieben. Feuchtwarme Witterung begünstigt im nächsten Jahr die Ausbreitung der Krankheit. → Schwefelkalkbrühe.
Bekämpfung: Vorbeugespritzung mit spezifischen → Fungiziden, mit 2prozentiger Kupferkalkbrühe oder mit Schwefelkalkbrühe im Verhältnis 1:40.
Biologische Bekämpfung: Schachtelhalmspritzung im II und III, weitflächig unter den Bäumen verteilt. 250 g Schachtelhalm in 10 l Wasser ca. 1 Stunde kochen. Fünffach verdünnt verwenden, und damit auch die Bäume abspritzen. Oder kranke Obstbäume im III, Anfang VI und im Herbst mit dieser Brühe spritzen. Auch eine Spritzung mit einer 2–3%igen, gut verrührten Wasserglas-Lösung wirkt wie ein Schutzmantel. Außerdem Laub und befallene Früchte unter kranken Bäumen entfernen. Grindige Zweige und Triebe im Winter → auslichten und nach Möglichkeit im Ofen verbrennen. → Spritzkalender, → Tafel Pflanzenkrankheiten.

Schriftfarn, *Ceterach officinarum* Kleiner Farn, 10 cm lange, einfach gefiederte Wedel, grün mit silbriger oder bräunlicher Unterseite. Für sonnig-halbschattige Mauerfugen mit kalkhaltiger Erde. Der Sch. überwintert in Weinanbaugebieten oder in geschützten Lagen sicherer als in Gegenden mit sehr rauhem Klima.

Schrotschußkrankheit Wird von dem Pilz *Clasterosporium carpophilum* verursacht. Kann alle Steinfrüchte in jedem Entwicklungsstadium befallen. Auf dem Laub erscheinen runde, abgegrenzte Flecke. Diese Gewebepartien gehen zugrunde, fallen heraus und hinterlassen Löcher. Auch ganze Blätter fallen ab. Befallene Jungtriebe werden braunfleckig und zeigen → Gummifluß. An grünen Kirschen treten braune Flecke auf. Reife Kirschen trocknen ein und hängen mumifiziert am Baum oder fallen ab. Feuchtes Wetter unterstützt die Infektion. Wind und Regen verbreiten die Sporen.
Bekämpfung: Vor- und Nachblütespritzung mit einprozentiger Kupferkalkbrühe oder organischen → Fungiziden. Krankes Laub und befallene Früchte am Boden aufsammeln und im Ofen verbrennen. → Spritzkalender → Schwefelkalkbrühe.

Schubkarre → Karre.

Schuppenkopf, *Cephalaria tatarica* Wildstaude, bis 2 m hoch, mit gelben Blüten von VI–IX. Anspruchslos, eignet sich vor allem zum Verdecken von Hausecken und wenig schönen Gartenstellen oder als Ersatz für Sträucher. Sonne. Normaler Boden.

Schutzpflanzung Die rahmende Gehölzpflanzung im Garten kann zugleich eine Sch. gegen Einsicht, Wind, Luftverschmutzung und Lärm sein. Durch Blütensträucher kann man Nützliches mit Schönem verbinden. → Heckenpflanzung, → Lärmschutzpflanzung.

Schwalbenwurzenzian, *Gentiana asclepiadea* Ein Enzian 40–80 cm hoch, mit sattblauen, zahlreich in den Blattachsen stehenden Blüten von VII–IX. Sonne–Halbschatten. Boden torfgesättigt, eher feucht als trocken. Auch für Moor- oder Sumpfbeet geeignet. Steht unter Naturschutz.

Schwanenblume → Blumenbinse.

Schwarzbeinigkeit, Umfallkrankheit Eine Pilzerkrankung, die vor allem zu dicht aufgegangene Saat bei feuchtwarmer Witterung befällt. Sämlinge und Jungpflanzen verschiedener Gemüse, wie Kohlarten, Tomaten, Radieschen, Sellerie, zeigen schwärzliche Verfärbung und Einschnürung am Wurzelhals und/oder den unteren Stengelteilen. Stengel und Wurzeln werden weich, die Pflanzen fallen um. Die wirksamste Bekämpfung sind entsprechende Vorbeugemaßnahmen: Desinfizieren des Bodens und Beizen des Saatgutes. Biologische Methode: Anzuchtbeet mit Schachtelhalmtee durchfeuchten. → Tafel Pflanzenkrankheiten, → Pflanzentee.

Schwarzkümmel, Braut im Haar, Jungfer im Grünen, *Nigella* Anspruchslose Einjahresblume, 20–60 cm hoch, mit blauen Blüten von VI–IX. Freilandaussaat ab Mitte IV mit Folgesaat bis Ende V. → Ausdünnen auf 10 cm rundum. Bei Herbstaussaat Blütezeit 4 Wochen früher. Geeignet für bunte Beete und Einfassungen. Samt sich von selbst aus.

Schwarzwurzel, *Scorzonera hispanica* Winterhartes Wurzelgemüse mit spargelähnlichem Geschmack. Aussaat von II–III und/oder im VIII–IX in 2 Spatenstich tief gelockerten, nährstoffreichen, altgedüngten Boden. Bei Herbstaussaat werden die Wurzeln kräftiger. Lichten Winterschutz geben. In Reihen mit 25 cm Abstand alle 5 cm 1 Korn 1 cm tief auslegen. Stickstoffgaben als → Kopfdüngung während der Wachstumszeit. Blütentriebe ausschneiden und in die Vase stellen. Ernte der leicht brechenden Wurzeln im Herbst und Winter, je nach Bedarf. → Folientunnel. Spaten schräg ansetzen, tief eingraben und die Pflanzen herausheben. Winterlagerung in sandgefüllten Kisten; kühl stellen. Krankheiten: → Mehltau. Schädlinge: → Wühlmaus.

▷ Nur frischen Samen verwenden. Keimfähigkeit 1 Jahr. Kulturdauer ca. 7 Monate.

▷ Sch. enthalten Vitamin A, B, C. 100 g Gemüse: 10 Kalorien (42 J). Junge Blätter eignen sich auch als Salat.

Schwebalgen → Algen im Gartenteich.

Schwefelkalkbrühe Pilzbekämpfungsmittel. Nach Anweisung auf der Packung anrühren und verwenden. Gute Wirkung gegen → Schorf-, → Schrotschußkrankheit u. a.

▷ Manche Kernobstsorten sind schwefelempfindlich. Dies bei Schwefelpräparaten berücksichtigen, die in Form von Stäube- oder Spritzmitteln als Berührungsgifte gegen Rote Spinne angewandt werden.

Schwefelleber, *Hepar sulfuris* Biologisches Spritzmittel gegen Schorf und Pilzbefall, besteht aus Netzschwefel, Pottasche und Kaliumkarbonat.

Schwertlilie → Iris.

Schwimmpflanzen Wasserpflanzen, die auf oder unter der Wasseroberfläche schwimmen und ihre Nahrung direkt aus dem Wasser beziehen. Können in Konkurrenz zu Algen stehen. → Algen im Gartenteich.

Schwingel, *Festuca* Meist wintergrünes, horstbildendes Ziergras, 10–100 cm hoch, mit grünen, bläulichen oder silbergrauen Halmen. Blütenrispen von VI–VIII. Geeignet zur Auflockerung

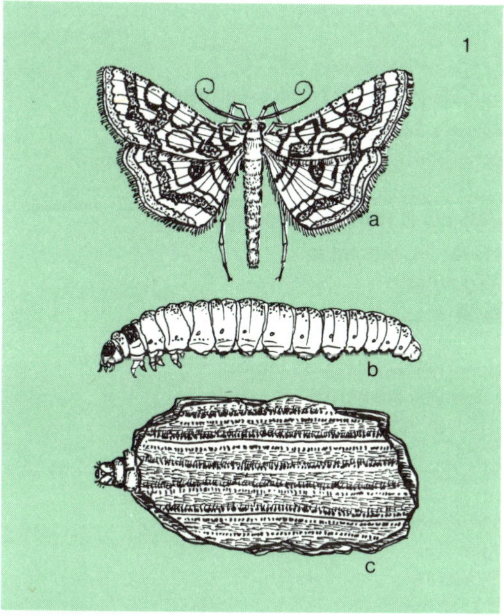

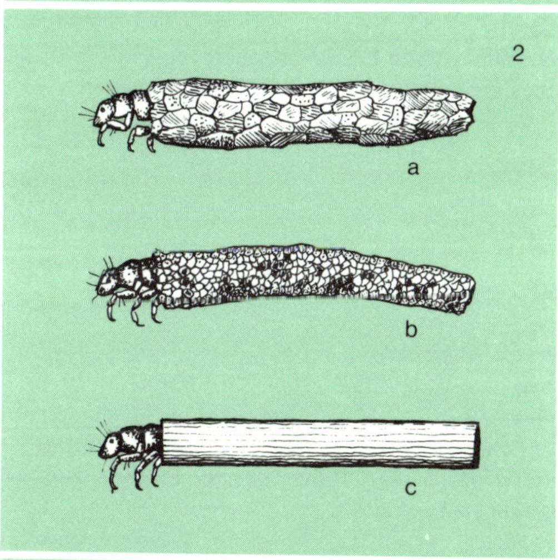

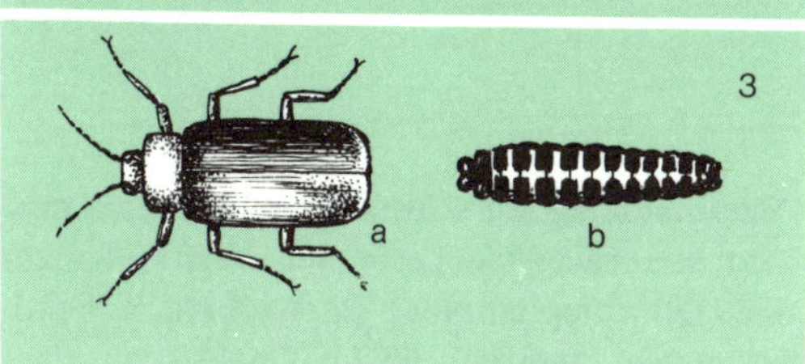

von Pflanzengruppen sowie zur Pflanzung in Steingärten, zwischen Gehölzen und am Gartenteich. Sonne–Schatten. Boden normal bis karg. Interessant sind die Arten *F. ovina* und *F. glauca.*

Seebinse → Binsen.

Seekanne, *Nymphoides aquatica* Schwimmende Wasserblume, die im Erdboden wurzelt. Goldgelbe Blüten von VII–IX zwischen kleinem, dem der Seerosen ähnlichen Laub. Wuchshöhe 3 cm. Wasserstand 10–100 cm. Sonne. Normaler Boden.

▷ Seekanne in den flach auslaufenden Rand des Beckens setzen und hineinwachsen lassen.

Seerosen, *Nymphaea* Sonnenbedürftige Wasserblumen für Schalen ab 30 cm ∅ und 15 cm Wasserstand sowie für Gartenteiche jeder Größe und 2 m Tiefe. Blüten von V–X in Weiß, vielen Rosa- und Rottönen, verschiedenen Gelbtönen, Orangerosa und Kupfer. Pflanzen mit blauen Blüten brauchen temperiertes Wasser. In rauhem Klima im Haus überwintern.
Erde: Lehm-Torf-Gemisch beides ungedüngt, um die Wasserklarheit zu erhalten. Keine Pflege. Laub im Herbst untergehen lassen. S. möglichst direkt einpflanzen. Überwinterung: Wurzeln dürfen nicht durchfrieren. → Wasser im Garten. Keine Düngung. Eine natürliche Nährstoffversorgung erfolgt durch verwesende Pflanzenteile, sowie durch unter Wasser lebendes Getier. → Schnecken.

Seerosenschädlinge 1 Seerosenzünsler: a Schmetterling, b Larve, c Larve in ihrem Gehäuse, das sie aus Blattstücken selbst anfertigt. 2 Köcherfliegenlarven. Die einzelnen Arten verwenden verschiedene Materialien zum Bau ihrer Köcher. Die wichtigsten Typen sind: a Köcher aus Blattstückchen, b aus Sandkörnern, c aus einem hohlen Pflanzenstengel. 3 Seerosen-Blattkäfer: a Käfer, b Larve.

Bewährte See- und Teichrosen

10–20 cm Wasserstand, Schalen und flache Becken mit 25–100 cm Ø (Zwergseerosen)	
Nymphaea tetragona	weiße, zierliche Blüten
Nymphaea pygmaea 'Helvola'	gelbe Sternblüten
15–30 cm Wasserstand, Schalen und Becken mit 40–150 cm Ø (Compact-Seerosen)	
Nymphaea 'Frau Uschi Oldehoff'	weiß, auch für Halbschatten
Nymphaea 'Pygmaea' *alba*	weiß, Zwergblüten
Nymphaea 'Madame Laydeker'	stark rosarot
Nymphaea 'Maurice Laydeker'	kräftig rot
Nymphaea 'William Falconer'	dunkelrot, schwarzgeflecktes Laub
Nuphar pumila	goldgelbes Blütenkrönchen; auch im Halbschatten
30–60 cm Wasserstand, Becken ab 150 cm Ø	
Nymphaea 'Aurora'	gelborange bis kupferrot
Nymphaea 'James Brydon'	eigenartiges Rot
Nymphaea laydekeri 'Purpurata'	scharlach-weinrot
Nymphaea × marliacea 'Chromatella'*	gelb
Nymphaea odorata 'Ursula'	rosa; duftend
Nymphaea 'Weiße Alpina'	weiß; beste Winterharte für Kleinbecken
Nuphar lutea	dottergelbes Krönchen; blüht auch im Halbschatten
50–120 cm Wasserstand, Becken ab 2 m^2 Ø	
Nymphaea 'Formosa'	rot
Nymphaea 'Gladstoniana', und *N.* 'Pöstlingberg'	weiß; riesenblumig
Nymphaea 'Gloriosa'	karminrot
Nymphaea 'Masaniello'	rosarot
Nymphaea × marliacea 'Carnea'*	weiß auf rosa Unterblättern
Nymphaea 'Rosennymphe'	pfirsichrosa
Nymphaea 'Sulphurea'	schwefelgelb
Nuphar lutea	gelbes Krönchen. Viel smaragdgrüne Unterwasser- und wenig Oberwasserblätter. Daher gut für Fischbecken. Blüht auch im Halbschatten.

* × bedeutet → Hybride.

Wichtige Schädlinge: Köcherfliegenlarven, Gelbrandkäfer, S.-Blattkäfer und dessen Larven, Raupen des S.-Zünslers. Bekämpfung: Sammeln und vernichten. Krankheiten: Sehr selten. Eine Pilzerkrankung, die schwärzliche Flecke auf dem Laub verursacht, kann eventuell durch Neupflanzung (Rhizompflanzung) geschwächte S. befallen, sowie Pflanzen, die im Dauerregen eines

Springbrunnens stehen. Steigt das junge Laub gesund empor, ist die Krankheit überwunden. → Algen im Gartenteich, → Fischbesatz im Gartenteich.

▷ Alle Seerosen brauchen viel Sonne um reich zu blühen. Die 'Weiße Alpina' und → Teichrosen *(Nuphar-* Arten) blühen auch im Halbschatten. S.-Blüten sind bis zu 4 Tagen geöffnet.

Segge, *Carex* Meist hartblättriges Ziergras, 10–100 cm hoch. Niedrige, winterharte S. als Bodendecker in Steingärten oder zwischen kräftige Zwiebelblumen und Stauden setzen. Höhere S. gedeihen unter Bäumen und Sträuchern, trokkenheitsliebende in Platten Beeten. Riesen S., *C. pendula,* für feuchten Boden am Gartenteich, ebenso die Palmwedel-S., *C. muskingumensis,* oder die Morgenstern-S., *C. grayi,* mit morgensternartigen Fruchtständen auf 80 cm hohen Stielen von VII–VIII. Fast alle gedeihen in normalem Boden. Spezielle Ansprüche sind im Angebot vermerkt. Sonne–Schatten.

Seidelbast, Kellerhals, *Daphne* Stark duftender Zwergstrauch. Alle Pflanzenteile sind giftig! Kinder mit dieser Gefahr vertraut machen, da die heimische Art *D. mezereum,* bis 150 cm hoch, auch in unseren Wäldern vorkommt. Sie steht unter Naturschutz. Rosarote Blüten von II–IV, vor Blattaustrieb. Halb- und Vollschatten. Erde stark mit Torf vermischen. Nahe beim Gartenteich gedeiht sehr gut *D. burkwoodii* 'Somerset', 1 m hoch, dessen Zweige von V–VI mit sternförmigen, rosa Blüten dicht besetzt sind. Sonne–Halbschatten, normaler, etwas feuchter Boden. In den Steingarten paßt der zierliche Rosmarin-S., *D. cneorum.* Karminrosa Blütendolden sitzen von IV–V dicht an dem nur 20 cm hohen, immergrünen Busch. Sonne. Normaler, kalkhaltiger Boden. Wächst auch in lehmgefüllten Mauerfugen. S., auch creme- und dunkelrotblühender, braucht in keinem Garten zu fehlen.

Seidenpflanze, *Asclepias* Für bunte Blumenbeete geeignete Stauden, bis 60 cm hoch, mit orangefarbenen Blüten von VII–IX. Sehr haltbare Schnittblume. Sonne. Durchlässiger Boden. Gute Nachbarschaft mit weiß-, blau- und rotblütigen Stauden, die etwa gleich hoch werden.

Seifenkraut, *Saponaria* Ausdauernde oder einjährige Staude, 5–80 cm hoch. Zahlreiche einfache oder gefüllte Blüten von V–IX in Rot, Rosa oder Weiß. *S. officinalis,* 20–80 cm hoch, ist anspruchslos und eignet sich für naturbelassene Gartenteile und Heidegärten. Rosa oder weiße Blüten. Der Boden kann trocken oder feucht sein. Schnittblumen für bunte Sträuße halten bis zu 10 Tagen. Die anderen Arten, 5–20 cm hoch, setzt man als Polster in Steingärten und wegbegleitende Rabatten. Blühend bilden sie leuchtende Farbflächen. *S. olivana,* 5 cm hoch, mit großen, rosaroten Blüten von VI–VII wächst auch in Mauerfugen. *S. ocymoides* polstert ebenfalls, wird 20 cm hoch und blüht reich in leuchtendem Rosa von V–VI, mit Nachflor von VIII–IX. Sonne. Normaler, durchlässiger Boden. *S. calabrica* ist einjährig und bildet kleine, runde Polster. Bei Herbstaussaat an Ort und Stelle blüht sie von V–VI rosa oder weiß. Bei Frühjahrsaussaat ab IV beginnt der Flor nach etwa 10 Wochen. Pflänzchen auf 15 cm Abstand ausdünnen. Sonne. Normaler, trockener Boden.

Sellerie → Bleichsellerie, → Knollensellerie.

Serbische Fichte → Omorikafichte.

Setzling Umsetzfähige Jungpflanze, die man entweder aus Samen selbst gezogen hat oder im Frühjahr beim Gärtner kauft. S. von gedrungenem Wuchs sind hochgeschossenen Geilpflanzen vorzuziehen. Zeigen Kohlarten Schwellungen an den Wurzeln, kann Verdacht auf → Kohlhernie bestehen. Außerdem auf Schädlingsbefall und Pilzkrankheiten (Mehltau, Schwarzbeinigkeit) achten. In jedem Fall nur völlig gesunde S. auspflanzen.

Sichel Sensenähnliches Kleingerät mit kurzem Handgriff zum Absicheln von Rasenkanten, Stauden, Gräsern zwischen Gehölzen usw. Mit einer Hand die Gewächse zusammenfassen und mit der S. abschneiden. Dabei möglichst vom Körper wegarbeiten. Moderne S. haben nicht mehr die früher übliche Halbmondform.

Sicherheitsleiter → Leiter.

Sickergrube Dient der Aufnahme von Wasser, das im Boden versickern soll, z. B. unter einer Duschanlage oder unter einem Sandkasten im Kinderspielbereich. Boden möglichst tief und breit ausheben, mit grobem Kies oder Schotter auffüllen.

Siebenschläfer → Gartenschläfer.

Siegwurz → Gladiole.

Silberährengras Ziergras, 80 cm hoch. *Achnatherum calamagrostis,* Straußengras. Seine schweifartigen, hellfarbenen Blütenrispen erscheinen von VI–IX und bilden – locker zusammengebunden – einen Blickfang im winterlichen Garten. Auch in der Vase wirken sie sehr dekorativ. *Lasiagrostis splendens,* Zottengras, zeigt von VII–IX aufrechtstehende, begrannte Ähren zwischen schilfartigem Laub. Sonne. Normaler, eher trockener Boden.

Silberdistel, Wetterdistel, Eberwurz, *Carlina* Ein Steingartengewächs. *C. acaulis* blüht von VI–VIII, silbrigweiß in graugrüner, dem Boden anliegender Blattrosette. Die Blütenstiele von *C. acaulis* var. *caulescens* werden 30 cm hoch. *C. acanthifolia* hat von VII–VIII strohgelbe Blütenköpfe inmitten graugrüner, knapp über dem Boden sitzender Blattrosetten.

▷ Haltbare Trockenblume. Bei Witterungswechsel mit feuchter Luft schließen sich die hartblättrigen Blüten.

Silberimmortelle → Perlkörbchen.

Silberkerze, *Cimicifuga* Halbschatten-Schattenstaude, 80–200 cm hoch, mit weißen oder cremefarbenen Blütenkerzen über ornamental geformtem Laub. Es gibt Sorten mit steil aufragenden Einzelrispen, mit stark verzweigten oder leicht überhängenden Blütenständen. Gute Wirkung vor dunklen Gehölzen und in naturbelassenen Gartenteilen. Boden humos, nicht zu trokken. → Mulchen oder mit niedrigen Bodenpolstern bepflanzen. Gute Nachbarschaft mit Glokkenblumen, Gräsern mit hohen Rispen, Farnen, Primeln, Goldtröpfchen, Funkien.

Silberwurz, *Dryas* Flach kriechender, alpiner Zwergstrauch, 10–15 cm hoch. Bildet immergrüne Teppiche. Für Steingärten und Mauerfugen. Weiße, anemonenartige Blüten von V–VI, verwandeln sich später in fedrige Samenstände. Sonne. Kalkhaltiger Boden ohne Staunässe.

▷ Von Spätsommer bis Frosteinbruch oft wässern, um für Vorratsfeuchtigkeit im Boden zu sorgen.

Sitkalaus, Fichtenröhrenlaus → Fichtengallenlaus, → Spritzkalender.

Sitzplatz Im Hausgarten sollten außer der Terrasse noch weitere S. eingeplant werden, z. B. als Grillplatz, als intimer Freiraum am Schwimmbecken oder als kleiner Platz inmitten der Stauden. Bei der Planung von S. sollte man auf deren Lage zur Morgen- bzw. Abendsonne achten.

Skabiose, Witwenblume, *Scabiosa* Beetblume, ausdauernde und einjährige Arten. Blütezeit von VI–X. Unter den ausdauernden Arten ist *S. caucasica* am bekanntesten. 50–100 cm hoch; blaue, violette, cremefarbene und weiße Blüten. Eine Nachblüte im Herbst ist möglich. S. bleiben bei guter Düngung viele Jahre am gleichen Platz. Gepflanzt wird im Frühjahr. Jungpflanzen sind in Stauden-Gärtnereien zu haben. Freilandaussaat im III an Ort und Stelle. Ältere Pflanzen lassen sich schwer versetzen. Sonne–Halbschatten. Normaler, kalkhaltiger Boden. Vermehrung durch Samen oder Pflanzenteilung im Frühjahr. Jungen Pflanzen im ersten Jahr Winterschutz geben. Im Wildgartenteil wirkt am besten *S. graminifolia,* 20–40 cm hoch, mit hell-lila bis rosa Blüten; im Steingarten die Berg-S., *S. lucida,* 20 cm hoch, mit rotlila Blüten.

Einjährig ist *S. atropurpurea.* Aussaat ab Mitte IV an Ort und Stelle. Sämlinge auf ca. 30 cm Abstand ausdünnen. Aussaat im III in Frühbeet, Saatschale oder einen Topf am Fensterbrett bringt frühere Blüte. Ab Anfang V im Freiland auspflanzen. Die Eisheiligen brauchen nicht berücksichtigt zu werden; die Pflanzen vertragen leichte Fröste. Wuchshöhe je nach Sorte 35 bis 100 cm. Blütenfarben: Gelb, Weiß, Rosa, verschiedene Rottöne, Blau, auch mehrfarbig. Sonne–Halbschatten. Normaler, kalkhaltiger Boden.

▷ S. sind in der Vase sehr haltbar, wenn sie als große Knospen geschnitten werden.

▷ Die Blütezeit verlängert sich durch Unterdrückung der Samenansätze. Darum welke Blumen entfernen. Eine Winterabdeckung mit gejauchtem Torfmull wirkt sich günstig aus.

Skimmie, *Skimmia* Immergrüner Zwergstrauch mit lorbeerähnlichen, ledrigen Blättern. Industriefest. *S. japonica* wird höchstens 1 m hoch. Duftende, cremefarbene Blütenrispen im V. Die roten Kugelfrüchte werden nur selten von Vögeln gefressen und schmücken im Winter den Strauch. Um Fruchtansatz zu erhalten, sollte man eine männliche und eine weibliche Pflanze zusammensetzen. Männliche Sträucher sind oft an helleren Zweigen und weißgeränderten Blättern erkennbar. *S. reevesiana,* 50–60 cm hoch, hat zwittrige Blüten und reichen Fruchtansatz. *S. reevesiana* 'Rubella' bringt keine Früchte, zeigt aber rote Knospen, Blatt- und Blütenstiele. Alle S. eignen sich für Steingärten, Heidegärten und als immergrüne Bodendecker auch zur Vorgarten-Pflanzung. Halbschatten. Vor Wintersonne geschützter Standort; notfalls mit Reisig abdecken. Humoser bis lehmiger, nicht zu trockener Boden erforderlich.

Solitär Besonders schön gewachsenes bzw. seltenes Gehölz oder Ziergras zur Einzelstellung. Eine S.-Pflanze kann – weil freistehend – voll ihren Habitus entwickeln und so einen besonderen Blickfang im Garten bilden.

Sommeraster, *Callistephus* Einjahresblüher in allen Farben, von VII–Frosteintritt. Höhe 30 bis 60 cm. Als Topfblumen im Zimmer blühen S. oft bis Januar. Aussaat ins Frühbeet oder in Zimmerschalen von III–IV. Umpflanzen in alt gedüngten Boden ab Mitte V mit 25 cm Abstand. Sonne. Gärtner bieten im Frühjahr meist Topfpflanzen an, die gegen Asternwelke resistent sind.
Blühdauer eines Pflanzensatzes oft nur 6 Wochen. Deshalb Folgesaat möglichst zwischen andere Sommerblumen, wie Tagetes, oder neben niedrige Stauden. Sehr haltbare Schnittblumen. Interessante Zuchtformen hinsichtlich Blütenform und -farbe werden angeboten.

Sommerblumen → Einjahresblumen, → Zweijahresblumen.

Sommerflieder → Buddleia.

Sommerfuchsie, *Clarkia* Einjahresblume, bis 60 cm hoch, von VI–IX mit duftenden, röschenartigen Blüten in Rosatönen und dunklem Karmin. Aussaat im IV an Ort und Stelle. Folgesaat bis Ende V, etwas feucht halten. Frühe Blüte durch Herbstaussaat. Sämlinge auf 25 cm Abstand vereinzeln. Jungpflanzen zurückschneiden, um buschigen Wuchs zu erzielen. Dankbare Schnittblume. Sonne. Normaler Boden.

Sommerschnitt → Grünschnitt.

Sommerzypresse, Kochie, *Kochia scoparia* Eine fremdartig anmutende Einjahrespflanze, 60–100 cm hoch. Eiförmiger, buschiger Wuchs. Blüten unscheinbar. *K. scoparia* var. *childsii* bleibt unverändert lichtgrün bis zum Frosteinbruch, während sich *K. scoparia* var. *trichophylla* im Herbst dunkel-karminrot färbt. Beide eignen sich zur Trennung von Nutz- und Ziergarten, für Rabatten und wegbegleitende Beeteinfassungen. Die Pflanzen lassen sich stutzen und können als Heckenersatz hinter niedrige Zäune gesetzt werden (Abstand 30 cm). In Schalen oder Kübel gepflanzt, kann man sie auf Treppenabsätze, Terrassen oder Plattenflächen stellen. Aussaat ab III in Töpfe am Fensterbrett oder im IV ins Frühbeet. Sämlinge dürfen nicht zu naß gehalten werden. Nach den Eisheiligen auspflanzen. Größere Exemplare lassen sich noch versetzen. Sonne. Normaler Boden.

Sonnenauge, *Heliopsis* Ausdauernde Schmuckstaude, 50–150 cm hoch. Einfache, halb und ganz gefüllte Blüten in verschiedenen Gelbtönen; Blütezeit: VI–IX. Geeignet für Staudenbeete.

Sonnenblume, *Helianthus* Wirkungsvolle Zierblume, auch Futterpflanze. Ausdauernd oder einjährig, hoch- oder buschig wachsend, 50–300 cm hoch, ein- oder mehrblütig. Blüten einfach oder gefüllt, meist sehr groß, von VII–X, in verschiedenen Gelb- und Braun- bzw. rötlichen Tönen. An Mehrjährigen gibt es ein reiches Angebot in Staudengärtnereien. Sonne. Normaler Boden. Eher feucht als trocken. Manche Sorten wandern, z. B. *H. atrorubens,* 180 cm hoch, goldgelbe Blüten. Vermehrung durch Abstechen und Umpflanzen der Ausläufer. Für die Vase voll erblüht schneiden, Blätter entfernen und Stengel tief ins Wasser stellen. Einjährige: Freilandaussaat von IV–V. Für jede Pflanze 60 cm Abstand rundum. Nährstoffreiche Erde. Riesenpflanzen erreicht man durch reichliches Gießen und öfteres Jauchen bzw. Volldüngergaben.

▷ Sonnenblumen als Hecke am Zaun entlang pflanzen, rund um den Sitzplatz oder zwischen bunte Sommerbeete. Sollen die Samen zur Winterfütterung ausreifen, die Köpfe lokker mit lichtdurchlässigem Mull oder ebensolcher Gaze einbinden. Schlecht ausgereifte Köpfe faulen leicht.

Sonnenbraut, *Helenium* Ausdauernde Beetstaude, 40–250 cm hoch. Blüten in gelben, roten und braunen Farbtönen von VI–IX. Sehr dankbare Schnittblumen. Sonne. Normaler, nährstoffreicher Boden. Reichliche Wassergaben. Im Frühjahr Volldünger streuen. Vermehrung: Im Frühjahr Rosetten abtrennen und verpflanzen.

Sonnenflügel, *Helipterum* Trockenblume für Gestecke und Wintersträuße, ca. 50 cm hoch. Blüten einfach oder gefüllt, in vielen Farben, ab VI. Aussaat im II in Töpfe am Fensterbrett oder ab IV ins Frühbeet. Auspflanzen mit 20 cm Abstand nach den Eisheiligen. Sonne. Boden torfgesättigt (kalkarm), nährstoffreich. → Strohblumen.

▷ In der Mittagszeit Blüten schneiden, die sich gerade öffnen. Bündeln und mit den Köpfen nach unten zum Trocknen aufhängen.

Sonnenhut, *Rudbeckia* Staude oder ein- bis zweijährige Beetblume, 30–200 cm hoch. Blüten einfach oder gefüllt, in Gelb, Orange, Rot, auch zweifarbig, von VI–X. Um das Umfallen langer Stiele zu vermeiden → Staudenhalter verwenden oder einfach aufbinden. Eventuell auch Rückschnitt im V auf ca. 15 cm Höhe. Vermehrung: Wurzelteilung im III oder X bzw. Aussaat von V–VI ins → Anzuchtbeet und Umpflanzen im Herbst. Einjährige Sorten mit Vorkultur: 30–80 cm hoch, Blüten von VIII–X. Aussaat im IV in Frühbeetkasten oder Töpfe am Fensterbrett. Umpflanzen mit 25–30 cm Abstand. Manche Sorten samen von selbst aus. Für alle: Sonne–Halbschatten. Normaler Boden. → Älchen.

▷ Dankbare Vasenblumen, Stiele unter Wasser mit der Schere nachschneiden oder kurz in heißes Wasser tauchen, bevor man sie in die Vase stellt.

Sonnenröschen, *Helianthum* Ein zwergiger, reichblumiger Halbstrauch, 5–25 cm hoch. Einfache oder gefüllte Blüten in Gelb, Weiß, Rosa oder Rot von V–VIII. Geeignet als Wegeinfassung, für Steingärten und Trockenmauern. Sonne. Boden kalkhaltig.

▷ Kräftiger Rückschnitt im V beugt der Verkahlung älterer Bestände vor.

Sonnenschutz → Abhärten, → Gehölze, → Barfrost.

Sonnentau, *Drosera* Zierliche, fleischfressende Pflanze. Polstert im Moorbeet am Gartenteich in feuchter Luft. *D. anglica,* der Langblättrige S., (Englische S.) besitzt die größten Fangblätter. *D. intermedia,* der Mittlere S., bildet eine dicht wachsende Fläche, ebenso die kleinste Art, der Rundblättrige S., *D. rotundifolia.* Weiße Blüten auf hohen, dünnen Stielen ab VII. Volle Sonne. Ungedüngter Torfboden, immer feucht. Vorübergehende Staunässe schadet nicht.

Sonnenwende → Heliotrop.

Sonntagsarbeit → Lärmbelästigung.

Spalier → Rankgerüste.

Spalierbaum → Obstgehölzformen.

Spaltblume, *Schizanthus-Wisetonensis*-Hybriden Einjahresblume, 20–80 cm hoch, mit pyramidenförmigem oder zwergigem Wuchs. Blüten in fast allen Farbtönen von VII–X. Freilandaussaat von Ende IV bis VI an Ort und Stelle. Auslichten auf 20 cm Abstand. Besonders gut geeignet für Pflanzenschalen und Blumentöpfe, die windgeschützt auf der Terrasse, auf Mäuerchen oder Treppenabsätzen stehen. Am besten gedeihen Sp. in der feuchten Luft am Wasserbecken. Aussaat zur Ballenpflanzung von VIII–IX in → Anzuchtkästen. Sämlinge in Töpfe setzen, mit Haltestäben versehen und kühl überwintern. Im Frühjahr in Schalen umgepflanzt, blühen sie ab V. Jungpflanzen dieser Aussaat können am hellen Fenster im Wohnraum auch im Winter blühen. Sonne. Erde nährstoffreich und durchlässig. Sp. leiden unter heißen Trockenperioden.

Spaltglöckchen → Lobelie.

Spargel, *Asparagus officinaliis* Feingemüse, das erst im dritten bis vierten Jahr nach Anbau genutzt werden kann. Leichte, sandige, durchlässige Böden in sonniger Lage. Gedeiht bei vermehrtem Arbeitsaufwand auch in Lehmböden (Sand- und Humus-Zusatz).

Bleich-Sp.: Reihenanbau. 1. Jahr: Vorgesehene Fläche im Herbst 2 Spatenstich tief umgraben und mit Torf, Kompost, Kali und Thomasmehl düngen. Im Frühjahr 40 cm tiefe Pflanzgräben im Abstand von 150 cm in Nord-Süd-Richtung ausheben, in den Bodengrund Humusvolldünger einarbeiten und ab IV einjährige Jungpflanzen – mit 50 cm Abstand voneinander – neben Markierstäbe setzen. Ausgebreitete Wurzeln dick mit Erde überdecken. Pflanzen später anbinden. Im Sommer Boden lockern, unkrautfrei halten, → Kopfdüngung verabreichen. Ab XI vergilbtes Laub abschneiden. Markierstäbe stecken lassen. Als Zwischenkultur Buschbohnen, Radieschen, Schnittsalat. 2. Jahr: Im Frühling die vergilbten Sp.-Reste herausziehen. Erde lockern, im VI → Kopfdüngung geben oder Humusvolldünger streuen und einharken. Die seitlich der Gräben gehäuften Hügel im Lauf der Monate nach und nach einfüllen. Herbstpflege wie im Vorjahr. Boden mit Mist oder Humusdüngern für den Winter abdecken. 3. Jahr: Die Erde von beiden Seiten über die Pflanzstelle ziehen, so daß über diesen rundliche, etwa 20 cm hohe Dämme und dazwischen tieferliegende Wege entstehen. Dämme mit der Schaufel festklopfen und glätten, da dann kurz vor dem Durchwachsen stehende Sp.-Stangen feine Risse im Boden verursachen. So läßt sich der richtige Zeitpunkt für die Ernte erkennen.

Den Sp. mit der Hand freilegen und so tief wie möglich ausbrechen oder mit einem → Spargelmesser abstechen. Dabei die Pflanze nicht verletzen. Löcher im Boden sofort wieder einebnen und Oberfläche glätten. Die Ernte beginnt je nach Witterung und Anbaugebiet zwischen Mitte und Ende IV. Bei der ersten Ernte sollte nicht länger als bis Ende V, in den Folgejahren nur bis Johanni (24. 6.) gestochen werden. Nach der Ernte Kopfdüngung mit Kali und Thomasphosphat; Mist oder humose Düngegaben im Herbst. Erdwälle nach der Ernte auseinanderziehen und Anfang III wieder häufeln. Beete unkrautfrei halten. Beerenansätze entfernen.

Während Bleichspargel in Dämmen wächst und nur zur Erde freigelegt wird, darf man Grünspargel überhaupt nicht häufeln.

Pflanzenschutz: Vorbeugen gegen Erkrankungen durch Bodenlüftung, Hacken und Auseinanderziehen der Wälle. Von Sp.-Fliege (legt im Frühling Eier hinter die Schuppen) befallene Sp.-Köpfe abtrennen und im Ofen verbrennen. Desgleichen die vom Sp.-Rost befallenen grünen Teile oder Triebe. Sie zeigen braune Flecken ab V. Im Herbst vergilbtes Laub vorbeugend ebenfalls verbrennen. Bei starkem Befall durch Pilze oder tierische Schädlinge organische → Fungizide bzw. → Insektizide anwenden.

Grün-Sp.: Geschmack würziger als beim Bleich-Sp. Gedeiht in jedem Boden. Pflanzen mit 50 cm Abstand in 15 cm tiefe Rillen oder Vertiefungen setzen. Nicht häufeln. Die Triebe werden bei 20 cm Länge grün geerntet, wenn sich die Triebspitzen öffnen. Mit einem Messer im Boden ausstechen. Es gibt auch weißbleibende Sorten. Pflege wie Bleich-Sp. In Staudenbeeten und im gebundenen Strauß wirkt das filigranartige Sp.-Grün sehr zierend.

Spargelkohl → Brokkoli.

Spargelmesser Spezialmesser zum Spargelstechen.

Spaten Arbeitsgerät mit scharfer Schneide, in breiter oder schmaler Form. Wird zum Graben und Abstechen verwendet. → Tafel Gartengeräte.

Speerkraut, Zungenhahnenfuß, *Ranunculus lingua* Wasser- und Sumpfpflanze, 70–150 cm hoch, mit goldgelben Schalenblüten von VII–VIII. *R. lingua* 'Grandiflora' ist besonders großblütig. 0–40 cm Wasserstand. Sonne–Halbschatten. Normaler Boden.

Spezialerde → Erde, → Kompost.

Spielplatz im Garten Möglichst an sonnigem Platz einrichten. Sollte vom Küchen- oder Wohnzimmerfenster gut einzusehen sein. Schattengebung durch Strauch oder Baum berücksichtigen. Mit Steckzaun oder niedrigen Gehölzen umranden, z. B. mit Buchsbaum, der sich nach Belieben schneiden läßt. Beim Aufstellen von Wippen oder Schaukelgeräten vor allem auf Sicherheit achten. Unempfindliche Rasen wählen. Bei Anlage eines Sandkastens Boden 30 cm tief ausheben, groben Kies einfüllen, eine 10 cm dicke Erdschicht auflegen und dann Sand einfüllen. So kann die Regenfeuchtigkeit besser absickern. Bei Holzumrandungen keine Nägel, sondern Rundhölzer oder Schwellen fest im Boden verankern. Das imprägnierte Holz zusätzlich mit flüssigem Kunststoff überziehen, um mögliches Absplittern zu unterbinden. Ein Plattenbelag oder gar eine Pflasterung mit Rundholz um den Sandkasten ist leichter zu pflegen als ein Streifen Spielrasen. Wasser zum Planschen und »Kuchenbacken« steht in einer Wanne oder mittels einer aufstellbaren Duschanlage zur Verfügung. Im Rasen können die versenkten Rohre für die Wäschepfähle zugleich für ein aufsteckbares Schaukelgestell genutzt werden. Auf der Terrasse sollten mobile Spielgeräte aufgebaut sein. → Kinder im Garten.

Spierstaude, Mädesüss, *Filipendula* Staude, 30–150 cm hoch, mit weißen, rosa oder roten Blütenrispen von VII–VIII. Zur Gruppenpflanzung, auch in naturbelassenen Gartenteilen und am Wasser. Gute Nachbarschaft mit Ziergräsern, Glockenblumen, Blutweiderich, Polsternelken und Astilben. Sonne–Halbschatten. Normaler, humoser Boden, eher feucht als trocken.

▷ Die weißen Blüten der Wildform *F. ulmaria* trocknen und im Winter als Tee verwenden. Wirkt heilend bei Rheuma, lindernd bei Husten und – zusammen mit Holunderblüten – gegen Erkältungskrankheiten.

Spinat, *Spinacia oleracea* Blattgemüse zum Kochen und für Rohkost. Aussaat in Reihen mit 25 cm Abstand. Im II–III für Sommerernte, im VII für Herbsternte, Ende VIII–X mit Überwinterung zur Ernte im Frühjahr. In harten Lagen Winterschutz mit Reisig oder → Folientunnel. Gut gedüngter, lockerer kalkhaltiger Boden. Bei Stickstoffmangel Gelbfärbung. Beete unkrautfrei halten. → Mangold, → Neuseeländer Spinat.

▷ Sp. enthält die Vitamine A, B, C. 100 g gekocht: 20 Kalorien (84 J).

▷ Die Sorte 'Monnopa' besteht nur aus weiblichen Pflanzen, ist mehltau- und virusresistent, enthält weniger Oxalsäure und schießt später als andere Sorten.

Spindelbaum → Pfaffenkäppchen.

Spindelbusch → Obstgehölzformen, → Obsthecke.

Spinnenblume, *Cleome spinosa* Eine einjährige Sommerblume mit langen, dicht besetzten Blütentrauben in Rosa oder Weiß von VI-Frosteintritt. Bis 150 cm hohe, leicht bestachelte Triebe mit oberhalb verzweigten Stengeln. Sehr haltbare Schnittblumen. Jungpflanzen (vom Gärtner) nach den Eisheiligen mit 50 cm Abstand in nährstoffreichen Boden an geschützten, sonnigen Platz setzen. Gute Nachbarschaft mit blauem Rittersporn oder rotem und gelbem Blumenrohr.

Spinnmilbe → Rote Spinne.

Spitzendürre → Monilia.

Spitzmaus Kleines, nützliches Säugetier. Insektenfresser mit mäuseähnlichem Aussehen, aber spitzer, rüsselartiger Schnauze.

Sporen Keimzellen, die von Algen, Pilzen, Moosen, Farnen usw. gebildet werden. Aus ihnen entwickelt sich eine neue Pflanze; bei den Pilzkrankheiten entsteht so ein neuer Krankheitsherd.

Spornblume, *Centranthus* Staude, 60 cm hoch, mit roten Blumenrispen von VI–IX; auch für trockene Böden. Für Rabatten mit zwanglosem Wuchs in naturbelassenen Gartenteilen und am Gartenteich. Haltbare Schnittblumen. Sonne. Normaler Boden. Günstige Nachbarschaft mit Zwiebelblumen, Flockenblumen, Zierdisteln, Gräsern.

Spreizholz Kleines Holzstück mit zwei kurzen Astgabeln. Wenn nicht vorhanden, dickes Holzstück spalten. → Abspreizen, → Formieren.

Sprengen → Bewässerung, → Rasen.

Sprenger → Gartenregner.

Springkraut → Balsamine.

Spritzgeräte Der Erfolg einer Spritzaktion ist weitgehend abhängig von einem einwandfrei arbeitenden Sp. Der Wirkstoffbelag auf der Pflanzenoberfläche sollte gleichmäßig fein verteilt sein und gut haften. Diesen Anspruch müssen Motor-Sp. beim Einsatz in Spezialkulturen ebenso erfüllen wie einfachere Rückenspritzen oder handbetätigte Sp. und Stäubegeräte (Holder, Gloria) für Haus- und Hobbygarten. Für die feine Verteilung sorgen Düsen, über die die Spritzbrühe unter Druck ausgebracht wird. Düsen vor dem Spritzen daher grundsätzlich reinigen, Luftpumpen kontrollieren. Spritzbrühe gut durchmischen, damit sich keine störenden Klümpchen bilden können. Verstopfte Düsen auch bei Verwendung von ungiftigen Pflanzenschutzmitteln niemals mit dem Mund durchblasen, sondern aufschrauben und reinigen. Für den kleinen Garten oder für gelegentliche Anwendung gibt es praktische, bereits gebrauchsfertige Hand-Sprüh- und -Stäubedosen. Vorteile: Kein Ansetzen von Spritzbrühen, genaue Dosierung, Verbrauch – auch in mehreren Etappen – bis auf den letzten Rest. Es gibt Rosenspray, Blumenspray, Mittel gegen beißende und saugende Insekten, gegen saugende Insekten und Schildläuse, gegen Echte Mehltaupilze sowie andere Kombinationen von Pflanzenschutz- bzw. Schädlingsbekämpfungsmitteln. Die normalen Spritzgeräte sind natürlich ebenso für den Einsatz in Kulturen unter Glas geeignet, doch gibt es auch spezielle Nebel- oder Räucher-Geräte für Gewächshäuser.

Spritzkalender → Biologische Pflanzenschutz- und Pflegemittel (s. Tabellen ab nächste Seite).

Sproß-Steckling → Steckling.

Spurenelemente → Mikronährstoffe. Beim Fehlen von S. treten sogenannte Mängelschäden auf.

Stachelbeerblattwespe, *Pteronus ribesii* Schadinsekt, 6–8 mm lang, Weibchen orangefarben, Männchen schwarz. Perlschnurähnliche Ablage weißer Eier auf der Blattunterseite entlang der Rippen. Mehrere Generationen im Jahr. Kahlfraß durch hellgrüne, mit schwarzen Wärzchen bedeckte Larven; er beginnt im Inneren der Stachelbeer- und Johannisbeersträucher. Bekämpfung: Frühzeitig auf Eiablage achten. Blattunterseiten und Larven mit Pyrethrum oder Pyrethrum-Derris-Präparaten stäuben.

Stachelbeere, *Ribes uva-crispa* Beerenobst. Stachelbewehrte Sträucher, Hochstämme, Fußstämme. Ernte der roten, gelben, grünen oder weißen Beeren, wenn diese sich weich anfühlen. Für Kompott und Kuchenbelag unter den unreifen Beeren die kleinsten aussuchen und große zum Frischverzehr reifen lassen. Regelmäßiges → Auslichten erleichtert die Ernte. Sonst Schnitt und Pflege wie bei → Johannisbeeren. Sonnige Lage. In Halb- oder Streuschatten geringerer Fruchtertrag. Normaler Boden. Sorten: Grüne Kugel, Rote und Weiße Triumph, Hönings, Maiherzog, Reverta u. a. → Spritzkalender.

Stachelbeermehltau, Amerikanischer → Mehltau.

Stacheln → Dornen.

Stachelnüßchen, *Acaena* Immergrüner Bodendecker, 10 cm hoch für Steingärten und naturnahe Pflanzung. Bildet Ausläufer. Laubzierend. Blüten unscheinbar. Borstige Fruchtstände im August. Sonne–Halbschatten. Normaler Gartenboden. *A. buchananii:* silbergrün, graugrün; *A. glaucophylla:* graublau; *A. microphylla:* blaugrün.

Stäuben Biologische Methode der Schädlingsbekämpfung. → Gesteinsmehle oder → Holzasche bei trockener Witterung morgens auf taunasse Gewächse stäuben. Wirkt gegen Schneckenfraß und Läusebefall. Brauchbare Methode im Gemüsebeet. Im Ziergarten kein schöner Anblick. Erst ein Regen wäscht die Staubschicht wieder ab.

Spritzkalender für Kern- und Steinobst (Apfel, Birne, Kirsche, Pfirsich, Aprikose, Pflaume)

Spritzung	Krankheit/Schädling	Mittel (auf der Packung angegebene Dosierung streng einhalten)	Bemerkungen
Austriebsspritzung zwischen Knospenaufbruch (grüne Spitze) und Mausohrstadium.	Schorf, Apfelblütenstecher, Blatt-, Blut-, Schildlaus (San-José), Frostspanner	*Eftol-Öl* oder *Folidol-Öl;* auch Winter-Weißöl oder *para*-Weiß	Gegen überwinternde Stadien schädlicher Insekten. Durchführen, wenn Winterspritzung versäumt wurde. Kann bei termingerechter Vorblütespritzung wegfallen.
unmittelbar vor dem Knospenaufbruch.	Pfirsichkräuselkrankheit	*Euparen* oder *Grünkupfer* bzw. Schwefelpräparate	Pfirsich absolut termingerecht spritzen. Nach dem Austrieb nicht mehr mit Kupfer- oder Schwefelpräparaten behandeln.

Spritzkalender für Kern- und Steinobst (Apfel, Birne, Kirsche, Pfirsich, Aprikose, Pflaume)

Spritzung	Krankheit/Schädling	Mittel	Bemerkungen
Vorblütespritzung sofort nach Knospenaufbruch bis zum Erscheinen der Blütenknospen.	Mehltau, Schorf, Apfelblütenstecher, Aprikosenspinner, Birnengallmücke, Knospenstecher, Blattlaus, Blattrippenstecher, Blattsauger, Frostspanner, Goldafter, Spinnmilben, Wickler	*Euparen* oder *Dithane Ultra* + *Nexion* gegen Insekten im Hobbygarten	Speziell gegen die Rote Spinne und Echten Mehltau: *Acricid conc.*
1. Nachblütespritzung sofort nach Abfall der Blütenblätter.	Schorf bei Apfel und Birne, Rost bei Zwetschen, Schrotschußkrankheit bei Kirschen, Blattläuse, Blutlaus, Sägewespen, Spinnmilben	*Captan, Antracol* oder *Dithane Ultra + Gesal, Metasystox R* oder *Unden* flüssig	
Kirschfruchtfliegenspritzung	Kirschfruchtfliege	*Dimethoate Bayer, Lebaycid* Emulsion oder *Roxion*	Nur in Gegenden notwendig, wo der Schädling auftritt. Pflanzenschutzdienststelle befragen.
2. Nachblütespritzung (1. Obstmadenspritzung, Mitte Juni)	Rost bei Zwetschen, Schorf bei Apfel und Birne, Schrotschußkrankheit bei Kirschen, Birnengitterrost, Obstmade, Pflaumenwickler	*Dithane Ultra, Colosan, Antracol, Delan* flüssig oder *Polyram-Combi*	
3. Nachblütespritzung (2. Obstmadenspritzung; etwa 3 Wochen später)	wie bei 1. Obstmadenspritzung	Kombination wie oben	Pflanzenschutzwarndienst beachten! (Rundfunk)
3. Obstmaden- und Spät-Schorfspritzung (Mitte August)	Schorf bei Apfel und Birne, Obstmade (Apfelwickler)	Kombination wie bei 1. Obstmadenspritzung	

Spritzkalender für Beerenobst

Spritzung	Krankheit/Schädling	Mittel	Bemerkungen
Johannisbeeren			
Sofort nach Austrieb und gleich nach der Ernte.	Blattfallkrankheit	*Euparen* oder *Delan* flüssig	Unterseite der Blätter gut benetzen.
Vor der Blüte 2mal im Abstand von 10 Tagen (Blütenrispe sichtbar, Blüten aber fest geschlossen).	Johannisbeer-Gallmilbe	*Thiodan* flüssig oder Spritzpulver	Tropfnaß spritzen. Wartezeiten genau beachten!
Nach der Blüte und nach der Ernte jeweils 2 Spritzungen im Abstand von 14 Tagen.	Säulenrost (bei schwarzen Johannisbeeren)	*Antracol* oder *Polyram-Combi*	
Nach der Ernte.	Amerikanischer Stachelbeermehltau (bei schwarzen Joh.)	*Morestan*-Spritzpulver oder *Netz-Schwefelit*	
Stachelbeeren			
Austriebsspritzung 1–2mal nach Austrieb.	Amerikanischer Stachelbeermehltau	*Netz-Schwefelit, Grünkupfer*mittel verstärkt, *Dinocap* oder *Morestan*-Spritzpulver.	Im Winter Triebspitzen ausschneiden.
Vor, sofort nach der Blüte und 2–3mal nach der Ernte.	Blattfallkrankheit	*Antracol*	Unterseite der Blätter gut benetzen.
Erdbeeren, Himbeeren, Brombeeren			
Vor der Blüte und nach der Ernte.	Erdbeermilbe	*Beosit* flüssig,	Gründlich spritzen.
Im April frühzeitig.	Erdbeerblütenstecher	*Thiodan* flüssig, *Rospin* oder *Eftol*-Öl	
April–Mai (spätestens 2 Wochen vor der Blüte)	Erdbeerstengelstecher		
Austriebsspritzung (Brombeertriebe 40 cm lang)	Brombeermilbe	*Morestan*-Spritzpulver	
Frühsommer (Rutenlänge 20 cm)	Himbeerrutenkrankheit	*Grünkupfer* und Netzmittel (Rei, Pril)	
Während der Blüte nach Gebrauchsanweisung.	Botrytis-Fruchtfäule bei Brombeeren, Erdbeeren, Himbeeren		Pflanzenschutzdienst-Stelle befragen. Wartezeiten beachten!

Stallmist Dünger von Groß- und Kleinvieh mit hohem Gehalt an organischer Substanz. Neben den Pflanzennährstoffen werden dem Boden durch eine St.-Gabe vor allem Humusstoffe (Nähr- und Dauerhumus) zugeführt. Der Boden wird lockerer und wärmer. Das Leben der Bodenbakterien wird angeregt. St. dient also in erster Linie zur Verbesserung der Bodenfruchtbarkeit. Zusammensetzung und Wirkung sind nach Tierart, Einstreu und Behandlung des St. unterschiedlich. → Mist.

Pferdedung ist ein lockerer, trockener Dünger, der sich schnell zersetzt, einen relativ hohen Stickstoffgehalt aufweist und auf Lehm- oder Tonböden ausgebracht werden sollte. Entwickelt hohe Verbrennungswärme.

Rinderdung ist weniger hitzig, zersetzt sich langsamer, ist aber nachhaltiger in der Wirkung und daher für leichte Böden geeignet. Niedriger Stickstoffgehalt.

Schafmist gilt als der »hitzigste« Dünger. Für schwere Böden geeignet. Sein Stickstoffgehalt liegt über dem des Pferdedungs.

Schweinemist kommt – seiner Zusammensetzung nach – dem Rinderdung am nächsten. Beide sind sog. Kaltdünger.

In 1000 kg Stallmist sind enthalten (kg):

Tierart	Stickstoff (N)	Phosphorsäure (P_2O_5)	Kali (K_2O)	Kalk (CaO)
Pferd	5,8	2,8	5,3	3,0
Rind	4,5	2,5	5,5	4,5
Schaf	8,5	2,5	6,7	3,0
Schwein	4,5	1,0	5,5	0,5

Für den Garten St. in abgelagertem Zustand verwenden oder dem Komposthaufen schichtweise beigeben. Bei Direktverwertung im Herbst auf abgeernteten Beeten untergraben. Eine einseitige und zu reichliche Düngung mit St. kann die Anfälligkeit der Pflanzen für den Befall durch Schädlinge oder Krankheiten erhöhen. Deshalb auf demselben Stück nur alle drei Jahre mit St. düngen. Um Nährstoffverluste zu vermeiden, St. möglichst sofort nach Anlieferung gleichmäßig auf den Beeten ausbreiten und untergraben. Mist von Hühnern, Tauben und Kaninchen kann ätzend wirken oder Wurzelverbrennungen verursachen. Er sollte daher in einem stabilen Gefäß mit Deckel – das auch in den Boden eingegraben werden kann – wie → Pflanzenjauche angesetzt und in verdünntem Zustand an Regentagen ausgebracht werden. Verbrauchtes Wasser nachfüllen. Auch zum Feuchthalten des Komposthaufens geeignet. → Fäkaliendünger.

Von der Düngemittelindustrie angebotenen getrockneten Rinderdung, Hühnermist, Vogelmist (Guano) usw. genau nach Anweisung auf der Packung anwenden.

Standort Das gute Gedeihen der Pflanzen ist weitgehend abhängig vom richtigen St. Die Anforderungen an den St. beziehen sich auf Bodenbeschaffenheit, Wasserführung, Nährstoffe, Lichtverhältnisse und Kleinklima. In der Beschreibung der einzelnen Gewächse sind entsprechende Hinweise auf die ökologischen Faktoren zu finden. Mit den standörtlich angepaßten Pflanzen beschäftigt sich die Vegetationskunde, die Lehre von den Wechselbeziehungen zwischen der Pflanzensoziologie und der → Ökologie.

Stauden → Blütenstauden.

Staudenhalter Im Fachhandel erhältliche Stützvorrichtung zur Vermeidung von Windbruch. Für gefährdete Stauden mit hohen Stielen, wie Rittersporn, Mohn, Sonnenhut u. a. (s. Zeichnung S. 287).

Staudenwiese Flächige buntblumige Anpflanzung von niedrigen, in gleicher Höhe wachsenden

Blütenstauden oder Einjahresblumen. Möglichst leuchtende, starke Blütenfarben und → Langzeit- bzw. → Dauerblüher wählen. → Wiese.

Stechapfel, Engelstrompete, *Datura* Kübelpflanze. Trompetenförmige Sommerblüten bis 30 cm lang, einfach oder gefüllt, weiß bis cremefarben, außen violett, bläulich, gelblich oder auch kupferfarben angelaufen, manche duftend. Vollsonnig auf Terrasse oder geschützten Gartenplatz stellen. Erde lehmhaltig und nährstoffreich, mit Kompost oder verrottetem Mist versetzt. Überwinterung hell im Haus. Giftpflanze!

Stechfichte, *Picea pungens* Nadelbaum, bis 20 m hoch. Anspruchslos, industrie- und windfest. Durch späten Austrieb nicht frostgefährdet. Die Blaufichte, *P. pungens* 'Glauca', besitzt bläuliche Nadeln und hat die gleichen Eigenschaften. Sonne. Normaler Boden. Verträgt trockenen Standort, wenn die Wurzeln Grundwasser erreichen können.

Steckling, Fechser Pflanzenteil für eine vegetative Vermehrungsart, die Geduld erfordert. Viele aus Stecklingen gezogene Gartenpflanzen brauchen Jahre, bevor sie zur Blüte kommen. (Andere, wie Pelargonien-St., blühen bereits in der nächsten Vegetationsperiode). Sproßstecklinge: Abtrennen eines ca. 7 cm langen wurzellosen Pflanzenteiles unterhalb eines Blattknotens (Seitentriebe oder Haupt-Triebspitzen von Stauden). Die Bewurzelung erfolgt in Wasser, Sand, sandig-humoser Erde, ungedüngtem Torf oder in einem modernen, lockeren Pflanzsubstrat. Zur schnelleren Bewurzelung die Schnittstelle in ein Bewurzlungsmittel (Hormonpräparat) tauchen. Es wird als Pulver oder Flüssig-Präparat angeboten und nach Vorschrift auf der Packung verwendet.
Zur Gehölzvermehrung nimmt man Weichholzstecklinge (junge Triebe), halbreife Stecklinge (feste oder leicht verholzte Teile) oder Hartholzstecklinge (ca. 30 cm lange Steckhölzer, die meist im Herbst vom reifen Holz geschnitten werden). Diese Vermehrung ist jedoch selten lohnend, lediglich bei Cotoneaster, Forsythien, Cornus u. ä. problemlos.

Steinbeet 1. Aus Steinbrocken geschichteter Hügel mit Kies- oder Schotterfüllung, z. B. auf einer Plattenfläche. Sich ergebende Höhlungen, Fugen und Spalten mit lehmiger Erde ausfüllen und trockenheitsliebende Pflanzen einsetzen: → Alpenpflanzen, → Ziergräser, → Kakteen. → Blühende Steine. – 2. → Plattenbeet mit zwischen der Bepflanzung dekorativ angeordneten größeren Kieseln. → Agaven.

Steinbrech, *Saxifraga* Formenreiches Alpengewächs, meist immergrün, mit verschiedenen Standortansprüchen.
Moos-St. bildet polsternde Teppiche. Grün, mit 10–20 cm hohen, weißen, gelben, rosa oder roten Blüten von IV–V. Halbschatten–Schatten. Boden humos, eher feucht als trocken.

Staudenhalter

Rosetten-St.: Bodenpolster aus kleinen oder großen Rosetten. Silbergraue, graugrüne, rötliche oder grüne, meist harte Blätter, manche weiß überkrustet. 15–50 cm hohe weiße, rosa oder rote Rispenblüten von V–VI. Sonne. Boden kalkhaltig. Gedeiht in Steinen und Mauerfugen. → Blühende Steine.

Polster-St.: Starre, feste Polster, zwergig und größer. Blüten gelb, orange, weiß, rosa oder rot von III–IV. Halbschatten–absonnig. Boden durchlässig, kalkhaltig, karg. Geeignet für Steine und Mauerfugen.

Schatten-St.: Dichte Polster aus immergrünen Blattrosetten. Blüten weiß, rosa oder rot, 15–40 cm hoch, von IV–VII. Halbschatten–absonnig. Boden humos, eher feucht als trocken. Für Einfassungen, absonnige Mauerfugen und als Bodendecker. Reichhaltiges Angebot in Stauden- und Alpenpflanzengärtnereien.

Steine → Blühende Steine, → Steingarten.

Steingarten Gartenteil, in dem zwischen Steinbrocken niedrige Stauden, Zwiebelblumen, Polsterpflanzen und Zwerggehölze wachsen. Steine nicht aufrecht stellen, sondern hinlegen. Zierliche Einzelpflanzen mit Steinen gegen Überwucherung durch umliegende Polster abschirmen. Wärmebedürftige Pflanzen vor größere Steinbrocken setzen. Hier wird die Sonnenwärme gespeichert und in der Abendkühle wieder abgestrahlt. Pflanzen von vornherein dicht setzen. Möglichst wenig freie Erdstellen übrig lassen, um Unkrautsamen am Keimen zu hindern. Dann ist der St. später fast pflegefrei. Sonne. Normaler Boden. Manche Halbschattenpflanzen verlangen sauren Boden. In diesem Fall entweder ein → Torfbett anlegen oder viel Torf in den Boden einarbeiten. → Alpinum, → Alpenpflanzen, → Blühende Steine, → Trockenmauer, → Bodendecker, → Betonfertigbauteile.

Verschiedene Möglichkeiten der Anlage eines St.: 1. Aufgeworfener Erdhügel, der die hochgelegene Terrasse am Haus mit dem übrigen Garten verbindet. – 2. Kleiner Hügel zwischen Treppenaufgang und Hauswand. – 3. Rabattenähnliche, wegbegleitende Beete. – 4. St.-Hügel am Gartenteich. Aushub des Teiches verwenden. – 5. Einen tiefer gelegenen Weg durch den Garten führen, rechts undd links die Erde wallartig aufwerfen und als St. bepflanzen. – 6. Steile Südhang-Grundstücke sind von Natur aus ideal für eine St.-Anlage. Notfalls mit → Trockenmäuerchen abstützen.

Steinkraut, *Alyssum* Ausdauernde Polsterpflanze, 15–40 cm hoch. Von IV–VIII mit einfachen oder gefüllten Blüten in verschiedenen Gelbtönen, seltener in Rosa oder Rot. Geeignet für Steingärten, Mäuerchen, Rabatten, Heidegärten. Angebot in Stauden- und Alpenpflanzengärtnereien. Boden normal oder karg, durchlässig.

▷ Wer Pflanzen gern aus Samen zieht, sät *A. saxatile* von V–VI auf ein Anzuchtbeet. Feucht halten. Jungpflanzen an gewünschte Stelle umsetzen. Gelbe Blüten von V–VI, 25 cm hoch. Gute Nachbarschaft mit Polsterphlox, Blaukissen, Gänsekresse und anderen niedrigen Polsterpflanzen.

Steinmehl → Gesteinsmehl.

Steinnelke → Nelken.

Steintäschel, Steinkresse, *Aethionema* Reichblühende Kleinstaude mit bläulichem Laub für Alpinum und Troggärten. Sonne, kalkhaltige Erde. *A. antitauricus,* 10 cm; Blüten hellrosa, von VI–VII. *A. grandiflorum,* 20 cm; Blüten rosarot, duftend, von VI–VII. *A. iberidifolium,* niedrige Polster, zwergig; Blüten weiß, von V–VII. *A. purpureum,* 20 cm; Blüten rot von V–VI.

Stengelälchen → Älchen.

Steppenkerze → Kleopatranadel.

Steppenlilie → Kleopatranadel.

Sterndolde, *Astrantia* Waldstaude für halbschattige Gartenstellen, bis 80 cm hoch. Im VI/VII mit rosafarbenen Blüten, die von dunkler getönten Hüllblättern umgeben sind. Normaler, etwas feuchter Boden. Gedeiht auch in Sonnenlage, wenn die Erde feucht bleibt. In niedrige Blütenpolster setzen. Paßt zu Gräsern und Farnen.

Sterngladiole, *Acidanthera bicolor* var. *murielae* Duftende Sternblume, weiß mit dunkelrotem Innenfleck. Von VIII bis Ende IX mehr als 10 Zipfelblüten am ca. 70 cm hohen Stiel. Gute Wirkung in Gruppen vor dunklem Gehölz und im Sommerbeet mit Einjahresblühern. In Schalen auf sonniger Terrasse laufend düngen, andernfalls kleiner Wuchs. Lange haltende Schnittblume. Nicht winterhart. Folgepflanzung und Überwinterung wie Gladiolen. Die braunen Knöllchen kommen Anfang IV bis Mitte V in normale Gartenerde, mindestens 10 cm tief. Abstand ca. 15 cm. Vorkultur: Im III bis zu 6 Knollen in größerem Topf voll kräftiger Erde im kühlen Raum oder frostfreien Frühbeet vortreiben. Auspflanzen nach den Eisheiligen. Abgetrennte Brutknollen können weiterkultiviert werden; die größten davon blühen im 1. Jahr. Im Herbst nach Abgilben der Blätter Knollen aus dem Boden nehmen.

Sternmoos, *Sagina subulata* Kriechende Polsterstaude, 3–5 cm hoch. Kein echtes Moos, sondern ein Nelkengewächs. Weiße, kleine Blütchen von VI–VIII. Geeignet als Rasenersatz, bodendeckend zwischen Stauden in Steingärten, für Einfassungen, zum Ausfüllen von Fugen zwischen Trittsteinen, Plattflächen und locker gebauten Treppen. Sehr beliebt zur Grabbepflanzung. Weniger geeignet als Decke über Blumenzwiebeln. Die dichten Polster schließen den Boden zu stark ab. Sonne bis Halbschatten. Normaler, eher feuchter Boden. Vermehrung: Pflanzenpolster im IV–VI in ca. 5 cm breite Büschel teilen, umpflanzen und reichlich wässern. Als Zierpflanze ist die goldgelbe Form *S. subulata* var. *aurea* im Handel.

▷ Großflächige St.-Anpflanzungen 4- bis 5mal im Jahr mit → Trittbrettern andrücken. Neigen die Polster zum Hochwachsen, können sie sich vom Boden lösen und vertrocknen.

Sternrußtau Pilzerkrankung, vor allem der Rosen. Ausstrahlende, später zusammenlaufende dunkle Flecke auf der Blattfläche. Vorzeitiger Blattfall, Schwächung der Widerstandskraft. Befällt vor allem mangelhaft ernährte Pflanzen. Tritt vermehrt in feuchtkühlen Sommermonaten auf. Bekämpfung: Für nährstoffreichen Boden sorgen. Befallene Pflanzenteile aufsammeln und im Ofen verbrennen. Befallene Triebe zurückschneiden. Spezielle Rosenspritzmittel nach Vorschrift auf der Packung anwenden. → Schachtelhalmtee.

Sternwinde, Papageienwinde, Scharlachwinde, Indische Winde, *Quamoclit* Einjährige, schlingende Blütenpflanze. *Qu. coccinea,* 3–5 m hoch, herzförmige Blätter. Langröhrige Blüten mit weißem Schlund. Ihre Stammart bringt scharlachrote Blüten von VII–X. Zuchtformen blühen auch in anderen Farben. St. eignen sich zum Beranken von Pergolen, Lauben, hohen Zäunen, Sichtschutzgittern, Spalieren an Hauswänden und zum Überdecken steiler Hänge. *Qu. pennata* mit kräftig roten, weißen oder rosa Blüten von VII–IX, läßt sich mit ihren nur 2 m langen Trieben auch im Balkonkasten ziehen. Berankt Balkonwände, Drahtpyramiden und eignet sich als Ampelpflanze. *Qu. grandiflora* bringt besonders große Blüten von VI–VIII. Zur Ballenpflanzung Aussaat im III in kleine Töpfe auf dem Fensterbrett. Stäbe einstecken, damit die jungen Triebe sofort winden können. Nach den Eisheiligen mit ca. 20 cm Abstand umsetzen. Oder Freilandaussaat ab V an windgeschützten Platz. Sonne. Humoser, kalkhaltiger, nicht zu nährstoffreicher Boden. Keine Stickstoffdüngung geben.

Stickstoff (N) Alle Pflanzen benötigen St. zum kräftigen Wachstum der Blätter, Früchte und Knollen. Auch die Tätigkeit der Bodenbakterien wird durch St. gefördert. Bei St.-Mangel im Boden wirken die Pflanzen mager, haben eine blasse Färbung, kleines Laub sowie wenig Blüten und Früchte. Ein Zuviel an St. dagegen erzeugt mehr Blatt- als Blütenansatz, Holztriebe und aufgeschwemmte Früchte, die sich weniger gut zum Konservieren eignen. → Überdüngung. Ammoniak-S. ist in Wasser schwer löslich und wird daher von den meisten Pflanzen langsam und nur mit Hilfe eines regen Bakterienlebens im Boden aufgenommen. Deshalb frühzeitig vor der Saat düngen. Salpeter-S. ist leicht löslich in Wasser und wird rasch von den Pflanzen verwertet. Daher sind alle salpeterhaltigen Düngemittel auch schnellwirkende S.-Dünger. Anwendung im Frühjahr und Sommer zur → Kopfdüngung.

Stiefmütterchen, Tag- und Nachtschatten, *Viola* Zweijahresblume 20–30 cm hoch. Sie hat zahlreiche Zuchtformen. Blüten in allen Farbtönen von II–XI. Kleinblumig und riesenblütig. Gehören zu den ersten Frühlingsblühern. Geeignet für Beete, Rabatten, Einfassungen, Gräber, Balkonkästen und zur Schalenbepflanzung. Entweder blühende Pflanzen im Herbst oder Vorfrühling beim Gärtner kaufen oder Aussaat einer Samenmischung im VII oder VIII aufs Anzuchtbeet. Samen nur leicht mit Erde abdecken. Feucht und schattig halten. Um sonnig gelegene Beete notfalls rundum Laubzweige strecken. Keimdauer 2–3 Wochen. Jungpflanzen mit 15 cm Abstand umsetzen. In hartem Klima vorsichtshalber Winterschutz geben. Sonne–Halbschatten. Boden locker, altgedüngt.

▷ Das Abzwicken welker Blüten fördert Knospenbildung und Wuchsfreudigkeit, weil die Samenentwicklung unterbunden wird.

Stielmus → Rübstiel.

Stippigkeit → Apfelstippigkeit.

Stockrose → Malve.

Storchschnabel → Geranie.

Strahlenanemone → Anemone *(A. blanda).*

Strahlengriffel, *Actinidia* Schlinger an nackten Baumstämmen, für Lauben, Pergolen, Zäune, Hauswände. Laubzierend, genießbare Früchte. Sonne–Halbschatten. Normale Gartenerde oder sandig-humoser, nicht zu trockener Boden. *A. arguta:* 4–5 m tief, industriefest, grüne Blätter an roten Stielen, weiße, zart duftende Blüten von VI–VII; 2,5 cm lange, vitaminreiche »Stachelbeerfrüchte« von VIII–X. *A. chinensis:* 8 m, dunkelgrüne Blätter mit weißfilziger Unterseite an rot behaarten Zweigen. Gelblichweiße Blüten von V–VI; bis 5 cm lange, genießbare Früchte von VIII–X. → Tafel Schling- und Kletterpflanzen.

Strauchkastanie → Kastanie.

Strauchpaeonie → Pfingstrose.

Streusalz Um Gartenpflanzen zu schonen, im Winter die Wege und Garageneinfahrt nicht salzen, sondern mit Sand bestreuen. Andernfalls kann Schmelzwasser wegbegleitende Pflanzenteile schädigen. Muß unbedingt gesalzt werden, genügen 1½ Eßlöffel, dünn verteilt, für 1 m^2 Fläche. St. schadet auch Wegplatten und betonierten Flächen. Die oberen Schichten blättern ab. Beton wird rauh und sandet ab (→ Betonfarbe). Zaunhecken an vielbefahrenen Straßen mit Folienbahnen gegen Salzspritzer schützen. Notfalls folgende St.-feste Gehölze pflanzen:

Alpenjohannisbeere	*Ribes alpinum*
Amerikanische Roteiche	*Quercus rubra*
Bergahorn	*Acer pseudoplatanus*
Bergulme	*Ulmus glabra*
Bocksdorn	*Lycium halimifolium*
Eiche, Sommereiche	*Quercus robur*
Erbsenstrauch	*Caragana arborescens*
Falscher Christusdorn (Lederhülsenbaum)	*Gleditsia triacanthos*
Gemeine Esche	*Fraxinus excelsior*
Heckenkirsche	*Lonicera xylosteum*
Kartoffelrose	*Rosa rugosa*
Liguster	*Ligustrum vulgare*
Ölweide	*Elaeagnus angustifolia*
Pappel	*Populus canaescens*
Robinie, Scheinakazie	*Robinia pseudoacacia*
Sandbirke	*Betula verrucosa*
Sanddorn	*Hippophae rhamnoides*
Schlehe	*Prunus spinosa*
Schneebeere	*Symphoricarpos albus laevigatus*
Schnurbaum	*Sophora japonica*
Schwarze Maulbeere	*Morus nigra*
Schwedische Mehlbeere	*Sorbus intermedia*
Silberpappel	*Populus alba*
Silberweide	*Salix alba*
Spitzahorn	*Acer platanoides*
Tamariske	*Tamarix gallica*
Erikastrauch Weide	*Salix alba* 'Calva'

Strohblume, *Helichrysum* Trockenblume, die sich in Sträußen jahrelang hält. 60–80 cm hoch, Blüten in vielen Farben. Aussaat von IV–V in → Anzuchtbeete. Jungpflanzen in nährstoffreichen, trockenen Boden setzen, so sonnig und geschützt wie möglich. Zum Trocknen bestimmte Blüten müssen nach Öffnung des ersten Blütenblattkranzes an einem sonnigen Tag während der Mittagszeit geschnitten werden. Die Blütenmitte soll noch geschlossen sein. 4–6 Stiele bündeln, mit Gummiband umschnüren (damit sie beim Trocknungsprozeß nicht herausrutschen können), und mit den Köpfen nach unten luftigschattig zum Trocknen aufhängen. Einzelne Blütenköpfe und Blüten an dünnen Stielverästelungen zum Trocknen locker auf einem Tuch oder Backblech auslegen. Roten Blüten kann man durch Beizen einen kräftigeren Ton verleihen. Karminrot entsteht mit Hilfe von Salpetersäure, und Scharlachrot erzielt man mit verdünnter Salzsäure. Für das Tauchbad werden 10 Teile kalkfreies Wasser und 1 Teil Säure miteinander vermischt. Vorsicht bei der Arbeit! Kinder sollten lieber nur zuschauen. Die Blumen sofort nach dem Schnitt in die Beizflüssigkeit tauchen (lose Blütenköpfe auf Blumendraht befestigen), abtropfen lassen und jeden Stiel einzeln zum Trocknen aufhängen. Der Trockenraum sollte möglichst abgedunkelt sein. Weiße Blüten werden geschwefelt. Dafür eine dicht schließende Kiste in den Garten stellen, mit Bodenblech und einem Rost versehen, auf dem die Blüten verteilt werden. Nach Vorschrift auf der Packung ein »dünnes Schwefelband« aus der Apotheke auf dem Bodenblech der Kiste entzünden und die Blumen im geschlossenen Behälter 24 Stunden liegen lassen. Schwefeldämpfe sind nicht ungefährlich, deshalb die Kiste niemals in einen geschlossenen Raum stellen.

▷ Als Zimmerschmuck reich verzweigte Äste dünn mit UHU überstreichen und darauf – je nach Geschmack – dicht beieinander oder nur vereinzelt bunte St.-Köpfe kleben. Ebenso kann man dicke Kerzen schmücken, die verschenkt werden sollen. In diesem Fall vielleicht eher die Blüten schlangenförmig gewunden von unten nach oben aufkleben.

Studentenblume, *Tagetes* Frostempfindlicher, streng duftender Einjahresblüher, 15–100 cm hoch. Es gibt auch geruchlose Züchtungen. Kleine oder große Blüten einfach oder gefüllt, in Orange und in gelben, bräunlichen oder rotbraunen Farbtönen von VII–X. Geeignet für alle sonnigen Gartenstellen zur Schalen- und Balkonbepflanzung. Aussaat von IV–V auf Anzuchtbeete oder in Töpfe zum Umpflanzen als Lückenfüller für bunte Blumenbeete. Nach den Eisheiligen auspflanzen. Reiches Topfpflanzenangebot in Gärtnereien. Sonne. Normaler, nährstoffreicher Boden.

▷ Als Schnittblumen sehr haltbar, wenn die Blätter vom Stiel gestreift werden. Wird Samen gewonnen und im Frühjahr ausgesät, können Pflanzen mit verschiedenfarbigen Blüten entstehen.

▷ St. sind natürliche Feinde der Wurzelälchen (Nematoden). Ihre Wurzelausscheidungen können Wurzelälchen im kleinen Umkreis vertreiben und die Entwicklung parasitärer Pilze hemmen. Deshalb St. auch ins Gemüsebeet und zwischen älchengefährdete Pflanzen setzen. → Älchen.

Stufe Teil der → Treppe, aus Naturstein, Beton, Ziegelstein oder Holz gebaut, entweder als Leg-, Stell- oder Block-St. ausgeführt. Das St.-Maß von 64 cm entsteht aus doppelter Steigungshöhe plus Auftrittstiefe, z. B. solle eine St. bei 15 cm Höhe 34 cm Tiefe haben.

Sturmhut → Eisenhut.

Styromull Synthetische Schaumstoff-Flocken zur Bodenverbesserung. Rohstoff: Polystyrol. Die Flocken enthalten bis zu 90% Luft und können weder Wasser noch Nährstoffe aufnehmen. Wegen ihrer Unverrottbarkeit finden sie häufig Verwendung zur besseren Durchlüftung und Erwärmung des Bodens oder zur Entwässerung. → Hygromull.

Süßkirschen → Kirschen.

Sukkulenten → Kakteen, Dickblatt-, Fett-, Saftgewächse. Charakteristisch sind fleischige Blätter und/oder Stengel. Die Pflanzen vermögen in großzelligen Geweben Wasser zu speichern, um Dürreperioden überstehen zu können. S. sind vielzählig unter den Salz- und Trockenpflanzen (→ Xerophyten) zu finden. Bekannte S., neben den Kakteen, sind z. B. Fetthenne, *Sedum* und Dachwurz, *Sempervivum.* S. unter den Gewächshaus- oder Zimmerpflanzen: das Brutblatt und das Flammende Kätchen als Vertreter der Gattung *Kalanchoë,* das Dickblatt, *Crassula* und viele Arten der Gattung *Echeveria.* Als Kübelpflanzen sollten S. bevorzugt werden, die im Frühjahr und Herbst Nachtfröste vertragen, wie die Agavenart *Agave americana,* der Feigenkaktus *Opuntia ficus-indica* und die Palmlilie *Yucca filamentosa.*

Sumpfbeet Leicht herzustellende Pflanzanlage für feuchtigkeitsliebende Gewächse.
Anlage 1. Auf geplanter Beetfläche Erde ca. 30 cm tief ausheben, schwarze Folie so einlegen, daß ein etwa 20 cm breiter Rand überlappt, der später mit Trittplatten oder mit Erde und Blütenpolstern abgedeckt wird. Ausgehobene Erde in die Foliengrube schütten, einebnen und Wasser einlaufen lassen. – 2. Beliebiges Pflanzgefäß entweder einfach im Garten aufstellen oder in den Boden eingraben. Erde einfüllen und bis zum Rand voll Wasser laufen lassen.
Viele der unter → Wasserpflanzen aufgeführten Gewächse eignen sich auch für das Sumpfbeet. Ferner → Wollgras, → Götterblume, → Fettkraut, Prachtnelke (→ Nelken), → Taglilien *(Hemerocallis fulva),* → Trollblume, → Seggen, → Brunnenkresse und → Pfefferminze. Witterungsbedingte Überschwemmungen schaden diesen Pflanzen nicht. Manche Unterwassergewächse, z. B. Tausendblatt *(Myriophyllum),* Wasserhahnenfuß *(Ranunculus aquatilis)* bilden in sumpfigem Boden Landformen. → Moorbeet, → Wasser im Garten.

Sumpfbinse → Binsen.

Sumpfcalla → Drachenwurz.

Sumpfdotterblume, *Calta* Sehr früh blühende Sumpf- und Wasserpflanze für einen Wasserstand von 0–20 cm. *C. palustris:* einfache gelbe Blüten von II–V und im IX. *C. pal.* 'Plena': gelbe, gefüllte Blüten von III–V. *C. pal. alba:* weiße Blüten von IV–V; für 0–10 cm Wasserstand. *C. pal.* 'Multiplex': gelb, gefüllt, von V–VI und im X; nur für Sumpf. *C. polypetala:* im V gelbe Schalenblüten auf 40–70 cm hohen Stielen; für Sumpf und bis zu 20 cm Wasserstand. Sonne–Halbschatten. Normale Erde.

Sumpfeibe → Sumpfzypresse.

Sumpffarn, *Thelypteris palustris* Sommergrüner, 30–80 cm hoher Farn für → Sumpfbeete oder feuchte Bodenstellen. Wächst auch in etwa 5 cm tiefem Wasser, z. B. im flach auslaufenden Teil des Gartenteiches. Halbschatten. Normaler, mit Torf angereicherter Boden.

Sumpfiris → Iris.

Sumpfporst, *Ledum* Zwergstrauch bis 1 m hoch. Weiße Blüten in endständigen Doldentrauben von V–VI duften vor allem nachts. Die Blätter haften auch im Winter, neigen sich aber nach unten. Sonne–Halbschatten. Boden kalkfrei, humos oder torfig und feucht.

Sumpfprimel → Primel.

Sumpfstendelwurz, *Epipactis palustris* Orchidee für Sumpfbeet oder feuchte Gartenstellen. 30–40 cm hoch, von VI–VIII mit zart gestrichelten Blüten an hohem Schaft. Vermehrt sich durch kurze Ausläufer. Wächst auch an trockeneren Stellen, bleibt dort aber kleiner. Sonne–Halbschatten. Schwach kalkhaltiger Boden.

Sumpfvergißmeinnicht, *Myosotis palustris* Eine Sumpf- und Wasserblume, 5–50 cm hoch, mit blauen Blüten von V–VIII. Wasserstand 0–20 cm, unterschiedlich bei den verschiedenen Arten und Sorten, Katalogvermerk der Wasserpflanzengärtnereien beachten. Sonne–Halbschatten. Normaler Boden. S. unter Blutweiderich polstern lassen.

Sumpfzypresse, Sumpfeibe, *Taxodium distichum* Wind- und industriefester, bis etwa 30 m hoher Nadelbaum für feuchten oder sumpfigen Boden (hohes Grundwasser oder am Gewässerrand). Rotbraune Borke. Die hellgrünen Nadeln werden im Herbst braun und fallen ab, meist zusammen mit den Kurztrieben. Die S. kann in sehr feuchter Lage Atemwurzeln ausbilden. Junge Bäume gelten als empfindlich, ältere sind winterhart. Normaler Boden.

Symbiose Lebensgemeinschaft von zwei verschiedenen Organismen (Pflanze-Pflanze, Pflanze-Tier oder Tier-Tier) zu deren gegenseitigem Nutzen. Manche S.-Partner sind so sehr aufeinander angewiesen, daß einer ohne den anderen kümmert oder abstirbt. → Flechten, → Frauenschuh, → Knöllchenbakterien.

Synonyme, Abkürzung syn. Verschiedene Wörter, die dieselbe Sache bezeichnen. So gibt es oft mehrere botanische Namen für die gleiche Pflanze, z. B. wird die Lavendelheide, die früher *Andromeda* hieß, jetzt in Katalogen unter *Pieris* geführt. *Andromeda* somit synonym mit *Pieris*.

Tabak → Ziertabak.

Tagetes → Studentenblume.

Taglilie, *Hemerocallis* Blütenstaude, 30 bis 120 cm hoch, von V–IX mit großen Trichterblüten in Gelb, Orange, Rot, Rosa und zweifarbig, manche duftend. Sonne–Halbschatten. Normaler trockener bis feuchter Boden. *H. fulva* gedeiht auch im Sumpfbeet. Vermehrung durch Wurzelteilung nach der Blüte. Erst 3–4 Jahre nach Pflanzung volle Größe und Wirkung.

Tag- und Nachtschatten → Stiefmütterchen.

Tamariske, *Tamarix* Blütensträucher von aufrechtem, manchmal baumartigem Wuchs, 2–4 m hoch. Grünes oder bläuliches, heidekrautähnliches Laub. Rosa Blüten von IV–IX. *T. parviflora* ist eine Frühlings-T. mit hellrosa Blüten im V. Verträgt relativ hohen Salzgehalt im Boden und gilt als winterhart. Starke Verzweigung erreicht man durch Rückschnitt nach der Blüte. Die dünnen, überhängenden, rotbraunen Zweige werden im Winter schwarz. *T. pentandra,* Sommer-T., blüht von VII–IX und darf nur → Winterschnitt erhalten. Sonne, geschützte Lage. In Gegenden, die für Spätfröste bekannt sind, spät blühende T. bevorzugen. Normaler bis sandig-durchlässiger Boden, keinesfalls feucht.

Tanne, *Abies* Nadelbaum mit stehenden Zapfen, die man nie am Boden findet, weil die Schuppen nach der Reife einzeln abfallen. Die bekannten hängenden »Tannenzapfen« wachsen an Fichten.
A. koreana, Korea-Tanne: Höhe bis 5 m. Breitwüchsiger Pyramidenaufbau mit dichten Zweigen. Violettpurpurne Zapfen stehen aufrecht schon an jungen Bäumchen. Kalkfeindlich. Besonders winterhart. Sonne–Halbschatten. Erde sandig-humos oder torfgesättigt, nicht trocken.
A. pinsapo 'Glauca', Blaue Spanien-Tanne: Blaue, kräftige Nadeln rund um die Zweige, im Austrieb blauweiß bereift. Höhe bis 10 m. Malerischer Wuchs, kalkliebend. Sonne–Halbschatten. Normale Gartenerde, nicht trocken.
A. procera (nobilis) 'Glauca', Silbertanne: Höhe bis 12 m. Nadeln bläulich-silbrig. Veredelungen wachsen anfangs gern bizarr und mehr breit als hoch. Sonne–Halbschatten. Normaler Gartenboden, nicht trocken. Günstig für hohen Grundwasserstand. Blautanne → Fichte.

Tannenwedel, *Hippuris* Wandernde Wasserpflanze mit tannenbaumähnlichen Trieben, ca. 30 cm hoch, über dem Wasserspiegel. In Sumpf zierlicher und niedriger. Stirbt im Winter über Wasser ab, bleibt unter Wasser jedoch grün und gibt weiterhin Sauerstoff ab. In Gefäße oder Abteilungen setzen. Sonne–Halbschatten. Normaler Boden. Wasserstand 0–50 cm.

Taubnessel, *Lamium* Bodendecker für schattige Gartenstellen, 20 cm hoch. *L. maculatum* 'Argenteum', hat weiß geflecktes Laub und von VI–VIII rötliche Blüten. Die Blätter der Goldnessel, sind silbrig gefleckt. Gelbe Blüten von V–VII. Geeignet zur Pflanzung unter Gehölze, wie auch für vollschattige und absonnige Bodenstellen. Humoser Boden. Vermehrung: Angewurzelte Bodentriebe im Frühling ausgraben und verpflanzen.

▷ Je schattiger die Goldnessel wächst, um so silbriger wird das Laub. Unter Sonneneinstrahlung kann sie weitgehend vergrünen.

Tausendblatt, Papageienfeder, *Myriophyllum* Sauerstoffbildende Unterwasserpflanzen. *M. spicatum* ist wintergrün. *M. verticillatum* überwintert mit Brutknospen. Wasserstand für beide 20–100 cm über dem Boden. Algenhemmend.

Tausendfüßler Gliederfüßler, von denen einige Arten schädlich sein können. Die bräunlichen, mit bis zu mehr als 100 Beinpaaren versehenen Tiere rollen sich bei Berührung ein. Sie leben auf oder in humushaltigem Boden von verwesenden pflanzlichen und tierischen Substanzen. Manche Arten fressen auch an Wurzeln und Knollengemüse, wenn kühles Wetter die Keimzeit verlängert auch an ausgelegten Erbsen, Bohnen und junger Saat. Von den Früchten bevorzugen T. die Erdbeeren. Bekämpfung: Vorbeugend Boden kalken. → Erdbeeren hochbinden oder in Mulchfolie pflanzen.

▷ Man kann auch Kartoffel- oder Rübenstückchen als Köder in den Beeten auslegen. Die so angelockten T. lassen sich dann aufsammeln und vernichten.

Tausendschönchen, Maßliebchen, Gänseblümchen, *Bellis* Werden als Zweijahresblumen gezogen; 15–25 cm hoch, mit einfachen oder gefüllten roten, rosa, oder weißen Blüten von III–VI. Zweite Blüte im Herbst. Geeignet für Steingärten, Einfassungen, Teppichbeete und zur Schalenbepflanzung. Gärtner bieten im Frühjahr knospende Pflanzen an. Freilandaussaat von VI–VIII an Ort und Stelle oder im → Anzuchtbeet. Jungpflanzen mit 20 cm Abstand versetzen. Vermehrung besonders schöner Sorten: Pflanzen nach der Blüte ausgraben, teilen und sofort wieder einpflanzen. Für das → Alpinum eignet sich *B. coerulescens,* ein Dauerblüher mit hellila Blüten.

▷ Wer Gänseblümchen im Rasen liebt, setzt rote T. an den Rand. Im Lauf der Jahre entstehen großblütige, meist halb gefüllte, rosaweiße Gänseblümchen.

Taxus → Eibe.

Teehybriden → Rosen.

Teichbinse → Binsen.

Teichrose, Mummel, *Nuphar* Den Seerosen zugehörige Wasserpflanze mit kleinen, goldgelben Blütenkrönchen über dem Wasser. Wenig Schwimmblätter, sehr viel hellgrünes Unterwasserlaub. Wegen dessen reicher Sauerstoffabscheidung sind T. sehr gut geeignet für Becken mit Fischbesatz. Wassertiefe je nach Art 10–150 cm. Sonne–Halbschatten. Bodenansprüche → Seerosen.

Teppichpflanzen → Bodendecker, → Tausendschönchen, → Blumenrasen, → Staudenwiese.

Teppichrasen → Rasen.

Terrarium Gehege zur Haltung von Kriechtieren und Lurchen. Pflanzenbesetzte Trockenmauern mit katzensicheren Schlupflöchern und sonnig gelegene Steingärten können als natürliche T. gelten. Will man hier → Eidechsen ansiedeln, beginnt man mit einem oder zwei Pärchen. Einzeltiere werden selten heimisch. In Wasserbecken können sich Molche, Salamander, Unken, Wasserfrösche und Wasserschildkröten aufhalten, während Laubfrösche hier nur laichen und zum Daueraufenthalt dichtlaubige Gehölze brauchen. Wenn diese Gegebenheiten nicht genügen, baut man ein großzügig angelegtes Freiland-T. wie folgt:

Grundmauern ca. 80 cm tief in den Boden einlassen, damit Frost keinen Schaden anrichtet und grabende Tiere sich nicht durchwühlen können. Die Höhe der Ummauerung wird der Tierart angepaßt. Schlangen oder Blindschleichen richten sich an Wänden fast so hoch auf, wie sie lang sind. Ausgewachsene Frösche oder Mauereidechsen können 50 cm hoch springen. Deshalb höhere Pflanzen, Steinaufbauten, Kletterbäume usw. weit genug von der Umfassungsmauer unterbringen. Die Oberkante der Mauer mit Steinplatten belegen. Diese sollten mindestens 10 cm breit ins Innere des T. hineinragen. Die Unterseite der Platten glatt lackieren, damit die Tiere beim Klettern keinen Halt finden. T.-Wände in leichter Rundung bauen. Manche Tiere klettern, indem sie sich in einer Ecke an den zwei Wänden abstützen. Als Katzenschutz das T. oben mit dünnen Nylonfäden überspannen oder ein entsprechendes Netz verwenden, das den Tieren weder Licht noch Sonne nimmt. Inneneinrichtung: An der Rückwand des Geheges eine Wassermulde mit flach auslaufenden Uferrändern betonieren und einen großen, rauhen Stein (Tuffstein) in die Mitte legen. Schildkröten eine kleine Rasenfläche mit Löwenzahn bieten sowie ein Schutzdach, unter dem sich ein Laub- oder Heuhaufen befindet. Zwischen Baumwurzeln und Pflanzenpolstern Steinaufbauten mit Höhlungen errichten. Pflanzenauswahl dem Tierbesatz und der durch die Exkremente bedingten starken Düngung anpassen. Geeignet sind: Sedumarten, Thymian, grüne Dachwurz, Bergminze, Hornkraut, Trugerdbeere, Schneeheide, alpine Zwergweiden, Zwerglatschen, Zwergcotoneaster, Aloen, Agaven, Opuntien.

Terrasse Am Wohnhaus in Höhe des Erdgeschosses liegender Sitzplatz, der als erweiterter Wohnraum im Freien große Bedeutung hat. Die T. ist oft der Übergang zum Garten. Bei guter baulicher Einbindung mit Mauern, Sichtblenden, intensiver Pflanzung und Pergolen gewinnt die T. als intimer Freiraum noch an Wohnwert. Der Belag für eine T. sollte nach Möglichkeit mit den anderen Plattenbelägen in Haus und Garten harmonieren.

Tetanus, Wundstarrkrampf Lebensgefährliche, akute Infektionskrankheit. T.-Bazillen sind Bakterien, die – wie viele andere Bakterien auch – von der Zersetzung organischer Stoffe im Boden leben. Bei entsprechender Gelegenheit können die T.-Bazillen jedoch zur parasitischen Lebensweise übergehen. Der Mensch infiziert sich i. a., wenn offene Wunden mit Erde in Berührung kommen. Schon der kleinste blutende Kratzer genügt für den Übertritt der Bazillen in den Körper. Je dichter der Boden von Bakterien besiedelt ist, um so größer ist natürlch die Wahrscheinlichkeit für eine Infektion. In dieser Hinsicht ist mist- oder jauchedurchsetzter Boden besonders gefährlich. Wer viel im Garten arbeitet und mit Erde in Berührung kommt, sollte seinen Hausarzt wegen einer Tetanus-Schutzimpfung befragen.

Teufels-Spazierstock → Aralie.

Theobald'sche Lösung → Knospenfraß.

Thrips → Blasenfuß.

Thuja → Lebensbaum.

Thunbergie, Schwarzäugige Susanne, *Thunbergia alata* Kletterstaude, meist einjährig gezogen, bis 150 cm hoch. Triebe an Gerüsten aufbinden oder aus Ampeln, Balkonkästen und Pflanztrögen hängen lassen. Von VI–IX Blüten in verschiedenen Gelbtönen oder Weiß zeigen schwarze Augen, die aber auch fehlen können. *T. fragrans* bringt bis 5 cm breite, duftende weiße Blüten. Die Aussaat erfolgt ab III in kleine Töpfe am Fensterbrett oder im Gewächshaus. Samen einzeln legen. Jungpflanzen aus dem Topf nehmen und umsetzen. Gärtnereien bieten Jungpflanzen an, die nach den Eisheiligen ausgepflanzt werden. In feuchten, kühlen Sommern sind T. blühfaul. Sonne–Halbschatten. Geschützter Standort. Humoser Boden. Hohe Sorten als Heckenersatz am Zaun entlang pflanzen. Im Frühjahr → Kopfdüngung geben oder den Boden mit Kompost überdecken. Sonne. Normaler Boden, nicht zu trocken. Vermehrung durch Wurzelteilung im Frühjahr.

▷ Sehr haltbare Vasenblumen. Später Herbstflor läßt sich manchmal durch Rückschnitt in der zweiten Septemberhälfte erreichen. Danach gut wässern.

Thymian, Quendel, *Thymus* Zierpflanze, 5–20 cm hoch, mit weißen, rosa, roten oder hell-lila Blüten von VI–IX. Geeignet für Steingärten, Troggärten, Mäuerchen, Rabatten und als Bodendecker. Blätter grün, graugrün oder goldbunt. Vermehrung durch Umpflanzen bewurzelter Triebe bis Mitte VII. *Th. vulgaris,* Würzpflanze: Setzlinge beim Gärtner kaufen oder Aussaat ab IV in Saatschalen bzw. Töpfe. Flach säen, andrücken, feucht halten. Kräftige Pflanzen mit 20 cm Abstand rundum versetzen. Im ersten Jahr leichten Winterschutz geben. Pflanzt man Th. in den Steingarten, läßt sich von großen Polstern laufend ernten. Sonne. Normaler bis karger, kalkreicher Boden.

▷ Soeben aufblühende Stengel schattig und luftig trocknen. Als Gewürz – frisch oder getrocknet – für Rohkost, Suppen, Erbsengerichte, Kartoffeln, Pasteten, Kräuterbutter. Enthält viel Vitamin C. Kann auch als Tee getrunken und als Badezusatz verwendet werden. Durch das Anpflanzen von Th. zusammen mit Majoran und Lavendel lassen sich manche Ameisenarten vertreiben.

Tiefwurzler Pflanzen mit tiefreichenden Wurzeln; wie manche Malven *(z. B. Malva moschata),* Königskerzen, Kiefern usw. Sie lassen sich schwer versetzen und kümmern dann meist oder gehen ein. Deshalb bei Neupflanzung Standort sorgfältig auswählen. → Pfahlwurzel.

Tierhaltung Nachbarn dürfen durch Tiere nicht belästigt werden. Kaninchenställe nicht am Nachbarzaun aufstellen. Hunde nicht zu Dauerbellern werden lassen; Wachhunden geräumige Hundehütten und weiten Auslauf bieten. Für Ziergeflügel große → Volieren bauen. Fremde Katzen verjagen oder einfangen und abliefern, aber niemals töten (Tierschutzgesetz). → Abholanspruch.

Tigerglocke, Ampelglocke, *Codonopsis clematidea* Staude für den Fuß sonniger Steingärten und für halbschattige Gartenstellen. 30–50 cm hoch, mit hellblauen Glockenblüten von VI–VII. Normaler Boden. Sie gedeihen auch gut in Ampeln auf dem Balkon.

Tochterzwiebeln → Brutzwiebeln.

Tomate, Paradeiser, Liebesapfel, *Lycopersicon lycopersicum* Frostempfindliche Fruchtgemüse aus der Familie der Nachtschattengewächse, das ein- bis dreitriebig gezogen wird. Es gibt auch Busch-T. und Sorten für Spalierzucht. Standort:

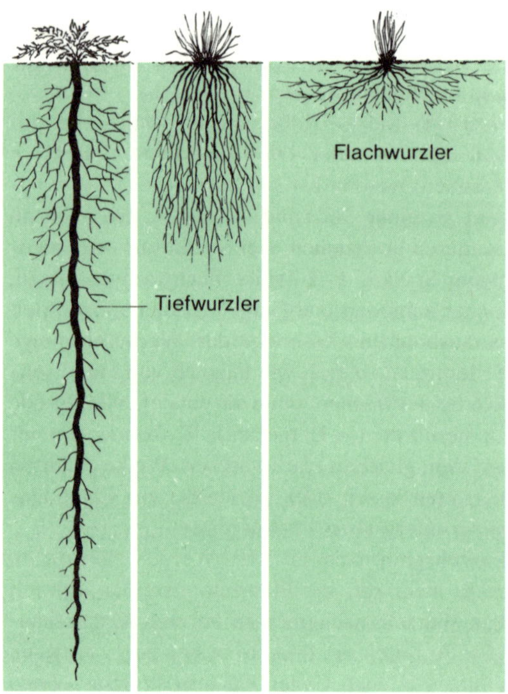

warm und geschützt (Hauswand). Beim Gärtner Jungpflanzen kaufen; Blütenknospen sollen schon vorhanden sein. Oder Aussaat von II–III in Töpfe am Fensterbrett: nur 2 Korn in einen Topf geben, später die schwächere Pflanze wegschneiden. Locker, nährstoffreiche Erde verwenden. Jungpflanzen bei günstigem Wetter → abhärten und die Topfballen nach den Eisheiligen mit 80 cm Abstand rundum in Reihen oder auch einzeln an beliebigen, warmen Gartenstellen auspflanzen. Vorher ca. 150 cm lange, feste Stäbe 30 cm tief in den Boden schlagen oder ein Spalier aus kunststoffummanteltem Maschendraht errichten. Die Pflanzen südlich von Stab oder Spalier (ca. 15 cm entfernt) schräg und flach in den Boden legen, um zusätzliche Wurzelbildung anzuregen. Triebe hochziehen. Bei aufrechtem Einsetzen später häufeln. Boden humos, sehr nährstoffreich, tiefgründig, locker. Regelmäßige → Kopfdüngung im Abstand von 3 Wochen bis Mitte VIII. Bei unregelmäßigen Wassergaben neigen die Früchte zum Platzen. Deshalb → Gießrand gleich nach der Pflanzung ziehen und regelmäßig wässern.

Busch-T. wie → Erdbeeren auf Mulchfolie ziehen. *Spalier-* oder *Obst-T.* (kleine Früchte in Trauben) werden bis 3 m hoch gezogen. Am besten an einer Südwand. T. lassen sich auch an Schnuren hochziehen. Bei Stabkultur oder niedrigem Spalier, 1–3 Triebe hochwachsen lassen, locker anbinden und Ende VIII den Spitzentrieb herausbrechen. Während der Wuchszeit junge Seitentriebe so früh wie möglich von Hand seitlich herausbrechen, ohne die entstehende Wunde zu berühren (→ Entgeizen). T. können immer auf dem gleichen Platz wachsen. Welke Pflanzen verrotten lassen oder im Herbst zur Eigendüngung untergraben. → Ausgeizen.

Erntebeginn meist ab VIII. Werden die Früchte nicht mehr rot, die Pflanzen ausreißen und mit den Wurzeln nach oben an warmem Ort aufhängen. So reifen die Früchte besser nach, als wenn man sie pflückt. Gegen Nachtfröste mit → Folie

bzw. → Folientunnel abdecken. Am Spalier Folie als lange Bahn aufgerollt befesten und bei Frostgefahr herunterlassen.

Um den Boden bei Reihenkultur besser auszunutzen, zwischen den Reihen frühen Kohlrabi, Salat oder Spinat ziehen. → Petersilie, → Kohlweißling.

▷ T. enthalten Vitamin A, B und C. 100 g: 18 Kalorien (75 J).

Tomatenjauche Überzählige Pflanzen aus eigener Samenzucht und ausgebrochene Geiztriebe mit 10–20 l Wasser 2–3 Wochen lang verjauchen. Dann im Verhältnis 1:1 verdünnt im Pflanzenschutz verwenden. Spritzungen im Kohlbeet vertreiben den Kohlweißling und das Gießen im Salatbeet die Schnecken. → Pflanzenjauche.

Tomatenkrankheiten Tomatenblattrollkrankheit: Laub wird spröde und rollt sich ein. – 1. Die Ursache kann Wassermangel sein, aber auch unnötiges Entfernen von Laub und Trieben oder zu reichliches Ausgeizen. – 2. Ursache: Virusbefall. → Blattrollkrankheit (Kräuselkrankheit).

Tomaten-Stengelfäule: Pilzerkrankung. An der Stengelbasis erscheinen schwarze Flecke und faulige Stellen; Früchte werden notreif. Die Pflanze welkt und stirbt ab. Kranke Pflanzen im Ofen verbrennen. Im Folgejahr auf andere Bodenstellen ausweichen. Stäbe, Spaliere usw. desinfizieren. Saatgut → beizen.
Schwarzfleckigkeit der Früchte: Zunächst helle Flecke, die schließlich schwarz werden. Auftreten meist bei heißer Witterung oder durch zu reiche Stickstoffdüngung. → Braunfäule, → Mehltau, → Schwarzbeinigkeit.
Gegen Pilzerkrankungen vorbeugend mit Schachtelhalmjauche spritzen (→ Pflanzenjauche).

Tomaten-Schädlinge → Blattläuse, → Blasenfuß, → Älchen.

Ton → Erde.

Tontöpfe Bestehen aus porösem, wasserdurchlässigem Material. Deshalb Topfblumen zur Sommerfrische nur mit Tontöpfen in die Erde setzen.

▷ Bei freiem Stand im Garten, Tontöpfe außen mit Lack überziehen, damit die Verdunstung eingeschränkt wird.

Topfballen Gewächse, die mit Wurzelballen gezogen werden, können – weil sie bereits Faserwurzeln haben – das ganze Jahr über gepflanzt werden. Zur Vorkultur Samen von Sommerblumen oder Gemüse (Gurken, Bohnen) einzeln in Töpfe säen und nach Entwicklung der ersten Blättchen auspflanzen. Ausfälle in Blumen- und Gemüsebeeten lassen sich mit T.-Pflanzen auffüllen. → Pillensaat, → Container, → Pikieren.

Topinambur, Erdbirne, *Helianthus tuberosus* Knollenbildende Sonnenblume. Wuchernde Zier- und Nutzpflanze, bis 2 m hoch. Gelbe Blüten von IX–X. Wegen unterirdischer Vermehrung nicht in Staudenbeete pflanzen. Auf einem abgetrennten Streifen geeignet als Heckenersatz am Zaun entlang oder zwischen Gemüse- und Ziergarten. Haltbare Schnittblumen für Bodenvasen. Sonne. Normaler Boden. Vermehrung durch Wurzelteilung.

▷ T.-Knollen werden von Herbst bis Frühling geerntet und in der Küche verwendet. Sie werden als »Diabetikergemüse« bezeichnet und enthalten außer Fruchtzucker Mineralstoffe wie Eisen, Silizium und Calcium. Entweder wie Gemüse dünsten, in Eierkuchenteig backen oder geraspelt zu Rohkost geben. T. eignet sich auch zum Tieffrieren.

Torf Unter Luftabschluß aus abgelagerten Pflanzenteilen entstandene organische Substanz. → Düngetorf.

Torfbett Mit Torf gefülltes Pflanzloch für kalkempfindliche Gewächse (Rhododendron, Azaleen, Kartoffelrose, usw.). Pflanzgrube so weiträumig wie möglich ausheben, ungedüngten, vorher angefeuchteten Torf einfüllen und Wurzelballen einsetzen. Hier nur mit kalkfreiem Wasser gießen. → Enthärten des Wassers.

Torfkultursubstrat (TKS) Gärtnerische → Einheitserde aus hochwertigem Torfmull mit Düngemittelzusätzen. Geeignet vorwiegend für Topfpflanzen, aber auch für Gartenkulturen, die viel Humus oder kalkarmen Boden verlangen, wie Azaleen, Rhododendron, Lorbeerrose, Torfmyrte. → Rindenkultursubstrat.

Torfmyrte, *Pernettya mucronata* Immergrüner Zwergstrauch, 50 cm hoch, mit glänzend grünem Laub. Besonders für → Moorbeete geeignet. Dichter, weißer Blütenbesatz von V–VI. Große Kugelfrüchte von IX–XII in Weiß, Rosa, Purpurviolett oder Karminrot. Um Fruchtansatz zu erzielen, immer eine männliche und eine weibliche Pflanze zusammensetzen. Halbschatten–Schatten. Boden humos oder torfig, unbedingt kalkfrei.

Torfschnellkompost → Kompost.

Torftopf Aus Torf gepreßter Anzuchttopf. Geeignet zur Samenzucht. Die Pflanzen werden mit Wurzelballen und T. in den Boden gesetzt. Die Topfwand wird von den Wurzeln durchwachsen und zerfällt schließlich.

Toxizität Giftigkeit des in einem Pflanzenschutz- bzw. Schädlingsbekämpfungsmittel enthaltenen → Wirkstoffes für Mensch und Tier. Die Größenordnung der T. der einzelnen Stoffe wird im Tierversuch ermittelt. Neben der oralen T. (Gefährlichkeit bei Aufnahme durch den Mund) wird auch die Reaktion bei Aufnahme durch Haut und Atemwege ermittelt. → Gift.

Tradeskantie → Dreimasterblume.

Tränendes Herz → Herzblume.

Traubenhyazinthe, Perlhyazinthe, *Muscari* Eine Zwiebelblume, 15–40 cm hoch. Blumenstiele von III–VI dicht mit einfachen oder gefüllten Blüten besetzt; blau, weiß oder zweifarbig. Sonne–Halbschatten. Normaler Boden.

▷ Wegen des Farbkontrastes unter frühblühende Gehölze wie Forsythien setzen.

Trauergehölz Gehölzform, bei der die Zweige nach unten gerichtet sind. Es gibt sie bei Buchen, Birken, Weiden, Rosen, Cotoneaster, Blütenkirschen und Nadelbäumen.

Treppe Ob T. steil angelegt werden, weitläufig flach oder mit Zwischenabsätzen, sogen. Podesten, hängt von der Größe und Hanglage des Grundstücks ab. Reine Nutztreppen können gradlinig zum Zielpunkt führen, evtl. mit sehr flachen Stufen und Absätzen, damit auch Kinderwagen hinaufgeschoben werden können. Ein seitlich der T. entlangführender stufenloser schmaler Weg als Rampe ausgebildet erleichtert das Hinauf- und Hinunterfahren von Einradkarren, Fahrrädern usw. Wenn ältere Menschen im Haushalt wohnen, diese T. mit einem Geländer versehen. Schöner sind leicht gewundene oder im Bogen verlaufende T. mit wegbegleitenden Polsterblumen. Heimwerker können T. aus → Beton-Fertigteilen bauen oder aus Natur- oder Kunststeinplatten, die aufeinandergemörtelt werden. Schwere Blockstufen liegen ohne Fundament durch ihr eigenes Gewicht fest auf. Ergeben sich Erdfugen, kann man niedrig wachsende → Bodendecker einsetzen, die allerdings jährlich zurückgeschnitten werden müssen. Faustregel für Stufenhöhe und Trittfläche:
Flache T.: Höhe 2 × 12 cm + Trittfläche 41 cm.
Steile T.: Höhe 2 × 20 cm + Trittfläche 25 cm.
Das Stufenmaß (Höhe + Trittfläche) soll immer 65 cm betragen. Rauhes Steinmaterial verhindert das Ausrutschen bei feuchter Witterung. Zwischen Hauswand und T. entstehende Winkel wie einen → Steingarten anlegen und mit → Bodendeckern und → Zwerggehölzen besetzen. → Stufe (s. Zeichnung nächste Seite).

Tretbretter → Trittbretter.

Trichterkrone Meist kurzstämmige Baumform, bei welcher der Mitteltrieb durch drei Seitenleitäste ersetzt wird. Erleichtert Pflege und Ernte. Bei starkem Obstbehang besteht allerdings Bruchgefahr; daher Äste abstützen! → Hohlkrone.

Trichtermalve, *Malope trifida* Schnell wachsende und reich blühende Einjahresblume, 60 bis 100 cm hoch. Große Schalenblüten in Rot, Rosa oder Weiß von VI–X. T. eignen sich zum Verdecken unschöner Gartenstellen oder als Trennwand zwischen Nutz- und Ziergarten. Aussaat Anfang IV ins Frühbeet. Sämlinge in Töpfe

Beispiele für Treppen im Stell-, Block- und Legstufensystem. Darunter jeweils Konstruktionsquerschnitt.

pflanzen und nach den Eisheiligen mit 30–40 cm Abstand an Ort und Stelle versetzen. Freilandaussaat im V an den gewünschten Platz. Sonne. Normaler Boden. Gegen Malvenrost vorbeugend mit Kupferpräparaten spritzen.

Triebknospen Im Gegensatz zu → Adventivknospen sind T. ausschlagende Knospen an Gehölzen, Staudenwurzeln oder → Rhizomen. Beim Verpflanzen oder bei Wurzelteilung dürfen T. nicht verletzt werden. Ob ein nur belaubter oder ein auch blühender Trieb entsteht, hängt von der Pflanzenart ab. Aus den T. der Seerosen z. B. entstehen Blätter und Blüten.

Tripmadam, Mauerpfeffer, *Sedum reflexum* Würz- und Zierpflanze, 10–20 cm hoch, immergrün, mit gelben Blüten von VI–VII. Für Steingärten und Beetränder. Wird in Stauden- und Alpenpflanzengärtnereien geführt. Zum Würzen für Salate, Quarkspeisen und Kräuterbutter blütenlose Triebe kleinschneiden. Das Kraut hat einen leicht säuerlichen Geschmack. Sonne. Normaler, trockener Boden. Vermehrung durch Pflanzenteilung im Frühling.

Trittbretter, Tretbretter Holzbretter, ca. 25 cm breit und mindestens 35 cm lang, die mit Gurten oder Schnüren um den Schuh gebunden werden.

△ Verbene ▽ Wacholder

△ Vergißmeinnicht ▽ Weißdorn

△ Zaubernuß ▽ Zierapfel

△ Zeder ▽ Zinnie

Zum Festtreten von frisch eingesäten Rasenflächen, → Sternmoos-Anlagen und Wegen im Gemüsebeet.

Trittsteine → Wege im Garten.

Trockenbeize → Beizen.

Trockenblumen, Trockensträuße Blumen, Gräser, Samenstengel oder buntes Laub für den winterlichen Zimmerschmuck. Blumen halb erblüht (Fuchsschwänze in voller Blüte) in der Mittagszeit schneiden, bündeln und mit den Köpfen nach unten schattig und luftig zum Trocknen aufhängen. Für Trockensträuße eignen sich Edeldisteln, Fuchsschwanz, Garben, Lampionblumen, Schleierkraut, Silberling, Sonnenflügel, Strohblumen. Gräser je nach Farbton während oder nach der Blüte schneiden. Dazu die Samenstände von Froschlöffel, Pampasgras, Prachtspiere, Rohrkolben, von verschiedenen Schilfarten, von Wollgras und anderen Gräsern. Zweige mit buntem Herbstlaub schneiden, solange die Blätter noch festsitzen. Anschließend mindestens 3 Wochen in eine Mischung von ²/₃ Wasser und ¹/₃ Glyzerin (in Drogerie oder Apotheke erhältlich) stellen. Beim Herausnehmen muß sich das Laub fettig anfühlen. Für dieses Verfahren eignen sich u. a. fruchtbesetzte Zweige von Berberitze, Buche, Eberesche, Heckenrose, Pimpernuß.

Trockenmauer Im Garten zu errichtendes Mäuerchen, dessen Fugen mit lehmigem Boden gefüllt und dann mit Pflanzen besetzt werden. Anlage: an Hängen, als Begrenzung von Wohnterrassen, Rasenflächen und Wegen oder als Umfriedung des Seerosenteiches. Herstellung: Boden in gewünschter Länge und Breite 30–50 cm tief ausheben, mit Kiessand auffüllen und hierauf die Mauer bauen. Flache Natursteine mit Zwischenlagen von ca. 2 cm Lehmerde etwas schräg nach hinten aufschichten. Zur Verstärkung in gewissen Abständen einen langen Stein einbauen, der möglichst weit nach hinten in die Erde reicht. Grenzt die Mauer nicht an einen Erdhügel, die Steine in der Mitte mit einem Klecks Zementmörtel verbinden. Möglichst viele Fugen frei lassen. Einige nicht mit Erde ausfüllen, um → Eidechsen Unterschlupf zu gewähren. Sind Natursteine nicht zu bekommen, Betonsteine verwenden, deren Längskanten man mit Hammer und Meißel bearbeitet, um ihnen ein unregelmäßiges Aussehen zu geben. Bei mehreren terrassenförmig angelegten Trockenmauern (Gärten mit Hanglage) die Zwischenebene der hintereinander liegenden Mäuerchen als Wege benützen oder mit reich blühenden Pflanzenpolstern besetzen; z. B. mit Blaukissen, Polsterphlox, Steinkraut u. a. Bepflanzung der Mauerfugen mit Alpenastern, Aurikeln, Fetthenne, Felsennelken, Freilandkakteen, Hauswurz, Nelken, Sonnenröschen, Steinbrech. → Blühende Steine, → Kakteen im Garten.

Trockensträuße → Trockenblumen.

Troggarten Mit Alpenblumen besetztes, großes Pflanzgefäß von beliebiger Form (halbiertes Faß, Futtertrog, Holzbrunnen). Für Bodenlöcher und eine 2–3 cm hohe Kiesauflage unter der Erdschicht sorgen. T. sind pflegeleicht, da bei dichtem Bewuchs Unkrautsamen kaum aufgehen kann. Zur Bepflanzung eignen sich Zwerggehölze und Polsterstauden verschiedener Art, deren Wuchs durch Steine begrenzt wird. T. sonnig stellen. Kalkhaltigen Boden verwenden.

Trollblume, *Trollius* Sumpfblume, 20–100 cm hoch, mit Kugelblüten in verschiedenen Gelbtönen von IV–VII. Sonne. Normaler Boden, feucht bis sumpfig.

▷ *T. europaeus* blüht gern ein zweites Mal im Herbst (IX).

Trompetenwinde, *Campsis radicans* Schlinggewächs, 6 m hoch, zum Beranken von Lauben,

Pergolen, Gartenmauern und Hauswänden in geschützter, sonniger Lage. Blüten außen orange und innen scharlachrot, erscheinen von VII–IX büschelweise an jungen Trieben. Um viele Jungtriebe zu erreichen, im Herbst wie Wein zurückschneiden. Durchlässiger, humoser Boden. In ungünstigen Lagen ist auf Winterschutz zu achten.

Trompetenzunge, Brokatblume, *Salpiglossis sinuata* Einjahresblume, 60–80 cm hoch. Petunienähnliche Blüten von VI–IX in vielen Farbschattierungen, auch bunt geadert oder gestreift. Aussaat im III ins Frühbeet oder im IV/V an Ort und Stelle. Pflanzabstand 20 cm. Sämlinge und Jungpflanzen lassen sich beim → Ausdünnen leicht versetzen. Aparte Schnittblume. Sonne. Humoser, nährstoffreicher Boden. Auf zu trokkenen oder zu feuchten Stellen gedeihen T. schlecht.

Trugerdbeere, *Duchesnea indica* Schnellwüchsiger Bodendecker für alle Gartenstellen. Unter Stauden und Gehölzen ebenso wie in sonniger Lage. Schutzdecke für Zwiebelblumen oder bodenkühlend für Klematiswurzeln an der Hauswand. Gelbe Blüten und rote, erdbeerähnliche Früchte von V–VI. Die Beeren sind nicht giftig, besitzen weder Geruch noch Geschmack, so daß Schnecken wenig Freude daran haben. Unkraut kommt in dem dichten, 10 cm hohen Teppich, den die T. bildet, nur selten auf. Sonne–Schatten. Normaler, kalkhaltiger Boden. Vermehrung: An Ranken entstehende Jungpflanzen abtrennen und einsetzen. Für das Wohnzimmerfenster T. in Töpfe pflanzen und an Drahtbogen hochziehen.

Türkenbund → Lilien.

Tulpe, *Tulipa* Zwiebelblume, 10–80 cm hoch, einfache und gefüllte Blüten in vielen Farbtönen (auch zweifarbig). Blütezeit: III–VI. Für Beete, Rabatten, → Steingärten, unter lichten Gehölzen, für Gräber, Schalenpflanzung und den → Winterbalkon. Je nach Verwendungszweck wählt man die niedrigen, frühblühenden Wildtulpen oder langstielige Gartentulpen. Großes Angebot in Katalogen, Gärtnereien, Gartencenters. Herbstpflanzung, 10–15 cm tief. → Blumenzwiebeln.

▷ Für warme, geschützte Terrassenecken, kühle Wohnräume oder Wintergärten die Tulpenzwiebeln im Herbst in Kästen oder Schalen pflanzen: So läßt sich die Blütezeit schon auf Ende I vorverlegen.

Tulpenbaum, *Liriodendron tulipifera* Raschwüchsiger, industriefester Baum, bis 25 m hoch. Gelbgrüne, tulpenähnliche Blüten von V–VI. Zapfenartige Fruchtstände und goldgelbes Herbstlaub. Vorsicht beim Pflanzen, die fleischigen Wurzeln dürfen nicht austrocknen. Sonne. Humoser Boden.

Überdüngung Ü. wirkt sich auf die Pflanzen ungünstiger aus als Ernährungsmangel. Zuviel → Stickstoff hat eine geringe Haltbarkeit von Obst und Gemüse und mangelhafte Winterhärte bei Stauden und Gehölzen zur Folge; die Pflanzen werden anfälliger. Auch überreiche Gaben der anderen Düngemittel können mehr schaden als nützen. Sie sind z. B. im Rasen an Brennflekken erkennbar. Besonders empfindlich auf Ü. reagieren Nadelgehölze und immergrüne Pflanzen. Daher lieber zurückhaltend düngen. → Düngung, → Düngefehler.

Überfallrecht Obst, gleich welcher Art, das von Bäumen am Grenzzaun in Nachbars Garten fällt, gehört lt. BGB § 911 dem Nachbarn. Dagegen dürfen festsitzende Früchte an überhängenden Zweigen nur vom Besitzer geerntet werden. → Nachbarrecht.

Überhangrecht Wird ein Gartenteil durch überhängende Zweige vom Nachbargrundstück stark beeinträchtigt (Schattenwurf, übermäßiger Laubfall u. a.), kann vom Eigentümer lt. BGB §§ 910 und 905 das Entfernen dieser Äste verlangt werden (schriftlich mit Fristsetzung).
Danach ist Selbsthilfe möglich (in manchen Landstrichen gibt es Sonderbestimmungen für Obstbäume). Gleiches gilt für Wurzelausläufer, die unter dem Zaun hindurch im Nachbargarten Schößlinge bilden, Wegplatten hochheben usw. → Nachbarrecht, → Grenzabstand.

Uferpflanzen Anpassungsfähige Gewächse, die am Rand fließender oder stehender Gewässer einer wechselnden Bodenfeuchtigkeit ausgesetzt sind. Witterungsbedingte Überschwemmungen werden auch von oberirdischen Pflanzenteilen vertragen. Zu den U. gehören außer Schilf auch zahlreiche Weiden, Binsen und Seggen. Ähnliche Bedingungen im Garten bieten der flach auslaufende Teil des Seerosenteiches, das → Sumpf- und das → Moorbeet. Hier blühen Blutweiderich, Froschlöffel, Iris, Sumpfdotterblume und Sumpfvergißmeinnicht.

Umfallkrankheit → Schwarzbeinigkeit.

Umgraben → Graben.

Umtopfen Bei regelmäßiger Düngung eine nur selten vorzunehmende Pflegemaßnahme zwischen Triebruhe und Triebbeginn. Umgetopft wird, wenn die Pflanze mehr Wurzelraum benötigt oder wenn sie Krankheitserscheinungen zeigt. Vor dem U. den Wurzelballen trocken halten. Die Finger so auf die Topferde legen, daß der Wurzelballen beim Umdrehen nach leichtem Klopfen auf den Topfboden in die Hand rutscht. Vorsichtig gegen den Wurzelballen klopfen, damit möglichst viel Erde herausrieselt. Notfalls mit langer Gabel die Wurzeln behutsam auflockern. Bei kranken Pflanzen die Erde bis zum letzten Krümel entfernen. Gesunde Wurzeln haben bei den meisten Gewächsen helle Spitzen. Abgestorbene, verfaulte oder dürre Teile aus dem Wurzelballen herausschneiden. Wurzelkranke Pflanzen in einer Kaliumpermanganat-Lösung (1 Messerspitze → Kaliumpermanganat auf 5 l Wasser) 30–60 Minuten lang baden. Auch die Blumentöpfe darin desinfizieren (24 Stunden im Lösungsbad stehenlassen). Pflanzen in neue Töpfe setzen, oder die Wurzelballen bis zum nächsten Tag in einen feuchten Plastikbeutel hüllen. Nach starkem Wurzelschnitt die oberirdischen Pflanzenteile im gleichen Verhältnis zur Wurzel einkürzen. Dabei Blätter oder auch ganze Triebe entfernen. Kranke Pflanzen nach dem U. vor Sonne schützen und für möglichst hohe Luftfeuchtigkeit sorgen. Töpfe und Schalen deshalb schattig in die Nähe von Wasserbecken oder zwischen Stauden bzw. unter Gehölze setzen. Ist zum U. keine Einheitserde vorhanden, mischt man Torfmull (oder Lauberde), Sand und Lehmerde zu gleichen Teilen. Für Kakteen und die meisten Dickblattgewächse eine humusarme Mischung aus Lehm und Sand wenden. Trockene Erde läßt sich leichter in den Wurzelballen einschütten. Den Topf einige Male leicht auf nicht zu hartem Untergrund aufstampfen, damit die Erdkrümel sich gut verteilen. Danach gut angießen, notfalls später noch einmal Erde nachfüllen. Frisch umgetopfte Pflanzen erst düngen, wenn sich neuer Triebwuchs zeigt.

Umwelteinflüsse Wie in der freien Landschaft, so zeigen sich auch im Garten negative Auswirkungen gewisser U. Die Abgase von viel befahrenen Straßen (Autobahnnähe) sowie Rauch und Ruß aus Schornsteinen beeinträchtigen die Vegetation im Garten. Schadstoffe, die in die Luft gelangt sind, lagern sich auf Dächern ab; deshalb kein Regenwasser vom Dach direkt in Gartenteiche leiten. Aufgefangenes Regenwasser vor Gebrauch ca. 24 Stunden stehen lassen, damit sich schwebende Schadstoffe absetzen können. → Industriefeste Gehölze, → Kleinklima, → Streusalz.

Umweltschutz Zum Schutz der Lebewesen und ihrer Umwelt vor schädlichen Einflüssen (Abgase, andere Schadstoffe, Lärm) wurden Gesetze erlassen, von denen einige den Gartenbesitzer auch direkt betreffen. → Gartenrecht, → Nachbarrecht. Gleichzeitig bedeutet U. auch eine Erweiterung des Naturschutzes, z. B. die Gesunderhaltung der Gartenwelt durch Beachtung des → biologischen Gleichgewichtes mit Hilfe → biologischer Düngung und des integrierten → Pflanzenschutzes. Erkrankte Pflanzen durch gesunde, möglichst krankheitsresistente Gewächse ersetzen und eine Auswahl der Pflanzen auch im Hinblick auf → Nützlinge treffen. Gesunde, alte Bäume nicht unüberlegt fällen. Für eine hundertjährige Buche, die einen Standraum von nur 150 m^2 einnimmt, müßten 2500 junge Bäume gesetzt werden, um die Blattoberfläche von 1 600 000 m^2 des alten Baumes zu erreichen. Schon 25 m^2 dieser Oberfläche können an einem sonnigen Tag den täglichen Sauerstoffbedarf eines Menschen produzieren. → Photosynthese, → Ökologie.

Unfallverhütung → Kinder im Garten, → Gift, → Giftige Pflanzen.

Ungelöschter Kalk, Ätzkalk → Kompost.

Unkraut Im gärtnerischen Sinn kann jede unerwünschte Pflanze als U. bezeichnet werden. Der Nutzpflanze werden durch U. Wasser, Nährstoffe, Wärme und Licht entzogen. Die eigentlichen U. sind darüber hinaus als Wirtspflanze für Schädlinge und Krankheitserreger eine Gefahr für die Kulturgewächse. Man unterscheidet nach der Art ihrer Vermehrung:

1. Samenunkräuter (Brennessel, Ehrenpreis, Franzosenkraut, Hirtentäschel, Knöterich, Löwenzahn, Vogelmiere, Wegerich)
2. Wurzelunkräuter (→ Dauer-U.): ausdauernde Pflanzen, die sich außer durch Samen auch durch Ausläufer vermehren (Quecke, Giersch, Huflattich, Brennessel).
3. Schachtelhalmgewächse: sie vermehren sich durch Rhizome und Sporen. → Pflanzenjauche.

Die Bekämpfung der U. erfolgt vor allem durch → Jäten und → Mulchen. Die dicke Mulchschicht verhindert das Auflaufen der U.-Samen. Nur bei starker Verunkrautung zwischen Stauden oder Zwerggehölzen und auf Kieswegen U.-Vertilger (→ Herbizide) verwenden. Dabei auf die Wirkungsbreite achten, d. h. die Verträglichkeit mit

den Gartenpflanzen genau prüfen. Nicht in der Nähe von Fischwassern anwenden. Bekämpfung von Giersch mit → Wuchsstofflösung: An windfreien Tagen Blatt für Blatt einpinseln. Dazu Handschuhe anziehen und Tropfenfall vermeiden.

Vorbeugende Maßnahmen gegen U. sind die Verwendung reinen Samengutes, richtige → Kompostpflege und eine harmonische → Düngung. Dabei die U.-vernichtende Wirkung von Kalkstickstoff (z. B. gegen Vogelmiere, Knöterich-, Ehrenpreis- und Taubnesselarten) berücksichtigen (→ Bodendesinfektion). Einjährige Samen-U. in der Mitte des Komposthaufens zwischen anderen Grünteilen verkompostieren. Wärme und Feuchtigkeit beschleunigen hier das Keimen und die Sämlinge gehen zugrunde. Wer Schildkröten hat, kann auch fast jedes U. verfüttern. Es sollte nicht vergessen werden, daß viele U. gleichzeitig Heilpflanzen sind! Aus den getrockneten Wurzeln der Quecke läßt sich ein Blutreinigungstee bereiten. Die Vermehrung von Huflattich läßt sich eindämmen, indem man die Blüten abzupft; getrocknet ergeben sie einen wirksamen Tee gegen Heiserkeit, Husten, Asthma und Bronchialkatarrh. → Graben, → Nachbarrecht, → Rasen, → Unkrautstab, → Wiese, → Löwenzahn, → Wildgemüse.

Unkrautstab Langer Handstab, an dessen unterem Ende sich ein → Wuchsstoffmittel befindet. Ohne Bücken werden → Dauerunkräuter wie Löwenzahn, Breitwegerich, Gänseblümchen usw. betupft. Die Pflanzen werden zu außergewöhnlich starkem Wachstum angeregt und gehen schließlich an Erschöpfung ein (sie wachsen sich tot). An trockenen Tagen anwenden.

Unterglaskultur → Frühbeet.

Unterpflanzung, Unterkultur Nutzung freier Bodenflächen unter hohen Gehölzen. Beim Pflanzen von Beerensträuchern oder beim Anle-

Unterwasserpflanzen, die zur Algenbekämpfung eingesetzt werden können.

gen von Erdbeer- und Gemüsebeeten unter weit auseinanderliegenden Obstbäumen den Wurzelbereich der Unterkultur beachten. Tiefwurzelnde Gemüsearten, z. B. Schwarzwurzeln, Sellerie oder Kopfkohl sind weniger geeignet als flachwurzelnde Arten wie Kohlrabi, Salat, Rhabarber, Zwiebeln und – in sonniger, geschützter Lage – Gurken. Voraussetzungen für eine nutzbringende Ernte sind möglichst viel Sonne, helles Licht und reichlich bemessene Düngergaben. Als Unterpflanzung zwischen Sträuchern bzw. unter Bäumen in Zier- und Nutzgärten eignen sich auch → Zwiebelblumen, niedrige Einjahresblüher, → Kapuzinerkresse, viele → Bodendecker und → Zwerggehölze, z. B. Rhododendron. Von Düngegaben für die U. profitieren auch Gehölze. → Baumscheibe.

Unterwasserpflanzen → Algen im Gartenteich, → Tafel Unterwasserpflanzen.

Unterwasserscheinwerfer → Wasser im Garten.

Urweltmammutbaum, *Metasequoia glyptostroboides* Industriefestes Nadelgehölz mit schilferndem Rinde, das in seiner Heimat China 35 m hoch wird; in unserem Klima ist die Wuchshöhe unterschiedlich. Relikt aus der Vorzeit, das erst 1945 in China wiederentdeckt wurde. Die hellgrünen, weichen Nadeln werden wie bei Lärchen im Herbst abgeworfen. Der U. wird als vollkommen winterhart bezeichnet, kann aber in ungünstigen Lagen durch Spätfröste zurückfrieren. Danach erfolgt jedoch im allgemeinen immer Neuaustrieb. Sonne. Normaler Boden.

Varietät, Abart, Spielart Erbliche Veränderung (Mutation) von Pflanzen, die auf natürliche Weise entstehen oder durch Züchtung gefördert werden kann. Betrifft Farbe, Wuchs, Blüten- oder Blattform. In Katalogen als var. bezeichnet.

Vegetative Vermehrung → Steckling.

Veilchen, Duftveilchen, *Viola odorata* Ein bekannter, langsamwüchsiger Bodendecker unter Gehölzen, 5–10 cm hoch, mit duftenden, violetten oder weißen Blüten von III–IV. Zuchtformen auch in Blau, Cremegelb und Rot. Halbschatten–Schatten. Boden möglichst humos. Vermehrung: Im Frühjahr kleine Polster ausstechen und umsetzen. → Hornveilchen, → Stiefmütterchen.

Verbene, Eisenkraut, *Verbena* Duftende Einjahresblume mit Vorkultur; Höhe 15–50 cm, manche noch höher. Für Staudenbeete, Rabatten und zur Teppichpflanzung. Blüten von VI–X in vielen Farben. Topfballenpflanzen im Frühjahr beim Gärtner kaufen oder Aussaat im III in Frühbeet, Gewächshaus oder in hell und warm stehende → Anzuchtkästen bzw. Töpfe. Samen keimen ungleichmäßig, Sämlinge in → Torftöpfe setzen und nach den Eisheiligen auspflanzen. Sonne. Normaler Boden.

Verbrennen → Abfälle im Garten, → Abhärten, → Fäkaliendünger, → Gehölze.

Veredeln Übertragung von Reisern oder Knospen (sogen. Augen) edler Zuchtsorten, z. B. von Obst und Rosen, auf bewährte und erprobte Gehölze, die als Unterlage bezeichnet werden. Aus Liebhaberei kann man mehrere Obstsorten oder -arten auf einen Baum pfropfen. V. ist etwas aus der Mode gekommen, da hochwertige Gehölze in Baumschulen angeboten werden.

Veredlungsarten:

Kopulieren (I–IV): Unterlage und Edelreis gleich stark. Beide Zweige schräg anschneiden und mit den Schnittflächen aneinanderfügen, so daß die Schichten zwischen Holz und Rinde genau aufeinanderpassen. Fest mit Bast umbinden und zum Schutz gegen Austrocknen mit → Baumwachs überstreichen. Kirschen: I–III, Kernobst: II–IV.

Kopulieren mit Gegenzunge: Edelreis und Unterlage in der Mitte spaltartig anschneiden und die Gegenzungen ineinanderschieben.

Okulieren (VI–VIII): Augenveredlung. Einsetzung von Knospen in fingerdicke Unterlagen. Durch T-förmigen Einschnitt die Rinde der Unterlage lösen, das am schildförmigen Rindenstückchen sitzende Auge von oben hineinschieben und so mit Bast umbinden, daß nur das

Knospenauge frei bleibt. Bei Veredlungen im VI Unterlage ca. 10 cm über dem Auge abschneiden. Wird im VIII okuliert, erfolgt das Abschneiden der Unterlage erst im nächsten Frühjahr. Beim Rosen-V. ersetzen Gummilaschen das früher zeitraubende Umbinden mit Bast.

Pfropfen (II–IV): Verschieden starke Unterlage, Edelreis schwächer. Rinde der Unterlage bis zum Holzteil senkrecht einschneiden, auf beiden Seiten etwas lösen, das zugespitzte Reis hinter die

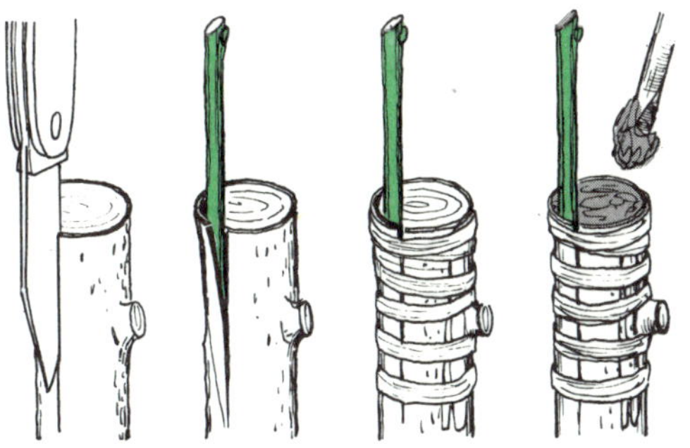

Rinde schieben und fest mit Bast umbinden. Mit Baumwachs überstreichen und auch die Reisspitze abtupfen.

Geißfußpropfen (Ende II–IV): Wird angewandt, wenn die Unterlage viel stärker als das aufzupfropfende Edelreis ist. Unterlage quer durchschneiden. Von der Schnittfläche aus 2 Schnitte so nach unten führen, daß eine dreieckige Hohlkeilform entsteht. Das in gleicher Weise keilförmig zugeschnittene Reis einfügen; die Schichten zwischen Holz und Rinde müssen genau aufeinanderpassen. Mit Bast umbinden und mit Baumwachs überstreichen.

Vereinzeln → Ausdünnen.

Vergeilen Durch Lichtmangel bedingter Längenwuchs, verbunden mit Kleinblättrigkeit. Mangel an Blattgrün. Typisches Erscheinungsbild, wenn sonnenhungrige Pflanzen zu schattig gesetzt werden, z. B. Salat im Gemüsebeet.

Vergißmeinnicht, *Myosotis* Einjährige oder zweijährig, ca. 10–50 cm hoch. Für Beete, Teppichpflanzung, Rabatten, Wegeinfassungen und Grabbepflanzung. Blüten in verschiedenen Blautönen, in Weiß oder Rosa.

Einjahrs-V.: 20–30 cm hoch, Blüte von VII–X. Aussaat im IV in → Anzuchtkasten oder geschütztes → Anzuchtbeet. Nach den Eisheiligen verpflanzen. Halbschatten–Schatten. Boden humos, kalkhaltig, nicht zu trocken.

Zweijährige V.-Arten: Aussaat von VI–VII ganz dünn in Anzuchtbeet. Im IX an gewünschte Stellen verpflanzen und vorsichtshalber Winterschutz geben. 10–20 cm hoch, Blüte von VI–VIII. Durch Selbstaussaat verwilderte Pflanzen können bis 50 cm hoch werden. Sonne–Halbschatten. Boden nährstoffreich, nicht zu trocken. → Sumpfvergißmeinnicht.

Verjüngungsschnitt Kräftiger Rückschnitt bis ins mehrjährige Holz, um starken Neuaustrieb zu erreichen. Bei Obstgehölzen Fruchtholz weitgehend verschonen. Anwendung des V. nach Versetzen älterer Obstbäume, bei vernachlässigten, erschöpften, durch Unwetter verletzten oder durch Winddruck schief gewachsenen Obst- und Ziergehölzen. Vorher → auslichten. Leitast und Seitenleitäste etwa um ⅓ einkürzen. Wunden mit → Baumwachs verschließen. In den Folgejahren → Erziehungsschnitt vornehmen.

Verlegungsarten Platten, Klinker oder Pflastersteine für Wege, Plätze usw. werden je nach Belastung in Sand, Mörtel oder Beton verlegt.

Vermehrung Man unterscheidet generative V. durch Samen oder Sporen und vegetative V. durch bestimmte Pflanzenteile. Angaben zur V. bei der Beschreibung der einzelnen Pflanzen, ferner unter → Blattstecklinge, → Stecklinge, → Abranken, → Abrisse, → Absenker, → Adventivwurzeln, → Anzuchtkästen, → Anzuchtbeet, → Rhizom.

Verrottung → Rottebakterien, → Kompost.

Verstupfen Umpflanzen von Sämlingen. Wichtig vor allem bei Gemüse- und Salatpflanzen. Verhütet Zellverhärtung und kräftigt den Wurzelballen durch Bildung neuer Würzelchen.

Verticutierrechen, Rasenkamm Rechen mit scharfen eisernen Messern zur Frühjahrsbearbeitung der verdichteten Grasnarbe. Sorgt für Belüftung der Graswurzeln, so daß die einzelnen Pflänzchen zu neuem Wachstum angeregt werden. Auch ältere Rasenflächen werden so wieder frisch und grün. Für große Flächen lohnt sich die Anschaffung einer V.-Maschine. Rasenfläche in etwa 100 m^2 große Teilstücke einteilen und V. durchziehen. Danach mit Komposterde, gedüngtem Torf (Supermanural, Huminal, Humobil) der Grasnarbe die nötigen Nährstoffe – vor allem Stickstoff – zuführen. → Rasen.

Verziehen, Vereinzeln, Ausdünnen Zu dicht aufgegangene Saat vereinzeln, um den verbleibenden Pflanzen genügend Wuchs- und Wurzelraum zu geben. Zu enger Stand und mangelnde Durchlüftung fördern die Krankheits-Anfälligkeit und behindern die Entwicklung. Viele Einjahresblumen oder Gemüse wie Salat, Kohl, Rote Rüben usw. lassen sich nach dem Verziehen auf freie Beetstellen versetzen.

▷ Um die Wurzeln der Nachbarpflanzen zu schonen, die Sämlinge entweder aus gut durchfeuchteter Erde herausziehen oder mit der Schere dicht über dem Boden abschneiden bzw. von Hand abzwicken.

Vierpunktkäfer → Käfer.

Viertelstamm → Obstgehölzform mit ca. 80 cm Stammhöhe.

Viruskrankheiten, Virosen Infektionskrankheiten, die durch den Saft kranker Pflanzen, durch Pfropfung oder saugende Schadinsekten verbreitet werden. Im Gemüsebeet sind besonders gefährdet: Bohnen, Gurken, Kartoffeln, Kohl, Salat, Spinat, Tomaten, Zwiebeln. Auch Stauden und Gehölze werden befallen. Überträger unter den Insekten sind → Blasenfüße, → Blattläuse, → Milben und Zikaden.
Schadbild: Nekrosen und mosaikartige Blattflekke, die gelblich oder blaßgrün, rund oder eckig sein können und manchmal durchsichtig sind. Die Blätter sind oft gekräuselt, gerollt oder anderweitig verformt (→ Blattrollkrankheit). Bei Nekrosen entstehen Gewebeveränderungen. Viruskranke Pflanzen zeigen meist ein schwach entwickeltes Wurzelsystem, kaum Blüten- oder Fruchtbildung. Die Blätter bleiben meist klein und wirken ledrig.
Bekämpfung: Dem Befall saugender Insekten vorbeugen. Kranke Pflanzen entfernen und im Ofen verbrennen. → Besenwuchs, → Astern-Gelbsucht.

Vögel im Garten Wichtige Helfer bei der → biologischen Schädlingsbekämpfung und damit unentbehrlich für den Gartenbesitzer. Schäden durch Vögel (Vorliebe mancher V.-Arten für Knospen bzw. Früchte) lassen sich vermeiden, wenn man rechtzeitig entsprechende Maßnahmen trifft. → Vogelabwehr. V. lassen sich verhältnismäßig leicht im Garten ansiedeln. Ortstreue Stand-V. (wie z. B. Meisen) gewöhnen sich bei regelmäßiger Fütterung bereits im Winter an den neuen Lebensraum und behalten diesen dann auch während der Brutperiode bei.
Für die Winterfütterung werden im Handel eine ganze Anzahl verschiedener Futterhaustypen angeboten. Beim Kauf – wie auch beim Selbstbau eines F. – sollte man jedoch weniger auf Schönheit als auf Zweckmäßigkeit achten. Wichtig ist vor allem, daß das Futter nicht naß werden kann und die Vögel vor Feinden sicher sind. Diesen Anforderungen wird z. B. das Kleine Hessische Futterhaus gerecht, dessen Seitenwände aus Glas

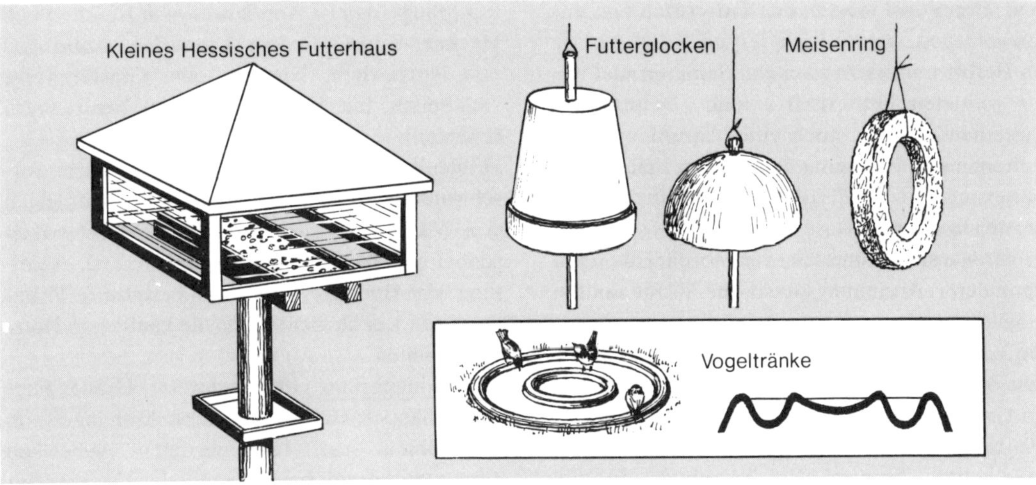
Kleines Hessisches Futterhaus
Futterglocken
Meisenring
Vogeltränke

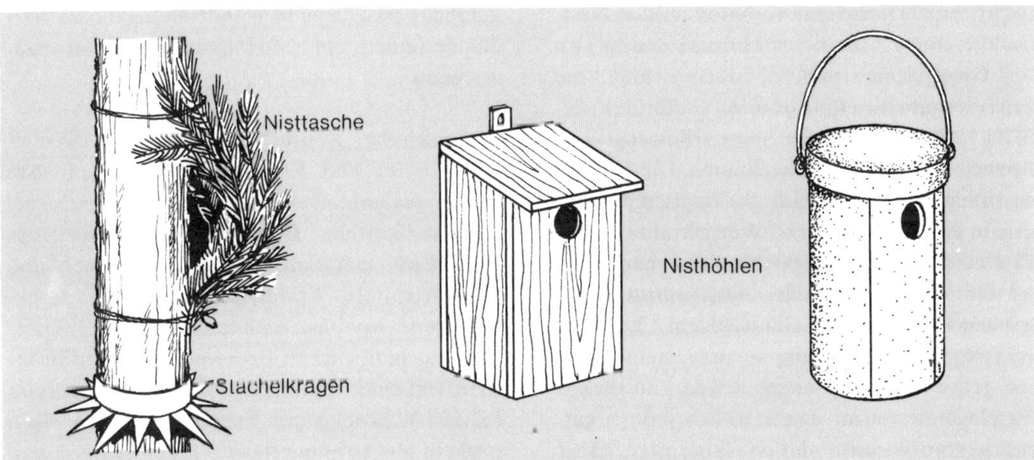
Nisttasche
Nisthöhlen
Stachelkragen

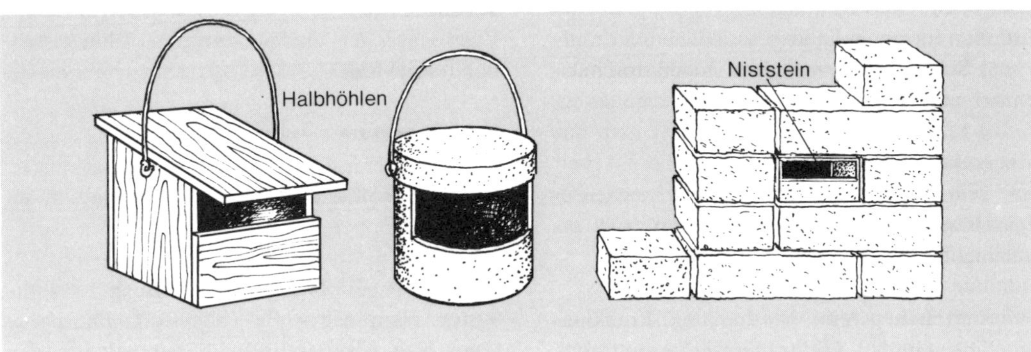
Halbhöhlen
Niststein

sind. Die Vögel müssen den Futtertisch von unten anfliegen, was sie leicht lernen, wenn man sie im Herbst mit einem zweiten, kleineren und tiefer gesetzten Futtertisch anlockt. Neben dem Futterhaus gibt es noch eine Anzahl weiterer Futtergeräte. Zu nennen wären beispielsweise Futterringe und Futterglocken, die man selbst herstellen kann.

In der warmen Jahreszeit sind Vogeltränken ein besonderer Anziehungspunkt für V. Sie sollten möglichst frei, am besten erhöht stehen, damit die V. nicht von Feinden überrascht werden können. Von größter Bedeutung für das Vogelleben im Garten während der Wachstumsperiode sind die vorhandenen Nistgelegenheiten. Hier kann man helfen, wenn man berücksichtigt, was für Ansprüche die einzelnen V.-Arten an den Neststandort stellen. In dieser Hinsicht lassen sich zwei Großgruppen von V. unterscheiden: die Freibrüter und die Höhlenbrüter. Freibrüter stellen ihr Nest – frei, wie der Name schon sagt – im allgemeinen in Büsche oder Bäume. Die Gruppe der Höhlenbrüter läßt sich nochmals untergliedern: in die echten Höhlenbrüter, die Hohlräume mit einem passenden Einschlupfloch benötigen und die Halbhöhlen- oder Nischenbrüter, die Neststandorte mit nur höhlenartigem Charakter und relativ freiem Zugang bevorzugen. V. nehmen gerne die ihnen angebotenen künstlichen Nistgelegenheiten an. Diese sollten jedoch katzensicher angebracht werden. Nistkästen hängt man frei an Ästen auf; Stämme von Bäumen, die Nisthilfen tragen, kann man zusätzlich mit (käuflichen) Stachelkragen versehen. Nistkästen müssen sich einfach öffnen lassen, damit man sie im Herbst reinigen kann. Dabei entfernt man das nicht mehr benützte Nest, da die V. diese Arbeit nicht selbst besorgen. Nur die Stare machen in dieser Hinsicht eine Ausnahme: Sie entfernen im Frühling das Nest vom Vorjahr.

Nisthilfen für:

Freibrüter (wie Amsel, Bluthänfling, Buchfink, Distelfink, Gimpel, Girlitz, Grasmücken, Grünfink, Singdrossel): Anpflanzen von Büschen und Hecken, Schneiden von Astquirlen, Anbringen von Nisttaschen (Kiefern- oder Ginsterzweige verwenden, mit Maschendraht vor Nesträubern schützen).

Höhlenbrüter (wie Blaumeise, Gartenrotschwanz, Kleiber, Kohlmeise, Star): Aufhängen von Nisthöhlen. Diese kann man selbst bauen (dabei auf Zweckmäßigkeit achten, evtl. Anleitung vom Bund für Vogelschutz erbitten). V. bevorzugen jedoch nicht selten die käuflichen Holzbetonhöhlen.

Halbhöhlenbrüter (wie Bachstelze, Grauer Fliegenschnäpper, Hausrotschwanz): Aufhängen von Halbhöhlen (vgl. Höhlenbrüter). Außerdem kann man bereits beim Haus- oder Garagenbau käufliche Niststeine in Wände einfügen. Sie werden besonders von Hausrotschwänzen gern angenommen.

Vogelabwehr Käufliche Vogelschutznetze über Obstgehölze und Erdbeerkulturen legen. Am besten geeignet sind Netze aus unverrottbarem Kunststoffgewebe. Bewährt hat sich auch das Aufhängen von Salzheringen in Bäumen und Sträuchern. In Frühlingsblütenpolster aufgeschnittene Knoblauchzehen legen. Blütenknospen und herbstlichen Beerenschmuck an Sträuchern mit einer Wasserglaslösung (½ l Wasserglas auf 50 l Wasser) gegen Vogelfraß spritzen. Nach starkem Regen wiederholen. Über Gemüse und Saatbeete kreuz und quer dichte Fäden spannen. Vogelscheuchen helfen wenig. → Blinkketten, → Knospenfraß.

Vogelbeerbaum → Eberesche.

Voliere Großer Flugkäfig zur Vogelhaltung im Freien.

Volldünger Enthalten eine Mischung der wichtigsten Hauptnährstoffe (Stickstoff, Phosphorsäure, Kali, Magnesium) und Spurenelemente in ausgewogenem Verhältnis, so daß Düngefehler infolge falscher Mischverhältnisse von Mineralsalzen ausgeschlossen sind. V. sind wasserlöslich, d. h. rasch wirksam. Sie werden kurz vor der Saat ausgebracht oder man gibt sie als → Kopfdünger. Bekannte mineralische V. sind:

	Stickstoff	P-Säure	Kali	Magnesium
Amsupka (Ammoniak-Superphosphat) blau, chloridfrei	8%	12%	16%	
Complesal Blaukorn Hoechst (mit Spurenelementen)	12%	12%	17%	2%
Hakaphos spezial, chloridfrei	8%	12%	16%	
Kampka blau (mit Spurenelementen)	12%	12%	17%	2%
Nitrophoska blau extra, chloridfrei (mit Spurenelementen)	12%	12%	17%	2%

Ein V. mit 40–50% organischer Substanz ist Hornoska Spezial, vollorganisch dagegen sind Hornphos und Peru-Guano. Der fehlende bzw. geringe Kaligehalt dieser beiden letztgenannten V. sollte durch eine Ergänzungsdüngung mit Patentkali ausgeglichen werden. → Mischdünger.

Vorblütespritzung → Spritzkalender.

Vorgarten Nach dem Bebauungsplan festgelegte Zone zwischen öffentlicher Straße und Baugrenze. Nicht eingezäunte V. vergrößern optisch einen Straßenraum. An belebten Straßen kann den V. eine → Hecke aus → Lärmschutzgehölzen abschließen. Grenzt er an Landstraßen, ist vor allem auf → streusalzfeste Gehölze zu achten. An ruhigen Wohnstraßen genüg ein → Zaun oder eine Hecke aus lockeren Blütenbüschen. Bei Neuanlage möglichst auf Zaun verzichten und keine zu hoch werdenden Bäume pflanzen, die später Schatten werfen. Statt dessen immergrüne → Bodendecker oder → Zwerggehölze verwenden, viele Zwiebelblumen einstreuen, blühende Polster pflanzen oder steingartenähnliche Anlagen (wenn der V. nicht im Schatten liegt) schaffen. Teppichartige Flächen oder Beete mit Einjahresblumen bieten viele Monate hindurch ein buntes Bild, sind aber mit größerem Arbeitsaufwand verbunden. Blütenstauden (Dahlien, Rittersporn) als Gehölzersatz am Zaun entlang werden oft von Passanten geplündert. Rosenhecken verlangen Kontrolle und Schnitt, damit ihre Stacheln die Kleidung von Passanten nicht beschädigen. Plattenwege sollen nicht zu streng wirken und den V. möglichst nicht in der Mitte teilen. Wegbegleitende Blütenstauden, immergrüne Polsterpflanzen, kriechende Zwerggehölze können streng gezogene Wege auflockern. Rasenflächen pflegen und im Herbst → Zwiebelblumen (Krokus, Wildnarzissen, niedrige frühe Tulpen) einsetzen. Muß der Sitzplatz wegen der Sonnenseite im V. angelegt werden, kann eine locker angeordnete Gruppe aus dichtwerdenden Sträuchern Sichtschutz geben. Wasserschalen und Seerosenteiche richtig bepflanzen und möglichst auf Fische verzichten (→ Algen). Berankte Hauswände (→ Hausberankung), Rosenbögen über dem Weg oder blühende Gehölze in der Mauerecke zwischen Garage und Hauswand geben dem V. ein individuelles Aussehen. → Balkonpflanzen der Himmelsrichtung entsprechend auswählen. Führt eine Treppe vom Weg zur Haustür, kann sie mit einem Ziergitter versehen werden oder bei genügender Breite ein Standort für Blumenkübel sein. Treppenwinkel, ausgefüllt mit immergrünen Gehölzen über einem Teppich aus Blumenpolstern, sind Blickfang im kleinen V., wenn er im übrigen nur als Rasenfläche angelegt wird. Größere Plattenflächen mit Blumenschalen, Troggärten oder → Plattenbeeten auflockern. Terrassen oder Sitzplätze mit einer blühenden → Trockenmauer gegen den übrigen Garten abgrenzen. Staudenwicken an einem Gehölz oder am Zaun hochziehen.

Vorkeimen Vorbehandlung von Samen und Knollen zur Verkürzung der Keimdauer. 1. Erbsen, Gurken, Bohnen vorquellen; 2. → Kartoffeln zur frühen Ernte in hellem, frostfreiem Raum vortreiben; 3. → Frostkeimer tiefen Temperaturen aussetzen; 4. Gehölzsamen in feuchtem Sand aufbewahren; 5. Harte Samen wie die von Opuntien und Palmen anfeilen.

Vorkultur Frühe Anzucht von Jungpflanzen (Gemüse, Einjahresblumen) in Anzuchtschalen auf dem Fensterbrett, in Töpfen bzw. → Multitopfplatten oder im Frühbeet, um → Topfballengewächse oder gut bewurzelte Jungpflanzen zu erhalten, die später in den Garten umgepflanzt werden können. Bei der Beschreibung der einzelnen Pflanzen ist der Aussaattermin zur V. angegeben. → Verstupfen, → Pikieren.

Vorratsdüngung Gibt dem Boden einen länger wirkenden Vorrat an Düngestoffen. Besonders für Dauerkulturen geeignet, für Blütenstauden und Gehölze. Zu den Düngemitteln mit Langzeitwirkung gehören vor allem die organischen Dünger, deren Bestandteile sich im Boden nach und nach zersetzen. Meist genügt eine einmalige Anwendung im Frühjahr. Unter den anorganischen → Handelsdüngern gibt es ebenfalls eine Reihe von lang wirkenden Düngesalzen. Dazu gehören:

Düngemittel	Gehalt	Anwendung
Stickstoffdünger		
Schwefelsaures Ammoniak	21% N	3 Wochen vor der Saat
Kalkammoniak	15% N + 32–35% kohlensaurer Kalk	3 Wochen vor der Saat
Kalkstickstoff	18–21% N + 60% Branntkalk	im Herbst oder Februar/März
Kalkammonsalpeter	20–23% N + bis zu 40% Kalk	kurz vor der Saat
Ammonsulfatsalpeter	26% N	kurz vor der Saat
Phosphordünger		
Rhenaniaphosphat	25% P_2O_5, 40% Kalk	zu jeder Jahreszeit
Thomasmehl	15–16% P_2O_5 + 50% Kalk	Herbst und Winter
Kalidünger		
Kainit	12–15% K_2O	im Herbst
40er und 50er Kalidüngersalze	40 bzw. 50% K_2O	2 Wochen vor Aussaat

W W W W W

Wacholder, *Juniperus* Nadelgehölz, 30 cm bis 10 m hoch. Wuchsformen: niederliegend, zwergwüchsig, fächerförmig, unregelmäßig aufrecht, kegelförmig, säulenförmig. Nadelfärbung: grün, hellgrün mit silbrigen Streifen, graugrün, blaugrün, kräftig blau, stahlblau, blau und weiß bereift, silberblaugrün, goldgelb. Geeignet für Steingärten, für Heidegärten, als Bodendecker, zur Grabbepflanzung und zur Einzelstellung. Wegen Wuchsform und Nadelfärbung wenn möglich in der Baumschule aussuchen. Sonne. Normaler Boden. → Weißdorn, → Birnengitterrost.

Wäscheschirm Zusammenklappbares Gerät zum Trocknen von Wäsche. Zwischen den schirmartig angeordneten Streben können 30 bis 50 m Leine (wie die einzelnen Fäden im Spinnennetz) gezogen werden. Der W. steht nur auf einer zentralen Säule, für deren Halt lediglich ein Rohr in den Boden eingelassen wird.
W. immer frei, luftig und so sonnig wie möglich aufstellen. Unter hohen Gehölzen kann die Wäsche durch Laubfall, Tierexkremente und Regentropfen sonst leicht verschmutzen. Den Breitwuchs in der Nähe stehender Gebüsche eindämmen, damit im Wind flatternde Wäschestücke Laub und Zweige nicht berühren.

Wässern → Bewässerung, → Gartenregner, → Gießrand, → Pipeline.

Walddickblatt → Goldtröpfchen.

Walderdbeere Bodendecker für Schattenplätze, unter Rosen, Bäumen, Gebüsch und höheren Stauden. Auch zum Verwildern auf ungedüngten Flächen in naturbelassenen Gartenteilen. Blüten von V–IX, aromatische Beeren ab VI. Auf gedüngtem Boden wird das Laub groß, während sich die Beeren kaum vergrößern. Vermehrung durch Ausläuferpflanzen.

Waldgeißbart → Geißbart.

Waldmeister, *Galium* (früher *Asperula) odoratum* Laubwaldstaude, 15 cm hoch, mit weißen Blüten im V. Halbschatten–Schatten. Humoser oder torfgesättigter Boden, nicht zu trocken.
Andere Meisterarten gehören zu den Gebirgspflanzen. Diese eignen sich als Bodendecker im Alpinum und zur Bepflanzung von Mauerfugen. Sonne. Boden sandig, trocken und auch steinig. Blüten von V–VII.
Meister: *Asperula lilaceflora* var. *caespitosa,* rote Blüten; *A. nitida,* Zwergpolster mit rosa Blüten; *A. suberosa,* gelbblühend; *A. hirta,* weiße Blütenkissen.
▷ Blattbüschel für die Maibowle vor dem Erblühen der Pflanzen schneiden.

Waldmistkäfer → Käfer.

Waldrebe → Klematis.

Waldschmiele, *Deschampsia* Ein ausdauerndes Ziergras, 80–120 cm hoch, zur Pflanzung in naturbelassenen Gartenteilen. Zusammen mit großen Farnen und Blumenzwiebeln zwischen höhere Gehölze setzen. Sonne–Halbschatten. Humoser Boden.

Waldsteinie, *Waldsteinia* Ein Bodendecker für schattige Gartenstellen. Gelbe Blüten von IV–V. *W. geoides,* 20 cm hoch, bildet keine oberirdischen Wurzelausläufer, wie *W. ternata.* Dankbare Flächenstauden unter Gehölzen und Farnen. Halbschatten–Schatten. Humoser Boden.

Walnuß, *Juglans* Schalenobst. Ausgewachsene Bäume erreichen eine Höhe von etwa 20–30 m. Verlangt werden geschützte Lage, freier Standort und ein tiefgründiger, nährstoffreicher, warmer Boden. Einen W.-Baum möglichst in nahe gelegener Baumschule kaufen, um krassen Klimawechsel zu vermeiden. Bei fast allen Sorten sind Blüte und Holz frostempfindlich. Deshalb für Gebiete mit Spätfrostgefahr eine spätblühende Sorte erwerben. → Pflanzgrube sehr groß ausheben, damit die fleischigen Wurzeln locker eingebettet werden können. Kein Pflanzschnitt. → Auslichten im VII. Nüsse reifen nacheinander. Die grüne Schalenhaut muß aufplatzen. Bäume schütteln oder Äste mit Stangen abklopfen.

▷ Das Anpflanzen von Holunderbüschen nahe bei W.-Bäumen soll den Wuchs fördern und den Fruchtertrag steigern. Enttäuschungen werden vermieden, wenn die W. mehr als Liebhaberbaum denn als Nutzbaum betrachtet wird.

Wanderkasten Einfacher Frühbeetkasten, der – in veralteter Form – aus vier Brettern und auflegbaren Fenstern besteht. Heute wird er durch transportable Kästen aus leichtem Material oder durch die praktischeren → Folientunnel ersetzt. Der W. wird nicht eingegraben, sondern bei Bedarf als Frost- oder Hagelschutz über Beete mit Sämlingen, Jungpflanzen oder empfindlichem Gemüse gestellt. Unter dem W. kann → Feldsalat zur Ernte im Winter gezogen werden.

Wandspalier → Hausberankung.

Wanzen → Blattwanzen.

Wartezeit, Karenzzeit Zeitraum zwischen letztmöglicher Anwendung eines Pflanzenschutzmittels und Erntebeginn. W. unbedingt einhalten, da sonst die → Rückstände von den verwendeten Präparaten Geschmack und Bekömmlichkeit des Erntegutes beeinträchtigen. → Spritzkalender.

Wasser → Gießwasser.

Wasser im Garten Wasserbecken für → Seerosen und andere → Wasserpflanzen, mit oder ohne Fischbesatz, Springbrunnen, Wasserspeiher und Unterwasserbeleuchtung.

In Schalen ab 20 cm Durchmesser und 30 cm Tiefe für Balkons, Terrassen, Treppenabsätze gedeihen die Seerosen *Nymphaea tetragona,* weißblütig und *N. pygmaea helvola,* gelb. Für Schalen ab 50 cm Durchmesser und 30 cm Wassertiefe für Terrassen, Gartenwege, Plattenflächen gibt es Seerosen in allen Farben. Großes Angebot in Wasserpflanzengärtnereien. Am reichblütigsten für Schalen und flache Becken ist die schneeweiße Seerose 'Frau Uschi Oldehoff'.

Für kleine Wassergärten läßt sich jedes Gefäß verwenden, das entweder im Garten aufgestellt oder in den Boden eingesenkt wird: Bottiche, Wannen, Tröge, halbierte Fässer, Plastikkübel und Schalen. Bei Eternitgefäßen auf schräge Wandung achten, damit Eis im Winter das Becken nicht beschädigt. Wer kein großes Becken bauen will, kann drei Kübel ab 50 cm Durchmesser in gefälliger Anordnung eingraben und verschieden bepflanzen: 1. mit einer Seerose, 2. mit blühenden oder hochragenden → Wasserpflanzen, 3. mit Sumpf- oder → Moorbeet-Pflanzen. Erdflächen zwischen diesen Miniteichen mit niedrigen → Bodendeckern bepflanzen.

Größere Wasserbecken immer schrägwandig anlegen und mit zwei oder drei Stufen zum Rand hin versehen. Hierher Sumpfblumen setzen. Beckenboden mit algenfeindlichen Unterwasserpflanzen besetzen. Beim → Betonbeckenbau eine Plastikfolie zwischen zwei Schichten legen, um die Wasserundurchlässigkeit zu sichern. Andere Beckenbau-Methoden (nachdem der Bodengrund in gewünschter Tiefe und Form ausgehoben wurde) sind:

1. Verwendung von Glasfasermatten und Polyesterharz. Man verfährt dabei nach Anleitung der Hersteller.
2. Einlegen einer Plastikfolie, die ca. 20 cm über den Rand reichen soll. Sie wird später mit Platten oder Pflanzenpolstern abgedeckt. Dünne Folien doppelt nehmen. Untergrund beachten: Steine und harte Wurzeln umgebender Pflanzen könnten später die Folie durchbohren. In steinigen Böden als Folienuntergrund eine Betonschlämme auftragen.

3. Beckengrube zunächst mit Pflastersteinen oder einem Holzpflaster und dann erst mit Folie auslegen.
4. Gepflasterte Becken mit pflanzenfreundlicher Flüssigfolie ausstreichen.
5. Beim Einsetzen von Karpfenarten oder Schleien (Fische brauchen mindestens 80 cm Wassertiefe) Becken durch engen, kunststoffummantelten Maschendraht in zwei Bereiche teilen. So erfolgt ein Wasseraustausch, und die Fische können nicht an den Unterwasserpflanzen fressen. Der Fischteil kann durch ein Wasserspiel ergänzt werden, das von einer Umwälzpumpe gespeist wird. → Fischbesatz.

Wer Lichteffekte liebt, informiert sich im vielfältigen Angebot der Hersteller von Wasserlampen für den Gartenteich. Manche Unterwasserlampen werden eingelegt wie Tauchpumpen und an der Steckdose angeschlossen. Es gibt sie einfarbig und auch mit Vierfarbeffekt.

Überwinterung der Wasserbecken: Eisdruck auffangen durch elastisches Material, z. B. breite Styroporstreifen, die auf der Wasseroberfläche schwimmen. Oder Eisbildung einschränken, indem Luftpolsterfolien in zwei Schichten direkt auf die Wasserfläche gelegt werden, wobei die erste Schicht mit den Noppen nach unten, die zweite Lage mit den Noppen nach oben zeigen soll. Tragbare Seerosenschalen in frostfreiem Raum überwintern. Vorher in atmungsaktive Polyäthylenfolie einschlagen, um die Wasserverdunstung einzuschränken. Transportunfähige Seerosenbecken auf Plattenflächen wie folgt überwintern: Luftpolsterfolie auf die Wasserfläche legen. Gefäß rundherum dick mit Herbstlaub oder Torfmull anschütten, mit Styroporplatte und Brettern abdecken. Das Ganze mit einer Folie überdecken, deren Enden auf dem Boden mit Steinen beschwert werden. Andere Möglichkeit: 4 dünne Polyäthylenfolienbahnen zerknittern und nacheinander über das Seerosengefäß stülpen. Die entstehenden Luftpölsterchen wirken isolierend. Die Folie gegen Wind mit Steinen sichern. → Algen im Gartenteich, → Schattenpflanzen, → Teichrosen.

▷ Abdichten rissiger Betondecken: Sichtbare Sprünge mit elastischem Dichtungskitt ausfüllen. Nach Abtrocknen das ganze Becken mit pflanzenfreundlicher Flüssigfolie 1–2 cm dick ausstreichen. Wenn das Material hart geworden ist, besteht eine elastische, fugenlose Schutzhaut. Bei Haarrissen, die nicht zu finden sind, Becken mit Plastikfolie auslegen, die 20 cm über den Rand reicht.

Wasserbeckenfarbe Pflanzenfreundliches Material zum Ausstreichen von Betonbecken. Schutz gegen Kalkauswaschung aus dem Beton, die durch Humussäuren der eingefüllten Erde gefördert werden kann. → Algen im Gartenteich, → Betonfarbe.

Wasseraloe, Krebsschere, *Stratiotes aloides* Eine apart geformte, algenfeindliche Schwimmpflanze für Wassertiefen von 10–100 cm. Weiße Blüten im VII. Steigt zum Blühen an die Oberfläche. Verkrustet bei stark kalkhaltigem Wasser.

Wasserdost, Kunigundenkraut, *Eupatorium* Staude, 80–180 cm hoch, für Sumpf und Ufer am Gartenteich oder andere feuchte Gartenstellen. Weinrote oder weiße Blütendolden von VII–IX. Sonne–Schatten. Normaler, nicht zu trockener Boden.

Wasserenthärtung → Enthärten des Wassers.

Wasserfangmulde → Gießrand.

Wasserflöhe, *Daphinia* Winzige, zu den Krebsen (!) gehörende Wassertiere, die in Mengen auftreten und durch Vertilgung der mikroskopisch kleinen Schwebealgen zur Klarheit des Teiches beitragen.

Wasserhärte → DH.

Wasserhahnenfuß → Algen im Gartenteich.

Wasserhyazinthe, *Eichhornia crassipes* Frostempfindliche, 10 cm hohe Schwimmpflanze für warm gelegene Gartenteiche, auch für Zimmerschalen und Aquarien. Violettblaue Blüten von VII–VIII über löffelförmigen Blättern, die an runden, grünen Schwimmballons sitzen. Überwinterung im Haus. Sonniger Standort.

Wasserleitung Im Garten entweder frostfrei unter 0,80 m Tiefe oder als Sommerleitung bei etwa 0,40 m Tiefe verlegte Rohre; $^1/_2$ oder $^3/_4$ Zoll stark, aus Zink oder Kunststoff, mit Zapfstellen und einem Absperrhahn zum völligen Entleeren.

Wasserliesch → Blumenbinse.

Wasserlilie, *Iris pseudacorus* → Iris.

Wasserlinse, *Lemna* → Algen im Gartenteich.

Wassernuß, *Trapa natans* Einjährige Wasserpflanze mit schwimmender Blattrosette, die sich im Herbst rot färbt. Unscheinbare weiße Blüten von VI–IX. In warmem Klima Vermehrung durch Ausreifen großer, dunkelfarbener Nußsamen. Wassertiefe 20–60 cm.

Wasserpflanzen sind unter folgenden Stichworten zu finden:

Algen im Gartenteich	Kalmus	Tannenwedel
Binsen	Gauklerblume	Tausendblatt
Blumenbinse	Pfeilkraut	Teichrose
Blutauge	Rohrkolben	Wasseraloe
Drachenwurz	Schilf	Wasserhyazinthe
Fieberklee	Seekanne	Wassernuß
Froschbiß	Seerosen	Wasserpest
Froschlöffel	Sumpfdotterblume	Wasserschlauch
Igelkolben	Sumpfvergißmeinnicht	
Iris		

Wasserpest, Wasserquirl, *Elodea canadensis* Eine sauerstoffbildende Unterwasserpflanze, die zusammen mit anderen algenfeindlichen Unterwasserpflanzen zur Begrünung des Beckengrundes in Wassergärten und Fischteichen beiträgt. *E. densa* ist weniger wüchsig. → Algen im Gartenteich.

Wasserschlauch, *Utricularia* Fleischfressende Schwimmpflanze, die zur Vertilgung der Mükkenlarven in der Nähe des Beckenrandes eingesetzt wird. 4 Pflanzen pro m^2 Oberfläche reichen aus. Fangbläschen zwischen filigranartigem Blattwerk fangen und verdauen kleine Wassertiere. Aus dem Wasser ragende, goldgelbe Blüten von VI–VIII. Überwintert mit Brutknospen auf dem Beckengrund.

Wasserschnecken → Schnecken.

Wasserschosse Weiche, aus altem Holz steil aufwärts wachsende Langtriebe u. a. an Obstbäumen. Ursachen: Überdüngung nach Nährstoffmangel, Veränderung des Wasserhaushaltes im Boden, zu kräftiger Rückschnitt, Überalterung des Baumes. Im letzten Fall aus Wasserschossen neues Kronengerüst aufbauen. Sonst steile Triebe herausschneiden oder kürzen. Waagerecht oder nach unten gebundene Triebe entwickeln sich zu Fruchtzweigen. → Obsthecke.

Wasserschutzfarbe → Wasserbeckenfarbe, → Betonfarbe.

Wege im Garten Bei der Anlage von Wegen ist Grundsätzliches zu beachten: Für eine Person ca. 60 cm W.-Breite berechnen, für zwei Personen 120 cm. Die Wegeausprägung kann entweder streng architektonisch oder mit Rundungen leicht geschwungen erfolgen. Dies ist jedoch von der Grundstücksgröße, der Hangneigung, dem Material und den Planungsabsichten abhängig. So passen z. B. geschwungene W. besser an einen Hang

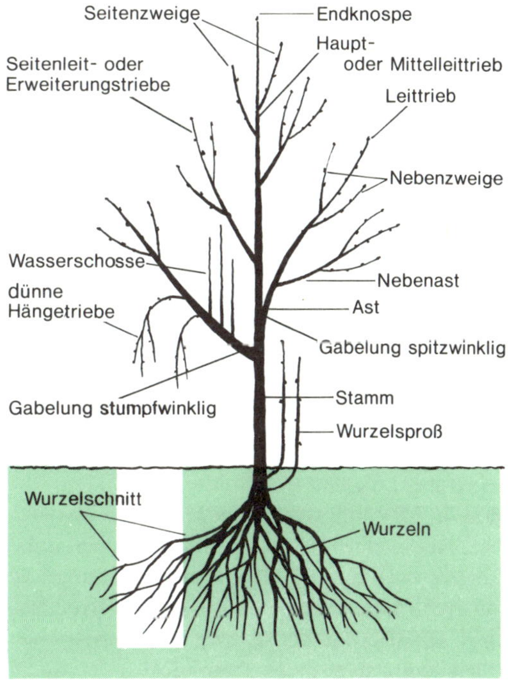

Die Benennung der wichtigsten Baumteile.

als geometrische. Im Hausgarten bestimmt oft die quadratische Form der Wegplatten auch die Wegführung. Fahr-W. (Garageneinfahrten) brauchen einen wesentlich festeren Unterbau als W., die nur begangen werden. In Landstrichen mit harten Wintern und hoher Schneelage lohnt sich manchmal das Verlegen einer Heizmatte unter dem W. zum Haus oder zur Garage. In diesem Fall den Rat eines Fachmannes einholen.

Kies-W.: W.-Fläche mindestens 30 cm tief ausheben. Wölbung in der W.-Mitte beachten, damit das Regenwasser stets ablaufen kann. Steinschotter 20 cm hoch auflegen und so viel feinen Sand darüberstreuen, bis die Lücken zwischen den Steinchen ausgefüllt sind. Die Fläche gut durchwässern und walzen oder abrütteln. Dann Kies in gegebener Höhe aufbringen. (Kies, ohne Untergrund auf die Erdfläche gebracht, verschwindet mit der Zeit im Boden.) Rand mit Hilfe von

→ Betonfertigteilen, → Trockenmäuerchen oder einem Streifen langsam wachsender → Bodendecker befestigen. Grenzt der Kies direkt an den Rasen, werden beim Begehen oder Befahren Steinchen ins Gras geschleudert, die beim Mähen sehr stören können. Ein Kies-W. muß oft geharkt und unkrautfrei gehalten werden, wenn er gepflegt wirken soll.

Beton-W.: Auf leichten, wasserdurchlässigen Böden die vorgesehene Fläche ca. 10 cm tief ausheben. Wasserundurchlässige Böden (fester Lehm oder Ton) 20 cm tiefer ausheben und mit Schotter oder Kies auffüllen. (Eine filternde Kieslage unter einem Beton-W. verhindert das Auffrieren.) An den W.-Kanten entlang Bretter eingraben, die den → Beton in Form halten. Beton im Mischungsverhältnis 1:3 bis 1:4 herstellen. Betonschicht 8–10 cm dick auftragen; dabei jeweils nach ca. 4–5 Metern eine Dehnungsfuge anlegen, z. B. indem man ein geöltes Brett einlegt. Erhärtet die Masse, wird es herausgezogen. Man kann auch dicke Pappstücke oder dünne Styroportafeln in die Fugen legen, die nach völligem Erhärten sauber am Boden abgerissen werden. Die Fugen sind angebracht, um Ausdehnungsunterschiede des Betons aufzufangen und so den Beton-W. vor Rissen zu bewahren. Betonschicht gut durchstampfen und glätten. Damit der W. später nicht rutschig wird, Kiesel aufstreuen oder größere Steine als »Kopfpflaster« eindrükken. Notfalls in die erhärtende Schicht mit einem Gartengerät (z. B. mit der Harke) ein rauhes Muster einprägen. Beton-W. leiden unter → Streusalz.

Platten-W.: Herstellung mit schwer zu verlegendem Steinmaterial oder komplizierten Verbundmustern im Mörtelbett möglichst dem Fachmann überlassen, oder sich in einschlägiger Literatur informieren. Vorsicht mit farbigen Platten; sie können das Bild empfindlich stören. Betonplatte mit »Natur-Oberflächenbeschichtung« unterscheiden sich kaum von Natursteinen. Herstellung einfacher Platten-W.: W.-Führung abstechen, geplante Fläche 30–40 cm tief ausheben, ca. 20 cm dick Schotter, Schlacke oder Kies einfüllen, feststampfen bzw. abrütteln und darauf 5–10 cm Sand als Bett für die Platten aufschütten. Platten dicht aneinander verlegen, Wasserwaage zu Hilfe nehmen, damit der W. gleichmäßig eben wird. Schwache Seitenneigung von 0,5 bis 1,5% zum Abfließen von Regenwasser soll jedoch vorhanden sein. Platten nach dem Auflegen mit Brett und Hartgummi- oder Holzhammer festschlagen. Über die fertige W.-Fläche Sand streuen, der mit Hilfe einer Gießkanne in die Fugen geschlämmt wird. Bei Platten-W., die von Beeten, Rabatten mit → Bodendeckern oder Rasenflächen begrenzt werden, die Platten unregelmäßig verlegen, damit sie optisch besser mit ihrer Umgebung harmonieren.

Garageneinfahrt: Der W. von der Straße zur Garage kann sowohl vom Material als auch von der Ausprägung her sehr verschieden gestaltet werden. Plattenbelag oder Betonflächen brauchen einen tragfähigen Unterbau. Platten sollten auf Betonunterbau eingemörtelt werden, desgleichen eine plattenbelegte Doppelspur. Besteht die Einfahrt zur Garage aus strapazierfähigem kurzen Rasen, wird er für Autoreifen griffiger, wenn im Abstand von wenigen Zentimetern kleine Pflastersteine in die Doppelspur eingefügt werden. Man kann auch Rasengittersteine oder → Lochpflastersteine verlegen, die Zwischenräume mit Erde füllen und strapazierfähige Rasengräser, wie z. B. *Festuca rubra* einsäen. Bei großen Platten-, Beton- oder Asphaltflächen vor Garagen ist eine Mattenheizung unter der Oberfläche von Nutzen.

W. mit Steinpflaster: Pflastersteine aus Granit, Basalt oder Porphyr als Mosaik-, Klein-, Mittel- oder Großpflaster von 4 × 4, 6 × 6, 8 × 8 oder 12 × 12 cm werden ähnlich wie Platten verlegt. Gleichmäßige Arbeit, vor allem beim Unterbau, ist wichtig! Auf ungleichem, mehr rundem Steinmaterial rutscht der Fuß bei feuchtem Wetter leicht ab. Ein Pflasterweg, bei dem die Steine in

Sand verlegt sind, sollte seitlich Verstärkungen erhalten, um ein Ausbrechen zu verhindern. Neben dem Natursteinpflaster hat sich das Betonsteinpflaster ebenso bewährt wie das Verbundsteinpflaster.

W. mit Holzpflaster: Untergrund und Arbeitsweise wie einfacher Plattenweg; jedoch etwas tiefer ausheben. Wetterfestes, haltbares Holzpflaster von 15 cm Höhe und 5–30 cm Stärke wird von Imprägnierwerken angeboten. Man kann sich aber auch im Sägewerk Baumstämme zerschneiden lassen, die runden Scheiben → imprägnieren und verlegen. Leichteres Arbeiten als mit Steinplatten, weil sich die Holzscheiben nach Belieben spalten lassen. Holzpflaster-W. passen zu Gehölzgruppen und hausfernen Freiräumen.

W. mit Ziegelsteinen: Untergrund und Arbeitsweise ähnlich wie beim einfachen Platten-W. Ziegelsteine im hohen Sandbett immer seitlich aufgekantet, also als Rollschicht, verlegen, mit etwa 1 cm Zwischenraum, der am Schluß dick mit Sand eingeschlämmt wird. Dieser W. kann ohne Seitenneigung völlig eben ausgelegt werden, weil Regenwasser durch die Fugen abfließt. Der W. kann seitlich unregelmäßig in wegbegleitenden → Bodendeckern verlaufen. Die Belastbarkeit hängt vom verwendeten Material ab. Ziegelsteine werden in unterschiedlicher Härte angeboten, am härtesten ist Klinker. Sowohl einfache Ziegelsteine als auch Klinker, insbesondere Straßenbauklinker, ergeben ansprechende Beläge.

W. aus Trittsteinen: Gleichmäßig geformte oder unregelmäßige W.-Platten schrittgerecht als Trittspur durch Rasenflächen, Steingärten oder Staudenbeetanlagen führen. Im Gemüsebeet erleichtern schon wenige Trittplatten Ernte- und Pflegearbeiten. Hier genügt es meist, die Platten an gewünschten Stellen einfach ohne Unterbau auf den Erdboden zu legen. Bei Verlegung in Rasenflächen dagegen wie folgt verfahren: Platten im Schrittmaß von 65 cm (gemessen von Plattenmitte zu Plattenmitte) in der gewünschten W.-Führung verteilen. Den Rasen an den Plattenkanten abstechen, Platte entfernen und die markierte Fläche 6–8 cm tief mit dem Spaten vorsichtig abheben. Die Mulde mit Sand ausfüllen, so daß in der Mitte eine leichte Vertiefung entsteht. Einsacken des Sandes mitberechnen. Die Steinplatte auflegen und mit einem Holzhammer festklopfen. Die Kanten dürfen nicht wackeln. Trittplatten sollten so flach mit der Grasnarbe abschließen, daß sie beim Rasenmähen nicht stören. Als Plattenmaterial eignen sich Beton- und Naturstein. Grelle Farben vermeiden. Für den Steingarten Trittplatten aus natürlich wirkendem Material verwenden, z. B. sandfarbener Betonstein, aber auch standortübliche Natursteine. Diese Platten dürfen auch erhöht liegen, weil Pflanzenpolster die Ränder überwachsen. Vom W.-Bau übrig gebliebene Plattensteine lassen sich im Nutzgarten und in Staudenanlagen als Trittsteine verwenden.

Weide, *Salix* Sommergrüne Gehölze, 30 cm bis 30 m hoch; kriechend, zwergig, strauch- oder baumartig wachsend. Auch hängende Formen. Blüten von II–V. Geeignet für alle Gartenteile. Großes Angebot in Baumschulen und Versandgärtnereien. Sonne–Halbschatten. Normaler Boden, eher feucht als trocken. W. lieben die gespannte Luft am Gartenwasser.

Weidenröschen, *Epilobium* *E. fleischeri:* Kleinstaude, 20–40 cm hoch; für Steingärten, vor allem in Hanglage. Purpurrote Blüten von VII–IX, später fiedrige Fruchtstände. Vorsichtshalber Winterschutz geben. Frieren oberirdische Teile ab, erfolgt Neuaustrieb durch Ausläufer. Empfindlich gegen Nässe. Halbschatten. Boden: Kies, Schotter, wenig Humus. – *E. hirsutum,* Zottiges Weidenröschen: geeignet für feuchte Böden. 100–125 cm hoch, karmesinrote Blüten von VI–IX. Durch Eingattern am Wuchern hindern und den wolligen Samen frühzeitig entfernen. Nur großblütige Sorten erwerben! Sonne–Schatten.

Weigelie, *Weigelia* Sommergrüner, langlebiger, anspruchsloser Blütenstrauch, 1,50–3 m hoch. Rote, rosa, weiße oder gelbliche Blüten von V–VII. Nachblüte einiger (vor allem der roten) Sorten im IX. Regelmäßiges → Auslichten fördert die Blühwilligkeit. Sonne–Halbschatten. Normaler, nährstoffreicher Boden.

Wein → Wilder Wein.

Weinrebe → Reben.

Weißdorn, *Crataegus* Der einheimische W., *C. monogyna,* 4 m hoch, bildet undurchdringliche Hecken und verträgt jeden Schnitt. Weiße Blüten im V und rote Beeren im Herbst, die vor allem bei Amseln sehr beliebt sind. Gutes Vogelschutzgehölz.
Der Rotdorn, *C. monogyna* var. *kermesina-plena,* ist als Strauch oder Kronenbaum in fast jeder Baumschule zu haben. Gefüllte rote Blüten von V–VI. Auch er eignet sich für den Heckenschnitt. Sonne. Normaler, kalkhaltiger Boden.
W.- und Rotdorn-Büsche vertragen sich nicht immer mit → Wacholder. Sie können einen Pilz beherbergen, der wirtswechselnd auch Wacholderarten befällt. Der Wacholder bekommt braune Nadeln und stirbt langsam ab. In diesem Fall muß man sich zur Beseitigung der einen oder anderen Pflanzenart entschließen. Zumindest aber Weiß- oder Rotdorn und Wacholder in sehr weitem Abstand voneinander pflanzen. Wer versuchen will, beide Pflanzenarten zu erhalten, spritzt mit → Fungiziden, und zwar abwechselnd mit verschiedenen Mitteln.

Weißes Steinkraut, Duftsteinrich, *Lobularia maritima* (früher *Alyssum maritimum*) Bodendeckende Einjahrespflanze, 8–40 cm hoch, mit grünem oder gelbbuntem Laub. Begehrt sind vor allem Zuchtformen mit weißen, rosa, lila oder violetten Blüten. Geeignet für Steingärten und Mauerfugen oder zur Teppichpflanzung zwischen höheren Stauden, unter Rosen, Gladiolen und auf wegbegleitenden Rabatten. Hohe Sorten sind dankbare Schnittblumen. Blütezeit V–IX. Freilandaussaat an Ort und Stelle ab Ende III bis VI. Bei Aussaat ins Frühbeet und späterem Umsetzen der Jungpflanzen soll die Entwicklung kräftiger und die Blütezeit länger sein. Sämlinge aus Selbstaussaat lassen sich verpflanzen. Sonne. Normaler, nährstoffreicher Boden.
▷ W. St. nicht auf kohlhernieverseuchten Boden setzen. → Erdflöhe bekämpfen, die hier großen Schaden anrichten können.

Weißkohl, Weißkraut, Kappes, *Brassica oleracea* var. *capitata* Kohlgemüse, das ebenso behandelt wird wie → Rotkohl.
▷ W. enthält Vitamin A, B und C. 100 g gekocht: 15 Kalorien (63 J), 100 g Sauerkraut: 22 Kalorien (92 J).

Welkekrankheit → Asternwelke.

Wellplatten Für Gewächshäuser haben lichtdurchlässige W. aus Kunststoff gegenüber ebenen Platten, z. B. Glasscheiben, den Vorteil größerer Stabilität und geringeren Gewichts. Ihre Verwendung erlaubt den Bau einfacherer und leichterer Tragkonstruktionen.

Wermut, *Artemisia absinthium* Halbstrauch, der im Garten ausgesät werden kann. → Lichtkeimer, deshalb Samen nur aufstreuen und andrücken. Feucht halten. Jungpflanzen vereinzeln auf 50 × 40 cm Abstand. Gärtnereien bieten W. in Töpfen an. Würzkraut für fette Fleischgerichte oder Schweineschmalz und Eintopf. Dazu Blätter frisch oder getrocknet. W. zur biologischen Schädlingsbekämpfung verwenden. Brühe oder Jauche laut → Spritzkalender herstellen. Dazu 400 g frisches Kraut oder 30 g getrocknete Pflanzenteile für 10 l Wasser. Von III–IV gegen Raupen, Blattläuse und Brombeermilben unverdünnte Jauche spritzen. Gegen Ameisen und Säulenrost auch auf den Boden gießen. Im Sommer zur Hälfte verdünnten Tee gegen Blattläuse und im Herbst damit Brombeermilben bekämpfen.

Werre → Maulwurfsgrille.

Wespen Bienenähnliche, jedoch schlanker gebaute, schwarzgelbe Fluginsekten. Stechen meist nur, wenn man sie hastig verscheucht oder nach ihnen schlägt. Die bekannten lästigen Arten bauen rundliche, papierähnliche Kugelnester aus zerkauten Pflanzenstoffen. Bekämpfung nur bei Belästigung infolge Nestnähe: Eine enghalsige Falsche $^{1}/_{4}$ voll mit Bier, Weinresten, Fruchtsaft oder gezuckertem Essig füllen, vom Gartentisch entfernt aufstellen oder in Obstbäume hängen. Kein reines Zucker- oder Honigwasser verwenden; das würde Bienen anlocken/ Wespen ernähren sich von Nektar und ausfließenden Baumsäften. Sie füttern ihre Larven jedoch mit Insekten und machen sich dadurch recht nützlich. Im Herbst fällt ihre Vorliebe für reifes Obst unangenehm auf. → Tafel Wehrhafte Insekten.

Wetterdistel → Silberdistel.

Wetterfeste Gartenpflanzen → Hagel.

Wetterregeln Aus Naturbeobachtungen entstandene Hinweise auf Wetterveränderungen. Manche haben ihre Gültigkeit bewiesen:
Dreht während einer Schönwetterperiode der Wind nach Westen, schlägt das Wetter um und bringt Regen. Ostwind ist ein Schönwetterbote und bringt im Winter Kälte. Bei Südwind gibt es im voralpinen Raum Föhn und schönes Wetter (oft entgegen der amtlichen Wetterprognose). Südwestwind und feuchtschwüle Witterung löst im Alpennordraum Föhnbeschwerden aus. Ist der Garten morgens voll Tau oder steigt in früher Stunde der Nebel aus den Wiesen, ist ein schöner Tag zu erwarten.
Eine Wetterregel jüngeren Datums: Löst sich der Kondensstreifen eines Flugzeuges breitflächig auf und bildet Wolken, besteht Feuchtigkeit in den oberen Luftschichten. Das kann baldigen Regen bedeuten. Bleibt der Kondensstreifen schmal und vergeht fast unmerklich, bleibt die Schönwetterlage bestehen. → Hagel, → Mondeinfluß, → Nachtfrost.

Weymouthskiefer, *Pinus strobus* Nadelgehölz, das nicht in der Nähe von Johannisbeeren stehen sollte. (Wirtspflanze für → Säulenrost). 15–40 m hoch, pyramidal in der Jugend, später breitkro-

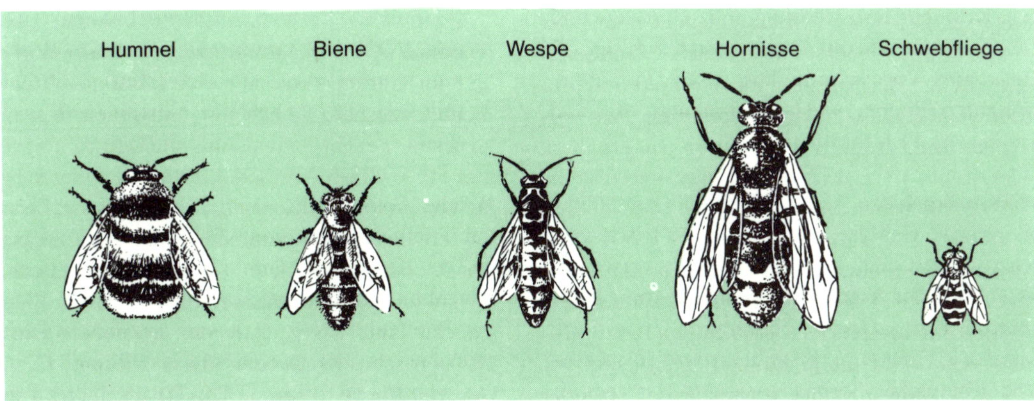

Die wichtigsten stacheltragenden Insekten werden immer wieder verwechselt. Darunter haben besonders die wirklich absolut harmlosen Schwebfliegen zu leiden.

nig. Nadeln blaugrün, bis 15 cm lang. Zapfen oft gebogen. Bevorzugt feuchte, kalkarme, sandiglehmige Böden, verträgt keine Staunässe. Sonne. Anfällig für Blasenrost. Die Zwergform *P. strobus* 'Nana' dagegen gilt als weniger gefährdet. Sie wird 1–2 m hoch, ist von breitem, oft halbkugeligem Wuchs und besitzt lange, dicht stehende, auffallend blaugrüne Nadeln.

Wicke → Edelwicke.

Wiese Mit Blumen durchsetzte Grasfläche, die nur ein- oder zweimal im Jahr mit der Sense gemäht wird. Den Samen einer Wiesenblumenmischung zusammen mit Grassamen aussäen. Möglichst vor Samenreife mähen. W. nicht an Rasenflächen grenzen lassen. Notfalls durch Gehölzgruppen trennen. Die Kräuter und Gräser einer W. entsprechen der auf dem jeweiligem Standort möglichen Pflanzengesellschaft; so ist z. B. die Zusammensetzung der Pflanzenarten auf einer Berg-W. anders als die auf magerem Dünensand oder in einem feuchten Talgrund. → Kräuterrasen.

Wilder Wein, *Parthenocissus* Kletternde oder selbstklimmende Pflanze zur Berankung von Zäunen, Mauern, Hauswänden, Pergolen, Lauben. Kräftige Herbstfärbung in Rot, Orange und Gelb. Blauschwarzer Fruchtbesatz von IX–X. Dankbares Vogelschutzgehölz. Sonne–Schatten. Normaler Boden. → Hausberankung, → Tafel Schling- und Kletterpflanzen.

Wildfruchtgehölze Wenig schädlingsanfällige, pflegearme Gehölze, deren Früchte frisch verzehrt werden oder sich in der Küche verwerten lassen. Zu ihnen gehören Kirschpflaume, Heckenrose, Kornelkirsche, Felsenbirne, Feuerdorn, Sanddorn, Himbeere, Brombeere und die Mährische Eberesche, *Sorbus aucuparia* var. *edulis.* Von den Wildstauden läßt sich die Walderdbeere gut im Garten halten.

Wildgemüse Wildpflanzen einschließlich verschiedener Gartenunkräutern, die sich in der Küche verwerten lassen. Deshalb vor chemischer Vernichtung von Unkraut lt. Tabelle auf S. 329–331 überprüfen, ob es eßbar ist. Die meisten W. sind gesundheitlich sehr wertvoll und decken schon in kleiner Menge einen Teil unseres Vitamin- und Mineralbedarfes.

Wildverbiß In frei gelegenen Gärten am Stadtrand und auf dem Land (Wochenendgrundstükke) können – nicht nur im Winter – Hasen, Wildkaninchen oder Rehe beträchtlichen Schaden anrichten. Helfen kann eine Umfriedung der Gärten mit hohen, enggeknüpften Maschendrahtzäunen, die ca. 40 cm tief in den Boden eingegraben werden sollten. Wertvolle Bäume mit → Drahthose umgeben. Die Stämme von Junggehölzen mit eigens für diesen Zweck hergestelltem Plastikband gegen Wildverbiß umwickeln. Aufstreichbare Schutzmittel gegen Wildverbiß haben oft nur eine begrenzte Wirkung. Das Fangen und Töten von Wild ist verboten und wird als Wilderei strafrechtlich verfolgt.

▷ Folgende Pflanzen werden von Wildkaninchen und Hasen weniger gern angefressen: Chrysanthemen, Fuchsien, Hyazinthen, Knollenbegonien, Narzissen, Nelken, Pelargonien (Geranien), Primeln, Studentenblumen, Tulpen, Verbenen. Von den Begonien soll *Begonia semperflorens* am wenigsten gefährdet sein und von den Schleifenblumen *Iberis pectinata.*

Winde, *Convolvulus* Einjahresblüher mit bunten Trichterblumen von VI–IX, die sich nachts und bei Regen schließen. *C. tricolor,* 20 cm hoch, kriecht ca. 1 m weit auf dem Boden. Blüten: Blau mit Weiß und Gelb. *C. t.* var. *unicaulis* wächst gedrungener mit purpurblauen Blüten; *C. t.* var. *monstrosus* bringt große Trichterblumen in verschiedenem Blau, Rosa und Weiß. Alle W. eignen sich für Ampeln, Balkonkästen, bunte

Beete, Einfassungen. Aussaat von IV–V an Ort und Stelle. Sämlinge später auf 20 cm Abstand auslichten. Sonne. Normaler, nicht zu gut gedüngter Boden. Für Steingärten die ausdauernde, 5 cm hohe *C. lineatus* wählen. Rosa Blüten von VII–VIII über silbrigem Blattpolster. Auch die seltene *C. nitidus,* mit ebenfalls rosa Blüten von V–VI, eignet sich für mageren, sandig-trockenen Boden oder Mauerfugen in sonniger Lage. → Bärwinde, → Trompetenwinde, → Wuchsstoffmittel.

Windröschen → Anemone.

Windschutz Gehölzgruppen und Pflanzstreifen von 2 bis 10 m Höhe zum Schutz vor Windschaden. 1. Für hochwachsende oder bruchgefährdete Blütenstauden wie Rittersporn. 2. An Terrassen, Lauben und anderen Sitzplätzen. Hier kann man auch Stellwände oder ca. 2 m hohe Gitter aufstellen, an denen blühende Pflanzen hochranken. 3. Für empfindliche Gemüse wie → Gurken. Diese zwischen Stangenbohnen pflanzen oder durch eine Pflanzreihe Zuckermais schützen. Bei Gehölzpflanzungen an den windexponierten Stellen möglichst mit Erdwall die Schutzwirkung verstärken.

Wildgemüse-Tabelle

Name	Erntezeit Monate	Fundorte	Pflanzenteile	Verwendung
Bärlauch *Allium ursinum*	IV–VIII ohne Blüte	Maiglöckchen-ähnliche Blätter, halbschattig auf frischem Waldboden.	Nach Knoblauch duftendes, junges Laub nicht blühender Pflanzen.	Fein gehackt in Quark, Käse, Butter mischen. Auf Brot und über Salate streuen. Geschmack: lauchähnlich.
Beinwell *Symphytum officinale*	ganzjährig	Weit verbreitet auf feuchten Böden.	Alle Grünteile.	Blätter wie Spinat bereiten, Stengel wie Spargel. In Kräutersuppe mischen. Sehr mineralreich. Geschmack: leicht bitterlich-aromatisch.
Breitwegerich *Plantago major*	ganzjährig	Rasenunkraut. Auf Wiesen und an Wegrainen.	Blätter	In Salat mischen und gedünstet als Suppeneinlage. Gemüse mit Brennesseln. Vitamin- und mineralstoffreich. Geschmack: mild bis herbwürzig.
Brennessel, große *Urtica dioica*	IV–VII, bis IX wenn sie oft geschnitten wird	Überall in der Natur. Gartenunkraut.	Blätter und Triebe.	In jeder Art gedünstet. Auch zusammen mit anderem Wildgemüse. Mineralreich. Vor allem Kieselsäure. Eisen- und Vitaminreich. Geschmack: Kräftig und angenehm.

Gänseblümchen *Bellis perennis*	Ganzjährig	Wiesen- und Grasflächen. Oft im Gartenrasen.	Blätter, Blüten, Knospen.	Gehackt über Salate streuen, in Käse, Butter, Quark mischen. In Gemüsesuppen und Eintopf geben. Stoffwechselanregend. Geschmack: angenehm herb.
Giersch *Aegopodium podagraria*	IV–VII	Überall, meist halbschattig. Sehr lästiges Garten- und Parkunkraut.	Junge Blätter.	Als Gemüse dünsten, zusammen mit Brennesseln, Schafgarbe und wenig Löwenzahn. Stielmus von Stengeln bereiten. Verdauungsfördernd. Geschmack: Leicht herbsäuerlich.
Gundermann *Glechoma hederacea*	III–VII	Überall auf feuchten, halbschattigen Plätzen auf Wiesen, an Wegen, in Wäldern u. a. Gartenunkraut.	Junge Blätter und Triebe.	Würze für Kartoffelgerichte, Eintopf, Suppen, Eierspeisen, Mineralstoff- und Vitamin C-reich. Geschmack: würzig und etwas scharf.
Hirtentäschel *Capsella bursa-pastoris*	IV–VI	Überall auf jedem Boden. Auch Gartenunkraut.	Blattrosette. Blütenstiel ausschneiden.	In Salate mischen und mit anderen Wildgemüsen als Gemüse zubereiten. Vitamin- und mineralstoffreich, verdauungsfördernd. Geschmack: leicht herb.
Huflattich *Tussilago farfara*	III–VI	Auf Schutthaufen, an Wegen, feuchten Gräben, auf Äckern, Lehmböden.	Junge Blätter. Blüten für Tee sammeln.	Blätter für Gemüse und Suppe verwenden. Allein oder mit anderen Wildpflanzen zusammen (Brennesseln). Roh kleingehackt in Butter, Käse, Quark. Appetitanregend. Geschmack: mildaromatisch.
Sauerampfer *Rumex acetosa*	IV–VIII	Auf feuchten Böden, Wiesen, Böschungen, Waldrändern.	Blätter und knospende Blütenstiele	Nicht zu reichlich für Salate, Suppen, Gemüse als Zutat und Würze. Vitamin- und mineralreich. Appetitanregend. Geschmack: säuerlich bis sauer.

Schafgarbe *Achillea millefolium*	III–IV	Fast überall auf trockenem Boden, Wiesen, Weiden, Wegrändern. Rasenunkraut im Garten.	Zarte Blätter. Blüten für Tee sammeln.	Zutat für Mischgemüse, Suppen, Eintöpfe. Roh auf Butter, in Käse oder Quark. Regt Gallenfluß an, wirkt krampflösend. Geschmack: würzig.
Spitzwegerich *Plantago lanceolata*	IV–VI	Auf Ödland, Wiesen, Äckern, Weiden, Rasenunkraut.	Junge Blätter.	Gemischt mit anderen Wildgemüsen als Salat oder gedünstet. Mineralstoff- und Vitaminspender mit antibiotischer Wirkung bei Darminfektionen. Geschmack: Herb-bitterlich.
Vogelmiere *Stellaria media*	III–IX	Im Garten und auf kultiviertem Boden bildet es dichte Matten mit weißen Sternblütchen. Bekanntes Gartenunkraut	Gesamte Pflanze.	Zutat für Wildgemüse aller Art. Salatbestandteil, auch für Weichkäse und Quark. Ersatz für Suppengrün. Vitamin- und mineralstoffreich, enthält viel Kali. Geschmack: bohnenähnlich, mild.
Weiße Melde, Gartenmelde *Artriplex hortensis*	IV–VI	Überall in freier Natur. Gartenunkraut.	Junge Blätter und Triebe.	Als Wildspinat zusammen mit Brennesseln. Auch als Salat. Stoffwechselanregend. Geschmack: walnußähnlich.
Weiße Taubnessel *Lamium album*	IV–IX	Verbreitet in Waldnähe, Unkraut unter Gebüschen im Park und Hecken. An Zäunen, Ufern und Schuttplätzen.	Gesamte Pflanze mit Wurzeln.	Junge Blätter als Salt, später die ganze Pflanze als Gemüse zusammen mit Brennesseln und etwas Petersilie. Vitamin- und mineralstoffreich. Geschmack: zart süßlich.
Wiesenklee, Roter *Trifolium pratense*	III–V	Auf Wiesen, Wegrändern, im Gartenrasen.	Blätter vor der Blüte. Blütenköpfe für Hustentee sammeln.	Salat- und Gemüsezutat für andere Wildpflanzen. Rote Blüten für Salat auszupfen. Appetitanregend. Geschmack: Blüten süß, Blätter herbsäuerlich.

Winterbalkon Im Winter bepflanzte Balkonkästen für Brüstungen, Terrassen, vor Fenstern oder auf Mäuerchen und starken Pfosten im Garten. Möglichkeiten: 1. Dauerbepflanzung mit zwergigen Nadelgehölzen, → Immergrünen und → Schneeheide. Dazwischen → Blumenzwiebeln von frühblühenden Arten. – 2. In Tontöpfen wachsende, immergrüne Pflanzen im Balkonkasten mit Torfmull einfüttern. An frostfreien Tagen den Torf gießen. – 3. Zweige von Nadelgehölzen in erdgefüllte Kästen stecken und mit Beerenzweigen und → Trockenblumen kombinieren, oder dunkelrote Erika beim Gärtner kaufen und die Töpfe zwischen die Zweige stellen. Diese Erika ist zwar nicht frosthart, behält aber meistens ihren roten Farbton.

Winterblüte, Winterblume, Gewürzstrauch, *Chimonanthus praecox* 2 m hoher Strauch mit gelben, duftenden Blüten von I–III. Mildes Klima oder geschützte Lage. Sonne. Normaler Boden.

Winterendivien → Endivien.

Wintergarten Innenraum, meist in baulicher Verbindung mit dem Wohnraum, für Kalthausgewächse, Sukkulenten, Palmen u. dgl.

Wintergrüne Pflanzen → Immergrüne.

Winterjasmin → Jasmin, Echter.

Winterkohl → Grünkohl.

Winterling, *Eranthis* Frostharter Frühjahrsblüher, 10–15 cm hoch, mit (oft vor Blattaustrieb erscheinenden) leuchtend gelben Blüten von II–IV. Flächiger Wuchs. Zusammen mit Anemonen, Vorfrühlings-Krokussen, Leberblümchen und Schneeglöckchen unter Gehölze, Zwerggehölze (z. B. Seidelbast) oder zu später hochwachsenden Stauden setzen. W. ziehen im Sommer ein. Knöllchen im Herbst ca. 5 cm tief auslegen.

Winterschnitt Schnittmaßnahme an Laubgehölzen, die während der Vegetationsruhe zwischen Laubfall und Knospenschwellung (von XI–III) vorgenommen wird. Beeinflußt Trieb- und Fruchtholzbildung. Durch späten W. entstehen meist kurze Neutriebe, was sich der Obstgärtner zunutze machen kann. In manchen Fällen wird der W. nach einem Grünschnitt überflüssig. In frostreichem Klima ist bei empfindlichem Steinobst (z. B. beim Pfirsich) ein Schnitt kurz vor Knospenaufbruch oder nach der Blüte dem W. vorzuziehen. Im Sommer blühende Ziergehölze (Rosen, Weigelien) kann man auch erst kurz vor Austrieb zuschneiden, um damit möglichen Schäden durch Frost und Wintersonne vorzubeugen.

Winterschutz → Barfrost, → Einwintern, → Frostschutz, → Gehölze, → Wasser im Garten.

Winterspritzung Wichtigste Spritzung gegen überwinternde Schädlinge wie Blatt-, Blut- und Schildlaus, Rote Spinne (Spinnmilben), Frostspanner, Gespinnstmotten, Wicklerraupen sowie gegen Flechten und Moose. Günstigster Zeitpunkt ist der Spätwinter, vor Aufbruch der Knospen, ungefähr Ende II. → Baumpflege vor der W. unterstützt die Wirkung wesentlich: Stämme und Äste reinigen, Fruchtmumien und Raupennester entfernen, krankes Geäst ausschneiden. Wegen der versteckten Lebensweise der Schädlinge Obstgehölze mit der Spritzbrühe satt anfeuchten. Mit Beginn des Knospenschwellens späte W. gegen den Apfelblütenstecher vornehmen (→ Spritzkalender). Spritzmittel: Obstbaumkarbolineum (gegen Flechten und Moose) mit Zusätzen von → Gelbspritzmitteln oder reine Gelbspritzmittel. Kulturen unter den Bäumen vorher mit Folie abdecken oder hinterher sofort mit klarem Wasser gründlich überbrausen. W. nur bei trockenem, windstillen Wetter vornehmen. Geringer Frost (bis $-4°$ C) hindert nicht. Feuchte

Rinde und das Anfrieren der Spritzbrühe begünstigen sogar die Wirksamkeit.

▷ Im II kann man im Obstgarten durch eine Flächenspritzung mit Schachtelhalmbrühe (→ Pflanzenjauche) gegen Mehltau-, Rost- und Schorfbefall vorbeugen.

Winterstar → Chrysanthemen.

Wirkstoff, Aktive Substanz Bestandteil eines Pflanzenschutz- bzw. Schädlingsbekämpfungsmittels, mit dem die gewünschte Wirkung auf Schädlinge, Krankheitserreger oder Unkräuter erzielt wird. Zur besseren Haftung auf Pflanzen mit wachsartig überzogenen Blättern meist mit einem → Netzmittel versetzt. W. können pflanzlicher oder chemischer Herkunft sein und bestimmten W.-Gruppen entstammen, bei den → Insektiziden, z. B. den Chlorierten Kohlenwasserstoffen, den Organischen Phosphorverbindungen oder den Carbamaten. Der Name eines W. ist nicht identisch mit dem Namen des daraus hergestellten Präparates.

▷ Wo in diesem Buch der W. nicht ausdrücklich genannt ist, werden zwei oder mehrere Präparate angegeben, die jeweils den gleichen W. enthalten.

Wirsing, Kohlgemüse Jungpflanzen beim Gärtner kaufen oder Aussaat vom Ende II bis Anfang V und zum Überwintern von VIII–IX auf nahrhaften, frisch gedüngten Boden. Kultur wie → Rotkohl und → Weißkohl.

▷ Frühe Sorten (Kulturdauer 80 Tage) an Gurkenbeetränder oder als Vorfrucht für späte Krautsorten pflanzen.

Witwenblume → Skabiose.

Wohngarten Bezeichnung für Gärten an Atrium-, Reihen- und Einfamilienhäusern, die als erweiterter Wohnraum im Freien ganz auf die Bedürfnisse der Familie ausgerichtet sind.

Wolfsmilch, *Euphorbia* Gewächs für Steingärten, naturbelassene Gartenteile und den Rand von Gartenteichen. Die nur 5 cm hohe, kriechende *E. capitulata* bildet blaugrüne, schuppige Polster mit gelben Blütenständen von VI–VII. Sonne. Normaler bis karger, kalkhaltiger Boden. Leuchtend rote Herbstfärbung zeigen *E. polychroma* und *E. amygdaloides,* beide 40 cm hoch. Die 40–80 cm hohe *E. lathyris* soll durch ihren Duft Maulwürfe und Wühlmäuse vertreiben. Es gibt hierzu aber sehr unterschiedliche Erfahrungsberichte. Wirkt in kleinem Umkreis. Diese zweijährige, fremdartig wirkende Gartenpflanze samt sich selber aus. Sonne. Normaler, kalkhaltiger Boden. Sumpf-W *E. palustris* verträgt bis 20 cm Wasserstand.

Wollgras, *Eriophorum* Sumpfgras mit silbrigen Samenbüscheln. Alpenhaargras, *E. alpinum,* 15–20 cm hoch, mit silberhaarigen Samenköpfen von III–V, für den Rand des Sumpfbeetes. Schmalblättriges Wollgras, *E. angustifolium,* 30–60 cm hoch, hängende, weißsilbrige »Pinsel«, von IV–V, vermehrt sich durch Ausläufer. Torfboden, Breitblättriges Wollgras, *E. latifolium,* ähnelt der vorangehenden Art, eignet sich aber für normalen Boden. Keine Ausläufer, braunrotes Herbstlaub. Scheidiges Wollgras, *E. vaginatum,* von V–VI mit endständigen, weißen »Wattebäuschen« auf 40 cm hohen, dünnen Stielen. Sonne–Halbschatten. Normaler Boden.

Wollige Rindenlaus → Blutlaus.

Wucherblume → Chrysanthemen, → Margerite.

Wuchsstoff-Mittel Unkrautbekämpfungsmittel, die als Wirkstoff ein synthetisch hergestelltes Wuchshormon enthalten. Werden von außen auf die grünen Pflanzenteile aufgebracht. Die Pflanzen wachsen sich zu Tode. W. wirken vor allem gegen zweikeimblättrige Unkräuter. → Unkraut, → Unkrautstab.

▷ Unkrautwinden an Gehölzen, Zäunen usw. lassen sich vernichten, indem man sie loslöst und mit den Spitzen ca. 1 Stunde in einen Eimer mit W.-Lösung taucht (Mittel: Falitox-MP, Hedonal M). Bei Neuausschlag Behandlung wiederholen.

Wühlmaus, Schermaus Im Erdboden lebendes schädliches Nagetier, mit braungrauem Fell. Lebt hauptsächlich von Wurzeln. Kommt aber, vor allem im Frühjahr, auch an die Oberfläche und frißt grüne Pflanzenteile. Besonders gefährlich sind W. für Pflanzungen, die mit einer Mulchfolie abgedeckt werden (z. B. → Erdbeeren), weil hier die typischen, flach aufgeworfenen Erdhügel nicht sichtbar sind. Bekämpfung mit Spezialfallen, Räucherpatronen, Giftködern (→ Rodentizide). Beim Einlegen Hände vorher mit Erde einreiben, damit kein menschlicher Geruch zurückbleibt. Besonders gefährdete Blumenzwiebeln mit Schutzpräparaten gegen W. behandeln oder mit Gittertöpfen in den Boden setzen.

▷ → Container, → Holunder, → Knoblauch, → Narzissen, → Wolfsmilch.

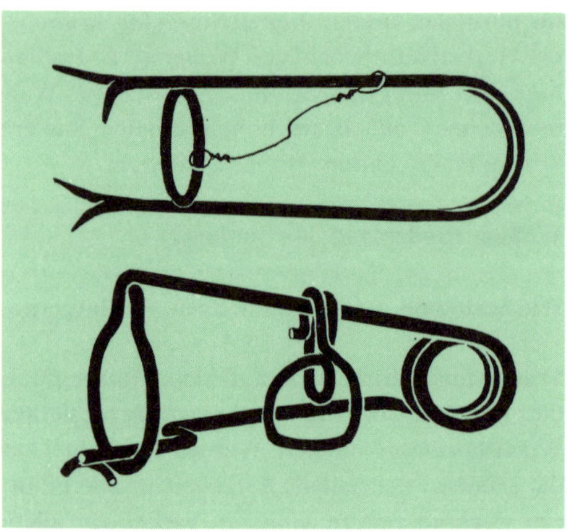

Zur Bekämpfung von Wühlmäusen kann man auch Spezialfallen verwenden.

Würzkräuter Aromatische Nutzpflanzen, deren grüne Teile in frischem Zustand oder getrocknet in der Küche Verwendung finden. Manche W., wie → Bohnenkraut, → Bergschnittlauch, → Lavendel, → Majoran, → Pimpinelle, → Thymian und → Salbei, lassen sich im Steingarten oder an Beeträndern auch als Zierpflanzen halten. Andere am Rand von Gemüsebeeten oder als Einzelpflanzen zwischen Gemüse, z. B. → Dill, → Borretsch, → Beifuß, → Liebstöckel, → Petersilie, → Schnittlauch, → Estragon, → Kerbel, → Anis, → Zitronenmelisse. Unter Gehölzen → Waldmeister und im → Sumpfbeet → Pfefferminze und → Brunnenkresse verwenden. Rosmarin überwintert in warmen Klimaten ebenfalls im Steingarten, wird aber meist am Fensterbrett im Blumentopf gezogen. Mit Hilfe von → Betonfertigbauteilen läßt sich ein Würzgärtlein auch auf Plattenflächen erstellen. Die meisten W. sind schon seit Jahrhunderten bekannt. → Plattenbeete, → Tafel Würz- und Heilkräuter (nächste Seite).

Wüstengoldaster, *Eriophyllum lanatum* Anspruchslose Staude mit graugrünem, behaartem Laub; für trockene Gartenstellen, sandige Hänge, Steingärten, Mauerfugen. Goldgelbe, margeritenähnliche Blüten von VI–VIII; 30 cm hoch. Sonne. Normaler bis karger, durchlässiger, kalkhaltiger Boden. Je sonniger W. stehen, um so wolliger werden die Blätter.

Wundbehandlung → Absägen, → Frostplatten, → Lehmverband, → Baumwachs.

Wunderbaum, Palma Christi, *Ricinus* Schnellwüchsige, exotisch wirkende, baum- oder strauchartig wachsende Pflanze, 2–3 m hoch, mit großen, weißlichen Blütenrispen von VIII–X. Frostempfindlich. Die stacheligen Fruchthüllen sind giftig. Es empfiehlt sich, diese vor der Reife auszubrechen. Zur Samengewinnung nur Früchte in den oberen Pflanzenteilen reifen lassen, die für

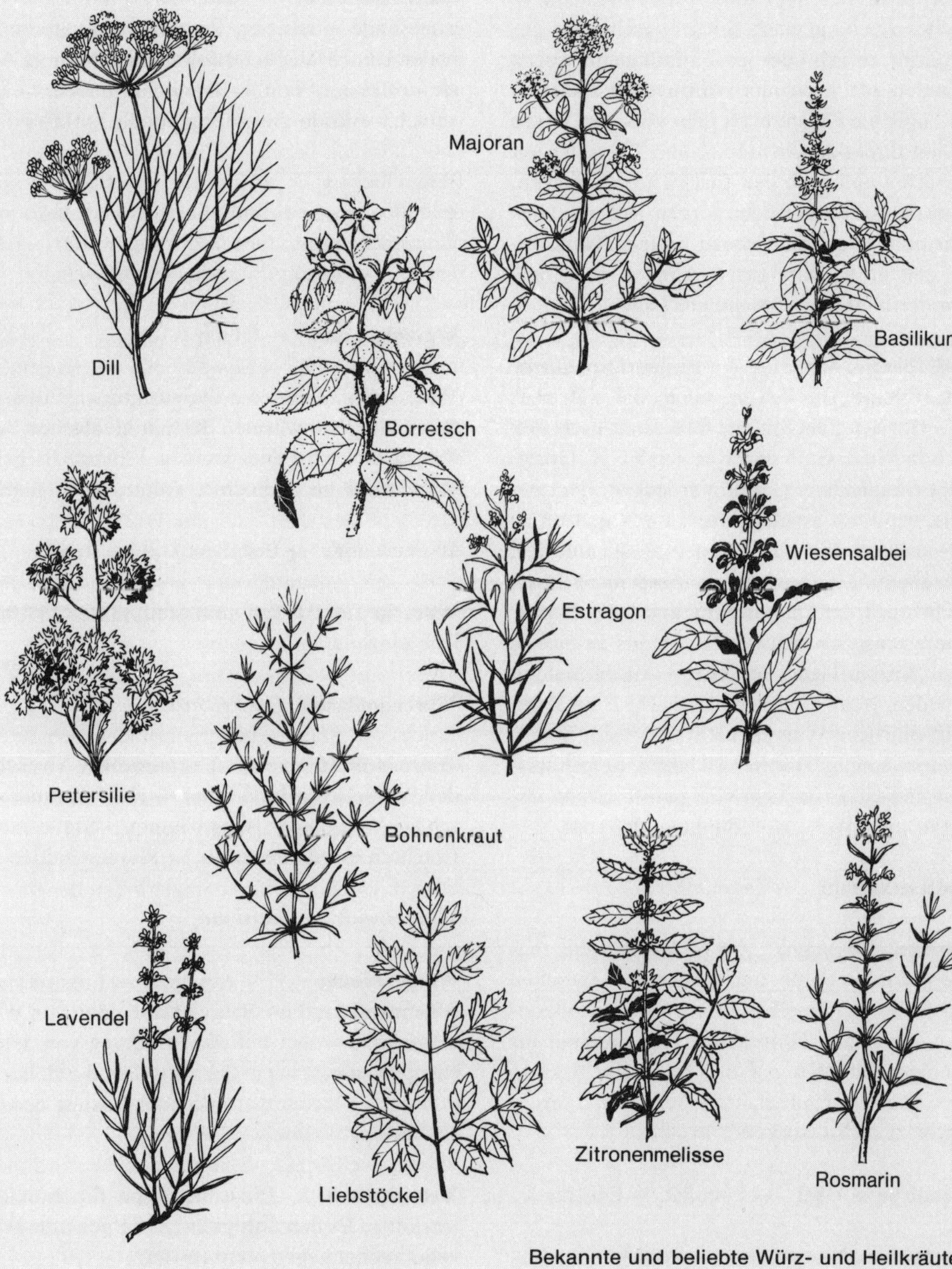

Bekannte und beliebte Würz- und Heilkräuter.

Kinder nicht erreichbar sind. Großes, kastanienähnliches Laub, je nach Sorte verschieden gefärbt: grün, rötlich oder grau überhaucht, violett angelaufen, blaugrün oder kräftig rot. Aussaat im III in Töpfe am Fensterbrett oder ab V im Garten 2 cm tief direkt an Ort und Stelle. Topfpflanzen → abhärten und nach den Eisheiligen aussetzen. Für nährstoffreichen Boden sorgen. Während des Wachstums reichlich wässern und → Kopfdüngung geben. Kübelpflanzen können im Haus überwintern. Sonne. Geschützte Lage.

Wunderblume, *Mirabilis* Einjährig gezogene Sommerblume, 30–100 cm hoch, die sich aber wie → Dahlien überwintern läßt. Bunt gestreifte Blüten in Weiß, Gelb und Rot von VI–X. Geeignet für Staudenbeete, zum Verdecken niedriger Zäune, rund um Sitzplätze und für Rabatten an der Hauswand. Manche Arten, z. B. die niedrige, buntlaubige *M. jalapa* var. *variegata nana* duftet mit Einbruch der Dämmerung und lockt Nachtschmetterlinge an. Aussaat ab IV ins Frühbeet. Samen einzeln legen, um ein → Ausdünnen zu vermeiden. Beim Umsetzen nach den Eisheiligen die rübenartigen Wurzeln nicht verletzen. Standort warm, sonnig. Boden kalkhaltig, tiefgründig, nährstoffreich. Erde nicht völlig austrocknen lassen. Für monatliche Kopfdüngung dankbar.

Wundstarrkrampf → Tetanus.

Wurmfarn, *Dryopteris* 50–150 cm hohe, teils immergrüne → Farne unter Bäumen, zwischen Sträuchern, als Gesellschafter von Rhododendren, Azaleen und Hortensien. Gut geeignet für absonnige Rabatten auf der Nordseite und an hohen Mauern. Halbschatten–Schatten. Torfgesättigter, nicht zu trockener Boden.

Wurmstichiges Obst → Fallobst, → Obstmade.

Wurzelälchen, Nematoden → Älchen.

Wurzelausläufer Im Wurzelbereich hervorwachsende Neutriebe, die sich zu Jungpflanzen entwickeln. Manche Gehölze neigen sehr zu Ausläuferbildung. Triebe können abgestochen und versetzt werden. Sonst regelmäßig entfernen.

Wurzelballen Pflanzen mit unverletztem Wurzelballen aus Topfkulturen wachsen nach dem Umsetzen meist ohne Stockung weiter. → Abhärten, → Ballenpflanzen, → Container.

Wurzelgemüse → Gemüse.

Wurzelhals Grenze zwischen grünen Pflanzenteilen und Wurzelwerk. Besteht Unklarheit beim Versetzen von Pflanzen, den Wurzelhals lieber etwas tiefer als zu hoch einsetzen. → Klematis.

Wurzelkropf → Bakterienkrankheiten.

Wurzeln → Adventivwurzeln, → Flachwurzler, → Pfahlwurzel.

Wurzelpetersilie → Petersilie.

Wurzelschnitt Durch senkrechtes Abstechen der Wurzeln im Bereich der → Kronentraufe von schlecht tragenden Obstbäumen kann besseres Fruchten erreicht werden. → Pflanzschnitt.

Wurzelstock → Rhizom.

Wurzelteilung Vermehrungsart. Abtrennen, Auseinanderziehen oder Zerschneiden von Wurzelstöcken, wobei auf die Erhaltung von Triebknospen zu achten ist. Schnittstellen durch Baden in einer → Kaliumpermanganat-Lösung desinfizieren. → Rhizom.

Xerophythen Pflanzengruppe, die an extrem trockenen Boden angepaßt ist (tiefgehende Wurzeln, Schutz gegen Verdunstung).

Zaubernuß, *Hamamelis* Winterblühendes Gehölz, baum- oder strauchartig wachsend, 3–5 m hoch. Duftende Blüten erscheinen – je nach Art – von X–IV. Farben: Gelb, Rot oder rötliches Orange. Herbstlaub leuchtend gelb oder kräftig rot. Wegen der ungewöhnlichen Blütezeit nahe ans Wohnzimmerfenster als Solitär setzen. Sonne–Halbschatten. Saurer Boden wird bevorzugt. Industriefeste Arten → Gehölze.

Zaun Einfriedung von Grundstücken. In bestimmten Fällen auch Einzäunung von Kinderspielplätzen innerhalb des Gartens und von Gartenteichen, als Vorsichtsmaßnahme, wenn kleine Kinder und Tiere zum Haushalt gehören (→ Spielplatz). Zum Selbstbau bietet die Industrie Fertig-Z. verschiedener Art mit allem Zubehör an. Für Maschendraht-Z., wegen längerer Haltbarkeit, nur kunststoffummanteltes Material verwenden, übliche Maschenweite 4 bis 6 cm. Zubehörteile einschl. Pfosten, Tür und Tor werden oft in Versandkatalogen angeboten. Um Holz-Z. mit Staketen, Schwartlingen oder Latten selbst zu bauen, sind handwerkliche Fähigkeiten notwendig (→ Flechtzaun). Bei Anlage einer lebenden Z.-Hecke gegen ein mögliches Eindringen von Tieren einen Maschendraht-, Weide- oder Wild-Z. in der Mitte des Pflanzstreifens ziehen. Konservierung der tragenden Holzpfosten unnötig, da die wachsenden Heckengehölze später den Z. mittragen. → Hecken, → Heckenpflanzung.

Zeder, *Cedrus* Nadelbaum für größere Gärten und Landschaftsparks. Als härteste Art in unserem Klima gilt die Blaue Atlaszeder, *C. atlantica* 'Glauca', mit stahlblauen Nadeln. Dekorativer Wuchscharacter. Erreicht eine Höhe von 30 m, wächst jedoch langsam. Sonne. Durchlässiger kalkhaltiger Boden. Gegen stauende Nässe empfindlich.

Zeigerpflanzen Bestimmte Pflanzen, deren Vorkommen an einem Standort auf Bodenreaktion, Nährstoffgehalt oder Struktur des Boden schließen läßt. → Bodenanzeiger.

Zichorie, *Cichorium intybus* Salat zum Wintereinschlag. Aussaat im VI oder VII ins Freiland. Reihenabstand 25 cm. Jungpflanzen auf 30 cm

→ ausdünnen. Boden nährstoffreich. Im Abstand von vier Wochen → Kopfdüngung verabreichen. Pflanzen im Spätherbst mit den Wurzeln ausgraben und wie → Chicorée einwintern. Aus den Wurzeln treiben immer neue Blätter nach. Zubereitung wie Endivien.

Ziegelstein Backstein aus Ton, Lehm und oft unter Zusatz von Sand gebrannt. Wird in den Farben Rot, Gelb, Braun und Blaurot für Ziegelmauerwerk verwendet.

Zierapfel, *Malus* Zierstrauch oder -baum, 3–12 m hoch. Wuchsformen: aufrecht oder überhängend, breitwüchsig oder kegelförmig. Blüten von V–VI, einfach oder gefüllt, in Weiß und verschiedenen Rosa- oder Rottönen. Die Blüten mancher Arten duften. Kleine Zieräpfel in verschiedenen Gelb- und Rottönen (auch zweifarbig) als Fruchtschmuck von VIII–X. Das Laub ist nach Art und Sorte unterschiedlich gefärbt: grün mit Bronze- oder Violettstich, verschieden rot, im Herbst teilweise gelbrot oder orange getönt. In Baumschulen oder Baumschulkatalogen unter dem reichen Angebot eine, dem eigenen Garten gemäße Z.-Sorte auswählen. Sonne. Normaler Boden.

M. floribunda ist industriefest und kann als freiwachsende Hecke angepflanzt werden. Höhe bis 10 m. Überhängende, breit gewölbte Krone. Im V dunkelkarminrote Knospen. Die Blüten sind einfach, außen rosa, innen weiß. Erbsengroße, gelbrote Früchte. *M. sargentii:* bis 2 m hoch, weiße Blüten, dunkelrote Früchte. *M. zumi:* bis 6 m hoher pyramidenförmiger Strauch, Blüten weiß, Früchte rot.

Zierbrombeere, *Rubus henryi* Immergrüner Rankstrauch, bis 5 m hoch, für Spaliere, Zäune, Pergolen, Lauben und Böschungen. Im VI große, hellrote Blüten in achselständigen Trauben. Glänzend schwarze Früchte ab VIII. Die unterseits weißfilzigen Blätter wirken sehr dekorativ im Rauhreif. Halbschatten–Schatten. Boden normal.

Zierdistel → Kugeldistel.

Ziergehölzschnitt → Auslichten, → Blütensträucherschnitt.

Ziergräser Ausdauernde Staudengräser oder einjährige Arten, 20 cm bis 3 m hoch, zur Flächenpflanzung, Horstpflanzung oder Einzelstellung. Trittfest sind die Arten für Plattenfugen. Reichhaltiges Angebot in Staudengärtnereien. Einjährige Z. können durch Aussamen im Garten lästig werden. Rispen, auch bei Staudengräsern, möglichst vor der Samenreife schneiden und für den Trockenstrauß verwenden. Sonne–

Name	Wuchshöhe
Bambus	30–300 cm
Blaustrahlhafer	50 cm
Blaustrandhafer	100 cm
Chinarohrgras	200–300 cm
Chinaschilf	150–350 cm
Flaschenbürstengras	60 cm
Glanzgras	bis 200 cm
Glatthafer	50 cm
Goldbartgras	100 cm
Goldleistengras	150 cm
Hainsimse	30–90 cm
Lampenputzergras	60–80 cm
Moskitogras	30 cm
Pampasgras	200 cm
Perlgras	60–80 cm
Pfeifengras	50–150 cm
Pfriemengras	60–180 cm
Reitgras	120–150 cm
Rispengras	20 cm
Schmiele	80–120 cm
Schwingel	10–100 cm
Seggen	20–100 cm
Silberährengras	80 cm
Zittergras	40 cm

Schatten. Boden trocken bis feucht. Beschreibung der in der Tabelle aufgeführten Z. unter dem jeweiligen Stichwort.

Zierhimbeere, Zimthimbeere, *Rubus odoratus* Ein Zierstrauch, 2–3 m hoch, mit großen, bis 25 cm breiten Blättern. Rispen mit vielen sehr großen, weißen oder purpurnen, duftenden Blüten von VI–VIII. Roter Fruchtbehang. Sonne–Halbschatten. Humoser, eher feuchter Boden.

▷ Z. gedeihen auch unter hohen Bäumen. Der Strauch treibt Ausläufer, die man abstechen und zur Vermehrung verwenden kann.

Zierjohannisbeere, *Ribes* Mehrere Arten: Alpenjohannisbeere, *R. alpinum,* Goldjohannisbeere, *R. aureum,* Blutjohannisbeere, *R. sanguineum.* Früh austreibende, reich blühende Zier- und Heckensträucher, 2–3 m hoch. Gelbe oder rote Blütentrauben von IV–V. Herbstfärbung gelb oder rot. Roter oder schwarzer Beerenbesatz. Sonne–Halbschatten. Normaler Boden. *R. sanguineum* 'Pulborough Scarlet', 3 m hoch, blüht zweifarbig. Trauben rot mit weißer Mitte.

Zierkirsche, *Prunus* Industriefester, sommergrüner Blütenbaum oder -strauch, 2–12 m hoch, von IV–VI mit einfachen oder gefüllten Blüten in Weiß, Zartgelb, Rosa oder Rot. *P. subhirtella* 'Autumnalis': 5 m hoch; weiß- bis rosafarbene, halbgefüllte Blüten, in milden Wintern oder in warmen Lagen bei frostfreiem Wetter von X–IV. Manche Arten, z. B. *P. sargentii,* zeigen orangerote Herbstfärbung. Sonne. Normaler, tiefgründiger Boden.

▷ Die meisten Blütenkirschen lassen sich als → Barbarazweige leicht vortreiben.

Zierkohl, *Brassica* Kohlart, die aufgefächerte Blattköpfe bildet. Buntes Laub in Weiß, Rosa, Rot, Violett; sehr oft auch zweifarbig. Z. bringt Farbe in das Bild des spätherbstlichen Gartens. Aussaat: Vorkultur in Saatschalen, Blumentöpfen oder im Frühbeet. Freilandaussaat nach Angaben auf der Samentüte. Sonne. Nährstoffreicher Boden.

▷ Z. zur Salat- und Tischdekoration verwenden.

Zierkürbis, *Cucurbita pepo* var. *ofivera* Einfach rankende, bis 8 m hoch wachsende Pflanzen, die eine lockere Blätterwand bilden. An Gerüsten, Stangen, Spalieren hochziehen. Aus den Blüten entwickeln sich Früchte in Apfel-, Birnen-, Mandarinen- oder Keulenform. Oft sind sie verschiedenfarbig, auch gestreift. Im Trockenzustand Winterschmuck für Wohnräume, Terrassen, Balkons und Blumenarrangements. Aussaat im IV in Töpfe oder Anfang V an Ort und Stelle. Sonne. Nährstoffreicher Boden. Gut wässern.

▷ Mit Lack überzogene Früchte lassen sich auch als Christbaumschmuck verwenden.

Ziermais, *Zea mays* Eine dekorative Pflanze. 70–150 cm hoch. Buschig oder hoch wachsend, mit bunten Fruchtkolben (für den Trockenstrauß) oder buntem Laub. Manche Sorten reifen nicht aus. Z. pflanzt man am Zaun entlang oder als Trennwand zwischen Zier- und Nutzgarten. Er paßt auch gut in Blumenbeete. Im IV je 2 Körner in Töpfe legen, im V die kräftigsten der gewachsenen Pflanzen in den Garten aussetzen. Oder Freilandaussaat ab Anfang V an Ort und Stelle. Pflanzabstand 35 cm. Pflanztiefe 4 cm. Herbstgedüngter, sehr nährstoffreicher Boden. Alle Maisarten sind stark zehrende Gewächse, d. h. sie entziehen dem Boden viel Nährstoffe.

Zierquitte → Scheinquitte.

Zierspargel, *Asparagus* Als Bindezugabe für Sträuße. *A. officinalis* var. *pseudoscaber* 'Spitzenschleier', mit hellgrünem, filigranartigem Blattwerk. Sonne–Halbschatten und nicht zu trockener, normaler Boden. *A. verticillatus* kann 2–5 m hoch werden und so Zäune bewachsen oder einen Sichtschutz für Sitzplätze bilden.

Ziertabak, *Nicotiana* Duftende Einjahresblume, 50–100 cm hoch. Blüten in Weiß, Cremegelb, Rosa und verschiedenen Rottönen von VII–IX. Geeignet für bunte Staudenbeete, für Rabatten an sonniger Hauswand und am Sitzplatz. Aussaat im III (einzeln) in Töpfe oder Schalen am Fensterbrett. Nach den Eisheiligen auspflanzen. Oder Freilandaussaat von Ende IV–Anfang V. Sonne. Normaler, nährstoffreicher Boden. Für monatliche Kopfdüngung dankbar.

Zikade → Rosenzikade.

Zimbelkraut → Leinkraut.

Zimmerahorn → Schönmalve.

Zinnie, *Zinnia* Frostempfindliche Einjahresblume, 25–100 cm hoch, von VI–X. Mit einfachen oder gefüllten Blüten in fast allen Farben. Viele So-rten mit verschiedenen Blütenformen. So gibt es Dahlien-, Chrysanthemen-, Kaktus-, Skabiosen-, Liliput- und Riesenblumige Z. Geeignet für bunte Sommerbeete und Rabatten, vor allem in der Nähe blau blühender Zierpflanzen. Aussaat ab III in Töpfe oder Saatschalen; Umpflanzen mit 30 cm Abstand nach den Eisheiligen. Oder Freilandaussaat Ende IV/Anfang V. Sonne. Lockerer, humoser, nährstoffreicher Boden. Gärtnereien bieten blühende Topfballenpflanzen an. Versetzen nur in den Abendstunden oder bei feuchter Witterung, da die Pflanzen sonst welken. Im Sommer → Kopfdüngung mit verdünnter Jauche oder Volldüngerlösung geben. Entfernen welker Blüten fördert die Knospenbildung.

▷ Für die Vase Z. nur vollerblüht schneiden. Haltbarkeit bis zu 14 Tagen.

Zinnkraut → Schachtelhalm.

Zink (Zn) Metallisches Element. Ergänzungsstoff (Spurenelement) zu den Hauptnährstoffen N, P, K. Neben Kupfer und Mangan von Bedeutung für die Atmung.

Zitronenmelisse, *Melissa officinalis* Ausdauerndes Würzkraut, 60 cm hoch, mit zitronenartigem Duft und Geschmack. Von III–IV bzw. VIII–IX Pflanzen einsetzen oder Aussaat von IV–V auf ein halbschattiges → Anzuchtbeet. Jungpflanzen mit 40 cm Abstand rundum ebenfalls auf halbschattigen Standort versetzen. Normaler Boden. → Tafel Würz- und Heilkräuter.

▷ Verwendung der frischen Blätter für Rohkost, Kräuteressig, Kräuterbutter, Quark. Beim Würzen gekochter Speisen die Z. nicht mitkochen. Zur Teegewinnung junge Triebe 2–3mal im Jahr an trockenen Tagen schneiden, schattig und luftig trocknen.

Zittergras, *Briza* Ziergras mit ei- bis herzförmigen Ährchen (die Einzelelemente von Grasähren oder -rispen nennt man Ährchen) von V–VI. Bis 40 cm hoch. Eignet sich für den Vasenschnitt und zum Trocknen. *B. media:* ausdauernde Art. *B. maxima:* einjährig; lange brotförmige Ährchen Sonne–Halbschatten. Normaler oder sandiger Gartenboden.

Zucchini, *Cucurbita pepo* Gurkenartiger grüner Kürbis, schlanker Wuchs. Aussaat und Pflege wie → Gurken. Z. können, wie unser → Kürbis, auch am Fuß des Komposthaufens wachsen. Ernte der jungen Früchte bei 25–35 cm Länge.

▷ Ungeschält als süßsaures Gemüse zubereiten oder zusammen mit Tomaten und Paprika als Eintopf kochen.

Zuckererbse → Erbse.

Zuckermais → Mais.

Zungenhahnenfuß → Speerkraut.

Zweigdürre → Monilia.

Zweijahresblumen, Biannuelle Sogenannte Zweijährige, die im ersten Jahr nach der Aussaat die Grünpflanze ausbilden und im zweiten Jahr blühen. Dann erfolgt Selbstaussaat und schließlich stirbt die Pflanze (in unserem Klima) ab. Zu den Z. gehören u. a. Bartnelke, Fingerhut, Zweijahres-Goldlack, Königskerze, Marienglockenblume, Stiefmütterchen, Stockrose, Tausendschönchen und Vergißmeinnicht.

Zwergbambus → Bambus.

Zwergbirke, Polarbirke, *Betula nana* Sommergrüner Zwergstrauch, 100–150 cm hoch, mit kleinen, rundlichen Blättern. Wuchs niedrig ausgebreitet und teilweise sparrig aufragend. Wächst im Steingarten, Moorbeet oder zwischen Felsen. Sonne–Halbschatten. Keine Bodenansprüche.

Zwerggehölze, Kleingehölze Nadel- und Laubgehölze von kriechendem oder niedrig bleibendem Wuchs für Steingärten, wegbegleitende Beete, Rabatten, Gräber sowie zum Bepflanzen von Troggärten und großen, im Garten überwinternden Schalen (s. Tabelle S. 342–344). → Winterbalkon.

Zwergmispel → Cotoneaster.

Zwetsche, *Prunus* Steinobst. In kleineren Gärten ist der Buschbaum oder der Viertelstamm den Hochstämmen vorzuziehen (→ Obstgehölzformen). Boden kalkhaltig, eher feucht als trokken, aber keine stauende Nässe. Baumschulen bieten frühe Sorten (Ernte von VIII–IX) oder späte Sorten (Ernte von IX–X) an. Nach der Blüte wässern und Baumscheibe → mulchen. Schädlinge und Krankheiten: → Blattläuse, → Pflaumenwickler, → Rote Spinne, → Monilia.

Zwiebel, *Allium cepa* Rohkost, Gemüse und Gewürz. Steck-Z. beim Gemüsehändler kaufen, einen Tag in Wasser legen und ab III mit 10 cm Abstand in gesetzten, nährstoffreichen, altgedüngten Boden stecken. Die Spitze muß aus der Erde herausschauen. Reihenabstand 20 cm. Blütenstände ausbrechen. Ernte ab VII. Wird vor

Deutscher Name	Botanischer Name	Wuchshöhe cm	
Bodendeckende Nadelgehölze			
Scheinzypresse	*Chamaecyparis pisifera* 'Nana'	50	
Scheinzypresse	*Chamaecyparis pisifera* 'Plumosa Compressa'	30	
Wacholder	*Juniperus communis* 'Hornibrookii'	50	Blauer Kriechwacholder
Wacholder	*Juniperus communis* 'Repanda'	30	
Blauer Kriechwacholder	*Juniperus horizontalis* 'Glauca'	30	
Tamarisken-Wacholder	*Juniperus sabina* 'Tamariscifolia'	50	
Zwergige Nadelgehölze			
Muschelzypresse	*Chamaecyparis obtusa* 'Nana Gracilis'	150	–
Fadenzypresse	*Chamaecyparis pisifera* 'Filifera Nana'	100	–
Goldgelbe Fadenzypresse	*Chamaecyparis pisifera* 'Filifera Nana Aurea'	100	–
Zypresse	*Chamaecyparis pisifera* 'Squarrosa Boulevard'	150	stahlblaue Nadelfärbung
Graublauer chinesischer Zwergwacholder	*Juniperus chinensis* 'Blaauw's Varietät'	150	–
Gelber Wacholder	*Juniperus chinensis* 'Plumosa Aurea'	100	nickende Spitzen
Säulenförmiger Wacholder	*Juniperus communis* 'Compressa'	100	–
Nestfichte	*Picea excelsa* 'Nidiformis'	60	Kissen bildend
Stechfichte	*Picea pungens* 'Glauca Globosa'	100	blaue Nadeln, flachkugeliger Wuchs
Krummholzkiefer	*Pinus mugo pumilio*	150	
Zwergkiefer	*Pinus pumila* 'Glauca'	100–200	niederliegend, stammlos, bläulich gefärbt
Weymouthskiefer	*Pinus strobus* 'Nana'	100–200	auffallend blaugrün
Tafeleibe	*Taxus baccata* 'Repandens'	50–70	2–3 m breit wachsend
Eibe	*Taxus baccata* 'Semperaurea'	200	goldgelbe Nadeln
Eibe	*Taxus media* 'Kelseyi'	150	schwarzgrüne Nadeln
Lebensbaum	*Thujy occidentalis* 'Ellwangeriana Rheingold'	150	goldgelbe Zweige
Hemlockstanne	*Tsuga canadensis* 'Nana'	100	

Deutscher Name	Botanischer Name	Wuchshöhe cm	Blütezeit	Blütenfarbe	Frucht	weitere Merkmale
Bodendeckende Laubgehölze						
Hartriegel	*Cornus canadensis*	10–20	VI	goldgelb, grünlich-rot	korallen-rot	
Zwergmispel	*Cotoneaster dammeri* var. *radicans*	20	V–VI	weiß	rot	wintergrün
Zwergmispel	*Cotoneaster* 'Streibs Findling'	5–10	V–VII	weiß	rot	wintergrün
Pfaffenhütchen	*Euonymus fortunei* 'Coloratus'	30–50				purpurnes Herbstlaub
Pfaffenhütchen	*Euonymus fortunei* 'Minimus'	10				mattenbildend
Scheinbeere	*Gaultheria procumbens*	20	VII–VIII	rosa	lachsrot	
Ginster	*Genista tinctoria* 'Royal Gold'	20–30	VI–VII	gelb		
Efeu	*Hedera helix* 'Conglomerata'	30				
Fingerstrauch	*Potentilla fruticosa* 'Arbuscula'	30	V–X	gold-gelb		
Kleinbildende Laubgehölze						
Berberitze, verschiedene Arten	*Berberis*	30–200	V–VI	gelb	rot oder schwarz	teils wintergrün, teils mit rotem Herbstlaub, teils mit beständig tiefdunkelroter Belaubung
Buchsbaum	*Buxus sempervirens* 'Suffruticosa'					zum Formschnitt geeignet
Scheinquitte	*Chaenomeles* (Hybriden)	100–200	IV–V	rot	grün-gelb	
Scheinhasel	*Corylopsis pauciflora*	100	III–IV	gelb		
Zwergmispel, verschiedene Arten	*Cotoneaster*	50–200	V–VI	weiß, rosa	rot	
Geißklee, Ginster	*Cytisus purpureus*	60–80	V–VI	purpur		
Besenginster	*Cytisus scoparius* (Hybriden)	100–150	V–VI	gelb und rot		

Deutscher Name	Botanischer Name	Wuchshöhe cm	Blütezeit	Blütenfarbe	Frucht	weitere Merkmale
Seidelbast	*Daphne mezereum*	100	III–IV	violett-rosa, rot	rot	Blüten stark duftend
Fuchsie	*Fuchsia magellanica* 'Gracilis'	80	VII–X	purpurrot		winterhart
Hortensie	*Hydrangea macrophylla* 'Acuminata'	100	VI–VII	rot		
Lorbeerrose	*Kalmia latifolia*	150	V–VI	karminrosa		
Mahonie	*Mahonia aquifolium*	100	IV–V	goldgelb	schwarz	immergrün
Torfmyrthe	*Pernettya mucronata*		V–VI	weiß	weiß-dunkelrot	getrenntgeschlechtlich, deshalb eine männl. und eine weibl. Pflanze zusammensetzen, immergrün
Fingerstrauch	*Potentilla fruticosa* 'Farreri'	60–100	V–X	goldgelb		
Alpenrose	*Rhododendron* (Hybriden)	30–200	III–VI	weiß, rot, gelb, orange, violett, rosa		
Spierstrauch	*Spiraea japonica* 'Little Princess'	30–40	VI–VII	karminrote Dolden		

der Ernte das Kraut umgetreten, tritt Wachstumsstockung ein. Z. sind aber haltbarer, wenn das Kraut von selbst vergilbt. Statt das Kraut umzutreten, besser mit dem Spaten die Z.-Reihe schräg anstechen, um das Wurzelwerk abzutrennen. Ernte mit → Grabgabel nur an trockenen Tagen. Z. abtrocknen lassen, von Erde reinigen und gebündelt trocken und luftig aufhängen.
Saat-Z.: Aussaat ab III an Ort und Stelle, breitwürfig oder in Reihen mit Salat oder Radieschen als → Markiersaat. Samen keimen schneller, wenn sie festgedrückt werden. Mitte V auf ca. 8 cm ausdünnen. Pflege wie Steck-Z. Ernte meist ab VIII. Saat-Z. werden auch als → Pillensaatgut angeboten. Kulturdauer ca. 150 Tage. Riesenwuchs mit 6 kg pro Z. erreicht die Sorte 'The Kelsae' (Sperli) bei Vorkultur ab XII. Umsetzen Mitte V. Riesenwuchs, doch weniger Gewicht bei Direktaussaat ab V.
In warmem Klima Winteranbau mit Aussaat von VIII–IX. Überwinterungszwiebel 'Senshyu Yellow': Aussaat III–IV zur Sommerkultur oder Ende VII–Mitte VIII in Rillen. Über Winter mit Reisig oder Folie abdecken. Im Frühjahr auf 5 cm Abstand vereinzeln. → Heckzwiebeln Ernte der Frühjahrs-Z. von V–VI. → Perlzwiebeln,

→ Schalotten, → Schlitzfolie, → Hügelbeet, → Mischkultur.
Schädlinge und Krankheiten: → Blasenfuß, → Lauchmotte, → Zwiebelfliege, → Rost (Kulturfläche wechseln) und Gelbstreifigkeit (mattes, gelblich gestreiftes Z.-Grün; → Viruskrankheiten).

▷ Z. enthalten Vitamin A, B, C. 100 g: 42 Kalorien (176 J). Auf sandigen Böden sollen Z. besser gedeihen, wenn zusätzlich Kamille ins Beet gepflanzt wird.

▷ Zum Treiben im Winter die Z. auf ein Wasserglas setzen, so daß ihr Wurzelansatz fingerbreit über der Wasserfüllung steht. Z.-Grün als Schnittlauchersatz verwenden.

Zwiebelblumenstecher Spezielles Pflanzgerät für Blumenzwiebeln. Je nach Zwiebelgröße lassen sich entsprechende Erdpropfen ausstechen, die nach dem Einlegen der Blumenzwiebel wieder in den Boden geschoben werden können.

Zwiebelfliege, *Phorbia antiqua* Die 6–7 mm lange Fliege erscheint im IV/V und legt ihre Eier an jungen Zwiebeln ab. Ihre Larven bohren Gänge in Zwiebeln, Schalotten und Lauch. Verpuppung im VI. Die zweite Fliegengeneration schlüpft nach ca. 2 Wochen. Neuer Larvenbefall. Die Pflanzen beginnen zu faulen. Die dritte Generation im IX verursacht geringen Schaden. Die meisten Puppen überwintern im Boden.
Bekämpfung: Möhren in abwechselnder Reihe mit Zwiebeln gepflanzt, vertreiben durch ihren strengen Geruch die Z. Während der Flugperiode von IV–V und von VII–VIII als Köder halbierte Zwiebeln auslegen, die in folgende Lösung getaucht wurden: $2^1/_2$ l Wasser, verrührt mit 75 g Zucker und 75 g Natriumfluorid.
Vor einer Flächenbehandlung mit Granulaten (Basudin 10-Granulat, Spruzit Nova-Streumittel) oder einer Reihenbehandlung mit Gießmitteln (Basudin 25-Emulsion, Nexion-stark) → Pflanzenschutzdienst befragen!

Zwiebeliris → Iris.

Zwiebelschalen Z. nicht wegwerfen, sondern zur Herstellung von Spritzbrühen für die biologische Schädlingsbekämpfung verwenden: 1. Gegen Spinnmilben (→ Rote Spinne): Aus 20 g der braunen, äußeren Z. und und 1 l Wasser einen Aufguß herstellen. Befallene Pflanzen dreimal im Abstand von 5 Tagen so übersprühen, daß die Pflanzen gut benetzt sind. – 2. Gegen → Blattfallkrankheit: 100 g Z. in 1 l Wasser einweichen und 6 Tage stehen lassen. Befallene Gehölze öfter einsprühen, auch zur Vorbeugung. – 3. Gegen Braunfäule bei Tomaten: 20 g Z. in 1 l Wasser 5 Tage lang einweichen. Vorbeugend dreimal im Monat spritzen. – 4. Zwiebeljauche mit Knoblauchzusatz fördert allgemein die Gesunderhaltung der Pflanzen und wirkt pilzfeindlich. 150 g Zwiebeln und 100 g Knoblauch mit 5 l Wasser verjauchen lassen. Die zehnfach verdünnte Brühe auf den Boden unter gefährdete Gehölze und Stauden gießen. → Pilzkrankheiten.

Zwiebelschuppen → Lilien-Vermehrung.

Zwiebelteilung → Lilien-Vermehrung.

Zwischenkultur Platzausnutzung durch früh zu erntende Salate und Gemüse zwischen langsam wachsenden Gemüsesorten. Dafür sind u. a. geeignet: Radieschen, Pflücksalat, Schnittsalat, Kopfsalat, Feldsalat, Kohlrabi → Mischkultur.

Zypergras, *Cyperus longus* Winterharte Wasser- und Sumpfpflanze, 120 cm hoch, für Gartenteiche und Wasserschalen. Hängende, glänzend grüne Blätter; von VI–VII große Büschel rotbrauner Blüten. Geeignet zum Schnitt. Sonne–Halbschatten. Sumpfboden bis 40 cm Wasserstand. Andere Zypergrasarten sind in unserem Klima nicht winterhart.

Zypresse → Sumpfzypresse.

Januar

Nach Schneefall oder Kahlfrost Kontrollgang durch den Garten. Betreten von Beeten vermeiden und wärmeisolierenden Schnee unversehrt lassen. Schneemänner nur auf Wegen oder Rasen bauen. Gehölze vom Schneedruck befreien. Um Pflanzschäden zu vermeiden, auf Streusalz im Garten möglichst verzichten. Vereiste Wege mit Sand bestreuen. An schneefreien Tagen Staudenbeete säubern. Langzeit-Grunddünger ausbringen: Kompost, Düngetorf, Mist, Guano, Oscorna, Hornspäne, Knochenmehl, Kalk. Gehölze können ausgelichtet werden, aber Obstbaumschnitt erst nach Abklingen starker Fröste vornehmen. Leimringe entfernen. Gegen Schädlinge spritzen. Obstbäumen Kalkanstrich geben. Gartengeräte überprüfen, säubern und veraltetes oder schwer zu reparierendes Werkzeug ersetzen. Frostkeimer aussäen (Hahnenfußgewächse, Enziane und die meisten Primeln). Anbaupläne ausarbeiten und Bestellungen vornehmen. Eingelagerte Knollen- und Zwiebelblumen durchsehen (Botrytis). Für die Vase Zweige schneiden von Weiden, Kornelkirschen, Birken, Zaubernuß, Forsythien, Haselnuß, Erlen, Roßkastanien.

Februar

Kontrollgänge durch den Garten fortsetzen. Manche Unkräuter lassen sich jetzt schon vernichten (z. B. Gänseblümchen und Einjähriges Rispengras, *Poa annua*). Moos im Rasen bekämpfen: 50–80 g Eisensulfat aus der Drogerie in einer 10-l-Gießkanne auflösen und damit jeweils bis zu 10 m^2 Rasen besprengen. Nach einer Woche das braun gewordene Moos kräftig ausharken. Immergrünen Gehölzen Sonnenschutz geben. In Staudenbeeten und im Steingarten vom Frost hochgehobene Wurzelballen wieder eindrücken. In milden Gegenden Rosen schneiden. (In hartem Klima besteht Erfrierungsgefahr für den durch den Schnitt angeregten Austrieb.) Bei frostfreiem Wetter können immergrüne und sommer- oder herbstblühende Gehölze gepflanzt werden. Staudenbeete aufräumen. Über 5 Jahre alte Beete durch Umgraben, Bodenverbesserung und Neubepflanzung verjüngen. Auf Beeten, in Schalen und Balkonkästen zum Monatsende oder im März zweijährige Sommerblumen vom Gärtner einsetzen (Tausendschönchen, Stiefmütterchen, Vergißmeinnicht). Gemüsebeete herrichten und mit Volldünger versehen. Alte Sämereien durch Keimprobe prüfen. Neues Saatgut bestellen. In Frühbeete bzw. Kistchen oder Töpfe im Haus Gemüsesamen und manche Einjahresblumen zur Vorkultur aussäen. Strohblumenaussaat in Schalen am hellen Fensterbrett.

März

In den letzten Monaten gepflanzte Hecken mit der Schere stutzen und formen. Vögeln Nistgelegenheiten geben. In Gegenden mit mildem Klima Rosen spätestens jetzt schneiden. Beerensträucher auslichten und zurückschneiden. Rasenflächen mit Langzeitdünger versehen. Zum Monatsende erster Schnitt. Blühen Zwiebelblumen im Rasen, dann erst nach Abwelken der Pflanzen mähen. Zwischen Krokus- und Primelblüten zur Vogelabwehr aufgeschnittene Knoblauchzehen legen. Stauden, Blüten- und Fruchtgehölze bekommen einen schnell löslichen Volldünger. Rosen, Erdbeeren, Rhododendren und Koniferen erhalten Langzeitdüngung. Bei warmer Witterung sprießendes Unkraut in den Nutz- und Zierbeeten jäten. Ziergräser ausputzen. Seerosenbecken abdecken. Aussaaten von Einjahresblumen, Gemüsen und Würzkräutern vornehmen (lt. Tabelle oder nach Angaben beim jeweiligen Stichwort). Kohlrabi, Zwiebeln, Kopfsalat und Blumenkohl möglichst unter Folienschutz pflanzen. Aussaat von vergessenen Frostkeimern noch möglich. In diesem Fall wird das Saatgut vorbereitet, indem man es fünfmal für ca. 12 Stunden im Gefrierfach einfrieren und wieder auftauen läßt. Spaliere, Baumpfähle, Zäune, Pergolen usw. auf Winterschäden überprüfen. Für die Vase Zweige von Zieräpfeln und Obstbäumen schneiden.

April

Nachtfrostgefahr für Obstblüte. Spaliere an Wänden mit Folienvorhang schützen. In Gegenden mit rauhem Klima Rosen beschneiden. Buddleien bis zum Neuaustrieb zurückschneiden. Forsythien nach der Blüte auslichten. Schädlingsbekämpfung lt. Spritzkalender, dabei auf Blüten und Bienen Rücksicht nehmen. Regenreicher April fördert Pilzkrankheiten. Notfalls Fungizide anwenden. Pilze im Rasen mit einschlägigen Mitteln oder Kupferkalkpräparaten bekämpfen. Beim Düngen rasch wirkende Stickstoffdünger verwenden. Gute Pflanzzeit für Stachel- und Johannisbeeren, Rosen, immergrüne und herbstblühende Gehölze. Blütenstauden können jetzt gepflanzt werden, ebenfalls in milden Gegenden Dahlien, Gladiolen, Montbretien und die im Haus abgeblühten Hyazinthen. In Landstrichen mit hartem Klima sollten Dahlien erst nach den Eisheiligen in die Erde kommen. Gemüsepflanzen und Zweijahresblumen vom Gärtner oder aus eigener Anzucht auf Beete bringen. Weitere Aussaaten von Gemüse und Sommerblumen vornehmen. Wasserbecken säubern und Fische wieder einsetzen. Knollenbegonien vortreiben. Balkonkästen und Pflanzschalen mit Stiefmütterchen besetzen.

Mai

Verblühte Gehölze ausputzen. Schneeheide zurückschneiden, wenn man einen niedrig-buschigen Wuchs erreichen möchte. Rhododendren und Azaleen aus Containerkultur können knospig oder voll erblüht auf halbschattige Gartenstellen in kalkarme, humose Erde gesetzt werden. Schädlinge besonders an Obstgehölzen bekämpfen. Unkraut im Rasen bekämpfen. Samenstände verblühter Zwiebelblumen abbrechen (Tulpen, Narzissen). Abgeblühte Stauden ausputzen. Hochwüchsige Stauden (Rittersporn u. a.) zusammenbinden oder einen Haltestab anbringen; blühende Topfballenpflanzen, die man beim Gärtner kauft, können in Beete gepflanzt werden. In den Erdboden kommen jetzt auch Dahlien, Blumenrohr, Freesien, Tigerblumen und Gladiolen. Im Nutzgarten hacken, wässern und regelmäßig düngen. Folgesaaten von Gemüse und Würzkräutern vornehmen. Nach den Eisheiligen die frostempfindlichen Gemüsearten ins Freiland säen und Jungpflanzen von Tomaten, Gurken, Kürbis, Melonen, Mais oder Paprika setzen. Am Blumenkohl ein oder zwei große Außenblätter umknicken, um den weißen Kopf vor Vergilben zu schützen. Beregnungsanlagen aufstellen. Wassergärten bepflanzen und Algenwuchs bekämpfen. Kästen für Balkon und Fensterbrett bepflanzen. Pflanzgefäße für Terrassen usw. mit blühenden Einjahresblumen besetzen, bzw. mit Geranien, Fuchsien, Knollenbegonien oder niedrigen Balsaminen bepflanzen.

Juni

An Vogelabwehr für reifende Früchte (Kirschen, Johannisbeeren, Stachelbeeren, Erdbeeren) denken. Einzelne Früchte von edlem Spalierobst können in Plastikbeuteln reifen, die mit Gummiringen angebracht werden. Obstgehölzen Volldünger geben und im Garten weitgehend mulchen. Bei feuchtem Wetter auf Pilzerkrankungen achten (Mehltau, Blattfallkrankheit). Formschnitt an Gehölzen und Hecken vornehmen. Regelmäßig welke Rosenblüten abschneiden. Den Samenansatz bei Rhododendren und Azaleen ausbrechen, um die nächstjährige Blüte zu fördern. Aussaat der Zweijahresblumen könnte jetzt schon vorgenommen werden (s. Juli). Frühlingsprimeln teilen und umpflanzen. Vom Monatsende ab bis August Herbstkrokusse und Herbstzeitlosen einsetzen. Reich tragende Erdbeerstauden zur Vermehrung kennzeichnen. Spargelbeete nach Beendigung der Ernteperiode (15. Juni) einebnen und düngen. In Gemüsebeeten reichlich wässern. Tomaten aufbinden, Geiztriebe entfernen. Kürbisse, Melonen und Gurken entspitzen, wässern und Boden rundum flach hacken. An regnerischen Tagen die Gemüsebeete mit Volldüngern versorgen. Späte Gemüsesorten auf abgeerntete Beete pflanzen. Aussaat von Winterendivien, Rettichen und Herbstgemüsen. Letzte lohnende Folgesaaten vornehmen. Nach der Schafskälte (10. Juni) Zimmerpflanzen zur Sommerfrische auf halbschattige Plätze in den Garten bringen.

Juli

Die Hauptarbeiten im Garten erstrecken sich jetzt auf die Bewässerung, Bodenlockerung und Unkrautvernichtung. Schadinsekten erst abends mit (systemischen) Insektiziden bekämpfen, um die Nützlinge zu schonen. Äpfel und Birnen eventuell gegen Monilia-Fruchtfäule spritzen. Tote Zweige an Gehölzen entfernen. Die Dauerblüher unter den Rosen mit Spezialdüngern versorgen. Rasenflächen nach Möglichkeit nur bei Regenwetter düngen und nicht so kurz mähen, um Hitzeschäden zu vermeiden. Schwertlilien teilen und neu einsetzen. Pflanzzeit für Alpenveilchen, Kaiserkronen, Madonnenlilien. Hohe Blütenstauden vor Wetterunbill schützen (Zusammenbinden, Staudenhalter einstecken). An Dahlien Seitentriebe abzwicken, wenn man Riesenblumigkeit erreichen will. Freilandaussaat der Zweijahresblumen: Stockrosen, Fingerhut, Marienglockenblumen, Vergißmeinnicht, Königskerzen, Stiefmütterchen, Tausendschönchen u. a. Schalotten und Knoblauch ernten. Bleichsellerie zusammenbinden. Grünkohl und andere Winterkohlarten pflanzen. Gemüseaussaat lt. Tabelle. Würzkräuter und Blüten für Tee und Kosmetik sammeln und trocknen: Holunderblüten, Rosenblätter, Malven, Lavendel, Lindenblüten. Erntebeginn der Trockenblumen und Ziergräser für den winterlichen Trockenstrauß.

August

Obst nur vollreif ernten. Reich tragende Äste stützen. Obstbäume auslichten, Wasserschosse entfernen. An Sauerkirschen die Langtriebe kürzen. Abgeerntete Ruten von Himbeeren ausschneiden. Buntlaubigen Gehölzen Formschnitt geben. Schädlinge und Krankheiten beobachten und wenn nötig bekämpfen. Beim Unkrautjäten hier die Spätblüher nicht stören. Im Staudenbeet reichlich wässern, Boden harken, notfalls hacken, aber nicht umgraben. Unkrautwuchs durch Mulchen unterdrücken. Herbstblüher mit Dünger versehen. Mohn und Fingerhut können noch gesät werden. Jetzt und im September Jungpflanzen der Zweijährigen an Ort und Stelle setzen. Frühlingszwiebelblumen bestellen. Beste Pflanzzeit für Pfingstrosen und Madonnenlilien. Rasen fleißig sprengen und nicht zu kurz schneiden. In der ersten Monatshälfte junge Erdbeerpflanzen einsetzen. Auf abgeernteten Gemüsebeeten späten Kopfsalat, Kohlrabi und Grünkohl pflanzen. Große Rhabarberstauden nach Bedarf teilen und versetzen. Aussaat von Spinat, Feldsalat und anderen Wintersalaten. Von jetzt an Trockenblumen, Gräser und Samenstände für den Winterstrauß schneiden und zum Trocknen aufhängen. Würzkräuter trocknen bzw. einfrieren. Ebenfalls von jetzt an Wildbeeren zur Vogelfütterung im Winter sammeln und trocknen. Geeignet sind die Früchte von Hartriegel, Heckenrosen, Kornelkirschen, Weißdorn, Holunder, Liguster, Schlehen, Traubenholunder, Sanddorn, Wildkirschen, Heckenkirschen, Ebereschen, Berberitzen, Feuerdorn, Cotoneaster u. a. Vor Sommernachtsfesten auf der Terrasse oder im Garten die Nachbarn um Verständnis bitten.

September

Bei der Obsternte den Reifegrad der Früchte beachten. Vollreifes Obst hält sich besser. Fallobst aufsammeln und kranke Früchte vernichten. Wer nicht bis zum Winter warten will, kann auch jetzt Johannisbeeren und Stachelbeeren auslichten. Wassergaben für laubabwerfende Gehölze einstellen, damit die Jahrestriebe besser ausreifen können. Auch Rhododendren und Azaleen nicht wässern, weil eine gewisse Trockenheit den Blütenansatz fördert. Frisch gepflanzte Stauden dagegen auch bei trübem Wetter gießen, sonst können Trockenheitsschäden auftreten. Große Blütenstauden zur Vermehrung teilen und verpflanzen. Gute Pflanzzeit für im Frühling blühende Sträucher, für Hecken, Nadelhölzer, Rhododendren, Azaleen, Schneeheide und andere Immergrüne. Von jetzt an bis Ende Oktober Blumenzwiebeln einsetzen. Rasen düngen und wieder kürzer schneiden. Beste Zeit für die Anlage neuer Rasenflächen. Petersilie und Schnittlauch für den Winter eintopfen. Tomaten durch Folienvorhänge oder -tunnel vor Nachtfrost schützen. Aussaat von weißen Winterrüben, Winterspinat und Feldsalat für eine zeitige Ernte im Frühjahr. Letzte Radieschenaussaat auf vollsonnigen Beeten. Anfang des Monats Pelargonien (Geranien) durch Stecklinge vermehren und in Blumentöpfe setzen, falls Balkonkästen nicht überwintert werden können. Zimmerpflanzen, die den Sommer im Garten verbracht haben, ins Haus holen. Vorher auf Blatt- oder Schildläuse untersuchen. Trockenblüher unter den Herbstzeitlosen am Wohnzimmerfenster aufstellen und mit dem Treiben der Hyazinthen beginnen.

Oktober

An Obstgehölzen Fruchtmumien absammeln und vernichten. Zum Monatsbeginn Leimringe gegen Frostspanner anlegen. Jetzt und im November ist Pflanzzeit für Obstgehölze und laubabwerfende Ziergehölze. Koniferen dagegen nur noch in milden Gegenden einsetzen. Rosen mit der Veredlungsstelle 4–5 cm tief in den Erdboden pflanzen. Nadelgehölze und andere Immergrüne in diesem Monat reichlich wässern, um möglichen Winterschäden vorzubeugen. Rasenflächen mit Drahtbesen abharken und mähen. Zum Monatsende – bei milder Witterung auch erst Anfang November – frostempfindliche Knollen- und Zwiebelblumen aus dem Boden nehmen (Dahlien, Knollenbegonien, Gladiolen, Blumenrohr u. a.). Mit wenigen Ausnahmen jetzt Lilien pflanzen und ihre Zwiebeln gegen Wühlmausfraß in Gittertöpfe setzen. Samenstände für den Winterstrauß schneiden. Von Ziergräsern, Zierdisteln, Geißbart, hohen Glockenblumen, Herkulesstauden, Astilben u. a. einige stehen lassen. Bereift oder verschneit sind sie ein Blickfang in der winterlichen Gartenwelt. Nach der Gemüseernte freie Bodenstellen im Garten abräumen, wenn nötig umgraben und Vorratsdünger geben (Mist). Folientunnel über Wintersalat und -gemüse aufstellen und gegen Sturm sichern. Im Gartenteich überalterte Seerosen verjüngen und neue Pflanzen einsetzen. Futterhäuschen frühzeitig aufstellen, damit die Vögel sich an den Platz gewöhnen. Kübelpflanzen auf Ungezieferbefall untersuchen, wenn nötig behandeln und erst dann zum Überwintern ins Haus nehmen. Am Küchenfenster in Schalen erste Aussaat von Gartenkresse.

November

Noch immer Pflanzzeit für Obst- und laubabwerfende Ziergehölze. Nur Pfirsiche und Aprikosen besser erst im Frühling einsetzen. In ländlichen Gegenden und auf Wochenendgrundstücken alle wertvollen Gehölze vor Wildverbiß schützen. Mit dem Baumschnitt kann begonnen werden. Obstgehölze mit Langzeitdüngung versorgen. Werden verspätet eingetroffene Blumenzwiebeln noch gepflanzt, müssen sie eine Torfmulldecke als Frostschutz erhalten. Rosenstöcke hoch mit Torf anschütten und in freier Lage oder rauhen Gegenden zusätzlich mit Tannenreisig schützen. Kletterrosen so weit wie möglich herabbiegen und mit Torfmull oder Kompost zudecken. Flach wurzelnden und empfindlichen Stauden mit Tannenreisig oder einer dicken Torfschicht Winterschutz geben. Ebenso im Herbst eingepflanzte Gewächse schützen, um Schäden durch Hochfrieren einzuschränken. In rauhen oder schneearmen Gegenden bekommen auch Hyazinthen, Montbretien und andere empfindliche Zwiebel- oder Knollenblumen einen Winterschutz. Rhododendronbüschen ein Schneeschutzdach bauen. Rasenkanten abstechen und Anfang November das Gras ein letztes Mal mähen. Abgeerntete Gemüsebeete umgraben. Für die Frühjahrsernte vorgesehenen Wintersalat, Spinat, Möhren usw. mit Fichtenreisig oder Folientunnel schützen. Bohnenstangen, Tomatenstäbe, Erbsengitter u. ä. säubern und wegräumen. Seerosenschalen und frostempfindliche Pflanzgefäße jetzt ins Haus nehmen. Gartenteiche mit Styroporplatten, Brettern und Luftpolsterfolie abdecken. Bei geringer Wassertiefe alle Fische aus dem Becken nehmen und im Haus überwintern. Wasserleitungen und Regentonnen ausleeren. Gartenschlauch und Arbeitsgeräte trocken unterbringen. Möbel von Sitzplätzen und Terrassen zusammenstellen.

Dezember

Bei schneefreier Witterung können Ziersträucher, Bäume und Hecken ausgelichtet und zurückgeschnitten werden. Frühjahrsblüher dabei verschonen (Forsythien, Flieder, Deutzien, Weigelien). Die Schnittflächen dicker Äste mit Baumwachs überstreichen. Wintergrüne Gehölze erhalten bei mildem Wetter reichlich Wassergaben. Werden noch Sträucher und Stauden eingesetzt, muß auch bei Regen gut eingeschlämmt werden. An warmen Tagen Stauden ausputzen (Ziergräser erst im Frühling). Wenn nicht schon im November geschehen, unter Gehölzen – auch auf Schnee – Vorrats- und Langzeitdünger streuen (s. Januar). Nach starkem oder nassem Schneefall die Zweige empfindlicher Gehölze abschütteln, vor allem Säulenwacholder. Anfang des Monats Christrosen ausgraben, eintopfen und am hellen, kühlen Fenster aufstellen. Gemüse, besonders Rosenkohl, mit Hilfe von Maschendraht vor Hasen und anderem Wild schützen. Sonnenschutz für Immergrüne und für im Vorjahr oder neu gepflanzte Junggehölze griffbereit legen. Von jetzt an bis März können Zweige verschiedener Gehölze für die Vase geschnitten werden. Im Dezember vor allem Birke, Forsythie, Echter Jasmin, Kornelkirsche, Weide, Haselnuß, Erle, Zaubernuß (Barbarazweige). In Schalen am Küchenfenster Kresse und Kerbel säen. Küchenzwiebeln, auf ein halb gefülltes Wasserglas gesetzt, treiben aus und bringen grünen Lauch für Butterbrot und Quarkaufstrich.